2015

中国高技术产业统计年鉴

CHINA STATISTICS YEARBOOK ON HIGH TECHNOLOGY INDUSTRY

国　家　统　计　局
国家发展和改革委员会　　编
科　学　技　术　部

Compiled By

National Bureau of Statistics
National Development and Reform Commission
Ministry of Science and Technology

中国统计出版社
China Statistics Press

图书在版编目（CIP）数据

中国高技术产业统计年鉴. 2015：汉英对照 / 国家统计局, 国家发展与改革委员会, 科学技术部编. -- 北京：中国统计出版社, 2015.11
ISBN 978-7-5037-7663-2

Ⅰ. ①中… Ⅱ. ①国… ②国… ③科… Ⅲ. ①高技术产业－统计资料－中国－2015－年鉴－汉、英 Ⅳ. ①F279.244.4-54

中国版本图书馆 CIP 数据核字(2015)第 231075 号

中国高技术产业统计年鉴—2015

作　　者/国家统计局，国家发展和改革委员会，科学技术部
责任编辑/徐　涛　焦智康
封面设计/李雪燕
出版发行/中国统计出版社
通信地址/北京市丰台区西三环南路甲 6 号　邮政编码/100073
电　　话/邮购（010）63376909　书店（010）68783171
网　　址/ http://www.zgtjcbs.com/
印　　刷/河北天普润印刷厂
经　　销/新华书店
开　　本/880mm×1230mm　1/16
字　　数/968 千字
印　　张/30.25
版　　别/2015 年 11 月第 1 版
版　　次/2015 年 11 月第 1 次印刷
定　　价/280.00 元

本书附同版本 CD-ROM 一张，光盘内容以书面文字为准。
如有印装差错，由本社发行部调换。

《中国高技术产业统计年鉴—2015》

指导委员会、编辑委员会、编辑部

CHINA TATISTICS YEARBOOK ON HIGH TECHNOLOGY INDUSTRY-2015

Consultant Board, Editorial Board and Staff

编辑说明

为反映我国高技术产业发展状况和国际竞争能力，满足国家宏观管理部门制订调整产业政策和产业发展规划的需要，我们根据国家统计局 2013 年颁布的《高技术产业（制造业）分类（2013）》，加工整理了这本高技术产业发展状况的统计资料书。

本书收集了 2000-2014 年我国高技术产业生产经营、研发及相关活动、固定资产投资等资料以及相关的国际比较数据，较为全面地描述了“十五”以来我国高技术产业发展的基本状况，是有关管理部门和社会各界了解我国高技术产业发展情况的主要资料工具书。

本书共分五个部分。第一部分主要反映高技术产业企业的生产经营情况。第二部分主要反映高技术产业企业的研发活动、新产品开发和销售、专利、技术获取和改造、企业办研发机构等情况。第三部分主要反映高技术产业企业的固定资产投资情况。第四部分为国际比较资料，根据经济合作与发展组织（OECD）等国际组织公布的高技术产业统计资料整理。第五部分为附录，包括高技术产业统计分类目录、高技术产业统计资料整理公布格式和主要指标解释。

本书中的“空格”表示该项统计指标数据不足本表最小单位数、数据不详或无该项数据；书中因小数取舍而产生的误差均未做配平处理。按地区分组东部地区包括：北京、天津、河北、上海、江苏、浙江、福建、山东、广东和海南；中部地区包括：山西、安徽、江西、河南、湖北和湖南；西部地区包括：内蒙古、广西、重庆、四川、贵州、云南、西藏、陕西、甘肃、青海、宁夏和新疆；东北地区包括：辽宁、吉林和黑龙江。

PREFACE

This Yearbook of High Technology Industry is based on the High Technology Industry (Manufacturing Industry) Classification, which has been published by the National Bureau of Statistics in 2013. The purposes of the Yearbook are to summarize the development and international competitive position of China's hi-tech industry and to facilitate the goals of the state macro administration in formulating policy and programming in support of China's hi-tech industry.

The Yearbook describes the development of China's hi-tech industry during the period from 2000 to 2014. Statistical series for the years 2000 to 2014 include production, R&D and related activities, investment on fixed assets, and relative international comparative measures of this fast-growing industry. The Yearbook should serve as a useful source for the public planning and administration sector as well as the broader business and research communities for understanding recent developments in China's hi-tech industry.

The Yearbook contains five parts. The first part focuses on the production and management of hi-tech industry. The second part of the Yearbook focuses on R&D activities, new products development, patents, technology acquisition and technology reconstruction, and R&D institutions in hi-tech enterprises. The third part focuses on investment on fixed assets in hi-tech industry. The fourth part of the Yearbook focuses on international comparisons among China and the OECD countries. The fifth part is appendix information, including catalogue of Hi-Technology Industry Classifications, Published Format for Sorting-out the Statistical Data of High-Technology Industry and Main Indicators.

Notations used in this book:"(blank space)"indicates that the figure is not large enough to be measured with the smallest unit in the table or data are unknown or are not available. Statistical discrepancies due to rounding are not adjusted in the yearbook. Eastern region include Beijing, Tianjin, Hebei, Shanghai, Jiangsu, Zhejiang, Fujian, Shandong, Guangdong and Hainan. Middle region include Shanxi, Anhui, Jiangxi, Henan, Hubei and Hunan. Western region include Inner Mongolia, Guangxi, Chongqing, Sichuan, Guizhou, Yunnan, Tibet, Shaanxi, Gansu, Qinghai, Ningxia and Xinjiang. Northeastern region include Liaoning, Jilin and Heilongjinang.

.

目　录

Contents

第一部分　生产经营情况

Statistics on Production and Management

第二部分 R&D 及相关活动情况

Statistics on R&D and Related Activities

第三部分 固定资产投资情况

Statistics on Investment in Fixed Assets

第四部分　国际比较情况

International Comparison

附　录

Appendix

1

生产经营情况
Statistics on Production and Management

1-1-1　高技术产业生产经营情况

Statistics on Production and Management in High-tech Industry

指　标	Indicator	2000	2005	2011	2012	2013	2014
企业数（个）	Number of Enterprises (unit)	9835	17527	21682	24636	26894	27939
从业人员平均人数（万人）	Annual Average Number of Employed Personnel (10 thousand persons)	392	663	1147	1269	1294	1325
主营业务收入（亿元）	Revenue from Principal Business (100 million yuan)	10050	33916	87527	102284	116049	127368
利润总额（亿元）	Profits (100 million yuan)	673	1423	5245	6186	7234	8095
利税（亿元）	Taxes and Profits (100 million yuan)	1034	2090	7814	9494	11117	12189
出口交货值(亿元)	Exports(100 million Yuan)	3396	17636	40600	46701	49285	50765

注：本表2005年及以前年份数据口径为全部国有及年主营业务收入500万元及以上的非国有法人工业企业，2011年及以后年份为年主营业务收入2000万元及以上的法人工业企业。以下至1-1-14表相同。

1-1-2　制造业生产经营情况

Statistics on Production and Management in Manufacturing Industry

指　标	Indicator	2000	2005	2011	2012	2013	2014
企业数（个）	Number of Enterprises (unit)	148279	251499	301489	318772	343584	352365
从业人员平均人数（万人）	Annual Average Number of Employed Personnel (10 thousand persons)	4606	5935	8054	8395	8614	8647
主营业务收入（亿元）	Revenue from Principal Business (100 million yuan)	71698	213844	729264	805662	909453	978230
利润总额（亿元）	Profits (100 million yuan)	2733	9704	47843	48571	55401	56898
利税（亿元）	Taxes and Profits (100 million yuan)	6700	18441	78806	84909	96953	75860
出口交货值(亿元)	Export(100 million yuan)	14193	47082	99274	106321	112434	118119

1-1-3 按行业分高技术产业生产经营情况

Statistics on Production and Management in High-tech Industry by Industrial Sector

行 业	Industry	企业数（个） Number of Enterprises (unit)					
		2000	2005	2011	2012	2013	2014
合计	**Total**	**9835**	**17527**	**21682**	**24636**	**26894**	**27939**
医药制造业	**Manufacture of Medicines**	**3533**	**4971**	**5926**	**6387**	**6839**	**7108**
#化学药品制造	Manufacture of Chemical Medicine	1619	2037	2172	2274	2366	2371
中成药生产	Production of Finished Traditional Chinese Herbal Medicine		1288	1398	1493	1555	1592
生物药品制造	Manufacture of Biological Medicine	271	478	731	821	889	934
航空、航天器及设备制造业	**Manufacture of Aircrafts and Spacecrafts and Related Equipment**	**176**	**167**	**224**	**304**	**318**	**338**
#飞机制造	Manufacture of Airplanes	130	143	182	123	126	136
航天器制造	Manufacture of Spacecrafts	46	24	42	27	29	28
电子及通信设备制造业	**Manufacture of Electronic Equipment and Communication Equipment**	**3996**	**7781**	**10220**	**12215**	**13465**	**13973**
#通信设备制造	Manufacture of Communication Equipment	809	1195	1206	1323	1449	1507
#通信系统设备制造	Manufacture of Communication System Equipment	323	426	405	720	756	770
通信终端设备制造	Manufacture of Communication Terminal Equipment	129	223	174	603	693	737
广播电视设备制造	Manufacture of Broadcasting and TV Equipment	98	361	365	447	624	626
雷达及配套设备制造	Manufacture of Radar and Its Fittings	47	47	47	61	58	59
视听设备制造	Manufacture of TV Set and Radio Receiver	453	855	864	897	1039	1036
电子器件制造	Manufacture of Electronic Appliances	513	1285	2114	2356	2593	2752
#电子真空器件制造	Manufacture of Electronic Vacuum Appliance	105	134	116	96	103	98
半导体分立器件制造	Manufacture of Semiconductor Discreting Appliances	236	258	314	327	328	335
集成电路制造	Manufacture of Integrate Circuit	172	362	412	426	438	452
电子元件制造	Manufacture of Electronic Components	1598	3558	4791	5091	5367	5490
其他电子设备制造	Manufacture of Other Electronic Equipment	478	480	833	960	1095	1176
计算机及办公设备制造业	**Manufacture of Computers and Office Equipment**	**506**	**1267**	**1313**	**1387**	**1565**	**1629**
#计算机整机制造	Manufacture of Entired Computer	139	201	154	157	167	172
计算机零部件制造	Manufacture of Computer Components and Parts	272	886	990	439	510	560
计算机外围设备制造	Manufacture of Computer Peripheral Equipment				404	441	442
办公设备制造	Manufacture of Office Equipment	95	180	169	194	240	241
医疗仪器设备及仪器仪表制造业	**Manufacture of Medical Equipments and Measuring Instrument**	**1624**	**3341**	**3999**	**4343**	**4707**	**4891**
1.医疗仪器设备及器械制造	Manufacture of Medical Equipment and Appliance	338	704	878	974	1084	1196
2.仪器仪表制造	Manufacture of Measuring Instrument	1286	2637	3121	3369	3623	3695

注：本表未对“计算机零部件制造”和“计算机外围设备制造”行业2011年及以前年份的历史数据进行调整(有关行业对应情况详见附录2)，下同。

1-1-3　续表 1　continued

行　业	Industry	从业人员平均人数（人）Annual Average Number of Employed Personnel (person)					
		2000	2005	2011	2012	2013	2014
合计	**Total**	**3922875**	**6633422**	**11469153**	**12686722**	**12936870**	**13250267**
医药制造业	**Manufacture of Medicines**	**1045293**	**1234389**	**1786022**	**1966586**	**2085498**	**2159430**
#化学药品制造	Manufacture of Chemical Medicine	612191	641919	832357	885445	922024	928624
中成药生产	Production of Finished Traditional Chinese Herbal Medicine		350233	487421	556175	592006	616299
生物药品制造	Manufacture of Biological Medicine	53451	77122	153551	177311	195386	214841
航空、航天器及设备制造业	**Manufacture of Aircrafts and Spacecrafts and Related Equipment**	**456531**	**304691**	**349995**	**359315**	**339551**	**365708**
#飞机制造	Manufacture of Airplanes	394176	283082	324141	252073	237375	258084
航天器制造	Manufacture of Spacecrafts	62355	21609	25854	24899	27682	26382
电子及通信设备制造业	**Manufacture of Electronic Equipment and Communication Equipment**	**1739147**	**3466681**	**6356687**	**7307914**	**7482696**	**7734261**
#通信设备制造	Manufacture of Communication Equipment	324118	555028	1236585	1377422	1387344	1560571
#通信系统设备制造	Manufacture of Communication System Equipment	151727	161370	398693	535948	441277	599316
通信终端设备制造	Manufacture of Communication Terminal Equipment	56902	115108	120891	841474	946067	961255
广播电视设备制造	Manufacture of Broadcasting and TV Equipment	21493	75849	124673	167031	218860	215379
雷达及配套设备制造	Manufacture of Radar and Its Fittings	54161	39307	37272	42697	50587	47392
视听设备制造	Manufacture of TV Set and Radio Receiver	317255	553288	644624	657685	710770	679482
电子器件制造	Manufacture of Electronic Appliances	268611	616231	1431397	1561767	1624552	1662354
#电子真空器件制造	Manufacture of Electronic Vacuum Appliance	112600	104010	64013	36087	33999	29634
半导体分立器件制造	Manufacture of Semiconductor Discreting Appliances	82007	73727	116070	126805	127932	132950
集成电路制造	Manufacture of Integrate Circuit	74004	188080	290468	288256	294452	289897
电子元件制造	Manufacture of Electronic Components	645061	1495255	2584111	2712470	2604164	2571802
其他电子设备制造	Manufacture of Other Electronic Equipment	108448	131723	298025	361962	436496	526585
计算机及办公设备制造业	**Manufacture of Computers and Office Equipment**	**246902**	**1011417**	**1945089**	**1981602**	**1905640**	**1842440**
#计算机整机制造	Manufacture of Entired Computer	62331	322380	676008	737692	716976	670702
计算机零部件制造	Manufacture of Computer Components and Parts	125570	607302	1162090	659032	622213	600400
计算机外围设备制造	Manufacture of Computer Peripheral Equipment				348480	307264	298340
办公设备制造	Manufacture of Office Equipment	59001	81735	106991	114918	133391	132504
医疗仪器设备及仪器仪表制造业	**Manufacture of Medical Equipments and Measuring Instrument**	**435002**	**616244**	**1031360**	**1071305**	**1123485**	**1148428**
1.医疗仪器设备及器械制造	Manufacture of Medical Equipment and Appliance	67749	129701	241674	260768	283845	296477
2.仪器仪表制造	Manufacture of Measuring Instrument	367253	486543	789686	810537	839640	851951

1-1-3 续表 2 continued

行 业	Industry	主营业务收入（亿元） Revenue from Principal Business (100 million yuan)					
		2000	2005	2011	2012	2013	2014
合计	**Total**	**10050.1**	**33916.2**	**87527.2**	**102284.0**	**116048.9**	**127367.7**
医药制造业	**Manufacture of Medicines**	**1682.8**	**4019.8**	**14484.4**	**17337.7**	**20484.2**	**23350.3**
#化学药品制造	Manufacture of Chemical Medicine	1000.7	2325.6	7118.2	8304.3	9433.8	10518.1
中成药生产	Production of Finished Traditional Chinese Herbal Medicine		970.8	3344.4	4112.5	5022.6	5745.8
生物药品制造	Manufacture of Biological Medicine	112.3	318.2	1525.3	1978.8	2403.7	2801.3
航空、航天器及设备制造业	**Manufacture of Aircrafts and Spacecrafts and Related Equipment**	**377.8**	**781.4**	**1934.3**	**2329.9**	**2853.2**	**3027.6**
#飞机制造	Manufacture of Airplanes	335.1	735.3	1808.6	1689.8	2071.7	2100.4
航天器制造	Manufacture of Spacecrafts	42.8	46.0	125.8	140.3	183.5	221.1
电子及通信设备制造业	**Manufacture of Electronic Equipment and Communication Equipment**	**5874.5**	**16646.3**	**43206.3**	**52799.1**	**60633.9**	**67584.2**
#通信设备制造	Manufacture of Communication Equipment	2162.2	5834.0	11926.5	13770.0	17018.9	19959.9
#通信系统设备制造	Manufacture of Communication System Equipment	913.2	1403.5	4944.3	5918.7	6504.5	7734.7
通信终端设备制造	Manufacture of Communication Terminal Equipment	283.1	490.4	612.9	7851.3	10514.5	12225.2
广播电视设备制造	Manufacture of Broadcasting and TV Equipment	33.2	196.0	647.0	927.7	1554.0	1619.0
雷达及配套设备制造	Manufacture of Radar and Its Fittings	34.1	92.5	230.7	313.1	444.2	443.5
视听设备制造	Manufacture of TV Set and Radio Receiver	1467.8	3049.0	5489.0	6172.2	7560.7	7358.9
电子器件制造	Manufacture of Electronic Appliances	920.1	2958.6	11318.4	12725.4	13560.6	14879.5
#电子真空器件制造	Manufacture of Electronic Vacuum Appliance	533.0	563.0	477.6	194.6	205.0	176.3
半导体分立器件制造	Manufacture of Semiconductor Discreting Appliances	126.8	249.0	670.3	785.3	793.9	866.5
集成电路制造	Manufacture of Integrate Circuit	260.3	1118.8	2407.7	2491.2	2683.8	2617.7
电子元件制造	Manufacture of Electronic Components	993.8	4167.0	11865.6	13065.7	13613.9	14717.3
其他电子设备制造	Manufacture of Other Electronic Equipment	263.2	349.1	1729.3	2439.9	3043.8	4248.2
计算机及办公设备制造业	**Manufacture of Computers and Office Equipment**	**1606.7**	**10716.6**	**21163.5**	**22045.2**	**23214.2**	**23499.1**
#计算机整机制造	Manufacture of Entired Computer	657.3	5683.4	11820.2	12644.4	13893.5	13769.3
计算机零部件制造	Manufacture of Computer Components and Parts	763.0	4508.8	8448.4	4746.6	4661.7	4505.8
计算机外围设备制造	Manufacture of Computer Peripheral Equipment				2724.6	2505.6	2774.7
办公设备制造	Manufacture of Office Equipment	186.4	524.4	895.0	1029.0	1192.5	1239.2
医疗仪器设备及仪器仪表制造业	**Manufacture of Medical Equipments and Measuring Instrument**	**508.3**	**1752.2**	**6738.6**	**7772.1**	**8863.5**	**9906.5**
1.医疗仪器设备及器械制造	Manufacture of Medical Equipment and Appliance	95.4	341.6	1362.9	1602.0	1853.6	2182.6
2.仪器仪表制造	Manufacture of Measuring Instrument	412.9	1410.6	5375.7	6170.1	7009.9	7723.9

1-1-3 续表 3 continued

行 业	Industry	利润总额（亿元） Profits (100 million yuan)					
		2000	2005	2011	2012	2013	2014
合计	**Total**	**673.1**	**1423.2**	**5244.9**	**6186.3**	**7233.7**	**8095.2**
医药制造业	**Manufacture of Medicines**	**139.1**	**338.2**	**1606.0**	**1865.9**	**2132.7**	**2382.5**
#化学药品制造	Manufacture of Chemical Medicine	67.2	174.5	727.0	838.1	936.0	1064.2
中成药生产	Production of Finished Traditional Chinese Herbal Medicine		97.4	405.5	471.6	562.6	619.1
生物药品制造	Manufacture of Biological Medicine	14.1	38.0	224.4	273.4	296.1	333.4
航空、航天器及设备制造业	**Manufacture of Aircrafts and Spacecrafts and Related Equipment**	**3.8**	**32.4**	**104.0**	**121.8**	**139.3**	**170.3**
#飞机制造	Manufacture of Airplanes	3.8	27.5	91.3	80.1	86.5	105.0
航天器制造	Manufacture of Spacecrafts		4.9	12.6	11.4	14.0	15.8
电子及通信设备制造业	**Manufacture of Electronic Equipment and Communication Equipment**	**426.1**	**650.8**	**2161.9**	**2679.5**	**3326.8**	**3744.4**
#通信设备制造	Manufacture of Communication Equipment	211.1	277.9	627.4	702.9	897.2	1046.3
#通信系统设备制造	Manufacture of Communication System Equipment	100.2	77.1	324.4	308.0	535.5	655.0
通信终端设备制造	Manufacture of Communication Terminal Equipment	11.7	8.2	37.1	394.9	361.7	391.2
广播电视设备制造	Manufacture of Broadcasting and TV Equipment	1.6	9.2	47.6	77.7	106.7	108.0
雷达及配套设备制造	Manufacture of Radar and Its Fittings	-0.1	6.5	18.1	24.0	28.3	29.3
视听设备制造	Manufacture of TV Set and Radio Receiver	40.8	64.2	230.6	242.7	379.5	293.8
电子器件制造	Manufacture of Electronic Appliances	82.7	65.4	506.7	642.3	797.4	847.2
#电子真空器件制造	Manufacture of Electronic Vacuum Appliance	57.1	-13.3	18.6	12.6	15.6	13.1
半导体分立器件制造	Manufacture of Semiconductor Discreting Appliances	7.9	7.1	34.9	37.7	33.7	42.8
集成电路制造	Manufacture of Integrate Circuit	17.7	32.6	150.2	157.2	164.7	217.9
电子元件制造	Manufacture of Electronic Components	65.5	209.8	608.8	614.9	704.1	870.3
其他电子设备制造	Manufacture of Other Electronic Equipment	24.4	17.9	122.7	147.6	166.9	275.4
计算机及办公设备制造业	**Manufacture of Computers and Office Equipment**	**76.0**	**262.7**	**710.4**	**790.5**	**810.4**	**889.2**
#计算机整机制造	Manufacture of Entired Computer	36.3	103.6	287.5	341.7	412.4	422.0
计算机零部件制造	Manufacture of Computer Components and Parts	33.6	137.3	378.1	177.2	165.3	172.3
计算机外围设备制造	Manufacture of Computer Peripheral Equipment				133.0	100.2	152.9
办公设备制造	Manufacture of Office Equipment	6.1	21.8	44.9	48.5	64.2	76.8
医疗仪器设备及仪器仪表制造业	**Manufacture of Medical Equipments and Measuring Instrument**	**28.2**	**139.1**	**662.6**	**728.7**	**824.6**	**908.9**
1.医疗仪器设备及器械制造	Manufacture of Medical Equipment and Appliance	6.0	30.5	153.6	187.1	201.1	237.2
2.仪器仪表制造	Manufacture of Measuring Instrument	22.2	108.7	509.1	541.5	623.5	671.7

1-1-3 续表 4 continued

行 业	Industry	利税（亿元） Taxes and Profits (100 million yuan)					
		2000	2005	2011	2012	2013	2014
合计	**Total**	**1033.6**	**2089.6**	**7813.8**	**9494.3**	**11117.0**	**12188.6**
医药制造业	**Manufacture of Medicines**	**268.0**	**584.4**	**2374.7**	**2857.0**	**3316.2**	**3724.8**
#化学药品制造	Manufacture of Chemical Medicine	139.4	306.4	1125.4	1318.2	1502.8	1720.8
中成药生产	Production of Finished Traditional Chinese Herbal Medicine		177.2	607.1	752.2	893.5	986.9
生物药品制造	Manufacture of Biological Medicine	22.9	56.1	298.5	376.7	426.9	476.6
航空、航天器及设备制造业	**Manufacture of Aircrafts and Spacecrafts and Related Equipment**	**17.2**	**44.5**	**139.7**	**181.7**	**183.9**	**246.5**
#飞机制造	Manufacture of Airplanes	16.5	39.3	125.9	122.7	113.7	155.9
航天器制造	Manufacture of Spacecrafts	0.7	5.2	13.9	12.7	15.1	17.2
电子及通信设备制造业	**Manufacture of Electronic Equipment and Communication Equipment**	**592.5**	**927.3**	**3356.7**	**4286.5**	**5277.9**	**5685.2**
#通信设备制造	Manufacture of Communication Equipment	280.9	392.3	1238.3	1325.8	1716.9	1866.9
#通信系统设备制造	Manufacture of Communication System Equipment	138.6	149.3	779.0	668.2	957.2	1119.2
通信终端设备制造	Manufacture of Communication Terminal Equipment	17.8	12.5	44.6	657.6	759.7	747.7
广播电视设备制造	Manufacture of Broadcasting and TV Equipment	3.1	15.0	65.9	105.2	153.6	151.6
雷达及配套设备制造	Manufacture of Radar and Its Fittings	0.3	7.8	26.1	32.7	38.7	36.4
视听设备制造	Manufacture of TV Set and Radio Receiver	64.4	105.5	343.6	451.2	589.4	440.7
电子器件制造	Manufacture of Electronic Appliances	114.7	108.8	678.6	888.2	1072.5	1107.0
#电子真空器件制造	Manufacture of Electronic Vacuum Appliance	79.7	-0.1	24.4	19.3	24.4	20.7
半导体分立器件制造	Manufacture of Semiconductor Discreting Appliances	11.5	10.8	46.7	53.4	48.6	61.4
集成电路制造	Manufacture of Integrate Circuit	23.6	46.2	194.2	210.9	235.8	277.7
电子元件制造	Manufacture of Electronic Components	96.1	272.7	839.5	923.7	1069.3	1270.2
其他电子设备制造	Manufacture of Other Electronic Equipment	32.9	25.3	164.8	223.6	262.5	388.5
计算机及办公设备制造业	**Manufacture of Computers and Office Equipment**	**104.0**	**331.0**	**1017.7**	**1115.7**	**1148.4**	**1208.9**
#计算机整机制造	Manufacture of Entired Computer	52.4	125.5	470.6	506.6	590.9	581.9
计算机零部件制造	Manufacture of Computer Components and Parts	42.5	177.5	487.7	239.1	232.4	236.8
计算机外围设备制造	Manufacture of Computer Peripheral Equipment				172.8	143.7	193.6
办公设备制造	Manufacture of Office Equipment	9.2	28.0	59.3	79.9	91.1	102.1
医疗仪器设备及仪器仪表制造业	**Manufacture of Medical Equipments and Measuring Instrument**	**51.9**	**202.3**	**925.0**	**1053.5**	**1190.6**	**1323.1**
1.医疗仪器设备及器械制造	Manufacture of Medical Equipment and Appliance	10.5	42.2	206.9	254.1	264.7	329.5
2.仪器仪表制造	Manufacture of Measuring Instrument	41.3	160.1	718.1	799.4	925.9	993.6

1-1-3　续表 5　continued

行　业	Industry	出口交货值（亿元）Exports (100 million yuan)					
		2000	2005	2011	2012	2013	2014
合计	**Total**	**3396.0**	**17636.0**	**40600.3**	**46701.1**	**49285.1**	**50765.2**
医药制造业	**Manufacture of Medicines**	**189.6**	**439.3**	**1030.5**	**1164.9**	**1184.2**	**1312.3**
#化学药品制造	Manufacture of Chemical Medicine	139.2	312.7	634.6	698.9	724.4	751.7
中成药生产	Production of Finished Traditional Chinese Herbal Medicine		25.2	54.3	54.7	48.2	75.6
生物药品制造	Manufacture of Biological Medicine	10.1	55.3	181.5	183.9	194.1	234.5
航空、航天器及设备制造业	**Manufacture of Aircrafts and Spacecrafts and Related Equipment**	**31.2**	**77.8**	**274.9**	**358.7**	**370.1**	**405.4**
#飞机制造	Manufacture of Airplanes	27.5	77.3	269.4	210.5	216.5	252.4
航天器制造	Manufacture of Spacecrafts	3.7	0.4	5.5		0.8	2.8
电子及通信设备制造业	**Manufacture of Electronic Equipment and Communication Equipment**	**2158.1**	**9410.0**	**22239.9**	**27049.0**	**28738.4**	**31486.8**
#通信设备制造	Manufacture of Communication Equipment	439.3	3084.6	5651.5	7055.0	8102.9	9503.2
#通信系统设备制造	Manufacture of Communication System Equipment	76.6	417.3	2085.5	2423.5	2547.7	2834.1
通信终端设备制造	Manufacture of Communication Terminal Equipment	103.0	294.3	368.3	4631.6	5555.2	6669.1
广播电视设备制造	Manufacture of Broadcasting and TV Equipment	4.2	66.7	227.6	332.3	575.0	553.1
雷达及配套设备制造	Manufacture of Radar and Its Fittings	6.0	14.3	37.0	58.1	91.3	52.9
视听设备制造	Manufacture of TV Set and Radio Receiver	590.3	1707.5	2600.6	2885.4	3295.2	3348.4
电子器件制造	Manufacture of Electronic Appliances	367.7	1819.6	7025.4	8376.6	8411.8	9439.6
#电子真空器件制造	Manufacture of Electronic Vacuum Appliance	117.7	238.9	279.3	53.7	52.1	21.8
半导体分立器件制造	Manufacture of Semiconductor Discreting Appliances	90.5	149.1	323.5	402.6	407.6	438.5
集成电路制造	Manufacture of Integrate Circuit	159.5	833.7	1465.8	1641.4	1706.3	1972.6
电子元件制造	Manufacture of Electronic Components	644.4	2548.7	6118.6	6597.1	6309.0	6461.0
其他电子设备制造	Manufacture of Other Electronic Equipment	106.1	168.6	579.1	964.5	1252.7	1460.8
计算机及办公设备制造业	**Manufacture of Computers and Office Equipment**	**910.7**	**7194.6**	**15879.9**	**16926.4**	**17640.7**	**16154.9**
#计算机整机制造	Manufacture of Entired Computer	239.8	3160.9	8509.1	9500.9	10524.8	9323.3
计算机零部件制造	Manufacture of Computer Components and Parts	538.2	3593.3	6720.2	4124.2	3990.6	3626.4
计算机外围设备制造	Manufacture of Computer Peripheral Equipment				2118.7	1875.4	1917.0
办公设备制造	Manufacture of Office Equipment	132.6	440.3	650.6	740.7	762.8	808.8
医疗仪器设备及仪器仪表制造业	**Manufacture of Medical Equipments and Measuring Instrument**	**106.4**	**514.4**	**1175.1**	**1202.1**	**1351.8**	**1405.8**
1.医疗仪器设备及器械制造	Manufacture of Medical Equipment and Appliance	28.2	114.5	414.5	394.2	445.2	476.1
2.仪器仪表制造	Manufacture of Measuring Instrument	78.2	399.9	760.7	807.9	906.6	929.7

1-1-4 大中型企业分行业高技术产业生产经营情况

Statistics on Production and Management in High-tech Industry of Large and Medium-sized Enterprises by Industrial Sector

行　业	Industry	企业数（个） Number of Enterprises (unit)					
		2000	2005	2011	2012	2013	2014
合计	**Total**	**2030**	**3454**	**6803**	**7506**	**7809**	**7969**
医药制造业	**Manufacture of Medicines**	**733**	**795**	**1340**	**1463**	**1539**	**1609**
#化学药品制造	Manufacture of Chemical Medicine	444	441	631	672	690	708
中成药生产	Production of Finished Traditional Chinese Herbal Medicine		240	357	392	411	430
生物药品制造	Manufacture of Biological Medicine	52	45	135	157	170	188
航空、航天器及设备制造业	**Manufacture of Aircrafts and Spacecrafts and Related Equipment**	**156**	**109**	**132**	**118**	**130**	**145**
#飞机制造	Manufacture of Airplanes	116	94	113	59	68	81
航天器制造	Manufacture of Spacecrafts	40	15	19	16	18	20
电子及通信设备制造业	**Manufacture of Electronic Equipment and Communication Equipment**	**784**	**1791**	**3890**	**4404**	**4584**	**4646**
#通信设备制造	Manufacture of Communication Equipment	167	270	451	488	538	552
#通信系统设备制造	Manufacture of Communication System Equipment	85	75	114	204	227	219
通信终端设备制造	Manufacture of Communication Terminal Equipment	34	59	72	284	311	333
广播电视设备制造	Manufacture of Broadcasting and TV Equipment	13	42	102	134	170	173
雷达及配套设备制造	Manufacture of Radar and Its Fittings	35	21	26	31	25	30
视听设备制造	Manufacture of TV Set and Radio Receiver	108	247	390	364	418	393
电子器件制造	Manufacture of Electronic Appliances	142	370	871	943	966	973
#电子真空器件制造	Manufacture of Electronic Vacuum Appliance	45	47	45	31	31	28
半导体分立器件制造	Manufacture of Semiconductor Discreting Appliances	63	59	96	104	102	97
集成电路制造	Manufacture of Integrate Circuit	34	126	188	184	185	185
电子元件制造	Manufacture of Electronic Components	282	790	1821	1882	1853	1863
其他电子设备制造	Manufacture of Other Electronic Equipment	37	51	229	258	279	308
计算机及办公设备制造业	**Manufacture of Computers and Office Equipment**	**88**	**436**	**627**	**632**	**646**	**653**
#计算机整机制造	Manufacture of Entired Computer	27	85	86	85	84	88
计算机零部件制造	Manufacture of Computer Components and Parts	40	308	476	213	213	228
计算机外围设备制造	Manufacture of Computer Peripheral Equipment				187	188	176
办公设备制造	Manufacture of Office Equipment	21	43	65	78	89	85
医疗仪器设备及仪器仪表制造业	**Manufacture of Medical Equipments and Measuring Instrument**	**269**	**323**	**814**	**889**	**910**	**916**
1.医疗仪器设备及器械制造	Manufacture of Medical Equipment and Appliance	42	65	209	239	248	249
2.仪器仪表制造	Manufacture of Measuring Instrument	227	258	605	650	662	667

注：2010年及以前年份数据口径为从业人员年平均人数300人及以上且年主营业务收入3000万元及以上且年资产合计4000万元及以上的法人工业企业。2011年及以后年份数据口径为从业人员年均人数300人及以上且年主营业务收入2000万元及以上的法人工业企业。

1-1-4　续表 1　continued

行　业	Industry	从业人员平均人数（人） Annual Average Number of Employed Personnel (person)					
		2000	2005	2011	2012	2013	2014
合计	**Total**	**2252216**	**4717460**	**9537086**	**10346625**	**10516563**	**10727828**
医药制造业	**Manufacture of Medicines**	**595461**	**735910**	**1222763**	**1359243**	**1440497**	**1496407**
#化学药品制造	Manufacture of Chemical Medicine	404721	439872	627937	673710	704273	715735
中成药生产	Production of Finished Traditional Chinese Herbal Medicine		208741	347910	406604	436934	458193
生物药品制造	Manufacture of Biological Medicine	26209	34208	88976	104925	115651	128383
航空、航天器及设备制造业	**Manufacture of Aircrafts and Spacecrafts and Related Equipment**	**441174**	**295608**	**338768**	**255137**	**320242**	**343786**
#飞机制造	Manufacture of Airplanes	380543	275002	315819	180842	232291	251796
航天器制造	Manufacture of Spacecrafts	60631	20606	22949	16717	26849	25555
电子及通信设备制造业	**Manufacture of Electronic Equipment and Communication Equipment**	**897501**	**2513846**	**5475802**	**6209351**	**6299280**	**6491751**
#通信设备制造	Manufacture of Communication Equipment	189054	439610	1136387	1265049	1268553	1434256
#通信系统设备制造	Manufacture of Communication System Equipment	105929	126338	362070	466682	375541	529552
通信终端设备制造	Manufacture of Communication Terminal Equipment	34660	89351	107244	798367	893012	904704
广播电视设备制造	Manufacture of Broadcasting and TV Equipment	9775	37306	91070	125725	160417	158235
雷达及配套设备制造	Manufacture of Radar and Its Fittings	50285	31809	34285	35711	45331	43686
视听设备制造	Manufacture of TV Set and Radio Receiver	179337	427187	577139	578999	625373	590776
电子器件制造	Manufacture of Electronic Appliances	166699	483607	1260447	1369870	1407064	1424663
#电子真空器件制造	Manufacture of Electronic Vacuum Appliance	95194	92150	55227	28534	25727	21724
半导体分立器件制造	Manufacture of Semiconductor Discreting Appliances	41955	46488	88466	95656	97393	100711
集成电路制造	Manufacture of Integrate Circuit	29550	156367	260656	256935	261894	253055
电子元件制造	Manufacture of Electronic Components	278364	1018103	2154143	2238951	2119626	2069166
其他电子设备制造	Manufacture of Other Electronic Equipment	23987	76224	222331	269645	333089	418503
计算机及办公设备制造业	**Manufacture of Computers and Office Equipment**	**87499**	**874723**	**1845862**	**1870043**	**1775676**	**1712636**
#计算机整机制造	Manufacture of Entired Computer	26408	308291	667459	727333	704900	659689
计算机零部件制造	Manufacture of Computer Components and Parts	48855	509343	1085612	623487	575249	553744
计算机外围设备制造	Manufacture of Computer Peripheral Equipment				313383	271047	261322
办公设备制造	Manufacture of Office Equipment	12236	57089	92791	100893	115294	113356
医疗仪器设备及仪器仪表制造业	**Manufacture of Medical Equipments and Measuring Instrument**	**230581**	**297373**	**653891**	**652851**	**680868**	**683248**
1.医疗仪器设备及器械制造	Manufacture of Medical Equipment and Appliance	23393	54682	154719	166038	178658	178682
2.仪器仪表制造	Manufacture of Measuring Instrument	207188	242691	499172	486813	502210	504566

1-1-4 续表 2 continued

行 业	Industry	主营业务收入（亿元） Revenue from Principal Business (100 million yuan)					
		2000	2005	2011	2012	2013	2014
合计	**Total**	**6085.2**	**28783.2**	**72065.5**	**83239.5**	**91634.8**	**103060.2**
医药制造业	**Manufacture of Medicines**	**1090.8**	**2674.7**	**9013.2**	**11036.8**	**13039.0**	**15232.6**
#化学药品制造	Manufacture of Chemical Medicine	711.2	1703.8	5035.5	6020.1	6851.8	7799.2
中成药生产	Production of Finished Traditional Chinese Herbal Medicine		694.9	2156.1	2716.1	3346.6	3937.4
生物药品制造	Manufacture of Biological Medicine	63.7	148.0	815.1	1159.5	1397.9	1727.7
航空、航天器及设备制造业	**Manufacture of Aircrafts and Spacecrafts and Related Equipment**	**352.3**	**753.9**	**1831.2**	**1650.8**	**2191.0**	**2682.4**
#飞机制造	Manufacture of Airplanes	310.6	714.1	1726.9	1235.3	1635.2	2017.7
航天器制造	Manufacture of Spacecrafts	41.6	39.8	104.2	103.8	173.0	214.3
电子及通信设备制造业	**Manufacture of Electronic Equipment and Communication Equipment**	**3741.9**	**14417.0**	**37033.5**	**44900.4**	**49173.4**	**57050.1**
#通信设备制造	Manufacture of Communication Equipment	1430.8	5272.1	11035.3	12705.2	13412.3	18478.8
#通信系统设备制造	Manufacture of Communication System Equipment	693.9	1250.8	4627.7	5287.5	3484.7	6978.0
通信终端设备制造	Manufacture of Communication Terminal Equipment	232.7	424.1	520.0	7417.6	9927.6	11500.8
广播电视设备制造	Manufacture of Broadcasting and TV Equipment	6.7	100.3	437.4	620.1	1096.6	1138.4
雷达及配套设备制造	Manufacture of Radar and Its Fittings	31.6	83.6	207.7	257.6	385.7	385.7
视听设备制造	Manufacture of TV Set and Radio Receiver	1113.7	2809.0	4965.4	5605.0	6920.8	6643.8
电子器件制造	Manufacture of Electronic Appliances	632.0	2593.9	10099.7	11358.0	11980.2	12831.5
#电子真空器件制造	Manufacture of Electronic Vacuum Appliance	486.2	529.0	405.6	147.2	153.5	123.7
半导体分立器件制造	Manufacture of Semiconductor Discreting Appliances	43.1	184.5	462.9	593.5	594.5	637.4
集成电路制造	Manufacture of Integrate Circuit	102.8	1025.2	2187.7	2219.1	2364.6	2215.9
电子元件制造	Manufacture of Electronic Components	464.7	3341.8	9193.7	10164.0	10401.6	11188.4
其他电子设备制造	Manufacture of Other Electronic Equipment	62.4	216.2	1094.5	1697.5	2184.8	3256.7
计算机及办公设备制造业	**Manufacture of Computers and Office Equipment**	**658.9**	**10028.7**	**20394.3**	**21262.5**	**22240.1**	**22429.7**
#计算机整机制造	Manufacture of Entired Computer	179.5	5571.6	11680.0	12518.0	13759.5	13623.0
计算机零部件制造	Manufacture of Computer Components and Parts	418.4	4001.7	7901.2	4566.6	4402.8	4182.7
计算机外围设备制造	Manufacture of Computer Peripheral Equipment				2470.8	2211.3	2500.6
办公设备制造	Manufacture of Office Equipment	61.1	455.3	813.2	929.9	1040.7	1070.2
医疗仪器设备及仪器仪表制造业	**Manufacture of Medical Equipments and Measuring Instrument**	**241.2**	**909.0**	**3793.3**	**4389.0**	**4991.2**	**5665.4**
1.医疗仪器设备及器械制造	Manufacture of Medical Equipment and Appliance	46.0	171.5	768.4	931.7	1072.8	1239.6
2.仪器仪表制造	Manufacture of Measuring Instrument	195.3	737.5	3024.9	3457.3	3918.4	4425.8

1-1-4 续表 3 continued

行 业	Industry	利润总额（亿元） Profits (100 million yuan)					
		2000	2005	2011	2012	2013	2014
合计	**Total**	**434.1**	**1153.7**	**4087.2**	**4858.7**	**5465.1**	**6508.0**
医药制造业	**Manufacture of Medicines**	**92.1**	**253.2**	**1109.9**	**1307.7**	**1482.8**	**1724.0**
#化学药品制造	Manufacture of Chemical Medicine	45.3	139.7	550.3	647.3	729.6	848.1
中成药生产	Production of Finished Traditional Chinese Herbal Medicine		80.5	290.3	337.5	409.5	468.5
生物药品制造	Manufacture of Biological Medicine	7.5	21.5	147.7	181.1	179.5	219.5
航空、航天器及设备制造业	**Manufacture of Aircrafts and Spacecrafts and Related Equipment**	**0.5**	**29.6**	**95.0**	**83.7**	**111.6**	**141.5**
#飞机制造	Manufacture of Airplanes	0.5	25.3	85.1	58.5	78.1	102.3
航天器制造	Manufacture of Spacecrafts	-0.1	4.3	9.8	8.6	13.5	15.5
电子及通信设备制造业	**Manufacture of Electronic Equipment and Communication Equipment**	**296.1**	**572.9**	**1810.2**	**2272.9**	**2594.9**	**3221.1**
#通信设备制造	Manufacture of Communication Equipment	155.0	267.4	567.2	638.2	578.0	954.8
#通信系统设备制造	Manufacture of Communication System Equipment	83.5	73.7	297.3	262.8	238.4	594.8
通信终端设备制造	Manufacture of Communication Terminal Equipment	8.7	8.3	30.9	375.4	339.6	360.0
广播电视设备制造	Manufacture of Broadcasting and TV Equipment	-0.4	5.8	35.2	56.3	84.3	89.2
雷达及配套设备制造	Manufacture of Radar and Its Fittings	-0.5	5.8	15.0	19.4	22.5	26.3
视听设备制造	Manufacture of TV Set and Radio Receiver	35.1	59.5	206.0	220.3	361.2	272.2
电子器件制造	Manufacture of Electronic Appliances	63.3	55.3	435.2	581.5	718.6	760.6
#电子真空器件制造	Manufacture of Electronic Vacuum Appliance	51.3	-13.9	14.9	10.9	14.1	11.9
半导体分立器件制造	Manufacture of Semiconductor Discreting Appliances	1.5	4.8	26.0	31.2	28.2	31.1
集成电路制造	Manufacture of Integrate Circuit	10.5	28.6	132.3	144.0	140.0	191.8
电子元件制造	Manufacture of Electronic Components	34.6	167.8	470.5	473.0	529.0	685.8
其他电子设备制造	Manufacture of Other Electronic Equipment	8.9	11.3	81.3	107.0	119.0	220.9
计算机及办公设备制造业	**Manufacture of Computers and Office Equipment**	**33.4**	**231.9**	**663.4**	**742.6**	**765.0**	**840.0**
#计算机整机制造	Manufacture of Entired Computer	8.6	104.2	281.0	334.2	409.7	414.7
计算机零部件制造	Manufacture of Computer Components and Parts	22.8	109.9	342.9	171.1	156.0	160.5
计算机外围设备制造	Manufacture of Computer Peripheral Equipment				117.0	86.8	140.1
办公设备制造	Manufacture of Office Equipment	2.0	17.8	39.5	41.3	53.1	65.7
医疗仪器设备及仪器仪表制造业	**Manufacture of Medical Equipments and Measuring Instrument**	**12.1**	**66.0**	**408.8**	**451.8**	**510.7**	**581.6**
1.医疗仪器设备及器械制造	Manufacture of Medical Equipment and Appliance	3.2	15.9	98.2	123.8	133.3	154.8
2.仪器仪表制造	Manufacture of Measuring Instrument	8.8	50.1	310.6	328.0	377.5	426.8

1-1-4 续表 4 continued

行 业	Industry	利税（亿元） Taxes and Profits (100 million yuan)					
		2000	2005	2011	2012	2013	2014
合计	**Total**	**666.0**	**1638.5**	**6109.6**	**7471.4**	**8353.9**	**9688.5**
医药制造业	**Manufacture of Medicines**	**179.3**	**428.4**	**1640.1**	**2008.1**	**2310.0**	**2690.8**
#化学药品制造	Manufacture of Chemical Medicine	97.3	239.9	857.3	1026.5	1176.5	1372.6
中成药生产	Production of Finished Traditional Chinese Herbal Medicine		141.3	431.8	538.6	643.4	739.3
生物药品制造	Manufacture of Biological Medicine	13.0	30.3	189.5	245.5	259.9	312.0
航空、航天器及设备制造业	**Manufacture of Aircrafts and Spacecrafts and Related Equipment**	**13.2**	**40.6**	**127.6**	**133.1**	**147.9**	**206.5**
#飞机制造	Manufacture of Airplanes	12.5	36.1	117.1	96.4	103.5	151.8
航天器制造	Manufacture of Spacecrafts	0.7	4.5	10.5	9.3	14.5	16.7
电子及通信设备制造业	**Manufacture of Electronic Equipment and Communication Equipment**	**408.8**	**789.3**	**2831.5**	**3645.8**	**4092.3**	**4832.9**
#通信设备制造	Manufacture of Communication Equipment	203.6	368.3	1150.2	1229.6	1196.8	1734.7
#通信系统设备制造	Manufacture of Communication System Equipment	115.4	140.9	740.3	601.7	470.9	1033.8
通信终端设备制造	Manufacture of Communication Terminal Equipment	12.0	10.8	35.6	627.9	725.8	700.9
广播电视设备制造	Manufacture of Broadcasting and TV Equipment	-0.2	8.3	47.7	72.8	116.8	119.8
雷达及配套设备制造	Manufacture of Radar and Its Fittings	-0.1	6.6	22.2	26.6	30.9	31.8
视听设备制造	Manufacture of TV Set and Radio Receiver	55.9	95.7	309.7	416.1	556.2	402.6
电子器件制造	Manufacture of Electronic Appliances	87.1	89.3	576.0	790.0	942.9	960.7
#电子真空器件制造	Manufacture of Electronic Vacuum Appliance	71.5	-1.8	18.4	15.7	20.9	17.7
半导体分立器件制造	Manufacture of Semiconductor Discreting Appliances	2.9	7.1	34.2	41.8	37.7	42.3
集成电路制造	Manufacture of Integrate Circuit	12.7	39.9	170.2	191.3	198.1	238.2
电子元件制造	Manufacture of Electronic Components	51.2	207.1	621.2	691.5	788.9	958.6
其他电子设备制造	Manufacture of Other Electronic Equipment	11.4	13.9	104.4	159.1	184.2	302.3
计算机及办公设备制造业	**Manufacture of Computers and Office Equipment**	**40.7**	**286.8**	**954.9**	**1046.8**	**1079.2**	**1133.8**
#计算机整机制造	Manufacture of Entired Computer	11.6	124.6	461.8	495.9	585.5	571.7
计算机零部件制造	Manufacture of Computer Components and Parts	26.2	140.4	441.6	228.8	216.8	218.3
计算机外围设备制造	Manufacture of Computer Peripheral Equipment				151.2	124.5	174.4
办公设备制造	Manufacture of Office Equipment	2.9	21.9	51.5	69.5	74.2	84.9
医疗仪器设备及仪器仪表制造业	**Manufacture of Medical Equipments and Measuring Instrument**	**24.0**	**93.3**	**555.5**	**637.5**	**724.5**	**824.4**
1.医疗仪器设备及器械制造	Manufacture of Medical Equipment and Appliance	5.2	20.4	129.6	163.1	177.5	207.4
2.仪器仪表制造	Manufacture of Measuring Instrument	18.8	73.0	425.9	474.4	547.0	617.0

1-1-4 续表 5 continued

行 业	Industry	出口交货值（亿元） Exports (100 million yuan)					
		2000	2005	2011	2012	2013	2014
合计	**Total**	**1771.5**	**16271.8**	**38611.3**	**44345.9**	**45699.0**	**48008.9**
医药制造业	**Manufacture of Medicines**	**123.5**	**299.8**	**756.0**	**864.5**	**903.3**	**1001.1**
#化学药品制造	Manufacture of Chemical Medicine	101.7	240.5	510.1	558.1	603.9	632.0
中成药生产	Production of Finished Traditional Chinese Herbal Medicine		15.7	30.0	40.5	31.7	49.5
生物药品制造	Manufacture of Biological Medicine	3.7	25.3	110.8	114.0	117.3	154.1
航空、航天器及设备制造业	**Manufacture of Aircrafts and Spacecrafts and Related Equipment**	**24.0**	**72.4**	**240.4**	**247.6**	**308.0**	**339.2**
#飞机制造	Manufacture of Airplanes	20.3	72.2	237.9	134.4	198.6	234.4
航天器制造	Manufacture of Spacecrafts	3.7	0.2	2.6		0.8	2.8
电子及通信设备制造业	**Manufacture of Electronic Equipment and Communication Equipment**	**1194.2**	**8631.2**	**21031.3**	**25641.8**	**26163.2**	**29746.6**
#通信设备制造	Manufacture of Communication Equipment	271.5	2923.1	5535.8	6948.1	6825.8	9347.6
#通信系统设备制造	Manufacture of Communication System Equipment	43.1	403.6	2059.0	2360.7	1356.6	2770.1
通信终端设备制造	Manufacture of Communication Terminal Equipment	93.9	282.8	346.2	4587.3	5469.2	6577.5
广播电视设备制造	Manufacture of Broadcasting and TV Equipment	3.2	40.0	195.5	286.0	510.2	492.4
雷达及配套设备制造	Manufacture of Radar and Its Fittings	6.0	13.6	36.2	52.6	86.2	49.2
视听设备制造	Manufacture of TV Set and Radio Receiver	396.3	1590.6	2358.7	2707.2	3104.9	3088.1
电子器件制造	Manufacture of Electronic Appliances	195.2	1693.8	6777.9	8106.9	8122.8	8915.2
#电子真空器件制造	Manufacture of Electronic Vacuum Appliance	100.2	232.7	269.6	48.6	49.1	16.9
半导体分立器件制造	Manufacture of Semiconductor Discreting Appliances	24.4	126.6	278.5	369.5	371.4	393.2
集成电路制造	Manufacture of Integrate Circuit	70.6	797.6	1429.9	1586.9	1642.7	1850.9
电子元件制造	Manufacture of Electronic Components	305.8	2238.1	5635.1	5977.5	5750.2	5933.9
其他电子设备制造	Manufacture of Other Electronic Equipment	16.1	132.0	492.2	855.7	1153.5	1352.6
计算机及办公设备制造业	**Manufacture of Computers and Office Equipment**	**380.4**	**6895.8**	**15699.9**	**16696.5**	**17307.0**	**15870.1**
#计算机整机制造	Manufacture of Entired Computer	58.9	3154.5	8500.3	9489.6	10509.6	9306.5
计算机零部件制造	Manufacture of Computer Components and Parts	302.4	3330.6	6577.6	4043.9	3874.9	3494.0
计算机外围设备制造	Manufacture of Computer Peripheral Equipment				2013.0	1723.5	1841.9
办公设备制造	Manufacture of Office Equipment	19.1	410.7	622.0	720.1	726.1	771.2
医疗仪器设备及仪器仪表制造业	**Manufacture of Medical Equipments and Measuring Instrument**	**49.4**	**372.6**	**883.5**	**895.5**	**1017.5**	**1051.8**
1.医疗仪器设备及器械制造	Manufacture of Medical Equipment and Appliance	17.4	76.4	330.5	309.7	346.5	358.1
2.仪器仪表制造	Manufacture of Measuring Instrument	32.1	296.2	553.1	585.8	671.0	693.7

1-1-5 国有及国有控股企业分行业高技术产业生产经营情况

Statistics on Production and Management in High-tech Industry of State-owned and State-controlled Enterprises by Industrial Sector

行业	Industry	企业数（个） Number of Enterprises (unit)					
		2000	2005	2011	2012	2013	2014
合计	**Total**	**3759**	**2179**	**1413**	**1532**	**1504**	**1488**
医药制造业	**Manufacture of Medicines**	**1558**	**676**	**420**	**426**	**418**	**417**
#化学药品制造	Manufacture of Chemical Medicine	724	320	197	196	186	175
中成药生产	Production of Finished Traditional Chinese Herbal Medicine		207	133	135	134	138
生物药品制造	Manufacture of Biological Medicine	104	54	40	41	42	42
航空、航天器及设备制造业	**Manufacture of Aircrafts and Spacecrafts and Related Equipment**	**167**	**125**	**130**	**161**	**161**	**161**
#飞机制造	Manufacture of Airplanes	123	107	109	85	84	82
航天器制造	Manufacture of Spacecrafts	44	18	21	19	20	20
电子及通信设备制造业	**Manufacture of Electronic Equipment and Communication Equipment**	**1214**	**753**	**545**	**613**	**598**	**599**
#通信设备制造	Manufacture of Communication Equipment	310	199	145	140	134	124
#通信系统设备制造	Manufacture of Communication System Equipment	139	93	60	94	89	84
通信终端设备制造	Manufacture of Communication Terminal Equipment	60	34	25	46	45	40
广播电视设备制造	Manufacture of Broadcasting and TV Equipment	39	24	20	18	21	21
雷达及配套设备制造	Manufacture of Radar and Its Fittings	41	37	27	30	26	28
视听设备制造	Manufacture of TV Set and Radio Receiver	133	59	27	31	31	32
电子器件制造	Manufacture of Electronic Appliances	190	161	151	180	186	179
#电子真空器件制造	Manufacture of Electronic Vacuum Appliance	52	29	19	19	17	14
半导体分立器件制造	Manufacture of Semiconductor Discreting Appliances	113	46	24	29	22	20
集成电路制造	Manufacture of Integrate Circuit	25	28	34	41	44	45
电子元件制造	Manufacture of Electronic Components	381	234	140	142	132	138
其他电子设备制造	Manufacture of Other Electronic Equipment	120	39	35	30	23	27
计算机及办公设备制造业	**Manufacture of Computers and Office Equipment**	**130**	**83**	**55**	**61**	**57**	**57**
#计算机整机制造	Manufacture of Entired Computer	65	24	13	15	15	15
计算机零部件制造	Manufacture of Computer Components and Parts	47	53	34	5	5	3
计算机外围设备制造	Manufacture of Computer Peripheral Equipment				21	18	19
办公设备制造	Manufacture of Office Equipment	18	6	8	7	8	10
医疗仪器设备及仪器仪表制造业	**Manufacture of Medical Equipments and Measuring Instrument**	**690**	**542**	**263**	**271**	**270**	**254**
1.医疗仪器设备及器械制造	Manufacture of Medical Equipment and Appliance	144	109	27	28	28	23
2.仪器仪表制造	Manufacture of Measuring Instrument	546	433	236	243	242	231

1-1-5　续表 1　continued

行　业	Industry	从业人员平均人数（人） Annual Average Number of Employed Personnel (person)					
		2000	2005	2011	2012	2013	2014
合计	**Total**	**2079749**	**1369536**	**1375122**	**1418484**	**1413200**	**1449714**
医药制造业	**Manufacture of Medicines**	**619460**	**363415**	**305063**	**309598**	**311558**	**299944**
#化学药品制造	Manufacture of Chemical Medicine	405310	239137	177422	181027	179002	166254
中成药生产	Production of Finished Traditional Chinese Herbal Medicine		92390	87829	89876	92408	91848
生物药品制造	Manufacture of Biological Medicine	27507	16156	21190	20523	22594	23770
航空、航天器及设备制造业	**Manufacture of Aircrafts and Spacecrafts and Related Equipment**	**452968**	**295644**	**320952**	**319157**	**296604**	**321990**
#飞机制造	Manufacture of Airplanes	391328	274519	298730	237502	221866	238822
航天器制造	Manufacture of Spacecrafts	61640	21125	22222	23484	26046	25072
电子及通信设备制造业	**Manufacture of Electronic Equipment and Communication Equipment**	**696170**	**507389**	**550682**	**597446**	**615718**	**636315**
#通信设备制造	Manufacture of Communication Equipment	166023	120006	197246	182074	186828	190462
#通信系统设备制造	Manufacture of Communication System Equipment	96078	67181	148557	148477	147379	149931
通信终端设备制造	Manufacture of Communication Terminal Equipment	29872	16771	12007	33597	39449	40531
广播电视设备制造	Manufacture of Broadcasting and TV Equipment	9353	4981	5839	6742	6943	7684
雷达及配套设备制造	Manufacture of Radar and Its Fittings	49261	36056	32112	32669	42212	40786
视听设备制造	Manufacture of TV Set and Radio Receiver	139927	94773	94578	107053	107383	109682
电子器件制造	Manufacture of Electronic Appliances	146365	119209	117684	137800	154376	166488
#电子真空器件制造	Manufacture of Electronic Vacuum Appliance	87622	50984	16750	11739	10940	8661
半导体分立器件制造	Manufacture of Semiconductor Discreting Appliances	44639	14837	9200	10082	7331	8042
集成电路制造	Manufacture of Integrate Circuit	14104	9264	13250	17908	21806	22522
电子元件制造	Manufacture of Electronic Components	158044	126186	94561	90471	74034	76311
其他电子设备制造	Manufacture of Other Electronic Equipment	27197	6178	8662	9061	9664	13539
计算机及办公设备制造业	**Manufacture of Computers and Office Equipment**	**58721**	**53501**	**55619**	**64084**	**61735**	**71939**
#计算机整机制造	Manufacture of Entired Computer	31408	25754	13034	19460	20262	21737
计算机零部件制造	Manufacture of Computer Components and Parts	21381	26022	39442	1282	1987	1273
计算机外围设备制造	Manufacture of Computer Peripheral Equipment				33045	28435	36716
办公设备制造	Manufacture of Office Equipment	5932	1725	3143	2518	3484	4457
医疗仪器设备及仪器仪表制造业	**Manufacture of Medical Equipments and Measuring Instrument**	**252430**	**149587**	**142806**	**128199**	**127585**	**119526**
1.医疗仪器设备及器械制造	Manufacture of Medical Equipment and Appliance	28866	17542	10948	11727	13640	11846
2.仪器仪表制造	Manufacture of Measuring Instrument	223564	132045	131858	116472	113945	107680

1-1-5 续表 2 continued

行业	Industry	主营业务收入（亿元）Revenue from Principal Business (100 million yuan)					
		2000	2005	2011	2012	2013	2014
合计	**Total**	**4197.4**	**5712.5**	**9801.0**	**11161.9**	**12149.4**	**12828.4**
医药制造业	**Manufacture of Medicines**	**861.9**	**1113.1**	**2023.1**	**2226.4**	**2301.5**	**2265.8**
#化学药品制造	Manufacture of Chemical Medicine	567.1	741.4	1169.4	1301.3	1278.5	1189.3
中成药生产	Production of Finished Traditional Chinese Herbal Medicine		290.4	565.5	616.6	660.8	691.8
生物药品制造	Manufacture of Biological Medicine	42.7	40.1	156.4	158.1	195.5	213.9
航空、航天器及设备制造业	**Manufacture of Aircrafts and Spacecrafts and Related Equipment**	**369.1**	**727.7**	**1519.5**	**1787.6**	**2131.4**	**2155.9**
#飞机制造	Manufacture of Airplanes	326.7	683.4	1417.8	1383.0	1660.2	1569.5
航天器制造	Manufacture of Spacecrafts	42.3	44.3	101.6	129.5	171.7	210.1
电子及通信设备制造业	**Manufacture of Electronic Equipment and Communication Equipment**	**2387.6**	**2735.3**	**4728.3**	**5527.4**	**6097.1**	**6663.6**
#通信设备制造	Manufacture of Communication Equipment	832.1	859.9	1917.3	1838.3	1863.8	2000.7
#通信系统设备制造	Manufacture of Communication System Equipment	468.5	473.4	1514.1	1542.5	1594.1	1742.0
通信终端设备制造	Manufacture of Communication Terminal Equipment	60.9	59.7	86.7	295.7	269.7	258.7
广播电视设备制造	Manufacture of Broadcasting and TV Equipment	6.3	11.6	26.1	44.5	45.9	50.5
雷达及配套设备制造	Manufacture of Radar and Its Fittings	31.5	88.0	202.4	262.6	376.3	378.6
视听设备制造	Manufacture of TV Set and Radio Receiver	823.1	861.1	1359.8	1490.7	1672.6	1688.1
电子器件制造	Manufacture of Electronic Appliances	450.6	447.1	755.5	1192.9	1490.1	1751.6
#电子真空器件制造	Manufacture of Electronic Vacuum Appliance	357.9	219.1	57.4	43.3	45.7	40.7
半导体分立器件制造	Manufacture of Semiconductor Discreting Appliances	38.6	29.5	50.4	56.4	32.9	38.7
集成电路制造	Manufacture of Integrate Circuit	54.1	38.4	81.3	154.5	242.3	274.8
电子元件制造	Manufacture of Electronic Components	178.4	445.7	414.2	432.4	345.5	417.3
其他电子设备制造	Manufacture of Other Electronic Equipment	65.6	22.0	53.1	55.1	58.8	100.8
计算机及办公设备制造业	**Manufacture of Computers and Office Equipment**	**395.0**	**841.3**	**725.1**	**792.2**	**765.0**	**871.9**
#计算机整机制造	Manufacture of Entired Computer	263.5	629.4	349.9	366.1	416.8	453.3
计算机零部件制造	Manufacture of Computer Components and Parts	123.7	204.6	349.7	13.0	51.7	19.3
计算机外围设备制造	Manufacture of Computer Peripheral Equipment				347.7	227.5	318.4
办公设备制造	Manufacture of Office Equipment	7.7	7.3	25.5	23.4	27.9	35.1
医疗仪器设备及仪器仪表制造业	**Manufacture of Medical Equipments and Measuring Instrument**	**183.8**	**295.1**	**805.0**	**828.3**	**854.4**	**871.3**
1.医疗仪器设备及器械制造	Manufacture of Medical Equipment and Appliance	22.6	30.8	59.3	68.5	78.9	81.2
2.仪器仪表制造	Manufacture of Measuring Instrument	161.1	264.3	745.7	759.7	775.5	790.1

1-1-5　续表 3　continued

行　业	Industry	利润总额（亿元） Profits (100 million yuan)					
		2000	2005	2011	2012	2013	2014
合计	**Total**	**248.1**	**182.1**	**728.6**	**677.4**	**778.6**	**759.6**
医药制造业	**Manufacture of Medicines**	**68.0**	**94.6**	**246.6**	**233.4**	**232.5**	**224.0**
#化学药品制造	Manufacture of Chemical Medicine	36.5	51.4	106.1	97.9	85.9	77.1
中成药生产	Production of Finished Traditional Chinese Herbal Medicine		33.8	73.7	82.6	89.4	87.6
生物药品制造	Manufacture of Biological Medicine	5.7	6.1	47.3	31.8	37.2	42.3
航空、航天器及设备制造业	**Manufacture of Aircrafts and Spacecrafts and Related Equipment**	**2.3**	**27.3**	**75.0**	**80.3**	**76.2**	**80.5**
#飞机制造	Manufacture of Airplanes	2.1	22.5	63.6	51.7	47.8	47.2
航天器制造	Manufacture of Spacecrafts	0.2	4.8	11.3	10.9	13.3	15.3
电子及通信设备制造业	**Manufacture of Electronic Equipment and Communication Equipment**	**150.9**	**20.1**	**255.3**	**243.4**	**352.8**	**341.0**
#通信设备制造	Manufacture of Communication Equipment	69.1	10.9	118.7	83.2	99.0	79.8
#通信系统设备制造	Manufacture of Communication System Equipment	46.0	18.7	85.6	68.3	89.2	69.7
通信终端设备制造	Manufacture of Communication Terminal Equipment	1.8	-2.5	5.3	14.8	9.8	10.2
广播电视设备制造	Manufacture of Broadcasting and TV Equipment	-0.2		0.7	3.8	3.1	3.2
雷达及配套设备制造	Manufacture of Radar and Its Fittings	-0.4	5.9	14.6	18.2	21.9	24.9
视听设备制造	Manufacture of TV Set and Radio Receiver	20.2	10.9	60.8	57.5	60.6	57.0
电子器件制造	Manufacture of Electronic Appliances	38.2	-24.1	26.4	40.2	135.2	125.5
#电子真空器件制造	Manufacture of Electronic Vacuum Appliance	32.7	-32.4	0.0	2.8	3.9	2.0
半导体分立器件制造	Manufacture of Semiconductor Discreting Appliances	1.3	1.9	3.9	4.0	-0.4	0.7
集成电路制造	Manufacture of Integrate Circuit	4.2	2.1	6.9	4.9	10.5	9.6
电子元件制造	Manufacture of Electronic Components	11.6	16.3	29.5	25.0	16.9	27.5
其他电子设备制造	Manufacture of Other Electronic Equipment	12.5	0.2	4.6	3.9	4.5	10.4
计算机及办公设备制造业	**Manufacture of Computers and Office Equipment**	**22.5**	**18.4**	**66.4**	**50.1**	**48.5**	**46.0**
#计算机整机制造	Manufacture of Entired Computer	18.2	19.4	15.6	11.4	17.8	8.1
计算机零部件制造	Manufacture of Computer Components and Parts	4.2	-1.5	45.0	1.0	6.5	1.7
计算机外围设备制造	Manufacture of Computer Peripheral Equipment				26.7	12.0	22.2
办公设备制造	Manufacture of Office Equipment	0.1	0.5	5.7	6.0	7.5	9.1
医疗仪器设备及仪器仪表制造业	**Manufacture of Medical Equipments and Measuring Instrument**	**4.4**	**21.8**	**85.3**	**70.1**	**68.6**	**68.0**
1.医疗仪器设备及器械制造	Manufacture of Medical Equipment and Appliance	1.0	2.6	6.5	8.7	9.6	6.4
2.仪器仪表制造	Manufacture of Measuring Instrument	3.4	19.2	78.8	61.3	59.0	61.6

1-1-5 续表 4 continued

行　业	Industry	利税（亿元）Taxes and Profits (100 million yuan)					
		2000	2005	2011	2012	2013	2014
合计	**Total**	**414.7**	**357.1**	**1197.7**	**1203.4**	**1335.4**	**1288.0**
医药制造业	**Manufacture of Medicines**	**134.9**	**166.8**	**360.5**	**367.7**	**376.7**	**362.4**
#化学药品制造	Manufacture of Chemical Medicine	77.0	92.5	160.9	160.4	154.0	139.4
中成药生产	Production of Finished Traditional Chinese Herbal Medicine		59.8	114.7	133.1	143.7	142.6
生物药品制造	Manufacture of Biological Medicine	8.9	9.2	58.4	43.2	48.7	53.7
航空、航天器及设备制造业	**Manufacture of Aircrafts and Spacecrafts and Related Equipment**	**15.6**	**37.7**	**96.4**	**119.6**	**99.5**	**116.6**
#飞机制造	Manufacture of Airplanes	14.7	32.7	84.6	80.4	62.1	69.2
航天器制造	Manufacture of Spacecrafts	1.0	5.0	11.8	11.5	13.8	16.1
电子及通信设备制造业	**Manufacture of Electronic Equipment and Communication Equipment**	**218.5**	**93.8**	**522.9**	**539.5**	**686.6**	**635.3**
#通信设备制造	Manufacture of Communication Equipment	90.3	45.0	284.8	240.3	268.2	256.1
#通信系统设备制造	Manufacture of Communication System Equipment	60.9	48.8	243.5	217.1	253.0	240.8
通信终端设备制造	Manufacture of Communication Terminal Equipment	3.1	-1.6	6.4	23.2	15.2	15.3
广播电视设备制造	Manufacture of Broadcasting and TV Equipment	0.1	0.3	1.5	4.7	4.4	4.6
雷达及配套设备制造	Manufacture of Radar and Its Fittings		6.9	21.7	24.7	30.1	29.9
视听设备制造	Manufacture of TV Set and Radio Receiver	35.9	26.7	114.9	149.9	156.2	101.5
电子器件制造	Manufacture of Electronic Appliances	57.2	-11.9	56.3	61.5	174.8	169.7
#电子真空器件制造	Manufacture of Electronic Vacuum Appliance	48.2	-26.4	2.0	4.5	6.2	4.1
半导体分立器件制造	Manufacture of Semiconductor Discreting Appliances	2.9	2.9	5.6	4.8	0.2	1.5
集成电路制造	Manufacture of Integrate Circuit	6.1	3.3	9.1	8.7	22.8	20.3
电子元件制造	Manufacture of Electronic Components	19.3	25.7	36.8	36.4	29.2	39.4
其他电子设备制造	Manufacture of Other Electronic Equipment	15.7	1.0	6.9	6.5	7.1	16.0
计算机及办公设备制造业	**Manufacture of Computers and Office Equipment**	**31.2**	**24.4**	**96.0**	**69.6**	**64.5**	**70.4**
#计算机整机制造	Manufacture of Entired Computer	24.5	22.8	28.4	20.0	23.8	18.2
计算机零部件制造	Manufacture of Computer Components and Parts	6.3	0.7	60.4	1.5	6.9	2.4
计算机外围设备制造	Manufacture of Computer Peripheral Equipment				32.0	16.5	29.6
办公设备制造	Manufacture of Office Equipment	0.4	0.9	7.2	8.4	9.9	12.1
医疗仪器设备及仪器仪表制造业	**Manufacture of Medical Equipments and Measuring Instrument**	**14.5**	**34.4**	**121.9**	**107.0**	**108.1**	**103.3**
1.医疗仪器设备及器械制造	Manufacture of Medical Equipment and Appliance	2.5	4.0	9.8	12.0	13.2	9.5
2.仪器仪表制造	Manufacture of Measuring Instrument	11.9	30.4	112.1	95.0	94.8	93.9

1-1-5　续表 5　continued

行　业	Industry	出口交货值（亿元） Exports (100 million yuan)					
		2000	2005	2011	2012	2013	2014
合计	**Total**	**707.5**	**1566.8**	**1749.6**	**2051.6**	**2116.5**	**2435.8**
医药制造业	**Manufacture of Medicines**	**85.4**	**120.0**	**162.3**	**176.7**	**177.7**	**166.0**
#化学药品制造	Manufacture of Chemical Medicine	75.4	109.5	147.6	154.1	155.6	143.0
中成药生产	Production of Finished Traditional Chinese Herbal Medicine		7.1	7.4	9.8	6.9	5.0
生物药品制造	Manufacture of Biological Medicine	0.5	1.0	2.0	5.8	6.8	8.7
航空、航天器及设备制造业	**Manufacture of Aircrafts and Spacecrafts and Related Equipment**	**25.0**	**48.5**	**159.0**	**182.2**	**172.4**	**186.9**
#飞机制造	Manufacture of Airplanes	21.6	48.3	158.2	140.5	139.6	146.2
航天器制造	Manufacture of Spacecrafts	3.4	0.2	0.8		0.8	2.8
电子及通信设备制造业	**Manufacture of Electronic Equipment and Communication Equipment**	**511.5**	**852.0**	**1261.7**	**1383.0**	**1506.3**	**1867.3**
#通信设备制造	Manufacture of Communication Equipment	124.9	216.1	645.6	600.0	597.4	698.1
#通信系统设备制造	Manufacture of Communication System Equipment	24.4	120.0	571.3	563.4	568.7	648.6
通信终端设备制造	Manufacture of Communication Terminal Equipment	22.7	6.5	9.8	36.6	28.8	49.5
广播电视设备制造	Manufacture of Broadcasting and TV Equipment	0.1	3.2	2.8	3.7	2.8	1.9
雷达及配套设备制造	Manufacture of Radar and Its Fittings	6.0	13.7	33.9	50.2	86.0	48.0
视听设备制造	Manufacture of TV Set and Radio Receiver	203.4	234.3	194.0	210.9	251.9	304.5
电子器件制造	Manufacture of Electronic Appliances	110.2	176.6	233.4	330.7	404.4	660.7
#电子真空器件制造	Manufacture of Electronic Vacuum Appliance	72.1	72.7	14.1	2.8	2.0	2.1
半导体分立器件制造	Manufacture of Semiconductor Discreting Appliances	13.8	5.9	4.8	6.7	5.7	5.5
集成电路制造	Manufacture of Integrate Circuit	24.4	13.6	15.8	51.1	73.6	124.6
电子元件制造	Manufacture of Electronic Components	61.4	206.7	149.7	153.8	107.8	129.4
其他电子设备制造	Manufacture of Other Electronic Equipment	5.4	1.6	2.4	1.4	4.1	3.0
计算机及办公设备制造业	**Manufacture of Computers and Office Equipment**	**67.7**	**519.8**	**95.8**	**269.7**	**233.8**	**189.8**
#计算机整机制造	Manufacture of Entired Computer	13.1	370.0	15.5	14.8	15.8	19.6
计算机零部件制造	Manufacture of Computer Components and Parts	53.9	144.7	73.6	0.8	7.1	2.8
计算机外围设备制造	Manufacture of Computer Peripheral Equipment				250.9	207.2	162.9
办公设备制造	Manufacture of Office Equipment	0.6	5.0	6.6	2.3	3.1	3.7
医疗仪器设备及仪器仪表制造业	**Manufacture of Medical Equipments and Measuring Instrument**	**17.9**	**26.5**	**70.9**	**40.0**	**26.4**	**25.8**
1.医疗仪器设备及器械制造	Manufacture of Medical Equipment and Appliance	1.6	5.3	3.0	3.9	3.5	3.1
2.仪器仪表制造	Manufacture of Measuring Instrument	16.3	21.2	67.8	36.2	23.0	22.7

1-1-6 内资企业分行业高技术产业生产经营情况

Statistics on Production and Management in High-tech Industry of Domestic Funded Enterprises by Industrial Sector

行　业	Industry	企业数（个） Number of Enterprises (unit)					
		2000	2005	2011	2012	2013	2014
合计	**Total**	**6767**	**11036**	**14075**	**16641**	**18841**	**20179**
医药制造业	**Manufacture of Medicines**	**2941**	**4081**	**4975**	**5441**	**5886**	**6193**
#化学药品制造	Manufacture of Chemical Medicine	1342	1650	1760	1885	1978	1997
中成药生产	Production of Finished Traditional Chinese Herbal Medicine		1096	1233	1326	1392	1440
生物药品制造	Manufacture of Biological Medicine	201	350	573	659	721	768
航空、航天器及设备制造业	**Manufacture of Aircrafts and Spacecrafts and Related Equipment**	**168**	**137**	**167**	**239**	**247**	**267**
#飞机制造	Manufacture of Airplanes	123	114	131	100	98	106
航天器制造	Manufacture of Spacecrafts	45	23	36	27	29	28
电子及通信设备制造业	**Manufacture of Electronic Equipment and Communication Equipment**	**2162**	**3834**	**5387**	**6974**	**8211**	**8956**
#通信设备制造	Manufacture of Communication Equipment	509	734	763	879	1003	1087
#通信系统设备制造	Manufacture of Communication System Equipment	214	291	307	548	590	610
通信终端设备制造	Manufacture of Communication Terminal Equipment	73	125	112	331	413	477
广播电视设备制造	Manufacture of Broadcasting and TV Equipment	77	240	255	307	453	472
雷达及配套设备制造	Manufacture of Radar and Its Fittings	47	44	46	56	53	54
视听设备制造	Manufacture of TV Set and Radio Receiver	225	369	410	469	581	613
电子器件制造	Manufacture of Electronic Appliances	253	557	1059	1260	1521	1702
#电子真空器件制造	Manufacture of Electronic Vacuum Appliance	63	82	84	72	76	74
半导体分立器件制造	Manufacture of Semiconductor Discreting Appliances	124	122	163	171	176	188
集成电路制造	Manufacture of Integrate Circuit	66	125	184	212	234	251
电子元件制造	Manufacture of Electronic Components	802	1612	2346	2639	2967	3197
其他电子设备制造	Manufacture of Other Electronic Equipment	249	278	508	591	706	808
计算机及办公设备制造业	**Manufacture of Computers and Office Equipment**	**201**	**467**	**552**	**655**	**799**	**882**
#计算机整机制造	Manufacture of Entired Computer	85	90	77	82	95	93
计算机零部件制造	Manufacture of Computer Components and Parts	86	307	390	172	227	282
计算机外围设备制造	Manufacture of Computer Peripheral Equipment				178	213	234
办公设备制造	Manufacture of Office Equipment	30	70	85	105	136	139
医疗仪器设备及仪器仪表制造业	**Manufacture of Medical Equipments and Measuring Instrument**	**1295**	**2517**	**2994**	**3332**	**3698**	**3881**
1.医疗仪器设备及器械制造	Manufacture of Medical Equipment and Appliance	272	503	584	683	802	894
2.仪器仪表制造	Manufacture of Measuring Instrument	1023	2014	2410	2649	2896	2987

1-1-6　续表 1　continued

行　业	Industry	从业人员平均人数（人） Annual Average Number of Employed Personnel (person)					
		2000	2005	2011	2012	2013	2014
合计	**Total**	**2715464**	**2939172**	**4667126**	**5422678**	**5794568**	**6387453**
医药制造业	**Manufacture of Medicines**	**918351**	**1008153**	**1392475**	**1546117**	**1660902**	**1741850**
#化学药品制造	Manufacture of Chemical Medicine	548219	516618	596930	642563	675142	689351
中成药生产	Production of Finished Traditional Chinese Herbal Medicine		299277	432432	493179	527894	553158
生物药品制造	Manufacture of Biological Medicine	44551	59459	111089	133030	148262	166611
航空、航天器及设备制造业	**Manufacture of Aircrafts and Spacecrafts and Related Equipment**	**448315**	**290621**	**321920**	**327538**	**304993**	**331733**
#飞机制造	Manufacture of Airplanes	386175	269263	296941	246127	229552	247860
航天器制造	Manufacture of Spacecrafts	62140	21358	24979	24899	27682	26382
电子及通信设备制造业	**Manufacture of Electronic Equipment and Communication Equipment**	**905668**	**1098897**	**2039218**	**2555144**	**2750244**	**3171598**
#通信设备制造	Manufacture of Communication Equipment	205064	209232	506311	565350	488239	640963
#通信系统设备制造	Manufacture of Communication System Equipment	115684	114900	295697	384305	283341	441822
通信终端设备制造	Manufacture of Communication Terminal Equipment	31227	33704	42199	181045	204898	199141
广播电视设备制造	Manufacture of Broadcasting and TV Equipment	17389	43040	72781	95249	125244	126063
雷达及配套设备制造	Manufacture of Radar and Its Fittings	54161	37585	37161	40361	49393	46261
视听设备制造	Manufacture of TV Set and Radio Receiver	135625	169834	228206	248923	275308	289575
电子器件制造	Manufacture of Electronic Appliances	136864	176289	397194	480997	588166	648541
#电子真空器件制造	Manufacture of Electronic Vacuum Appliance	73683	54507	40830	27954	26023	22598
半导体分立器件制造	Manufacture of Semiconductor Discreting Appliances	43002	32301	39325	48042	54922	57308
集成电路制造	Manufacture of Integrate Circuit	20179	25232	72847	80617	100532	88959
电子元件制造	Manufacture of Electronic Components	312723	417991	686136	747245	784828	866212
其他电子设备制造	Manufacture of Other Electronic Equipment	43842	44926	111429	131810	155014	238048
计算机及办公设备制造业	**Manufacture of Computers and Office Equipment**	**77777**	**130993**	**228596**	**252258**	**283354**	**312571**
#计算机整机制造	Manufacture of Entired Computer	31758	32153	31947	43569	45032	47356
计算机零部件制造	Manufacture of Computer Components and Parts	29304	80424	172092	63275	76199	87344
计算机外围设备制造	Manufacture of Computer Peripheral Equipment				84254	93261	103986
办公设备制造	Manufacture of Office Equipment	16715	18416	24557	25951	31877	33453
医疗仪器设备及仪器仪表制造业	**Manufacture of Medical Equipments and Measuring Instrument**	**365353**	**410508**	**684917**	**741621**	**795075**	**829701**
1.医疗仪器设备及器械制造	Manufacture of Medical Equipment and Appliance	56250	83737	149747	166778	189566	200745
2.仪器仪表制造	Manufacture of Measuring Instrument	309103	326771	535170	574843	605509	628956

1-1-6 续表 2 continued

行业	Industry	主营业务收入（亿元） Revenue from Principal Business (100 million yuan) 2000	2005	2011	2012	2013	2014
合计	**Total**	**4036.6**	**9132.0**	**32551.4**	**41355.4**	**50119.7**	**59338.1**
医药制造业	**Manufacture of Medicines**	**1296.5**	**3052.8**	**10932.7**	**13281.6**	**15945.4**	**18298.3**
#化学药品制造	Manufacture of Chemical Medicine	760.6	1679.5	4779.1	5702.4	6513.6	7289.8
中成药生产	Production of Finished Traditional Chinese Herbal Medicine		834.7	2927.3	3564.2	4396.3	5059.5
生物药品制造	Manufacture of Biological Medicine	82.7	219.1	1132.9	1522.0	1878.6	2202.6
航空、航天器及设备制造业	**Manufacture of Aircrafts and Spacecrafts and Related Equipment**	**352.7**	**704.9**	**1616.3**	**1944.3**	**2365.1**	**2442.8**
#飞机制造	Manufacture of Airplanes	310.3	659.6	1496.2	1521.1	1822.7	1754.7
航天器制造	Manufacture of Spacecrafts	42.4	45.2	120.1	140.3	183.5	221.1
电子及通信设备制造业	**Manufacture of Electronic Equipment and Communication Equipment**	**1755.9**	**3732.2**	**13821.8**	**18694.9**	**23154.4**	**28541.9**
#通信设备制造	Manufacture of Communication Equipment	623.7	1379.4	5068.1	5760.2	7041.4	9226.6
#通信系统设备制造	Manufacture of Communication System Equipment	430.8	940.7	3781.7	4568.3	5031.7	6149.2
通信终端设备制造	Manufacture of Communication Terminal Equipment	40.5	108.3	225.8	1192.0	2009.7	3077.4
广播电视设备制造	Manufacture of Broadcasting and TV Equipment	16.5	104.2	392.7	588.4	906.8	986.6
雷达及配套设备制造	Manufacture of Radar and Its Fittings	34.1	91.1	229.6	301.0	425.8	423.4
视听设备制造	Manufacture of TV Set and Radio Receiver	429.8	871.1	2069.1	2296.6	2841.4	2879.4
电子器件制造	Manufacture of Electronic Appliances	298.4	480.7	2309.3	3055.3	4016.4	4949.3
#电子真空器件制造	Manufacture of Electronic Vacuum Appliance	226.1	155.6	152.5	122.7	129.7	141.6
半导体分立器件制造	Manufacture of Semiconductor Discreting Appliances	28.9	71.1	221.6	290.0	309.4	355.1
集成电路制造	Manufacture of Integrate Circuit	43.4	78.8	451.3	584.7	804.0	748.9
电子元件制造	Manufacture of Electronic Components	264.9	697.2	3029.2	3683.0	4354.0	5205.0
其他电子设备制造	Manufacture of Other Electronic Equipment	88.4	108.4	723.8	908.8	990.6	1744.8
计算机及办公设备制造业	**Manufacture of Computers and Office Equipment**	**299.0**	**718.0**	**1737.3**	**1983.6**	**2330.4**	**2790.0**
#计算机整机制造	Manufacture of Entired Computer	153.1	340.3	577.2	707.4	832.9	838.5
计算机零部件制造	Manufacture of Computer Components and Parts	126.8	348.3	1033.2	304.7	438.9	536.8
计算机外围设备制造	Manufacture of Computer Peripheral Equipment				571.5	550.0	767.5
办公设备制造	Manufacture of Office Equipment	19.0	29.5	126.9	139.1	220.6	268.7
医疗仪器设备及仪器仪表制造业	**Manufacture of Medical Equipments and Measuring Instrument**	**332.6**	**924.1**	**4443.3**	**5451.0**	**6324.4**	**7265.1**
1.医疗仪器设备及器械制造	Manufacture of Medical Equipment and Appliance	55.2	153.3	817.7	1036.8	1258.8	1548.4
2.仪器仪表制造	Manufacture of Measuring Instrument	277.4	770.8	3625.6	4414.2	5065.6	5716.7

1-1-6　续表 3　continued

行　业	Industry	利润总额（亿元） Profits (100 million yuan)					
		2000	2005	2011	2012	2013	2014
合计	**Total**	**266.3**	**495.2**	**2754.2**	**3421.8**	**4071.4**	**4636.6**
医药制造业	**Manufacture of Medicines**	**105.3**	**235.0**	**1193.4**	**1394.7**	**1628.4**	**1796.8**
#化学药品制造	Manufacture of Chemical Medicine	47.4	113.3	476.7	552.4	627.4	687.4
中成药生产	Production of Finished Traditional Chinese Herbal Medicine		77.7	344.6	399.5	487.5	539.1
生物药品制造	Manufacture of Biological Medicine	11.3	22.7	170.8	205.1	219.8	251.1
航空、航天器及设备制造业	**Manufacture of Aircrafts and Spacecrafts and Related Equipment**	**0.3**	**24.5**	**82.4**	**96.7**	**99.0**	**109.7**
#飞机制造	Manufacture of Airplanes	0.1	19.7	71.8	61.7	59.1	59.6
航天器制造	Manufacture of Spacecrafts	0.2	4.8	10.6	11.4	14.0	15.8
电子及通信设备制造业	**Manufacture of Electronic Equipment and Communication Equipment**	**133.5**	**146.2**	**943.3**	**1303.0**	**1608.1**	**1904.5**
#通信设备制造	Manufacture of Communication Equipment	73.5	78.2	364.8	382.7	499.3	620.8
#通信系统设备制造	Manufacture of Communication System Equipment	56.3	70.5	256.0	282.2	427.6	502.2
通信终端设备制造	Manufacture of Communication Terminal Equipment	1.7	-0.1	18.3	100.5	71.7	118.6
广播电视设备制造	Manufacture of Broadcasting and TV Equipment	0.6	5.7	36.6	63.1	75.7	76.8
雷达及配套设备制造	Manufacture of Radar and Its Fittings	-0.1	6.5	18.0	23.0	27.2	28.6
视听设备制造	Manufacture of TV Set and Radio Receiver	11.0	15.9	95.9	99.7	107.3	100.5
电子器件制造	Manufacture of Electronic Appliances	17.1	-3.8	138.3	183.0	302.4	346.4
#电子真空器件制造	Manufacture of Electronic Vacuum Appliance	15.0	-23.6	6.0	11.0	11.2	13.5
半导体分立器件制造	Manufacture of Semiconductor Discreting Appliances	0.5	4.5	14.8	20.1	19.2	26.2
集成电路制造	Manufacture of Integrate Circuit	1.6	5.9	23.6	27.4	40.3	44.6
电子元件制造	Manufacture of Electronic Components	16.9	36.3	226.6	284.2	331.9	387.9
其他电子设备制造	Manufacture of Other Electronic Equipment	14.5	7.3	63.2	81.7	68.3	120.9
计算机及办公设备制造业	**Manufacture of Computers and Office Equipment**	**13.5**	**21.5**	**115.5**	**122.0**	**142.1**	**169.6**
#计算机整机制造	Manufacture of Entired Computer	7.3	9.5	32.3	31.4	34.3	29.7
计算机零部件制造	Manufacture of Computer Components and Parts	6.1	10.4	68.0	18.8	37.4	43.3
计算机外围设备制造	Manufacture of Computer Peripheral Equipment				37.3	24.7	47.4
办公设备制造	Manufacture of Office Equipment		1.7	15.1	13.6	22.6	30.0
医疗仪器设备及仪器仪表制造业	**Manufacture of Medical Equipments and Measuring Instrument**	**13.9**	**68.1**	**419.6**	**505.3**	**593.9**	**656.0**
1.医疗仪器设备及器械制造	Manufacture of Medical Equipment and Appliance	2.9	11.4	90.8	123.2	142.2	168.6
2.仪器仪表制造	Manufacture of Measuring Instrument	10.9	56.6	328.8	382.1	451.7	487.4

1-1-6 续表 4 continued

行 业	Industry	利税（亿元） Taxes and Profits (100 million yuan)					
		2000	2005	2011	2012	2013	2014
合计	**Total**	**477.3**	**875.1**	**4299.2**	**5331.5**	**6336.9**	**7194.9**
医药制造业	**Manufacture of Medicines**	**201.6**	**409.9**	**1721.8**	**2111.4**	**2499.5**	**2780.9**
#化学药品制造	Manufacture of Chemical Medicine	98.9	197.1	697.7	841.8	973.0	1087.4
中成药生产	Production of Finished Traditional Chinese Herbal Medicine		143.3	518.4	642.2	775.2	860.2
生物药品制造	Manufacture of Biological Medicine	17.3	35.1	224.0	282.5	322.1	363.7
航空、航天器及设备制造业	**Manufacture of Aircrafts and Spacecrafts and Related Equipment**	**12.7**	**33.7**	**105.1**	**139.7**	**127.7**	**155.5**
#飞机制造	Manufacture of Airplanes	11.7	28.6	93.4	93.6	77.0	85.7
航天器制造	Manufacture of Spacecrafts	0.9	5.1	11.7	12.7	15.1	17.2
电子及通信设备制造业	**Manufacture of Electronic Equipment and Communication Equipment**	**213.4**	**285.1**	**1694.1**	**2144.8**	**2614.8**	**3023.4**
#通信设备制造	Manufacture of Communication Equipment	105.4	145.1	836.7	739.0	913.7	1100.9
#通信系统设备制造	Manufacture of Communication System Equipment	79.3	127.6	693.8	605.8	800.3	920.2
通信终端设备制造	Manufacture of Communication Terminal Equipment	3.5	2.5	23.8	133.2	113.4	180.8
广播电视设备制造	Manufacture of Broadcasting and TV Equipment	1.4	10.2	48.5	83.7	106.7	104.1
雷达及配套设备制造	Manufacture of Radar and Its Fittings	0.3	7.7	25.9	31.2	37.3	35.6
视听设备制造	Manufacture of TV Set and Radio Receiver	24.2	35.3	162.4	217.9	231.7	175.9
电子器件制造	Manufacture of Electronic Appliances	32.1	12.0	210.1	265.8	422.1	489.1
#电子真空器件制造	Manufacture of Electronic Vacuum Appliance	26.2	-19.6	10.4	16.3	17.7	19.9
半导体分立器件制造	Manufacture of Semiconductor Discreting Appliances	2.1	6.8	19.6	29.2	29.6	37.7
集成电路制造	Manufacture of Integrate Circuit	3.7	8.9	36.8	46.4	71.1	73.1
电子元件制造	Manufacture of Electronic Components	29.9	63.0	324.2	419.0	497.2	587.6
其他电子设备制造	Manufacture of Other Electronic Equipment	20.1	11.8	86.3	116.0	105.5	183.4
计算机及办公设备制造业	**Manufacture of Computers and Office Equipment**	**18.3**	**34.9**	**168.4**	**182.8**	**206.9**	**250.6**
#计算机整机制造	Manufacture of Entired Computer	9.2	14.5	50.6	56.1	51.5	50.5
计算机零部件制造	Manufacture of Computer Components and Parts	8.7	17.5	96.7	28.9	51.8	62.7
计算机外围设备制造	Manufacture of Computer Peripheral Equipment				48.1	37.0	62.8
办公设备制造	Manufacture of Office Equipment	0.4	2.9	21.2	20.9	34.2	43.8
医疗仪器设备及仪器仪表制造业	**Manufacture of Medical Equipments and Measuring Instrument**	**31.3**	**111.5**	**609.8**	**752.8**	**888.0**	**984.5**
1.医疗仪器设备及器械制造	Manufacture of Medical Equipment and Appliance	6.2	19.1	125.0	172.0	201.8	238.6
2.仪器仪表制造	Manufacture of Measuring Instrument	25.1	92.5	484.8	580.8	686.2	746.0

1-1-6　续表 5　continued

行　业	Industry	出口交货值（亿元） Exports (100 million yuan)					
		2000	2005	2011	2012	2013	2014
合计	**Total**	**510.8**	**1490.7**	**4582.6**	**5361.7**	**6139.0**	**8208.9**
医药制造业	**Manufacture of Medicines**	**141.1**	**320.7**	**604.6**	**673.6**	**682.6**	**752.4**
#化学药品制造	Manufacture of Chemical Medicine	114.1	242.7	400.9	444.9	446.0	455.7
中成药生产	Production of Finished Traditional Chinese Herbal Medicine		20.3	24.7	27.8	25.9	32.6
生物药品制造	Manufacture of Biological Medicine	5.4	33.9	111.5	96.7	104.0	128.3
航空、航天器及设备制造业	**Manufacture of Aircrafts and Spacecrafts and Related Equipment**	**24.4**	**47.7**	**170.9**	**190.6**	**181.0**	**196.2**
#飞机制造	Manufacture of Airplanes	21.0	47.4	168.0	175.5	175.6	182.1
航天器制造	Manufacture of Spacecrafts	3.4	0.3	2.9		0.8	2.8
电子及通信设备制造业	**Manufacture of Electronic Equipment and Communication Equipment**	**237.1**	**854.4**	**3105.6**	**3745.5**	**4400.7**	**6202.4**
#通信设备制造	Manufacture of Communication Equipment	25.2	336.1	1613.6	1812.0	2130.6	2957.7
#通信系统设备制造	Manufacture of Communication System Equipment	17.2	284.7	1463.3	1589.1	1832.9	2318.5
通信终端设备制造	Manufacture of Communication Terminal Equipment	3.7	4.5	32.4	222.9	297.7	639.2
广播电视设备制造	Manufacture of Broadcasting and TV Equipment	0.5	21.4	84.1	139.9	191.4	246.5
雷达及配套设备制造	Manufacture of Radar and Its Fittings	6.0	13.8	36.8	53.7	87.1	49.2
视听设备制造	Manufacture of TV Set and Radio Receiver	57.1	203.6	488.6	539.1	615.2	722.5
电子器件制造	Manufacture of Electronic Appliances	64.1	126.4	419.7	510.2	715.2	1056.6
#电子真空器件制造	Manufacture of Electronic Vacuum Appliance	50.5	57.8	23.6	9.7	8.1	9.1
半导体分立器件制造	Manufacture of Semiconductor Discreting Appliances	5.5	20.8	41.1	50.8	47.5	58.2
集成电路制造	Manufacture of Integrate Circuit	8.1	16.9	62.9	83.9	147.0	205.3
电子元件制造	Manufacture of Electronic Components	77.1	138.6	414.7	518.8	460.1	668.1
其他电子设备制造	Manufacture of Other Electronic Equipment	6.9	14.5	48.1	63.9	70.6	295.9
计算机及办公设备制造业	**Manufacture of Computers and Office Equipment**	**70.8**	**172.9**	**335.6**	**390.2**	**464.9**	**573.7**
#计算机整机制造	Manufacture of Entired Computer	21.8	16.8	50.5	89.6	123.0	136.5
计算机零部件制造	Manufacture of Computer Components and Parts	40.2	145.5	263.9	38.9	49.5	79.7
计算机外围设备制造	Manufacture of Computer Peripheral Equipment				211.1	225.5	277.7
办公设备制造	Manufacture of Office Equipment	8.8	10.6	21.2	20.2	30.0	35.3
医疗仪器设备及仪器仪表制造业	**Manufacture of Medical Equipments and Measuring Instrument**	**37.4**	**95.0**	**365.9**	**361.8**	**409.8**	**484.2**
1.医疗仪器设备及器械制造	Manufacture of Medical Equipment and Appliance	8.0	16.2	118.4	132.5	156.1	179.8
2.仪器仪表制造	Manufacture of Measuring Instrument	29.3	78.8	247.5	229.3	253.7	304.4

1-1-7 港澳台资企业分行业高技术产业生产经营情况

Statistics on Production and Management in High-tech Industry of Hong Kong, Macau and Taiwan Funded Enterprises by Industrial Sector

行业	Industry	企业数（个） Number of Enterprises (unit)					
		2000	2005	2011	2012	2013	2014
合计	**Total**	**1627**	**2856**	**3173**	**3311**	**3407**	**3281**
医药制造业	**Manufacture of Medicines**	**276**	**356**	**392**	**381**	**396**	**376**
#化学药品制造	Manufacture of Chemical Medicine	125	155	160	144	150	141
中成药生产	Production of Finished Traditional Chinese Herbal Medicine		103	93	99	95	86
生物药品制造	Manufacture of Biological Medicine	28	36	52	59	64	62
航空、航天器及设备制造业	**Manufacture of Aircrafts and Spacecrafts and Related Equipment**	**2**	**4**	**11**	**11**	**14**	**14**
#飞机制造	Manufacture of Airplanes	2	4	10	1	3	4
航天器制造	Manufacture of Spacecrafts			1			
电子及通信设备制造业	**Manufacture of Electronic Equipment and Communication Equipment**	**1045**	**1830**	**2151**	**2280**	**2341**	**2249**
#通信设备制造	Manufacture of Communication Equipment	138	183	183	190	206	190
#通信系统设备制造	Manufacture of Communication System Equipment	49	56	42	68	71	67
通信终端设备制造	Manufacture of Communication Terminal Equipment	28	59	34	122	135	123
广播电视设备制造	Manufacture of Broadcasting and TV Equipment	13	61	61	77	88	81
雷达及配套设备制造	Manufacture of Radar and Its Fittings		1		1	2	2
视听设备制造	Manufacture of TV Set and Radio Receiver	157	280	258	236	251	235
电子器件制造	Manufacture of Electronic Appliances	156	311	391	398	410	409
#电子真空器件制造	Manufacture of Electronic Vacuum Appliance	19	14	10	7	7	7
半导体分立器件制造	Manufacture of Semiconductor Discreting Appliances	67	62	51	52	52	51
集成电路制造	Manufacture of Integrate Circuit	70	97	82	77	71	73
电子元件制造	Manufacture of Electronic Components	457	895	1120	1097	1094	1050
其他电子设备制造	Manufacture of Other Electronic Equipment	124	99	138	164	170	162
计算机及办公设备制造业	**Manufacture of Computers and Office Equipment**	**184**	**390**	**334**	**339**	**352**	**337**
#计算机整机制造	Manufacture of Entired Computer	29	47	30	30	27	30
计算机零部件制造	Manufacture of Computer Components and Parts	121	294	268	122	128	122
计算机外围设备制造	Manufacture of Computer Peripheral Equipment				112	115	104
办公设备制造	Manufacture of Office Equipment	34	49	36	42	48	48
医疗仪器设备及仪器仪表制造业	**Manufacture of Medical Equipments and Measuring Instrument**	**120**	**276**	**285**	**300**	**304**	**305**
1.医疗仪器设备及器械制造	Manufacture of Medical Equipment and Appliance	20	61	82	87	82	95
2.仪器仪表制造	Manufacture of Measuring Instrument	100	215	203	213	222	210

1-1-7　续表 1　continued

行　业	Industry	从业人员平均人数（人） Annual Average Number of Employed Personnel (person)					
		2000	2005	2011	2012	2013	2014
合计	**Total**	**595800**	**1518686**	**2847497**	**3188950**	**3170590**	**3090351**
医药制造业	**Manufacture of Medicines**	**55317**	**77653**	**151972**	**165039**	**159951**	**160414**
#化学药品制造	Manufacture of Chemical Medicine	28233	36231	82660	81615	84584	80458
中成药生产	Production of Finished Traditional Chinese Herbal Medicine		25897	27891	37275	32662	32636
生物药品制造	Manufacture of Biological Medicine	2773	4409	17878	18298	19115	20681
航空、航天器及设备制造业	**Manufacture of Aircrafts and Spacecrafts and Related Equipment**	**1618**	**3475**	**11774**	**10404**	**10659**	**12443**
#飞机制造	Manufacture of Airplanes	1618	3475	11706	140	336	2411
航天器制造	Manufacture of Spacecrafts			68			
电子及通信设备制造业	**Manufacture of Electronic Equipment and Communication Equipment**	**417128**	**1051800**	**1986772**	**2268279**	**2317522**	**2240841**
#通信设备制造	Manufacture of Communication Equipment	41321	110824	310315	447711	522033	548236
#通信系统设备制造	Manufacture of Communication System Equipment	14035	17226	49409	71344	80514	77572
通信终端设备制造	Manufacture of Communication Terminal Equipment	13511	49249	48020	376367	441519	470664
广播电视设备制造	Manufacture of Broadcasting and TV Equipment	1790	16729	26816	37915	44746	44707
雷达及配套设备制造	Manufacture of Radar and Its Fittings		1500		1147	241	320
视听设备制造	Manufacture of TV Set and Radio Receiver	111703	240474	236802	240164	262937	247373
电子器件制造	Manufacture of Electronic Appliances	67372	154813	368034	356247	341575	336205
#电子真空器件制造	Manufacture of Electronic Vacuum Appliance	12774	12272	5358	2275	1900	1766
半导体分立器件制造	Manufacture of Semiconductor Discreting Appliances	17873	17952	28745	28569	25727	27149
集成电路制造	Manufacture of Integrate Circuit	36725	48406	64152	60043	50227	58340
电子元件制造	Manufacture of Electronic Components	153496	477794	947155	967944	905565	872181
其他电子设备制造	Manufacture of Other Electronic Equipment	41446	49666	97650	107720	146471	102492
计算机及办公设备制造业	**Manufacture of Computers and Office Equipment**	**96660**	**300184**	**575160**	**630961**	**571314**	**573564**
#计算机整机制造	Manufacture of Entired Computer	19667	45879	226015	302983	262502	257427
计算机零部件制造	Manufacture of Computer Components and Parts	47954	223575	318793	124057	121813	127394
计算机外围设备制造	Manufacture of Computer Peripheral Equipment				137761	116361	114465
办公设备制造	Manufacture of Office Equipment	29039	30730	30352	26269	28709	27536
医疗仪器设备及仪器仪表制造业	**Manufacture of Medical Equipments and Measuring Instrument**	**25077**	**85574**	**121819**	**114267**	**111144**	**103089**
1.医疗仪器设备及器械制造	Manufacture of Medical Equipment and Appliance	4175	13463	25629	30679	28854	30718
2.仪器仪表制造	Manufacture of Measuring Instrument	20902	72111	96190	83588	82290	72371

1-1-7 续表 2 continued

行 业	Industry	主营业务收入（亿元） Revenue from Principal Business (100 million yuan)					
		2000	2005	2011	2012	2013	2014
合计	**Total**	**1872.1**	**6539.4**	**17534.7**	**21056.7**	**23073.6**	**25622.4**
医药制造业	**Manufacture of Medicines**	**134.3**	**254.7**	**1194.0**	**1377.5**	**1534.9**	**1751.7**
#化学药品制造	Manufacture of Chemical Medicine	70.1	145.9	691.9	764.7	868.5	988.0
中成药生产	Production of Finished Traditional Chinese Herbal Medicine		66.6	198.9	318.7	355.4	388.9
生物药品制造	Manufacture of Biological Medicine	8.6	20.2	161.5	154.0	170.9	195.2
航空、航天器及设备制造业	**Manufacture of Aircrafts and Spacecrafts and Related Equipment**	**6.4**	**24.9**	**72.1**	**94.1**	**91.1**	**103.5**
#飞机制造	Manufacture of Airplanes	6.4	24.9	71.5	2.5	3.3	28.3
航天器制造	Manufacture of Spacecrafts			0.6			
电子及通信设备制造业	**Manufacture of Electronic Equipment and Communication Equipment**	**1125.0**	**3541.7**	**9690.8**	**12441.3**	**13881.7**	**15234.8**
#通信设备制造	Manufacture of Communication Equipment	99.0	431.4	1687.0	3033.5	3921.8	4702.3
#通信系统设备制造	Manufacture of Communication System Equipment	32.8	60.7	419.7	578.5	704.2	679.4
通信终端设备制造	Manufacture of Communication Terminal Equipment	28.2	132.9	143.8	2455.0	3217.6	4022.9
广播电视设备制造	Manufacture of Broadcasting and TV Equipment	2.8	33.0	132.9	182.2	238.6	271.5
雷达及配套设备制造	Manufacture of Radar and Its Fittings		0.3		5.1	12.1	16.7
视听设备制造	Manufacture of TV Set and Radio Receiver	496.8	1135.2	1371.7	1766.8	1958.1	2075.7
电子器件制造	Manufacture of Electronic Appliances	223.0	659.5	2157.1	1937.4	2177.7	2327.2
#电子真空器件制造	Manufacture of Electronic Vacuum Appliance	112.2	110.7	7.3	7.0	5.6	5.0
半导体分立器件制造	Manufacture of Semiconductor Discreting Appliances	31.8	56.0	129.5	129.0	127.8	155.0
集成电路制造	Manufacture of Integrate Circuit	79.1	274.2	457.3	390.8	403.8	544.2
电子元件制造	Manufacture of Electronic Components	234.0	1180.3	3912.2	4273.9	4163.6	4539.2
其他电子设备制造	Manufacture of Other Electronic Equipment	69.3	102.0	430.0	558.6	765.0	692.8
计算机及办公设备制造业	**Manufacture of Computers and Office Equipment**	**563.6**	**2461.8**	**5959.8**	**6576.8**	**6917.4**	**7876.0**
#计算机整机制造	Manufacture of Entired Computer	263.6	1137.7	3745.0	4206.2	4647.8	5365.9
计算机零部件制造	Manufacture of Computer Components and Parts	251.1	1223.5	1947.9	602.9	619.0	640.6
计算机外围设备制造	Manufacture of Computer Peripheral Equipment				1233.4	1094.9	1195.5
办公设备制造	Manufacture of Office Equipment	48.9	100.5	267.0	199.6	240.4	257.1
医疗仪器设备及仪器仪表制造业	**Manufacture of Medical Equipments and Measuring Instrument**	**42.8**	**256.3**	**618.0**	**567.0**	**648.5**	**656.4**
1.医疗仪器设备及器械制造	Manufacture of Medical Equipment and Appliance	5.0	32.7	126.5	118.9	128.6	144.6
2.仪器仪表制造	Manufacture of Measuring Instrument	37.8	223.6	491.5	448.1	519.9	511.8

1-1-7 续表 3 continued

行 业	Industry	利润总额（亿元） Profits (100 million yuan)					
		2000	2005	2011	2012	2013	2014
合计	**Total**	**84.4**	**186.0**	**862.3**	**986.6**	**1093.1**	**1349.3**
医药制造业	**Manufacture of Medicines**	**11.3**	**22.5**	**154.2**	**174.6**	**191.8**	**246.1**
#化学药品制造	Manufacture of Chemical Medicine	4.9	11.2	83.3	93.3	105.9	144.5
中成药生产	Production of Finished Traditional Chinese Herbal Medicine		7.6	28.5	39.5	41.5	45.5
生物药品制造	Manufacture of Biological Medicine	1.5	2.2	22.2	22.8	26.8	37.4
航空、航天器及设备制造业	**Manufacture of Aircrafts and Spacecrafts and Related Equipment**	**1.7**	**2.6**	**3.7**	**3.4**	**3.5**	**10.4**
#飞机制造	Manufacture of Airplanes	1.7	2.6	3.8	0.4	0.4	6.2
航天器制造	Manufacture of Spacecrafts			-0.1			
电子及通信设备制造业	**Manufacture of Electronic Equipment and Communication Equipment**	**49.4**	**101.9**	**446.5**	**521.1**	**595.1**	**722.8**
#通信设备制造	Manufacture of Communication Equipment	5.9	-1.6	78.4	146.5	176.2	199.1
#通信系统设备制造	Manufacture of Communication System Equipment	2.7	1.5	44.5	16.0	94.3	126.8
通信终端设备制造	Manufacture of Communication Terminal Equipment	1.2	2.3	6.3	130.5	81.9	72.3
广播电视设备制造	Manufacture of Broadcasting and TV Equipment		0.6	6.0	11.4	15.7	18.4
雷达及配套设备制造	Manufacture of Radar and Its Fittings				0.7	0.8	0.6
视听设备制造	Manufacture of TV Set and Radio Receiver	7.5	22.2	56.3	66.3	75.0	96.3
电子器件制造	Manufacture of Electronic Appliances	21.5	20.3	103.1	81.3	93.4	84.0
#电子真空器件制造	Manufacture of Electronic Vacuum Appliance	15.8	-4.2	0.4	-1.0	0.2	-0.9
半导体分立器件制造	Manufacture of Semiconductor Discreting Appliances	1.6	3.0	4.8	2.0	3.4	0.8
集成电路制造	Manufacture of Integrate Circuit	4.1	11.9	27.2	27.0	30.2	42.4
电子元件制造	Manufacture of Electronic Components	13.5	52.9	182.1	162.6	169.6	254.1
其他电子设备制造	Manufacture of Other Electronic Equipment	1.0	7.5	20.6	22.3	35.8	43.5
计算机及办公设备制造业	**Manufacture of Computers and Office Equipment**	**19.2**	**44.4**	**194.9**	**233.3**	**250.6**	**316.0**
#计算机整机制造	Manufacture of Entired Computer	12.6	4.7	38.0	73.7	136.9	202.6
计算机零部件制造	Manufacture of Computer Components and Parts	5.7	36.4	148.0	25.3	21.0	21.3
计算机外围设备制造	Manufacture of Computer Peripheral Equipment				65.7	46.0	49.1
办公设备制造	Manufacture of Office Equipment	0.9	3.4	8.9	7.0	8.7	8.9
医疗仪器设备及仪器仪表制造业	**Manufacture of Medical Equipments and Measuring Instrument**	**2.8**	**14.4**	**62.9**	**54.2**	**52.0**	**54.0**
1.医疗仪器设备及器械制造	Manufacture of Medical Equipment and Appliance	0.4	2.8	15.8	15.8	12.1	14.3
2.仪器仪表制造	Manufacture of Measuring Instrument	2.4	11.7	47.2	38.4	39.9	39.7

1-1-7 续表 4 continued

行 业	Industry	利税（亿元） Taxes and Profits (100 million yuan)					
		2000	2005	2011	2012	2013	2014
合计	**Total**	**127.4**	**270.3**	**1199.0**	**1519.0**	**1711.0**	**2004.6**
医药制造业	**Manufacture of Medicines**	**21.6**	**38.7**	**231.2**	**262.1**	**292.3**	**363.0**
#化学药品制造	Manufacture of Chemical Medicine	10.5	18.5	134.2	140.4	161.7	216.0
中成药生产	Production of Finished Traditional Chinese Herbal Medicine		14.1	42.0	61.4	65.9	69.3
生物药品制造	Manufacture of Biological Medicine	2.4	3.5	29.1	32.8	37.9	49.0
航空、航天器及设备制造业	**Manufacture of Aircrafts and Spacecrafts and Related Equipment**	**1.8**	**3.0**	**5.6**	**6.0**	**6.4**	**15.1**
#飞机制造	Manufacture of Airplanes	1.8	3.0	5.7	0.4	0.4	8.5
航天器制造	Manufacture of Spacecrafts			-0.1			
电子及通信设备制造业	**Manufacture of Electronic Equipment and Communication Equipment**	**71.6**	**140.6**	**597.1**	**814.9**	**963.3**	**1104.7**
#通信设备制造	Manufacture of Communication Equipment	9.2	3.6	107.8	255.9	355.1	385.8
#通信系统设备制造	Manufacture of Communication System Equipment	4.1	2.8	46.9	21.8	128.0	156.0
通信终端设备制造	Manufacture of Communication Terminal Equipment	2.2	3.1	7.5	234.0	227.0	229.7
广播电视设备制造	Manufacture of Broadcasting and TV Equipment	0.1	1.2	9.6	15.3	22.6	27.9
雷达及配套设备制造	Manufacture of Radar and Its Fittings				1.0	0.8	0.6
视听设备制造	Manufacture of TV Set and Radio Receiver	10.2	33.6	79.9	115.0	117.2	133.6
电子器件制造	Manufacture of Electronic Appliances	28.3	27.7	129.3	106.3	119.1	116.5
#电子真空器件制造	Manufacture of Electronic Vacuum Appliance	19.4	-2.8	0.7	-0.9	0.3	-0.8
半导体分立器件制造	Manufacture of Semiconductor Discreting Appliances	2.1	3.7	6.4	2.3	2.9	3.0
集成电路制造	Manufacture of Integrate Circuit	6.7	15.2	32.3	32.8	37.6	51.2
电子元件制造	Manufacture of Electronic Components	22.1	65.6	241.9	235.0	251.8	344.1
其他电子设备制造	Manufacture of Other Electronic Equipment	1.8	9.0	28.7	43.4	57.5	59.8
计算机及办公设备制造业	**Manufacture of Computers and Office Equipment**	**28.0**	**67.9**	**282.8**	**362.5**	**375.8**	**444.7**
#计算机整机制造	Manufacture of Entired Computer	18.2	13.4	89.0	151.9	231.1	292.3
计算机零部件制造	Manufacture of Computer Components and Parts	8.5	50.7	182.5	35.6	31.0	34.7
计算机外围设备制造	Manufacture of Computer Peripheral Equipment				83.5	57.5	59.8
办公设备制造	Manufacture of Office Equipment	1.3	3.8	11.2	14.4	9.5	10.7
医疗仪器设备及仪器仪表制造业	**Manufacture of Medical Equipments and Measuring Instrument**	**4.5**	**20.1**	**82.3**	**73.6**	**73.2**	**77.1**
1.医疗仪器设备及器械制造	Manufacture of Medical Equipment and Appliance	0.7	3.7	20.4	20.3	16.3	21.4
2.仪器仪表制造	Manufacture of Measuring Instrument	3.8	16.4	61.9	53.4	56.9	55.7

1-1-7 续表 5 continued

行 业	Industry	出口交货值（亿元） Expoats (100 million yuan)					
		2000	2005	2011	2012	2013	2014
合计	**Total**	**867.1**	**4301.8**	**11214.8**	**14107.7**	**15048.4**	**14995.8**
医药制造业	**Manufacture of Medicines**	**18.1**	**34.8**	**150.5**	**171.1**	**171.1**	**201.1**
#化学药品制造	Manufacture of Chemical Medicine	9.6	21.4	111.2	110.3	116.6	128.3
中成药生产	Production of Finished Traditional Chinese Herbal Medicine		2.3	1.4	16.8	9.8	26.1
生物药品制造	Manufacture of Biological Medicine	0.8	5.1	22.4	15.7	17.1	18.8
航空、航天器及设备制造业	**Manufacture of Aircrafts and Spacecrafts and Related Equipment**	**5.6**	**23.4**	**49.5**	**71.7**	**66.7**	**77.6**
#飞机制造	Manufacture of Airplanes	5.6	23.4	49.5	2.5	3.0	23.4
航天器制造	Manufacture of Spacecrafts						
电子及通信设备制造业	**Manufacture of Electronic Equipment and Communication Equipment**	**516.9**	**2347.3**	**6212.9**	**8429.2**	**9155.2**	**9636.2**
#通信设备制造	Manufacture of Communication Equipment	32.0	219.2	1108.2	2431.9	2907.8	3130.9
#通信系统设备制造	Manufacture of Communication System Equipment	7.6	38.0	201.3	398.4	321.7	133.6
通信终端设备制造	Manufacture of Communication Terminal Equipment	15.3	104.0	112.6	2033.5	2586.1	2997.4
广播电视设备制造	Manufacture of Broadcasting and TV Equipment	1.1	18.5	75.1	100.9	105.1	87.4
雷达及配套设备制造	Manufacture of Radar and Its Fittings		0.2		2.5	2.8	3.0
视听设备制造	Manufacture of TV Set and Radio Receiver	145.5	732.4	689.5	991.3	1096.5	1147.6
电子器件制造	Manufacture of Electronic Appliances	122.9	477.4	1499.8	1381.5	1576.3	1720.7
#电子真空器件制造	Manufacture of Electronic Vacuum Appliance	27.4	67.6	3.2	3.4	1.8	1.6
半导体分立器件制造	Manufacture of Semiconductor Discreting Appliances	26.3	37.4	83.4	87.0	88.4	104.9
集成电路制造	Manufacture of Integrate Circuit	69.2	213.6	248.5	297.1	304.1	418.4
电子元件制造	Manufacture of Electronic Components	170.8	819.2	2576.4	2826.2	2656.3	2848.3
其他电子设备制造	Manufacture of Other Electronic Equipment	44.5	80.5	263.9	262.4	457.8	406.6
计算机及办公设备制造业	**Manufacture of Computers and Office Equipment**	**309.0**	**1729.9**	**4566.2**	**5221.7**	**5453.8**	**4881.4**
#计算机整机制造	Manufacture of Entired Computer	93.4	731.0	2780.0	3298.6	3748.0	3117.5
计算机零部件制造	Manufacture of Computer Components and Parts	167.7	912.0	1574.2	537.1	499.9	453.6
计算机外围设备制造	Manufacture of Computer Peripheral Equipment				1078.3	923.3	999.3
办公设备制造	Manufacture of Office Equipment	48.0	86.9	211.9	124.7	121.4	168.3
医疗仪器设备及仪器仪表制造业	**Manufacture of Medical Equipments and Measuring Instrument**	**17.5**	**166.5**	**235.8**	**214.1**	**201.7**	**199.5**
1.医疗仪器设备及器械制造	Manufacture of Medical Equipment and Appliance	1.7	18.1	74.9	44.3	47.8	57.0
2.仪器仪表制造	Manufacture of Measuring Instrument	15.8	148.4	160.9	169.9	154.0	142.6

1-1-8 外资企业分行业高技术产业生产经营情况

Statistics on Production and Management in High-tech Industry of Foreign Funded Enterprises by Industrial Sector

行 业	Industry	企业数（个） Number of Enterprises (unit)					
		2000	2005	2011	2012	2013	2014
合计	**Total**	**1441**	**3635**	**4434**	**4684**	**4646**	**4479**
医药制造业	**Manufacture of Medicines**	**316**	**534**	**559**	**565**	**557**	**539**
#化学药品制造	Manufacture of Chemical Medicine	152	232	252	245	238	233
中成药生产	Production of Finished Traditional Chinese Herbal Medicine		89	72	68	68	66
生物药品制造	Manufacture of Biological Medicine	42	92	106	103	104	104
航空、航天器及设备制造业	**Manufacture of Aircrafts and Spacecrafts and Related Equipment**	**6**	**26**	**46**	**54**	**57**	**57**
#飞机制造	Manufacture of Airplanes	5	25	41	22	25	26
航天器制造	Manufacture of Spacecrafts	1	1	5			
电子及通信设备制造业	**Manufacture of Electronic Equipment and Communication Equipment**	**789**	**2117**	**2682**	**2961**	**2913**	**2768**
#通信设备制造	Manufacture of Communication Equipment	162	278	260	254	240	230
#通信系统设备制造	Manufacture of Communication System Equipment	60	79	56	104	95	93
通信终端设备制造	Manufacture of Communication Terminal Equipment	28	39	28	150	145	137
广播电视设备制造	Manufacture of Broadcasting and TV Equipment	8	60	49	63	83	73
雷达及配套设备制造	Manufacture of Radar and Its Fittings		2	1	4	3	3
视听设备制造	Manufacture of TV Set and Radio Receiver	71	206	196	192	207	188
电子器件制造	Manufacture of Electronic Appliances	104	417	664	698	662	641
#电子真空器件制造	Manufacture of Electronic Vacuum Appliance	23	38	22	17	20	17
半导体分立器件制造	Manufacture of Semiconductor Discreting Appliances	45	74	100	104	100	96
集成电路制造	Manufacture of Integrate Circuit	36	140	146	137	133	128
电子元件制造	Manufacture of Electronic Components	339	1051	1325	1355	1306	1243
其他电子设备制造	Manufacture of Other Electronic Equipment	105	103	187	205	219	206
计算机及办公设备制造业	**Manufacture of Computers and Office Equipment**	**121**	**410**	**427**	**393**	**414**	**410**
#计算机整机制造	Manufacture of Entired Computer	25	64	47	45	45	49
计算机零部件制造	Manufacture of Computer Components and Parts	65	285	332	145	155	156
计算机外围设备制造	Manufacture of Computer Peripheral Equipment				114	113	104
办公设备制造	Manufacture of Office Equipment	31	61	48	47	56	54
医疗仪器设备及仪器仪表制造业	**Manufacture of Medical Equipments and Measuring Instrument**	**209**	**548**	**720**	**711**	**705**	**705**
1.医疗仪器设备及器械制造	Manufacture of Medical Equipment and Appliance	46	140	212	204	200	207
2.仪器仪表制造	Manufacture of Measuring Instrument	163	408	508	507	505	498

1-1-8 续表 1 continued

行业	Industry	从业人员平均人数（人） Annual Average Number of Employed Personnel (person)					
		2000	2005	2011	2012	2013	2014
合计	**Total**	**611611**	**2175564**	**3954530**	**4075094**	**3971712**	**3772463**
医药制造业	**Manufacture of Medicines**	**71625**	**148583**	**241575**	**255430**	**264645**	**257166**
#化学药品制造	Manufacture of Chemical Medicine	35739	89070	152767	161267	162298	158815
中成药生产	Production of Finished Traditional Chinese Herbal Medicine		25059	27098	25721	31450	30505
生物药品制造	Manufacture of Biological Medicine	6127	13254	24584	25983	28009	27549
航空、航天器及设备制造业	**Manufacture of Aircrafts and Spacecrafts and Related Equipment**	**6598**	**10595**	**16301**	**21373**	**23899**	**21532**
#飞机制造	Manufacture of Airplanes	6383	10344	15494	5806	7487	7813
航天器制造	Manufacture of Spacecrafts	215	251	807			
电子及通信设备制造业	**Manufacture of Electronic Equipment and Communication Equipment**	**416351**	**1315984**	**2330697**	**2484491**	**2414930**	**2321822**
#通信设备制造	Manufacture of Communication Equipment	77733	234972	419959	364361	377072	371372
#通信系统设备制造	Manufacture of Communication System Equipment	22008	29244	53587	80299	77422	79922
通信终端设备制造	Manufacture of Communication Terminal Equipment	12164	32155	30672	284062	299650	291450
广播电视设备制造	Manufacture of Broadcasting and TV Equipment	2314	16080	25076	33867	48870	44609
雷达及配套设备制造	Manufacture of Radar and Its Fittings		222	111	1189	953	811
视听设备制造	Manufacture of TV Set and Radio Receiver	69927	142980	179616	168598	172525	142534
电子器件制造	Manufacture of Electronic Appliances	64375	285129	666169	724523	694811	677608
#电子真空器件制造	Manufacture of Electronic Vacuum Appliance	26143	37231	17825	5858	6076	5270
半导体分立器件制造	Manufacture of Semiconductor Discreting Appliances	21132	23474	48000	50194	47283	48493
集成电路制造	Manufacture of Integrate Circuit	17100	114442	153469	147596	143693	142598
电子元件制造	Manufacture of Electronic Components	178842	599470	950820	997281	913771	833409
其他电子设备制造	Manufacture of Other Electronic Equipment	23160	37131	88946	122432	135011	186045
计算机及办公设备制造业	**Manufacture of Computers and Office Equipment**	**72465**	**580240**	**1141333**	**1098383**	**1050972**	**956305**
#计算机整机制造	Manufacture of Entired Computer	10906	244348	418046	391140	409442	365919
计算机零部件制造	Manufacture of Computer Components and Parts	48312	303303	671205	471700	424201	385662
计算机外围设备制造	Manufacture of Computer Peripheral Equipment				126465	97642	79889
办公设备制造	Manufacture of Office Equipment	13247	32589	52082	62698	72805	71515
医疗仪器设备及仪器仪表制造业	**Manufacture of Medical Equipments and Measuring Instrument**	**44572**	**120162**	**224624**	**215417**	**217266**	**215638**
1.医疗仪器设备及器械制造	Manufacture of Medical Equipment and Appliance	7324	32501	66298	63311	65425	65014
2.仪器仪表制造	Manufacture of Measuring Instrument	37248	87661	158326	152106	151841	150624

1-1-8 续表 2 continued

行业	Industry	主营业务收入（亿元） Revenue from Principal Business (100 million yuan)					
		2000	2005	2011	2012	2013	2014
合计	**Total**	**4141.4**	**18244.8**	**37441.0**	**39871.9**	**42855.6**	**42407.1**
医药制造业	**Manufacture of Medicines**	**252.0**	**712.3**	**2357.7**	**2678.7**	**3004.0**	**3300.4**
#化学药品制造	Manufacture of Chemical Medicine	170.0	500.1	1647.2	1837.2	2051.7	2240.3
中成药生产	Production of Finished Traditional Chinese Herbal Medicine		69.6	218.2	229.6	271.0	297.5
生物药品制造	Manufacture of Biological Medicine	21.0	78.9	230.9	302.9	354.2	403.6
航空、航天器及设备制造业	**Manufacture of Aircrafts and Spacecrafts and Related Equipment**	**18.7**	**51.6**	**245.9**	**291.5**	**397.0**	**481.2**
#飞机制造	Manufacture of Airplanes	18.4	50.8	240.9	166.3	245.7	317.4
航天器制造	Manufacture of Spacecrafts	0.3	0.8	5.0			
电子及通信设备制造业	**Manufacture of Electronic Equipment and Communication Equipment**	**2993.6**	**9372.3**	**19693.7**	**21662.9**	**23597.7**	**23807.4**
#通信设备制造	Manufacture of Communication Equipment	1439.6	4023.2	5171.4	4976.2	6055.8	6031.0
#通信系统设备制造	Manufacture of Communication System Equipment	449.7	402.2	742.9	771.9	768.5	906.1
通信终端设备制造	Manufacture of Communication Terminal Equipment	214.4	249.2	243.3	4204.3	5287.2	5124.9
广播电视设备制造	Manufacture of Broadcasting and TV Equipment	13.9	58.7	121.4	157.1	408.6	360.9
雷达及配套设备制造	Manufacture of Radar and Its Fittings		1.1	1.1	7.1	6.3	3.4
视听设备制造	Manufacture of TV Set and Radio Receiver	541.2	1042.7	2048.3	2108.7	2761.2	2403.8
电子器件制造	Manufacture of Electronic Appliances	398.7	1818.3	6852.0	7732.7	7366.5	7603.0
#电子真空器件制造	Manufacture of Electronic Vacuum Appliance	194.8	296.7	317.9	64.9	69.7	29.8
半导体分立器件制造	Manufacture of Semiconductor Discreting Appliances	66.1	121.9	319.2	366.3	356.7	356.4
集成电路制造	Manufacture of Integrate Circuit	137.7	765.8	1499.1	1515.6	1476.0	1324.6
电子元件制造	Manufacture of Electronic Components	494.9	2289.6	4924.1	5108.8	5096.3	4973.1
其他电子设备制造	Manufacture of Other Electronic Equipment	105.4	138.6	575.5	972.6	1288.3	1810.6
计算机及办公设备制造业	**Manufacture of Computers and Office Equipment**	**744.1**	**7536.8**	**13466.4**	**13484.8**	**13966.4**	**12833.0**
#计算机整机制造	Manufacture of Entired Computer	240.6	4205.4	7498.0	7730.7	8412.8	7565.0
计算机零部件制造	Manufacture of Computer Components and Parts	385.1	2936.9	5467.3	3839.0	3603.9	3328.5
计算机外围设备制造	Manufacture of Computer Peripheral Equipment				919.7	860.7	811.6
办公设备制造	Manufacture of Office Equipment	118.4	394.5	501.1	690.4	731.6	713.5
医疗仪器设备及仪器仪表制造业	**Manufacture of Medical Equipments and Measuring Instrument**	**133.0**	**571.7**	**1677.4**	**1754.1**	**1890.6**	**1985.1**
1.医疗仪器设备及器械制造	Manufacture of Medical Equipment and Appliance	35.1	155.5	418.7	446.3	466.2	489.5
2.仪器仪表制造	Manufacture of Measuring Instrument	97.8	416.2	1258.7	1307.8	1424.3	1495.5

1-1-8 续表 3 continued

行 业	Industry	利润总额（亿元） Profits (100 million yuan)					
		2000	2005	2011	2012	2013	2014
合计	**Total**	**322.4**	**742.0**	**1628.5**	**1778.0**	**2069.3**	**2109.3**
医药制造业	**Manufacture of Medicines**	**22.6**	**80.7**	**258.4**	**296.6**	**312.5**	**339.5**
#化学药品制造	Manufacture of Chemical Medicine	14.9	50.0	167.0	192.4	202.6	232.3
中成药生产	Production of Finished Traditional Chinese Herbal Medicine		12.1	32.5	32.7	33.7	34.5
生物药品制造	Manufacture of Biological Medicine	1.4	13.2	31.4	45.5	49.6	44.8
航空、航天器及设备制造业	**Manufacture of Aircrafts and Spacecrafts and Related Equipment**	**1.7**	**5.3**	**17.9**	**21.7**	**36.8**	**50.2**
#飞机制造	Manufacture of Airplanes	1.9	5.2	15.7	18.1	27.0	39.2
航天器制造	Manufacture of Spacecrafts	-0.2	0.1	2.2			
电子及通信设备制造业	**Manufacture of Electronic Equipment and Communication Equipment**	**243.2**	**402.7**	**772.0**	**855.4**	**1123.6**	**1117.1**
#通信设备制造	Manufacture of Communication Equipment	131.8	201.2	184.2	173.6	221.7	226.4
#通信系统设备制造	Manufacture of Communication System Equipment	41.3	5.1	23.9	9.7	13.6	26.0
通信终端设备制造	Manufacture of Communication Terminal Equipment	8.8	6.0	12.4	163.9	208.1	200.3
广播电视设备制造	Manufacture of Broadcasting and TV Equipment	0.9	2.8	5.0	3.3	15.3	12.7
雷达及配套设备制造	Manufacture of Radar and Its Fittings		0.1	0.1	0.3	0.3	0.1
视听设备制造	Manufacture of TV Set and Radio Receiver	22.4	26.0	78.4	76.7	197.3	97.0
电子器件制造	Manufacture of Electronic Appliances	44.1	48.8	265.3	378.0	401.6	416.7
#电子真空器件制造	Manufacture of Electronic Vacuum Appliance	26.3	14.6	12.2	2.6	4.2	0.5
半导体分立器件制造	Manufacture of Semiconductor Discreting Appliances	5.8	-0.4	15.2	15.6	11.1	15.8
集成电路制造	Manufacture of Integrate Circuit	11.9	14.8	99.5	102.8	94.2	130.8
电子元件制造	Manufacture of Electronic Components	35.1	120.7	200.0	168.1	202.5	228.3
其他电子设备制造	Manufacture of Other Electronic Equipment	8.9	3.2	39.0	43.6	62.8	111.1
计算机及办公设备制造业	**Manufacture of Computers and Office Equipment**	**43.4**	**196.7**	**400.0**	**435.2**	**417.7**	**403.6**
#计算机整机制造	Manufacture of Entired Computer	16.3	89.4	217.2	236.6	241.2	189.7
计算机零部件制造	Manufacture of Computer Components and Parts	21.9	90.5	162.0	133.1	106.9	107.7
计算机外围设备制造	Manufacture of Computer Peripheral Equipment				29.9	29.5	56.5
办公设备制造	Manufacture of Office Equipment	5.2	16.8	20.8	27.9	32.8	37.9
医疗仪器设备及仪器仪表制造业	**Manufacture of Medical Equipments and Measuring Instrument**	**11.5**	**56.7**	**180.2**	**169.1**	**178.6**	**198.9**
1.医疗仪器设备及器械制造	Manufacture of Medical Equipment and Appliance	2.6	16.3	47.0	48.1	46.9	54.3
2.仪器仪表制造	Manufacture of Measuring Instrument	8.9	40.4	133.2	121.0	131.8	144.6

1-1-8 续表 4 continued

行 业	Industry	利税（亿元）Taxes and Profits (100 million yuan) 2000	2005	2011	2012	2013	2014
合计	**Total**	**428.9**	**944.2**	**2315.6**	**2643.8**	**3069.2**	**2989.1**
医药制造业	**Manufacture of Medicines**	**44.8**	**135.9**	**421.7**	**483.6**	**524.5**	**580.9**
#化学药品制造	Manufacture of Chemical Medicine	30.0	90.8	293.4	336.0	368.1	417.3
中成药生产	Production of Finished Traditional Chinese Herbal Medicine		19.7	46.7	48.6	52.4	57.5
生物药品制造	Manufacture of Biological Medicine	3.1	17.5	45.4	61.4	67.0	64.0
航空、航天器及设备制造业	**Manufacture of Aircrafts and Spacecrafts and Related Equipment**	**2.8**	**7.8**	**29.0**	**36.0**	**49.8**	**75.9**
#飞机制造	Manufacture of Airplanes	3.0	7.7	26.7	28.7	36.3	61.7
航天器制造	Manufacture of Spacecrafts	-0.2	0.1	2.2			
电子及通信设备制造业	**Manufacture of Electronic Equipment and Communication Equipment**	**307.5**	**501.6**	**1065.5**	**1326.8**	**1699.8**	**1557.1**
#通信设备制造	Manufacture of Communication Equipment	166.4	243.6	293.8	330.9	448.1	380.2
#通信系统设备制造	Manufacture of Communication System Equipment	55.3	18.9	38.3	40.5	28.9	43.0
通信终端设备制造	Manufacture of Communication Terminal Equipment	12.0	7.0	13.3	290.4	419.2	337.2
广播电视设备制造	Manufacture of Broadcasting and TV Equipment	1.5	3.6	7.8	6.1	24.3	19.6
雷达及配套设备制造	Manufacture of Radar and Its Fittings		0.1	0.2	0.5	0.6	0.2
视听设备制造	Manufacture of TV Set and Radio Receiver	30.0	36.6	101.3	118.3	240.4	131.2
电子器件制造	Manufacture of Electronic Appliances	54.4	69.0	339.1	516.1	531.4	501.5
#电子真空器件制造	Manufacture of Electronic Vacuum Appliance	34.1	22.2	13.4	3.9	6.3	1.5
半导体分立器件制造	Manufacture of Semiconductor Discreting Appliances	7.3	0.3	20.7	21.9	16.2	20.7
集成电路制造	Manufacture of Integrate Circuit	13.1	22.1	125.2	131.7	127.0	153.4
电子元件制造	Manufacture of Electronic Components	44.1	144.1	273.4	269.7	320.3	338.6
其他电子设备制造	Manufacture of Other Electronic Equipment	11.1	4.6	49.9	64.1	99.4	145.3
计算机及办公设备制造业	**Manufacture of Computers and Office Equipment**	**57.8**	**228.2**	**566.5**	**570.3**	**565.7**	**513.6**
#计算机整机制造	Manufacture of Entired Computer	25.0	97.6	331.0	298.6	308.2	239.1
计算机零部件制造	Manufacture of Computer Components and Parts	25.3	109.3	208.5	174.6	149.6	139.4
计算机外围设备制造	Manufacture of Computer Peripheral Equipment				41.1	49.2	71.0
办公设备制造	Manufacture of Office Equipment	7.5	21.3	26.9	44.6	47.3	47.6
医疗仪器设备及仪器仪表制造业	**Manufacture of Medical Equipments and Measuring Instrument**	**16.1**	**70.7**	**233.0**	**227.1**	**229.4**	**261.5**
1.医疗仪器设备及器械制造	Manufacture of Medical Equipment and Appliance	3.7	19.5	61.5	61.8	46.6	69.6
2.仪器仪表制造	Manufacture of Measuring Instrument	12.4	51.2	171.5	165.3	182.8	192.0

1-1-8 续表 5 continued

行 业	Industry	出口交货值（亿元） Exports (100 million yuan)					
		2000	2005	2011	2012	2013	2014
合计	**Total**	**2018.1**	**11843.4**	**24802.9**	**27231.7**	**28097.7**	**27560.5**
医药制造业	**Manufacture of Medicines**	**30.3**	**83.7**	**275.4**	**320.3**	**330.5**	**358.8**
#化学药品制造	Manufacture of Chemical Medicine	15.5	48.7	122.6	143.7	161.8	167.6
中成药生产	Production of Finished Traditional Chinese Herbal Medicine		2.6	28.2	10.0	12.5	16.8
生物药品制造	Manufacture of Biological Medicine	3.9	16.3	47.6	71.5	73.0	87.4
航空、航天器及设备制造业	**Manufacture of Aircrafts and Spacecrafts and Related Equipment**	**1.2**	**6.7**	**54.6**	**96.5**	**122.4**	**131.6**
#飞机制造	Manufacture of Airplanes	0.9	6.6	52.0	32.4	37.9	46.9
航天器制造	Manufacture of Spacecrafts	0.3	0.2	2.6			
电子及通信设备制造业	**Manufacture of Electronic Equipment and Communication Equipment**	**1404.2**	**6208.3**	**12921.5**	**14874.3**	**15182.5**	**15648.2**
#通信设备制造	Manufacture of Communication Equipment	382.0	2529.4	2929.6	2811.2	3064.5	3414.6
#通信系统设备制造	Manufacture of Communication System Equipment	51.7	94.5	420.8	435.9	393.1	382.0
通信终端设备制造	Manufacture of Communication Terminal Equipment	84.1	185.8	223.4	2375.2	2671.4	3032.6
广播电视设备制造	Manufacture of Broadcasting and TV Equipment	2.6	26.8	68.5	91.6	278.4	219.2
雷达及配套设备制造	Manufacture of Radar and Its Fittings		0.2	0.2	2.0	1.4	0.7
视听设备制造	Manufacture of TV Set and Radio Receiver	387.7	771.6	1422.6	1355.0	1583.6	1478.2
电子器件制造	Manufacture of Electronic Appliances	180.7	1215.8	5106.0	6484.9	6120.3	6662.2
#电子真空器件制造	Manufacture of Electronic Vacuum Appliance	39.8	113.6	252.5	40.6	42.2	11.2
半导体分立器件制造	Manufacture of Semiconductor Discreting Appliances	58.7	90.9	199.0	264.9	271.8	275.3
集成电路制造	Manufacture of Integrate Circuit	82.3	603.2	1154.4	1260.4	1255.2	1348.9
电子元件制造	Manufacture of Electronic Components	396.5	1590.9	3127.6	3252.1	3192.6	2944.6
其他电子设备制造	Manufacture of Other Electronic Equipment	54.7	73.6	267.0	638.2	724.2	758.3
计算机及办公设备制造业	**Manufacture of Computers and Office Equipment**	**530.8**	**5291.8**	**10978.1**	**11314.5**	**11722.1**	**10699.8**
#计算机整机制造	Manufacture of Entired Computer	124.6	2413.2	5678.5	6112.7	6653.8	6069.2
计算机零部件制造	Manufacture of Computer Components and Parts	330.3	2535.8	4882.1	3548.2	3441.2	3093.1
计算机外围设备制造	Manufacture of Computer Peripheral Equipment				829.3	726.6	640.1
办公设备制造	Manufacture of Office Equipment	75.8	342.9	417.5	595.9	611.4	605.3
医疗仪器设备及仪器仪表制造业	**Manufacture of Medical Equipments and Measuring Instrument**	**51.6**	**252.9**	**573.4**	**626.1**	**740.2**	**722.1**
1.医疗仪器设备及器械制造	Manufacture of Medical Equipment and Appliance	18.5	80.3	221.2	217.4	241.3	239.3
2.仪器仪表制造	Manufacture of Measuring Instrument	33.1	172.7	352.3	408.8	498.9	482.7

1-1-9 各地区高技术产业生产经营情况

Statistics on Production and Management in High-tech Industry by Region

地 区	Region	企业数（个） Number of Enterprises (unit)					
		2000	2005	2011	2012	2013	2014
全 国	**Total**	**9835**	**17527**	**21682**	**24636**	**26894**	**27939**
东部地区	Eastern Region	6734	13174	15582	17227	18761	19069
中部地区	Middle Region	1361	1920	3239	3805	4319	4850
西部地区	Western Region	1028	1485	1654	2311	2502	2758
东北地区	Northeastern Region	712	948	1207	1293	1312	1262
北 京	Beijing	582	1101	737	760	782	805
天 津	Tianjin	496	602	497	587	585	583
河 北	Hebei	254	312	370	433	504	556
山 西	Shanxi	127	145	118	136	138	134
内蒙古	Inner Mongolia	55	71	98	97	100	95
辽 宁	Liaoning	350	547	701	738	735	687
吉 林	Jilin	237	246	368	394	394	393
黑龙江	Heilongjiang	125	155	138	161	183	182
上 海	Shanghai	737	1248	962	1030	1024	1003
江 苏	Jiangsu	1144	2220	4061	4598	4865	4852
浙 江	Zhejiang	861	1991	1923	2143	2391	2437
安 徽	Anhui	177	287	574	744	841	1036
福 建	Fujian	315	517	596	692	742	796
江 西	Jiangxi	176	272	499	602	696	792
山 东	Shandong	424	1219	1514	1875	2015	2114
河 南	Henan	303	383	723	848	933	1068
湖 北	Hubei	333	446	544	687	830	920
湖 南	Hunan	190	316	683	788	881	900
广 东	Guangdong	1711	3693	4601	5059	5802	5874
广 西	Guangxi	160	214	275	285	301	296
海 南	Hainan	50	57	46	50	51	49
重 庆	Chongqing	116	149	252	315	383	460
四 川	Sichuan	277	563	727	813	841	911
贵 州	Guizhou	157	178	119	135	149	193
云 南	Yunnan	92	122	104	123	136	148
西 藏	Tibet	15	12	5	6	8	9
陕 西	Shaanxi	245	307	325	379	402	435
甘 肃	Gansu	69	84	59	87	107	117
青 海	Qinghai	10	24	26	27	28	36
宁 夏	Ningxia	16	20	14	19	19	24
新 疆	Xinjiang	31	26	23	25	28	34

1-1-9 续表 1 continued

地 区	Region	从业人员平均人数（人） Annual Average Number of Employed Personnel (person)					
		2000	2005	2011	2012	2013	2014
全 国	**Total**	**3922875**	**6633422**	**11469153**	**12686722**	**12936870**	**13250267**
东部地区	Eastern Region	2385858	5171091	8805608	9377423	9388752	9465854
中部地区	Middle Region	532438	569739	1378481	1675962	1855971	2024387
西部地区	Western Region	658980	588365	885502	1184464	1238387	1316311
东北地区	Northeastern Region	345599	304227	399562	448873	453760	443715
北 京	Beijing	158433	208827	259535	282589	287281	282024
天 津	Tianjin	139192	176089	238898	295597	271138	298182
河 北	Hebei	98710	111211	181494	182291	197432	198644
山 西	Shanxi	41713	44027	121814	147733	142061	138667
内 蒙 古	Inner Mongolia	17205	21598	31145	30896	32651	30947
辽 宁	Liaoning	179272	162618	198248	212992	218388	212474
吉 林	Jilin	78439	59259	127094	155255	151519	151717
黑 龙 江	Heilongjiang	87888	82350	74220	80626	83853	79524
上 海	Shanghai	215236	389357	586846	596542	609434	580596
江 苏	Jiangsu	399677	1000337	2333488	2486148	2461783	2446480
浙 江	Zhejiang	218291	429489	586366	644264	670358	672586
安 徽	Anhui	54542	64533	149818	187326	205182	252133
福 建	Fujian	125585	230226	332282	355641	377439	372151
江 西	Jiangxi	97208	109870	239996	267263	277522	311199
山 东	Shandong	172261	356621	553395	674943	691324	726301
河 南	Henan	117308	139235	400204	553026	633971	697405
湖 北	Hubei	129716	121394	221429	268785	293598	320261
湖 南	Hunan	74746	69082	214075	251829	303637	304722
广 东	Guangdong	811708	2214553	3614903	3842156	3803831	3872690
广 西	Guangxi	40522	47455	104282	116808	125132	134289
海 南	Hainan	6243	6926	14119	17252	18732	16200
重 庆	Chongqing	58706	51282	115688	179452	219274	246281
四 川	Sichuan	197771	203812	426474	515131	501539	501205
贵 州	Guizhou	92967	67411	63297	49315	47061	72532
云 南	Yunnan	23264	23326	25390	31775	35272	39335
西 藏	Tibet	1191	1085	1060	1130	1452	1676
陕 西	Shaanxi	222716	196330	211006	216232	230560	241918
甘 肃	Gansu	45729	27156	24873	26974	28398	26694
青 海	Qinghai	3699	4528	4638	5747	5945	7084
宁 夏	Ningxia	7815	8565	5612	7161	6726	7417
新 疆	Xinjiang	5122	4870	7464	3843	4377	6933

1-1-9 续表 2 continued

地 区	Region	主营业务收入（亿元） Revenue from Principal Business (100 million yuan)					
		2000	2005	2011	2012	2013	2014
全 国	**Total**	**10050.1**	**33916.2**	**87527.2**	**102284.0**	**116048.9**	**127367.7**
东部地区	Eastern Region	8084.9	30000.4	70102.4	78350.3	85972.2	92205.9
中部地区	Middle Region	641.2	1456.5	8160.6	11104.0	14123.3	17014.1
西部地区	Western Region	723.1	1392.1	5974.8	8952.7	11548.8	13495.7
东北地区	Northeastern Region	600.9	1067.2	3289.3	3877.0	4404.5	4652.0
北 京	Beijing	1020.8	2168.5	3326.3	3569.9	3826.1	4151.6
天 津	Tianjin	656.3	1909.0	2697.4	3526.9	4243.5	4282.0
河 北	Hebei	155.5	300.2	1041.4	1204.5	1381.0	1508.7
山 西	Shanxi	29.1	67.6	302.4	621.5	707.8	793.6
内蒙古	Inner Mongolia	19.4	102.8	312.2	273.1	344.8	353.4
辽 宁	Liaoning	354.0	608.5	1898.5	2214.1	2362.4	2351.7
吉 林	Jilin	80.0	145.4	918.1	1138.7	1431.3	1667.9
黑龙江	Heilongjiang	166.9	313.3	472.7	524.2	610.8	632.4
上 海	Shanghai	1057.1	4030.3	7063.6	7051.6	6823.4	7056.9
江 苏	Jiangsu	1235.5	6137.5	19396.0	22863.6	24854.0	26113.9
浙 江	Zhejiang	489.5	1741.8	3607.3	3976.9	4360.1	4792.4
安 徽	Anhui	79.5	156.5	1055.1	1460.0	1831.4	2533.0
福 建	Fujian	415.9	1421.9	2989.8	3229.4	3545.0	3627.8
江 西	Jiangxi	100.0	229.9	1432.0	1856.7	2289.6	2611.9
山 东	Shandong	366.1	1737.9	6121.4	7729.2	8946.5	10212.1
河 南	Henan	120.0	297.6	2033.5	3257.8	4284.4	5293.1
湖 北	Hubei	195.1	396.9	1552.1	2027.3	2445.3	2948.0
湖 南	Hunan	98.2	205.1	1473.4	1880.7	2564.9	2834.4
广 东	Guangdong	2625.3	10428.8	23227.6	25046.6	27871.1	30328.9
广 西	Guangxi	44.7	94.2	539.6	806.2	1126.2	1394.3
海 南	Hainan	18.1	30.4	92.1	151.9	121.4	131.7
重 庆	Chongqing	60.6	136.0	1111.8	1883.4	2624.2	3433.7
四 川	Sichuan	297.1	578.3	3186.5	3962.1	5160.5	5486.6
贵 州	Guizhou	67.5	127.9	305.0	342.9	372.0	566.3
云 南	Yunnan	32.3	59.8	188.7	239.4	291.1	312.1
西 藏	Tibet	1.9	3.7	5.2	7.7	11.8	15.9
陕 西	Shaanxi	230.6	414.3	1001.5	1238.0	1374.0	1649.5
甘 肃	Gansu	20.0	39.2	87.6	112.3	140.9	162.4
青 海	Qinghai	2.4	6.9	21.6	38.7	50.7	57.2
宁 夏	Ningxia	5.9	15.7	35.9	31.9	31.8	37.4
新 疆	Xinjiang	4.7	10.5	31.1	16.9	20.7	26.9

1-1-9 续表 3 continued

地 区	Region	利润总额（亿元） Profits (100 million yuan)					
		2000	2005	2011	2012	2013	2014
全 国	**Total**	**673.1**	**1423.2**	**5244.9**	**6186.3**	**7233.7**	**8095.2**
东部地区	Eastern Region	558.7	1244.5	3864.3	4368.3	5157.4	5729.0
中部地区	Middle Region	45.3	76.0	673.7	867.4	949.5	1061.9
西部地区	Western Region	38.3	59.7	408.4	650.7	789.7	919.3
东北地区	Northeastern Region	30.8	43.0	298.5	299.9	337.2	385.0
北 京	Beijing	82.6	96.8	228.9	235.6	292.4	277.3
天 津	Tianjin	78.0	156.0	165.1	247.7	297.9	281.8
河 北	Hebei	8.0	18.0	83.6	79.7	107.8	138.2
山 西	Shanxi	2.0	2.7	28.4	109.8	25.1	42.7
内蒙古	Inner Mongolia	0.5	6.3	33.8	20.8	33.9	36.0
辽 宁	Liaoning	14.1	16.8	153.5	160.0	173.1	196.1
吉 林	Jilin	9.6	11.8	98.0	93.4	115.3	137.3
黑龙江	Heilongjiang	7.1	14.4	47.0	46.5	48.8	51.6
上 海	Shanghai	92.5	93.9	222.0	215.5	235.7	302.3
江 苏	Jiangsu	66.6	252.3	1065.1	1282.0	1521.5	1671.2
浙 江	Zhejiang	41.9	82.0	350.2	370.9	419.2	475.0
安 徽	Anhui	2.5	9.5	85.9	143.4	157.8	191.3
福 建	Fujian	19.7	69.1	182.8	181.6	176.9	204.4
江 西	Jiangxi	3.7	10.8	85.8	122.1	156.0	189.9
山 东	Shandong	21.0	95.7	463.7	612.9	700.3	781.3
河 南	Henan	11.9	15.0	167.1	205.9	274.1	340.7
湖 北	Hubei	19.0	21.3	130.1	130.1	148.4	143.1
湖 南	Hunan	5.6	10.5	142.5	156.1	188.1	154.1
广 东	Guangdong	143.1	367.3	1006.5	1110.9	1388.6	1578.4
广 西	Guangxi	3.8	7.7	83.7	108.7	124.2	131.7
海 南	Hainan	1.5	5.5	12.8	31.6	17.0	19.1
重 庆	Chongqing	0.3	9.1	36.2	50.2	73.6	110.5
四 川	Sichuan	17.2	27.6	212.3	304.2	370.0	413.3
贵 州	Guizhou	2.1	3.0	29.1	33.1	27.8	44.7
云 南	Yunnan	3.6	6.6	28.9	28.6	42.2	34.0
西 藏	Tibet	0.6	1.6	1.9	2.6	3.3	3.0
陕 西	Shaanxi	13.9	6.5	73.4	77.2	86.2	116.2
甘 肃	Gansu	-0.2	2.6	12.1	14.5	19.1	23.0
青 海	Qinghai	0.1	0.8	2.4	5.0	7.8	6.2
宁 夏	Ningxia	0.6	0.9	7.7	3.1	-0.1	0.0
新 疆	Xinjiang	0.1	1.1	4.4	2.7	1.9	0.7

1-1-9 续表 4 continued

地 区	Region	利税（亿元） Taxes and Profits (100 million yuan)					
		2000	2005	2011	2012	2013	2014
全 国	**Total**	**1033.6**	**2089.6**	**7813.8**	**9494.3**	**11117.0**	**12188.6**
东部地区	Eastern Region	812.9	1760.9	5771.0	6682.7	7809.5	8511.1
中部地区	Middle Region	81.0	133.8	973.6	1315.0	1536.7	1729.2
西部地区	Western Region	77.3	116.1	671.6	1050.2	1258.7	1381.6
东北地区	Northeastern Region	62.4	78.7	397.5	446.4	512.1	566.6
北 京	Beijing	110.6	139.4	312.3	320.4	402.7	405.5
天 津	Tianjin	97.5	183.9	255.9	408.0	546.6	454.6
河 北	Hebei	16.3	31.1	117.4	120.0	155.9	193.0
山 西	Shanxi	3.9	6.0	38.2	127.7	43.2	65.9
内蒙古	Inner Mongolia	1.3	9.1	46.6	31.5	53.0	54.6
辽 宁	Liaoning	26.5	27.9	199.1	231.2	253.0	276.1
吉 林	Jilin	15.9	20.1	130.4	140.2	180.2	207.7
黑龙江	Heilongjiang	20.0	30.7	68.1	75.0	78.9	82.8
上 海	Shanghai	124.4	136.5	279.1	283.8	289.6	374.4
江 苏	Jiangsu	117.1	334.4	1474.4	1901.5	2155.3	2393.9
浙 江	Zhejiang	66.2	133.0	475.0	526.8	599.1	681.3
安 徽	Anhui	5.9	14.8	136.1	200.8	232.6	263.3
福 建	Fujian	31.5	85.3	221.0	237.5	234.3	269.4
江 西	Jiangxi	10.3	22.6	134.2	192.9	243.9	298.6
山 东	Shandong	36.1	149.2	660.9	901.1	1037.3	1160.2
河 南	Henan	19.4	28.0	238.1	354.2	466.6	572.5
湖 北	Hubei	29.1	33.7	169.0	188.2	241.6	238.6
湖 南	Hunan	11.1	19.7	211.4	251.1	308.9	290.4
广 东	Guangdong	202.8	545.7	1853.2	1942.9	2361.1	2550.8
广 西	Guangxi	7.4	14.1	101.8	137.6	163.0	174.6
海 南	Hainan	2.9	8.4	19.9	40.8	27.7	28.2
重 庆	Chongqing	3.9	15.2	73.0	86.1	123.1	178.5
四 川	Sichuan	33.3	47.3	368.2	538.4	625.6	624.1
贵 州	Guizhou	5.2	9.3	42.9	50.0	48.2	71.5
云 南	Yunnan	5.8	11.2	41.0	45.7	62.7	53.4
西 藏	Tibet	0.9	2.1	2.6	3.5	4.8	4.9
陕 西	Shaanxi	25.4	21.6	110.3	121.7	139.3	178.1
甘 肃	Gansu	0.8	4.7	16.1	19.5	25.0	29.6
青 海	Qinghai	0.4	1.2	3.5	7.3	10.7	9.4
宁 夏	Ningxia	1.0	1.4	8.8	5.1	0.1	0.8
新 疆	Xinjiang	0.5	2.1	5.2	3.7	3.1	2.2

1-1-9 续表 5 continued

地 区	Region	出口交货值（亿元） Exports (100 million yuan)					
		2000	2005	2011	2012	2013	2014
全 国	**Total**	**3396.0**	**17636.0**	**40600.3**	**46701.1**	**49285.1**	**50765.2**
东部地区	Eastern Region	3115.8	17014.1	37209.3	40173.1	40541.6	41718.5
中部地区	Middle Region	43.5	205.7	1341.3	2947.2	3745.0	4525.5
西部地区	Western Region	58.0	123.1	1610.3	3086.8	4548.3	4102.8
东北地区	Northeastern Region	178.7	293.1	439.4	494.0	450.2	418.3
北 京	Beijing	160.2	832.6	1055.8	1081.4	1118.8	1031.6
天 津	Tianjin	259.2	1054.5	1185.3	1545.8	1537.0	1561.5
河 北	Hebei	17.3	41.8	157.4	166.9	150.5	145.7
山 西	Shanxi	1.7	5.7	78.5	297.6	388.5	437.9
内 蒙 古	Inner Mongolia	1.1	31.7	6.5	6.9	11.2	14.1
辽 宁	Liaoning	163.9	271.1	415.8	466.6	417.0	370.5
吉 林	Jilin	2.0	6.6	10.6	13.5	19.7	23.9
黑 龙 江	Heilongjiang	12.8	15.4	13.0	14.0	13.5	23.9
上 海	Shanghai	370.7	2726.0	4918.8	4691.2	4503.8	4415.9
江 苏	Jiangsu	537.0	3876.4	10936.9	12525.1	12244.5	11911.1
浙 江	Zhejiang	120.9	744.7	1305.0	1317.6	1425.8	1548.2
安 徽	Anhui	4.5	15.6	119.5	200.8	300.3	647.6
福 建	Fujian	196.6	827.5	1771.1	1832.1	1936.5	2001.6
江 西	Jiangxi	4.8	27.1	213.4	242.7	257.7	306.5
山 东	Shandong	78.8	423.8	1463.7	1597.1	1663.5	1948.5
河 南	Henan	10.1	33.7	436.6	1343.2	1894.0	2387.6
湖 北	Hubei	11.7	61.5	382.7	546.2	415.9	315.8
湖 南	Hunan	9.6	30.5	104.1	316.8	488.5	430.1
广 东	Guangdong	1371.7	6475.2	14265.7	15411.2	15957.1	17149.5
广 西	Guangxi	2.4	9.5	147.8	157.0	231.8	312.0
海 南	Hainan	0.9	2.0	1.9	4.7	4.1	5.0
重 庆	Chongqing	6.3	9.5	489.4	1216.0	1710.2	2194.1
四 川	Sichuan	21.6	66.1	987.8	1556.7	2440.6	1353.2
贵 州	Guizhou	1.8	10.7	17.4	13.4	9.2	12.8
云 南	Yunnan	4.0	5.0	6.2	8.2	7.0	9.2
西 藏	Tibet						0.0
陕 西	Shaanxi	19.7	24.8	85.4	109.7	110.6	176.3
甘 肃	Gansu	2.7	0.5	5.7	8.5	17.7	20.4
青 海	Qinghai	0.2	0.2	0.1	0.2	0.2	0.1
宁 夏	Ningxia	1.1	6.1	12.9	9.6	8.8	9.2
新 疆	Xinjiang	0.4	0.4	5.4	0.7	1.0	1.3

1-1-10　大中型企业各地区高技术产业生产经营情况

Statistics on Production and Management in High-tech Industry of Large and Medium-sized Enterprises by Region

地　区	Region	企业数（个） Number of Enterprises (unit)					
		2000	2005	2011	2012	2013	2014
全　国	**Total**	**2030**	**3454**	**6803**	**7506**	**7809**	**7969**
东部地区	Eastern Region	1208	2705	5265	5629	5777	5721
中部地区	Middle Region	318	306	815	998	1097	1240
西部地区	Western Region	320	310	523	663	719	790
东北地区	Northeastern Region	184	133	200	216	216	218
北　京	Beijing	75	125	179	193	209	195
天　津	Tianjin	106	108	167	197	184	181
河　北	Hebei	52	47	86	87	87	94
山　西	Shanxi	28	28	37	42	41	37
内蒙古	Inner Mongolia	12	15	23	21	24	21
辽　宁	Liaoning	81	67	101	112	112	113
吉　林	Jilin	69	38	68	62	59	61
黑龙江	Heilongjiang	34	28	31	42	45	44
上　海	Shanghai	224	258	322	329	320	315
江　苏	Jiangsu	197	591	1356	1439	1449	1444
浙　江	Zhejiang	85	259	459	486	515	510
安　徽	Anhui	46	50	101	139	148	172
福　建	Fujian	26	102	213	235	240	229
江　西	Jiangxi	47	40	163	217	226	259
山　东	Shandong	118	189	338	398	400	408
河　南	Henan	63	69	219	289	322	382
湖　北	Hubei	83	65	140	158	176	184
湖　南	Hunan	39	39	132	153	184	206
广　东	Guangdong	271	989	2062	2244	2346	2321
广　西	Guangxi	41	29	67	80	90	98
海　南	Hainan	13	8	16	21	27	24
重　庆	Chongqing	35	38	93	124	135	156
四　川	Sichuan	93	100	213	243	247	263
贵　州	Guizhou	60	51	48	40	32	57
云　南	Yunnan	13	17	25	31	33	33
西　藏	Tibet	1		1	1	1	2
陕　西	Shaanxi	80	74	112	92	125	128
甘　肃	Gansu	23	18	18	19	20	16
青　海	Qinghai	4	4	5	4	5	4
宁　夏	Ningxia	5	6	5	6	5	7
新　疆	Xinjiang	6	2	3	2	2	5

注：本表数据口径相同于表1-1-4。

1-1-10 续表 1 continued

地 区	Region	从业人员平均人数（人） Annual Average Number of Employed Personnel (person)					
		2000	2005	2011	2012	2013	2014
全 国	**Total**	**2252216**	**4717460**	**9537086**	**10346625**	**10516563**	**10727828**
东部地区	Eastern Region	1108137	3704130	7428666	7829850	7708590	7731929
中部地区	Middle Region	365378	355992	1075640	1327516	1467343	1595579
西部地区	Western Region	521352	438608	744901	869827	1017822	1080886
东北地区	Northeastern Region	257349	218730	287879	319432	322808	319434
北 京	Beijing	70587	127846	192969	210544	216590	205627
天 津	Tianjin	87568	119281	199084	249901	226090	250738
河 北	Hebei	67464	74527	145421	137137	146191	146660
山 西	Shanxi	28389	29934	111911	136137	130114	125746
内蒙古	Inner Mongolia	9924	13789	21497	20558	23749	22602
辽 宁	Liaoning	130205	119453	134501	141098	147132	146424
吉 林	Jilin	54155	31630	93435	113303	109509	110529
黑龙江	Heilongjiang	72989	67647	59943	65031	66167	62481
上 海	Shanghai	145747	286602	506100	506696	517469	492373
江 苏	Jiangsu	190250	791908	1977685	2067990	2021484	2002554
浙 江	Zhejiang	81637	247568	398992	439731	446180	442344
安 徽	Anhui	34154	36976	98347	124149	136619	166805
福 建	Fujian	46940	169598	277642	295994	308004	302337
江 西	Jiangxi	77329	76012	188892	211833	212288	239557
山 东	Shandong	113403	213921	422526	501065	506358	531439
河 南	Henan	76979	88429	331945	478106	554748	609430
湖 北	Hubei	85980	72403	178165	210096	223078	238634
湖 南	Hunan	52623	38449	144883	167195	210496	215407
广 东	Guangdong	276531	1645177	3222867	3408618	3305259	3346053
广 西	Guangxi	25495	24487	76199	88588	97478	108638
海 南	Hainan	2515	3215	9181	12174	14965	11804
重 庆	Chongqing	42490	35326	95967	155305	188207	209447
四 川	Sichuan	157478	147969	362269	443769	425235	419993
贵 州	Guizhou	76097	52389	54089	38930	36314	59085
云 南	Yunnan	10104	10812	15692	21172	23614	26467
西 藏	Tibet	181		395	395	395	828
陕 西	Shaanxi	191102	162001	184660	72703	194556	204969
甘 肃	Gansu	33839	18351	19899	19067	19170	16835
青 海	Qinghai	2745	2470	2660	2788	3148	3064
宁 夏	Ningxia	5391	6369	4354	5531	4926	5503
新 疆	Xinjiang	1925	2921	4916	1021	1030	3455

1-1-10 续表 2 continued

地 区	Region	主营业务收入（亿元） Revenue from Principal Business (100 million yuan)					
		2000	2005	2011	2012	2013	2014
全 国	**Total**	**6085.2**	**28783.2**	**72065.5**	**83239.5**	**91634.8**	**103060.2**
东部地区	Eastern Region	4612.6	25859.0	59878.0	66523.8	69525.5	76858.1
中部地区	Middle Region	429.5	972.5	5447.9	7971.3	10157.9	12484.2
西部地区	Western Region	559.1	1091.1	4899.4	6562.2	9531.5	11027.1
东北地区	Northeastern Region	484.0	860.5	1840.1	2182.2	2419.8	2690.9
北 京	Beijing	320.5	1762.4	2799.4	2993.7	3205.4	3425.7
天 津	Tianjin	585.2	1766.0	2415.2	3163.3	3589.4	3775.1
河 北	Hebei	113.5	220.7	694.0	808.0	905.2	997.4
山 西	Shanxi	16.4	44.2	254.3	561.5	639.3	714.5
内蒙古	Inner Mongolia	12.5	76.2	227.7	170.5	256.7	268.3
辽 宁	Liaoning	275.9	496.6	971.0	1159.6	1199.6	1238.0
吉 林	Jilin	57.7	94.4	488.5	597.8	744.6	983.5
黑龙江	Heilongjiang	150.4	269.5	380.6	424.8	475.7	469.5
上 海	Shanghai	886.1	3437.4	6472.1	6439.0	6134.6	6297.6
江 苏	Jiangsu	601.5	5454.0	16318.7	19002.1	20580.3	21656.8
浙 江	Zhejiang	210.3	1181.6	2539.3	2819.3	2983.4	3301.3
安 徽	Anhui	36.8	104.5	619.0	905.5	1128.9	1670.6
福 建	Fujian	217.6	1283.9	2631.4	2835.8	3076.8	3050.5
江 西	Jiangxi	83.6	172.9	979.5	1312.7	1454.7	1758.3
山 东	Shandong	268.4	1278.5	4528.9	5602.3	6405.5	7237.6
河 南	Henan	81.3	193.8	1493.1	2670.3	3595.2	4473.9
湖 北	Hubei	136.2	260.9	1122.1	1497.1	1784.8	2105.1
湖 南	Hunan	62.5	120.1	752.3	1024.1	1555.1	1761.8
广 东	Guangdong	1369.7	9412.6	21136.3	22741.9	22550.0	27014.9
广 西	Guangxi	32.1	49.1	286.8	521.0	828.4	1060.1
海 南	Hainan	7.7	12.7	55.9	118.2	94.8	101.3
重 庆	Chongqing	46.3	101.7	985.8	1697.3	2351.5	3027.1
四 川	Sichuan	236.0	454.1	2637.3	3323.3	4486.1	4693.1
贵 州	Guizhou	43.3	96.0	211.5	178.0	202.7	350.2
云 南	Yunnan	11.0	32.1	118.2	158.8	192.5	211.7
西 藏	Tibet	1.1		1.0	1.1	1.2	8.2
陕 西	Shaanxi	196.1	354.8	833.9	408.2	1078.7	1264.8
甘 肃	Gansu	16.4	28.2	55.9	61.2	78.4	85.0
青 海	Qinghai	1.6	4.0	6.7	17.4	29.9	23.3
宁 夏	Ningxia	5.2	13.7	28.8	22.6	22.6	24.9
新 疆	Xinjiang	2.2	6.4	20.3	2.7	2.8	10.3

1-1-10　续表 3　continued

地　　区	Region	利润总额（亿元） Profits (100 million yuan)					
		2000	2005	2011	2012	2013	2014
全　　国	**Total**	**434.1**	**1153.7**	**4087.2**	**4858.7**	**5465.1**	**6508.0**
东部地区	Eastern Region	356.2	1021.2	3122.9	3581.5	3979.8	4749.6
中部地区	Middle Region	29.9	51.9	457.0	617.9	649.3	758.0
西部地区	Western Region	25.3	46.9	313.0	473.4	630.6	743.4
东北地区	Northeastern Region	22.6	33.7	194.3	186.0	205.3	256.9
北　　京	Beijing	20.5	65.7	174.8	178.0	230.1	206.3
天　　津	Tianjin	74.2	150.6	140.4	226.2	262.4	246.8
河　　北	Hebei	5.9	12.1	50.1	43.4	62.6	94.6
山　　西	Shanxi	1.1	2.5	24.5	105.7	20.7	37.2
内 蒙 古	Inner Mongolia	0.1	5.2	26.1	16.5	27.8	29.3
辽　　宁	Liaoning	11.3	11.0	91.7	95.6	99.5	125.8
吉　　林	Jilin	6.1	12.1	65.4	52.0	67.9	92.5
黑 龙 江	Heilongjiang	5.2	10.6	37.2	38.4	37.9	38.7
上　　海	Shanghai	82.6	58.1	177.5	163.7	178.2	241.8
江　　苏	Jiangsu	35.6	214.9	857.3	1035.3	1245.0	1394.7
浙　　江	Zhejiang	19.2	52.3	266.0	285.7	317.1	369.2
安　　徽	Anhui	1.4	7.0	51.6	93.0	100.3	128.5
福　　建	Fujian	4.9	61.9	156.1	159.5	151.9	165.2
江　　西	Jiangxi	2.0	8.0	56.1	86.4	109.0	139.1
山　　东	Shandong	14.1	59.3	349.3	462.8	508.0	572.5
河　　南	Henan	8.8	8.2	109.0	151.9	210.4	271.0
湖　　北	Hubei	14.6	15.7	99.1	89.0	95.4	92.5
湖　　南	Hunan	2.0	5.2	90.6	91.9	113.5	89.8
广　　东	Guangdong	95.6	338.3	895.8	1000.3	1011.0	1444.7
广　　西	Guangxi	3.3	6.2	48.6	74.3	97.6	106.1
海　　南	Hainan	0.3	1.8	6.9	26.7	13.6	13.7
重　　庆	Chongqing	0.1	7.7	26.5	37.3	55.1	79.7
四　　川	Sichuan	10.4	21.9	169.6	258.6	321.4	364.7
贵　　州	Guizhou	0.6	1.2	17.1	17.0	20.2	34.5
云　　南	Yunnan	1.6	5.3	23.2	20.9	31.7	24.6
西　　藏	Tibet	0.5		0.2	0.3	-0.1	0.1
陕　　西	Shaanxi	11.2	5.7	57.0	33.8	60.5	84.6
甘　　肃	Gansu	0.2	2.5	8.7	9.2	12.5	15.8
青　　海	Qinghai	0.1	0.7	1.4	3.8	4.9	5.3
宁　　夏	Ningxia	0.7	1.1	6.3	1.7	-1.1	-1.3
新　　疆	Xinjiang	0.1	0.7	3.1		0.1	-0.2

1-1-10 续表 4 continued

地 区	Region	利税（亿元） Taxes and Profits (100 million yuan)					
		2000	2005	2011	2012	2013	2014
全 国	**Total**	**666.0**	**1638.5**	**6109.6**	**7471.4**	**8353.9**	**9688.5**
东部地区	Eastern Region	510.6	1404.0	4680.7	5469.9	5961.1	6959.1
中部地区	Middle Region	54.0	89.3	650.5	936.6	1082.2	1256.6
西部地区	Western Region	53.2	86.6	532.2	793.9	1012.6	1108.8
东北地区	Northeastern Region	48.2	58.7	246.2	271.0	298.0	363.9
北 京	Beijing	27.4	91.2	236.2	236.1	311.3	299.7
天 津	Tianjin	90.9	174.1	219.0	369.1	484.4	391.6
河 北	Hebei	12.6	22.0	71.6	70.9	96.4	133.7
山 西	Shanxi	2.1	4.7	32.4	120.6	35.4	55.3
内蒙古	Inner Mongolia	0.3	6.6	36.0	24.5	44.0	44.8
辽 宁	Liaoning	21.1	17.4	110.1	130.8	133.5	160.6
吉 林	Jilin	10.4	17.4	82.5	77.8	102.6	140.0
黑龙江	Heilongjiang	16.7	23.9	53.6	62.4	61.8	63.4
上 海	Shanghai	109.0	85.4	217.6	212.8	222.0	287.8
江 苏	Jiangsu	63.3	274.9	1158.1	1512.4	1712.7	1948.0
浙 江	Zhejiang	32.2	86.7	350.6	393.8	440.3	515.8
安 徽	Anhui	3.2	10.2	87.4	131.6	151.0	171.5
福 建	Fujian	9.1	73.9	184.1	205.1	195.4	212.5
江 西	Jiangxi	7.6	17.4	87.6	138.5	171.2	216.4
山 东	Shandong	25.0	96.5	488.2	669.9	742.0	824.3
河 南	Henan	13.8	16.4	160.0	280.2	382.0	480.4
湖 北	Hubei	21.9	24.0	122.6	125.8	160.6	157.8
湖 南	Hunan	5.2	9.8	124.5	139.7	181.9	175.2
广 东	Guangdong	134.0	485.5	1686.0	1766.8	1735.0	2325.8
广 西	Guangxi	6.2	10.9	58.8	93.4	126.3	140.4
海 南	Hainan	0.9	2.8	10.6	33.0	21.7	20.0
重 庆	Chongqing	3.0	12.5	59.6	66.6	93.8	132.0
四 川	Sichuan	22.5	36.2	304.3	465.6	547.2	541.3
贵 州	Guizhou	1.9	5.6	26.7	28.1	33.7	53.0
云 南	Yunnan	2.3	7.9	31.4	33.4	45.2	39.1
西 藏	Tibet	0.6		0.4	0.5	0.1	1.0
陕 西	Shaanxi	20.3	16.3	86.2	61.1	100.7	130.7
甘 肃	Gansu	1.0	4.1	11.3	12.2	15.8	19.7
青 海	Qinghai	0.2	0.9	1.9	5.2	6.7	7.3
宁 夏	Ningxia	1.0	1.5	7.2	3.0	-1.2	-0.8
新 疆	Xinjiang	0.3	1.3	3.2	0.2	0.3	0.3

1-1-10 续表 5 continued

地 区	Region	出口交货值（亿元） Exports (100 million yuan)					
		2000	2005	2011	2012	2013	2014
全 国	**Total**	**1771.5**	**16271.8**	**38611.3**	**44345.9**	**45699.0**	**48008.9**
东部地区	Eastern Region	1548.5	15745.0	35488.0	38093.8	37208.7	39373.2
中部地区	Middle Region	34.5	154.9	1209.0	2832.3	3594.7	4262.9
西部地区	Western Region	46.1	100.7	1562.5	2959.4	4480.5	3981.2
东北地区	Northeastern Region	142.5	271.1	351.7	460.4	415.1	391.6
北 京	Beijing	50.8	806.0	997.1	1028.3	1061.9	967.3
天 津	Tianjin	241.6	1017.5	1143.0	1498.1	1488.3	1478.3
河 北	Hebei	14.8	35.4	144.1	153.1	136.6	133.7
山 西	Shanxi	1.4	5.6	76.9	296.1	388.1	437.0
内蒙古	Inner Mongolia	0.9	25.6	5.4	5.5	9.0	11.4
辽 宁	Liaoning	128.3	256.9	332.8	440.3	392.9	352.8
吉 林	Jilin	1.4	5.3	6.9	6.7	9.7	15.1
黑龙江	Heilongjiang	12.8	8.9	12.0	13.4	12.5	23.7
上 海	Shanghai	317.9	2485.8	4762.3	4520.5	4316.3	4221.6
江 苏	Jiangsu	174.8	3702.9	10444.9	11833.2	11688.5	11334.9
浙 江	Zhejiang	40.4	518.5	1086.2	1069.5	1186.7	1276.6
安 徽	Anhui	1.6	12.2	97.9	172.1	269.8	585.4
福 建	Fujian	98.6	790.3	1705.9	1773.3	1858.2	1906.7
江 西	Jiangxi	4.6	23.3	171.3	202.6	192.2	229.0
山 东	Shandong	55.5	341.9	1360.2	1451.3	1471.1	1748.2
河 南	Henan	8.8	26.6	434.6	1337.5	1888.3	2371.9
湖 北	Hubei	8.4	33.8	332.0	516.2	387.7	268.2
湖 南	Hunan	8.8	27.8	91.0	307.8	468.6	371.4
广 东	Guangdong	551.8	6038.0	13710.8	14761.9	13997.1	16300.9
广 西	Guangxi	1.6	6.9	131.8	147.0	216.0	284.3
海 南	Hainan	0.5	1.7	1.9	4.7	4.1	4.9
重 庆	Chongqing	3.2	4.1	481.5	1207.3	1698.7	2152.6
四 川	Sichuan	17.3	56.8	968.2	1534.5	2423.7	1334.0
贵 州	Guizhou	1.7	6.7	10.6	2.5	5.8	5.2
云 南	Yunnan	1.2	3.1	3.5	5.1	3.2	6.5
西 藏	Tibet						
陕 西	Shaanxi	18.6	23.2	77.1	41.0	98.5	158.8
甘 肃	Gansu	2.7	0.4	3.9	6.9	17.2	19.3
青 海	Qinghai	0.2	0.2	0.1	0.2	0.1	0.1
宁 夏	Ningxia	1.1	6.1	12.9	9.4	8.2	8.7
新 疆	Xinjiang	0.1	0.3	4.7			0.4

1-1-11 国有及国有控股企业各地区高技术产业生产经营情况
Statistics on Production and Management in High-tech Industry of State-owned and State-controlled Enterprises by Region

地 区	Region	企业数（个）Number of Enterprises (unit)					
		2000	2005	2011	2012	2013	2014
全 国	**Total**	**3759**	**2179**	**1413**	**1532**	**1504**	**1488**
东部地区	Eastern Region	1992	1331	812	853	834	806
中部地区	Middle Region	793	340	227	236	241	226
西部地区	Western Region	597	347	289	356	342	369
东北地区	Northeastern Region	377	161	85	87	87	87
北 京	Beijing	317	357	188	189	188	188
天 津	Tianjin	185	185	87	100	97	98
河 北	Hebei	129	53	30	33	36	35
山 西	Shanxi	93	44	18	24	19	17
内 蒙 古	Inner Mongolia	32	14	7	8	8	8
辽 宁	Liaoning	167	85	42	42	42	42
吉 林	Jilin	143	45	23	25	26	26
黑 龙 江	Heilongjiang	67	31	20	20	19	19
上 海	Shanghai	272	219	128	127	119	113
江 苏	Jiangsu	242	99	89	106	106	101
浙 江	Zhejiang	133	68	40	46	48	47
安 徽	Anhui	69	42	43	51	51	54
福 建	Fujian	82	43	27	32	30	28
江 西	Jiangxi	135	46	28	25	27	16
山 东	Shandong	141	61	51	60	58	54
河 南	Henan	150	66	33	38	37	36
湖 北	Hubei	198	78	61	59	69	70
湖 南	Hunan	116	50	37	39	38	33
广 东	Guangdong	359	190	151	153	145	137
广 西	Guangxi	109	45	14	17	18	19
海 南	Hainan	23	11	7	7	7	5
重 庆	Chongqing	72	43	42	45	47	49
四 川	Sichuan	113	80	73	86	83	92
贵 州	Guizhou	97	59	38	44	30	39
云 南	Yunnan	58	25	22	22	24	26
西 藏	Tibet	11	9	1	1	1	1
陕 西	Shaanxi	157	89	87	102	101	106
甘 肃	Gansu	48	23	14	17	18	16
青 海	Qinghai	7	3	3	5	5	4
宁 夏	Ningxia	11	6				1
新 疆	Xinjiang	23	10	9	9	7	8

1-1-11　续表 1　continued

地　区	Region	从业人员平均人数（人） Annual Average Number of Employed Personnel (person)					
		2000	2005	2011	2012	2013	2014
全　国	**Total**	**2079749**	**1369536**	**1375122**	**1418484**	**1413200**	**1449714**
东部地区	Eastern Region	848724	616352	663017	701013	689728	710669
中部地区	Middle Region	409912	236915	237193	247144	238728	233538
西部地区	Western Region	561115	362194	362495	355219	363930	387417
东北地区	Northeastern Region	259998	154075	112417	115108	120814	118090
北　京	Beijing	117353	85785	83460	91415	92913	94518
天　津	Tianjin	54378	51152	47150	62156	42587	66773
河　北	Hebei	73605	58035	35774	35982	37738	33610
山　西	Shanxi	34661	23173	13735	21168	18591	11847
内蒙古	Inner Mongolia	13481	5741	3247	2734	2732	2625
辽　宁	Liaoning	128616	75880	53155	59142	66470	66995
吉　林	Jilin	57934	21848	11459	11359	11027	10308
黑龙江	Heilongjiang	73448	56347	47803	44607	43317	40787
上　海	Shanghai	106081	82416	71944	61116	59243	59980
江　苏	Jiangsu	151107	65176	73081	89419	88109	77174
浙　江	Zhejiang	43114	32798	27036	28147	29097	28727
安　徽	Anhui	31517	22170	36895	44229	47174	52916
福　建	Fujian	33385	30157	19243	21568	24583	25011
江　西	Jiangxi	84883	54225	42622	31446	15406	12003
山　东	Shandong	87667	44191	59809	67925	71158	76926
河　南	Henan	83652	52618	31950	39000	39713	36852
湖　北	Hubei	97190	53570	73944	82544	86312	93653
湖　南	Hunan	64528	25418	34800	28757	31532	26267
广　东	Guangdong	149702	150517	236262	238881	239193	246205
广　西	Guangxi	29102	14116	5140	5418	6032	6858
海　南	Hainan	3230	2009	4118	4404	5107	1745
重　庆	Chongqing	49465	31159	29810	32797	33896	33114
四　川	Sichuan	149260	102535	119351	122204	126485	124138
贵　州	Guizhou	81752	44315	37520	20777	12756	31739
云　南	Yunnan	15427	6514	8132	9133	9811	13790
西　藏	Tibet	870	828	395	395	395	408
陕　西	Shaanxi	207777	152828	153389	147821	157834	162698
甘　肃	Gansu	43667	14562	11118	10829	11487	9624
青　海	Qinghai	2362	1112	794	1067	1076	799
宁　夏	Ningxia	6598	4832				189
新　疆	Xinjiang	3937	3509	1986	2044	1426	1435

1-1-11 续表 2 continued

地区	Region	主营业务收入（亿元） Revenue from Principal Business (100 million yuan)					
		2000	2005	2011	2012	2013	2014
全国	**Total**	**4197.4**	**5712.5**	**9801.0**	**11161.9**	**12149.4**	**12828.4**
东部地区	Eastern Region	2831.8	3812.9	5521.5	6259.4	6780.9	7302.1
中部地区	Middle Region	448.5	506.9	1360.2	1602.8	1752.4	1726.8
西部地区	Western Region	534.1	785.1	2105.1	2417.2	2675.6	2886.0
东北地区	Northeastern Region	382.9	607.6	814.3	882.5	940.5	913.4
北京	Beijing	682.4	451.7	628.3	812.3	893.0	946.1
天津	Tianjin	79.3	268.6	338.4	432.4	606.0	744.9
河北	Hebei	112.5	153.4	227.4	298.8	319.4	306.4
山西	Shanxi	19.3	22.8	36.0	75.9	94.4	59.0
内蒙古	Inner Mongolia	14.5	12.9	27.7	21.8	22.3	20.1
辽宁	Liaoning	197.9	313.5	470.5	522.8	541.6	525.9
吉林	Jilin	55.2	37.2	37.3	42.8	53.0	55.1
黑龙江	Heilongjiang	129.8	256.9	306.5	316.8	345.9	332.5
上海	Shanghai	354.3	321.6	534.0	399.9	398.1	457.1
江苏	Jiangsu	408.8	415.6	635.7	850.2	943.2	1004.0
浙江	Zhejiang	105.0	209.2	240.6	227.3	200.0	341.2
安徽	Anhui	33.2	48.4	307.2	394.0	363.0	427.2
福建	Fujian	125.0	206.6	91.0	111.5	136.3	145.5
江西	Jiangxi	80.4	107.3	231.0	225.4	259.0	95.4
山东	Shandong	209.1	451.4	959.1	1028.4	1112.3	1124.5
河南	Henan	84.5	102.4	115.2	130.9	151.4	165.6
湖北	Hubei	139.9	167.1	401.4	562.5	641.8	738.2
湖南	Hunan	76.7	46.1	241.7	214.2	242.7	241.4
广东	Guangdong	722.5	1306.8	1801.7	2044.0	2156.8	2221.6
广西	Guangxi	26.5	22.6	40.9	56.4	68.4	78.4
海南	Hainan	6.4	5.5	24.2	54.6	15.9	10.7
重庆	Chongqing	49.5	66.5	177.5	218.9	247.3	260.7
四川	Sichuan	207.5	313.7	1029.9	1066.6	1253.8	1274.8
贵州	Guizhou	47.3	66.4	129.7	165.9	122.8	204.5
云南	Yunnan	15.2	18.9	73.4	91.0	109.3	115.7
西藏	Tibet	0.7	1.5	1.0	1.1	1.2	1.3
陕西	Shaanxi	186.2	282.1	657.0	751.7	799.5	876.9
甘肃	Gansu	18.0	15.3	28.3	31.9	39.7	42.9
青海	Qinghai	1.4	2.3	1.4	4.5	5.2	4.1
宁夏	Ningxia	5.0	11.1				0.3
新疆	Xinjiang	3.2	7.3	7.0	7.4	6.1	6.3

1-1-11 续表 3 continued

地 区	Region	利润总额（亿元） Profits (100 million yuan)					
		2000	2005	2011	2012	2013	2014
全 国	**Total**	**248.1**	**182.1**	**728.6**	**677.4**	**778.6**	**759.6**
东部地区	Eastern Region	188.6	138.3	471.5	408.3	517.9	479.0
中部地区	Middle Region	27.5	15.7	75.8	94.8	109.5	106.0
西部地区	Western Region	16.8	18.4	121.7	129.0	108.0	124.8
东北地区	Northeastern Region	15.2	9.8	59.5	45.3	43.2	49.8
北 京	Beijing	56.2	20.5	98.5	78.2	113.7	91.4
天 津	Tianjin	8.8	16.5	29.6	33.2	32.5	32.2
河 北	Hebei	5.2	0.8	6.7	6.6	8.7	11.1
山 西	Shanxi	0.3	1.0	2.0	4.1	5.9	3.2
内蒙古	Inner Mongolia	0.1	0.9	4.1	1.3	1.4	2.3
辽 宁	Liaoning	6.5	-0.7	31.4	25.4	27.4	34.6
吉 林	Jilin	4.8	1.2	7.0	5.6	6.2	7.5
黑龙江	Heilongjiang	3.9	9.3	21.1	14.3	9.6	7.7
上 海	Shanghai	40.0	10.1	29.1	24.5	25.8	30.2
江 苏	Jiangsu	16.5	20.0	40.7	44.1	75.6	68.2
浙 江	Zhejiang	9.0	7.1	46.5	26.8	19.8	22.1
安 徽	Anhui	0.8	2.9	8.6	30.0	31.9	37.7
福 建	Fujian	-0.2	-2.0	14.1	14.6	15.0	16.0
江 西	Jiangxi	2.7	4.0	8.7	8.2	8.6	4.9
山 东	Shandong	12.6	9.3	72.6	76.7	85.3	81.9
河 南	Henan	8.7	-0.2	8.2	13.1	13.3	15.7
湖 北	Hubei	12.5	6.0	18.7	25.9	33.9	33.9
湖 南	Hunan	2.3	1.1	25.8	13.5	16.0	10.5
广 东	Guangdong	39.0	54.9	125.9	94.1	137.1	123.7
广 西	Guangxi	1.2	0.7	6.4	8.7	7.5	3.9
海 南	Hainan	0.4	0.4	1.4	9.6	4.5	2.3
重 庆	Chongqing	-0.7	3.3	9.2	12.0	4.8	6.6
四 川	Sichuan	7.4	12.9	57.8	57.1	39.3	45.8
贵 州	Guizhou	0.6	-1.0	4.9	7.4	-1.2	7.4
云 南	Yunnan	1.5	3.6	13.6	11.0	20.3	14.6
西 藏	Tibet	0.1	0.2	0.2	0.3	-0.1	
陕 西	Shaanxi	7.5	-3.3	29.4	24.5	25.8	32.8
甘 肃	Gansu	-0.3	0.7	5.8	5.8	9.2	10.7
青 海	Qinghai	0.1	0.6		0.3	0.4	0.3
宁 夏	Ningxia	0.5	0.8				0.1
新 疆	Xinjiang		0.7	0.9	0.5	0.6	0.4

1-1-11 续表 4 continued

地 区	Region	利税（亿元） Taxes and Profits (100 million yuan)					
		2000	2005	2011	2012	2013	2014
全 国	**Total**	**414.7**	**357.1**	**1197.7**	**1203.4**	**1335.4**	**1288.0**
东部地区	Eastern Region	283.1	254.4	786.8	757.0	903.2	852.5
中部地区	Middle Region	51.5	33.4	133.0	151.8	157.3	159.5
西部地区	Western Region	42.2	41.3	198.5	223.6	209.0	201.7
东北地区	Northeastern Region	37.9	28.0	79.4	71.0	65.8	74.3
北 京	Beijing	73.9	35.7	120.6	102.6	143.7	124.0
天 津	Tianjin	14.3	25.8	44.2	58.3	55.6	62.2
河 北	Hebei	11.4	5.9	12.0	11.1	13.8	16.8
山 西	Shanxi	1.4	2.4	2.6	5.1	6.8	4.3
内 蒙 古	Inner Mongolia	0.5	1.7	5.1	2.7	2.8	3.8
辽 宁	Liaoning	14.2	3.4	36.7	34.0	33.9	42.9
吉 林	Jilin	8.7	3.6	8.8	7.6	8.5	10.4
黑 龙 江	Heilongjiang	15.0	21.0	33.9	29.3	23.4	21.1
上 海	Shanghai	52.8	20.1	42.4	37.8	39.0	44.5
江 苏	Jiangsu	36.0	35.3	59.7	72.4	101.0	90.5
浙 江	Zhejiang	14.8	12.5	59.2	37.9	31.6	31.5
安 徽	Anhui	2.4	4.7	33.0	41.2	44.6	48.4
福 建	Fujian	1.7	0.7	18.1	20.1	21.6	23.6
江 西	Jiangxi	7.4	7.7	13.1	18.4	13.5	10.0
山 东	Shandong	21.5	22.3	112.4	123.2	133.3	125.9
河 南	Henan	13.9	3.1	12.0	17.1	16.4	21.3
湖 北	Hubei	19.7	10.7	30.2	41.3	52.3	54.7
湖 南	Hunan	6.2	3.0	37.1	28.8	23.8	20.7
广 东	Guangdong	52.8	93.0	308.2	281.4	356.3	330.7
广 西	Guangxi	3.3	2.4	6.9	9.3	8.3	5.4
海 南	Hainan	0.7	0.7	3.1	12.1	7.4	2.8
重 庆	Chongqing	2.3	7.0	16.4	22.6	17.3	17.0
四 川	Sichuan	17.7	20.8	105.7	115.9	96.6	75.3
贵 州	Guizhou	2.2	0.6	7.1	9.6	1.4	11.1
云 南	Yunnan	2.6	5.1	17.5	16.7	26.4	22.5
西 藏	Tibet	0.2	0.4	0.4	0.5	0.1	0.2
陕 西	Shaanxi	15.1	2.9	43.0	37.6	43.4	52.4
甘 肃	Gansu	0.7	1.3	7.1	7.4	11.3	12.7
青 海	Qinghai	0.2	0.7	0.1	0.5	0.6	0.4
宁 夏	Ningxia	0.9	1.2				0.1
新 疆	Xinjiang	0.3	1.4	1.2	0.8	0.8	0.8

1-1-11 续表 5 continued

地 区	Region	出口交货值（亿元） Exports (100 million yuan)					
		2000	2005	2011	2012	2013	2014
全 国	**Total**	**707.5**	**1566.6**	**1749.6**	**2051.6**	**2116.5**	**2435.8**
东部地区	Eastern Region	546.5	1301.3	1310.9	1573.2	1524.4	1847.6
中部地区	Middle Region	33.7	51.8	128.6	154.7	188.0	217.4
西部地区	Western Region	48.4	74.8	163.3	165.6	255.5	223.7
东北地区	Northeastern Region	78.9	138.9	146.8	158.1	148.6	147.2
北 京	Beijing	108.9	91.0	41.9	83.3	111.7	143.2
天 津	Tianjin	9.8	45.4	22.0	39.4	35.1	59.8
河 北	Hebei	14.0	29.8	29.5	38.9	36.8	26.7
山 西	Shanxi	1.6	0.1	4.8	6.6	15.8	12.8
内蒙古	Inner Mongolia	0.8	1.5	0.0		0.1	0.1
辽 宁	Liaoning	74.6	127.8	133.8	145.2	140.1	127.2
吉 林	Jilin	1.5	2.3	0.9	0.7	0.8	0.4
黑龙江	Heilongjiang	2.8	8.8	12.1	12.2	7.8	19.5
上 海	Shanghai	50.2	72.9	141.5	83.5	62.5	76.4
江 苏	Jiangsu	97.1	162.2	140.7	159.7	153.8	224.0
浙 江	Zhejiang	14.5	71.5	68.9	64.3	52.1	91.6
安 徽	Anhui	0.9	1.0	38.0	73.6	77.7	107.0
福 建	Fujian	24.6	63.1	8.3	10.4	15.0	15.1
江 西	Jiangxi	4.7	13.4	21.4	4.1	5.0	1.5
山 东	Shandong	18.9	60.6	116.0	127.7	128.8	148.8
河 南	Henan	8.8	16.3	11.7	8.0	10.6	11.9
湖 北	Hubei	8.1	13.3	36.7	53.1	67.7	70.0
湖 南	Hunan	8.7	6.1	15.8	9.3	11.2	14.3
广 东	Guangdong	207.1	704.2	742.1	965.7	928.4	1062.0
广 西	Guangxi	1.4	0.6	0.1	0.2	0.7	1.0
海 南	Hainan	0.1			0.2		
重 庆	Chongqing	4.9	3.6	18.1	9.7	18.2	11.1
四 川	Sichuan	16.7	37.8	67.4	66.9	162.5	129.7
贵 州	Guizhou	1.7	6.7	16.8	12.7	8.2	10.5
云 南	Yunnan	1.4	0.6	0.7	1.2	1.0	1.0
西 藏	Tibet						
陕 西	Shaanxi	19.5	21.6	59.7	74.6	64.5	69.8
甘 肃	Gansu	2.7		0.3	0.3	0.2	0.3
青 海	Qinghai					0.2	0.1
宁 夏	Ningxia	1.1	4.1				
新 疆	Xinjiang	0.3	0.4	0.2			0.1

1-1-12 内资企业各地区高技术产业生产经营情况
Statistics on Production and Management in High-tech Industry of Domesdtic Funded Enterprises by Region

地 区	Region	企业数（个） Number of Enterprises (unit)					
		2000	2005	2011	2012	2013	2014
全 国	**Total**	**6767**	**11036**	**14075**	**16641**	**18841**	**20179**
东部地区	Eastern Region	4072	7354	8780	10158	11653	12265
中部地区	Middle Region	1201	1642	2832	3368	3885	4402
西部地区	Western Region	925	1317	1466	2027	2189	2428
东北地区	Northeastern Region	569	723	997	1088	1114	1084
北 京	Beijing	376	814	529	565	597	614
天 津	Tianjin	310	300	202	271	275	302
河 北	Hebei	214	256	310	369	449	504
山 西	Shanxi	109	130	106	125	125	122
内蒙古	Inner Mongolia	49	57	88	88	90	88
辽 宁	Liaoning	257	377	548	595	600	569
吉 林	Jilin	203	212	325	348	349	349
黑龙江	Heilongjiang	109	134	124	145	165	166
上 海	Shanghai	378	583	371	414	412	428
江 苏	Jiangsu	800	1178	2089	2513	2807	2877
浙 江	Zhejiang	701	1510	1410	1606	1868	1928
安 徽	Anhui	149	239	513	673	776	965
福 建	Fujian	137	245	319	387	441	503
江 西	Jiangxi	159	228	388	486	581	666
山 东	Shandong	310	783	1122	1445	1590	1703
河 南	Henan	271	342	673	781	865	997
湖 北	Hubei	295	372	462	594	738	827
湖 南	Hunan	169	274	602	709	800	825
广 东	Guangdong	673	1455	2166	2555	3179	3374
广 西	Guangxi	143	189	232	236	243	234
海 南	Hainan	30	41	30	33	35	32
重 庆	Chongqing	99	131	210	254	309	372
四 川	Sichuan	240	497	652	722	747	809
贵 州	Guizhou	143	157	106	124	139	183
云 南	Yunnan	80	99	89	106	118	133
西 藏	Tibet	15	12	5	6	8	9
陕 西	Shaanxi	225	278	289	339	359	395
甘 肃	Gansu	67	79	56	85	105	114
青 海	Qinghai	10	21	24	25	26	35
宁 夏	Ningxia	16	20	13	18	18	23
新 疆	Xinjiang	30	23	22	24	27	33

1-1-12 续表 1 continued

地 区	Region	从业人员平均人数（人） Annual Average Number of Employed Personnel (person)					
		2000	2005	2011	2012	2013	2014
全 国	**Total**	**2715464**	**2939172**	**4667126**	**5422678**	**5794568**	**6387453**
东部地区	Eastern Region	1282759	1689891	2806472	3232150	3414204	3797388
中部地区	Middle Region	496948	482699	903147	1059268	1185544	1333314
西部地区	Western Region	629782	547314	665401	791866	841792	906913
东北地区	Northeastern Region	305975	219268	292106	339394	353028	349838
北 京	Beijing	108682	115587	128345	150075	159012	162654
天 津	Tianjin	68555	57253	69118	95779	75856	105526
河 北	Hebei	92951	95956	99066	101664	110628	115330
山 西	Shanxi	38095	36107	35027	41989	40609	36352
内蒙古	Inner Mongolia	16149	14318	24539	25361	25058	24196
辽 宁	Liaoning	149753	109492	125887	143955	156859	153455
吉 林	Jilin	73705	53300	119716	146578	143621	144246
黑龙江	Heilongjiang	82517	56476	46503	48861	52548	52137
上 海	Shanghai	96515	104428	101360	107914	112094	114229
江 苏	Jiangsu	272708	244102	552683	676908	750342	803954
浙 江	Zhejiang	175391	286839	346150	379222	418766	431973
安 徽	Anhui	46407	55999	122731	158492	173549	210476
福 建	Fujian	34587	39861	89088	99595	118650	131113
江 西	Jiangxi	93695	95286	163993	191772	212357	242766
山 东	Shandong	131612	202621	283856	394428	411085	435821
河 南	Henan	108661	123564	230059	273101	312422	362545
湖 北	Hubei	122324	101982	155559	196699	221952	250360
湖 南	Hunan	71617	55443	171239	197215	224655	230815
广 东	Guangdong	259821	496496	1066738	1214568	1244411	1485819
广 西	Guangxi	38198	41438	60469	61291	63366	66054
海 南	Hainan	3739	5310	9599	11997	13360	10969
重 庆	Chongqing	54131	48455	65088	86965	99601	117012
四 川	Sichuan	186634	188947	284659	307066	324640	329117
贵 州	Guizhou	90076	62581	59243	45496	43337	68461
云 南	Yunnan	21086	17151	19728	23700	28116	31734
西 藏	Tibet	1191	1085	1060	1130	1452	1676
陕 西	Shaanxi	215644	185610	194365	198752	212455	221587
甘 肃	Gansu	44468	26163	24429	26636	28076	26353
青 海	Qinghai	3699	4092	4155	5276	5493	7033
宁 夏	Ningxia	7815	8565	5305	6460	5937	6858
新 疆	Xinjiang	5038	4665	7369	3733	4261	6832

1-1-12 续表 2 continued

地区	Region	主营业务收入（亿元） Revenue from Principal Business (100 million yuan)					
		2000	2005	2011	2012	2013	2014
全国	**Total**	**4036.6**	**9132.0**	**32551.4**	**41355.4**	**50119.7**	**59338.1**
东部地区	Eastern Region	2455.1	6120.8	20261.7	25754.0	30989.1	36798.2
中部地区	Middle Region	511.2	1052.7	5926.6	7381.7	9357.5	11352.7
西部地区	Western Region	614.8	1240.7	4027.6	5327.3	6431.6	7603.0
东北地区	Northeastern Region	455.5	717.8	2335.4	2892.4	3341.5	3584.2
北京	Beijing	237.5	494.2	884.3	1146.1	1323.4	1460.1
天津	Tianjin	60.0	201.1	487.9	755.6	939.0	1128.7
河北	Hebei	147.3	247.4	659.8	794.9	941.0	1056.0
山西	Shanxi	19.9	47.5	124.8	176.0	191.5	167.9
内蒙古	Inner Mongolia	18.8	36.6	183.6	172.0	245.4	263.1
辽宁	Liaoning	231.2	387.0	1234.5	1557.3	1699.1	1702.6
吉林	Jilin	75.8	121.8	823.9	1017.8	1257.0	1459.2
黑龙江	Heilongjiang	148.5	209.0	277.0	317.4	385.3	422.4
上海	Shanghai	200.2	332.7	565.6	642.8	766.9	887.1
江苏	Jiangsu	413.0	796.9	4734.9	6936.8	8449.1	9767.9
浙江	Zhejiang	353.2	907.2	1836.1	2150.6	2462.7	2866.7
安徽	Anhui	54.9	133.1	876.2	1248.6	1453.5	1798.0
福建	Fujian	75.1	117.5	459.3	552.1	673.2	842.4
江西	Jiangxi	92.8	193.8	1119.3	1422.0	1826.8	2073.4
山东	Shandong	275.5	1048.9	3136.6	4440.0	5251.8	6120.2
河南	Henan	79.7	229.7	1445.3	1758.1	2191.8	2783.0
湖北	Hubei	155.7	274.7	977.1	1320.8	1802.7	2257.7
湖南	Hunan	89.4	137.5	1200.4	1456.2	1891.3	2272.6
广东	Guangdong	641.6	1878.0	7061.8	8219.9	10099.8	12583.9
广西	Guangxi	40.4	74.9	370.3	487.0	694.2	815.0
海南	Hainan	11.3	22.0	65.2	115.2	82.1	85.4
重庆	Chongqing	51.1	123.3	392.8	523.2	694.4	1127.3
四川	Sichuan	261.5	531.0	2143.4	2366.3	2727.0	2882.2
贵州	Guizhou	60.4	112.8	278.2	321.4	351.0	527.1
云南	Yunnan	25.7	45.2	152.3	186.4	233.7	254.5
西藏	Tibet	1.9	3.7	5.2	7.7	11.8	15.9
陕西	Shaanxi	182.7	354.9	888.1	1071.8	1236.3	1439.8
甘肃	Gansu	18.6	38.0	85.6	111.7	140.3	161.1
青海	Qinghai	2.4	6.3	20.3	37.2	49.5	56.9
宁夏	Ningxia	5.9	15.7	31.0	26.6	28.1	33.9
新疆	Xinjiang	4.6	10.0	30.7	15.8	19.8	26.1

1-1-12 续表 3 continued

地 区	Region	利润总额（亿元） Profits (100 million yuan)					
		2000	2005	2011	2012	2013	2014
全 国	**Total**	**266.3**	**495.2**	**2754.2**	**3421.8**	**4071.4**	**4636.6**
东部地区	Eastern Region	191.6	361.5	1717.3	2116.6	2553.3	2928.4
中部地区	Middle Region	26.0	57.2	497.8	630.8	754.3	839.3
西部地区	Western Region	26.1	54.6	337.3	452.4	507.8	589.1
东北地区	Northeastern Region	22.6	21.9	201.7	222.0	256.0	279.8
北 京	Beijing	26.1	24.9	126.2	150.5	177.3	184.6
天 津	Tianjin	5.5	15.2	59.3	94.9	79.2	87.9
河 北	Hebei	7.4	7.7	48.8	58.1	71.1	88.2
山 西	Shanxi	0.3	1.5	12.1	15.7	16.0	15.9
内蒙古	Inner Mongolia	0.5	2.8	17.8	14.9	27.6	31.3
辽 宁	Liaoning	7.1	6.8	82.2	106.1	113.6	116.2
吉 林	Jilin	9.0	9.1	87.4	80.0	101.6	120.3
黑龙江	Heilongjiang	6.5	6.0	32.1	35.9	40.8	43.3
上 海	Shanghai	11.7	21.5	46.5	56.1	65.8	72.5
江 苏	Jiangsu	16.5	43.1	370.3	551.1	676.2	779.4
浙 江	Zhejiang	29.5	54.4	180.1	198.4	230.4	240.5
安 徽	Anhui	1.6	7.8	64.9	119.0	132.7	161.4
福 建	Fujian	3.7	12.2	45.7	55.4	72.2	86.1
江 西	Jiangxi	2.1	8.3	66.2	96.2	128.7	156.5
山 东	Shandong	16.9	50.6	272.2	397.6	454.6	502.8
河 南	Henan	4.0	14.9	146.5	168.8	210.0	248.6
湖 北	Hubei	14.5	15.5	75.7	102.2	114.3	115.8
湖 南	Hunan	3.2	6.4	114.8	128.9	152.7	141.0
广 东	Guangdong	69.6	119.6	504.2	536.9	713.9	874.0
广 西	Guangxi	3.8	7.6	56.9	70.8	83.4	93.6
海 南	Hainan	0.8	4.7	7.1	17.6	12.5	12.3
重 庆	Chongqing	0.1	9.0	28.0	39.7	59.1	86.9
四 川	Sichuan	13.7	25.1	170.6	182.3	171.6	186.0
贵 州	Guizhou	1.5	9.1	27.1	29.5	25.4	40.8
云 南	Yunnan	2.3	5.8	22.9	22.4	35.5	27.2
西 藏	Tibet	0.6	1.6	1.9	2.6	3.3	3.0
陕 西	Shaanxi	7.5	-1.3	62.3	66.1	73.4	90.6
甘 肃	Gansu	-0.4	2.5	11.9	14.5	19.0	22.8
青 海	Qinghai	0.1	0.8	2.5	4.9	7.6	6.2
宁 夏	Ningxia	0.6	0.9	5.7	2.0	0.1	-0.2
新 疆	Xinjiang	0.1	1.1	4.4	2.6	1.9	0.8

1-1-12 续表 4 continued

地区	Region	利税（亿元） Taxes and Profits (100 million yuan)					
		2000	2005	2011	2012	2013	2014
全　国	**Total**	**477.3**	**875.1**	**4299.2**	**5331.5**	**6336.9**	**7194.9**
东部地区	Eastern Region	315.8	623.1	2790.3	3354.3	4025.5	4607.1
中部地区	Middle Region	52.9	105.6	731.2	935.0	1121.9	1280.5
西部地区	Western Region	58.3	102.0	509.3	717.1	811.4	896.9
东北地区	Northeastern Region	50.3	44.4	268.5	325.1	378.1	410.4
北　京	Beijing	36.6	45.7	166.0	198.3	235.9	252.1
天　津	Tianjin	10.0	23.9	86.6	145.6	127.2	145.2
河　北	Hebei	15.3	17.1	72.5	84.2	101.2	121.7
山　西	Shanxi	1.5	4.1	18.3	24.9	26.2	27.3
内蒙古	Inner Mongolia	1.2	5.1	24.5	22.7	44.8	47.2
辽　宁	Liaoning	16.4	14.8	110.9	154.9	169.0	175.5
吉　林	Jilin	14.9	15.9	115.3	118.3	150.5	172.6
黑龙江	Heilongjiang	19.0	13.7	42.3	51.8	58.6	62.3
上　海	Shanghai	20.7	34.5	68.2	81.9	96.0	105.6
江　苏	Jiangsu	38.5	78.1	563.9	864.3	1057.4	1228.3
浙　江	Zhejiang	49.6	90.6	254.2	296.3	347.0	371.6
安　徽	Anhui	4.3	12.1	107.0	168.7	188.3	222.2
福　建	Fujian	6.7	17.1	61.5	76.7	96.8	118.4
江　西	Jiangxi	8.1	18.7	104.6	154.5	199.7	246.7
山　东	Shandong	27.6	87.0	394.5	589.9	693.4	771.6
河　南	Henan	7.9	26.2	196.1	226.3	273.9	330.8
湖　北	Hubei	22.0	25.5	108.7	151.4	185.6	196.9
湖　南	Hunan	7.8	13.8	172.0	209.1	248.2	256.6
广　东	Guangdong	102.1	208.9	1039.7	993.0	1250.1	1474.7
广　西	Guangxi	7.3	13.6	71.1	91.2	108.5	119.8
海　南	Hainan	1.6	6.7	12.1	24.2	20.5	17.9
重　庆	Chongqing	3.4	14.9	43.1	68.0	97.4	135.6
四　川	Sichuan	27.8	42.1	272.4	318.3	305.9	299.7
贵　州	Guizhou	4.3	15.1	39.3	44.5	43.5	64.8
云　南	Yunnan	4.1	9.3	32.5	35.9	52.7	43.6
西　藏	Tibet	0.9	2.1	2.6	3.5	4.8	4.9
陕　西	Shaanxi	15.4	9.3	88.0	98.9	115.2	139.7
甘　肃	Gansu	0.5	4.5	15.9	19.5	25.0	29.5
青　海	Qinghai	0.4	1.2	3.6	7.1	10.5	9.4
宁　夏	Ningxia	1.0	1.4	6.8	3.8	0.1	0.5
新　疆	Xinjiang	0.5	2.1	5.2	3.6	3.1	2.2

1-1-12 续表 5 continued

地 区	Region	出口交货值（亿元） Exports (100 million yuan)					
		2000	2005	2011	2012	2013	2014
全 国	**Total**	**510.8**	**1490.7**	**4582.6**	**5361.7**	**6139.0**	**8208.9**
东部地区	Eastern Region	355.6	1196.0	3785.8	4317.3	4997.8	6584.2
中部地区	Middle Region	33.2	68.0	378.9	570.5	579.9	960.3
西部地区	Western Region	43.6	104.1	238.6	289.2	387.0	469.6
东北地区	Northeastern Region	78.3	122.6	179.3	184.7	174.4	194.8
北 京	Beijing	6.8	16.8	29.1	76.6	99.9	137.5
天 津	Tianjin	9.2	13.5	23.0	52.5	53.6	76.0
河 北	Hebei	15.5	35.2	46.9	57.3	56.3	53.2
山 西	Shanxi	1.7	0.3	3.2	2.1	3.1	1.3
内蒙古	Inner Mongolia	1.1	1.7	3.3	5.5	3.4	3.6
辽 宁	Liaoning	73.7	105.0	167.8	168.8	156.9	164.9
吉 林	Jilin	1.8	5.4	8.5	10.0	15.4	16.2
黑龙江	Heilongjiang	2.8	12.2	3.1	5.9	2.1	13.7
上 海	Shanghai	13.2	28.5	75.8	76.3	76.7	87.5
江 苏	Jiangsu	86.4	120.3	441.8	477.8	551.8	746.1
浙 江	Zhejiang	70.4	267.6	444.2	513.3	518.0	608.5
安 徽	Anhui	3.7	11.8	99.7	174.0	206.9	301.1
福 建	Fujian	10.3	20.2	71.9	75.8	87.2	115.3
江 西	Jiangxi	4.7	14.1	76.5	80.7	98.7	150.1
山 东	Shandong	23.2	105.6	231.9	314.8	357.8	461.5
河 南	Henan	3.6	17.1	26.7	103.5	28.4	145.6
湖 北	Hubei	9.2	14.9	96.0	105.3	129.5	205.4
湖 南	Hunan	9.3	8.3	73.5	104.8	113.3	156.8
广 东	Guangdong	118.3	584.7	2404.6	2672.8	3196.5	4298.6
广 西	Guangxi	2.1	3.5	16.4	8.3	16.4	30.6
海 南	Hainan	0.1			0.2		
重 庆	Chongqing	4.2	6.2	24.3	30.9	43.6	118.6
四 川	Sichuan	12.3	59.1	108.1	123.3	204.7	179.0
贵 州	Guizhou	1.8	5.1	10.9	11.6	8.5	12.1
云 南	Yunnan	2.2	3.4	4.7	7.0	6.5	7.5
西 藏	Tibet						
陕 西	Shaanxi	18.9	23.3	66.4	83.6	76.0	87.1
甘 肃	Gansu	2.5	0.4	5.7	8.5	17.7	20.4
青 海	Qinghai	0.2	0.2	0.1	0.2	0.2	0.1
宁 夏	Ningxia	1.1	6.1	12.9	9.6	8.8	9.2
新 疆	Xinjiang	0.4	0.3	5.4	0.7	1.0	1.3

1-1-13 港澳台资企业各地区高技术产业生产经营情况

Statistics on Production and Management in High-tech Industry of Hong Kong, Macau and Taiwan Funded Enterprises by Region

地区	Region	企业数（个） Number of Enterprises (unit)					
		2000	2005	2011	2012	2013	2014
全　国	**Total**	**1627**	**2856**	**3173**	**3311**	**3407**	**3281**
东部地区	Eastern Region	1449	2595	2822	2891	2977	2855
中部地区	Middle Region	97	145	218	235	234	241
西部地区	Western Region	42	60	73	128	136	135
东北地区	Northeastern Region	39	56	60	57	60	50
北　京	Beijing	67	71	59	53	52	52
天　津	Tianjin	45	28	29	31	32	35
河　北	Hebei	17	17	21	22	19	17
山　西	Shanxi	12	8	5	6	6	6
内蒙古	Inner Mongolia	2	7	6	6	7	5
辽　宁	Liaoning	23	37	46	40	41	33
吉　林	Jilin	12	11	11	11	12	10
黑龙江	Heilongjiang	4	8	3	6	7	7
上　海	Shanghai	121	173	151	156	154	154
江　苏	Jiangsu	173	432	632	670	689	665
浙　江	Zhejiang	91	217	227	237	235	225
安　徽	Anhui	18	26	25	31	27	25
福　建	Fujian	129	152	153	167	163	156
江　西	Jiangxi	9	21	64	70	71	80
山　东	Shandong	30	60	52	63	57	57
河　南	Henan	19	22	25	37	39	41
湖　北	Hubei	23	40	42	42	42	42
湖　南	Hunan	14	21	51	49	49	47
广　东	Guangdong	752	1418	1465	1485	1569	1486
广　西	Guangxi	10	15	27	35	38	39
海　南	Hainan	14	12	6	7	7	8
重　庆	Chongqing	6	7	17	27	29	36
四　川	Sichuan	14	19	25	29	28	27
贵　州	Guizhou	8	12	6	6	5	5
云　南	Yunnan	8	13	9	10	12	9
西　藏	Tibet						
陕　西	Shaanxi	5	7	13	13	15	12
甘　肃	Gansu	1	1	2	1	1	1
青　海	Qinghai						
宁　夏	Ningxia			1	1	1	1
新　疆	Xinjiang		1				

1-1-13　续表 1　continued

地　　区	Region	从业人员平均人数（人）Annual Average Number of Employed Personnel (person)					
		2000	2005	2011	2012	2013	2014
全　　国	**Total**	**595800**	**1518686**	**2847497**	**3188950**	**3170590**	**3090351**
东部地区	Eastern Region	559263	1453041	2362135	2408998	2344305	2251236
中部地区	Middle Region	22441	42932	313601	470499	541844	563906
西部地区	Western Region	7449	13151	155354	293507	267945	260113
东北地区	Northeastern Region	6647	9562	16407	15946	16496	15096
北　　京	Beijing	13440	16381	26218	24006	25166	30270
天　　津	Tianjin	8039	12211	21951	37909	29337	41077
河　　北	Hebei	2752	3657	30951	32298	30429	30655
山　　西	Shanxi	3127	3502	18538	61120	67799	73195
内 蒙 古	Inner Mongolia	341	5602	5406	4495	6984	6155
辽　　宁	Liaoning	3356	5032	13510	9101	10423	10154
吉　　林	Jilin	2307	2095	2028	3488	2270	1847
黑 龙 江	Heilongjiang	984	2435	869	3357	3803	3095
上　　海	Shanghai	26528	64122	150084	160008	151881	150424
江　　苏	Jiangsu	48728	232492	646323	635826	617116	585132
浙　　江	Zhejiang	25102	54184	101472	106982	98070	90038
安　　徽	Anhui	5566	5330	14816	17208	20385	27288
福　　建	Fujian	63975	96057	110247	117389	124534	117126
江　　西	Jiangxi	1829	4491	39463	40216	37735	39182
山　　东	Shandong	8447	15543	22072	23945	28504	30107
河　　南	Henan	6769	6101	153080	258465	303611	315611
湖　　北	Hubei	2788	12080	56987	57537	52870	50740
湖　　南	Hunan	2021	5826	25311	35953	59444	57890
广　　东	Guangdong	358977	954629	1218556	1268515	1237107	1174419
广　　西	Guangxi	1727	2558	32510	47727	53756	59672
海　　南	Hainan	1548	1207	1751	2120	2161	1988
重　　庆	Chongqing	1764	875	30364	62991	68162	68287
四　　川	Sichuan	2724	5541	117980	169224	128143	115101
贵　　州	Guizhou	597	1271	520	551	503	617
云　　南	Yunnan	1337	3156	2623	4684	5449	5846
西　　藏	Tibet						
陕　　西	Shaanxi	982	1665	3148	2829	3876	3608
甘　　肃	Gansu	45	543	412	305	283	268
青　　海	Qinghai						
宁　　夏	Ningxia			307	701	789	559
新　　疆	Xinjiang		100				

1-1-13 续表 2 continued

地 区	Region	主营业务收入（亿元） Revenue from Principal Business (100 million yuan)					
		2000	2005	2011	2012	2013	2014
全 国	**Total**	**1872.1**	**6539.4**	**17534.7**	**21056.7**	**23073.6**	**25622.4**
东部地区	Eastern Region	1757.5	6298.3	14715.2	15671.6	16243.6	17253.1
中部地区	Middle Region	79.6	184.9	1555.3	2859.0	3719.4	4720.0
西部地区	Western Region	21.2	31.9	1138.3	2419.8	2993.3	3517.2
东北地区	Northeastern Region	13.8	24.3	125.8	106.3	117.2	132.2
北 京	Beijing	209.2	287.5	757.5	832.8	927.5	1328.0
天 津	Tianjin	9.7	45.3	196.5	469.3	296.4	404.7
河 北	Hebei	3.1	10.9	188.3	210.2	226.3	252.6
山 西	Shanxi	8.3	7.9	61.2	349.9	418.2	491.1
内蒙古	Inner Mongolia	0.2	64.1	103.3	78.6	81.2	88.6
辽 宁	Liaoning	7.7	16.5	109.1	79.8	81.1	92.6
吉 林	Jilin	1.8	4.6	14.2	20.0	25.1	28.7
黑龙江	Heilongjiang	4.3	3.2	2.4	6.5	11.1	10.9
上 海	Shanghai	127.5	1000.0	2768.0	2368.9	2248.9	2359.9
江 苏	Jiangsu	157.3	953.9	3533.9	4209.2	4418.9	4500.8
浙 江	Zhejiang	37.5	173.5	652.7	653.6	730.6	682.7
安 徽	Anhui	19.5	12.2	103.9	130.7	293.1	620.6
福 建	Fujian	224.9	635.4	921.3	983.9	1109.0	1079.0
江 西	Jiangxi	2.1	6.2	197.2	287.9	310.3	366.8
山 东	Shandong	14.1	55.9	250.2	279.7	415.9	485.9
河 南	Henan	37.5	28.8	441.6	1354.2	1930.5	2357.8
湖 北	Hubei	8.2	50.3	514.6	574.5	511.4	541.3
湖 南	Hunan	3.9	15.3	133.4	161.9	255.8	342.4
广 东	Guangdong	969.7	3121.0	5323.1	5654.5	5856.4	6139.9
广 西	Guangxi	0.8	9.3	117.5	255.5	378.4	521.0
海 南	Hainan	3.8	5.8	6.4	9.5	13.7	19.5
重 庆	Chongqing	5.4	2.6	429.3	925.6	989.2	1110.1
四 川	Sichuan	4.6	15.7	658.8	1094.2	1451.8	1683.4
贵 州	Guizhou	0.9	1.4	8.3	5.5	4.4	18.4
云 南	Yunnan	3.3	9.1	23.2	36.0	47.3	48.7
西 藏	Tibet						
陕 西	Shaanxi	6.8	2.4	12.2	18.7	37.1	43.3
甘 肃	Gansu	0.2	0.5	1.7	0.4	0.3	0.2
青 海	Qinghai						
宁 夏	Ningxia			4.8	5.3	3.7	3.5
新 疆	Xinjiang		0.2				

1-1-13 续表 3 continued

地 区	Region	利润总额（亿元） Profits (100 million yuan)					
		2000	2005	2011	2012	2013	2014
全 国	**Total**	**84.4**	**186.0**	**862.3**	**986.6**	**1093.1**	**1349.3**
东部地区	Eastern Region	70.3	177.2	697.7	684.5	755.6	928.1
中部地区	Middle Region	11.2	6.0	122.7	184.9	143.5	160.3
西部地区	Western Region	1.5	0.6	32.8	108.8	184.9	246.0
东北地区	Northeastern Region	1.3	2.1	9.1	8.3	9.0	14.8
北 京	Beijing	14.6	9.3	23.2	22.7	28.0	24.4
天 津	Tianjin	0.3	2.4	8.3	10.2	15.7	22.4
河 北	Hebei	0.1	1.3	11.3	5.9	10.4	17.4
山 西	Shanxi	1.7	0.4	8.9	88.8	7.1	17.3
内 蒙 古	Inner Mongolia		3.5	13.1	5.2	4.1	4.6
辽 宁	Liaoning	0.8	1.2	7.5	5.4	5.1	9.2
吉 林	Jilin	0.4	0.6	1.5	1.4	1.6	3.0
黑 龙 江	Heilongjiang	0.1	0.3	0.1	1.5	2.3	2.6
上 海	Shanghai	9.2	3.4	64.0	66.7	68.0	83.6
江 苏	Jiangsu	5.6	42.0	195.1	191.5	194.2	256.7
浙 江	Zhejiang	3.5	13.4	106.5	108.0	122.3	140.2
安 徽	Anhui	0.2	0.1	9.0	15.0	16.6	18.5
福 建	Fujian	6.5	12.9	45.2	44.4	44.0	60.4
江 西	Jiangxi	0.1	0.4	13.5	17.2	18.4	20.6
山 东	Shandong	1.5	4.1	34.4	38.0	45.0	59.7
河 南	Henan	7.8	-1.5	10.3	28.7	57.4	80.8
湖 北	Hubei	0.5	1.3	52.5	19.2	22.9	16.0
湖 南	Hunan	0.8	1.9	15.3	16.1	21.1	7.2
广 东	Guangdong	28.8	87.9	188.1	195.7	226.2	260.7
广 西	Guangxi		0.2	21.1	29.6	33.6	34.6
海 南	Hainan	0.3	0.3	0.7	1.5	1.9	2.7
重 庆	Chongqing	0.1	0.1	2.2	1.2	3.0	7.2
四 川	Sichuan	0.8	0.3	23.3	65.9	134.5	187.1
贵 州	Guizhou	0.1	-0.1	0.3	0.2	0.6	0.5
云 南	Yunnan	0.2	0.1	4.0	3.9	5.5	6.0
西 藏	Tibet						
陕 西	Shaanxi	0.2	0.1	0.9	1.8	3.9	5.9
甘 肃	Gansu			0.1			
青 海	Qinghai						
宁 夏	Ningxia			2.0	1.1	-0.2	0.2
新 疆	Xinjiang						

1-1-13 续表 4 continued

地 区	Region	利税（亿元）Taxes and Profits (100 million yuan)					
		2000	2005	2011	2012	2013	2014
全 国	**Total**	**127.4**	**270.3**	**1199.0**	**1519.0**	**1711.0**	**2004.6**
东部地区	Eastern Region	106.3	254.8	930.0	1005.5	1077.9	1275.4
中部地区	Middle Region	16.6	9.9	171.3	301.5	326.9	350.6
西部地区	Western Region	2.4	2.1	83.6	198.2	291.2	355.1
东北地区	Northeastern Region	2.1	3.5	14.0	13.8	15.0	23.5
北 京	Beijing	20.2	16.6	33.8	40.0	35.4	34.8
天 津	Tianjin	0.5	2.8	11.7	24.9	24.8	33.9
河 北	Hebei	0.2	1.7	15.1	12.0	19.2	26.5
山 西	Shanxi	2.4	0.6	9.4	92.3	9.2	19.9
内蒙古	Inner Mongolia		3.9	18.4	7.9	5.9	7.3
辽 宁	Liaoning	1.2	1.9	11.6	8.6	7.9	14.7
吉 林	Jilin	0.7	1.0	2.2	3.0	3.8	5.0
黑龙江	Heilongjiang	0.2	0.6	0.2	2.3	3.4	3.8
上 海	Shanghai	13.3	7.7	71.1	72.4	75.0	92.7
江 苏	Jiangsu	10.2	53.2	262.8	286.0	284.7	359.5
浙 江	Zhejiang	5.5	20.1	132.4	135.2	153.9	177.5
安 徽	Anhui	0.5	0.6	13.9	19.0	32.2	25.6
福 建	Fujian	10.5	15.4	55.5	60.2	58.2	77.1
江 西	Jiangxi	0.3	0.6	21.3	26.5	30.7	33.7
山 东	Shandong	2.6	6.0	43.8	51.8	59.1	79.6
河 南	Henan	11.2	-0.8	29.4	116.7	182.9	227.1
湖 北	Hubei	1.2	2.0	56.7	25.6	41.6	25.7
湖 南	Hunan	1.2	3.0	22.4	21.4	30.2	18.5
广 东	Guangdong	42.6	130.3	278.6	320.7	364.4	389.3
广 西	Guangxi		0.3	24.2	37.3	46.0	49.8
海 南	Hainan	0.6	0.8	1.1	2.3	3.0	4.3
重 庆	Chongqing	0.2	0.2	17.7	3.4	5.9	11.5
四 川	Sichuan	1.3	1.2	56.6	139.2	219.3	269.8
贵 州	Guizhou	0.2	0.1	0.5	0.7	1.0	0.8
云 南	Yunnan	0.4	0.4	5.1	5.4	7.7	7.9
西 藏	Tibet						
陕 西	Shaanxi	0.3	0.2	1.6	2.9	5.3	7.6
甘 肃	Gansu			0.2			
青 海	Qinghai						
宁 夏	Ningxia			2.1	1.3		0.3
新 疆	Xinjiang						

1-1-13 续表 5 continued

地区	Region	出口交货值（亿元） Exports (100 million yuan) 2000	2005	2011	2012	2013	2014
全国	**Total**	**867.1**	**4301.8**	**11214.8**	**14107.7**	**15048.4**	**14995.8**
东部地区	Eastern Region	854.5	4218.8	9425.2	9997.9	9791.0	10065.4
中部地区	Middle Region	7.3	76.6	793.4	2069.6	2763.4	3345.5
西部地区	Western Region	2.8	2.4	970.3	2033.0	2486.9	1576.0
东北地区	Northeastern Region	2.5	4.1	25.9	7.2	7.1	9.0
北京	Beijing	13.0	19.3	107.6	107.2	94.1	136.1
天津	Tianjin	7.4	27.9	55.2	343.5	182.0	277.7
河北	Hebei	1.0	4.3	50.4	50.2	48.0	62.9
山西	Shanxi		5.5	34.8	271.7	360.4	416.5
内蒙古	Inner Mongolia		29.9	3.3	1.2	7.8	10.2
辽宁	Liaoning	2.5	3.9	25.1	6.4	6.5	8.5
吉林	Jilin		0.1	0.7	0.7	0.5	0.5
黑龙江	Heilongjiang		0.1	0.1	0.1	0.1	0.1
上海	Shanghai	31.0	758.8	2224.4	1851.1	1823.7	1911.9
江苏	Jiangsu	90.7	546.3	2379.8	2819.5	2850.9	2735.2
浙江	Zhejiang	19.7	64.3	254.4	267.0	272.5	263.6
安徽	Anhui	0.4	1.5	3.4	3.4	70.2	317.9
福建	Fujian	127.8	427.1	651.6	682.9	766.7	745.3
江西	Jiangxi	0.1	1.0	75.0	103.8	113.7	116.7
山东	Shandong	5.1	19.2	104.9	66.7	73.8	79.5
河南	Henan	6.1	9.4	381.6	1222.9	1843.8	2217.9
湖北	Hubei	0.4	28.6	279.1	423.1	264.1	87.9
湖南	Hunan	0.2	0.8	16.2	44.7	111.3	188.6
广东	Guangdong	558.0	2349.0	3497.7	3808.1	3678.4	3852.3
广西	Guangxi	0.3	0.9	97.4	137.6	204.7	266.9
海南	Hainan	0.6	2.0	1.8	1.7	0.9	0.9
重庆	Chongqing	1.1	0.6	398.5	869.8	907.0	1055.8
四川	Sichuan	0.6	0.3	563.7	1021.7	1357.2	231.6
贵州	Guizhou	0.1	0.1	6.0	1.0		
云南	Yunnan	1.0	1.4	0.9	0.3	0.4	1.5
西藏	Tibet						
陕西	Shaanxi			1.2	1.2	9.9	9.9
甘肃	Gansu						
青海	Qinghai						
宁夏	Ningxia						
新疆	Xinjiang						

1-1-14 外资企业各地区高技术产业生产经营情况
Statistics on Production and Management in High-tech Industry of Foreign Funded Enterprises by Region

地区	Region	企业数（个） Number of Enterprises (unit) 2000	2005	2011	2012	2013	2014
全　国	**Total**	**1441**	**3635**	**4434**	**4684**	**4646**	**4479**
东部地区	Eastern Region	1213	3225	3980	4178	4131	3949
中部地区	Middle Region	63	133	189	202	200	207
西部地区	Western Region	61	108	115	156	177	195
东北地区	Northeastern Region	104	169	150	148	138	128
北　京	Beijing	139	216	149	142	133	139
天　津	Tianjin	141	274	266	285	278	246
河　北	Hebei	23	39	39	42	36	35
山　西	Shanxi	6	7	7	5	7	6
内蒙古	Inner Mongolia	4	7	4	3	3	2
辽　宁	Liaoning	70	133	107	103	94	85
吉　林	Jilin	22	23	32	35	33	34
黑龙江	Heilongjiang	12	13	11	10	11	9
上　海	Shanghai	238	492	440	460	458	421
江　苏	Jiangsu	171	610	1340	1415	1369	1310
浙　江	Zhejiang	69	264	286	300	288	284
安　徽	Anhui	10	22	36	40	38	46
福　建	Fujian	49	120	124	138	138	137
江　西	Jiangxi	8	23	47	46	44	46
山　东	Shandong	84	376	340	367	368	354
河　南	Henan	13	19	25	30	29	30
湖　北	Hubei	15	34	40	51	50	51
湖　南	Hunan	7	21	30	30	32	28
广　东	Guangdong	286	820	970	1019	1054	1014
广　西	Guangxi	7	10	16	14	20	23
海　南	Hainan	6	4	10	10	9	9
重　庆	Chongqing	11	11	25	34	45	52
四　川	Sichuan	23	47	50	62	66	75
贵　州	Guizhou	6	9	7	5	5	5
云　南	Yunnan	4	10	6	7	6	6
西　藏	Tibet						
陕　西	Shaanxi	15	22	23	27	28	28
甘　肃	Gansu	1	4	1	1	1	2
青　海	Qinghai		3	2	2	2	1
宁　夏	Ningxia						
新　疆	Xinjiang	1	2	1	1	1	1

1-1-14　续表 1　continued

地　区	Region	从业人员平均人数（人） Annual Average Number of Employed Personnel (person)					
		2000	2005	2011	2012	2013	2014
全　国	**Total**	**611611**	**2175564**	**3954530**	**4075094**	**3971712**	**3772463**
东部地区	Eastern Region	543836	2028159	3637001	3736275	3630243	3417230
中部地区	Middle Region	13049	44108	161733	146195	128583	127167
西部地区	Western Region	21749	27900	64747	99091	128650	149285
东北地区	Northeastern Region	32977	75397	91049	93533	84236	78781
北　京	Beijing	36311	76859	104972	108508	103103	89100
天　津	Tianjin	62598	106625	147829	161909	165945	151579
河　北	Hebei	3007	11598	51477	48329	56375	52659
山　西	Shanxi	491	4418	68249	44624	33653	29120
内 蒙 古	Inner Mongolia	715	1678	1200	1040	609	596
辽　宁	Liaoning	26163	48094	58851	59936	51106	48865
吉　林	Jilin	2427	3864	5350	5189	5628	5624
黑 龙 江	Heilongjiang	4387	23439	26848	28408	27502	24292
上　海	Shanghai	92193	220807	335402	328620	345459	315943
江　苏	Jiangsu	78241	523743	1134482	1173414	1094325	1057394
浙　江	Zhejiang	17798	88466	138744	158060	153522	150575
安　徽	Anhui	2569	3204	12271	11626	11248	14369
福　建	Fujian	27023	94308	132947	138657	134255	123912
江　西	Jiangxi	1684	10093	36540	35275	27430	29251
山　东	Shandong	32202	138457	247467	256570	251735	260373
河　南	Henan	1878	9570	17065	21460	17938	19249
湖　北	Hubei	4604	7332	8883	14549	18776	19161
湖　南	Hunan	1108	7813	17525	18661	19538	16017
广　东	Guangdong	192910	763428	1329609	1359073	1322313	1212452
广　西	Guangxi	597	3459	11303	7790	8010	8563
海　南	Hainan	956	409	2769	3135	3211	3243
重　庆	Chongqing	2811	1952	20236	29496	51511	60982
四　川	Sichuan	8413	9324	23835	38841	48756	56987
贵　州	Guizhou	2294	3559	3534	3268	3221	3454
云　南	Yunnan	841	3019	3039	3391	1707	1755
西　藏	Tibet						
陕　西	Shaanxi	6090	9055	13493	14651	14229	16723
甘　肃	Gansu	1216	450	32	33	39	73
青　海	Qinghai		436	483	471	452	51
宁　夏	Ningxia						
新　疆	Xinjiang	84	105	95	110	116	101

1-1-14 续表 2 continued

地 区	Region	主营业务收入（亿元） Revenue from Principal Business (100 million yuan)					
		2000	2005	2011	2012	2013	2014
全 国	**Total**	**4141.4**	**18244.8**	**37441.0**	**39871.9**	**42855.6**	**42407.1**
东部地区	Eastern Region	3872.3	17581.4	35125.5	36924.7	38739.5	38154.6
中部地区	Middle Region	50.4	218.9	678.6	863.2	1046.4	941.4
西部地区	Western Region	87.1	119.5	808.9	1205.6	2123.9	2375.5
东北地区	Northeastern Region	131.6	325.0	828.1	878.3	945.8	935.6
北 京	Beijing	574.2	1386.8	1684.6	1590.9	1575.2	1363.5
天 津	Tianjin	586.6	1662.6	2013.1	2302.0	3008.1	2748.6
河 北	Hebei	5.2	41.9	193.3	199.3	213.7	200.1
山 西	Shanxi	0.9	12.3	116.3	95.7	98.0	134.6
内 蒙 古	Inner Mongolia	0.5	2.2	25.3	22.6	18.2	1.7
辽 宁	Liaoning	115.1	204.9	554.8	577.0	582.2	556.6
吉 林	Jilin	2.4	18.9	80.0	100.9	149.2	179.9
黑 龙 江	Heilongjiang	14.1	101.2	193.3	200.4	214.4	199.1
上 海	Shanghai	729.4	2697.6	3729.9	4039.9	3807.7	3809.8
江 苏	Jiangsu	665.2	4386.7	11127.3	11717.6	11986.0	11845.2
浙 江	Zhejiang	98.8	661.1	1118.5	1172.7	1166.8	1243.1
安 徽	Anhui	5.1	11.2	75.0	80.7	84.8	114.4
福 建	Fujian	115.9	669.0	1609.2	1693.4	1762.8	1706.4
江 西	Jiangxi	5.1	29.9	115.5	146.8	152.4	171.6
山 东	Shandong	76.5	633.2	2734.5	3009.5	3278.8	3605.9
河 南	Henan	2.8	39.1	146.6	145.5	162.2	152.4
湖 北	Hubei	31.2	72.0	60.3	132.0	131.2	149.1
湖 南	Hunan	4.9	52.3	139.6	262.6	417.8	219.3
广 东	Guangdong	1014.0	5429.8	10842.8	11172.3	11914.9	11605.1
广 西	Guangxi	3.5	10.0	51.8	63.7	53.7	58.3
海 南	Hainan	3.0	2.7	20.4	27.2	25.6	26.9
重 庆	Chongqing	4.1	10.2	289.6	434.6	940.6	1196.3
四 川	Sichuan	30.9	31.6	384.3	501.6	981.6	921.0
贵 州	Guizhou	6.2	13.6	18.5	16.0	16.7	20.8
云 南	Yunnan	3.3	5.5	13.3	17.0	10.0	8.9
西 藏	Tibet						
陕 西	Shaanxi	41.2	57.0	101.2	147.5	100.6	166.4
甘 肃	Gansu	1.3	0.7	0.3	0.2	0.4	1.0
青 海	Qinghai		0.6	1.3	1.5	1.2	0.3
宁 夏	Ningxia						
新 疆	Xinjiang	0.1	0.3	0.4	1.0	0.8	0.8

1-1-14 续表 3 continued

地区	Region	利润总额（亿元） Profits (100 million yuan)					
		2000	2005	2011	2012	2013	2014
全国	**Total**	**322.4**	**742.0**	**1628.5**	**1778.0**	**2069.3**	**2109.3**
东部地区	Eastern Region	296.9	705.6	1449.3	1567.1	1848.4	1872.5
中部地区	Middle Region	8.0	12.8	53.2	51.7	51.7	62.3
西部地区	Western Region	10.6	4.6	38.3	89.5	97.0	84.2
东北地区	Northeastern Region	6.9	19.0	87.7	69.6	72.2	90.4
北京	Beijing	41.9	62.6	79.5	62.4	87.1	68.3
天津	Tianjin	72.2	138.4	97.5	142.6	203.0	171.5
河北	Hebei	0.5	9.1	23.5	15.7	26.3	32.6
山西	Shanxi		0.9	7.4	5.3	2.0	9.5
内蒙古	Inner Mongolia			3.0	0.7	2.2	
辽宁	Liaoning	6.2	8.9	63.7	48.6	54.4	70.7
吉林	Jilin	0.1	2.0	9.1	12.0	12.2	14.0
黑龙江	Heilongjiang	0.6	8.1	14.8	9.1	5.6	5.7
上海	Shanghai	71.5	68.9	111.5	92.8	101.9	146.2
江苏	Jiangsu	44.5	167.2	499.8	539.5	651.2	635.1
浙江	Zhejiang	8.9	14.2	63.7	64.4	66.5	94.3
安徽	Anhui	0.7	1.6	12.0	9.4	8.5	11.5
福建	Fujian	9.5	43.9	91.9	81.8	60.8	57.8
江西	Jiangxi	1.6	2.1	6.1	8.7	9.0	12.8
山东	Shandong	2.7	41.0	157.1	177.2	200.7	218.8
河南	Henan	0.2	1.6	10.3	8.4	6.7	11.3
湖北	Hubei	4.0	4.5	2.0	8.7	11.2	11.3
湖南	Hunan	1.6	2.2	12.4	11.2	14.4	5.9
广东	Guangdong	44.7	159.8	314.2	378.3	448.5	443.7
广西	Guangxi			5.7	8.2	7.3	3.5
海南	Hainan	0.3	0.5	5.0	12.5	2.6	4.2
重庆	Chongqing		-0.1	6.0	9.4	11.6	16.4
四川	Sichuan	2.7	2.1	18.4	56.0	63.9	40.3
贵州	Guizhou	0.4	-6.0	1.7	3.4	1.9	3.3
云南	Yunnan	1.0	0.7	2.0	2.3	1.2	0.9
西藏	Tibet						
陕西	Shaanxi	6.2	7.7	10.2	9.4	8.8	19.7
甘肃	Gansu	0.2	0.1			0.1	0.2
青海	Qinghai			-0.1	0.1	0.1	
宁夏	Ningxia						
新疆	Xinjiang				0.1		

1-1-14 续表 4 continued

地 区	Region	利税（亿元） Taxes and Profits (100 million yuan)					
		2000	2005	2011	2012	2013	2014
全 国	**Total**	**428.9**	**944.2**	**2315.6**	**2643.8**	**3069.2**	**2989.1**
东部地区	Eastern Region	390.8	883.0	2050.7	2322.9	2706.1	2628.6
中部地区	Middle Region	11.5	18.4	71.1	78.5	88.0	98.1
西部地区	Western Region	16.7	12.0	78.7	134.9	156.1	129.7
东北地区	Northeastern Region	10.0	30.8	115.0	107.5	119.0	132.7
北 京	Beijing	53.8	77.1	112.5	82.1	131.4	118.6
天 津	Tianjin	87.1	157.2	157.6	237.5	394.5	275.4
河 北	Hebei	0.7	12.2	29.9	23.7	35.4	44.7
山 西	Shanxi		1.3	10.6	10.5	7.8	18.7
内蒙古	Inner Mongolia	0.1	0.1	3.7	0.9	2.3	0.1
辽 宁	Liaoning	8.9	11.2	76.7	67.7	76.1	85.9
吉 林	Jilin	0.3	3.1	12.9	18.9	26.0	30.1
黑龙江	Heilongjiang	0.8	16.5	25.5	20.9	16.9	16.8
上 海	Shanghai	90.5	94.4	139.7	129.5	118.5	176.1
江 苏	Jiangsu	68.5	203.2	647.7	751.3	813.1	806.0
浙 江	Zhejiang	11.1	22.4	88.5	95.3	98.2	132.2
安 徽	Anhui	1.1	2.1	15.3	13.1	12.1	15.4
福 建	Fujian	14.3	52.9	104.1	100.6	79.3	73.8
江 西	Jiangxi	1.9	3.3	8.3	11.9	13.4	18.3
山 东	Shandong	6.0	56.2	222.5	259.3	284.8	308.9
河 南	Henan	0.3	2.5	12.6	11.3	9.8	14.6
湖 北	Hubei	5.9	6.1	3.7	11.2	14.3	15.9
湖 南	Hunan	2.1	2.9	17.1	20.6	30.5	15.2
广 东	Guangdong	58.1	206.5	535.0	629.2	746.6	686.8
广 西	Guangxi	0.1	0.2	6.5	9.1	8.5	5.0
海 南	Hainan	0.6	0.9	6.7	14.3	4.2	6.0
重 庆	Chongqing	0.3	0.1	12.2	14.7	19.9	31.3
四 川	Sichuan	4.3	4.0	39.2	81.0	100.4	54.6
贵 州	Guizhou	0.7	-5.9	3.1	4.8	3.7	5.8
云 南	Yunnan	1.4	1.5	3.4	4.3	2.3	1.9
西 藏	Tibet						
陕 西	Shaanxi	9.7	12.1	20.7	19.8	18.8	30.8
甘 肃	Gansu	0.3	0.1			0.1	0.2
青 海	Qinghai				0.2	0.2	
宁 夏	Ningxia						
新 疆	Xinjiang				0.1		

1-1-14　续表 5　continued

地　　区	Region	出口交货值（亿元） Exports (100 million yuan)					
		2000	2005	2011	2012	2013	2014
全　　国	**Total**	**2018.1**	**11843.4**	**24802.9**	**27231.7**	**28097.7**	**27560.5**
东部地区	Eastern Region	1905.7	11599.3	23998.3	25857.9	25752.7	25069.0
中部地区	Middle Region	3.0	61.0	169.0	307.0	401.7	219.8
西部地区	Western Region	11.6	16.6	401.5	764.7	1674.5	2057.2
东北地区	Northeastern Region	97.9	166.5	234.1	302.1	268.7	214.5
北　　京	Beijing	140.5	796.5	919.1	897.6	924.7	758.0
天　　津	Tianjin	242.6	1013.1	1107.0	1149.7	1301.4	1207.8
河　　北	Hebei	0.8	2.4	60.0	59.4	46.2	29.6
山　　西	Shanxi			40.6	23.7	25.0	20.1
内 蒙 古	Inner Mongolia		0.1		0.2		0.3
辽　　宁	Liaoning	87.7	162.2	222.9	291.4	253.5	197.2
吉　　林	Jilin	0.2	1.2	1.4	2.8	3.9	7.2
黑 龙 江	Heilongjiang	10.0	3.1	9.8	7.9	11.3	10.2
上　　海	Shanghai	326.5	1938.7	2618.6	2763.8	2603.4	2416.6
江　　苏	Jiangsu	359.9	3209.8	8115.3	9227.9	8841.9	8429.8
浙　　江	Zhejiang	30.8	412.7	606.4	537.3	635.3	676.0
安　　徽	Anhui	0.4	2.3	16.4	23.3	23.2	28.6
福　　建	Fujian	58.5	380.3	1047.6	1073.4	1082.6	1141.0
江　　西	Jiangxi		12.0	61.8	58.3	45.3	39.8
山　　东	Shandong	50.4	299.0	1126.8	1215.7	1231.8	1407.5
河　　南	Henan	0.4	7.2	28.3	16.8	21.9	24.1
湖　　北	Hubei	2.1	18.1	7.6	17.7	22.3	22.5
湖　　南	Hunan	0.1	21.4	14.4	167.2	263.9	84.7
广　　东	Guangdong	695.4	3541.5	8363.4	8930.3	9082.2	8998.6
广　　西	Guangxi		5.2	34.1	11.1	10.6	14.4
海　　南	Hainan	0.3			2.8	3.2	4.1
重　　庆	Chongqing	1.0	2.8	66.5	315.3	759.6	1019.7
四　　川	Sichuan	8.8	6.7	316.0	411.6	878.7	942.6
贵　　州	Guizhou		5.4	0.6	0.7	0.7	0.7
云　　南	Yunnan	0.8	0.2	0.6	0.9	0.1	0.2
西　　藏	Tibet						
陕　　西	Shaanxi	0.8	1.5	17.8	24.9	24.7	79.3
甘　　肃	Gansu	0.2					
青　　海	Qinghai						
宁　　夏	Ningxia						
新　　疆	Xinjiang		0.1				

1-2-1 按行业分高技术产业生产经营情况(2014年)
Statistics on Production and Management in High-tech Industry by Industrial Sector(2014)

单位：个，人，亿元 (unit,person,100 million yuan)

行业	Industry	企业数 Number of Enterprises	从业人员平均人数 Annual Average Number of Employed Personnel	资产总计 Total Assets	主营业务收入 Revenue from Principal Business	利润总额 Profits	利税 Taxes and Profits	出口交货值 Exports
合计	**Total**	**27939**	**13250267**	**100316.5**	**127367.7**	**8095.2**	**12188.6**	**50765.2**
医药制造业	**Manufacture of Medicines**	**7108**	**2159430**	**21739.4**	**23350.3**	**2382.5**	**3724.8**	**1312.3**
#化学药品制造	Manufacture of Chemical Medicine	2371	928624	10510.5	10518.1	1064.2	1720.8	751.7
中成药生产	Production of Finished Traditional Chinese Herbal Medicine	1592	616299	5445.9	5745.8	619.1	986.9	75.6
生物药品制造	Manufacture of Biological Medicine	934	214841	2957.5	2801.3	333.4	476.6	234.5
航空、航天器及设备制造业	**Manufacture of Aircrafts and Spacecrafts and Related Equipment**	**338**	**365708**	**4596.7**	**3027.6**	**170.3**	**246.5**	**405.4**
#飞机制造	Manufacture of Airplanes	136	258084	3372.1	2100.4	105.0	155.9	252.4
航天器制造	Manufacture of Spacecrafts	28	26382	411.9	221.1	15.8	17.2	2.8
电子及通信设备制造业	**Manufacture of Electronic Equipment and Communication Equipment**	**13973**	**7734261**	**53151.8**	**67584.2**	**3744.4**	**5685.2**	**31486.8**
#通信设备制造	Manufacture of Communication Equipment	1507	1560571	15191.9	19959.9	1046.3	1866.9	9503.2
#通信系统设备制造	Manufacture of Communication System Equipment	770	599316	8253.8	7734.7	655.0	1119.2	2834.1
通信终端设备制造	Manufacture of Communication Terminal Equipment	737	961255	6938.1	12225.2	391.2	747.7	6669.1
广播电视设备制造	Manufacture of Broadcasting and TV Equipment	626	215379	1308.7	1619.0	108.0	151.6	553.1
雷达及配套设备制造	Manufacture of Radar and Its Fittings	59	47392	585.9	443.5	29.3	36.4	52.9
视听设备制造	Manufacture of TV Set and Radio Receiver	1036	679482	4492.0	7358.9	293.8	440.7	3348.4
电子器件制造	Manufacture of Electronic Appliances	2752	1662354	14523.9	14879.5	847.2	1107.0	9439.6
#电子真空器件制造	Manufacture of Electronic Vacuum Appliance	98	29634	422.5	176.3	13.1	20.7	21.8
半导体分立器件制造	Manufacture of Semiconductor Discreting Appliances	335	132950	945.3	866.5	42.8	61.4	438.5
集成电路制造	Manufacture of Integrate Circuit	452	289897	3667.8	2617.7	217.9	277.7	1972.6
电子元件制造	Manufacture of Electronic Components	5490	2571802	10278.3	14717.3	870.3	1270.2	6461.0
其他电子设备制造	Manufacture of Other Electronic Equipment	1176	526585	2779.9	4248.2	275.4	388.5	1460.8
计算机及办公设备制造业	**Manufacture of Computers and Office Equipment**	**1629**	**1842440**	**11521.7**	**23499.1**	**889.2**	**1208.9**	**16154.9**
#计算机整机制造	Manufacture of Entired Computer	172	670702	5590.9	13769.3	422.0	581.9	9323.3
计算机零部件制造	Manufacture of Computer Components and Parts	560	600400	2706.0	4505.8	172.3	236.8	3626.4
计算机外围设备制造	Manufacture of Computer Peripheral Equipment	442	298340	1662.3	2774.7	152.9	193.6	1917.0
办公设备制造	Manufacture of Office Equipment	241	132504	708.5	1239.2	76.8	102.1	808.8
医疗仪器设备及仪器仪表制造业	**Manufacture of Medical Equipments and Measuring Instrument**	**4891**	**1148428**	**9306.9**	**9906.5**	**908.9**	**1323.1**	**1405.8**
1.医疗仪器设备及器械制造	Manufacture of Medical Equipment and Appliance	1196	296477	2487.6	2182.6	237.2	329.5	476.1
2.仪器仪表制造	Manufacture of Measuring Instrument	3695	851951	6819.3	7723.9	671.7	993.6	929.7

注：本表数据口径为年主营业务收入2000万元及以上的法人工业企业。以下至1-2-9表相同。

1-2-2 各地区高技术产业生产经营情况(2014年)

Statistics on Production and Management in High-tech Industry by Region (2014)

单位：个，人，亿元 (unit,person,100 million yuan)

地区	Region	企业数 Number of Enterprises	从业人员平均人数 Annual Average Number of Employed Personnel	资产总计 Total Assets	主营业务收入 Revenue from Principal Business	利润总额 Profits	利税 Taxes and Profits	出口交货值 Exports
全国	**Total**	**27939**	**13250267**	**100316.5**	**127367.7**	**8095.2**	**12188.6**	**50765.2**
东部地区	Eastern Region	19069	9465854	70758.7	92205.9	5729.0	8511.1	41718.5
中部地区	Middle Region	4850	2024387	13204.9	17014.1	1061.9	1729.2	4525.5
西部地区	Western Region	2758	1316311	11938.5	13495.7	919.3	1381.6	4102.8
东北地区	Northeastern Region	1262	443715	4414.4	4652.0	385.0	566.6	418.3
北京	Beijing	805	282024	4996.3	4151.6	277.3	405.5	1031.6
天津	Tianjin	583	298182	2977.2	4282.0	281.8	454.6	1561.5
河北	Hebei	556	198644	1716.3	1508.7	138.2	193.0	145.7
山西	Shanxi	134	138667	911.4	793.6	42.7	65.9	437.9
内蒙古	Inner Mongolia	95	30947	351.6	353.4	36.0	54.6	14.1
辽宁	Liaoning	687	212474	2286.1	2351.7	196.1	276.1	370.5
吉林	Jilin	393	151717	1246.9	1667.9	137.3	207.7	23.9
黑龙江	Heilongjiang	182	79524	881.3	632.4	51.6	82.8	23.9
上海	Shanghai	1003	580596	5569.3	7056.9	302.3	374.4	4415.9
江苏	Jiangsu	4852	2446480	16705.8	26113.9	1671.2	2393.9	11911.1
浙江	Zhejiang	2437	672586	5666.3	4792.4	475.0	681.3	1548.2
安徽	Anhui	1036	252133	2563.5	2533.0	191.3	263.3	647.6
福建	Fujian	796	372151	2440.0	3627.8	204.4	269.4	2001.6
江西	Jiangxi	792	311199	1444.0	2611.9	189.9	298.6	306.5
山东	Shandong	2114	726301	6764.7	10212.1	781.3	1160.2	1948.5
河南	Henan	1068	697405	3987.4	5293.1	340.7	572.5	2387.6
湖北	Hubei	920	320261	2794.6	2948.0	143.1	238.6	315.8
湖南	Hunan	900	304722	1503.9	2834.4	154.1	290.4	430.1
广东	Guangdong	5874	3872690	23710.1	30328.9	1578.4	2550.8	17149.5
广西	Guangxi	296	134289	631.1	1394.3	131.7	174.6	312.0
海南	Hainan	49	16200	212.8	131.7	19.1	28.2	5.0
重庆	Chongqing	460	246281	1690.6	3433.7	110.5	178.5	2194.1
四川	Sichuan	911	501205	4607.0	5486.6	413.3	624.1	1353.2
贵州	Guizhou	193	72532	764.4	566.3	44.7	71.5	12.8
云南	Yunnan	148	39335	518.9	312.1	34.0	53.4	9.2
西藏	Tibet	9	1676	31.7	15.9	3.0	4.9	
陕西	Shaanxi	435	241918	2723.9	1649.5	116.2	178.1	176.3
甘肃	Gansu	117	26694	308.9	162.4	23.0	29.6	20.4
青海	Qinghai	36	7084	77.6	57.2	6.2	9.4	0.1
宁夏	Ningxia	24	7417	113.5	37.4		0.8	9.2
新疆	Xinjiang	34	6933	119.3	26.9	0.7	2.2	1.3

1-2-3 按行业和企业规模分高技术产业生产经营情况(2014年)

Statistics on Production and Management in High-tech Industry by Industrial Sector and Scale of Enterprises(2014)

单位：个，人，亿元 (unit,perosn,100 million yuan)

行业	Industry	大型企业 Large-sized Enterprises 企业数 Number of Enterprises	从业人员平均人数 Annual Average Number of Employed Personnel	资产总计 Total Assets	主营业务收入 Revenue from Principal Business	利润总额 Profits	利税 Taxes and Profits	出口交货值 Exports
合计	**Total**	**1788**	**7184905**	**56936.6**	**75588.0**	**4403.6**	**6537.8**	**41048.9**
医药制造业	**Manufacture of Medicines**	**284**	**818136**	**8518.5**	**7924.5**	**841.8**	**1358.0**	**482.4**
#化学药品制造	Manufacture of Chemical Medicine	154	427158	5312.4	4613.5	460.4	779.1	383.4
中成药生产	Production of Finished Traditional Chinese Herbal Medicine	80	278280	2131.3	2171.5	254.3	397.3	18.2
生物药品制造	Manufacture of Biological Medicine	26	45003	534.6	514.2	57.2	82.7	33.1
航空、航天器及设备制造业	**Manufacture of Aircrafts and Spacecrafts and Related Equipment**	**71**	**295933**	**3558.1**	**2013.7**	**83.1**	**115.4**	**251.7**
#飞机制造	Manufacture of Airplanes	44	225511	2891.5	1648.5	62.7	88.2	183.5
航天器制造	Manufacture of Spacecrafts	9	18908	307.3	122.2	10.4	10.9	0.1
电子及通信设备制造业	**Manufacture of Electronic Equipment and Communication Equipment**	**1091**	**4371992**	**33523.9**	**43411.3**	**2502.2**	**3745.6**	**25281.4**
#通信设备制造	Manufacture of Communication Equipment	180	1214404	11939.7	16536.6	860.6	1593.6	8918.0
#通信系统设备制造	Manufacture of Communication System Equipment	68	445329	6466.2	6331.7	550.1	971.5	2661.1
通信终端设备制造	Manufacture of Communication Terminal Equipment	112	769075	5473.5	10204.9	310.6	622.0	6256.9
广播电视设备制造	Manufacture of Broadcasting and TV Equipment	33	79199	556.7	610.0	47.2	58.7	371.4
雷达及配套设备制造	Manufacture of Radar and Its Fittings	10	30888	412.6	323.1	21.1	25.2	47.8
视听设备制造	Manufacture of TV Set and Radio Receiver	106	416751	3190.6	5071.5	240.4	339.5	2320.2
电子器件制造	Manufacture of Electronic Appliances	267	998765	9527.7	9823.0	619.0	752.7	7680.0
#电子真空器件制造	Manufacture of Electronic Vacuum Appliance	4	6262	194.6	35.5	10.3	12.8	2.0
半导体分立器件制造	Manufacture of Semiconductor Discreting Appliances	30	64231	468.5	405.9	24.0	29.7	285.7
集成电路制造	Manufacture of Integrate Circuit	67	186060	2664.9	1692.7	161.3	193.7	1638.3
电子元件制造	Manufacture of Electronic Components	362	1152264	4756.8	6659.1	395.4	529.3	4487.5
其他电子设备制造	Manufacture of Other Electronic Equipment	62	284561	1393.1	2463.0	170.3	226.5	1048.2
计算机及办公设备制造业	**Manufacture of Computers and Office Equipment**	**227**	**1442826**	**8974.4**	**19978.0**	**752.7**	**1003.9**	**14587.7**
#计算机整机制造	Manufacture of Entired Computer	51	638023	4991.3	12774.8	395.3	547.1	8839.0
计算机零部件制造	Manufacture of Computer Components and Parts	74	455333	1998.1	3646.5	145.6	191.3	3166.7
计算机外围设备制造	Manufacture of Computer Peripheral Equipment	51	179218	1017.3	1854.8	116.6	138.4	1477.6
办公设备制造	Manufacture of Office Equipment	23	77944	434.1	815.0	46.7	58.9	676.5
医疗仪器设备及仪器仪表制造业	**Manufacture of Medical Equipments and Measuring Instrument**	**115**	**256018**	**2361.8**	**2260.4**	**223.9**	**314.8**	**445.8**
1.医疗仪器设备及器械制造	Manufacture of Medical Equipment and Appliance	29	58145	463.1	461.4	59.9	75.9	146.5
2.仪器仪表制造	Manufacture of Measuring Instrument	86	197873	1898.7	1799.0	163.9	239.0	299.3

1-2-3　续表　continued

单位：个，人，亿元　　(unit,perosn,100 million yuan)

行　业	Industry	中型企业 Medium-sized Enterprises 企业数 Number of Enter-prises	从业人员平均人数 Annual Average Number of Employed Personnel	资产总计 Total Assets	主营业务收入 Revenue from Principal Business	利润总额 Profits	利税 Taxes and Profits	出口交货值 Exports
合计	**Total**	**6181**	**3542923**	**23347.4**	**27472.3**	**2104.4**	**3150.7**	**6960.0**
医药制造业	**Manufacture of Medicines**	**1325**	**678271**	**6973.3**	**7308.1**	**882.2**	**1332.8**	**518.7**
#化学药品制造	Manufacture of Chemical Medicine	554	288577	3066.3	3185.6	387.7	593.5	248.6
中成药生产	Production of Finished Traditional Chinese Herbal Medicine	350	179913	1654.2	1765.9	214.2	342.0	31.2
生物药品制造	Manufacture of Biological Medicine	162	83380	1439.3	1213.4	162.3	229.3	121.0
航空、航天器及设备制造业	**Manufacture of Aircrafts and Spacecrafts and Related Equipment**	**74**	**47853**	**571.4**	**668.7**	**58.3**	**91.2**	**87.5**
#飞机制造	Manufacture of Airplanes	37	26285	297.4	369.1	39.6	63.6	50.9
航天器制造	Manufacture of Spacecrafts	11	6647	99.0	92.2	5.1	5.8	2.7
电子及通信设备制造业	**Manufacture of Electronic Equipment and Communication Equipment**	**3555**	**2119759**	**11031.0**	**13638.9**	**718.9**	**1087.3**	**4465.3**
#通信设备制造	Manufacture of Communication Equipment	372	219852	1593.2	1942.2	94.1	141.2	429.6
#通信系统设备制造	Manufacture of Communication System Equipment	151	84223	759.7	646.3	44.7	62.3	109.0
通信终端设备制造	Manufacture of Communication Terminal Equipment	221	135629	833.5	1295.9	49.4	78.9	320.6
广播电视设备制造	Manufacture of Broadcasting and TV Equipment	140	79036	383.4	528.4	41.9	61.1	121.0
雷达及配套设备制造	Manufacture of Radar and Its Fittings	20	12798	110.8	62.6	5.2	6.6	1.4
视听设备制造	Manufacture of TV Set and Radio Receiver	287	174025	789.9	1572.3	31.8	63.1	767.9
电子器件制造	Manufacture of Electronic Appliances	706	425898	3141.6	3008.6	141.6	208.0	1235.2
#电子真空器件制造	Manufacture of Electronic Vacuum Appliance	24	15462	172.6	88.2	1.6	4.9	14.9
半导体分立器件制造	Manufacture of Semiconductor Discreting Appliances	67	36480	256.0	231.6	7.1	12.6	107.5
集成电路制造	Manufacture of Integrate Circuit	118	66995	591.6	523.2	30.5	44.5	212.6
电子元件制造	Manufacture of Electronic Components	1501	916902	3249.4	4529.3	290.3	429.3	1446.4
其他电子设备制造	Manufacture of Other Electronic Equipment	246	133942	680.5	793.7	50.7	75.8	304.3
计算机及办公设备制造业	**Manufacture of Computers and Office Equipment**	**426**	**269810**	**1719.7**	**2451.6**	**87.3**	**129.9**	**1282.5**
#计算机整机制造	Manufacture of Entired Computer	37	21666	482.4	848.2	19.4	24.6	467.5
计算机零部件制造	Manufacture of Computer Components and Parts	154	98411	486.4	536.2	14.9	27.0	327.2
计算机外围设备制造	Manufacture of Computer Peripheral Equipment	125	82104	408.8	645.8	23.6	35.9	364.3
办公设备制造	Manufacture of Office Equipment	62	35412	158.6	255.3	18.9	26.0	94.7
医疗仪器设备及仪器仪表制造业	**Manufacture of Medical Equipments and Measuring Instrument**	**801**	**427230**	**3052.0**	**3405.0**	**357.7**	**509.6**	**606.0**
1.医疗仪器设备及器械制造	Manufacture of Medical Equipment and Appliance	220	120537	681.7	778.2	94.8	131.6	211.6
2.仪器仪表制造	Manufacture of Measuring Instrument	581	306693	2370.3	2626.8	262.9	378.0	394.4

1-2-4 按行业分国有及国有控股企业高技术产业生产经营情况(2014年)

Statistics on Production and Management in High-tech Industry of State-owned and State-controlled Enterprises by Industrial Sector (2014)

单位：个，人，亿元 (unit,person,100 million yuan)

行业	Industry	企业数 Number of Enter-prises	从业人员平均人数 Annual Average Number of Employed Personnel	资产总计 Total Assets	主营业务收入 Revenue from Principal Business	利润总额 Profits	利税 Taxes and Profits	出口交货值 Exports
合计	**Total**	**1488**	**1449714**	**19524.2**	**12828.4**	**759.6**	**1288.0**	**2435.8**
医药制造业	**Manufacture of Medicines**	**417**	**299944**	**3504.7**	**2265.8**	**224.0**	**362.4**	**166.0**
#化学药品制造	Manufacture of Chemical Medicine	175	166254	1863.0	1189.3	77.1	139.4	143.0
中成药生产	Production of Finished Traditional Chinese Herbal Medicine	138	91848	1029.0	691.8	87.6	142.6	5.0
生物药品制造	Manufacture of Biological Medicine	42	23770	431.6	213.9	42.3	53.7	8.7
航空、航天器及设备制造业	**Manufacture of Aircrafts and Spacecrafts and Related Equipment**	**161**	**321990**	**4014.7**	**2155.9**	**80.5**	**116.6**	**186.9**
#飞机制造	Manufacture of Airplanes	82	238822	3105.5	1569.5	47.2	69.2	146.2
航天器制造	Manufacture of Spacecrafts	20	25072	403.6	210.1	15.3	16.1	2.8
电子及通信设备制造业	**Manufacture of Electronic Equipment and Communication Equipment**	**599**	**636315**	**9648.3**	**6663.6**	**341.0**	**635.3**	**1867.3**
#通信设备制造	Manufacture of Communication Equipment	124	190462	2592.8	2000.7	79.8	256.1	698.1
#通信系统设备制造	Manufacture of Communication System Equipment	84	149931	2287.3	1742.0	69.7	240.8	648.6
通信终端设备制造	Manufacture of Communication Terminal Equipment	40	40531	305.5	258.7	10.2	15.3	49.5
广播电视设备制造	Manufacture of Broadcasting and TV Equipment	21	7684	81.6	50.5	3.2	4.6	1.9
雷达及配套设备制造	Manufacture of Radar and Its Fittings	28	40786	525.3	378.6	24.9	29.9	48.0
视听设备制造	Manufacture of TV Set and Radio Receiver	32	109682	1617.0	1688.1	57.0	101.5	304.5
电子器件制造	Manufacture of Electronic Appliances	179	166488	3743.7	1751.6	125.5	169.7	660.7
#电子真空器件制造	Manufacture of Electronic Vacuum Appliance	14	8661	101.1	40.7	2.0	4.1	2.1
半导体分立器件制造	Manufacture of Semiconductor Discreting Appliances	20	8042	167.7	38.7	0.7	1.5	5.5
集成电路制造	Manufacture of Integrate Circuit	45	22522	576.9	274.8	9.6	20.3	124.6
电子元件制造	Manufacture of Electronic Components	138	76311	532.2	417.3	27.5	39.4	129.4
其他电子设备制造	Manufacture of Other Electronic Equipment	27	13539	184.8	100.8	10.4	16.0	3.0
计算机及办公设备制造业	**Manufacture of Computers and Office Equipment**	**57**	**71939**	**979.7**	**871.9**	**46.0**	**70.4**	**189.8**
#计算机整机制造	Manufacture of Entired Computer	15	21737	478.6	453.3	8.1	18.2	19.6
计算机零部件制造	Manufacture of Computer Components and Parts	3	1273	15.9	19.3	1.7	2.4	2.8
计算机外围设备制造	Manufacture of Computer Peripheral Equipment	19	36716	359.6	318.4	22.2	29.6	162.9
办公设备制造	Manufacture of Office Equipment	10	4457	73.9	35.1	9.1	12.1	3.7
医疗仪器设备及仪器仪表制造业	**Manufacture of Medical Equipments and Measuring Instrument**	**254**	**119526**	**1376.9**	**871.3**	**68.0**	**103.3**	**25.8**
1.医疗仪器设备及器械制造	Manufacture of Medical Equipment and Appliance	23	11846	135.4	81.2	6.4	9.5	3.1
2.仪器仪表制造	Manufacture of Measuring Instrument	231	107680	1241.4	790.1	61.6	93.9	22.7

1-2-5　按行业和登记注册类型分高技术产业生产经营情况(2014年)

Statistics on Production and Management in High-tech Industry by Industrial Sector and Registration Status(2014)

单位：个，人，亿元　　(unit,person,100 million yuan)

行　业	Industry	内资企业 Domestic Funded 企业数 Number of Enter-prises	从业人员平均人数 Annual Average Number of Employed Personnel	资产总计 Total Assets	主营业务收入 Revenue from Principal Business	利润总额 Profits	利税 Taxes and Profits	出口交货值 Exports
合计	**Total**	**20179**	**6387453**	**56927.4**	**59338.1**	**4636.6**	**7194.9**	**8208.9**
医药制造业	**Manufacture of Medicines**	**6193**	**1741850**	**16601.8**	**18298.3**	**1796.8**	**2780.9**	**752.4**
#化学药品制造	Manufacture of Chemical Medicine	1997	689351	7233.7	7289.8	687.4	1087.4	455.7
中成药生产	Production of Finished Traditional Chinese Herbal Medicine	1440	553158	4786.5	5059.5	539.1	860.2	32.6
生物药品制造	Manufacture of Biological Medicine	768	166611	2200.2	2202.6	251.1	363.7	128.3
航空、航天器及设备制造业	**Manufacture of Aircrafts and Spacecrafts and Related Equipment**	**267**	**331733**	**4191.2**	**2442.8**	**109.7**	**155.5**	**196.2**
#飞机制造	Manufacture of Airplanes	106	247860	3176.7	1754.7	59.6	85.7	182.1
航天器制造	Manufacture of Spacecrafts	28	26382	411.9	221.1	15.8	17.2	2.8
电子及通信设备制造业	**Manufacture of Electronic Equipment and Communication Equipment**	**8956**	**3171598**	**27442.2**	**28541.9**	**1904.5**	**3023.4**	**6202.4**
#通信设备制造	Manufacture of Communication Equipment	1087	640963	8843.6	9226.6	620.8	1100.9	2957.7
#通信系统设备制造	Manufacture of Communication System Equipment	610	441822	6788.7	6149.2	502.2	920.2	2318.5
通信终端设备制造	Manufacture of Communication Terminal Equipment	477	199141	2054.9	3077.4	118.6	180.8	639.2
广播电视设备制造	Manufacture of Broadcasting and TV Equipment	472	126063	900.4	986.6	76.8	104.1	246.5
雷达及配套设备制造	Manufacture of Radar and Its Fittings	54	46261	560.6	423.4	28.6	35.6	49.2
视听设备制造	Manufacture of TV Set and Radio Receiver	613	289575	2413.7	2879.4	100.5	175.9	722.5
电子器件制造	Manufacture of Electronic Appliances	1702	648541	6806.7	4949.3	346.4	489.1	1056.6
#电子真空器件制造	Manufacture of Electronic Vacuum Appliance	74	22598	378.4	141.6	13.5	19.9	9.1
半导体分立器件制造	Manufacture of Semiconductor Discreting Appliances	188	57308	472.3	355.1	26.2	37.7	58.2
集成电路制造	Manufacture of Integrate Circuit	251	88959	1102.7	748.9	44.6	73.1	205.3
电子元件制造	Manufacture of Electronic Components	3197	866212	3807.1	5205.0	387.9	587.6	668.1
其他电子设备制造	Manufacture of Other Electronic Equipment	808	238048	1342.6	1744.8	120.9	183.4	295.9
计算机及办公设备制造业	**Manufacture of Computers and Office Equipment**	**882**	**312571**	**2251.3**	**2790.0**	**169.6**	**250.6**	**573.7**
#计算机整机制造	Manufacture of Entired Computer	93	47356	713.3	838.5	29.7	50.5	136.5
计算机零部件制造	Manufacture of Computer Components and Parts	282	87344	332.8	536.8	43.3	62.7	79.7
计算机外围设备制造	Manufacture of Computer Peripheral Equipment	234	103986	612.7	767.5	47.4	62.8	277.7
办公设备制造	Manufacture of Office Equipment	139	33453	252.0	268.7	30.0	43.8	35.3
医疗仪器设备及仪器仪表制造业	**Manufacture of Medical Equipments and Measuring Instrument**	**3881**	**829701**	**6440.8**	**7265.1**	**656.0**	**984.5**	**484.2**
1.医疗仪器设备及器械制造	Manufacture of Medical Equipment and Appliance	894	200745	1304.5	1548.4	168.6	238.6	179.8
2.仪器仪表制造	Manufacture of Measuring Instrument	2987	628956	5136.4	5716.7	487.4	746.0	304.4

1-2-5 续表 1 continued

单位：个，人，亿元 (unit,person,100 million yuan)

行 业	Industry	#国有企业 State-owned Enterprises						
		企业数 Number of Enter-prises	从业人员平均人数 Annual Average Number of Employed Personnel	资产总计 Total Assets	主营业务收入 Revenue from Principal Business	利润总额 Profits	利税 Taxes and Profits	出口交货值 Exports
合计	**Total**	**188**	**180866**	**2156.8**	**1319.7**	**87.9**	**122.8**	**84.6**
医药制造业	**Manufacture of Medicines**	**45**	**13413**	**166.8**	**103.0**	**15.7**	**21.9**	**1.2**
#化学药品制造	Manufacture of Chemical Medicine	10	2314	26.5	25.8	2.1	3.1	0.8
中成药生产	Production of Finished Traditional Chinese Herbal Medicine	20	5051	53.3	22.8	3.0	4.8	
生物药品制造	Manufacture of Biological Medicine	5	4059	72.0	36.5	9.4	12.3	0.0
航空、航天器及设备制造业	**Manufacture of Aircrafts and Spacecrafts and Related Equipment**	**46**	**82157**	**957.4**	**531.8**	**23.2**	**33.1**	**20.3**
#飞机制造	Manufacture of Airplanes	24	39848	484.7	234.5	6.8	9.4	15.2
航天器制造	Manufacture of Spacecrafts	10	17643	269.1	108.5	9.2	9.7	0.1
电子及通信设备制造业	**Manufacture of Electronic Equipment and Communication Equipment**	**58**	**56228**	**621.8**	**437.1**	**23.0**	**33.7**	**54.6**
#通信设备制造	Manufacture of Communication Equipment	14	26937	333.7	237.2	11.3	18.0	25.5
#通信系统设备制造	Manufacture of Communication System Equipment	12	26202	324.5	228.2	10.1	16.7	25.5
通信终端设备制造	Manufacture of Communication Terminal Equipment	2	735	9.3	9.0	1.3	1.3	
广播电视设备制造	Manufacture of Broadcasting and TV Equipment	1	73	0.3	0.4	0.1	0.1	
雷达及配套设备制造	Manufacture of Radar and Its Fittings	5	5535	101.9	55.8	6.0	6.2	0.9
视听设备制造	Manufacture of TV Set and Radio Receiver	3	2477	42.5	41.5	0.4	0.6	19.8
电子器件制造	Manufacture of Electronic Appliances	10	5966	39.9	36.9	2.4	3.4	0.9
#电子真空器件制造	Manufacture of Electronic Vacuum Appliance	4	2340	13.1	6.6	0.1	0.3	0.1
半导体分立器件制造	Manufacture of Semiconductor Discreting Appliances	1	800	4.3	3.0	0.2	0.3	0.0
集成电路制造	Manufacture of Integrate Circuit	3	2471	17.9	24.4	2.0	2.8	0.8
电子元件制造	Manufacture of Electronic Components	20	14113	83.3	55.2	2.7	5.1	6.0
其他电子设备制造	Manufacture of Other Electronic Equipment	3	442	5.4	2.9	0.0	0.1	
计算机及办公设备制造业	**Manufacture of Computers and Office Equipment**	**3**	**5743**	**60.5**	**77.9**	**9.6**	**12.4**	**0.0**
#计算机整机制造	Manufacture of Entired Computer	1	254	0.4	1.7			
计算机零部件制造	Manufacture of Computer Components and Parts							
计算机外围设备制造	Manufacture of Computer Peripheral Equipment	1	5124	58.3	75.3	9.6	12.3	
办公设备制造	Manufacture of Office Equipment	1	365	1.8	1.0	0.0	0.1	0.0
医疗仪器设备及仪器仪表制造业	**Manufacture of Medical Equipments and Measuring Instrument**	**36**	**23325**	**350.3**	**169.9**	**16.5**	**21.6**	**8.4**
1.医疗仪器设备及器械制造	Manufacture of Medical Equipment and Appliance	6	6063	87.6	58.8	5.1	6.8	0.4
2.仪器仪表制造	Manufacture of Measuring Instrument	30	17262	262.8	111.1	11.3	14.7	8.0

1-2-5 续表 2 continued

单位：个，人，亿元 (unit,person,100 million yuan)

行 业	Industry	港澳台投资企业 Enterprises with Funds from Hong Kong, Macau and Tai Wan 企业数 Number of Enter-prises	从业人员平均人数 Annual Average Number of Employed Personnel	资产总计 Total Assets	主营业务收入 Revenue from Principal Business	利润总额 Profits	利税 Taxes and Profits	出口交货值 Exports
合计	**Total**	**3281**	**3090351**	**17397.1**	**25622.4**	**1349.3**	**2004.6**	**14995.8**
医药制造业	**Manufacture of Medicines**	**376**	**160414**	**2021.2**	**1751.7**	**246.1**	**363.0**	**201.1**
#化学药品制造	Manufacture of Chemical Medicine	141	80458	1114.7	988.0	144.5	216.0	128.3
中成药生产	Production of Finished Traditional Chinese Herbal Medicine	86	32636	357.5	388.9	45.5	69.3	26.1
生物药品制造	Manufacture of Biological Medicine	62	20681	375.2	195.2	37.4	49.0	18.8
航空、航天器及设备制造业	**Manufacture of Aircrafts and Spacecrafts and Related Equipment**	**14**	**12443**	**80.4**	**103.5**	**10.4**	**15.1**	**77.6**
#飞机制造	Manufacture of Airplanes	4	2411	19.7	28.3	6.2	8.5	23.4
航天器制造	Manufacture of Spacecrafts							
电子及通信设备制造业	**Manufacture of Electronic Equipment and Communication Equipment**	**2249**	**2240841**	**10886.9**	**15234.8**	**722.8**	**1104.7**	**9636.2**
#通信设备制造	Manufacture of Communication Equipment	190	548236	3363.3	4702.3	199.1	385.8	3130.9
#通信系统设备制造	Manufacture of Communication System Equipment	67	77572	677.6	679.4	126.8	156.0	133.6
通信终端设备制造	Manufacture of Communication Terminal Equipment	123	470664	2685.7	4022.9	72.3	229.7	2997.4
广播电视设备制造	Manufacture of Broadcasting and TV Equipment	81	44707	161.5	271.5	18.4	27.9	87.4
雷达及配套设备制造	Manufacture of Radar and Its Fittings	2	320	18.9	16.7	0.6	0.6	3.0
视听设备制造	Manufacture of TV Set and Radio Receiver	235	247373	1148.7	2075.7	96.3	133.6	1147.6
电子器件制造	Manufacture of Electronic Appliances	409	336205	2104.0	2327.2	84.0	116.5	1720.7
#电子真空器件制造	Manufacture of Electronic Vacuum Appliance	7	1766	15.1	5.0	-0.9	-0.8	1.6
半导体分立器件制造	Manufacture of Semiconductor Discreting Appliances	51	27149	171.3	155.0	0.8	3.0	104.9
集成电路制造	Manufacture of Integrate Circuit	73	58340	529.6	544.2	42.4	51.2	418.4
电子元件制造	Manufacture of Electronic Components	1050	872181	3129.5	4539.2	254.1	344.1	2848.3
其他电子设备制造	Manufacture of Other Electronic Equipment	162	102492	383.4	692.8	43.5	59.8	406.6
计算机及办公设备制造业	**Manufacture of Computers and Office Equipment**	**337**	**573564**	**3738.0**	**7876.0**	**316.0**	**444.7**	**4881.4**
#计算机整机制造	Manufacture of Entired Computer	30	257427	2317.2	5365.9	202.6	292.3	3117.5
计算机零部件制造	Manufacture of Computer Components and Parts	122	127394	480.4	640.6	21.3	34.7	453.6
计算机外围设备制造	Manufacture of Computer Peripheral Equipment	104	114465	588.7	1195.5	49.1	59.8	999.3
办公设备制造	Manufacture of Office Equipment	48	27536	106.4	257.1	8.9	10.7	168.3
医疗仪器设备及仪器仪表制造业	**Manufacture of Medical Equipments and Measuring Instrument**	**305**	**103089**	**670.6**	**656.4**	**54.0**	**77.1**	**199.5**
1.医疗仪器设备及器械制造	Manufacture of Medical Equipment and Appliance	95	30718	181.0	144.6	14.3	21.4	57.0
2.仪器仪表制造	Manufacture of Measuring Instrument	210	72371	489.6	511.8	39.7	55.7	142.6

1-2-5 续表 3 continued

单位：个，人，亿元 (unit,person,100 million yuan)

行业	Industry	外商投资企业 Foreign Funded Enterprises 企业数 Number of Enterprises	从业人员平均人数 Annual Average Number of Employed Personnel	资产总计 Total Assets	主营业务收入 Revenue from Principal Business	利润总额 Profits	利税 Taxes and Profits	出口交货值 Exports
合计	**Total**	**4479**	**3772463**	**25991.9**	**42407.1**	**2109.3**	**2989.1**	**27560.5**
医药制造业	**Manufacture of Medicines**	**539**	**257166**	**3116.4**	**3300.4**	**339.5**	**580.9**	**358.8**
#化学药品制造	Manufacture of Chemical Medicine	233	158815	2162.1	2240.3	232.3	417.3	167.6
中成药生产	Production of Finished Traditional Chinese Herbal Medicine	66	30505	301.9	297.5	34.5	57.5	16.8
生物药品制造	Manufacture of Biological Medicine	104	27549	382.0	403.6	44.8	64.0	87.4
航空、航天器及设备制造业	**Manufacture of Aircrafts and Spacecrafts and Related Equipment**	**57**	**21532**	**325.0**	**481.2**	**50.2**	**75.9**	**131.6**
#飞机制造	Manufacture of Airplanes	26	7813	175.7	317.4	39.2	61.7	46.9
航天器制造	Manufacture of Spacecrafts							
电子及通信设备制造业	**Manufacture of Electronic Equipment and Communication Equipment**	**2768**	**2321822**	**14822.6**	**23807.4**	**1117.1**	**1557.1**	**15648.2**
#通信设备制造	Manufacture of Communication Equipment	230	371372	2985.0	6031.0	226.4	380.2	3414.6
#通信系统设备制造	Manufacture of Communication System Equipment	93	79922	787.5	906.1	26.0	43.0	382.0
通信终端设备制造	Manufacture of Communication Terminal Equipment	137	291450	2197.5	5124.9	200.3	337.2	3032.6
广播电视设备制造	Manufacture of Broadcasting and TV Equipment	73	44609	246.8	360.9	12.7	19.6	219.2
雷达及配套设备制造	Manufacture of Radar and Its Fittings	3	811	6.3	3.4	0.1	0.2	0.7
视听设备制造	Manufacture of TV Set and Radio Receiver	188	142534	929.6	2403.8	97.0	131.2	1478.2
电子器件制造	Manufacture of Electronic Appliances	641	677608	5613.1	7603.0	416.7	501.5	6662.2
#电子真空器件制造	Manufacture of Electronic Vacuum Appliance	17	5270	29.0	29.8	0.5	1.5	11.2
半导体分立器件制造	Manufacture of Semiconductor Discreting Appliances	96	48493	301.7	356.4	15.8	20.7	275.3
集成电路制造	Manufacture of Integrate Circuit	128	142598	2035.5	1324.6	130.8	153.4	1348.9
电子元件制造	Manufacture of Electronic Components	1243	833409	3341.7	4973.1	228.3	338.6	2944.6
其他电子设备制造	Manufacture of Other Electronic Equipment	206	186045	1053.9	1810.6	111.1	145.3	758.3
计算机及办公设备制造业	**Manufacture of Computers and Office Equipment**	**410**	**956305**	**5532.4**	**12833.0**	**403.6**	**513.6**	**10699.8**
#计算机整机制造	Manufacture of Entired Computer	49	365919	2560.4	7565.0	189.7	239.1	6069.2
计算机零部件制造	Manufacture of Computer Components and Parts	156	385662	1892.8	3328.5	107.7	139.4	3093.1
计算机外围设备制造	Manufacture of Computer Peripheral Equipment	104	79889	460.9	811.6	56.5	71.0	640.1
办公设备制造	Manufacture of Office Equipment	54	71515	350.1	713.5	37.9	47.6	605.3
医疗仪器设备及仪器仪表制造业	**Manufacture of Medical Equipments and Measuring Instrument**	**705**	**215638**	**2195.5**	**1985.1**	**198.9**	**261.5**	**722.1**
1.医疗仪器设备及器械制造	Manufacture of Medical Equipment and Appliance	207	65014	1002.1	489.5	54.3	69.6	239.3
2.仪器仪表制造	Manufacture of Measuring Instrument	498	150624	1193.3	1495.5	144.6	192.0	482.7

1-2-6 按地区和企业规模分高技术产业生产经营情况(2014年)

Statistics on Production and Management in High-tech Industry by Region and Scale of Enterprises(2014)

单位：个，人，亿元 (unit,perosn,100 million yuan)

地区	Region	大型企业 Large-sized Enterprises						
		企业数 Number of Enter-prises	从业人员平均人数 Annual Average Number of Employed Personnel	资产总计 Total Assets	主营业务收入 Revenue from Principal Business	利润总额 Profits	利税 Taxes and Profits	出口交货值 Exports
全　国	**Total**	**1788**	**7184905**	**56936.6**	**75588.0**	**4403.6**	**6537.8**	**41048.9**
东部地区	Eastern Region	1342	5155153	40504.0	57352.7	3342.9	4856.7	33424.7
中部地区	Middle Region	209	1065836	7457.4	8558.2	441.9	766.8	4016.0
西部地区	Western Region	189	738770	6967.0	7955.7	486.1	740.3	3266.2
东北地区	Northeastern Region	48	225146	2008.2	1721.3	132.8	173.9	342.0
北　京	Beijing	49	127180	2452.4	2750.9	115.1	173.8	882.1
天　津	Tianjin	48	170554	1771.7	2829.6	157.4	239.6	1353.7
河　北	Hebei	15	107442	1003.4	711.7	62.4	90.6	102.9
山　西	Shanxi	9	108163	628.0	634.8	26.6	40.7	436.5
内蒙古	Inner Mongolia	5	15747	175.0	132.1	16.1	27.8	11.4
辽　宁	Liaoning	26	96401	1035.7	755.1	65.9	77.5	311.3
吉　林	Jilin	13	86137	479.2	632.5	56.8	72.2	8.1
黑龙江	Heilongjiang	9	42608	493.3	333.8	10.1	24.2	22.6
上　海	Shanghai	84	352586	3307.8	4996.1	139.6	162.4	3730.1
江　苏	Jiangsu	359	1386114	9249.0	15566.2	954.2	1273.3	9643.4
浙　江	Zhejiang	90	219864	2093.4	1905.8	242.6	327.6	857.1
安　徽	Anhui	35	95786	1476.4	1156.1	85.3	108.0	543.2
福　建	Fujian	56	200322	1370.3	2283.9	92.7	117.1	1597.2
江　西	Jiangxi	43	131456	563.4	874.6	68.1	103.2	139.4
山　东	Shandong	94	355702	3384.0	5180.4	394.8	555.9	1435.3
河　南	Henan	52	441302	2466.0	3307.8	161.5	334.9	2358.9
湖　北	Hubei	42	157270	1651.0	1614.5	54.4	97.4	200.2
湖　南	Hunan	28	131859	672.6	970.5	45.9	82.6	337.8
广　东	Guangdong	546	2234314	15866.6	21123.8	1183.9	1915.8	13823.0
广　西	Guangxi	17	60884	238.7	564.6	52.9	75.1	206.2
海　南	Hainan	1	1075	5.2	4.4	0.2	0.7	
重　庆	Chongqing	41	146760	982.8	2483.1	30.5	59.7	2044.5
四　川	Sichuan	61	309192	2977.8	3500.0	290.7	430.5	873.5
贵　州	Guizhou	16	33111	313.9	185.3	17.0	27.4	1.9
云　南	Yunnan	6	11194	175.1	95.4	16.4	24.7	2.3
西　藏	Tibet							
陕　西	Shaanxi	38	149899	1920.0	926.8	53.5	83.3	105.2
甘　肃	Gansu	3	8505	99.9	56.1	9.5	12.0	18.4
青　海	Qinghai							
宁　夏	Ningxia	1	1849	22.1	7.6	0.2	0.2	2.4
新　疆	Xinjiang	1	1629	61.6	4.7	-0.6	-0.6	0.3

1-2-6 续表 continued

单位：个，人，亿元 (unit,perosn,100 million yuan)

地 区	Region	中型企业 Medium-sized Enterprises						
		企业数 Number of Enter-prises	从业人员平均人数 Annual Average Number of Employed Personnel	资产总计 Total Assets	主营业务收入 Revenue from Principal Business	利润总额 Profits	利税 Taxes and Profits	出口交货值 Exports
全 国	**Total**	**6181**	**3542923**	**23347.4**	**27472.3**	**2104.4**	**3150.7**	**6960.0**
东部地区	Eastern Region	4379	2576776	16694.1	19505.4	1406.8	2102.4	5948.5
中部地区	Middle Region	1031	529743	2807.2	3926.0	316.2	489.8	247.0
西部地区	Western Region	601	342116	2734.8	3071.3	257.3	368.5	715.0
东北地区	Northeastern Region	170	94288	1111.3	969.6	124.1	190.0	49.6
北 京	Beijing	146	78447	1117.3	674.9	91.2	125.9	85.2
天 津	Tianjin	133	80184	598.9	945.5	89.4	152.0	124.6
河 北	Hebei	79	39218	330.3	285.7	32.2	43.1	30.9
山 西	Shanxi	28	17583	157.3	79.7	10.6	14.6	0.5
内 蒙 古	Inner Mongolia	16	6855	84.8	136.2	13.2	17.0	
辽 宁	Liaoning	87	50023	558.3	482.9	59.8	83.0	41.4
吉 林	Jilin	48	24392	326.0	351.0	35.7	67.8	7.0
黑 龙 江	Heilongjiang	35	19873	227.0	135.7	28.5	39.2	1.2
上 海	Shanghai	231	139787	1388.0	1301.5	102.3	125.4	491.6
江 苏	Jiangsu	1085	616440	4355.0	6090.6	440.5	674.8	1691.5
浙 江	Zhejiang	420	222480	1751.6	1395.5	126.6	188.1	419.5
安 徽	Anhui	137	71019	479.4	514.5	43.2	63.5	42.2
福 建	Fujian	173	102015	619.0	766.6	72.5	95.4	309.5
江 西	Jiangxi	216	108101	421.8	883.7	71.0	113.2	89.6
山 东	Shandong	314	175737	1418.5	2057.2	177.8	268.4	312.9
河 南	Henan	330	168128	859.5	1166.2	109.5	145.5	13.0
湖 北	Hubei	142	81364	519.1	490.6	38.1	60.4	68.0
湖 南	Hunan	178	83548	370.2	791.3	43.9	92.6	33.6
广 东	Guangdong	1775	1111739	4975.5	5891.1	260.8	409.9	2477.9
广 西	Guangxi	81	47754	230.1	495.5	53.3	65.3	78.1
海 南	Hainan	23	10729	139.9	96.9	13.4	19.3	4.9
重 庆	Chongqing	115	62687	440.0	544.0	49.2	72.3	108.1
四 川	Sichuan	202	110801	953.0	1193.1	74.0	110.7	460.5
贵 州	Guizhou	41	25974	186.9	165.0	17.5	25.6	3.3
云 南	Yunnan	27	15273	198.1	116.3	8.2	14.4	4.1
西 藏	Tibet	2	828	8.1	8.2	0.1	1.0	
陕 西	Shaanxi	90	55070	464.3	338.0	31.1	47.4	53.5
甘 肃	Gansu	13	8330	66.7	28.9	6.3	7.7	0.8
青 海	Qinghai	4	3064	25.3	23.3	5.3	7.3	0.1
宁 夏	Ningxia	6	3654	65.4	17.3	-1.4	-1.0	6.3
新 疆	Xinjiang	4	1826	12.3	5.6	0.4	0.9	

1-2-7 按地区分国有及国有控股企业高技术产业生产经营情况(2014年)

Statistics on Production and Management in High-tech Industry of State-owned and State-controlled Enterprises by Region (2014)

单位：个，人，亿元 (unit,person,100 million yuan)

地 区	Region	企业数 Number of Enterprises	从业人员平均人数 Annual Average Number of Employed Personnel	资产总计 Total Assets	主营业务收入 Revenue from Principal Business	利润总额 Profits	利税 Taxes and Profits	出口交货值 Exports
全 国	**Total**	**1488**	**1449714**	**19524.2**	**12828.4**	**759.6**	**1288.0**	**2435.8**
东部地区	Eastern Region	806	710669	10609.2	7302.1	479.0	852.5	1847.6
中部地区	Middle Region	226	233538	2889.4	1726.8	106.0	159.5	217.4
西部地区	Western Region	369	387417	4663.6	2886.0	124.8	201.7	223.7
东北地区	Northeastern Region	87	118090	1362.1	913.4	49.8	74.3	147.2
北 京	Beijing	188	94518	1935.2	946.1	91.4	124.0	143.2
天 津	Tianjin	98	66773	1117.4	744.9	32.2	62.2	59.8
河 北	Hebei	35	33610	391.1	306.4	11.1	16.8	26.7
山 西	Shanxi	17	11847	115.5	59.0	3.2	4.3	12.8
内蒙古	Inner Mongolia	8	2625	39.4	20.1	2.3	3.8	0.1
辽 宁	Liaoning	42	66995	803.7	525.9	34.6	42.9	127.2
吉 林	Jilin	26	10308	94.6	55.1	7.5	10.4	0.4
黑龙江	Heilongjiang	19	40787	463.8	332.5	7.7	21.1	19.5
上 海	Shanghai	113	59980	910.9	457.1	30.2	44.5	76.4
江 苏	Jiangsu	101	77174	1686.0	1004.0	68.2	90.5	224.0
浙 江	Zhejiang	47	28727	555.8	341.2	22.1	31.5	91.6
安 徽	Anhui	54	52916	920.4	427.2	37.7	48.4	107.0
福 建	Fujian	28	25011	245.4	145.5	16.0	23.6	15.1
江 西	Jiangxi	16	12003	107.1	95.4	4.9	10.0	1.5
山 东	Shandong	54	76926	934.0	1124.5	81.9	125.9	148.8
河 南	Henan	36	36852	303.7	165.6	15.7	21.3	11.9
湖 北	Hubei	70	93653	1129.4	738.2	33.9	54.7	70.0
湖 南	Hunan	33	26267	313.2	241.4	10.5	20.7	14.3
广 东	Guangdong	137	246205	2815.7	2221.6	123.7	330.7	1062.0
广 西	Guangxi	19	6858	53.4	78.4	3.9	5.4	1.0
海 南	Hainan	5	1745	17.5	10.7	2.3	2.8	
重 庆	Chongqing	49	33114	386.2	260.7	6.6	17.0	11.1
四 川	Sichuan	92	124138	1674.1	1274.8	45.8	75.3	129.7
贵 州	Guizhou	39	31739	402.0	204.5	7.4	11.1	10.5
云 南	Yunnan	26	13790	262.5	115.7	14.6	22.5	1.0
西 藏	Tibet	1	408	5.7	1.3		0.2	
陕 西	Shaanxi	106	162698	1712.6	876.9	32.8	52.4	69.8
甘 肃	Gansu	16	9624	103.3	42.9	10.7	12.7	0.3
青 海	Qinghai	4	799	5.4	4.1	0.3	0.4	0.1
宁 夏	Ningxia	1	189	0.5	0.3	0.1	0.1	
新 疆	Xinjiang	8	1435	18.5	6.3	0.4	0.8	0.1

1-2-8 按地区和登记注册类型分高技术产业生产经营情况(2014年)

Statistics on Production and Management in High-tech Industry by Region and Registration Status (2014)

单位：个，人，亿元 (unit,person,100 million yuan)

地区	Region	内资企业 Domestic Funded						
		企业数 Number of Enter-prises	从业人员平均人数 Annual Average Number of Employed Personnel	资产总计 Total Assets	主营业务收入 Revenue from Principal Business	利润总额 Profits	利税 Taxes and Profits	出口交货值 Exports
全 国	**Total**	**20179**	**6387453**	**56927.4**	**59338.1**	**4636.6**	**7194.9**	**8208.9**
东部地区	Eastern Region	12265	3797388	35572.3	36798.2	2928.4	4607.1	6584.2
中部地区	Middle Region	4402	1333314	9151.9	11352.7	839.3	1280.5	960.3
西部地区	Western Region	2428	906913	8731.7	7603.0	589.1	896.9	469.6
东北地区	Northeastern Region	1084	349838	3471.5	3584.2	279.8	410.4	194.8
北 京	Beijing	614	162654	3147.8	1460.1	184.6	252.1	137.5
天 津	Tianjin	302	105526	1672.7	1128.7	87.9	145.2	76.0
河 北	Hebei	504	115330	1184.5	1056.0	88.2	121.7	53.2
山 西	Shanxi	122	36352	329.0	167.9	15.9	27.3	1.3
内蒙古	Inner Mongolia	88	24196	227.0	263.1	31.3	47.2	3.6
辽 宁	Liaoning	569	153455	1732.4	1702.6	116.2	175.5	164.9
吉 林	Jilin	349	144246	1113.0	1459.2	120.3	172.6	16.2
黑龙江	Heilongjiang	166	52137	626.0	422.4	43.3	62.3	13.7
上 海	Shanghai	428	114229	1406.4	887.1	72.5	105.6	87.5
江 苏	Jiangsu	2877	803954	7164.4	9767.9	779.4	1228.3	746.1
浙 江	Zhejiang	1928	431973	3786.6	2866.7	240.5	371.6	608.5
安 徽	Anhui	965	210476	2076.7	1798.0	161.4	222.2	301.1
福 建	Fujian	503	131113	858.1	842.4	86.1	118.4	115.3
江 西	Jiangxi	666	242766	1183.3	2073.4	156.5	246.7	150.1
山 东	Shandong	1703	435821	4301.9	6120.2	502.8	771.6	461.5
河 南	Henan	997	362545	2048.0	2783.0	248.6	330.8	145.6
湖 北	Hubei	827	250360	2323.5	2257.7	115.8	196.9	205.4
湖 南	Hunan	825	230815	1191.5	2272.6	141.0	256.6	156.8
广 东	Guangdong	3374	1485819	11917.4	12583.9	874.0	1474.7	4298.6
广 西	Guangxi	234	66054	427.4	815.0	93.6	119.8	30.6
海 南	Hainan	32	10969	132.6	85.4	12.3	17.9	
重 庆	Chongqing	372	117012	928.7	1127.3	86.9	135.6	118.6
四 川	Sichuan	809	329117	3148.6	2882.2	186.0	299.7	179.0
贵 州	Guizhou	183	68461	731.7	527.1	40.8	64.8	12.1
云 南	Yunnan	133	31734	472.2	254.5	27.2	43.6	7.5
西 藏	Tibet	9	1676	31.7	15.9	3.0	4.9	
陕 西	Shaanxi	395	221587	2152.7	1439.8	90.6	139.7	87.1
甘 肃	Gansu	114	26353	307.4	161.1	22.8	29.5	20.4
青 海	Qinghai	35	7033	77.2	56.9	6.2	9.4	0.1
宁 夏	Ningxia	23	6858	109.8	33.9	-0.2	0.5	9.2
新 疆	Xinjiang	33	6832	117.3	26.1	0.8	2.2	1.3

1-2-8　续表 1　continued

单位：个，人，亿元 (unit,person,100 million yuan)

地　区	Region	#国有企业 State-owned Enterprises 企业数 Number of Enterprises	从业人员平均人数 Annual Average Number of Employed Personnel	资产总计 Total Assets	主营业务收入 Revenue from Principal Business	利润总额 Profits	利税 Taxes and Profits	出口交货值 Exports
全　国	**Total**	**188**	**180866**	**2156.8**	**1319.7**	**87.9**	**122.8**	**84.6**
东部地区	Eastern Region	62	39136	596.3	399.6	35.1	49.4	8.8
中部地区	Middle Region	33	49417	522.6	360.4	16.4	25.6	34.9
西部地区	Western Region	78	78079	797.5	417.2	32.6	43.0	16.9
东北地区	Northeastern Region	15	14234	240.4	142.4	3.7	4.7	23.9
北　京	Beijing	18	11199	177.5	64.6	6.3	7.6	
天　津	Tianjin	7	3637	37.2	109.3	4.8	10.7	
河　北	Hebei	5	3837	24.5	14.4	1.0	1.3	
山　西	Shanxi	3	1004	9.1	4.9	1.0	1.1	0.1
内蒙古	Inner Mongolia							
辽　宁	Liaoning	8	3950	61.5	46.2	2.2	2.4	11.5
吉　林	Jilin	3	2313	13.9	3.3	0.1	0.2	
黑龙江	Heilongjiang	4	7971	165.0	92.9	1.4	2.1	12.4
上　海	Shanghai	9	4970	61.3	44.8	7.3	8.8	
江　苏	Jiangsu	7	6032	188.3	70.8	8.3	10.2	7.6
浙　江	Zhejiang	2	645	5.5	4.5	0.2	0.5	
安　徽	Anhui	9	5930	92.8	68.7	4.9	5.4	9.1
福　建	Fujian	2	853	2.3	15.4	1.1	1.7	
江　西	Jiangxi	1	54	0.3	0.4			
山　东	Shandong	3	4332	83.1	62.1	4.8	6.8	0.4
河　南	Henan	7	4406	33.9	16.9	1.0	1.3	
湖　北	Hubei	9	36895	377.7	263.9	9.4	17.0	25.8
湖　南	Hunan	4	1128	8.7	5.7	0.1	0.9	
广　东	Guangdong	7	2911	7.7	8.1	0.4	0.7	0.7
广　西	Guangxi	8	3782	36.3	32.9	1.2	1.6	0.9
海　南	Hainan	2	720	8.9	5.7	1.0	1.1	
重　庆	Chongqing	4	2001	20.9	7.0	0.4	0.8	0.1
四　川	Sichuan	16	19025	159.7	122.3	12.1	16.5	10.0
贵　州	Guizhou	13	8294	86.6	41.4	1.1	1.9	1.5
云　南	Yunnan	3	1533	31.9	7.7	-0.1	0.2	
西　藏	Tibet							
陕　西	Shaanxi	30	41164	419.2	189.4	12.2	15.2	4.4
甘　肃	Gansu	3	2040	42.0	16.2	5.7	6.8	
青　海	Qinghai	1	240	0.9	0.4	0.1	0.1	
宁　夏	Ningxia							
新　疆	Xinjiang							

1-2-8 续表 2 continued

单位：个，人，亿元 (unit,person,100 million yuan)

地区	Region	港澳台投资企业 Enterprises with Funds from Hong Kong, Macau and Taiwan 企业数 Number of Enter-prises	从业人员平均人数 Annual Average Number of Employed Personnel	资产总计 Total Assets	主营业务收入 Revenue from Principal Business	利润总额 Profits	利税 Taxes and Profits	出口交货值 Exports
全国	**Total**	**3281**	**3090351**	**17397.1**	**25622.4**	**1349.3**	**2004.6**	**14995.8**
东部地区	Eastern Region	2855	2251236	12353.0	17253.1	928.1	1275.4	10065.4
中部地区	Middle Region	241	563906	3357.0	4720.0	160.3	350.6	3345.5
西部地区	Western Region	135	260113	1531.7	3517.2	246.0	355.1	1576.0
东北地区	Northeastern Region	50	15096	155.4	132.2	14.8	23.5	9.0
北京	Beijing	52	30270	840.0	1328.0	24.4	34.8	136.1
天津	Tianjin	35	41077	245.9	404.7	22.4	33.9	277.7
河北	Hebei	17	30655	257.2	252.6	17.4	26.5	62.9
山西	Shanxi	6	73195	388.5	491.1	17.3	19.9	416.5
内蒙古	Inner Mongolia	5	6155	120.4	88.6	4.6	7.3	10.2
辽宁	Liaoning	33	10154	119.2	92.6	9.2	14.7	8.5
吉林	Jilin	10	1847	23.8	28.7	3.0	5.0	0.5
黑龙江	Heilongjiang	7	3095	12.4	10.9	2.6	3.8	0.1
上海	Shanghai	154	150424	1527.4	2359.9	83.6	92.7	1911.9
江苏	Jiangsu	665	585132	2948.7	4500.8	256.7	359.5	2735.2
浙江	Zhejiang	225	90038	826.5	682.7	140.2	177.5	263.6
安徽	Anhui	25	27288	401.0	620.6	18.5	25.6	317.9
福建	Fujian	156	117126	721.8	1079.0	60.4	77.1	745.3
江西	Jiangxi	80	39182	159.5	366.8	20.6	33.7	116.7
山东	Shandong	57	30107	324.0	485.9	59.7	79.6	79.5
河南	Henan	41	315611	1842.0	2357.8	80.8	227.1	2217.9
湖北	Hubei	42	50740	321.8	541.3	16.0	25.7	87.9
湖南	Hunan	47	57890	244.3	342.4	7.2	18.5	188.6
广东	Guangdong	1486	1174419	4636.3	6139.9	260.7	389.3	3852.3
广西	Guangxi	39	59672	165.8	521.0	34.6	49.8	266.9
海南	Hainan	8	1988	25.1	19.5	2.7	4.3	0.9
重庆	Chongqing	36	68287	351.4	1110.1	7.2	11.5	1055.8
四川	Sichuan	27	115101	785.1	1683.4	187.1	269.8	231.6
贵州	Guizhou	5	617	4.1	18.4	0.5	0.8	
云南	Yunnan	9	5846	34.2	48.7	6.0	7.9	1.5
西藏	Tibet							
陕西	Shaanxi	12	3608	66.7	43.3	5.9	7.6	9.9
甘肃	Gansu	1	268	0.3	0.2			
青海	Qinghai							
宁夏	Ningxia	1	559	3.7	3.5	0.2	0.3	
新疆	Xinjiang							

1-2-8 续表 3 continued

单位：个，人，亿元 (unit,person,100 million yuan)

地区	Region	外商投资企业 Foreign Funded Enterprises						
		企业数 Number of Enter-prises	从业人员平均人数 Annual Average Number of Employed Personnel	资产总计 Total Assets	主营业务收入 Revenue from Principal Business	利润总额 Profits	利税 Taxes and Profits	出口交货值 Exports
全国	**Total**	**4479**	**3772463**	**25991.9**	**42407.1**	**2109.3**	**2989.1**	**27560.5**
东部地区	Eastern Region	3949	3417230	22833.4	38154.6	1872.5	2628.6	25069.0
中部地区	Middle Region	207	127167	696.0	941.4	62.3	98.1	219.8
西部地区	Western Region	195	149285	1675.0	2375.5	84.2	129.7	2057.2
东北地区	Northeastern Region	128	78781	787.5	935.6	90.4	132.7	214.5
北京	Beijing	139	89100	1008.5	1363.5	68.3	118.6	758.0
天津	Tianjin	246	151579	1058.6	2748.6	171.5	275.4	1207.8
河北	Hebei	35	52659	274.6	200.1	32.6	44.7	29.6
山西	Shanxi	6	29120	194.0	134.6	9.5	18.7	20.1
内蒙古	Inner Mongolia	2	596	4.3	1.7	0.0	0.1	0.3
辽宁	Liaoning	85	48865	434.5	556.6	70.7	85.9	197.2
吉林	Jilin	34	5624	110.1	179.9	14.0	30.1	7.2
黑龙江	Heilongjiang	9	24292	243.0	199.1	5.7	16.8	10.2
上海	Shanghai	421	315943	2635.5	3809.8	146.2	176.1	2416.6
江苏	Jiangsu	1310	1057394	6592.6	11845.2	635.1	806.0	8429.8
浙江	Zhejiang	284	150575	1053.1	1243.1	94.3	132.2	676.0
安徽	Anhui	46	14369	85.9	114.4	11.5	15.4	28.6
福建	Fujian	137	123912	860.1	1706.4	57.8	73.8	1141.0
江西	Jiangxi	46	29251	101.3	171.6	12.8	18.3	39.8
山东	Shandong	354	260373	2138.8	3605.9	218.8	308.9	1407.5
河南	Henan	30	19249	97.4	152.4	11.3	14.6	24.1
湖北	Hubei	51	19161	149.3	149.1	11.3	15.9	22.5
湖南	Hunan	28	16017	68.2	219.3	5.9	15.2	84.7
广东	Guangdong	1014	1212452	7156.4	11605.1	443.7	686.8	8998.6
广西	Guangxi	23	8563	37.9	58.3	3.5	5.0	14.4
海南	Hainan	9	3243	55.1	26.9	4.2	6.0	4.1
重庆	Chongqing	52	60982	410.5	1196.3	16.4	31.3	1019.7
四川	Sichuan	75	56987	673.3	921.0	40.3	54.6	942.6
贵州	Guizhou	5	3454	28.5	20.8	3.3	5.8	0.7
云南	Yunnan	6	1755	12.5	8.9	0.9	1.9	0.2
西藏	Tibet							
陕西	Shaanxi	28	16723	504.4	166.4	19.7	30.8	79.3
甘肃	Gansu	2	73	1.2	1.0	0.2	0.2	
青海	Qinghai	1	51	0.4	0.3			
宁夏	Ningxia							
新疆	Xinjiang	1	101	2.0	0.8			

1-2-9 按地区和行业分高技术产业生产经营情况(2014年)
Statistics on Production and Management in High-tech Industry by Region and Industrial Sector (2014)

单位：个，人，亿元 (unit,person,100 million yuan)

地区	Region	医药制造业 Medical and Pharmaceutical Products Manufacturing						
		企业数 Number of Enter-prises	从业人员平均人数 Annual Average Number of Employed Personnel	资产总计 Total Assets	主营业务收入 Revenue from Principal Business	利润总额 Profits	利税 Taxes and Profits	出口交货值 Exports
全　国	**Total**	**7108**	**2159430**	**21739.4**	**23350.3**	**2382.5**	**3724.8**	**1312.3**
东部地区	Eastern Region	3199	991135	12074.4	12198.5	1345.0	2095.7	971.1
中部地区	Middle Region	1888	548557	3711.5	5208.1	435.5	675.8	218.6
西部地区	Western Region	1333	383404	3667.8	3279.2	356.2	567.4	86.5
东北地区	Northeastern Region	688	236334	2285.8	2664.6	245.7	385.9	36.1
北　京	Beijing	193	71453	1036.0	662.6	112.6	174.1	9.2
天　津	Tianjin	102	46232	743.5	538.8	64.3	116.2	35.3
河　北	Hebei	241	84772	915.8	893.7	67.7	100.8	70.8
山　西	Shanxi	84	30932	285.7	167.2	16.2	27.4	13.0
内蒙古	Inner Mongolia	72	27694	296.1	254.6	32.1	49.7	13.6
辽　宁	Liaoning	253	52022	708.7	783.1	81.7	129.0	16.1
吉　林	Jilin	321	134591	1096.3	1480.4	122.6	188.8	12.8
黑龙江	Heilongjiang	114	49721	480.8	401.1	41.4	68.0	7.2
上　海	Shanghai	198	61984	932.5	616.1	82.6	120.0	46.3
江　苏	Jiangsu	699	198684	2104.8	3043.5	318.9	523.8	208.0
浙　江	Zhejiang	431	126921	1564.6	1092.5	131.7	206.0	271.4
安　徽	Anhui	360	64028	460.7	632.0	54.4	77.0	31.2
福　建	Fujian	125	30909	260.3	226.8	26.8	38.3	18.2
江　西	Jiangxi	305	90081	519.9	1027.7	80.7	132.7	43.1
山　东	Shandong	782	234180	2753.5	3715.8	377.3	576.3	232.4
河　南	Henan	450	183782	1216.4	1663.7	157.9	210.3	20.3
湖　北	Hubei	393	113481	819.5	946.3	72.6	122.4	95.0
湖　南	Hunan	296	66253	409.1	771.2	53.8	106.1	16.0
广　东	Guangdong	385	122109	1575.7	1294.6	145.8	214.8	79.3
广　西	Guangxi	155	39579	292.3	333.1	44.4	65.2	12.7
海　南	Hainan	43	13891	187.7	114.2	17.2	25.5	0.1
重　庆	Chongqing	120	50255	454.8	376.1	33.0	55.7	21.8
四　川	Sichuan	403	126018	1024.1	1104.4	101.2	167.0	14.2
贵　州	Guizhou	107	34654	330.7	297.6	34.7	55.8	0.2
云　南	Yunnan	113	26138	403.5	247.9	30.0	47.4	4.6
西　藏	Tibet	9	1676	31.7	15.9	3.0	4.9	0.0
陕　西	Shaanxi	182	45273	385.7	452.2	54.7	88.6	8.0
甘　肃	Gansu	97	13683	182.3	103.6	17.3	22.2	0.9
青　海	Qinghai	29	5719	52.0	42.1	6.2	9.0	0.1
宁　夏	Ningxia	17	6442	103.3	27.5	-0.8	-0.2	9.2
新　疆	Xinjiang	29	6273	111.3	24.3	0.5	1.9	1.1

1-2-9　续表 1　continued

单位：个，人，亿元　(unit,person,100 million yuan)

地　区	Region	航空、航天器及设备制造业 Manufacture of Aircrafts and Spacecrafts and Related Equipment 企业数 Number of Enterprises	从业人员平均人数 Annual Average Number of Employed Personnel	资产总计 Total Assets	主营业务收入 Revenue from Principal Business	利润总额 Profits	利税 Taxes and Profits	出口交货值 Exports
全　国	**Total**	**338**	**365708**	**4596.7**	**3027.6**	**170.3**	**246.5**	**405.4**
东部地区	Eastern Region	141	104716	1732.3	1428.5	104.8	155.6	258.8
中部地区	Middle Region	40	38860	335.0	187.1	11.1	15.2	6.2
西部地区	Western Region	126	171229	1902.6	1007.5	39.2	57.7	107.8
东北地区	Northeastern Region	31	50903	626.8	404.5	15.1	18.0	32.5
北　京	Beijing	31	25841	354.0	183.8	14.2	17.4	10.9
天　津	Tianjin	18	25862	610.7	583.1	42.1	74.5	5.7
河　北	Hebei	3	4014	36.0	18.2	1.4	1.5	
山　西	Shanxi	1	797	2.2	1.2	0.1	0.1	
内蒙古	Inner Mongolia	1	80	8.6	1.0	0.8	0.8	
辽　宁	Liaoning	21	36493	378.5	255.6	12.1	13.8	20.2
吉　林	Jilin							
黑龙江	Heilongjiang	10	14410	248.3	148.9	3.1	4.2	12.3
上　海	Shanghai	16	13095	243.8	123.4	6.0	6.7	28.5
江　苏	Jiangsu	38	16391	312.4	297.3	21.2	27.9	85.3
浙　江	Zhejiang	7	991	6.8	5.2	0.4	0.6	1.5
安　徽	Anhui	7	3182	24.3	12.1	-0.5	-0.2	0.1
福　建	Fujian	6	5485	55.1	88.3	3.8	4.4	72.1
江　西	Jiangxi	4	474	17.9	5.4	0.2	0.4	0.1
山　东	Shandong	12	4278	29.5	37.3	3.2	5.2	1.7
河　南	Henan	7	11474	90.1	44.5	5.4	6.7	1.4
湖　北	Hubei	12	13759	101.2	64.3	2.6	4.4	1.5
湖　南	Hunan	9	9174	99.3	59.6	3.3	3.8	3.2
广　东	Guangdong	10	8759	83.9	91.9	12.6	17.3	53.1
广　西	Guangxi	1	813	16.1	16.2	0.3	0.3	
海　南	Hainan							
重　庆	Chongqing	1	135	0.7	0.7	0.1	0.1	
四　川	Sichuan	29	38269	429.6	260.3	15.3	22.2	35.9
贵　州	Guizhou	25	22330	310.7	120.1	2.2	3.6	9.6
云　南	Yunnan	1	39	0.4	0.3	0.1	0.1	
西　藏	Tibet							
陕　西	Shaanxi	66	106980	1118.3	601.1	20.0	30.1	62.3
甘　肃	Gansu	2	2583	18.1	8.0	0.6	0.6	0.1
青　海	Qinghai							
宁　夏	Ningxia							
新　疆	Xinjiang							

1-2-9 续表 2 continued

单位：个，人，亿元 (unit,person,100 million yuan)

地　区	Region	电子及通信设备制造业 Manufacture of Electronic Equipment and Communication Equipment						
		企业数 Number of Enter-prises	从业人员平均人数 Annual Average Number of Employed Personnel	资产总计 Total Assets	主营业务收　入 Revenue from Principal Business	利润总额 Profits	利税 Taxes and Profits	出　口交货值 Exports
全　国	**Total**	**13973**	**7734261**	**53151.8**	**67584.2**	**3744.4**	**5685.2**	**31486.8**
东部地区	Eastern Region	10958	6075798	41052.2	53804.9	2990.8	4464.9	26702.2
中部地区	Middle Region	1973	1169165	7476.9	9168.4	468.2	819.0	3719.5
西部地区	Western Region	784	396908	3629.2	3579.6	207.7	301.8	805.2
东北地区	Northeastern Region	258	92390	993.5	1031.4	77.8	99.5	260.0
北　京	Beijing	276	116724	2255.5	2198.2	93.7	130.6	917.7
天　津	Tianjin	348	184445	1367.0	2727.8	155.7	234.8	1349.5
河　北	Hebei	192	86527	625.8	473.5	54.6	71.4	60.7
山　西	Shanxi	30	101883	572.9	594.5	22.5	33.2	424.3
内蒙古	Inner Mongolia	11	2057	36.0	85.5	2.9	3.7	0.4
辽　宁	Liaoning	202	76442	817.1	908.0	66.5	84.9	249.0
吉　林	Jilin	32	8867	88.2	76.4	6.9	8.6	6.9
黑龙江	Heilongjiang	24	7081	88.3	47.0	4.4	6.0	4.2
上　海	Shanghai	475	273127	2606.6	2467.1	125.9	146.2	1405.7
江　苏	Jiangsu	2634	1564681	9773.2	14285.0	790.2	1104.6	7200.1
浙　江	Zhejiang	1284	389619	3053.7	2785.3	262.9	358.1	973.8
安　徽	Anhui	470	132120	1551.9	1081.5	108.5	143.8	187.3
福　建	Fujian	496	260383	1529.2	2333.7	119.9	158.3	1481.8
江　西	Jiangxi	370	170140	709.8	1227.8	83.6	127.6	199.0
山　东	Shandong	832	332096	2433.1	4234.4	256.1	364.6	1309.9
河　南	Henan	321	413253	2277.1	3038.3	130.1	290.4	2350.4
湖　北	Hubei	352	159827	1623.5	1593.6	52.4	89.2	153.3
湖　南	Hunan	430	191942	741.7	1632.8	71.0	134.7	405.1
广　东	Guangdong	4416	2866228	17385.3	22284.0	1130.3	1894.2	11998.0
广　西	Guangxi	87	58617	157.9	451.7	40.6	49.2	43.2
海　南	Hainan	5	1968	22.8	15.9	1.6	2.0	4.9
重　庆	Chongqing	143	59031	377.8	745.8	46.8	69.7	152.6
四　川	Sichuan	346	187385	1843.8	1650.6	78.1	124.1	489.4
贵　州	Guizhou	45	12833	100.6	130.3	7.0	10.6	1.6
云　南	Yunnan	12	5949	42.1	24.7	3.4	4.1	1.0
西　藏	Tibet							
陕　西	Shaanxi	120	60244	948.7	425.7	24.2	33.9	97.7
甘　肃	Gansu	11	9298	92.5	48.8	4.8	6.3	19.0
青　海	Qinghai	5	880	23.3	14.0	-0.3		
宁　夏	Ningxia	1	65	3.0	1.0		0.1	
新　疆	Xinjiang	3	549	3.5	1.5	0.1	0.1	0.3

1-2-9 续表 3 continued

单位：个，人，亿元 (unit,person,100 million yuan)

地 区	Region	计算机及办公设备制造业 Manufacture of Computer and Office Equipments 企业数 Number of Enter-prises	从业人员平均人数 Annual Average Number of Employed Personnel	资产总计 Total Assets	主营业务收入 Revenue from Principal Business	利润总额 Profits	利税 Taxes and Profits	出口交货值 Exports
全 国	**Total**	**1629**	**1842440**	**11521.7**	**23499.1**	**889.2**	**1208.9**	**16154.9**
东部地区	Eastern Region	1279	1469027	8743.2	17230.1	585.6	770.9	12500.8
中部地区	Middle Region	156	82759	646.2	1091.0	26.7	44.6	523.6
西部地区	Western Region	157	272627	2010.4	5050.0	265.3	377.8	3079.3
东北地区	Northeastern Region	37	18027	121.9	127.9	11.6	15.5	51.2
北 京	Beijing	50	19315	687.9	690.0	3.7	9.6	42.6
天 津	Tianjin	16	26432	129.0	329.1	12.3	17.6	155.8
河 北	Hebei	11	3100	17.1	12.1	0.7	1.2	3.8
山 西	Shanxi	1	1964	12.1	3.5	-0.1		
内蒙古	Inner Mongolia	2	278	1.8	1.5		0.1	
辽 宁	Liaoning	26	14757	96.9	102.8	8.1	10.6	51.1
吉 林	Jilin	4	1319	10.2	15.6	2.5	3.3	
黑龙江	Heilongjiang	7	1951	14.9	9.6	1.1	1.6	
上 海	Shanghai	58	180269	1339.8	3414.0	39.5	41.3	2787.2
江 苏	Jiangsu	293	365576	1829.6	4693.7	210.6	239.3	3959.0
浙 江	Zhejiang	91	21054	116.6	190.4	5.6	8.5	127.3
安 徽	Anhui	31	27837	372.1	580.5	6.2	10.5	408.4
福 建	Fujian	70	54900	512.8	855.2	42.9	54.0	380.1
江 西	Jiangxi	33	20895	60.9	144.8	8.8	14.1	48.6
山 东	Shandong	47	75753	375.4	1176.9	64.4	88.6	335.5
河 南	Henan	36	15788	65.7	90.3	6.4	9.3	3.5
湖 北	Hubei	23	6526	64.2	182.8	1.4	2.1	60.3
湖 南	Hunan	32	9749	71.2	89.1	4.0	8.5	2.8
广 东	Guangdong	643	722628	3735.0	5868.6	205.7	310.7	4709.6
广 西	Guangxi	23	27373	128.1	537.4	41.3	53.1	253.3
海 南	Hainan							
重 庆	Chongqing	89	109561	667.6	2134.7	16.3	30.5	2011.2
四 川	Sichuan	34	132457	1183.0	2356.6	206.8	292.9	811.7
贵 州	Guizhou	3	550	1.0	2.9	0.1	0.1	1.3
云 南	Yunnan	4	1836	26.7	15.5	0.5	0.9	1.8
西 藏	Tibet							
陕 西	Shaanxi	2	572	2.1	1.5	0.1	0.2	
甘 肃	Gansu							
青 海	Qinghai							
宁 夏	Ningxia							
新 疆	Xinjiang							

1-2-9 续表 4 continued

单位：个，人，亿元 (unit,person,100 million yuan)

地区	Region	医疗仪器设备及仪器仪表制造业 Manufacture of Medical Equipments and Measuring Instrument						
		企业数 Number of Enter-prises	从业人员平均人数 Annual Average Number of Employed Personnel	资产总计 Total Assets	主营业务收入 Revenue from Principal Business	利润总额 Profits	利税 Taxes and Profits	出口交货值 Exports
全　国	**Total**	**4891**	**1148428**	**9306.9**	**9906.5**	**908.9**	**1323.1**	**1405.8**
东部地区	Eastern Region	3492	825178	7156.6	7544.1	702.8	1024.0	1285.7
中部地区	Middle Region	793	185046	1035.2	1359.5	120.4	174.5	57.7
西部地区	Western Region	358	92143	728.6	579.4	50.9	76.8	23.9
东北地区	Northeastern Region	248	46061	386.4	423.5	34.8	47.7	38.5
北　京	Beijing	255	48691	663.0	416.9	53.1	73.8	51.2
天　津	Tianjin	99	15211	127.0	103.3	7.5	11.4	15.1
河　北	Hebei	109	20231	121.5	111.1	13.6	18.1	10.4
山　西	Shanxi	18	3091	38.5	27.2	4.1	5.1	0.5
内蒙古	Inner Mongolia	9	838	9.2	10.9	0.2	0.3	0.1
辽　宁	Liaoning	185	32760	285.0	302.2	27.8	37.7	34.1
吉　林	Jilin	36	6940	52.3	95.5	5.4	7.0	4.2
黑龙江	Heilongjiang	27	6361	49.1	25.9	1.6	3.0	0.2
上　海	Shanghai	256	52121	446.6	436.2	48.3	60.1	148.2
江　苏	Jiangsu	1188	301148	2685.8	3794.5	330.3	498.3	458.8
浙　江	Zhejiang	624	134001	924.6	719.1	74.4	108.1	174.2
安　徽	Anhui	168	24966	154.5	226.9	22.8	32.2	20.7
福　建	Fujian	99	20474	82.5	123.8	10.8	14.4	49.4
江　西	Jiangxi	80	29609	135.5	206.2	16.6	23.8	15.7
山　东	Shandong	441	79994	1173.1	1047.7	80.3	125.5	68.9
河　南	Henan	254	73108	338.1	456.3	40.8	55.8	12.1
湖　北	Hubei	140	26668	186.1	161.0	14.1	20.4	5.7
湖　南	Hunan	133	27604	182.6	281.7	22.1	37.2	3.0
广　东	Guangdong	420	152966	930.3	789.8	84.1	113.8	309.5
广　西	Guangxi	30	7907	36.7	55.9	5.1	6.8	2.7
海　南	Hainan	1	341	2.2	1.7	0.4	0.6	
重　庆	Chongqing	107	27299	189.6	176.4	14.3	22.3	8.4
四　川	Sichuan	99	17076	126.5	114.8	11.8	17.9	2.0
贵　州	Guizhou	13	2165	21.4	15.5	0.7	1.2	0.0
云　南	Yunnan	18	5373	46.1	23.7	0.1	0.9	1.8
西　藏	Tibet							
陕　西	Shaanxi	65	28849	269.1	169.1	17.2	25.4	8.4
甘　肃	Gansu	7	1130	16.0	2.0	0.3	0.4	0.5
青　海	Qinghai	2	485	2.4	1.1	0.3	0.4	0.1
宁　夏	Ningxia	6	910	7.2	8.9	0.8	0.9	
新　疆	Xinjiang	2	111	4.5	1.1	0.1	0.2	

2

R&D 及相关活动情况

Statistics on R&D and Related Activities

2-1-1 大中型高技术产业企业R&D及相关活动情况

Statistics on R&D and Related Activities in High Technology Industry of Large and Medium-sized Enterprises

指 标	Indicator	2000	2005	2011	2012	2013	2014
R&D活动情况	**Statitstics on R&D Activities**						
R&D人员折合全时当量(人年)	Full-time Equivalent of R&D Personnel (man-year)	91573	173161	426718	525614	559229	572537
R&D经费内部支出(万元)	Intramural Expenditure on R&D (10000 yuan)	1110410	3624985	12378065	14914940	17343666	19221544
新产品开发及销售情况	**Statitstics on New Products Development and Production**						
新产品开发经费支出(万元)	Expenditure on New Products Development (10000 yuan)	1177940	4156916	15280302	18274769	20694975	23505812
新产品销售收入(万元)	Sales Revenue of New Products (10000 yuan)	24838202	69146633	203845209	237653174	290288371	328451936
专利情况	**Statistics on Patents**						
专利申请数(件)	Patent Applications (piece)	2245	16823	77725	97200	102532	120077
有效发明专利数(件)	Number of Patents In Force (piece)	1443	6658	67428	97878	115884	147927
技术改造、技术获取情况	**Statistics on Technology Acquisition and Technology** Reconstruction						
技术改造经费支出(万元)	Expenditure for Technical Renovation (10000 yuan)	1047478	1590214	2396391	3191778	3671266	3165342
引进技术经费支出(万元)	Expenditure for Acquisition of Foreign Technology (10000 yuan)	470463	848184	621819	733053	532130	566978
消化吸收经费支出(万元)	Expenditure for Assimilation of Technology (10000 yuan)	33685	274972	152481	93179	130081	149184
购买国内技术经费支出(万元)	Expenditure for Purchase of Domestic Technology (10000 yuan)	72099	95359	162429	238341	312567	467082
企业办研发机构情况	**Statistics on R&D Institutions**						
机构数(个)	Number of R&D Institutions in Enterprises (unit)	1379	1619	3254	4566	4583	4763
机构人员(人)	Personnel in R&D Institutions (person)	90187	156789	394590	536417	510507	531339
机构经费支出(万元)	Expenditure in R&D Institutions (10000 yuan)	961000	2607837	9296716	12679661	13594544	14736915

注：2010年及以前年份数据口径为从业人员年平均人数300人及以上并且年主营业务收入3000万元及以上并且年资产合计4000万元及以上的法人工业企业。2011年及以后年份数据口径为从业人员年平均人数300人及以上且年主营业务收入2000万元及以上的法人工业企业。以下至2-1-12表相同。

2-1-2 大中型制造业企业R&D及相关活动情况

Statistics on R&D and Related Activities in Large and Medium-sized Manufacturing Enterprises

指　标	Indicator	2000	2005	2011	2012	2013	2014
R&D活动情况	**Statitstics on R&D Activities**						
R&D人员折合全时当量(人年)	Full-time Equivalent of R&D Personnel (man-year)	296697	545026	1478986	1710449	1861263	1927137
R&D经费内部支出(万元)	Intramural Expenditure on R&D (10000 yuan)	3230543	11845186	47537548	56668627	64073415	69906623
新产品开发及销售情况	**Statitstics on New Products Development and Production**						
新产品开发经费支出(万元)	Expenditure on New Products Development (10000 yuan)	3791305	14222522	55887990	64400128	72725501	77961941
新产品销售收入(万元)	Sales Revenue of New Products (10000 yuan)	76076657	238042145	876813240	969399371	1112218465	1226242599
专利情况	**Statistics on Patents**						
专利申请数(件)	Patent Applications (piece)	11139	53843	255813	309250	351087	369889
有效发明专利数(件)	Number of Patents In Force (piece)	6054	21870	143397	199128	238501	303855
技术改造、技术获取情况	**Statistics on Technology Acquisition and Technology Reconstruction**						
技术改造经费支出(万元)	Expenditure for Technical Renovation (10000 yuan)	9950798	25122468	32793072	32728378	30773509	27880994
引进技术经费支出(万元)	Expenditure for Acquisition of Foreign Technology (10000 yuan)	2355387	2884886	3970371	3700487	3659155	3565451
消化吸收经费支出(万元)	Expenditure for Assimilation of Technology (10000 yuan)	176927	653496	1525239	1380674	1276875	1220560
购买国内技术经费支出(万元)	Expenditure for Purchase of Domestic Technology (10000 yuan)	245781	784587	1921047	1703639	1811323	1785022
企业办研发机构情况	**Statistics on R&D Institutions**						
机构数(个)	Number of R&D Institutions in Enterprises (unit)	7093	8659	15960	21670	22682	23048
机构人员(人)	Personnel in R&D Institutions (person)	399060	579427	1425632	1750805	1789653	1805452
机构经费支出(万元)	Expenditure in R&D Institutions (10000 yuan)	3075258	9678739	33355983	42966665	47968557	49837893.3

2-1-3 分行业大中型企业R&D及相关活动情况
Statistics on R&D and Related Activities in Large and Medium-sized Enterprises by Industrial Sector

行 业	Industry	R&D人员折合全时当量（人年） Full-time Equivalent of R&D Personnel (man-year)					
		2000	2005	2011	2012	2013	2014
合计	**Total**	**91573**	**173161**	**426718**	**525614**	**559229**	**572537**
医药制造业	**Manufacture of Medicines**	**12238**	**19584**	**68682**	**81875**	**94133**	**100381**
#化学药品制造	Manufacture of Chemical Medicine	7794	12574	43985	48278	53702	57750
中成药生产	Production of Finished Traditional Chinese Herbal Medicine	2797	4976	13856	18930	22236	23041
生物药品制造	Manufacture of Biological Medicine	1406	1534	6284	8743	9701	10723
航空、航天器及设备制造业	**Manufacture of Aircrafts and Spacecrafts and Related Equipment**	**30835**	**29870**	**29497**	**37901**	**44440**	**36249**
#飞机制造	Manufacture of Airplanes	27704	27720	25424	28617	35938	27964
航天器制造	Manufacture of Spacecrafts	3131	2150	4073	4392	3699	4198
电子及通信设备制造业	**Manufacture of Electronic Equipment and Communication Equipment**	**36625**	**95091**	**241750**	**301396**	**311390**	**327262**
#通信设备制造	Manufacture of Communication Equipment	18505	49679	112346	120185	120627	124216
#通信系统设备制造	Manufacture of Communication System Equipment	15728	37954	88657	103432	100535	104189
通信终端设备制造	Manufacture of Communication Terminal Equipment	1023	3983	3484	16753	20092	20028
广播电视设备制造	Manufacture of Broadcasting and TV Equipment	448	1740	4053	7318	9927	9625
雷达及配套设备制造	Manufacture of Radar and Its Fittings	1794	1810	2809	3129	5419	6420
视听设备制造	Manufacture of TV Set and Radio Receiver	4117	11573	16822	24411	31316	25403
电子器件制造	Manufacture of Electronic Appliances	5083	15211	42442	60647	52220	59329
#电子真空器件制造	Manufacture of Electronic Vacuum Appliance	1814	3839	2038	2444	747	1389
半导体分立器件制造	Manufacture of Semiconductor Discreting Appliances	1948	1832	4080	4490	3408	4021
集成电路制造	Manufacture of Integrate Circuit	1321	3908	14684	19243	16725	18716
电子元件制造	Manufacture of Electronic Components	4669	13672	56700	61175	64257	67082
其他电子设备制造	Manufacture of Other Electronic Equipment	2009	1407	6578	9196	11274	17524
计算机及办公设备制造业	**Manufacture of Computers and Office Equipment**	**3941**	**17484**	**45697**	**58590**	**55047**	**54907**
#计算机整机制造	Manufacture of Entired Computer	2950	7452	16152	18542	19427	23351
计算机零部件制造	Manufacture of Computer Components and Parts	806	8943	26690	20519	18119	8285
计算机外围设备制造	Manufacture of Computer Peripheral Equipment				8825	7853	11738
办公设备制造	Manufacture of Office Equipment	185	1089	2855	2906	3794	4121
医疗仪器设备及仪器仪表制造业	**Manufacture of Medical Equipments and Measuring Instrument**	**7934**	**11132**	**41092**	**45849**	**54219**	**53738**
1.医疗仪器设备及器械制造	Manufacture of Medical Equipment and Appliance	796	1262	7097	8814	10028	9075
2.仪器仪表制造	Manufacture of Measuring Instrument	7138	9870	33995	37035	44191	44664

2-1-3 续表 1 continued

行 业	Industry	R&D经费内部支出（万元） Intramural Expenditure on R&D (10000 yuan)					
		2000	2005	2011	2012	2013	2014
合计	**Total**	**1110410**	**3624985**	**12378065**	**14914940**	**17343666**	**19221544**
医药制造业	**Manufacture of Medicines**	**135888**	**399510**	**1562720**	**2148864**	**2588803**	**2897090**
#化学药品制造	Manufacture of Chemical Medicine	88357	273832	1002710	1298451	1532980	1693918
中成药生产	Production of Finished Traditional Chinese Herbal Medicine	29227	91512	256329	392304	518065	550035
生物药品制造	Manufacture of Biological Medicine	16571	22955	174290	283437	329758	402687
航空、航天器及设备制造业	**Manufacture of Aircrafts and Spacecrafts and Related Equipment**	**137932**	**277969**	**1435570**	**1586828**	**1671450**	**1847872**
#飞机制造	Manufacture of Airplanes	119250	239156	1255553	1254488	1371839	1475849
航天器制造	Manufacture of Spacecrafts	18682	38813	180017	247090	219876	265160
电子及通信设备制造业	**Manufacture of Electronic Equipment and Communication Equipment**	**679441**	**2347164**	**7005706**	**8555044**	**10459083**	**11764875**
#通信设备制造	Manufacture of Communication Equipment	397600	1196585	3532317	3854850	4857306	5552234
#通信系统设备制造	Manufacture of Communication System Equipment	345463	914102	2914668	3307497	4068716	4672628
通信终端设备制造	Manufacture of Communication Terminal Equipment	11693	54847	89025	547352	788589	879606
广播电视设备制造	Manufacture of Broadcasting and TV Equipment	2036	18105	78966	128159	215389	226547
雷达及配套设备制造	Manufacture of Radar and Its Fittings	7003	24472	78121	79467	157894	151067
视听设备制造	Manufacture of TV Set and Radio Receiver	86682	500884	757855	891774	1206752	1149662
电子器件制造	Manufacture of Electronic Appliances	85820	328721	1290626	1774830	1882363	2221284
#电子真空器件制造	Manufacture of Electronic Vacuum Appliance	58896	42632	59890	54161	13439	25363
半导体分立器件制造	Manufacture of Semiconductor Discreting Appliances	9102	23160	76026	88182	67728	102277
集成电路制造	Manufacture of Integrate Circuit	17823	145065	369966	564116	636123	794938
电子元件制造	Manufacture of Electronic Components	79182	257997	1080411	1193080	1342084	1459287
其他电子设备制造	Manufacture of Other Electronic Equipment	21118	20401	187410	253264	403986	451296
计算机及办公设备制造业	**Manufacture of Computers and Office Equipment**	**115541**	**434480**	**1513265**	**1580728**	**1378372**	**1421122**
#计算机整机制造	Manufacture of Entired Computer	101235	211999	697904	688980	661926	744271
计算机零部件制造	Manufacture of Computer Components and Parts	12777	207560	747540	338435	264713	218476
计算机外围设备制造	Manufacture of Computer Peripheral Equipment				259232	236763	209855
办公设备制造	Manufacture of Office Equipment	1529	14921	67820	72418	84112	96109
医疗仪器设备及仪器仪表制造业	**Manufacture of Medical Equipments and Measuring Instrument**	**41607**	**165862**	**860804**	**1043475**	**1245959**	**1290585**
1.医疗仪器设备及器械制造	Manufacture of Medical Equipment and Appliance	6274	34481	205736	257129	324508	285337
2.仪器仪表制造	Manufacture of Measuring Instrument	35334	131381	655068	786346	921451	1005249

2-1-3 续表 2 continued

行 业	Industry	新产品开发经费支出（万元） Expenditure on New Products Development (10000 yuan)					
		2000	2005	2011	2012	2013	2014
合计	**Total**	**1177940**	**4156916**	**15280302**	**18274769**	**20694975**	**23505812**
医药制造业	**Manufacture of Medicines**	**149276**	**447725**	**1691315**	**2334948**	**2669404**	**3033372**
#化学药品制造	Manufacture of Chemical Medicine	91707	300482	1070585	1388701	1536796	1737541
中成药生产	Production of Finished Traditional Chinese Herbal Medicine	38556	97048	280804	413394	523000	571590
生物药品制造	Manufacture of Biological Medicine	15925	28373	205828	319138	363044	466113
航空、航天器及设备制造业	**Manufacture of Aircrafts and Spacecrafts and Related Equipment**	**114280**	**301632**	**1340147**	**1528310**	**1776157**	**1912557**
#飞机制造	Manufacture of Airplanes	95570	270864	1156868	1187582	1363744	1497594
航天器制造	Manufacture of Spacecrafts	18709	30769	183279	245233	317290	297813
电子及通信设备制造业	**Manufacture of Electronic Equipment and Communication Equipment**	**736736**	**2611326**	**9112209**	**10791283**	**12855333**	**15056275**
#通信设备制造	Manufacture of Communication Equipment	363991	1267879	4494800	4486099	5775787	7049353
#通信系统设备制造	Manufacture of Communication System Equipment	303007	859024	3622003	3761802	4798164	6013958
通信终端设备制造	Manufacture of Communication Terminal Equipment	18365	66003	77626	724297	977623	1035395
广播电视设备制造	Manufacture of Broadcasting and TV Equipment	1117	27438	119441	199951	311659	311664
雷达及配套设备制造	Manufacture of Radar and Its Fittings	11129	27487	131179	164741	184152	230923
视听设备制造	Manufacture of TV Set and Radio Receiver	142278	589840	917630	1131182	1435162	1397303
电子器件制造	Manufacture of Electronic Appliances	102543	355849	1784389	2259496	2412205	2814515
#电子真空器件制造	Manufacture of Electronic Vacuum Appliance	73629	48067	76186	60039	18495	29017
半导体分立器件制造	Manufacture of Semiconductor Discreting Appliances	9795	30538	86488	108910	98755	115287
集成电路制造	Manufacture of Integrate Circuit	19119	129635	513173	700881	833661	994898
电子元件制造	Manufacture of Electronic Components	97668	315540	1380871	1574072	1593648	1755811
其他电子设备制造	Manufacture of Other Electronic Equipment	18010	27294	283899	400482	564598	791106
计算机及办公设备制造业	**Manufacture of Computers and Office Equipment**	**133132**	**617788**	**2090912**	**2255064**	**1892254**	**1859230**
#计算机整机制造	Manufacture of Entired Computer	100730	271034	1077812	1011171	932923	969035
计算机零部件制造	Manufacture of Computer Components and Parts	28414	307709	928256	571029	391651	344350
计算机外围设备制造	Manufacture of Computer Peripheral Equipment				318660	285730	230727
办公设备制造	Manufacture of Office Equipment	3989	39045	84844	93650	107107	115585
医疗仪器设备及仪器仪表制造业	**Manufacture of Medical Equipments and Measuring Instrument**	**44516**	**178445**	**1045718**	**1365164**	**1501827**	**1644378**
1.医疗仪器设备及器械制造	Manufacture of Medical Equipment and Appliance	7174	33142	257477	335862	415948	416442
2.仪器仪表制造	Manufacture of Measuring Instrument	37342	145303	788242	1029301	1085880	1227936

2-1-3 续表 3 continued

行 业	Industry	新产品销售收入（万元） Sales Revenue of New Products (10000 yuan)					
		2000	2005	2011	2012	2013	2014
合计	**Total**	**24838202**	**69146633**	**203845209**	**237653174**	**290288371**	**328451936**
医药制造业	**Manufacture of Medicines**	**1720272**	**4693608**	**18253060**	**24493419**	**29908269**	**36253991**
#化学药品制造	Manufacture of Chemical Medicine	1348607	3327695	10844461	14732281	17841904	20841163
中成药生产	Production of Finished Traditional Chinese Herbal Medicine	251856	1045794	3446421	5128065	6469151	8540698
生物药品制造	Manufacture of Biological Medicine	95979	171308	2048086	1791701	2324121	3085270
航空、航天器及设备制造业	**Manufacture of Aircrafts and Spacecrafts and Related Equipment**	**813277**	**3373540**	**4980325**	**6018300**	**7161535**	**10809047**
#飞机制造	Manufacture of Airplanes	696006	3335683	4619963	5411575	6522618	9653610
航天器制造	Manufacture of Spacecrafts	117272	37857	360362	334240	434640	453585
电子及通信设备制造业	**Manufacture of Electronic Equipment and Communication Equipment**	**16308150**	**38520369**	**104118444**	**129043438**	**184246208**	**210593441**
#通信设备制造	Manufacture of Communication Equipment	6717290	16431725	46192610	49104988	89291716	100226932
#通信系统设备制造	Manufacture of Communication System Equipment	2171794	5727443	22655327	21965299	29338496	35181646
通信终端设备制造	Manufacture of Communication Terminal Equipment	1288981	994193	1491957	27139689	59953219	65045286
广播电视设备制造	Manufacture of Broadcasting and TV Equipment	6198	161757	1298986	2365379	3247486	2462737
雷达及配套设备制造	Manufacture of Radar and Its Fittings	102849	258585	752468	1378993	1081781	1498916
视听设备制造	Manufacture of TV Set and Radio Receiver	6376889	13313107	19026208	22945964	32703041	27308512
电子器件制造	Manufacture of Electronic Appliances	1910948	5127979	17858509	24596177	26182984	37892695
#电子真空器件制造	Manufacture of Electronic Vacuum Appliance	1512257	1205662	769817	646911	547929	133387
半导体分立器件制造	Manufacture of Semiconductor Discreting Appliances	62650	161634	842190	891207	775002	848099
集成电路制造	Manufacture of Integrate Circuit	336040	2150651	3415390	4456503	5326118	7535770
电子元件制造	Manufacture of Electronic Components	973788	3023700	16971775	19412060	20132929	22995979
其他电子设备制造	Manufacture of Other Electronic Equipment	220190	203515	2017889	1855681	4451996	8769519
计算机及办公设备制造业	**Manufacture of Computers and Office Equipment**	**5369985**	**20700912**	**67388516**	**66129950**	**56534632**	**56113670**
#计算机整机制造	Manufacture of Entired Computer	2707176	12278252	33655127	34629249	25927238	29095160
计算机零部件制造	Manufacture of Computer Components and Parts	2560950	7750678	32831137	22404561	22013363	18204774
计算机外围设备制造	Manufacture of Computer Peripheral Equipment				5620351	5710976	5521373
办公设备制造	Manufacture of Office Equipment	101858	671983	902253	1042823	1284539	1477955
医疗仪器设备及仪器仪表制造业	**Manufacture of Medical Equipments and Measuring Instrument**	**626518**	**1858204**	**9104864**	**11968064**	**12437727**	**14681788**
1.医疗仪器设备及器械制造	Manufacture of Medical Equipment and Appliance	101634	319050	862209	1813170	2139910	2279340
2.仪器仪表制造	Manufacture of Measuring Instrument	524884	1539155	8242654	10154893	10297817	12402449

2-1-3 续表 4 continued

行 业	Industry	专利申请数（件） Patent Applications (piece)					
		2000	2005	2011	2012	2013	2014
合计	**Total**	**2245**	**16823**	**77725**	**97200**	**102532**	**120077**
医药制造业	**Manufacture of Medicines**	**579**	**2708**	**6413**	**9580**	**10043**	**11514**
#化学药品制造	Manufacture of Chemical Medicine	215	1133	3229	4814	4501	4689
中成药生产	Production of Finished Traditional Chinese Herbal Medicine	286	1288	2153	2718	3114	3655
生物药品制造	Manufacture of Biological Medicine	43	242	524	976	1062	1546
航空、航天器及设备制造业	**Manufacture of Aircrafts and Spacecrafts and Related Equipment**	**79**	**328**	**2414**	**3415**	**3828**	**4772**
#飞机制造	Manufacture of Airplanes	74	314	2125	2600	2845	3842
航天器制造	Manufacture of Spacecrafts	5	14	289	418	584	526
电子及通信设备制造业	**Manufacture of Electronic Equipment and Communication Equipment**	**1099**	**11022**	**49360**	**64602**	**64478**	**75590**
#通信设备制造	Manufacture of Communication Equipment	570	6602	23751	24416	24086	30069
#通信系统设备制造	Manufacture of Communication System Equipment	529	5718	18982	18937	17240	22499
通信终端设备制造	Manufacture of Communication Terminal Equipment	29	177	649	5479	6846	7570
广播电视设备制造	Manufacture of Broadcasting and TV Equipment	4	101	2881	2703	2729	2284
雷达及配套设备制造	Manufacture of Radar and Its Fittings	22	9	361	395	622	800
视听设备制造	Manufacture of TV Set and Radio Receiver	331	2434	3275	5791	6088	5188
电子器件制造	Manufacture of Electronic Appliances	65	812	9902	16530	15599	19937
#电子真空器件制造	Manufacture of Electronic Vacuum Appliance	47	110	1244	2751	184	143
半导体分立器件制造	Manufacture of Semiconductor Discreting Appliances	6	10	302	725	391	662
集成电路制造	Manufacture of Integrate Circuit	12	457	3469	3756	4115	5184
电子元件制造	Manufacture of Electronic Components	85	947	7532	7935	9320	9609
其他电子设备制造	Manufacture of Other Electronic Equipment	22	117	1658	2095	2243	2711
计算机及办公设备制造业	**Manufacture of Computers and Office Equipment**	**263**	**1863**	**11180**	**9475**	**11348**	**12088**
#计算机整机制造	Manufacture of Entired Computer	166	1020	6284	5389	6806	6817
计算机零部件制造	Manufacture of Computer Components and Parts	93	796	4524	893	1277	1582
计算机外围设备制造	Manufacture of Computer Peripheral Equipment				1314	1364	1681
办公设备制造	Manufacture of Office Equipment	4	47	372	608	924	921
医疗仪器设备及仪器仪表制造业	**Manufacture of Medical Equipments and Measuring Instrument**	**225**	**902**	**8358**	**10128**	**12835**	**16113**
1.医疗仪器设备及器械制造	Manufacture of Medical Equipment and Appliance	68	401	1705	2514	3295	4126
2.仪器仪表制造	Manufacture of Measuring Instrument	157	501	6653	7614	9540	11987

2-1-3 续表 5 continued

行　业	Industry	有效发明专利数（件） Number of Patents In Force (piece)					
		2000	2005	2011	2012	2013	2014
合计	**Total**	**1443**	**6658**	**67428**	**97878**	**115884**	**147927**
医药制造业	**Manufacture of Medicines**	**460**	**1134**	**6527**	**10073**	**12795**	**16161**
#化学药品制造	Manufacture of Chemical Medicine	165	495	3306	5141	6302	7973
中成药生产	Production of Finished Traditional Chinese Herbal Medicine	211	497	2346	3442	4661	5513
生物药品制造	Manufacture of Biological Medicine	37	49	533	835	1197	1746
航空、航天器及设备制造业	**Manufacture of Aircrafts and Spacecrafts and Related Equipment**	**139**	**192**	**1277**	**1770**	**2778**	**3485**
#飞机制造	Manufacture of Airplanes	102	185	1053	1463	2111	2645
航天器制造	Manufacture of Spacecrafts	37	7	224	160	483	502
电子及通信设备制造业	**Manufacture of Electronic Equipment and Communication Equipment**	**589**	**4268**	**44448**	**64603**	**79689**	**105307**
#通信设备制造	Manufacture of Communication Equipment	372	2959	31499	42207	52769	67469
#通信系统设备制造	Manufacture of Communication System Equipment	346	2660	28825	39695	50551	64817
通信终端设备制造	Manufacture of Communication Terminal Equipment	9	110	313	2512	2218	2652
广播电视设备制造	Manufacture of Broadcasting and TV Equipment	2	13	663	935	1699	2091
雷达及配套设备制造	Manufacture of Radar and Its Fittings	15	5	44	162	900	968
视听设备制造	Manufacture of TV Set and Radio Receiver	118	371	1809	3973	4614	4079
电子器件制造	Manufacture of Electronic Appliances	29	540	4970	8381	9007	16546
#电子真空器件制造	Manufacture of Electronic Vacuum Appliance	19	346	277	326	158	134
半导体分立器件制造	Manufacture of Semiconductor Discreting Appliances	6	14	213	557	550	465
集成电路制造	Manufacture of Integrate Circuit	4	115	1835	2800	2797	4800
电子元件制造	Manufacture of Electronic Components	44	369	4358	4433	5148	7220
其他电子设备制造	Manufacture of Other Electronic Equipment	9	11	1105	1474	2059	2859
计算机及办公设备制造业	**Manufacture of Computers and Office Equipment**	**131**	**473**	**10532**	**14922**	**13302**	**12288**
#计算机整机制造	Manufacture of Entired Computer	69	146	5947	9938	9992	7709
计算机零部件制造	Manufacture of Computer Components and Parts	57	323	4448	886	910	960
计算机外围设备制造	Manufacture of Computer Peripheral Equipment				889	1018	1761
办公设备制造	Manufacture of Office Equipment	5	4	137	245	323	509
医疗仪器设备及仪器仪表制造业	**Manufacture of Medical Equipments and Measuring Instrument**	**124**	**591**	**4644**	**6510**	**7320**	**10686**
1.医疗仪器设备及器械制造	Manufacture of Medical Equipment and Appliance	52	90	1626	2297	2346	3080
2.仪器仪表制造	Manufacture of Measuring Instrument	72	501	3018	4213	4974	7606

2-1-3 续表 6 continued

行　业	Industry	技术改造经费支出（万元） Expenditure for Technical Renovation (10000 yuan)					
		2000	2005	2011	2012	2013	2014
合计	**Total**	**1047478**	**1590214**	**2396391**	**3191778**	**3671266**	**3165342**
医药制造业	**Manufacture of Medicines**	**288150**	**441007**	**602350**	**873929**	**1007416**	**1013484**
#化学药品制造	Manufacture of Chemical Medicine	240426	299639	450630	537613	632456	616380
中成药生产	Production of Finished Traditional Chinese Herbal Medicine	41244	115426	75515	179601	202612	250418
生物药品制造	Manufacture of Biological Medicine	4751	14754	40938	92523	66729	57327
航空、航天器及设备制造业	**Manufacture of Aircrafts and Spacecrafts and Related Equipment**	**154666**	**368919**	**373716**	**505999**	**488046**	**702318**
#飞机制造	Manufacture of Airplanes	128203	353441	330906	471001	440456	680518
航天器制造	Manufacture of Spacecrafts	26464	15478	42810	22030	33914	9573
电子及通信设备制造业	**Manufacture of Electronic Equipment and Communication Equipment**	**520752**	**611919**	**846082**	**1164027**	**1724147**	**1086323**
#通信设备制造	Manufacture of Communication Equipment	79122	80990	118517	111674	187618	68499
#通信系统设备制造	Manufacture of Communication System Equipment	44764	32707	57619	76525	158589	44152
通信终端设备制造	Manufacture of Communication Terminal Equipment	31322	12728	18720	35149	29029	24347
广播电视设备制造	Manufacture of Broadcasting and TV Equipment	3394	12355	3666	18286	14117	19456
雷达及配套设备制造	Manufacture of Radar and Its Fittings	8482	17859	29563	25899	40340	45603
视听设备制造	Manufacture of TV Set and Radio Receiver	72331	102632	154353	193681	245918	104604
电子器件制造	Manufacture of Electronic Appliances	142873	160201	293921	332004	826130	315120
#电子真空器件制造	Manufacture of Electronic Vacuum Appliance	86502	42193	11575	10312	4248	15875
半导体分立器件制造	Manufacture of Semiconductor Discreting Appliances	21303	12241	40067	25711	23826	11335
集成电路制造	Manufacture of Integrate Circuit	35068	76839	96822	65700	58244	111195
电子元件制造	Manufacture of Electronic Components	192458	233566	235365	237267	217781	316952
其他电子设备制造	Manufacture of Other Electronic Equipment	22092	4316	10696	23270	21399	33224
计算机及办公设备制造业	**Manufacture of Computers and Office Equipment**	**28852**	**53753**	**132809**	**164577**	**83123**	**88666**
#计算机整机制造	Manufacture of Entired Computer	10885	15313	66152	53442	41787	39697
计算机零部件制造	Manufacture of Computer Components and Parts	17915	35001	64366	11166	23646	10032
计算机外围设备制造	Manufacture of Computer Peripheral Equipment				95193	9546	10782
办公设备制造	Manufacture of Office Equipment	52	3439	2291	3279	1190	21758
医疗仪器设备及仪器仪表制造业	**Manufacture of Medical Equipments and Measuring Instrument**	**55058**	**114617**	**441435**	**483244**	**368535**	**274550**
1.医疗仪器设备及器械制造	Manufacture of Medical Equipment and Appliance	7423	12635	44273	66933	75642	72112
2.仪器仪表制造	Manufacture of Measuring Instrument	47635	101982	397162	416311	292893	202438

2-1-3 续表 7 continued

行 业	Industry	引进技术经费支出（万元）Expenditure for Acquisition of Foreign Technology (10000 yuan)					
		2000	2005	2011	2012	2013	2014
合计	**Total**	**470463**	**848184**	**621819**	**733053**	**532130**	**566978**
医药制造业	**Manufacture of Medicines**	**45441**	**35815**	**54311**	**51730**	**50838**	**40210**
#化学药品制造	Manufacture of Chemical Medicine	28040	28159	45399	40087	29884	26022
中成药生产	Production of Finished Traditional Chinese Herbal Medicine	9602	4874	1240	1675	5240	1354
生物药品制造	Manufacture of Biological Medicine	7353	151	2186	2871	3312	3422
航空、航天器及设备制造业	**Manufacture of Aircrafts and Spacecrafts and Related Equipment**	**29793**	**30369**	**21109**	**9693**	**16257**	**13914**
#飞机制造	Manufacture of Airplanes	19970	28933	21109	7868	6741	13569
航天器制造	Manufacture of Spacecrafts	9823	1436				345
电子及通信设备制造业	**Manufacture of Electronic Equipment and Communication Equipment**	**305560**	**665035**	**478520**	**563563**	**362574**	**417867**
#通信设备制造	Manufacture of Communication Equipment	75927	198733	42183	47367	36920	78820
#通信系统设备制造	Manufacture of Communication System Equipment	24209	9472	12938	7247	4663	3813
通信终端设备制造	Manufacture of Communication Terminal Equipment	47938	2550	8448	40119	32257	75008
广播电视设备制造	Manufacture of Broadcasting and TV Equipment	152	833	1633	3822	3546	2890
雷达及配套设备制造	Manufacture of Radar and Its Fittings	769	14	596	1232	2887	907
视听设备制造	Manufacture of TV Set and Radio Receiver	42840	155500	105122	198257	67013	107281
电子器件制造	Manufacture of Electronic Appliances	81345	200662	243710	196318	125948	135123
#电子真空器件制造	Manufacture of Electronic Vacuum Appliance	40312	79691	35592	14843		
半导体分立器件制造	Manufacture of Semiconductor Discreting Appliances	7838	236	4600	4926	716	1466
集成电路制造	Manufacture of Integrate Circuit	33195	56049	20124	15161	28593	30240
电子元件制造	Manufacture of Electronic Components	102500	106226	84834	82386	85737	64406
其他电子设备制造	Manufacture of Other Electronic Equipment	2028	3067	443	3967	2490	2501
计算机及办公设备制造业	**Manufacture of Computers and Office Equipment**	**77839**	**114665**	**8572**	**24123**	**19682**	**4878**
#计算机整机制造	Manufacture of Entired Computer	34399	41904	4372		6753	588
计算机零部件制造	Manufacture of Computer Components and Parts	43048	52436	3050	2506	2994	3177
计算机外围设备制造	Manufacture of Computer Peripheral Equipment				16705	9156	1061
办公设备制造	Manufacture of Office Equipment	392	20325	1150	4095	779	52
医疗仪器设备及仪器仪表制造业	**Manufacture of Medical Equipments and Measuring Instrument**	**11829**	**2300**	**59306**	**83943**	**82779**	**90110**
1.医疗仪器设备及器械制造	Manufacture of Medical Equipment and Appliance	1890	30	32224	60983	49385	42963
2.仪器仪表制造	Manufacture of Measuring Instrument	9940	2270	27082	22959	33394	47146

2-1-3 续表 8 continued

行 业	Industry	消化吸收经费支出（万元） Expenditure for Assimilation of Technology (10000 yuan)					
		2000	2005	2011	2012	2013	2014
合计	**Total**	**33685**	**274972**	**152481**	**93179**	**130081**	**149184**
医药制造业	**Manufacture of Medicines**	**12121**	**34971**	**43981**	**51356**	**58841**	**67368**
#化学药品制造	Manufacture of Chemical Medicine	11034	31449	33493	37696	40469	49824
中成药生产	Production of Finished Traditional Chinese Herbal Medicine	226	3417	6414	4889	5721	5007
生物药品制造	Manufacture of Biological Medicine	771	55	673	1339	2851	4386
航空、航天器及设备制造业	**Manufacture of Aircrafts and Spacecrafts and Related Equipment**	**1943**	**1438**	**5820**	**4346**	**1521**	**188**
#飞机制造	Manufacture of Airplanes	1943	1438	5820	4346	1521	70
航天器制造	Manufacture of Spacecrafts						
电子及通信设备制造业	**Manufacture of Electronic Equipment and Communication Equipment**	**12716**	**226463**	**70993**	**30174**	**58834**	**73957**
#通信设备制造	Manufacture of Communication Equipment	2508	166912	3465	1175	971	2400
#通信系统设备制造	Manufacture of Communication System Equipment	1611	473	5	499	198	1061
通信终端设备制造	Manufacture of Communication Terminal Equipment	656	85	791	676	774	1339
广播电视设备制造	Manufacture of Broadcasting and TV Equipment		326	21	867	1289	1147
雷达及配套设备制造	Manufacture of Radar and Its Fittings	1		168	510		907
视听设备制造	Manufacture of TV Set and Radio Receiver	5442	34519	7607	6969	5754	35499
电子器件制造	Manufacture of Electronic Appliances	2746	15915	6484	10058	30655	19395
#电子真空器件制造	Manufacture of Electronic Vacuum Appliance	2541	176	212	140	1540	1356
半导体分立器件制造	Manufacture of Semiconductor Discreting Appliances	87	43	418	1017	848	
集成电路制造	Manufacture of Integrate Circuit	118	4375	862	975	9020	15041
电子元件制造	Manufacture of Electronic Components	1978	8779	51678	5271	4550	5080
其他电子设备制造	Manufacture of Other Electronic Equipment	41	11	1570	1799	5283	1700
计算机及办公设备制造业	**Manufacture of Computers and Office Equipment**	**6136**	**8795**	**8282**	**823**	**3212**	**906**
#计算机整机制造	Manufacture of Entired Computer	1413	5447	5927	326	430	569
计算机零部件制造	Manufacture of Computer Components and Parts	4708	1533	51			319
计算机外围设备制造	Manufacture of Computer Peripheral Equipment				164		16
办公设备制造	Manufacture of Office Equipment	15	1815	2305	17	2761	
医疗仪器设备及仪器仪表制造业	**Manufacture of Medical Equipments and Measuring Instrument**	**768**	**3306**	**23405**	**6479**	**7674**	**6764**
1.医疗仪器设备及器械制造	Manufacture of Medical Equipment and Appliance	180	49	393	464	384	1260
2.仪器仪表制造	Manufacture of Measuring Instrument	588	3257	23012	6015	7290	5504

2-1-3 续表 9 continued

行 业	Industry	购买国内技术经费支出 Expenditure on Purchase of Domestic Technology (10000 yuan)					
		2000	2005	2011	2012	2013	2014
合计	**Total**	**72099**	**95359**	**162429**	**238341**	**312567**	**467082**
医药制造业	**Manufacture of Medicines**	**61208**	**56041**	**69021**	**116787**	**184830**	**162309**
#化学药品制造	Manufacture of Chemical Medicine	19286	46206	50650	93239	142386	115038
中成药生产	Production of Finished Traditional Chinese Herbal Medicine	37713	8399	8591	13069	27832	28733
生物药品制造	Manufacture of Biological Medicine	3691	897	6473	4017	3834	6884
航空、航天器及设备制造业	**Manufacture of Aircrafts and Spacecrafts and Related Equipment**	**4437**	**10751**	**14764**	**8930**	**8448**	**102695**
#飞机制造	Manufacture of Airplanes	2421	10751	14764	8776	7895	102232
航天器制造	Manufacture of Spacecrafts	2016					463
电子及通信设备制造业	**Manufacture of Electronic Equipment and Communication Equipment**	**3013**	**23056**	**49191**	**81901**	**102482**	**183889**
#通信设备制造	Manufacture of Communication Equipment	1019	6046	18483	10253	11115	53975
#通信系统设备制造	Manufacture of Communication System Equipment	745	1100	6257	1217	2720	5620
通信终端设备制造	Manufacture of Communication Terminal Equipment	154	199	459	9035	8395	48355
广播电视设备制造	Manufacture of Broadcasting and TV Equipment	10	4300	1021	12	4945	2411
雷达及配套设备制造	Manufacture of Radar and Its Fittings	2	488	2268	2412	5314	12420
视听设备制造	Manufacture of TV Set and Radio Receiver	470	2287	7273	29012	30732	30590
电子器件制造	Manufacture of Electronic Appliances	584	4064	7828	15011	12594	25398
#电子真空器件制造	Manufacture of Electronic Vacuum Appliance	224	1163				1327
半导体分立器件制造	Manufacture of Semiconductor Discreting Appliances	357	2159	240	580	743	180
集成电路制造	Manufacture of Integrate Circuit	3	70	1981	86	992	6907
电子元件制造	Manufacture of Electronic Components	897	5429	10933	11750	31927	32473
其他电子设备制造	Manufacture of Other Electronic Equipment	31	442	1385	1404	1593	551
计算机及办公设备制造业	**Manufacture of Computers and Office Equipment**	**251**	**2191**	**14435**	**11604**	**5847**	**5442**
#计算机整机制造	Manufacture of Entired Computer	243	1933	15	52	118	
计算机零部件制造	Manufacture of Computer Components and Parts	9	152	14400	115	160	572
计算机外围设备制造	Manufacture of Computer Peripheral Equipment				10179	20	2258
办公设备制造	Manufacture of Office Equipment		106	20			
医疗仪器设备及仪器仪表制造业	**Manufacture of Medical Equipments and Measuring Instrument**	**3190**	**3320**	**15019**	**19117**	**10961**	**12747**
1.医疗仪器设备及器械制造	Manufacture of Medical Equipment and Appliance	2806	15	4708	1288	1225	1604
2.仪器仪表制造	Manufacture of Measuring Instrument	384	3305	10311	17828	9736	11144

2-1-3 续表 10 continued

行 业	Industry	研发机构数（个） Number of R&D Institutions in Enterprises (unit)					
		2000	2005	2011	2012	2013	2014
合计	**Total**	**1379**	**1619**	**3254**	**4566**	**4583**	**4763**
医药制造业	**Manufacture of Medicines**	**512**	**581**	**927**	**1134**	**1217**	**1217**
#化学药品制造	Manufacture of Chemical Medicine	308	339	525	605	639	630
中成药生产	Production of Finished Traditional Chinese Herbal Medicine	145	176	239	279	327	318
生物药品制造	Manufacture of Biological Medicine	43	31	88	130	134	154
航空、航天器及设备制造业	**Manufacture of Aircrafts and Spacecrafts and Related Equipment**	**161**	**103**	**88**	**117**	**105**	**113**
#飞机制造	Manufacture of Airplanes	128	98	79	81	71	78
航天器制造	Manufacture of Spacecrafts	33	5	9	10	9	10
电子及通信设备制造业	**Manufacture of Electronic Equipment and Communication Equipment**	**482**	**643**	**1560**	**2357**	**2332**	**2446**
#通信设备制造	Manufacture of Communication Equipment	168	141	254	286	278	295
#通信系统设备制造	Manufacture of Communication System Equipment	103	65	122	180	163	181
通信终端设备制造	Manufacture of Communication Terminal Equipment	22	28	23	106	115	114
广播电视设备制造	Manufacture of Broadcasting and TV Equipment	8	17	49	83	96	104
雷达及配套设备制造	Manufacture of Radar and Its Fittings	30	25	23	36	23	34
视听设备制造	Manufacture of TV Set and Radio Receiver	80	104	145	176	187	178
电子器件制造	Manufacture of Electronic Appliances	49	118	295	550	495	559
#电子真空器件制造	Manufacture of Electronic Vacuum Appliance	23	36	15	15	9	8
半导体分立器件制造	Manufacture of Semiconductor Discreting Appliances	17	19	36	72	59	70
集成电路制造	Manufacture of Integrate Circuit	9	29	68	118	103	114
电子元件制造	Manufacture of Electronic Components	132	220	704	909	870	869
其他电子设备制造	Manufacture of Other Electronic Equipment	15	18	90	128	152	145
计算机及办公设备制造业	**Manufacture of Computers and Office Equipment**	**63**	**101**	**209**	**294**	**256**	**277**
#计算机整机制造	Manufacture of Entired Computer	44	32	48	41	44	42
计算机零部件制造	Manufacture of Computer Components and Parts	16	61	141	89	76	89
计算机外围设备制造	Manufacture of Computer Peripheral Equipment				90	64	60
办公设备制造	Manufacture of Office Equipment	3	8	20	28	33	34
医疗仪器设备及仪器仪表制造业	**Manufacture of Medical Equipments and Measuring Instrument**	**161**	**191**	**470**	**664**	**673**	**710**
1.医疗仪器设备及器械制造	Manufacture of Medical Equipment and Appliance	22	25	88	134	138	154
2.仪器仪表制造	Manufacture of Measuring Instrument	139	166	382	530	535	556

2-1-3 续表 11 continued

行 业	Industry	机构人员（人） Personnel in the R&D Institutions (person)					
		2000	2005	2011	2012	2013	2014
合计	**Total**	**90187**	**156789**	**394590**	**536417**	**510507**	**531339**
医药制造业	**Manufacture of Medicines**	**16366**	**22081**	**62023**	**78845**	**86986**	**89156**
#化学药品制造	Manufacture of Chemical Medicine	10749	13181	35684	44654	48302	49881
中成药生产	Production of Finished Traditional Chinese Herbal Medicine	3593	6340	15253	19164	21378	23023
生物药品制造	Manufacture of Biological Medicine	1507	1577	6612	8349	9204	9337
航空、航天器及设备制造业	**Manufacture of Aircrafts and Spacecrafts and Related Equipment**	**15017**	**14518**	**22634**	**29445**	**30000**	**30371**
#飞机制造	Manufacture of Airplanes	12281	14414	21630	24439	24896	25664
航天器制造	Manufacture of Spacecrafts	2736	104	1004	1992	2028	1471
电子及通信设备制造业	**Manufacture of Electronic Equipment and Communication Equipment**	**44988**	**87031**	**235921**	**329553**	**297756**	**311914**
#通信设备制造	Manufacture of Communication Equipment	23216	46175	123514	137696	110659	118468
#通信系统设备制造	Manufacture of Communication System Equipment	18937	37026	102411	120540	93579	101655
通信终端设备制造	Manufacture of Communication Terminal Equipment	1280	3367	2251	17156	17080	16813
广播电视设备制造	Manufacture of Broadcasting and TV Equipment	455	1390	7092	10929	8428	8217
雷达及配套设备制造	Manufacture of Radar and Its Fittings	2811	1983	3861	5595	5407	9007
视听设备制造	Manufacture of TV Set and Radio Receiver	4802	14930	15301	28612	20154	20597
电子器件制造	Manufacture of Electronic Appliances	3531	8028	34984	53600	53329	55798
#电子真空器件制造	Manufacture of Electronic Vacuum Appliance	1857	1998	2205	1401	475	1081
半导体分立器件制造	Manufacture of Semiconductor Discreting Appliances	764	1600	3507	4158	4002	4943
集成电路制造	Manufacture of Integrate Circuit	910	1747	9905	13661	13071	14086
电子元件制造	Manufacture of Electronic Components	8173	12689	44530	66998	65816	64875
其他电子设备制造	Manufacture of Other Electronic Equipment	2000	1836	6639	10257	15594	17082
计算机及办公设备制造业	**Manufacture of Computers and Office Equipment**	**6715**	**21628**	**36435**	**49091**	**46063**	**47309**
#计算机整机制造	Manufacture of Entired Computer	4850	5524	13890	20237	21776	23824
计算机零部件制造	Manufacture of Computer Components and Parts	1678	14911	20444	9360	7512	5659
计算机外围设备制造	Manufacture of Computer Peripheral Equipment				8719	7294	6590
办公设备制造	Manufacture of Office Equipment	187	1193	2101	2655	3471	3934
医疗仪器设备及仪器仪表制造业	**Manufacture of Medical Equipments and Measuring Instrument**	**7101**	**11531**	**37577**	**49483**	**49702**	**52589**
1.医疗仪器设备及器械制造	Manufacture of Medical Equipment and Appliance	957	1789	6918	8046	8637	8720
2.仪器仪表制造	Manufacture of Measuring Instrument	6144	9742	30659	41437	41065	43869

2-1-3 续表 12 continued

行 业	Industry	机构经费支出（万元） Expenditure in the R&D Institutions (10000 yuan)					
		2000	2005	2011	2012	2013	2014
合计	**Total**	**961000**	**2607837**	**9296716**	**12679661**	**13594544**	**14736915**
医药制造业	**Manufacture of Medicines**	**121593**	**337652**	**1192574**	**1743456**	**2034537**	**2120424**
#化学药品制造	Manufacture of Chemical Medicine	76463	219877	721205	1045456	1230922	1311379
中成药生产	Production of Finished Traditional Chinese Herbal Medicine	30744	90525	237261	360035	414568	428814
生物药品制造	Manufacture of Biological Medicine	10305	16358	157195	211969	243229	265217
航空、航天器及设备制造业	**Manufacture of Aircrafts and Spacecrafts and Related Equipment**	**83791**	**130860**	**398750**	**456911**	**521512**	**517100**
#飞机制造	Manufacture of Airplanes	77214	130334	364680	354133	422511	410991
航天器制造	Manufacture of Spacecrafts	6577	527	34070	49651	42257	34903
电子及通信设备制造业	**Manufacture of Electronic Equipment and Communication Equipment**	**596823**	**1749116**	**5957820**	**8261637**	**8928142**	**10125306**
#通信设备制造	Manufacture of Communication Equipment	359866	971936	3660095	4054770	4426222	5545498
#通信系统设备制造	Manufacture of Communication System Equipment	299900	764386	3222326	3642267	3925443	5114367
通信终端设备制造	Manufacture of Communication Terminal Equipment	13079	50443	41476	412503	500779	431131
广播电视设备制造	Manufacture of Broadcasting and TV Equipment	1374	15044	65555	147535	178163	161584
雷达及配套设备制造	Manufacture of Radar and Its Fittings	8941	16808	74949	132027	147690	193402
视听设备制造	Manufacture of TV Set and Radio Receiver	93887	461781	539939	788187	736742	741443
电子器件制造	Manufacture of Electronic Appliances	62900	100552	835193	1459626	1566790	1454439
#电子真空器件制造	Manufacture of Electronic Vacuum Appliance	43653	27702	40190	47353	6949	12192
半导体分立器件制造	Manufacture of Semiconductor Discreting Appliances	4259	12893	41939	70415	54585	70846
集成电路制造	Manufacture of Integrate Circuit	14988	24668	294079	434061	421016	492468
电子元件制造	Manufacture of Electronic Components	51177	171325	683261	1082506	1169265	1196383
其他电子设备制造	Manufacture of Other Electronic Equipment	18680	11668	98829	246221	330877	434553
计算机及办公设备制造业	**Manufacture of Computers and Office Equipment**	**125045**	**288173**	**1156083**	**1373423**	**1160869**	**984552**
#计算机整机制造	Manufacture of Entired Computer	95462	121762	617265	691155	576155	543771
计算机零部件制造	Manufacture of Computer Components and Parts	29057	159259	506324	202017	213522	88662
计算机外围设备制造	Manufacture of Computer Peripheral Equipment				246299	200020	161764
办公设备制造	Manufacture of Office Equipment	526	7153	32495	38963	64585	74023
医疗仪器设备及仪器仪表制造业	**Manufacture of Medical Equipments and Measuring Instrument**	**33748**	**102036**	**591489**	**844233**	**949484**	**989534**
1.医疗仪器设备及器械制造	Manufacture of Medical Equipment and Appliance	5519	12949	158092	177950	201421	222171
2.仪器仪表制造	Manufacture of Measuring Instrument	28229	89087	433397	666283	748063	767363

2-1-4 大中型国有及国有控股企业分行业R&D及相关活动情况

Statistics on R&D and Related Activities of State-owned and State-controlled Enterprises in Large and Medium-sized Enterprises by Industrial Sector

行业	Industry	R&D人员折合全时当量（人年） Full-time Equivalent of R&D Personnel (man-year)					
		2000	2005	2011	2012	2013	2014
合计	**Total**	**58427**	**91740**	**128400**	**145058**	**162636**	**159782**
医药制造业	**Manufacture of Medicines**	**5875**	**8813**	**19552**	**21041**	**23745**	**23117**
#化学药品制造	Manufacture of Chemical Medicine	4347	6234	13995	13689	15130	15086
中成药生产	Production of Finished Traditional Chinese Herbal Medicine	790	1712	2803	3881	4477	5174
生物药品制造	Manufacture of Biological Medicine	722	668	1730	2089	2892	1894
航空、航天器及设备制造业	**Manufacture of Aircrafts and Spacecrafts and Related Equipment**	**29634**	**29869**	**28918**	**36538**	**42660**	**35139**
#飞机制造	Manufacture of Airplanes	26503	27719	24887	27915	35219	27196
航天器制造	Manufacture of Spacecrafts	3131	2150	4031	4392	3699	4198
电子及通信设备制造业	**Manufacture of Electronic Equipment and Communication Equipment**	**15673**	**42179**	**57445**	**66491**	**71242**	**72568**
#通信设备制造	Manufacture of Communication Equipment	6286	21703	36061	35555	34297	35137
#通信系统设备制造	Manufacture of Communication System Equipment	5025	16931	31003	31098	29395	31818
通信终端设备制造	Manufacture of Communication Terminal Equipment	541	2363	1398	4456	4902	3320
广播电视设备制造	Manufacture of Broadcasting and TV Equipment	358	227	255	749	917	1408
雷达及配套设备制造	Manufacture of Radar and Its Fittings	1428	1782	2593	2535	5017	5696
视听设备制造	Manufacture of TV Set and Radio Receiver	1894	7790	4037	8714	12304	8217
电子器件制造	Manufacture of Electronic Appliances	3463	7051	7779	10644	11011	13544
#电子真空器件制造	Manufacture of Electronic Vacuum Appliance	1330	2876	750	710	242	221
半导体分立器件制造	Manufacture of Semiconductor Discreting Appliances	1670	1095	739	415	607	488
集成电路制造	Manufacture of Integrate Circuit	463	721	1440	1888	2225	2549
电子元件制造	Manufacture of Electronic Components	2019	3288	5613	5701	4839	5570
其他电子设备制造	Manufacture of Other Electronic Equipment	225	339	1107	924	933	1143
计算机及办公设备制造业	**Manufacture of Computers and Office Equipment**	**984**	**4721**	**10594**	**10079**	**10960**	**16358**
#计算机整机制造	Manufacture of Entired Computer	898	2380	4349	5262	5611	7875
计算机零部件制造	Manufacture of Computer Components and Parts	81	2202	5402	261	295	306
计算机外围设备制造	Manufacture of Computer Peripheral Equipment				1163	1112	3894
办公设备制造	Manufacture of Office Equipment	6	140	842	886	1212	1344
医疗仪器设备及仪器仪表制造业	**Manufacture of Medical Equipments and Measuring Instrument**	**6261**	**6158**	**11891**	**10907**	**14030**	**12600**
1.医疗仪器设备及器械制造	Manufacture of Medical Equipment and Appliance	401	321	609	834	1067	1039
2.仪器仪表制造	Manufacture of Measuring Instrument	5860	5836	11283	10072	12963	11561

2-1-4　续表 1　continued

行　业	Industry	R&D经费内部支出（万元） Intramural Expenditure on R&D (10000 yuan)					
		2000	2005	2011	2012	2013	2014
合计	**Total**	**384700**	**1475400**	**4352362**	**4982793**	**5425509**	**5660870**
医药制造业	**Manufacture of Medicines**	**42131**	**145225**	**365066**	**463965**	**512722**	**535036**
#化学药品制造	Manufacture of Chemical Medicine	30935	103304	238902	275638	299149	302081
中成药生产	Production of Finished Traditional Chinese Herbal Medicine	6627	32040	57365	88484	113054	128806
生物药品制造	Manufacture of Biological Medicine	4320	6280	48907	72543	71425	81584
航空、航天器及设备制造业	**Manufacture of Aircrafts and Spacecrafts and Related Equipment**	**130627**	**277954**	**1417420**	**1563513**	**1628898**	**1794731**
#飞机制造	Manufacture of Airplanes	111945	239141	1238888	1235648	1342703	1436931
航天器制造	Manufacture of Spacecrafts	18682	38813	178532	247090	219876	265160
电子及通信设备制造业	**Manufacture of Electronic Equipment and Communication Equipment**	**185141**	**872394**	**2049150**	**2399731**	**2682122**	**2742469**
#通信设备制造	Manufacture of Communication Equipment	103769	411782	1191039	1160964	1096132	1103374
#通信系统设备制造	Manufacture of Communication System Equipment	92380	330041	1075755	1064178	1007063	1033244
通信终端设备制造	Manufacture of Communication Terminal Equipment	5849	31199	24099	96786	89069	70130
广播电视设备制造	Manufacture of Broadcasting and TV Equipment	1878	1598	3096	9721	18209	28696
雷达及配套设备制造	Manufacture of Radar and Its Fittings	3859	23932	74076	72551	151543	142322
视听设备制造	Manufacture of TV Set and Radio Receiver	36242	303240	276786	453719	568158	560312
电子器件制造	Manufacture of Electronic Appliances	24247	85600	339732	484384	611108	660184
#电子真空器件制造	Manufacture of Electronic Vacuum Appliance	13568	25333	31888	28005	2776	3045
半导体分立器件制造	Manufacture of Semiconductor Discreting Appliances	7753	7541	3087	10207	9824	12150
集成电路制造	Manufacture of Integrate Circuit	2926	10232	79393	75929	128700	187546
电子元件制造	Manufacture of Electronic Components	12962	44262	111548	118860	134244	125509
其他电子设备制造	Manufacture of Other Electronic Equipment	2186	1980	52873	44609	41739	36961
计算机及办公设备制造业	**Manufacture of Computers and Office Equipment**	**9180**	**114519**	**281818**	**286282**	**319272**	**321640**
#计算机整机制造	Manufacture of Entired Computer	7236	91644	165229	189260	198669	203298
计算机零部件制造	Manufacture of Computer Components and Parts	1655	20412	102662	5188	7056	8000
计算机外围设备制造	Manufacture of Computer Peripheral Equipment				30799	42711	34554
办公设备制造	Manufacture of Office Equipment	289	2462	13927	20066	24496	26339
医疗仪器设备及仪器仪表制造业	**Manufacture of Medical Equipments and Measuring Instrument**	**17619**	**65308**	**238909**	**269300**	**282496**	**266995**
1.医疗仪器设备及器械制造	Manufacture of Medical Equipment and Appliance	1790	6070	13999	25227	31107	25338
2.仪器仪表制造	Manufacture of Measuring Instrument	15830	59237	224910	244073	251388	241657

2-1-4 续表 2 continued

行 业	Industry	新产品开发经费支出（万元） Expenditure on New Products Development (10000 yuan)					
		2000	2005	2011	2012	2013	2014
合计	**Total**	**436906**	**1583476**	**4784601**	**5524884**	**5971617**	**6358044**
医药制造业	**Manufacture of Medicines**	**48657**	**149858**	**349386**	**482155**	**476746**	**514206**
#化学药品制造	Manufacture of Chemical Medicine	36158	106835	226384	281101	257925	287350
中成药生产	Production of Finished Traditional Chinese Herbal Medicine	6390	32650	56604	104338	117215	127519
生物药品制造	Manufacture of Biological Medicine	5744	5844	46866	73901	77218	80907
航空、航天器及设备制造业	**Manufacture of Aircrafts and Spacecrafts and Related Equipment**	**108459**	**300918**	**1321431**	**1495345**	**1719959**	**1828983**
#飞机制造	Manufacture of Airplanes	89750	270149	1141476	1164905	1333160	1433980
航天器制造	Manufacture of Spacecrafts	18709	30769	179954	245233	317290	297813
电子及通信设备制造业	**Manufacture of Electronic Equipment and Communication Equipment**	**249388**	**948548**	**2549276**	**2884089**	**3126174**	**3428955**
#通信设备制造	Manufacture of Communication Equipment	111117	429979	1510461	1250239	1265391	1335160
#通信系统设备制造	Manufacture of Communication System Equipment	95725	284084	1305907	1120142	1168143	1232872
通信终端设备制造	Manufacture of Communication Terminal Equipment	6996	39851	25146	130097	97248	102288
广播电视设备制造	Manufacture of Broadcasting and TV Equipment	991	3662	9699	19444	20802	29797
雷达及配套设备制造	Manufacture of Radar and Its Fittings	6426	26180	117103	156376	177802	221425
视听设备制造	Manufacture of TV Set and Radio Receiver	83449	329126	292946	535745	633549	645017
电子器件制造	Manufacture of Electronic Appliances	24885	93897	410404	605152	749162	849400
#电子真空器件制造	Manufacture of Electronic Vacuum Appliance	13790	28755	32478	28627	2998	2420
半导体分立器件制造	Manufacture of Semiconductor Discreting Appliances	6876	10776	8612	20935	16191	18592
集成电路制造	Manufacture of Integrate Circuit	4219	10977	94801	102836	196159	219497
电子元件制造	Manufacture of Electronic Components	20389	56681	149807	192636	147259	149753
其他电子设备制造	Manufacture of Other Electronic Equipment	2132	9022	58858	53565	59955	102901
计算机及办公设备制造业	**Manufacture of Computers and Office Equipment**	**11245**	**115916**	**290036**	**296915**	**344463**	**278192**
#计算机整机制造	Manufacture of Entired Computer	9359	87774	162300	187536	209818	139869
计算机零部件制造	Manufacture of Computer Components and Parts	1593	25251	113809	5188	7056	8315
计算机外围设备制造	Manufacture of Computer Peripheral Equipment				43978	53908	51150
办公设备制造	Manufacture of Office Equipment	293	2891	13927	21600	27557	29409
医疗仪器设备及仪器仪表制造业	**Manufacture of Medical Equipments and Measuring Instrument**	**19157**	**68236**	**274473**	**366380**	**304275**	**307708**
1.医疗仪器设备及器械制造	Manufacture of Medical Equipment and Appliance	1973	5869	20805	28125	34147	30114
2.仪器仪表制造	Manufacture of Measuring Instrument	17183	62367	253667	338254	270128	277595

2-1-4 续表 3 continued

行业	Industry	新产品销售收入（万元） Sales Revenue of New Products (10000 yuan)					
		2000	2005	2011	2012	2013	2014
合计	**Total**	**5884034**	**20608590**	**39123877**	**45558591**	**49393828**	**57913831**
医药制造业	**Manufacture of Medicines**	**660791**	**1495400**	**4439014**	**4932986**	**5069973**	**5655185**
#化学药品制造	Manufacture of Chemical Medicine	598623	1016304	2647283	2698089	2881728	3040150
中成药生产	Production of Finished Traditional Chinese Herbal Medicine	49137	378861	962774	1337351	1315105	1572865
生物药品制造	Manufacture of Biological Medicine	12316	48681	363863	422939	325980	508217
航空、航天器及设备制造业	**Manufacture of Aircrafts and Spacecrafts and Related Equipment**	**799533**	**3371379**	**4532694**	**5034055**	**6001133**	**6692221**
#飞机制造	Manufacture of Airplanes	682261	3333522	4199646	4520250	5437547	5949038
航天器制造	Manufacture of Spacecrafts	117272	37857	333048	334240	434640	453585
电子及通信设备制造业	**Manufacture of Electronic Equipment and Communication Equipment**	**4063063**	**13374188**	**24163534**	**29256447**	**32237543**	**38261284**
#通信设备制造	Manufacture of Communication Equipment	1252911	4897255	13685081	11291446	10830338	12057712
#通信系统设备制造	Manufacture of Communication System Equipment	861797	3324418	11856548	9960026	9733986	11238354
通信终端设备制造	Manufacture of Communication Terminal Equipment	279880	292399	482562	1331419	1096352	819358
广播电视设备制造	Manufacture of Broadcasting and TV Equipment	3789	16144	83332	188406	219924	224496
雷达及配套设备制造	Manufacture of Radar and Its Fittings	39160	245404	687940	1299466	1059598	1437272
视听设备制造	Manufacture of TV Set and Radio Receiver	2179853	6231810	5552084	9643661	11501981	12444285
电子器件制造	Manufacture of Electronic Appliances	292590	1397602	2486405	4461018	6425147	9597730
#电子真空器件制造	Manufacture of Electronic Vacuum Appliance	213187	591650	100977	23876	11760	3748
半导体分立器件制造	Manufacture of Semiconductor Discreting Appliances	21285	80094	192027	165246	102587	114695
集成电路制造	Manufacture of Integrate Circuit	58118	64397	251159	631317	757167	762065
电子元件制造	Manufacture of Electronic Components	288863	515825	1462384	1354618	966407	1317784
其他电子设备制造	Manufacture of Other Electronic Equipment	5897	70148	206307	215927	238298	315881
计算机及办公设备制造业	**Manufacture of Computers and Office Equipment**	**176921**	**1729158**	**3867371**	**3759396**	**4077140**	**5012525**
#计算机整机制造	Manufacture of Entired Computer	158285	1405272	2793243	2995645	3191113	3612702
计算机零部件制造	Manufacture of Computer Components and Parts	5807	268740	915783	37112	121637	81468
计算机外围设备制造	Manufacture of Computer Peripheral Equipment				265192	316630	771449
办公设备制造	Manufacture of Office Equipment	12829	55147	158346	168445	191761	258907
医疗仪器设备及仪器仪表制造业	**Manufacture of Medical Equipments and Measuring Instrument**	**183726**	**638465**	**2121265**	**2575706**	**2008039**	**2292615**
1.医疗仪器设备及器械制造	Manufacture of Medical Equipment and Appliance	42674	77978	128349	151793	77349	211565
2.仪器仪表制造	Manufacture of Measuring Instrument	141052	560487	1992915	2423913	1930690	2081050

2-1-4 续表 4 continued

行 业	Industry	专利申请数（件） Patent Applications (piece)					
		2000	2005	2011	2012	2013	2014
合计	**Total**	**734**	**5474**	**22683**	**27459**	**24997**	**33952**
医药制造业	**Manufacture of Medicines**	**128**	**859**	**1232**	**1467**	**1479**	**1567**
#化学药品制造	Manufacture of Chemical Medicine	68	467	679	696	686	683
中成药生产	Production of Finished Traditional Chinese Herbal Medicine	52	336	415	501	568	641
生物药品制造	Manufacture of Biological Medicine	8	45	72	189	166	192
航空、航天器及设备制造业	**Manufacture of Aircrafts and Spacecrafts and Related Equipment**	**79**	**305**	**2271**	**3205**	**3636**	**4237**
#飞机制造	Manufacture of Airplanes	74	291	2011	2460	2727	3367
航天器制造	Manufacture of Spacecrafts	5	14	260	418	584	526
电子及通信设备制造业	**Manufacture of Electronic Equipment and Communication Equipment**	**462**	**3794**	**15802**	**19048**	**15489**	**22664**
#通信设备制造	Manufacture of Communication Equipment	251	2143	9954	6636	4329	8816
#通信系统设备制造	Manufacture of Communication System Equipment	242	1681	8888	5747	3614	8249
通信终端设备制造	Manufacture of Communication Terminal Equipment	2	43	167	889	715	567
广播电视设备制造	Manufacture of Broadcasting and TV Equipment	4	1	84	100	215	221
雷达及配套设备制造	Manufacture of Radar and Its Fittings	8	2	305	328	611	716
视听设备制造	Manufacture of TV Set and Radio Receiver	141	1200	1703	2808	2727	2583
电子器件制造	Manufacture of Electronic Appliances	23	227	2657	7184	5993	8250
#电子真空器件制造	Manufacture of Electronic Vacuum Appliance	14	102	867	2561	65	48
半导体分立器件制造	Manufacture of Semiconductor Discreting Appliances	2	3	48	134	37	58
集成电路制造	Manufacture of Integrate Circuit	7	38	226	372	1146	1247
电子元件制造	Manufacture of Electronic Components	33	212	828	1078	753	943
其他电子设备制造	Manufacture of Other Electronic Equipment	2	9	271	321	444	756
计算机及办公设备制造业	**Manufacture of Computers and Office Equipment**	**2**	**233**	**1646**	**1950**	**2123**	**3173**
#计算机整机制造	Manufacture of Entired Computer	2	168	920	1012	1093	2075
计算机零部件制造	Manufacture of Computer Components and Parts		58	651	23	28	51
计算机外围设备制造	Manufacture of Computer Peripheral Equipment				392	372	500
办公设备制造	Manufacture of Office Equipment		7	75	185	383	296
医疗仪器设备及仪器仪表制造业	**Manufacture of Medical Equipments and Measuring Instrument**	**63**	**283**	**1732**	**1789**	**2270**	**2311**
1.医疗仪器设备及器械制造	Manufacture of Medical Equipment and Appliance	23	30	213	252	264	377
2.仪器仪表制造	Manufacture of Measuring Instrument	40	253	1519	1537	2006	1934

2-1-4 续表 5 continued

行 业	Industry	有效发明专利数（件） Number of Patents In Force (piece)					
		2000	2005	2011	2012	2013	2014
合计	**Total**	**616**	**1650**	**16421**	**24748**	**30781**	**48575**
医药制造业	**Manufacture of Medicines**	**129**	**370**	**1413**	**2189**	**2923**	**3230**
#化学药品制造	Manufacture of Chemical Medicine	101	206	619	1067	1311	1712
中成药生产	Production of Finished Traditional Chinese Herbal Medicine	16	148	603	827	1235	1007
生物药品制造	Manufacture of Biological Medicine	12	16	155	199	319	412
航空、航天器及设备制造业	**Manufacture of Aircrafts and Spacecrafts and Related Equipment**	**139**	**188**	**1190**	**1707**	**2676**	**3230**
#飞机制造	Manufacture of Airplanes	102	181	1004	1419	2046	2432
航天器制造	Manufacture of Spacecrafts	37	7	186	160	483	502
电子及通信设备制造业	**Manufacture of Electronic Equipment and Communication Equipment**	**318**	**844**	**11956**	**18236**	**22122**	**37881**
#通信设备制造	Manufacture of Communication Equipment	249	527	9076	11907	14455	24031
#通信系统设备制造	Manufacture of Communication System Equipment	242	388	8260	11119	13948	23524
通信终端设备制造	Manufacture of Communication Terminal Equipment	2	20	92	788	507	507
广播电视设备制造	Manufacture of Broadcasting and TV Equipment	2		102	19	189	237
雷达及配套设备制造	Manufacture of Radar and Its Fittings	4	5	40	147	900	856
视听设备制造	Manufacture of TV Set and Radio Receiver	40	75	401	1410	2077	2341
电子器件制造	Manufacture of Electronic Appliances	3	142	1511	2914	3111	7959
#电子真空器件制造	Manufacture of Electronic Vacuum Appliance		89	132	133	39	54
半导体分立器件制造	Manufacture of Semiconductor Discreting Appliances	3	2	67	34	27	24
集成电路制造	Manufacture of Integrate Circuit		15	183	474	819	1086
电子元件制造	Manufacture of Electronic Components	17	95	481	774	668	978
其他电子设备制造	Manufacture of Other Electronic Equipment	3		345	607	529	1155
计算机及办公设备制造业	**Manufacture of Computers and Office Equipment**	**4**	**146**	**786**	**994**	**1192**	**1677**
#计算机整机制造	Manufacture of Entired Computer		127	236	243	286	348
计算机零部件制造	Manufacture of Computer Components and Parts	4	19	498	3	5	19
计算机外围设备制造	Manufacture of Computer Peripheral Equipment				144	257	464
办公设备制造	Manufacture of Office Equipment			52	175	103	210
医疗仪器设备及仪器仪表制造业	**Manufacture of Medical Equipments and Measuring Instrument**	**26**	**102**	**1076**	**1622**	**1868**	**2557**
1.医疗仪器设备及器械制造	Manufacture of Medical Equipment and Appliance	1	5	178	346	252	279
2.仪器仪表制造	Manufacture of Measuring Instrument	25	97	898	1276	1616	2278

2-1-4 续表 6 continued

行 业	Industry	技术改造经费支出（万元） Expenditure for Technical Renovation (10000 yuan)					
		2000	2005	2011	2012	2013	2014
合计	**Total**	**511340**	**892924**	**785873**	**1110469**	**1539532**	**1271550**
医药制造业	**Manufacture of Medicines**	**110643**	**151727**	**175950**	**292439**	**217482**	**237937**
#化学药品制造	Manufacture of Chemical Medicine	104095	121544	153789	209390	167126	149496
中成药生产	Production of Finished Traditional Chinese Herbal Medicine	4988	28015	10304	19560	34509	70774
生物药品制造	Manufacture of Biological Medicine	1483	1850	1710	51405	3276	4140
航空、航天器及设备制造业	**Manufacture of Aircrafts and Spacecrafts and Related Equipment**	**153555**	**368895**	**324774**	**453207**	**435613**	**686818**
#飞机制造	Manufacture of Airplanes	127092	353417	281964	419609	389456	667376
航天器制造	Manufacture of Spacecrafts	26464	15478	42810	22030	33914	9573
电子及通信设备制造业	**Manufacture of Electronic Equipment and Communication Equipment**	**214112**	**298441**	**195031**	**271100**	**805020**	**248107**
#通信设备制造	Manufacture of Communication Equipment	30530	55435	68858	64129	27478	30047
#通信系统设备制造	Manufacture of Communication System Equipment	27856	32306	45096	52378	9632	14932
通信终端设备制造	Manufacture of Communication Terminal Equipment	770	11527	13241	11751	17846	15115
广播电视设备制造	Manufacture of Broadcasting and TV Equipment	3372	384		11580		
雷达及配套设备制造	Manufacture of Radar and Its Fittings	4772	17400	24633	22028	40127	45603
视听设备制造	Manufacture of TV Set and Radio Receiver	44731	61929	9751	14904	40572	43186
电子器件制造	Manufacture of Electronic Appliances	56573	68123	57541	108260	671363	52600
#电子真空器件制造	Manufacture of Electronic Vacuum Appliance	27870	34838	5369	6693	172	106
半导体分立器件制造	Manufacture of Semiconductor Discreting Appliances	7504	6923	6847	9107	1527	5459
集成电路制造	Manufacture of Integrate Circuit	21198	13478	1399	2201	6058	7250
电子元件制造	Manufacture of Electronic Components	73930	94233	31739	30066	20352	67463
其他电子设备制造	Manufacture of Other Electronic Equipment	204	938	2510	4461	3289	6701
计算机及办公设备制造业	**Manufacture of Computers and Office Equipment**	**6596**	**12233**	**35281**	**48915**	**43531**	**60981**
#计算机整机制造	Manufacture of Entired Computer	6489	6904	30362	40034	36941	39344
计算机零部件制造	Manufacture of Computer Components and Parts	55	3755	4919	55	430	498
计算机外围设备制造	Manufacture of Computer Peripheral Equipment				8825	3060	1356
办公设备制造	Manufacture of Office Equipment	52	1573				19782
医疗仪器设备及仪器仪表制造业	**Manufacture of Medical Equipments and Measuring Instrument**	**26433**	**61629**	**54837**	**44806**	**37886**	**37707**
1.医疗仪器设备及器械制造	Manufacture of Medical Equipment and Appliance	2480	5104	6000	6141	7053	8129
2.仪器仪表制造	Manufacture of Measuring Instrument	23953	56525	48837	38665	30833	29577

2-1-4 续表 7 continued

行 业	Industry	引进技术经费支出（万元）Expenditure for Acquisition of Foreign Technology (10000 yuan)					
		2000	2005	2011	2012	2013	2014
合计	**Total**	**125120**	**150492**	**93845**	**214172**	**64909**	**94793**
医药制造业	**Manufacture of Medicines**	**16437**	**12056**	**14013**	**16998**	**14161**	**13356**
#化学药品制造	Manufacture of Chemical Medicine	14811	11320	7413	9809	8166	4571
中成药生产	Production of Finished Traditional Chinese Herbal Medicine	1220	584	48	123	206	178
生物药品制造	Manufacture of Biological Medicine	406	151	1954	2327	199	2176
航空、航天器及设备制造业	**Manufacture of Aircrafts and Spacecrafts and Related Equipment**	**29743**	**30369**	**15133**	**6368**	**12585**	**11364**
#飞机制造	Manufacture of Airplanes	19920	28933	15133	6368	5241	11019
航天器制造	Manufacture of Spacecrafts	9823	1436				345
电子及通信设备制造业	**Manufacture of Electronic Equipment and Communication Equipment**	**69882**	**96517**	**55814**	**179934**	**36700**	**69215**
#通信设备制造	Manufacture of Communication Equipment	4075	27368	12222	528	1136	589
#通信系统设备制造	Manufacture of Communication System Equipment	2128	3528	11154		216	589
通信终端设备制造	Manufacture of Communication Terminal Equipment	147	2510	410	528	920	
广播电视设备制造	Manufacture of Broadcasting and TV Equipment	152		1633		1467	
雷达及配套设备制造	Manufacture of Radar and Its Fittings	304			689	2887	907
视听设备制造	Manufacture of TV Set and Radio Receiver	8113	10194	10602	142490	8136	11840
电子器件制造	Manufacture of Electronic Appliances	26465	18799	30418	30580	16439	47268
#电子真空器件制造	Manufacture of Electronic Vacuum Appliance	10084	5051	28776	7825		
半导体分立器件制造	Manufacture of Semiconductor Discreting Appliances	4996	39				
集成电路制造	Manufacture of Integrate Circuit	11385	162	742	811	15589	6861
电子元件制造	Manufacture of Electronic Components	30508	40152	940	3022	2639	6892
其他电子设备制造	Manufacture of Other Electronic Equipment	265	5		2302	1792	1719
计算机及办公设备制造业	**Manufacture of Computers and Office Equipment**	**1821**	**9867**	**3895**	**409**	**1228**	
#计算机整机制造	Manufacture of Entired Computer	1821	9297	3825		1198	
计算机零部件制造	Manufacture of Computer Components and Parts		570	70			
计算机外围设备制造	Manufacture of Computer Peripheral Equipment				409	30	
办公设备制造	Manufacture of Office Equipment						
医疗仪器设备及仪器仪表制造业	**Manufacture of Medical Equipments and Measuring Instrument**	**7237**	**1683**	**4990**	**10461**	**235**	**859**
1.医疗仪器设备及器械制造	Manufacture of Medical Equipment and Appliance	234			180	61	503
2.仪器仪表制造	Manufacture of Measuring Instrument	7003	1683	4990	10281	174	356

2-1-4 续表 8 continued

行 业	Industry	消化吸收经费支出（万元） Expenditure for Assimilation of Technology (10000 yuan)					
		2000	2005	2011	2012	2013	2014
合计	**Total**	**15787**	**31659**	**29041**	**22693**	**36189**	**37839**
医药制造业	**Manufacture of Medicines**	**8848**	**10721**	**13852**	**12422**	**12655**	**18636**
#化学药品制造	Manufacture of Chemical Medicine	8609	10292	12267	10299	10538	16283
中成药生产	Production of Finished Traditional Chinese Herbal Medicine	45	377	319	490	629	872
生物药品制造	Manufacture of Biological Medicine	194	52	192	538	229	200
航空、航天器及设备制造业	**Manufacture of Aircrafts and Spacecrafts and Related Equipment**	**1943**	**1438**	**3706**	**3146**	**321**	**70**
#飞机制造	Manufacture of Airplanes	1943	1438	3706	3146	321	70
航天器制造	Manufacture of Spacecrafts						
电子及通信设备制造业	**Manufacture of Electronic Equipment and Communication Equipment**	**4150**	**17916**	**4927**	**4855**	**21258**	**18430**
#通信设备制造	Manufacture of Communication Equipment	577	1323	875	525	447	416
#通信系统设备制造	Manufacture of Communication System Equipment	488	466		200	149	156
通信终端设备制造	Manufacture of Communication Terminal Equipment	1		343	325	298	260
广播电视设备制造	Manufacture of Broadcasting and TV Equipment		226			272	
雷达及配套设备制造	Manufacture of Radar and Its Fittings				210		907
视听设备制造	Manufacture of TV Set and Radio Receiver	36	2280	2717	3684	3260	3640
电子器件制造	Manufacture of Electronic Appliances	2265	11553	364	277	16910	10151
#电子真空器件制造	Manufacture of Electronic Vacuum Appliance	2215	176	212			
半导体分立器件制造	Manufacture of Semiconductor Discreting Appliances	20					
集成电路制造	Manufacture of Integrate Circuit	30	83			1051	10151
电子元件制造	Manufacture of Electronic Components	1231	2523	971	26	228	15
其他电子设备制造	Manufacture of Other Electronic Equipment	41	11				
计算机及办公设备制造业	**Manufacture of Computers and Office Equipment**	**513**	**943**	**5925**	**488**	**430**	**582**
#计算机整机制造	Manufacture of Entired Computer	513	405	5876	326	430	566
计算机零部件制造	Manufacture of Computer Components and Parts		539	49			
计算机外围设备制造	Manufacture of Computer Peripheral Equipment				162		16
办公设备制造	Manufacture of Office Equipment						
医疗仪器设备及仪器仪表制造业	**Manufacture of Medical Equipments and Measuring Instrument**	**334**	**641**	**630**	**1780**	**1525**	**122**
1.医疗仪器设备及器械制造	Manufacture of Medical Equipment and Appliance	20			21		
2.仪器仪表制造	Manufacture of Measuring Instrument	314	641	630	1759	1525	122

2-1-4 续表 9 continued

行业	Industry	购买国内技术经费支出（万元） Expenditure on Purchase of Domestic Technology (10000 yuan)					
		2000	2005	2011	2012	2013	2014
合计	**Total**	**14799**	**41679**	**43663**	**63406**	**56998**	**187895**
医药制造业	**Manufacture of Medicines**	**9273**	**20216**	**13243**	**24366**	**23689**	**27213**
#化学药品制造	Manufacture of Chemical Medicine	7374	17437	8547	20178	19857	21894
中成药生产	Production of Finished Traditional Chinese Herbal Medicine	1390	2154	961	2191	2590	3864
生物药品制造	Manufacture of Biological Medicine	510	423	3329	1413	954	374
航空、航天器及设备制造业	**Manufacture of Aircrafts and Spacecrafts and Related Equipment**	**4437**	**10751**	**8968**	**8930**	**8448**	**102395**
#飞机制造	Manufacture of Airplanes	2421	10751	8968	8776	7895	101932
航天器制造	Manufacture of Spacecrafts	2016					463
电子及通信设备制造业	**Manufacture of Electronic Equipment and Communication Equipment**	**683**	**8166**	**13287**	**21251**	**19540**	**49275**
#通信设备制造	Manufacture of Communication Equipment	238	5537	7120	1210	1666	3045
#通信系统设备制造	Manufacture of Communication System Equipment	120	1020	6192	865	893	686
通信终端设备制造	Manufacture of Communication Terminal Equipment	53	192	128	345	774	2359
广播电视设备制造	Manufacture of Broadcasting and TV Equipment	10		181		383	
雷达及配套设备制造	Manufacture of Radar and Its Fittings	2	333	2213	2391	5314	12420
视听设备制造	Manufacture of TV Set and Radio Receiver	5	374	2277	5213	46	110
电子器件制造	Manufacture of Electronic Appliances	98	943	1291	7454	5284	14985
#电子真空器件制造	Manufacture of Electronic Vacuum Appliance	40	160				1327
半导体分立器件制造	Manufacture of Semiconductor Discreting Appliances	55	88	200	418	309	180
集成电路制造	Manufacture of Integrate Circuit	3	44				1520
电子元件制造	Manufacture of Electronic Components	299	957	205	4845	6478	18716
其他电子设备制造	Manufacture of Other Electronic Equipment	31	21			260	
计算机及办公设备制造业	**Manufacture of Computers and Office Equipment**	**106**	**156**	**3170**	**8101**	**20**	**3700**
#计算机整机制造	Manufacture of Entired Computer	106					
计算机零部件制造	Manufacture of Computer Components and Parts		50	3170			
计算机外围设备制造	Manufacture of Computer Peripheral Equipment				8101	20	1788
办公设备制造	Manufacture of Office Equipment		106				
医疗仪器设备及仪器仪表制造业	**Manufacture of Medical Equipments and Measuring Instrument**	**300**	**2390**	**4995**	**756**	**5301**	**5311**
1.医疗仪器设备及器械制造	Manufacture of Medical Equipment and Appliance	89		320	530	585	506
2.仪器仪表制造	Manufacture of Measuring Instrument	212	2390	4675	226	4716	4805

2-1-4 续表 10 continued

行　业	Industry	研发机构数（个） Number of R&D Institutions in Enterprises (unit)					
		2000	2005	2011	2012	2013	2014
合计	**Total**	**744**	**712**	**633**	**786**	**746**	**707**
医药制造业	**Manufacture of Medicines**	**209**	**216**	**193**	**221**	**225**	**202**
#化学药品制造	Manufacture of Chemical Medicine	140	130	117	113	110	103
中成药生产	Production of Finished Traditional Chinese Herbal Medicine	48	63	56	71	84	75
生物药品制造	Manufacture of Biological Medicine	17	15	11	27	22	16
航空、航天器及设备制造业	**Manufacture of Aircrafts and Spacecrafts and Related Equipment**	**160**	**101**	**77**	**103**	**93**	**91**
#飞机制造	Manufacture of Airplanes	127	96	70	70	63	67
航天器制造	Manufacture of Spacecrafts	33	5	7	10	9	10
电子及通信设备制造业	**Manufacture of Electronic Equipment and Communication Equipment**	**253**	**279**	**237**	**301**	**289**	**284**
#通信设备制造	Manufacture of Communication Equipment	91	75	79	73	69	54
#通信系统设备制造	Manufacture of Communication System Equipment	53	43	46	50	44	34
通信终端设备制造	Manufacture of Communication Terminal Equipment	11	14	12	23	25	20
广播电视设备制造	Manufacture of Broadcasting and TV Equipment	6	7	2	6	6	8
雷达及配套设备制造	Manufacture of Radar and Its Fittings	17	20	10	22	17	24
视听设备制造	Manufacture of TV Set and Radio Receiver	42	41	21	26	32	27
电子器件制造	Manufacture of Electronic Appliances	25	65	46	71	75	66
#电子真空器件制造	Manufacture of Electronic Vacuum Appliance	10	30	6	4	1	2
半导体分立器件制造	Manufacture of Semiconductor Discreting Appliances	10	11	5	10	8	9
集成电路制造	Manufacture of Integrate Circuit	5	5	9	11	17	9
电子元件制造	Manufacture of Electronic Components	66	65	70	72	59	70
其他电子设备制造	Manufacture of Other Electronic Equipment	6	6	9	11	15	15
计算机及办公设备制造业	**Manufacture of Computers and Office Equipment**	**28**	**29**	**32**	**47**	**40**	**48**
#计算机整机制造	Manufacture of Entired Computer	23	19	12	12	15	17
计算机零部件制造	Manufacture of Computer Components and Parts	3	9	19	2	2	3
计算机外围设备制造	Manufacture of Computer Peripheral Equipment				19	11	11
办公设备制造	Manufacture of Office Equipment	2	1	1	4	6	9
医疗仪器设备及仪器仪表制造业	**Manufacture of Medical Equipments and Measuring Instrument**	**94**	**87**	**94**	**114**	**99**	**82**
1.医疗仪器设备及器械制造	Manufacture of Medical Equipment and Appliance	10	3	8	8	5	5
2.仪器仪表制造	Manufacture of Measuring Instrument	84	84	86	106	94	77

2-1-4 续表 11 continued

行 业	Industry	机构人员（人） Personnel in the R&D Institutions (person)					
		2000	2005	2011	2012	2013	2014
合计	**Total**	**48076**	**77435**	**111552**	**139355**	**110728**	**114609**
医药制造业	**Manufacture of Medicines**	**6359**	**8261**	**13853**	**15835**	**15574**	**15097**
#化学药品制造	Manufacture of Chemical Medicine	4779	5476	8190	9096	8708	8090
中成药生产	Production of Finished Traditional Chinese Herbal Medicine	996	1989	3203	3949	4011	4703
生物药品制造	Manufacture of Biological Medicine	544	522	1459	1682	1780	1147
航空、航天器及设备制造业	**Manufacture of Aircrafts and Spacecrafts and Related Equipment**	**14838**	**14463**	**21640**	**28446**	**28501**	**28776**
#飞机制造	Manufacture of Airplanes	12102	14359	20725	23628	23813	24709
航天器制造	Manufacture of Spacecrafts	2736	104	915	1992	2028	1471
电子及通信设备制造业	**Manufacture of Electronic Equipment and Communication Equipment**	**20272**	**43682**	**54955**	**71416**	**43602**	**44440**
#通信设备制造	Manufacture of Communication Equipment	9305	23434	35296	32036	13081	11126
#通信系统设备制造	Manufacture of Communication System Equipment	6952	18069	30875	29520	10005	8928
通信终端设备制造	Manufacture of Communication Terminal Equipment	700	2270	1237	2516	3076	2198
广播电视设备制造	Manufacture of Broadcasting and TV Equipment	371	365	396	1198	1248	1194
雷达及配套设备制造	Manufacture of Radar and Its Fittings	1187	1836	3372	4981	5112	8612
视听设备制造	Manufacture of TV Set and Radio Receiver	2611	8202	3348	12799	4105	4395
电子器件制造	Manufacture of Electronic Appliances	2386	4423	5393	9206	11241	10082
#电子真空器件制造	Manufacture of Electronic Vacuum Appliance	1172	1797	1229	668	86	186
半导体分立器件制造	Manufacture of Semiconductor Discreting Appliances	566	941	766	942	805	1116
集成电路制造	Manufacture of Integrate Circuit	648	247	508	1407	1475	1523
电子元件制造	Manufacture of Electronic Components	4255	4398	5840	7321	4625	4648
其他电子设备制造	Manufacture of Other Electronic Equipment	157	1024	1310	1603	1720	2322
计算机及办公设备制造业	**Manufacture of Computers and Office Equipment**	**1776**	**5408**	**10997**	**10551**	**11788**	**15811**
#计算机整机制造	Manufacture of Entired Computer	1616	2629	4448	4702	5154	8444
计算机零部件制造	Manufacture of Computer Components and Parts	109	2675	5834	270	275	272
计算机外围设备制造	Manufacture of Computer Peripheral Equipment				1779	1850	2038
办公设备制造	Manufacture of Office Equipment	51	104	715	972	1404	1703
医疗仪器设备及仪器仪表制造业	**Manufacture of Medical Equipments and Measuring Instrument**	**4831**	**5621**	**10107**	**13107**	**11263**	**10485**
1.医疗仪器设备及器械制造	Manufacture of Medical Equipment and Appliance	652	555	815	1019	1127	1027
2.仪器仪表制造	Manufacture of Measuring Instrument	4179	5066	9292	12088	10136	9458

2-1-4 续表 12 continued

行 业	Industry	机构经费支出（万元） Expenditure in the R&D Institutions (10000 yuan)					
		2000	2005	2011	2012	2013	2014
合计	**Total**	**325230**	**1241169**	**2635886**	**3308633**	**2695986**	**2459296**
医药制造业	**Manufacture of Medicines**	**41990**	**125836**	**268308**	**365298**	**373424**	**366802**
#化学药品制造	Manufacture of Chemical Medicine	29328	85074	146399	190726	193413	184063
中成药生产	Production of Finished Traditional Chinese Herbal Medicine	7428	31355	68232	102246	111524	115477
生物药品制造	Manufacture of Biological Medicine	3627	4935	34026	50385	45182	47431
航空、航天器及设备制造业	**Manufacture of Aircrafts and Spacecrafts and Related Equipment**	**83240**	**130150**	**371120**	**428187**	**487409**	**481035**
#飞机制造	Manufacture of Airplanes	76663	129623	338504	326273	392747	383837
航天器制造	Manufacture of Spacecrafts	6577	527	32616	49651	42257	34903
电子及通信设备制造业	**Manufacture of Electronic Equipment and Communication Equipment**	**172235**	**822647**	**1619374**	**2062722**	**1361186**	**1131787**
#通信设备制造	Manufacture of Communication Equipment	79568	405311	1121835	955171	264965	250236
#通信系统设备制造	Manufacture of Communication System Equipment	65211	287001	1046816	911715	214524	216594
通信终端设备制造	Manufacture of Communication Terminal Equipment	6567	37704	19525	43455	50441	33642
广播电视设备制造	Manufacture of Broadcasting and TV Equipment	1196	4193	6659	20780	20053	22280
雷达及配套设备制造	Manufacture of Radar and Its Fittings	4671	16147	69582	124520	142890	187535
视听设备制造	Manufacture of TV Set and Radio Receiver	52182	299670	201410	410141	304910	273016
电子器件制造	Manufacture of Electronic Appliances	12075	51263	121460	345527	452083	229022
#电子真空器件制造	Manufacture of Electronic Vacuum Appliance	3076	23579	25892	24152	1265	1730
半导体分立器件制造	Manufacture of Semiconductor Discreting Appliances	2955	6643	3936	8262	6391	11554
集成电路制造	Manufacture of Integrate Circuit	6043	6001	9185	30917	46802	34413
电子元件制造	Manufacture of Electronic Components	21368	38662	71725	112320	84626	56057
其他电子设备制造	Manufacture of Other Electronic Equipment	1176	7401	26704	42959	32298	58491
计算机及办公设备制造业	**Manufacture of Computers and Office Equipment**	**10528**	**124130**	**237752**	**237306**	**285692**	**294077**
#计算机整机制造	Manufacture of Entired Computer	8891	103799	139861	150394	182956	184601
计算机零部件制造	Manufacture of Computer Components and Parts	1348	18807	86536	3401	3320	4546
计算机外围设备制造	Manufacture of Computer Peripheral Equipment				22074	29874	33288
办公设备制造	Manufacture of Office Equipment	289	1525	11356	21199	23694	25500
医疗仪器设备及仪器仪表制造业	**Manufacture of Medical Equipments and Measuring Instrument**	**17238**	**38407**	**139332**	**215118**	**188275**	**185595**
1.医疗仪器设备及器械制造	Manufacture of Medical Equipment and Appliance	2726	4250	11293	15297	17888	19163
2.仪器仪表制造	Manufacture of Measuring Instrument	14512	34157	128039	199821	170387	166432

2-1-5 大中型内资企业分行业R&D及相关活动情况

Statistics on R&D and Related Activities of Domestic Funded Enterprises in Large and Medium-sized Enterprises by Industrial Sector

行 业	Industry	R&D人员折合全时当量（人年） Full-time Equivalent of R&D Personnel (man-year)					
		2000	2005	2011	2012	2013	2014
合计	**Total**	**78771**	**121421**	**268918**	**331204**	**361065**	**375108**
医药制造业	**Manufacture of Medicines**	**10677**	**16539**	**48988**	**60519**	**69892**	**74851**
#化学药品制造	Manufacture of Chemical Medicine	6855	10352	30159	34869	38000	41109
中成药生产	Production of Finished Traditional Chinese Herbal Medicine	2376	4354	11526	15314	18756	19152
生物药品制造	Manufacture of Biological Medicine	1222	1413	3655	5275	6727	7387
航空、航天器及设备制造业	**Manufacture of Aircrafts and Spacecrafts and Related Equipment**	**29951**	**29837**	**28057**	**36696**	**42836**	**34967**
#飞机制造	Manufacture of Airplanes	26820	27688	23984	28604	35867	27686
航天器制造	Manufacture of Spacecrafts	3131	2150	4073	4392	3699	4198
电子及通信设备制造业	**Manufacture of Electronic Equipment and Communication Equipment**	**28317**	**60818**	**148220**	**185895**	**192031**	**202869**
#通信设备制造	Manufacture of Communication Equipment	14889	37702	93719	101384	95523	97040
#通信系统设备制造	Manufacture of Communication System Equipment	13291	33246	84053	93619	85744	86635
通信终端设备制造	Manufacture of Communication Terminal Equipment	690	2922	2308	7764	9779	10405
广播电视设备制造	Manufacture of Broadcasting and TV Equipment	448	1463	3004	6096	7251	7524
雷达及配套设备制造	Manufacture of Radar and Its Fittings	1794	1810	2809	3129	5419	6416
视听设备制造	Manufacture of TV Set and Radio Receiver	2540	6955	6809	12719	17993	13773
电子器件制造	Manufacture of Electronic Appliances	4270	7331	19769	26542	25693	31052
#电子真空器件制造	Manufacture of Electronic Vacuum Appliance	1676	1388	1738	2299	520	1370
半导体分立器件制造	Manufacture of Semiconductor Discreting Appliances	1778	1448	2858	2434	2053	2627
集成电路制造	Manufacture of Integrate Circuit	816	1054	5466	5953	6725	7431
电子元件制造	Manufacture of Electronic Components	3576	4726	17235	19918	23698	25863
其他电子设备制造	Manufacture of Other Electronic Equipment	798	833	4874	6283	5071	9657
计算机及办公设备制造业	**Manufacture of Computers and Office Equipment**	**2509**	**5288**	**13978**	**15086**	**15678**	**23393**
#计算机整机制造	Manufacture of Entired Computer	2111	2684	5268	6034	6537	9128
计算机零部件制造	Manufacture of Computer Components and Parts	392	2394	6885	2400	2462	2713
计算机外围设备制造	Manufacture of Computer Peripheral Equipment				2804	2474	5705
办公设备制造	Manufacture of Office Equipment	6	211	1825	1853	2266	2871
医疗仪器设备及仪器仪表制造业	**Manufacture of Medical Equipments and Measuring Instrument**	**7317**	**8939**	**29676**	**33007**	**40628**	**39028**
1.医疗仪器设备及器械制造	Manufacture of Medical Equipment and Appliance	655	796	4421	5759	7088	5719
2.仪器仪表制造	Manufacture of Measuring Instrument	6662	8143	25255	27247	33540	33309

2-1-5 续表 1 continued

行 业	Industry	R&D经费内部支出（万元） Intramural Expenditure on R&D (10000 yuan)					
		2000	2005	2011	2012	2013	2014
合计	**Total**	**790317**	**2099137**	**7888445**	**9667304**	**11548301**	**13114379**
医药制造业	**Manufacture of Medicines**	**105252**	**306401**	**1070889**	**1510316**	**1865599**	**2095151**
#化学药品制造	Manufacture of Chemical Medicine	64927	203950	655266	878023	1029722	1139337
中成药生产	Production of Finished Traditional Chinese Herbal Medicine	24645	76775	213977	310699	425519	447477
生物药品制造	Manufacture of Biological Medicine	14090	19148	103361	171317	233892	288512
航空、航天器及设备制造业	**Manufacture of Aircrafts and Spacecrafts and Related Equipment**	**132595**	**275677**	**1422192**	**1572723**	**1631902**	**1791448**
#飞机制造	Manufacture of Airplanes	113913	236864	1242175	1254093	1357121	1442405
航天器制造	Manufacture of Spacecrafts	18682	38813	180017	247090	219876	265160
电子及通信设备制造业	**Manufacture of Electronic Equipment and Communication Equipment**	**470519**	**1274838**	**4474812**	**5457777**	**6740840**	**7840723**
#通信设备制造	Manufacture of Communication Equipment	291761	793048	2993980	3293780	3940224	4503034
#通信系统设备制造	Manufacture of Communication System Equipment	277127	733409	2786163	3086355	3601371	4155704
通信终端设备制造	Manufacture of Communication Terminal Equipment	7175	34042	47851	207425	338853	347330
广播电视设备制造	Manufacture of Broadcasting and TV Equipment	2036	12572	54991	87954	127876	168013
雷达及配套设备制造	Manufacture of Radar and Its Fittings	7003	24472	78121	79467	157894	150874
视听设备制造	Manufacture of TV Set and Radio Receiver	41554	272004	345312	563019	720148	726620
电子器件制造	Manufacture of Electronic Appliances	57716	95675	541463	705246	919887	1102136
#电子真空器件制造	Manufacture of Electronic Vacuum Appliance	42000	16478	55434	50850	9217	24242
半导体分立器件制造	Manufacture of Semiconductor Discreting Appliances	8669	11355	37411	37362	35881	55814
集成电路制造	Manufacture of Integrate Circuit	7047	17355	136666	181121	280185	343147
电子元件制造	Manufacture of Electronic Components	54914	69216	340865	377355	504038	565972
其他电子设备制造	Manufacture of Other Electronic Equipment	15536	7851	120079	136740	122968	224326
计算机及办公设备制造业	**Manufacture of Computers and Office Equipment**	**47653**	**124477**	**349069**	**402246**	**446083**	**510751**
#计算机整机制造	Manufacture of Entired Computer	40350	94082	189686	215605	239533	244059
计算机零部件制造	Manufacture of Computer Components and Parts	7013	27048	128730	48788	43247	62096
计算机外围设备制造	Manufacture of Computer Peripheral Equipment				50714	56794	75298
办公设备制造	Manufacture of Office Equipment	289	3347	30653	39210	45931	56434
医疗仪器设备及仪器仪表制造业	**Manufacture of Medical Equipments and Measuring Instrument**	**34299**	**117744**	**571483**	**724240**	**863877**	**876307**
1.医疗仪器设备及器械制造	Manufacture of Medical Equipment and Appliance	3686	12954	107134	156948	182450	147572
2.仪器仪表制造	Manufacture of Measuring Instrument	30613	104791	464349	567291	681427	728735

2-1-5 续表 2 continued

行　业	Industry	新产品开发经费支出（万元） Expenditure on New Products Development (10000 yuan)					
		2000	2005	2011	2012	2013	2014
合计	**Total**	**808228**	**2237723**	**9042866**	**11070439**	**13422766**	**15719432**
医药制造业	**Manufacture of Medicines**	**118340**	**335802**	**1157776**	**1671572**	**1951942**	**2222787**
#化学药品制造	Manufacture of Chemical Medicine	71081	217035	698471	954670	1050724	1196405
中成药生产	Production of Finished Traditional Chinese Herbal Medicine	31824	77861	239491	343020	440609	475858
生物药品制造	Manufacture of Biological Medicine	12492	24091	121189	193235	257535	324434
航空、航天器及设备制造业	**Manufacture of Aircrafts and Spacecrafts and Related Equipment**	**108942**	**296293**	**1317951**	**1498945**	**1721988**	**1831131**
#飞机制造	Manufacture of Airplanes	90233	265524	1134672	1183183	1350108	1452258
航天器制造	Manufacture of Spacecrafts	18709	30769	183279	245233	317290	297813
电子及通信设备制造业	**Manufacture of Electronic Equipment and Communication Equipment**	**504817**	**1347212**	**5477564**	**6541523**	**8199919**	**10043193**
#通信设备制造	Manufacture of Communication Equipment	261902	781128	3593733	3635310	4647467	5789365
#通信系统设备制造	Manufacture of Communication System Equipment	242007	684949	3294187	3401943	4200482	5351444
通信终端设备制造	Manufacture of Communication Terminal Equipment	9094	41760	52439	233366	446986	437921
广播电视设备制造	Manufacture of Broadcasting and TV Equipment	1117	20566	75550	124553	190939	206476
雷达及配套设备制造	Manufacture of Radar and Its Fittings	11129	27487	131179	164113	184152	230731
视听设备制造	Manufacture of TV Set and Radio Receiver	87768	311046	380003	676617	818400	834654
电子器件制造	Manufacture of Electronic Appliances	58356	111855	699556	900443	1183319	1394431
#电子真空器件制造	Manufacture of Electronic Vacuum Appliance	42174	19476	70001	55675	14667	26402
半导体分立器件制造	Manufacture of Semiconductor Discreting Appliances	7670	15058	41041	57057	57688	71648
集成电路制造	Manufacture of Integrate Circuit	8512	23109	175299	229479	380590	397033
电子元件制造	Manufacture of Electronic Components	67393	81050	453499	499842	607736	654569
其他电子设备制造	Manufacture of Other Electronic Equipment	17152	14081	144044	168203	183516	394042
计算机及办公设备制造业	**Manufacture of Computers and Office Equipment**	**40953**	**136348**	**407760**	**458497**	**540762**	**526411**
#计算机整机制造	Manufacture of Entired Computer	30484	92085	191403	230741	259828	195295
计算机零部件制造	Manufacture of Computer Components and Parts	10176	38698	180381	51523	52645	68755
计算机外围设备制造	Manufacture of Computer Peripheral Equipment				68249	84459	93941
办公设备制造	Manufacture of Office Equipment	293	5565	35976	44490	55196	64586
医疗仪器设备及仪器仪表制造业	**Manufacture of Medical Equipments and Measuring Instrument**	**35176**	**122068**	**681815**	**899900**	**1008155**	**1095912**
1.医疗仪器设备及器械制造	Manufacture of Medical Equipment and Appliance	4205	13166	137319	171657	228992	210757
2.仪器仪表制造	Manufacture of Measuring Instrument	30971	108902	544496	728243	779163	885155

2-1-5 续表 3 continued

行　业	Industry	新产品销售收入（万元） Sales Revenue of New Products (10000 yuan)					
		2000	2005	2011	2012	2013	2014
合计	**Total**	**9880026**	**22804873**	**68764411**	**91001519**	**110671980**	**145726741**
医药制造业	**Manufacture of Medicines**	**1382686**	**3827635**	**12872676**	**17893504**	**23092736**	**27103052**
#化学药品制造	Manufacture of Chemical Medicine	1082852	2592266	7239845	10002777	12684404	13878247
中成药生产	Production of Finished Traditional Chinese Herbal Medicine	213073	926895	2924884	4110166	5676796	7136273
生物药品制造	Manufacture of Biological Medicine	70466	164505	1133437	1360242	1884620	2571625
航空、航天器及设备制造业	**Manufacture of Aircrafts and Spacecrafts and Related Equipment**	**813277**	**3366753**	**4966752**	**5952943**	**7063489**	**7848115**
#飞机制造	Manufacture of Airplanes	696006	3328896	4606390	5376866	6436680	7084942
航天器制造	Manufacture of Spacecrafts	117272	37857	360362	334240	434640	453585
电子及通信设备制造业	**Manufacture of Electronic Equipment and Communication Equipment**	**6212548**	**12261940**	**39969328**	**53053957**	**65755004**	**92577744**
#通信设备制造	Manufacture of Communication Equipment	2508581	4815723	21276510	21629922	27518235	39771079
#通信系统设备制造	Manufacture of Communication System Equipment	2028201	3483039	19174667	19873547	24110882	30482692
通信终端设备制造	Manufacture of Communication Terminal Equipment	356827	322889	789418	1756374	3407353	9288387
广播电视设备制造	Manufacture of Broadcasting and TV Equipment	6198	143250	1032841	1763039	1654436	1634770
雷达及配套设备制造	Manufacture of Radar and Its Fittings	102849	258585	752468	1378993	1081781	1498916
视听设备制造	Manufacture of TV Set and Radio Receiver	2519020	5213165	6772963	10929105	14235843	15308490
电子器件制造	Manufacture of Electronic Appliances	443258	917332	4891386	7292576	10187348	16307405
#电子真空器件制造	Manufacture of Electronic Vacuum Appliance	308024	303425	274069	192620	77630	83116
半导体分立器件制造	Manufacture of Semiconductor Discreting Appliances	37007	106341	385318	586289	525046	618682
集成电路制造	Manufacture of Integrate Circuit	98227	145452	1038856	1090213	1722480	2108300
电子元件制造	Manufacture of Electronic Components	442934	796187	4238828	4602253	5816707	6803662
其他电子设备制造	Manufacture of Other Electronic Equipment	189708	117698	1004333	1227102	1165241	4475682
计算机及办公设备制造业	**Manufacture of Computers and Office Equipment**	**1012211**	**2009549**	**5269429**	**5468659**	**5653412**	**7052733**
#计算机整机制造	Manufacture of Entired Computer	838867	1571203	3310568	3675541	3825786	4367860
计算机零部件制造	Manufacture of Computer Components and Parts	160317	353399	1680448	299304	352354	521384
计算机外围设备制造	Manufacture of Computer Peripheral Equipment				569185	665862	1249323
办公设备制造	Manufacture of Office Equipment	13027	84947	278413	340397	334638	373287
医疗仪器设备及仪器仪表制造业	**Manufacture of Medical Equipments and Measuring Instrument**	**459304**	**1338995**	**5686226**	**8632455**	**9107339**	**11145096**
1.医疗仪器设备及器械制造	Manufacture of Medical Equipment and Appliance	80040	173972	616209	1452612	1837545	1931031
2.仪器仪表制造	Manufacture of Measuring Instrument	379264	1165023	5070016	7179843	7269795	9214064

2-1-5 续表 4 continued

行 业	Industry	专利申请数（件） Patent Applications (piece)					
		2000	2005	2011	2012	2013	2014
合计	**Total**	**1663**	**10787**	**48692**	**63774**	**65045**	**79769**
医药制造业	**Manufacture of Medicines**	**492**	**2114**	**4911**	**7545**	**7939**	**9181**
#化学药品制造	Manufacture of Chemical Medicine	200	870	2226	3496	3152	3531
中成药生产	Production of Finished Traditional Chinese Herbal Medicine	242	1033	2016	2474	2898	3401
生物药品制造	Manufacture of Biological Medicine	15	171	265	634	778	950
航空、航天器及设备制造业	**Manufacture of Aircrafts and Spacecrafts and Related Equipment**	**79**	**305**	**2359**	**3323**	**3730**	**4275**
#飞机制造	Manufacture of Airplanes	74	291	2070	2562	2822	3394
航天器制造	Manufacture of Spacecrafts	5	14	289	418	584	526
电子及通信设备制造业	**Manufacture of Electronic Equipment and Communication Equipment**	**795**	**7387**	**33230**	**42281**	**40217**	**49581**
#通信设备制造	Manufacture of Communication Equipment	504	5595	19736	18978	16962	22730
#通信系统设备制造	Manufacture of Communication System Equipment	490	5440	18335	17703	15077	19778
通信终端设备制造	Manufacture of Communication Terminal Equipment	4	65	467	1275	1885	2952
广播电视设备制造	Manufacture of Broadcasting and TV Equipment	4	61	2073	2137	1650	1662
雷达及配套设备制造	Manufacture of Radar and Its Fittings	22	9	361	389	622	800
视听设备制造	Manufacture of TV Set and Radio Receiver	145	1005	2201	3841	3960	3756
电子器件制造	Manufacture of Electronic Appliances	38	285	4610	9487	8751	9614
#电子真空器件制造	Manufacture of Electronic Vacuum Appliance	22	55	1230	2696	128	135
半导体分立器件制造	Manufacture of Semiconductor Discreting Appliances	6	10	148	544	303	574
集成电路制造	Manufacture of Integrate Circuit	10	50	776	1195	1717	2013
电子元件制造	Manufacture of Electronic Components	60	354	2907	3653	4086	5034
其他电子设备制造	Manufacture of Other Electronic Equipment	22	78	1342	1494	1298	1966
计算机及办公设备制造业	**Manufacture of Computers and Office Equipment**	**85**	**378**	**2463**	**2744**	**3461**	**4950**
#计算机整机制造	Manufacture of Entired Computer	22	177	985	1084	1193	2245
计算机零部件制造	Manufacture of Computer Components and Parts	62	154	1174	304	208	263
计算机外围设备制造	Manufacture of Computer Peripheral Equipment				555	622	944
办公设备制造	Manufacture of Office Equipment	1	47	304	425	757	734
医疗仪器设备及仪器仪表制造业	**Manufacture of Medical Equipments and Measuring Instrument**	**212**	**603**	**5729**	**7881**	**9698**	**11782**
1.医疗仪器设备及器械制造	Manufacture of Medical Equipment and Appliance	66	247	1104	1716	2569	3416
2.仪器仪表制造	Manufacture of Measuring Instrument	146	356	4625	6165	7129	8366

2-1-5 续表 5 continued

行 业	Industry	有效发明专利数（件） Number of Patents In Force (piece)					
		2000	2005	2011	2012	2013	2014
合计	**Total**	**1008**	**4745**	**45852**	**66893**	**82650**	**108559**
医药制造业	**Manufacture of Medicines**	**292**	**861**	**4736**	**7747**	**10037**	**12294**
#化学药品制造	Manufacture of Chemical Medicine	154	427	2140	3586	4458	5652
中成药生产	Production of Finished Traditional Chinese Herbal Medicine	77	366	2028	3046	4194	4658
生物药品制造	Manufacture of Biological Medicine	14	40	324	611	872	1200
航空、航天器及设备制造业	**Manufacture of Aircrafts and Spacecrafts and Related Equipment**	**139**	**188**	**1276**	**1747**	**2743**	**3253**
#飞机制造	Manufacture of Airplanes	102	181	1052	1463	2088	2436
航天器制造	Manufacture of Spacecrafts	37	7	224	160	483	502
电子及通信设备制造业	**Manufacture of Electronic Equipment and Communication Equipment**	**401**	**3068**	**35645**	**50472**	**62730**	**82731**
#通信设备制造	Manufacture of Communication Equipment	277	2604	29509	39580	48211	61551
#通信系统设备制造	Manufacture of Communication System Equipment	262	2523	28248	38850	47345	60497
通信终端设备制造	Manufacture of Communication Terminal Equipment	2	36	229	730	866	1054
广播电视设备制造	Manufacture of Broadcasting and TV Equipment	2	10	506	651	874	930
雷达及配套设备制造	Manufacture of Radar and Its Fittings	15	5	44	162	900	968
视听设备制造	Manufacture of TV Set and Radio Receiver	44	87	710	1685	2440	2881
电子器件制造	Manufacture of Electronic Appliances	13	157	2382	3775	4377	8321
#电子真空器件制造	Manufacture of Electronic Vacuum Appliance	5	85	265	215	79	130
半导体分立器件制造	Manufacture of Semiconductor Discreting Appliances	6	9	155	475	462	387
集成电路制造	Manufacture of Integrate Circuit	2	16	573	721	1196	1628
电子元件制造	Manufacture of Electronic Components	41	197	1535	1819	2304	3435
其他电子设备制造	Manufacture of Other Electronic Equipment	9	8	959	1065	1174	2011
计算机及办公设备制造业	**Manufacture of Computers and Office Equipment**	**66**	**197**	**769**	**1466**	**1623**	**2617**
#计算机整机制造	Manufacture of Entired Computer	11	134	254	285	397	497
计算机零部件制造	Manufacture of Computer Components and Parts	55	59	415	130	81	110
计算机外围设备制造	Manufacture of Computer Peripheral Equipment				261	492	1035
办公设备制造	Manufacture of Office Equipment		4	100	227	160	299
医疗仪器设备及仪器仪表制造业	**Manufacture of Medical Equipments and Measuring Instrument**	**110**	**431**	**3426**	**5461**	**5517**	**7664**
1.医疗仪器设备及器械制造	Manufacture of Medical Equipment and Appliance	46	60	1330	1857	1738	2172
2.仪器仪表制造	Manufacture of Measuring Instrument	64	371	2096	3604	3779	5492

2-1-5 续表 6 continued

行 业	Industry	技术改造经费支出（万元） Expenditure for Technical Renovation (10000 yuan)					
		2000	2005	2011	2012	2013	2014
合计	**Total**	**924581**	**1183084**	**1664720**	**2352550**	**2870736**	**2677315**
医药制造业	**Manufacture of Medicines**	**263464**	**363380**	**463076**	**724350**	**873390**	**862731**
#化学药品制造	Manufacture of Chemical Medicine	223744	257301	340057	429881	522857	506005
中成药生产	Production of Finished Traditional Chinese Herbal Medicine	34240	81966	66179	151048	189416	229248
生物药品制造	Manufacture of Biological Medicine	3751	13554	27451	81833	58944	40388
航空、航天器及设备制造业	**Manufacture of Aircrafts and Spacecrafts and Related Equipment**	**154666**	**364356**	**373716**	**505999**	**483533**	**697584**
#飞机制造	Manufacture of Airplanes	128203	348878	330906	471001	435943	675783
航天器制造	Manufacture of Spacecrafts	26464	15478	42810	22030	33914	9573
电子及通信设备制造业	**Manufacture of Electronic Equipment and Communication Equipment**	**435972**	**337168**	**403391**	**699131**	**1174366**	**821217**
#通信设备制造	Manufacture of Communication Equipment	46178	56507	94039	88387	43280	51877
#通信系统设备制造	Manufacture of Communication System Equipment	40793	27960	57616	62791	23237	31661
通信终端设备制造	Manufacture of Communication Terminal Equipment	2900	11727	18286	25595	20044	20215
广播电视设备制造	Manufacture of Broadcasting and TV Equipment	3394	7981	3656	15036	9725	8835
雷达及配套设备制造	Manufacture of Radar and Its Fittings	8482	17859	29563	25899	40340	45603
视听设备制造	Manufacture of TV Set and Radio Receiver	48867	47562	18858	35452	62387	84014
电子器件制造	Manufacture of Electronic Appliances	120232	89982	121936	200959	731221	177133
#电子真空器件制造	Manufacture of Electronic Vacuum Appliance	75414	24045	9076	9803	4248	15875
半导体分立器件制造	Manufacture of Semiconductor Discreting Appliances	10473	10359	20135	18521	22098	9260
集成电路制造	Manufacture of Integrate Circuit	34345	44123	3149	37284	12952	30693
电子元件制造	Manufacture of Electronic Components	186727	115214	125118	127235	110902	249585
其他电子设备制造	Manufacture of Other Electronic Equipment	22092	2063	10221	21231	18103	30637
计算机及办公设备制造业	**Manufacture of Computers and Office Equipment**	**19277**	**14873**	**45707**	**57559**	**49856**	**71939**
#计算机整机制造	Manufacture of Entired Computer	10369	6904	37798	43244	36941	39697
计算机零部件制造	Manufacture of Computer Components and Parts	8856	6396	7149	224	605	2802
计算机外围设备制造	Manufacture of Computer Peripheral Equipment				11926	7520	6734
办公设备制造	Manufacture of Office Equipment	52	1573	761	668	936	20641
医疗仪器设备及仪器仪表制造业	**Manufacture of Medical Equipments and Measuring Instrument**	**51202**	**103307**	**378831**	**365510**	**289591**	**223845**
1.医疗仪器设备及器械制造	Manufacture of Medical Equipment and Appliance	6210	11972	37796	54126	72571	59375
2.仪器仪表制造	Manufacture of Measuring Instrument	44992	91335	341034	311383	217020	164469

2-1-5 续表 7 continued

行 业	Industry	引进技术经费支出（万元） Expenditure for Acquisition of Foreign Technology (10000 yuan)					
		2000	2005	2011	2012	2013	2014
合计	**Total**	**235804**	**96198**	**145378**	**270747**	**132821**	**174745**
医药制造业	**Manufacture of Medicines**	**36257**	**22772**	**44917**	**39819**	**36042**	**24908**
#化学药品制造	Manufacture of Chemical Medicine	25613	15551	36438	28364	18573	11636
中成药生产	Production of Finished Traditional Chinese Herbal Medicine	9202	4440	1240	1612	3436	1354
生物药品制造	Manufacture of Biological Medicine	1120	151	1974	2871	2261	2856
航空、航天器及设备制造业	**Manufacture of Aircrafts and Spacecrafts and Related Equipment**	**29793**	**27419**	**16210**	**7868**	**14085**	**13914**
#飞机制造	Manufacture of Airplanes	19970	25982	16210	7868	6741	13569
航天器制造	Manufacture of Spacecrafts	9823	1436				345
电子及通信设备制造业	**Manufacture of Electronic Equipment and Communication Equipment**	**155175**	**33696**	**71218**	**214008**	**67359**	**124741**
#通信设备制造	Manufacture of Communication Equipment	7653	8556	8487	6447	1649	22437
#通信系统设备制造	Manufacture of Communication System Equipment	3256	2613	5919	6447	1049	2043
通信终端设备制造	Manufacture of Communication Terminal Equipment	2292	2510	410		600	20394
广播电视设备制造	Manufacture of Broadcasting and TV Equipment	152	300	1633	1376	1467	687
雷达及配套设备制造	Manufacture of Radar and Its Fittings	769	14	596	1232	2887	907
视听设备制造	Manufacture of TV Set and Radio Receiver	8501	5719	12357	148326	13676	16293
电子器件制造	Manufacture of Electronic Appliances	45516	6795	43775	45156	24104	65539
#电子真空器件制造	Manufacture of Electronic Vacuum Appliance	14892	4109	28776	7825		
半导体分立器件制造	Manufacture of Semiconductor Discreting Appliances	6978	126	10	30	42	100
集成电路制造	Manufacture of Integrate Circuit	23646		1609	1645	16186	22438
电子元件制造	Manufacture of Electronic Components	90808	10715	4147	6783	7060	14490
其他电子设备制造	Manufacture of Other Electronic Equipment	1778	1597	224	3340	2490	2108
计算机及办公设备制造业	**Manufacture of Computers and Office Equipment**	**5492**	**10348**	**4116**	**1444**	**7081**	**842**
#计算机整机制造	Manufacture of Entired Computer	2994	9297	3825		6753	588
计算机零部件制造	Manufacture of Computer Components and Parts	2498	570	291			202
计算机外围设备制造	Manufacture of Computer Peripheral Equipment				409	30	
办公设备制造	Manufacture of Office Equipment		481		218	297	52
医疗仪器设备及仪器仪表制造业	**Manufacture of Medical Equipments and Measuring Instrument**	**9087**	**1963**	**8918**	**7606**	**8254**	**10341**
1.医疗仪器设备及器械制造	Manufacture of Medical Equipment and Appliance	1709	30	234	726	239	3922
2.仪器仪表制造	Manufacture of Measuring Instrument	7377	1933	8684	6880	8015	6419

2-1-5 续表 8 continued

行业	Industry	消化吸收经费支出（万元） Expenditure for Assimilation of Technology (10000 yuan)					
		2000	2005	2011	2012	2013	2014
合计	**Total**	**21260**	**31699**	**70417**	**68067**	**84939**	**86063**
医药制造业	**Manufacture of Medicines**	**11140**	**21741**	**35133**	**41810**	**45769**	**51977**
#化学药品制造	Manufacture of Chemical Medicine	10054	18575	26302	29640	28314	35345
中成药生产	Production of Finished Traditional Chinese Herbal Medicine	225	3061	5401	3570	5073	4186
生物药品制造	Manufacture of Biological Medicine	771	55	673	1339	2851	4386
航空、航天器及设备制造业	**Manufacture of Aircrafts and Spacecrafts and Related Equipment**	**1943**	**1438**	**4937**	**4346**	**1521**	**70**
#飞机制造	Manufacture of Airplanes	1943	1438	4937	4346	1521	70
航天器制造	Manufacture of Spacecrafts						
电子及通信设备制造业	**Manufacture of Electronic Equipment and Communication Equipment**	**4926**	**7337**	**19643**	**16377**	**34056**	**29678**
#通信设备制造	Manufacture of Communication Equipment	666	561	2219	669	472	1666
#通信系统设备制造	Manufacture of Communication System Equipment	523	466		309	192	1061
通信终端设备制造	Manufacture of Communication Terminal Equipment	1	85	791	360	280	605
广播电视设备制造	Manufacture of Broadcasting and TV Equipment		100		26	337	52
雷达及配套设备制造	Manufacture of Radar and Its Fittings	1		168	510		907
视听设备制造	Manufacture of TV Set and Radio Receiver	50	1226	3988	4500	5096	7348
电子器件制造	Manufacture of Electronic Appliances	2342	361	3877	2852	18853	11377
#电子真空器件制造	Manufacture of Electronic Vacuum Appliance	2215	10	212			
半导体分立器件制造	Manufacture of Semiconductor Discreting Appliances	87	43	29	80	692	
集成电路制造	Manufacture of Integrate Circuit	40				1056	10649
电子元件制造	Manufacture of Electronic Components	1826	5078	7822	2630	1259	1486
其他电子设备制造	Manufacture of Other Electronic Equipment	41	11	1570	1799	4075	1700
计算机及办公设备制造业	**Manufacture of Computers and Office Equipment**	**2825**	**577**	**5925**	**821**	**570**	**903**
#计算机整机制造	Manufacture of Entired Computer	1413	405	5876	326	430	566
计算机零部件制造	Manufacture of Computer Components and Parts	1412	157	49			319
计算机外围设备制造	Manufacture of Computer Peripheral Equipment				162		16
办公设备制造	Manufacture of Office Equipment		15		17	119	
医疗仪器设备及仪器仪表制造业	**Manufacture of Medical Equipments and Measuring Instrument**	**426**	**606**	**4779**	**4710**	**3023**	**3435**
1.医疗仪器设备及器械制造	Manufacture of Medical Equipment and Appliance	20	49	372	443	380	67
2.仪器仪表制造	Manufacture of Measuring Instrument	406	557	4406	4267	2642	3367

2-1-5 续表 9 continued

行 业	Industry	购买国内技术经费支出（万元）Expenditure on Purchase of Domestic Technology (10000 yuan)					
		2000	2005	2011	2012	2013	2014
合计	**Total**	**63674**	**69133**	**102882**	**146982**	**192927**	**339868**
医药制造业	**Manufacture of Medicines**	**56493**	**45482**	**52308**	**83331**	**128658**	**124797**
#化学药品制造	Manufacture of Chemical Medicine	15849	37349	36686	65224	94721	86992
中成药生产	Production of Finished Traditional Chinese Herbal Medicine	36570	7138	7879	7774	20633	21993
生物药品制造	Manufacture of Biological Medicine	3556	605	6430	3958	2921	5878
航空、航天器及设备制造业	**Manufacture of Aircrafts and Spacecrafts and Related Equipment**	**4437**	**10751**	**8968**	**8930**	**8448**	**102695**
#飞机制造	Manufacture of Airplanes	2421	10751	8968	8776	7895	102232
航天器制造	Manufacture of Spacecrafts	2016					463
电子及通信设备制造业	**Manufacture of Electronic Equipment and Communication Equipment**	**2030**	**9553**	**22071**	**41559**	**39914**	**97302**
#通信设备制造	Manufacture of Communication Equipment	918	1535	7857	3187	4945	10299
#通信系统设备制造	Manufacture of Communication System Equipment	745	1097	6192	917	2464	5620
通信终端设备制造	Manufacture of Communication Terminal Equipment	53	102	448	2269	2481	4679
广播电视设备制造	Manufacture of Broadcasting and TV Equipment	10	4300	986	12	3838	2129
雷达及配套设备制造	Manufacture of Radar and Its Fittings	2	488	2268	2412	5314	12420
视听设备制造	Manufacture of TV Set and Radio Receiver	150	139	2685	5554	4434	915
电子器件制造	Manufacture of Electronic Appliances	444	1136	4251	9870	8479	25382
#电子真空器件制造	Manufacture of Electronic Vacuum Appliance	84	150				1327
半导体分立器件制造	Manufacture of Semiconductor Discreting Appliances	357	337	240	580	709	180
集成电路制造	Manufacture of Integrate Circuit	3		1551			6907
电子元件制造	Manufacture of Electronic Components	475	1714	2878	9918	10389	26631
其他电子设备制造	Manufacture of Other Electronic Equipment	31	241	1145	1404	1593	551
计算机及办公设备制造业	**Manufacture of Computers and Office Equipment**	**243**	**252**	**6716**	**9524**	**5827**	**3060**
#计算机整机制造	Manufacture of Entired Computer	243				118	
计算机零部件制造	Manufacture of Computer Components and Parts		146	6716	115	160	572
计算机外围设备制造	Manufacture of Computer Peripheral Equipment				8151		1788
办公设备制造	Manufacture of Office Equipment		106				
医疗仪器设备及仪器仪表制造业	**Manufacture of Medical Equipments and Measuring Instrument**	**471**	**3095**	**12818**	**3636**	**10081**	**12014**
1.医疗仪器设备及器械制造	Manufacture of Medical Equipment and Appliance	99		4708	1130	1223	1422
2.仪器仪表制造	Manufacture of Measuring Instrument	372	3095	8111	2506	8858	10592

2-1-5 续表 10 continued

行 业	Industry	研发机构数（个） Number of R&D Institutions in Enterprises (unit)					
		2000	2005	2011	2012	2013	2014
合计	**Total**	**1190**	**1168**	**1981**	**2757**	**2960**	**3116**
医药制造业	**Manufacture of Medicines**	**452**	**483**	**721**	**881**	**959**	**973**
#化学药品制造	Manufacture of Chemical Medicine	278	268	410	471	494	491
中成药生产	Production of Finished Traditional Chinese Herbal Medicine	124	153	195	232	279	275
生物药品制造	Manufacture of Biological Medicine	35	29	54	92	98	113
航空、航天器及设备制造业	**Manufacture of Aircrafts and Spacecrafts and Related Equipment**	**161**	**100**	**84**	**108**	**96**	**101**
#飞机制造	Manufacture of Airplanes	128	95	75	77	68	73
航天器制造	Manufacture of Spacecrafts	33	5	9	10	9	10
电子及通信设备制造业	**Manufacture of Electronic Equipment and Communication Equipment**	**380**	**385**	**736**	**1165**	**1287**	**1397**
#通信设备制造	Manufacture of Communication Equipment	131	85	151	185	187	185
#通信系统设备制造	Manufacture of Communication System Equipment	84	51	99	138	129	128
通信终端设备制造	Manufacture of Communication Terminal Equipment	15	16	17	47	58	57
广播电视设备制造	Manufacture of Broadcasting and TV Equipment	8	14	35	54	53	61
雷达及配套设备制造	Manufacture of Radar and Its Fittings	30	25	23	35	23	34
视听设备制造	Manufacture of TV Set and Radio Receiver	55	38	68	76	97	105
电子器件制造	Manufacture of Electronic Appliances	39	76	149	235	254	298
#电子真空器件制造	Manufacture of Electronic Vacuum Appliance	16	26	14	13	7	7
半导体分立器件制造	Manufacture of Semiconductor Discreting Appliances	15	14	20	36	34	39
集成电路制造	Manufacture of Integrate Circuit	8	16	28	43	49	46
电子元件制造	Manufacture of Electronic Components	109	135	241	368	398	406
其他电子设备制造	Manufacture of Other Electronic Equipment	8	12	69	81	97	101
计算机及办公设备制造业	**Manufacture of Computers and Office Equipment**	**50**	**46**	**94**	**107**	**110**	**114**
#计算机整机制造	Manufacture of Entired Computer	40	20	20	22	26	26
计算机零部件制造	Manufacture of Computer Components and Parts	8	23	67	15	23	26
计算机外围设备制造	Manufacture of Computer Peripheral Equipment				39	24	24
办公设备制造	Manufacture of Office Equipment	2	3	7	15	22	21
医疗仪器设备及仪器仪表制造业	**Manufacture of Medical Equipments and Measuring Instrument**	**147**	**154**	**346**	**496**	**508**	**531**
1.医疗仪器设备及器械制造	Manufacture of Medical Equipment and Appliance	18	21	61	80	96	104
2.仪器仪表制造	Manufacture of Measuring Instrument	129	133	285	416	412	427

2-1-5 续表 11 continued

行　业	Industry	机构人员（人） Personnel in the R&D Institutions (person)					
		2000	2005	2011	2012	2013	2014
合计	**Total**	**76168**	**109651**	**263327**	**345486**	**324035**	**347623**
医药制造业	**Manufacture of Medicines**	**14513**	**18434**	**45636**	**58719**	**64217**	**67605**
#化学药品制造	Manufacture of Chemical Medicine	9796	10562	25289	32411	34365	36053
中成药生产	Production of Finished Traditional Chinese Herbal Medicine	3005	5623	12670	16001	17979	19761
生物药品制造	Manufacture of Biological Medicine	1209	1358	3910	5228	5753	6127
航空、航天器及设备制造业	**Manufacture of Aircrafts and Spacecrafts and Related Equipment**	**15017**	**14176**	**22329**	**28967**	**29076**	**29381**
#飞机制造	Manufacture of Airplanes	12281	14072	21325	24299	24574	25271
航天器制造	Manufacture of Spacecrafts	2736	104	1004	1992	2028	1471
电子及通信设备制造业	**Manufacture of Electronic Equipment and Communication Equipment**	**36493**	**63054**	**155798**	**208475**	**179460**	**194480**
#通信设备制造	Manufacture of Communication Equipment	19033	37640	103808	116534	87285	91914
#通信系统设备制造	Manufacture of Communication System Equipment	16312	33371	96839	111158	80603	84562
通信终端设备制造	Manufacture of Communication Terminal Equipment	842	2327	1557	5376	6682	7352
广播电视设备制造	Manufacture of Broadcasting and TV Equipment	455	1080	5777	9026	5523	5064
雷达及配套设备制造	Manufacture of Radar and Its Fittings	2811	1983	3861	5575	5407	9007
视听设备制造	Manufacture of TV Set and Radio Receiver	3113	8252	6527	17381	9867	10408
电子器件制造	Manufacture of Electronic Appliances	3172	5080	14672	19501	25476	27236
#电子真空器件制造	Manufacture of Electronic Vacuum Appliance	1601	1600	2116	1308	311	990
半导体分立器件制造	Manufacture of Semiconductor Discreting Appliances	722	1195	2433	2588	2723	3699
集成电路制造	Manufacture of Integrate Circuit	849	762	2378	3399	4747	4495
电子元件制造	Manufacture of Electronic Components	6366	7409	16262	21996	24436	27178
其他电子设备制造	Manufacture of Other Electronic Equipment	1543	1610	4891	6376	7384	9317
计算机及办公设备制造业	**Manufacture of Computers and Office Equipment**	**3343**	**5310**	**12523**	**12589**	**14086**	**18187**
#计算机整机制造	Manufacture of Entired Computer	2463	2565	5183	5744	5703	9452
计算机零部件制造	Manufacture of Computer Components and Parts	829	2570	6222	950	1249	1171
计算机外围设备制造	Manufacture of Computer Peripheral Equipment				3156	3342	3151
办公设备制造	Manufacture of Office Equipment	51	175	1118	1573	2092	2487
医疗仪器设备及仪器仪表制造业	**Manufacture of Medical Equipments and Measuring Instrument**	**6802**	**8677**	**27041**	**36736**	**37196**	**37970**
1.医疗仪器设备及器械制造	Manufacture of Medical Equipment and Appliance	912	1358	4650	4423	5465	5699
2.仪器仪表制造	Manufacture of Measuring Instrument	5890	7319	22391	32313	31731	32271

2-1-5　续表 12　continued

行　　业	Industry	机构经费支出（万元） Expenditure in the R&D Institutions (10000 yuan)					
		2000	2005	2011	2012	2013	2014
合计	**Total**	**669580**	**1817148**	**5860691**	**7802691**	**8599141**	**9893613**
医药制造业	**Manufacture of Medicines**	**98836**	**275045**	**808462**	**1226500**	**1415999**	**1520382**
#化学药品制造	Manufacture of Chemical Medicine	60200	171180	467437	710281	793763	889149
中成药生产	Production of Finished Traditional Chinese Herbal Medicine	26239	81481	199483	293914	340405	360199
生物药品制造	Manufacture of Biological Medicine	8803	14143	81457	122715	168852	180176
航空、航天器及设备制造业	**Manufacture of Aircrafts and Spacecrafts and Related Equipment**	**83791**	**125611**	**390164**	**434535**	**495017**	**488879**
#飞机制造	Manufacture of Airplanes	77214	125084	356095	349018	414220	403386
航天器制造	Manufacture of Spacecrafts	6577	527	34070	49651	42257	34903
电子及通信设备制造业	**Manufacture of Electronic Equipment and Communication Equipment**	**426296**	**1217536**	**4028743**	**5313132**	**5733429**	**6902696**
#通信设备制造	Manufacture of Communication Equipment	263185	769444	3119722	3464901	3617968	4712934
#通信系统设备制造	Manufacture of Communication System Equipment	244223	690664	3028437	3384057	3484343	4585327
通信终端设备制造	Manufacture of Communication Terminal Equipment	8205	37090	23130	80844	133625	127607
广播电视设备制造	Manufacture of Broadcasting and TV Equipment	1374	11304	50662	95527	96110	93585
雷达及配套设备制造	Manufacture of Radar and Its Fittings	8941	16808	74949	131923	147690	193402
视听设备制造	Manufacture of TV Set and Radio Receiver	55069	304221	277250	515791	436376	409344
电子器件制造	Manufacture of Electronic Appliances	45422	44889	230454	413952	603113	529140
#电子真空器件制造	Manufacture of Electronic Vacuum Appliance	30876	10506	39690	45077	5251	11412
半导体分立器件制造	Manufacture of Semiconductor Discreting Appliances	3478	8433	20332	31898	29239	38174
集成电路制造	Manufacture of Integrate Circuit	11068	10055	46149	68618	107111	97543
电子元件制造	Manufacture of Electronic Components	36142	60191	201166	310722	429027	430086
其他电子设备制造	Manufacture of Other Electronic Equipment	16163	10680	74539	117424	127474	224800
计算机及办公设备制造业	**Manufacture of Computers and Office Equipment**	**29880**	**124338**	**248731**	**265801**	**321607**	**323977**
#计算机整机制造	Manufacture of Entired Computer	20735	102219	151194	170125	203937	201660
计算机零部件制造	Manufacture of Computer Components and Parts	8856	19515	80983	10103	12350	15948
计算机外围设备制造	Manufacture of Computer Peripheral Equipment				36626	43487	42440
办公设备制造	Manufacture of Office Equipment	289	2604	16555	27971	31897	34713
医疗仪器设备及仪器仪表制造业	**Manufacture of Medical Equipments and Measuring Instrument**	**30777**	**74619**	**384591**	**562722**	**633089**	**657680**
1.医疗仪器设备及器械制造	Manufacture of Medical Equipment and Appliance	4649	11433	71046	55995	82660	90461
2.仪器仪表制造	Manufacture of Measuring Instrument	26128	63186	313545	506727	550429	567219

2-1-6 大中型港澳台资企业分行业R&D及相关活动情况
Statistics on R&D and Related Activities of Hong Kong, Macau and Taiwan Funded Enterprises in Large and Medium-sized Enterprises by Industry Sector

行 业	Industry	R&D人员折合全时当量（人年） Full-time Equivalent of R&D Personnel (man-year)					
		2000	2005	2011	2012	2013	2014
合计	**Total**	**3428**	**17880**	**71830**	**81932**	**81905**	**89290**
医药制造业	**Manufacture of Medicines**	**438**	**622**	**9907**	**11220**	**11009**	**11429**
#化学药品制造	Manufacture of Chemical Medicine	274	328	6433	5883	5702	6417
中成药生产	Production of Finished Traditional Chinese Herbal Medicine	89	289	1205	2676	1905	2259
生物药品制造	Manufacture of Biological Medicine	75		1801	2329	1735	1866
航空、航天器及设备制造业	**Manufacture of Aircrafts and Spacecrafts and Related Equipment**			**1256**	**583**	**457**	**519**
#飞机制造	Manufacture of Airplanes			1256			100
航天器制造	Manufacture of Spacecrafts						
电子及通信设备制造业	**Manufacture of Electronic Equipment and Communication Equipment**	**2050**	**11216**	**45893**	**55769**	**58665**	**62416**
#通信设备制造	Manufacture of Communication Equipment	329	3012	7828	8348	11925	15358
#通信系统设备制造	Manufacture of Communication System Equipment	43	355	1027	5351	9318	11305
通信终端设备制造	Manufacture of Communication Terminal Equipment	251	503	546	2996	2607	4054
广播电视设备制造	Manufacture of Broadcasting and TV Equipment		77	577	560	743	923
雷达及配套设备制造	Manufacture of Radar and Its Fittings						
视听设备制造	Manufacture of TV Set and Radio Receiver	959	2892	7893	9281	9787	7713
电子器件制造	Manufacture of Electronic Appliances	111	2421	8470	8738	9242	9342
#电子真空器件制造	Manufacture of Electronic Vacuum Appliance	18	1854	209	86	84	10
半导体分立器件制造	Manufacture of Semiconductor Discreting Appliances	14	108	683	612	275	181
集成电路制造	Manufacture of Integrate Circuit	80	197	3218	2659	2916	2891
电子元件制造	Manufacture of Electronic Components	515	2636	20001	24074	22166	23652
其他电子设备制造	Manufacture of Other Electronic Equipment	135	179	1123	1292	1612	1924
计算机及办公设备制造业	**Manufacture of Computers and Office Equipment**	**884**	**4942**	**11242**	**9600**	**6639**	**9812**
#计算机整机制造	Manufacture of Entired Computer	702	1998	744	1431	1410	3443
计算机零部件制造	Manufacture of Computer Components and Parts	82	2879	10007	990	892	1058
计算机外围设备制造	Manufacture of Computer Peripheral Equipment				4202	3971	5038
办公设备制造	Manufacture of Office Equipment	100	65	492	187	293	156
医疗仪器设备及仪器仪表制造业	**Manufacture of Medical Equipments and Measuring Instrument**	**56**	**1100**	**3532**	**4758**	**5136**	**5115**
1.医疗仪器设备及器械制造	Manufacture of Medical Equipment and Appliance			493	774	680	789
2.仪器仪表制造	Manufacture of Measuring Instrument	56	1100	3039	3983	4456	4327

2-1-6 续表 1 continued

行 业	Industry	R&D经费内部支出（万元） Intramural Expenditure on R&D (10000 yuan)					
		2000	2005	2011	2012	2013	2014
合计	**Total**	**117433**	**506685**	**1700201**	**2005351**	**2277974**	**2578846**
医药制造业	**Manufacture of Medicines**	**6145**	**18666**	**222322**	**304389**	**320022**	**368839**
#化学药品制造	Manufacture of Chemical Medicine	4546	10180	135961	164151	205941	235485
中成药生产	Production of Finished Traditional Chinese Herbal Medicine	1033	8394	13949	44877	42455	50513
生物药品制造	Manufacture of Biological Medicine	566		55025	85429	51866	69103
航空、航天器及设备制造业	**Manufacture of Aircrafts and Spacecrafts and Related Equipment**			**6201**	**9889**	**9636**	**23096**
#飞机制造	Manufacture of Airplanes			6201			15158
航天器制造	Manufacture of Spacecrafts						
电子及通信设备制造业	**Manufacture of Electronic Equipment and Communication Equipment**	**48793**	**299025**	**961727**	**1184687**	**1580928**	**1754152**
#通信设备制造	Manufacture of Communication Equipment	4884	63417	152778	158321	409522	444713
#通信系统设备制造	Manufacture of Communication System Equipment	759	9773	12025	69161	281303	288110
通信终端设备制造	Manufacture of Communication Terminal Equipment	2245	14261	22085	89159	128219	156602
广播电视设备制造	Manufacture of Broadcasting and TV Equipment		1407	11267	12054	23434	31573
雷达及配套设备制造	Manufacture of Radar and Its Fittings						
视听设备制造	Manufacture of TV Set and Radio Receiver	22108	151939	185933	212951	289884	296432
电子器件制造	Manufacture of Electronic Appliances	9315	29280	232316	280860	299737	383343
#电子真空器件制造	Manufacture of Electronic Vacuum Appliance	7089	11657	4021	1704	622	535
半导体分立器件制造	Manufacture of Semiconductor Discreting Appliances	240	2700	14240	13077	7510	7562
集成电路制造	Manufacture of Integrate Circuit	1987	9771	77477	80102	91310	128835
电子元件制造	Manufacture of Electronic Components	11629	46720	355878	415287	443747	483981
其他电子设备制造	Manufacture of Other Electronic Equipment	858	6262	23555	31536	47012	38916
计算机及办公设备制造业	**Manufacture of Computers and Office Equipment**	**61029**	**174549**	**441062**	**439922**	**284137**	**339511**
#计算机整机制造	Manufacture of Entired Computer	59794	94137	89120	113545	93692	178504
计算机零部件制造	Manufacture of Computer Components and Parts	1055	80222	341434	33711	25252	42004
计算机外围设备制造	Manufacture of Computer Peripheral Equipment				169433	159010	113636
办公设备制造	Manufacture of Office Equipment	180	190	10508	3647	4947	3799
医疗仪器设备及仪器仪表制造业	**Manufacture of Medical Equipments and Measuring Instrument**	**1466**	**14446**	**68888**	**66463**	**83252**	**93248**
1.医疗仪器设备及器械制造	Manufacture of Medical Equipment and Appliance			10684	14438	27851	25083
2.仪器仪表制造	Manufacture of Measuring Instrument	1466	14446	58204	52024	55400	68165

2-1-6 续表 2 continued

行 业	Industry	新产品开发经费支出（万元） Expenditure on New Products Development (10000 yuan)					
		2000	2005	2011	2012	2013	2014
合计	**Total**	**147684**	**702806**	**2081090**	**2531344**	**2784040**	**3121618**
医药制造业	**Manufacture of Medicines**	**6992**	**21745**	**244928**	**328548**	**330550**	**404897**
#化学药品制造	Manufacture of Chemical Medicine	4842	13129	146268	183685	213095	270639
中成药生产	Production of Finished Traditional Chinese Herbal Medicine	1031	8189	16819	35974	40248	47974
生物药品制造	Manufacture of Biological Medicine	1118		56879	90488	54002	73444
航空、航天器及设备制造业	**Manufacture of Aircrafts and Spacecrafts and Related Equipment**		**540**	**11375**	**14313**	**14860**	**23651**
#飞机制造	Manufacture of Airplanes		540	11375			16248
航天器制造	Manufacture of Spacecrafts						
电子及通信设备制造业	**Manufacture of Electronic Equipment and Communication Equipment**	**69510**	**386800**	**1261066**	**1553539**	**1947167**	**2190837**
#通信设备制造	Manufacture of Communication Equipment	3488	80721	191575	212318	460390	522989
#通信系统设备制造	Manufacture of Communication System Equipment	765	13444	17935	75796	319819	342751
通信终端设备制造	Manufacture of Communication Terminal Equipment	843	15084	17228	136522	140571	180238
广播电视设备制造	Manufacture of Broadcasting and TV Equipment		1911	16227	28640	41496	53227
雷达及配套设备制造	Manufacture of Radar and Its Fittings				628		
视听设备制造	Manufacture of TV Set and Radio Receiver	29094	176521	241305	292845	364048	402456
电子器件制造	Manufacture of Electronic Appliances	20146	49280	345153	369601	402426	483842
#电子真空器件制造	Manufacture of Electronic Vacuum Appliance	18214	9728	4021	2510	863	742
半导体分立器件制造	Manufacture of Semiconductor Discreting Appliances	1932	3520	21606	13832	9487	7632
集成电路制造	Manufacture of Integrate Circuit		18220	71795	76119	105800	164986
电子元件制造	Manufacture of Electronic Components	15923	71955	443239	515754	520656	580554
其他电子设备制造	Manufacture of Other Electronic Equipment	858	6414	23567	42957	72833	67743
计算机及办公设备制造业	**Manufacture of Computers and Office Equipment**	**70522**	**276098**	**477030**	**506600**	**367384**	**366968**
#计算机整机制造	Manufacture of Entired Computer	69730	135150	108874	142188	153822	199812
计算机零部件制造	Manufacture of Computer Components and Parts	612	134239	353745	41651	32329	44408
计算机外围设备制造	Manufacture of Computer Peripheral Equipment				191649	169317	103928
办公设备制造	Manufacture of Office Equipment	180	6709	14411	8798	6703	8374
医疗仪器设备及仪器仪表制造业	**Manufacture of Medical Equipments and Measuring Instrument**	**661**	**17623**	**86691**	**128343**	**124080**	**135265**
1.医疗仪器设备及器械制造	Manufacture of Medical Equipment and Appliance			18440	40485	41134	43132
2.仪器仪表制造	Manufacture of Measuring Instrument	661	17623	68251	87857	82946	92133

2-1-6 续表 3 continued

行业	Industry	新产品销售收入（万元） Sales Revenue of New Products (10000 yuan)					
		2000	2005	2011	2012	2013	2014
合计	**Total**	**4687313**	**18624925**	**35147172**	**38754675**	**58237693**	**68386538**
医药制造业	**Manufacture of Medicines**	**64247**	**124649**	**2377701**	**2996961**	**2813873**	**4448436**
#化学药品制造	Manufacture of Chemical Medicine	51719	77245	1187271	1827944	1930933	3024196
中成药生产	Production of Finished Traditional Chinese Herbal Medicine	10373	45363	231834	628416	328366	895736
生物药品制造	Manufacture of Biological Medicine	2155		785769	314401	338064	356480
航空、航天器及设备制造业	**Manufacture of Aircrafts and Spacecrafts and Related Equipment**		**1854**	**1596**			**118748**
#飞机制造	Manufacture of Airplanes		1854	1596			118748
航天器制造	Manufacture of Spacecrafts						
电子及通信设备制造业	**Manufacture of Electronic Equipment and Communication Equipment**	**2807445**	**7652261**	**18983672**	**24873414**	**46430032**	**54811157**
#通信设备制造	Manufacture of Communication Equipment	142288	1094951	1895596	1881734	22713779	30717086
#通信系统设备制造	Manufacture of Communication System Equipment	2200	87501	186198	453738	2418027	3053204
通信终端设备制造	Manufacture of Communication Terminal Equipment	110607	150594	659607	1427996	20295751	27663882
广播电视设备制造	Manufacture of Broadcasting and TV Equipment		7566	48687	208200	485045	524158
雷达及配套设备制造	Manufacture of Radar and Its Fittings						
视听设备制造	Manufacture of TV Set and Radio Receiver	1811294	4753213	5818552	7823740	7778364	6774171
电子器件制造	Manufacture of Electronic Appliances	600997	1320316	5255489	5764855	5964565	7153268
#电子真空器件制造	Manufacture of Electronic Vacuum Appliance	586654	421945	90026	25191	19091	
半导体分立器件制造	Manufacture of Semiconductor Discreting Appliances	14342	22183	275526	145204	92833	69295
集成电路制造	Manufacture of Integrate Circuit		248761	677872	808228	1038567	1736498
电子元件制造	Manufacture of Electronic Components	222384	460137	5679245	6954283	7167478	7666323
其他电子设备制造	Manufacture of Other Electronic Equipment	30482	16077	286103	358705	650141	598192
计算机及办公设备制造业	**Manufacture of Computers and Office Equipment**	**1801450**	**10751823**	**12868832**	**9669817**	**7809707**	**7938102**
#计算机整机制造	Manufacture of Entired Computer	1750498	5966348	4658846	3102403	3132585	3573715
计算机零部件制造	Manufacture of Computer Components and Parts	30158	4502705	8108146	1104758	492099	203152
计算机外围设备制造	Manufacture of Computer Peripheral Equipment				4189710	4071194	3944271
办公设备制造	Manufacture of Office Equipment	20794	282770	101840	17685	23129	200662
医疗仪器设备及仪器仪表制造业	**Manufacture of Medical Equipments and Measuring Instrument**	**14171**	**94338**	**915371**	**1214482**	**1184081**	**1070096**
1.医疗仪器设备及器械制造	Manufacture of Medical Equipment and Appliance			67195	129633	150187	110245
2.仪器仪表制造	Manufacture of Measuring Instrument	14171	94338	848176	1084848	1033894	959851

2-1-6 续表 4 continued

行 业	Industry	专利申请数（件） Patent Applications (piece)					
		2000	2005	2011	2012	2013	2014
合计	**Total**	**451**	**3203**	**10111**	**14255**	**13648**	**16214**
医药制造业	**Manufacture of Medicines**	**39**	**135**	**604**	**985**	**968**	**889**
#化学药品制造	Manufacture of Chemical Medicine	2	75	457	730	665	551
中成药生产	Production of Finished Traditional Chinese Herbal Medicine	15	60	42	144	132	145
生物药品制造	Manufacture of Biological Medicine	22		72	97	148	151
航空、航天器及设备制造业	**Manufacture of Aircrafts and Spacecrafts and Related Equipment**		**23**	**27**	**16**	**26**	**433**
#飞机制造	Manufacture of Airplanes		23	27			424
航天器制造	Manufacture of Spacecrafts						
电子及通信设备制造业	**Manufacture of Electronic Equipment and Communication Equipment**	**257**	**1637**	**6029**	**9068**	**8538**	**9355**
#通信设备制造	Manufacture of Communication Equipment	26	488	1158	1303	2079	2700
#通信系统设备制造	Manufacture of Communication System Equipment	2	172	238	775	1752	2297
通信终端设备制造	Manufacture of Communication Terminal Equipment	24	59	162	528	327	403
广播电视设备制造	Manufacture of Broadcasting and TV Equipment		1	25	200	304	270
雷达及配套设备制造	Manufacture of Radar and Its Fittings				6		
视听设备制造	Manufacture of TV Set and Radio Receiver	181	579	767	971	1411	1083
电子器件制造	Manufacture of Electronic Appliances	25	221	1368	2175	1644	1679
#电子真空器件制造	Manufacture of Electronic Vacuum Appliance	25	54	12	14	7	
半导体分立器件制造	Manufacture of Semiconductor Discreting Appliances			131	97	32	10
集成电路制造	Manufacture of Integrate Circuit		158	642	979	603	536
电子元件制造	Manufacture of Electronic Components	25	312	2567	2035	2225	2863
其他电子设备制造	Manufacture of Other Electronic Equipment		36	144	235	317	246
计算机及办公设备制造业	**Manufacture of Computers and Office Equipment**	**148**	**1339**	**2222**	**3232**	**2994**	**3806**
#计算机整机制造	Manufacture of Entired Computer	144	837	750	2099	2363	3095
计算机零部件制造	Manufacture of Computer Components and Parts	3	502	1451	100	146	174
计算机外围设备制造	Manufacture of Computer Peripheral Equipment				497	458	473
办公设备制造	Manufacture of Office Equipment	1		21	14	1	41
医疗仪器设备及仪器仪表制造业	**Manufacture of Medical Equipments and Measuring Instrument**	**7**	**69**	**1229**	**954**	**1122**	**1731**
1.医疗仪器设备及器械制造	Manufacture of Medical Equipment and Appliance			204	296	190	154
2.仪器仪表制造	Manufacture of Measuring Instrument	7	69	1025	658	932	1577

2-1-6 续表 5 continued

行 业	Industry	有效发明专利数（件） Number of Patents In Force (piece)					
		2000	2005	2011	2012	2013	2014
合计	**Total**	**265**	**719**	**8359**	**11990**	**12150**	**16309**
医药制造业	**Manufacture of Medicines**	**101**	**21**	**874**	**1147**	**1413**	**1657**
#化学药品制造	Manufacture of Chemical Medicine	6	12	552	697	915	1067
中成药生产	Production of Finished Traditional Chinese Herbal Medicine	73	9	202	264	277	364
生物药品制造	Manufacture of Biological Medicine	22		103	145	165	172
航空、航天器及设备制造业	**Manufacture of Aircrafts and Spacecrafts and Related Equipment**		**4**	**1**	**1**	**4**	**174**
#飞机制造	Manufacture of Airplanes		4	1			166
航天器制造	Manufacture of Spacecrafts						
电子及通信设备制造业	**Manufacture of Electronic Equipment and Communication Equipment**	**99**	**467**	**3681**	**5635**	**8028**	**10621**
#通信设备制造	Manufacture of Communication Equipment	8	182	669	877	2827	3695
#通信系统设备制造	Manufacture of Communication System Equipment	2	65	157	366	2551	3430
通信终端设备制造	Manufacture of Communication Terminal Equipment	6	63	74	511	276	265
广播电视设备制造	Manufacture of Broadcasting and TV Equipment			15	40	39	276
雷达及配套设备制造	Manufacture of Radar and Its Fittings						
视听设备制造	Manufacture of TV Set and Radio Receiver	74	155	886	1365	1776	962
电子器件制造	Manufacture of Electronic Appliances	14	16	941	1256	1050	2788
#电子真空器件制造	Manufacture of Electronic Vacuum Appliance	14	10	12	1	1	4
半导体分立器件制造	Manufacture of Semiconductor Discreting Appliances		3	55	30	37	18
集成电路制造	Manufacture of Integrate Circuit		1	507	808	311	1264
电子元件制造	Manufacture of Electronic Components	3	112	1085	1119	1594	1919
其他电子设备制造	Manufacture of Other Electronic Equipment		2	85	78	75	94
计算机及办公设备制造业	**Manufacture of Computers and Office Equipment**	**61**	**113**	**3202**	**4843**	**2028**	**2610**
#计算机整机制造	Manufacture of Entired Computer	58	11	1279	2320	1567	1843
计算机零部件制造	Manufacture of Computer Components and Parts		102	1908	111	64	146
计算机外围设备制造	Manufacture of Computer Peripheral Equipment				457	394	555
办公设备制造	Manufacture of Office Equipment	3		15			50
医疗仪器设备及仪器仪表制造业	**Manufacture of Medical Equipments and Measuring Instrument**	**4**	**114**	**601**	**364**	**677**	**1247**
1.医疗仪器设备及器械制造	Manufacture of Medical Equipment and Appliance			115	169	163	65
2.仪器仪表制造	Manufacture of Measuring Instrument	4	114	486	195	514	1182

2-1-6 续表 6 continued

<table>
<tr><th rowspan="3">行 业</th><th rowspan="3">Industry</th><th colspan="6">技术改造经费支出（万元）
Expenditure for Technical Renovation (10000 yuan)</th></tr>
<tr><th>2000</th><th>2005</th><th>2011</th><th>2012</th><th>2013</th><th>2014</th></tr>
<tr><th></th><th></th><th></th><th></th><th></th><th></th></tr>
<tr><td>合计</td><td>Total</td><td>42477</td><td>128312</td><td>321057</td><td>454181</td><td>476872</td><td>199632</td></tr>
<tr><td>医药制造业</td><td>Manufacture of Medicines</td><td>8708</td><td>25435</td><td>69269</td><td>48733</td><td>56712</td><td>82505</td></tr>
<tr><td>#化学药品制造</td><td>Manufacture of Chemical Medicine</td><td>8202</td><td>12367</td><td>51682</td><td>20784</td><td>41529</td><td>49597</td></tr>
<tr><td>中成药生产</td><td>Production of Finished Traditional Chinese Herbal Medicine</td><td>506</td><td>12899</td><td>8057</td><td>19595</td><td>5510</td><td>16375</td></tr>
<tr><td>生物药品制造</td><td>Manufacture of Biological Medicine</td><td></td><td></td><td>8978</td><td>8035</td><td>7573</td><td>16412</td></tr>
<tr><td>航空、航天器及设备制造业</td><td>Manufacture of Aircrafts and Spacecrafts and Related Equipment</td><td></td><td></td><td></td><td></td><td></td><td></td></tr>
<tr><td>#飞机制造</td><td>Manufacture of Airplanes</td><td></td><td></td><td></td><td></td><td></td><td></td></tr>
<tr><td>航天器制造</td><td>Manufacture of Spacecrafts</td><td></td><td></td><td></td><td></td><td></td><td></td></tr>
<tr><td>电子及通信设备制造业</td><td>Manufacture of Electronic Equipment and Communication Equipment</td><td>31860</td><td>85330</td><td>176395</td><td>261747</td><td>376478</td><td>86205</td></tr>
<tr><td>#通信设备制造</td><td>Manufacture of Communication Equipment</td><td>793</td><td>3667</td><td>8020</td><td>15574</td><td>120993</td><td>3916</td></tr>
<tr><td>#通信系统设备制造</td><td>Manufacture of Communication System Equipment</td><td>198</td><td>10</td><td></td><td>11957</td><td>116891</td><td>3855</td></tr>
<tr><td>通信终端设备制造</td><td>Manufacture of Communication Terminal Equipment</td><td>137</td><td>500</td><td>434</td><td>3617</td><td>4102</td><td>61</td></tr>
<tr><td>广播电视设备制造</td><td>Manufacture of Broadcasting and TV Equipment</td><td></td><td>4344</td><td>10</td><td>3250</td><td>4391</td><td>8522</td></tr>
<tr><td>雷达及配套设备制造</td><td>Manufacture of Radar and Its Fittings</td><td></td><td></td><td></td><td></td><td></td><td></td></tr>
<tr><td>视听设备制造</td><td>Manufacture of TV Set and Radio Receiver</td><td>18570</td><td>26584</td><td>94167</td><td>124933</td><td>181145</td><td>16011</td></tr>
<tr><td>电子器件制造</td><td>Manufacture of Electronic Appliances</td><td>7733</td><td>20758</td><td>31062</td><td>38523</td><td>10138</td><td>14464</td></tr>
<tr><td>#电子真空器件制造</td><td>Manufacture of Electronic Vacuum Appliance</td><td>4903</td><td>11415</td><td></td><td></td><td></td><td></td></tr>
<tr><td>半导体分立器件制造</td><td>Manufacture of Semiconductor Discreting Appliances</td><td>2830</td><td>60</td><td>2060</td><td>1750</td><td>1473</td><td>448</td></tr>
<tr><td>集成电路制造</td><td>Manufacture of Integrate Circuit</td><td></td><td>619</td><td>10509</td><td>1342</td><td>6482</td><td>950</td></tr>
<tr><td>电子元件制造</td><td>Manufacture of Electronic Components</td><td>4764</td><td>27844</td><td>42767</td><td>61320</td><td>57090</td><td>37689</td></tr>
<tr><td>其他电子设备制造</td><td>Manufacture of Other Electronic Equipment</td><td></td><td>2132</td><td>369</td><td>696</td><td>1864</td><td>2587</td></tr>
<tr><td>计算机及办公设备制造业</td><td>Manufacture of Computers and Office Equipment</td><td>157</td><td>12470</td><td>44625</td><td>92381</td><td>19792</td><td>5686</td></tr>
<tr><td>#计算机整机制造</td><td>Manufacture of Entired Computer</td><td></td><td>7834</td><td>26981</td><td>10197</td><td></td><td></td></tr>
<tr><td>计算机零部件制造</td><td>Manufacture of Computer Components and Parts</td><td rowspan="2">157</td><td rowspan="2">3702</td><td rowspan="2">17644</td><td>697</td><td>19732</td><td></td></tr>
<tr><td>计算机外围设备制造</td><td>Manufacture of Computer Peripheral Equipment</td><td>81453</td><td>60</td><td>1402</td></tr>
<tr><td>办公设备制造</td><td>Manufacture of Office Equipment</td><td></td><td>935</td><td></td><td>32</td><td></td><td></td></tr>
<tr><td>医疗仪器设备及仪器仪表制造业</td><td>Manufacture of Medical Equipments and Measuring Instrument</td><td>1752</td><td>5077</td><td>30768</td><td>51318</td><td>23890</td><td>25237</td></tr>
<tr><td>1.医疗仪器设备及器械制造</td><td>Manufacture of Medical Equipment and Appliance</td><td></td><td></td><td>2265</td><td>9424</td><td>1240</td><td>5222</td></tr>
<tr><td>2.仪器仪表制造</td><td>Manufacture of Measuring Instrument</td><td>1752</td><td>5077</td><td>28503</td><td>41894</td><td>22650</td><td>20015</td></tr>
</table>

2-1-6 续表 7 continued

行　业	Industry	引进技术经费支出（万元） Expenditure for Acquisition of Foreign Technology (10000 yuan)					
		2000	2005	2011	2012	2013	2014
合计	**Total**	**20698**	**129886**	**117533**	**117755**	**127709**	**134621**
医药制造业	**Manufacture of Medicines**	**287**	**3660**	**1280**	**1309**	**4572**	**8043**
#化学药品制造	Manufacture of Chemical Medicine	287	3426	1067	1201	2145	7477
中成药生产	Production of Finished Traditional Chinese Herbal Medicine		234		62	1804	
生物药品制造	Manufacture of Biological Medicine			213		623	566
航空、航天器及设备制造业	**Manufacture of Aircrafts and Spacecrafts and Related Equipment**			**4900**	**1824**	**2072**	
#飞机制造	Manufacture of Airplanes			4900			
航天器制造	Manufacture of Spacecrafts						
电子及通信设备制造业	**Manufacture of Electronic Equipment and Communication Equipment**	**20136**	**124567**	**105884**	**108940**	**114647**	**115570**
#通信设备制造	Manufacture of Communication Equipment	538	8922	1285	3951	2347	534
#通信系统设备制造	Manufacture of Communication System Equipment		7	627	800	700	
通信终端设备制造	Manufacture of Communication Terminal Equipment	77	40		3151	1647	534
广播电视设备制造	Manufacture of Broadcasting and TV Equipment						
雷达及配套设备制造	Manufacture of Radar and Its Fittings						
视听设备制造	Manufacture of TV Set and Radio Receiver	8160	42020	10960	789	652	37980
电子器件制造	Manufacture of Electronic Appliances	6979	70892	69637	62319	77027	42655
#电子真空器件制造	Manufacture of Electronic Vacuum Appliance	6119	57859				
半导体分立器件制造	Manufacture of Semiconductor Discreting Appliances	860	110	184			
集成电路制造	Manufacture of Integrate Circuit		11854	6617	6716	4700	1657
电子元件制造	Manufacture of Electronic Components	4459	2384	24002	12384	12517	11984
其他电子设备制造	Manufacture of Other Electronic Equipment		350		626		
计算机及办公设备制造业	**Manufacture of Computers and Office Equipment**	**91**	**1323**	**2617**	**180**	**791**	**1061**
#计算机整机制造	Manufacture of Entired Computer			100			
计算机零部件制造	Manufacture of Computer Components and Parts	9	1273	2517			
计算机外围设备制造	Manufacture of Computer Peripheral Equipment				180	791	1061
办公设备制造	Manufacture of Office Equipment	82	50				
医疗仪器设备及仪器仪表制造业	**Manufacture of Medical Equipments and Measuring Instrument**	**184**	**336**	**2853**	**5501**	**5628**	**9948**
1.医疗仪器设备及器械制造	Manufacture of Medical Equipment and Appliance				436	363	1139
2.仪器仪表制造	Manufacture of Measuring Instrument	184	336	2853	5065	5265	8809

2-1-6 续表 8 continued

行 业	Industry	消化吸收经费支出（万元） Expenditure for Assimilation of Technology (10000 yuan)					
		2000	2005	2011	2012	2013	2014
合计	**Total**	**689**	**51254**	**12155**	**15388**	**24473**	**14816**
医药制造业	**Manufacture of Medicines**	**20**	**9825**	**2346**	**7650**	**7085**	**8664**
#化学药品制造	Manufacture of Chemical Medicine	20	9825	2346	7163	7063	8525
中成药生产	Production of Finished Traditional Chinese Herbal Medicine				476	22	94
生物药品制造	Manufacture of Biological Medicine						
航空、航天器及设备制造业	**Manufacture of Aircrafts and Spacecrafts and Related Equipment**			**883**			**118**
#飞机制造	Manufacture of Airplanes			883			
航天器制造	Manufacture of Spacecrafts						
电子及通信设备制造业	**Manufacture of Electronic Equipment and Communication Equipment**	**554**	**36335**	**8181**	**7072**	**15802**	**5014**
#通信设备制造	Manufacture of Communication Equipment	3	863	154	159	38	
#通信系统设备制造	Manufacture of Communication System Equipment		6				
通信终端设备制造	Manufacture of Communication Terminal Equipment	3			159	38	
广播电视设备制造	Manufacture of Broadcasting and TV Equipment		226	21			
雷达及配套设备制造	Manufacture of Radar and Its Fittings						
视听设备制造	Manufacture of TV Set and Radio Receiver	173	31405	754	426	266	110
电子器件制造	Manufacture of Electronic Appliances	326	3838	1332	5144	6929	3742
#电子真空器件制造	Manufacture of Electronic Vacuum Appliance	326	166		140		
半导体分立器件制造	Manufacture of Semiconductor Discreting Appliances						
集成电路制造	Manufacture of Integrate Circuit		3645		50	6929	3742
电子元件制造	Manufacture of Electronic Components	52	3	5921	1208	995	1081
其他电子设备制造	Manufacture of Other Electronic Equipment					1208	
计算机及办公设备制造业	**Manufacture of Computers and Office Equipment**	**115**	**5047**	**52**	**1**		**3**
#计算机整机制造	Manufacture of Entired Computer		5042	51			3
计算机零部件制造	Manufacture of Computer Components and Parts	100	5	1			
计算机外围设备制造	Manufacture of Computer Peripheral Equipment				1		
办公设备制造	Manufacture of Office Equipment	15					
医疗仪器设备及仪器仪表制造业	**Manufacture of Medical Equipments and Measuring Instrument**		**47**	**693**	**663**	**1587**	**1016**
1.医疗仪器设备及器械制造	Manufacture of Medical Equipment and Appliance					4	558
2.仪器仪表制造	Manufacture of Measuring Instrument		47	693	663	1583	458

2-1-6 续表 9 continued

行 业	Industry	购买国内技术经费支出（万元） Expenditure on Purchase of Domestic Technology (10000 yuan)					
		2000	2005	2011	2012	2013	2014
合计	**Total**	**4047**	**13067**	**35605**	**67286**	**89113**	**56672**
医药制造业	**Manufacture of Medicines**	**3158**	**3751**	**5218**	**17142**	**35371**	**18079**
#化学药品制造	Manufacture of Chemical Medicine	2875	3258	3340	15108	29519	12626
中成药生产	Production of Finished Traditional Chinese Herbal Medicine	163	343	400	1950	5354	3156
生物药品制造	Manufacture of Biological Medicine	120		20	58	443	634
航空、航天器及设备制造业	**Manufacture of Aircrafts and Spacecrafts and Related Equipment**			**5796**			
#飞机制造	Manufacture of Airplanes			5796			
航天器制造	Manufacture of Spacecrafts						
电子及通信设备制造业	**Manufacture of Electronic Equipment and Communication Equipment**	**880**	**9069**	**16126**	**33252**	**52892**	**38131**
#通信设备制造	Manufacture of Communication Equipment		4426	4665	1243	502	2100
#通信系统设备制造	Manufacture of Communication System Equipment		4	60	300	250	
通信终端设备制造	Manufacture of Communication Terminal Equipment		97	11	943	252	2100
广播电视设备制造	Manufacture of Broadcasting and TV Equipment					282	282
雷达及配套设备制造	Manufacture of Radar and Its Fittings						
视听设备制造	Manufacture of TV Set and Radio Receiver	320	1464	1561	23458	24350	23363
电子器件制造	Manufacture of Electronic Appliances	140	22	3146	4206	3504	4
#电子真空器件制造	Manufacture of Electronic Vacuum Appliance	140					
半导体分立器件制造	Manufacture of Semiconductor Discreting Appliances						
集成电路制造	Manufacture of Integrate Circuit					992	
电子元件制造	Manufacture of Electronic Components	420	3157	6517	1636	21020	5318
其他电子设备制造	Manufacture of Other Electronic Equipment			236			
计算机及办公设备制造业	**Manufacture of Computers and Office Equipment**	**9**	**95**	**7561**	**2027**	**20**	
#计算机整机制造	Manufacture of Entired Computer		89	15			
计算机零部件制造	Manufacture of Computer Components and Parts	9	6	7546			
计算机外围设备制造	Manufacture of Computer Peripheral Equipment				2027	20	
办公设备制造	Manufacture of Office Equipment						
医疗仪器设备及仪器仪表制造业	**Manufacture of Medical Equipments and Measuring Instrument**		**152**	**904**	**14864**	**830**	**462**
1.医疗仪器设备及器械制造	Manufacture of Medical Equipment and Appliance				93	2	5
2.仪器仪表制造	Manufacture of Measuring Instrument		152	904	14770	828	457

2-1-6 续表 10 continued

行业	Industry	研发机构数（个） Number of R&D Institutions in Enterprises (unit)					
		2000	2005	2011	2012	2013	2013
合计	**Total**	**74**	**177**	**660**	**740**	**696**	**694**
医药制造业	**Manufacture of Medicines**	**24**	**36**	**88**	**118**	**119**	**117**
#化学药品制造	Manufacture of Chemical Medicine	14	25	46	65	67	66
中成药生产	Production of Finished Traditional Chinese Herbal Medicine	7	11	21	29	28	26
生物药品制造	Manufacture of Biological Medicine	3		17	18	15	18
航空、航天器及设备制造业	**Manufacture of Aircrafts and Spacecrafts and Related Equipment**		**1**		**1**	**1**	**1**
#飞机制造	Manufacture of Airplanes		1				
航天器制造	Manufacture of Spacecrafts						
电子及通信设备制造业	**Manufacture of Electronic Equipment and Communication Equipment**	**39**	**91**	**482**	**497**	**460**	**459**
#通信设备制造	Manufacture of Communication Equipment	5	15	51	36	31	38
#通信系统设备制造	Manufacture of Communication System Equipment	1	1	16	15	12	13
通信终端设备制造	Manufacture of Communication Terminal Equipment	3	7	3	21	19	25
广播电视设备制造	Manufacture of Broadcasting and TV Equipment		2	2	11	24	24
雷达及配套设备制造	Manufacture of Radar and Its Fittings						
视听设备制造	Manufacture of TV Set and Radio Receiver	17	26	45	49	45	37
电子器件制造	Manufacture of Electronic Appliances	5	16	60	93	71	86
#电子真空器件制造	Manufacture of Electronic Vacuum Appliance	4	5	1	1	1	
半导体分立器件制造	Manufacture of Semiconductor Discreting Appliances	1	2	7	5	4	5
集成电路制造	Manufacture of Integrate Circuit		1	11	20	9	16
电子元件制造	Manufacture of Electronic Components	12	28	309	259	237	233
其他电子设备制造	Manufacture of Other Electronic Equipment		4	15	22	30	21
计算机及办公设备制造业	**Manufacture of Computers and Office Equipment**	**6**	**32**	**47**	**72**	**59**	**54**
#计算机整机制造	Manufacture of Entired Computer	2	2	7	6	7	7
计算机零部件制造	Manufacture of Computer Components and Parts	3	26	34	26	21	24
计算机外围设备制造	Manufacture of Computer Peripheral Equipment				26	25	17
办公设备制造	Manufacture of Office Equipment	1	4	6	5	1	3
医疗仪器设备及仪器仪表制造业	**Manufacture of Medical Equipments and Measuring Instrument**	**5**	**17**	**43**	**52**	**57**	**63**
1.医疗仪器设备及器械制造	Manufacture of Medical Equipment and Appliance			4	18	16	17
2.仪器仪表制造	Manufacture of Measuring Instrument	5	17	39	34	41	46

2-1-6 续表 11 continued

行 业	Industry	机构人员（人） Personnel in the R&D Institutions (person)					
		2000	2005	2011	2012	2013	2014
合计	**Total**	**6846**	**21584**	**58242**	**74591**	**74388**	**78980**
医药制造业	**Manufacture of Medicines**	**772**	**952**	**7989**	**10267**	**11014**	**10213**
#化学药品制造	Manufacture of Chemical Medicine	466	660	4962	5915	6459	6530
中成药生产	Production of Finished Traditional Chinese Herbal Medicine	129	292	1164	1806	1881	1720
生物药品制造	Manufacture of Biological Medicine	177		1600	1809	1609	1289
航空、航天器及设备制造业	**Manufacture of Aircrafts and Spacecrafts and Related Equipment**		**34**		**115**	**115**	**7**
#飞机制造	Manufacture of Airplanes		34				
航天器制造	Manufacture of Spacecrafts						
电子及通信设备制造业	**Manufacture of Electronic Equipment and Communication Equipment**	**2971**	**8952**	**36499**	**48084**	**50957**	**54678**
#通信设备制造	Manufacture of Communication Equipment	383	2392	6607	5137	8891	13409
#通信系统设备制造	Manufacture of Communication System Equipment	3	59	836	2847	6930	9590
通信终端设备制造	Manufacture of Communication Terminal Equipment	345	388	285	2290	1961	3819
广播电视设备制造	Manufacture of Broadcasting and TV Equipment		60	56	789	1126	1234
雷达及配套设备制造	Manufacture of Radar and Its Fittings						
视听设备制造	Manufacture of TV Set and Radio Receiver	1369	3759	6163	7812	6497	7486
电子器件制造	Manufacture of Electronic Appliances	219	1230	8146	8552	9043	9936
#电子真空器件制造	Manufacture of Electronic Vacuum Appliance	185	184	89	72	63	
半导体分立器件制造	Manufacture of Semiconductor Discreting Appliances	34	254	299	134	142	160
集成电路制造	Manufacture of Integrate Circuit		12	2273	2367	1726	1954
电子元件制造	Manufacture of Electronic Components	1000	1328	14448	22436	20815	18830
其他电子设备制造	Manufacture of Other Electronic Equipment		183	1079	1395	2717	2322
计算机及办公设备制造业	**Manufacture of Computers and Office Equipment**	**2955**	**10044**	**10030**	**11838**	**8213**	**8679**
#计算机整机制造	Manufacture of Entired Computer	2247	302	1367	2335	3869	4480
计算机零部件制造	Manufacture of Computer Components and Parts	572	9525	8145	2440	1362	1359
计算机外围设备制造	Manufacture of Computer Peripheral Equipment				3881	2748	2381
办公设备制造	Manufacture of Office Equipment	136	217	518	228	86	118
医疗仪器设备及仪器仪表制造业	**Manufacture of Medical Equipments and Measuring Instrument**	**148**	**1602**	**3724**	**4287**	**4089**	**5403**
1.医疗仪器设备及器械制造	Manufacture of Medical Equipment and Appliance			359	694	534	666
2.仪器仪表制造	Manufacture of Measuring Instrument	148	1602	3365	3593	3555	4737

2-1-6 续表 12 continued

行业	Industry	机构经费支出（万元）Expenditure in the R&D Institutions (10000 yuan) 2000	2005	2011	2012	2013	2014
合计	**Total**	**142452**	**314620**	**1374307**	**1813957**	**1888652**	**2165082**
医药制造业	**Manufacture of Medicines**	**5239**	**20590**	**172424**	**253531**	**259870**	**282684**
#化学药品制造	Manufacture of Chemical Medicine	3772	15708	97340	144211	166499	204311
中成药生产	Production of Finished Traditional Chinese Herbal Medicine	650	4882	14547	32496	34321	34463
生物药品制造	Manufacture of Biological Medicine	817		53489	63232	39583	33424
航空、航天器及设备制造业	**Manufacture of Aircrafts and Spacecrafts and Related Equipment**		**536**		**9856**	**5628**	**5556**
#飞机制造	Manufacture of Airplanes		536				
航天器制造	Manufacture of Spacecrafts						
电子及通信设备制造业	**Manufacture of Electronic Equipment and Communication Equipment**	**56750**	**201132**	**760323**	**1030447**	**1273724**	**1452515**
#通信设备制造	Manufacture of Communication Equipment	2546	45460	101513	86907	290088	367090
#通信系统设备制造	Manufacture of Communication System Equipment	5	335	5527	30501	245711	293032
通信终端设备制造	Manufacture of Communication Terminal Equipment	690	4553	5700	56406	44378	74058
广播电视设备制造	Manufacture of Broadcasting and TV Equipment		2055	112	22008	30268	33226
雷达及配套设备制造	Manufacture of Radar and Its Fittings						
视听设备制造	Manufacture of TV Set and Radio Receiver	30480	112339	176572	159262	178322	267974
电子器件制造	Manufacture of Electronic Appliances	12532	22249	234876	306238	288468	327463
#电子真空器件制造	Manufacture of Electronic Vacuum Appliance	11764	11107	500	1461	856	
半导体分立器件制造	Manufacture of Semiconductor Discreting Appliances	768	828	5813	6806	3934	6806
集成电路制造	Manufacture of Integrate Circuit		326	66867	78042	42990	98065
电子元件制造	Manufacture of Electronic Components	11192	18319	234282	401771	405661	401423
其他电子设备制造	Manufacture of Other Electronic Equipment		710	12968	16050	47942	25410
计算机及办公设备制造业	**Manufacture of Computers and Office Equipment**	**79157**	**74073**	**389033**	**454214**	**286683**	**336542**
#计算机整机制造	Manufacture of Entired Computer	73937	6347	105796	128365	119414	203640
计算机零部件制造	Manufacture of Computer Components and Parts	4983	64976	273645	32194	21960	25835
计算机外围设备制造	Manufacture of Computer Peripheral Equipment				185666	140384	98448
办公设备制造	Manufacture of Office Equipment	237	2749	9592	1681	1129	3003
医疗仪器设备及仪器仪表制造业	**Manufacture of Medical Equipments and Measuring Instrument**	**1307**	**18289**	**52528**	**65907**	**62748**	**87786**
1.医疗仪器设备及器械制造	Manufacture of Medical Equipment and Appliance			3707	13432	10672	12959
2.仪器仪表制造	Manufacture of Measuring Instrument	1307	18289	48821	52475	52076	74827

2-1-7　大中型外资企业分行业R&D及相关活动情况

Statistics on R&D and Related Activities of Foreign Funded Enterprises in Large and Medium-sized Enterprises by Region

行　业	Industry	R&D人员折合全时当量（人年） Full-time Equivalent of R&D Personnel (man-year)					
		2000	2005	2011	2012	2013	2014
合计	**Total**	**9375**	**33860**	**85971**	**112477**	**116260**	**108139**
医药制造业	**Manufacture of Medicines**	**1123**	**2424**	**9787**	**10136**	**13232**	**14102**
#化学药品制造	Manufacture of Chemical Medicine	665	1894	7394	7525	10000	10223
中成药生产	Production of Finished Traditional Chinese Herbal Medicine	332	333	1125	939	1575	1629
生物药品制造	Manufacture of Biological Medicine	109	121	827	1138	1239	1471
航空、航天器及设备制造业	**Manufacture of Aircrafts and Spacecrafts and Related Equipment**	**884**	**33**	**185**	**621**	**1147**	**764**
#飞机制造	Manufacture of Airplanes	884	33	185	13	71	178
航天器制造	Manufacture of Spacecrafts						
电子及通信设备制造业	**Manufacture of Electronic Equipment and Communication Equipment**	**6258**	**23056**	**47637**	**59732**	**60694**	**61978**
#通信设备制造	Manufacture of Communication Equipment	3287	8964	10799	10452	13179	11818
#通信系统设备制造	Manufacture of Communication System Equipment	2394	4353	3578	4461	5473	6249
通信终端设备制造	Manufacture of Communication Terminal Equipment	83	557	630	5991	7707	5570
广播电视设备制造	Manufacture of Broadcasting and TV Equipment		200	472	662	1933	1179
雷达及配套设备制造	Manufacture of Radar and Its Fittings						4
视听设备制造	Manufacture of TV Set and Radio Receiver	617	1726	2119	2410	3536	3916
电子器件制造	Manufacture of Electronic Appliances	702	5460	14202	25366	17284	18936
#电子真空器件制造	Manufacture of Electronic Vacuum Appliance	120	597	91	57	143	10
半导体分立器件制造	Manufacture of Semiconductor Discreting Appliances	157	277	539	1443	1080	1212
集成电路制造	Manufacture of Integrate Circuit	425	2657	6000	10630	7084	8393
电子元件制造	Manufacture of Electronic Components	578	6311	19464	17182	18393	17568
其他电子设备制造	Manufacture of Other Electronic Equipment	1075	395	581	1620	4591	5944
计算机及办公设备制造业	**Manufacture of Computers and Office Equipment**	**549**	**7254**	**20478**	**33903**	**32730**	**21701**
#计算机整机制造	Manufacture of Entired Computer	138	2771	10140	11076	11480	10780
计算机零部件制造	Manufacture of Computer Components and Parts	332	3670	9799	17128	14765	4514
计算机外围设备制造	Manufacture of Computer Peripheral Equipment				1818	1408	996
办公设备制造	Manufacture of Office Equipment	79	814	539	865	1236	1094
医疗仪器设备及仪器仪表制造业	**Manufacture of Medical Equipments and Measuring Instrument**	**562**	**1093**	**7884**	**8084**	**8455**	**9595**
1.医疗仪器设备及器械制造	Manufacture of Medical Equipment and Appliance	141	466	2184	2280	2259	2567
2.仪器仪表制造	Manufacture of Measuring Instrument	420	627	5701	5804	6196	7028

2-1-7 续表 1 continued

行 业	Industry	R&D经费内部支出（万元） Intramural Expenditure on R&D (10000 yuan)					
		2000	2005	2011	2012	2013	2014
合计	**Total**	**202661**	**1019163**	**2789420**	**3242284**	**3517391**	**3528319**
医药制造业	**Manufacture of Medicines**	**24491**	**74443**	**269509**	**334158**	**403182**	**433100**
#化学药品制造	Manufacture of Chemical Medicine	18884	59703	211483	256276	297316	319096
中成药生产	Production of Finished Traditional Chinese Herbal Medicine	3549	6344	28403	36727	50091	52045
生物药品制造	Manufacture of Biological Medicine	1915	3807	15904	26690	44000	45072
航空、航天器及设备制造业	**Manufacture of Aircrafts and Spacecrafts and Related Equipment**	**5337**	**2292**	**7177**	**4215**	**29912**	**33328**
#飞机制造	Manufacture of Airplanes	5337	2292	7177	395	14718	18285
航天器制造	Manufacture of Spacecrafts						
电子及通信设备制造业	**Manufacture of Electronic Equipment and Communication Equipment**	**160130**	**773302**	**1569167**	**1912579**	**2137315**	**2170001**
#通信设备制造	Manufacture of Communication Equipment	100956	340120	385558	402748	507560	604488
#通信系统设备制造	Manufacture of Communication System Equipment	67578	170920	116480	151980	186043	228814
通信终端设备制造	Manufacture of Communication Terminal Equipment	2273	6544	19090	250767	321518	375674
广播电视设备制造	Manufacture of Broadcasting and TV Equipment		4126	12709	28150	64078	26961
雷达及配套设备制造	Manufacture of Radar and Its Fittings						193
视听设备制造	Manufacture of TV Set and Radio Receiver	23021	76941	226610	115804	196721	126609
电子器件制造	Manufacture of Electronic Appliances	18790	203766	516847	788723	662739	735805
#电子真空器件制造	Manufacture of Electronic Vacuum Appliance	9807	14497	434	1606	3601	586
半导体分立器件制造	Manufacture of Semiconductor Discreting Appliances	193	9105	24376	37743	24337	38901
集成电路制造	Manufacture of Integrate Circuit	8789	117939	155824	302893	264628	322956
电子元件制造	Manufacture of Electronic Components	12639	142061	383667	400437	394300	409333
其他电子设备制造	Manufacture of Other Electronic Equipment	4725	6288	43775	84987	234006	188054
计算机及办公设备制造业	**Manufacture of Computers and Office Equipment**	**6859**	**135454**	**723134**	**738559**	**648152**	**570860**
#计算机整机制造	Manufacture of Entired Computer	1091	23780	419098	359829	328701	321708
计算机零部件制造	Manufacture of Computer Components and Parts	4708	100290	277377	255935	196215	114376
计算机外围设备制造	Manufacture of Computer Peripheral Equipment				39085	20959	20921
办公设备制造	Manufacture of Office Equipment	1060	11384	26659	29560	33233	35876
医疗仪器设备及仪器仪表制造业	**Manufacture of Medical Equipments and Measuring Instrument**	**5843**	**33672**	**220434**	**252772**	**298830**	**321031**
1.医疗仪器设备及器械制造	Manufacture of Medical Equipment and Appliance	2588	21527	87918	85741	114207	112682
2.仪器仪表制造	Manufacture of Measuring Instrument	3255	12145	132516	167030	184624	208349

2-1-7 续表 2 continued

行业	Industry	新产品开发经费支出（万元） Expenditure on New Products Development (10000 yuan)					
		2000	2005	2011	2012	2013	2014
合计	**Total**	**222028**	**1216386**	**4156346**	**4672985**	**4488169**	**4664762**
医药制造业	**Manufacture of Medicines**	**23945**	**90178**	**288611**	**334826**	**386912**	**405689**
#化学药品制造	Manufacture of Chemical Medicine	15784	70318	225846	250345	272977	270497
中成药生产	Production of Finished Traditional Chinese Herbal Medicine	5701	10997	24493	34400	42142	47758
生物药品制造	Manufacture of Biological Medicine	2315	4282	27760	35415	51507	68235
航空、航天器及设备制造业	**Manufacture of Aircrafts and Spacecrafts and Related Equipment**	**5337**	**4800**	**10821**	**15051**	**39310**	**57776**
#飞机制造	Manufacture of Airplanes	5337	4800	10821	4399	13636	29088
航天器制造	Manufacture of Spacecrafts						
电子及通信设备制造业	**Manufacture of Electronic Equipment and Communication Equipment**	**162410**	**877314**	**2373579**	**2696219**	**2708247**	**2822246**
#通信设备制造	Manufacture of Communication Equipment	98600	406031	709492	638470	667931	736999
#通信系统设备制造	Manufacture of Communication System Equipment	60236	160631	309881	284063	277864	319764
通信终端设备制造	Manufacture of Communication Terminal Equipment	8428	9159	7959	354407	390067	417235
广播电视设备制造	Manufacture of Broadcasting and TV Equipment		4961	27664	46758	79224	51961
雷达及配套设备制造	Manufacture of Radar and Its Fittings						193
视听设备制造	Manufacture of TV Set and Radio Receiver	25416	102273	296323	161719	252714	160193
电子器件制造	Manufacture of Electronic Appliances	24041	194714	739680	989451	826460	936242
#电子真空器件制造	Manufacture of Electronic Vacuum Appliance	13241	18863	2164	1853	2965	1874
半导体分立器件制造	Manufacture of Semiconductor Discreting Appliances	193	11959	23841	38020	31580	36007
集成电路制造	Manufacture of Integrate Circuit	10608	88306	266079	395282	347271	432879
电子元件制造	Manufacture of Electronic Components	14352	162535	484132	558475	465256	520688
其他电子设备制造	Manufacture of Other Electronic Equipment		6800	116288	189320	308250	329321
计算机及办公设备制造业	**Manufacture of Computers and Office Equipment**	**21658**	**205341**	**1206122**	**1289967**	**984108**	**965851**
#计算机整机制造	Manufacture of Entired Computer	516	43798	777535	638240	519272	573928
计算机零部件制造	Manufacture of Computer Components and Parts	17626	134773	394130	477854	306677	231188
计算机外围设备制造	Manufacture of Computer Peripheral Equipment				58761	31954	32859
办公设备制造	Manufacture of Office Equipment	3516	26770	34457	40361	45208	42625
医疗仪器设备及仪器仪表制造业	**Manufacture of Medical Equipments and Measuring Instrument**	**8679**	**38754**	**277213**	**336920**	**369592**	**413201**
1.医疗仪器设备及器械制造	Manufacture of Medical Equipment and Appliance	2969	19976	101718	123719	145822	162553
2.仪器仪表制造	Manufacture of Measuring Instrument	5710	18778	175495	213201	223770	250648

2-1-7 续表 3 continued

行 业	Industry	新产品销售收入（万元） Sales Revenue of New Products (10000 yuan)					
		2000	2005	2011	2012	2013	2014
合计	**Total**	**10270862**	**27716836**	**99933626**	**107896980**	**121378698**	**114338658**
医药制造业	**Manufacture of Medicines**	**273340**	**741324**	**3002683**	**3602953**	**4001660**	**4702503**
#化学药品制造	Manufacture of Chemical Medicine	214036	658184	2417345	2901559	3226567	3938720
中成药生产	Production of Finished Traditional Chinese Herbal Medicine	28409	73537	289703	389482	463989	508689
生物药品制造	Manufacture of Biological Medicine	23358	6803	128880	117057	101438	157165
航空、航天器及设备制造业	**Manufacture of Aircrafts and Spacecrafts and Related Equipment**		**4933**	**11977**	**65357**	**98046**	**2842184**
#飞机制造	Manufacture of Airplanes		4933	11977	34709	85938	2449920
航天器制造	Manufacture of Spacecrafts						
电子及通信设备制造业	**Manufacture of Electronic Equipment and Communication Equipment**	**7288157**	**18606168**	**45165444**	**51116067**	**72061172**	**63204540**
#通信设备制造	Manufacture of Communication Equipment	4066420	10521050	23020504	25593331	39059702	29738767
#通信系统设备制造	Manufacture of Communication System Equipment	141393	2156903	3294462	1638013	2809587	1645750
通信终端设备制造	Manufacture of Communication Terminal Equipment	821547	520710	42932	23955318	36250115	28093017
广播电视设备制造	Manufacture of Broadcasting and TV Equipment		10942	217459	394139	1108005	303809
雷达及配套设备制造	Manufacture of Radar and Its Fittings						
视听设备制造	Manufacture of TV Set and Radio Receiver	2046575	3346729	6434693	4193118	10688835	5225851
电子器件制造	Manufacture of Electronic Appliances	866693	2890331	7711633	11538746	10031072	14432022
#电子真空器件制造	Manufacture of Electronic Vacuum Appliance	617579	480293	405723	429100	451208	50271
半导体分立器件制造	Manufacture of Semiconductor Discreting Appliances	11301	33110	181346	159713	157124	160122
集成电路制造	Manufacture of Integrate Circuit	237813	1756438	1698662	2558060	2565071	3690972
电子元件制造	Manufacture of Electronic Components	308469	1767376	7053702	7855523	7148744	8525994
其他电子设备制造	Manufacture of Other Electronic Equipment		69740	727453	269873	2636614	3695645
计算机及办公设备制造业	**Manufacture of Computers and Office Equipment**	**2556323**	**7939540**	**49250256**	**50991474**	**43071513**	**41122835**
#计算机整机制造	Manufacture of Entired Computer	117812	4740700	25685712	27851304	18968867	21153585
计算机零部件制造	Manufacture of Computer Components and Parts	2370475	2894574	23042543	21000498	21168911	17480237
计算机外围设备制造	Manufacture of Computer Peripheral Equipment				861455	973920	327779
办公设备制造	Manufacture of Office Equipment	68037	304266	522000	684741	926772	904006
医疗仪器设备及仪器仪表制造业	**Manufacture of Medical Equipments and Measuring Instrument**	**153043**	**424870**	**2503267**	**2121127**	**2146307**	**2466597**
1.医疗仪器设备及器械制造	Manufacture of Medical Equipment and Appliance	21594	145078	178805	230924	152179	238064
2.仪器仪表制造	Manufacture of Measuring Instrument	131449	279793	2324462	1890202	1994129	2228533

2-1-7　续表 4　continued

行　业	Industry	专利申请数（件）Patent Applications (piece)					
		2000	2005	2011	2012	2013	2014
合计	**Total**	**131**	**2833**	**18922**	**19171**	**23839**	**24094**
医药制造业	**Manufacture of Medicines**	**48**	**459**	**898**	**1050**	**1136**	**1444**
#化学药品制造	Manufacture of Chemical Medicine	13	188	546	588	684	607
中成药生产	Production of Finished Traditional Chinese Herbal Medicine	29	195	95	100	84	109
生物药品制造	Manufacture of Biological Medicine	6	71	187	245	136	445
航空、航天器及设备制造业	**Manufacture of Aircrafts and Spacecrafts and Related Equipment**			**28**	**76**	**72**	**64**
#飞机制造	Manufacture of Airplanes			28	38	23	24
航天器制造	Manufacture of Spacecrafts						
电子及通信设备制造业	**Manufacture of Electronic Equipment and Communication Equipment**	**47**	**1998**	**10101**	**13253**	**15723**	**16654**
#通信设备制造	Manufacture of Communication Equipment	40	519	2857	4135	5045	4639
#通信系统设备制造	Manufacture of Communication System Equipment	37	106	409	459	411	424
通信终端设备制造	Manufacture of Communication Terminal Equipment	1	53	20	3676	4634	4215
广播电视设备制造	Manufacture of Broadcasting and TV Equipment		39	783	366	775	352
雷达及配套设备制造	Manufacture of Radar and Its Fittings						
视听设备制造	Manufacture of TV Set and Radio Receiver	5	850	307	979	717	349
电子器件制造	Manufacture of Electronic Appliances	2	306	3924	4868	5204	8644
#电子真空器件制造	Manufacture of Electronic Vacuum Appliance		1	2	41	49	8
半导体分立器件制造	Manufacture of Semiconductor Discreting Appliances			23	84	56	78
集成电路制造	Manufacture of Integrate Circuit	2	249	2051	1582	1795	2635
电子元件制造	Manufacture of Electronic Components		281	2058	2247	3009	1712
其他电子设备制造	Manufacture of Other Electronic Equipment		3	172	366	628	499
计算机及办公设备制造业	**Manufacture of Computers and Office Equipment**	**30**	**146**	**6495**	**3499**	**4893**	**3332**
#计算机整机制造	Manufacture of Entired Computer		6	4549	2206	3250	1477
计算机零部件制造	Manufacture of Computer Components and Parts	28	140	1899	489	923	1145
计算机外围设备制造	Manufacture of Computer Peripheral Equipment				262	284	264
办公设备制造	Manufacture of Office Equipment	2		47	169	166	146
医疗仪器设备及仪器仪表制造业	**Manufacture of Medical Equipments and Measuring Instrument**	**6**	**230**	**1400**	**1293**	**2015**	**2600**
1.医疗仪器设备及器械制造	Manufacture of Medical Equipment and Appliance	2	154	397	502	536	556
2.仪器仪表制造	Manufacture of Measuring Instrument	4	76	1003	791	1479	2044

2-1-7 续表 5 continued

行 业	Industry	有效发明专利数（件） Number of Patents In Force (piece)					
		2000	2005	2011	2012	2013	2014
合计	**Total**	**170**	**1194**	**13217**	**18995**	**21084**	**23059**
医药制造业	**Manufacture of Medicines**	**67**	**252**	**917**	**1179**	**1345**	**2210**
#化学药品制造	Manufacture of Chemical Medicine	5	56	614	858	929	1254
中成药生产	Production of Finished Traditional Chinese Herbal Medicine	61	122	116	132	190	491
生物药品制造	Manufacture of Biological Medicine	1	9	106	79	160	374
航空、航天器及设备制造业	**Manufacture of Aircrafts and Spacecrafts and Related Equipment**				**22**	**31**	**58**
#飞机制造	Manufacture of Airplanes					23	43
航天器制造	Manufacture of Spacecrafts						
电子及通信设备制造业	**Manufacture of Electronic Equipment and Communication Equipment**	**89**	**733**	**5122**	**8496**	**8931**	**11955**
#通信设备制造	Manufacture of Communication Equipment	87	173	1321	1750	1731	2223
#通信系统设备制造	Manufacture of Communication System Equipment	82	72	420	479	655	890
通信终端设备制造	Manufacture of Communication Terminal Equipment	1	11	10	1271	1076	1333
广播电视设备制造	Manufacture of Broadcasting and TV Equipment		3	142	244	786	885
雷达及配套设备制造	Manufacture of Radar and Its Fittings						
视听设备制造	Manufacture of TV Set and Radio Receiver		129	213	923	398	236
电子器件制造	Manufacture of Electronic Appliances	2	367	1647	3350	3580	5437
#电子真空器件制造	Manufacture of Electronic Vacuum Appliance		251		110	78	
半导体分立器件制造	Manufacture of Semiconductor Discreting Appliances		2	3	52	51	60
集成电路制造	Manufacture of Integrate Circuit	2	98	755	1271	1290	1908
电子元件制造	Manufacture of Electronic Components		60	1738	1495	1250	1866
其他电子设备制造	Manufacture of Other Electronic Equipment		1	61	331	810	754
计算机及办公设备制造业	**Manufacture of Computers and Office Equipment**	**4**	**163**	**6561**	**8613**	**9651**	**7061**
#计算机整机制造	Manufacture of Entired Computer		1	4414	7333	8028	5369
计算机零部件制造	Manufacture of Computer Components and Parts	2	162	2125	645	765	704
计算机外围设备制造	Manufacture of Computer Peripheral Equipment				171	132	171
办公设备制造	Manufacture of Office Equipment	2		22	18	163	160
医疗仪器设备及仪器仪表制造业	**Manufacture of Medical Equipments and Measuring Instrument**	**10**	**46**	**617**	**685**	**1126**	**1775**
1.医疗仪器设备及器械制造	Manufacture of Medical Equipment and Appliance	6	30	181	271	445	843
2.仪器仪表制造	Manufacture of Measuring Instrument	4	16	436	414	681	932

2-1-7 续表 6 continued

行业	Industry	技术改造经费支出（万元） Expenditure for Technical Renovation (10000 yuan)					
		2000	2005	2011	2012	2013	2014
合计	**Total**	**80420**	**278819**	**410614**	**385046**	**323658**	**288395**
医药制造业	**Manufacture of Medicines**	**15978**	**52192**	**70004**	**100845**	**77313**	**68248**
#化学药品制造	Manufacture of Chemical Medicine	8480	29971	58892	86947	68070	60778
中成药生产	Production of Finished Traditional Chinese Herbal Medicine	6498	20560	1278	8956	7686	4795
生物药品制造	Manufacture of Biological Medicine	1000	1200	4510	2654	211	527
航空、航天器及设备制造业	**Manufacture of Aircrafts and Spacecrafts and Related Equipment**		**4564**			**4513**	**4735**
#飞机制造	Manufacture of Airplanes		4564			4513	4735
航天器制造	Manufacture of Spacecrafts						
电子及通信设备制造业	**Manufacture of Electronic Equipment and Communication Equipment**	**52920**	**189421**	**266296**	**203148**	**173303**	**178901**
#通信设备制造	Manufacture of Communication Equipment	32151	20815	16459	7712	23344	12707
#通信系统设备制造	Manufacture of Communication System Equipment	3772	4737	3	1776	18461	8636
通信终端设备制造	Manufacture of Communication Terminal Equipment	28286	501		5935	4883	4071
广播电视设备制造	Manufacture of Broadcasting and TV Equipment		30				2100
雷达及配套设备制造	Manufacture of Radar and Its Fittings						
视听设备制造	Manufacture of TV Set and Radio Receiver	4894	28486	41328	33295	2386	4579
电子器件制造	Manufacture of Electronic Appliances	14908	49460	140923	92521	84772	123523
#电子真空器件制造	Manufacture of Electronic Vacuum Appliance	6185	6733	2499	508		
半导体分立器件制造	Manufacture of Semiconductor Discreting Appliances	8000	1822	17872	5439	255	1627
集成电路制造	Manufacture of Integrate Circuit	723	32097	83163	27073	38810	79552
电子元件制造	Manufacture of Electronic Components	967	90508	67480	48711	49789	29677
其他电子设备制造	Manufacture of Other Electronic Equipment		121	107	1342	1432	
计算机及办公设备制造业	**Manufacture of Computers and Office Equipment**	**9417**	**26410**	**42477**	**14636**	**13475**	**11042**
#计算机整机制造	Manufacture of Entired Computer	516	575	1374		4846	
计算机零部件制造	Manufacture of Computer Components and Parts	8902	24903	39572	10244	3310	7230
计算机外围设备制造	Manufacture of Computer Peripheral Equipment				1813	1966	2646
办公设备制造	Manufacture of Office Equipment		932	1530	2578	254	1118
医疗仪器设备及仪器仪表制造业	**Manufacture of Medical Equipments and Measuring Instrument**	**2105**	**6233**	**31837**	**66415**	**55054**	**25469**
1.医疗仪器设备及器械制造	Manufacture of Medical Equipment and Appliance	1213	663	4212	3382	1831	7515
2.仪器仪表制造	Manufacture of Measuring Instrument	892	5570	27625	63033	53223	17954

2-1-7 续表 7 continued

行 业	Industry	引进技术经费支出（万元） Expenditure for Acquisition of Foreign Technology (10000 yuan)					
		2000	2005	2011	2012	2013	2014
合计	**Total**	**213961**	**622099**	**358907**	**344551**	**271601**	**257612**
医药制造业	**Manufacture of Medicines**	**8898**	**9383**	**8114**	**10602**	**10224**	**7259**
#化学药品制造	Manufacture of Chemical Medicine	2140	9183	7894	10522	9166	6909
中成药生产	Production of Finished Traditional Chinese Herbal Medicine	400	200				
生物药品制造	Manufacture of Biological Medicine	6233				428	
航空、航天器及设备制造业	**Manufacture of Aircrafts and Spacecrafts and Related Equipment**		**2950**			**100**	
#飞机制造	Manufacture of Airplanes		2950				
航天器制造	Manufacture of Spacecrafts						
电子及通信设备制造业	**Manufacture of Electronic Equipment and Communication Equipment**	**130248**	**506772**	**301419**	**240615**	**180568**	**177556**
#通信设备制造	Manufacture of Communication Equipment	67737	181256	32411	36967	32924	55850
#通信系统设备制造	Manufacture of Communication System Equipment	20953	6852	6392		2914	1770
通信终端设备制造	Manufacture of Communication Terminal Equipment	45569		8038	36967	30010	54080
广播电视设备制造	Manufacture of Broadcasting and TV Equipment		533		2446	2079	2203
雷达及配套设备制造	Manufacture of Radar and Its Fittings						
视听设备制造	Manufacture of TV Set and Radio Receiver	26179	107761	81805	49140	52685	53008
电子器件制造	Manufacture of Electronic Appliances	28850	122975	130299	88841	24817	26930
#电子真空器件制造	Manufacture of Electronic Vacuum Appliance	19300	17723	6816	7018		
半导体分立器件制造	Manufacture of Semiconductor Discreting Appliances			4407	4896	674	1366
集成电路制造	Manufacture of Integrate Circuit	9549	44195	11899	6798	7707	6145
电子元件制造	Manufacture of Electronic Components	7233	93128	56685	63218	66159	37932
其他电子设备制造	Manufacture of Other Electronic Equipment	250	1120	219			393
计算机及办公设备制造业	**Manufacture of Computers and Office Equipment**	**72256**	**102994**	**1840**	**22498**	**11811**	**2976**
#计算机整机制造	Manufacture of Entired Computer	31405	32607	447			
计算机零部件制造	Manufacture of Computer Components and Parts	40540	50593	243	2506	2994	2976
计算机外围设备制造	Manufacture of Computer Peripheral Equipment				16116	8336	
办公设备制造	Manufacture of Office Equipment	310	19794	1150	3876	482	
医疗仪器设备及仪器仪表制造业	**Manufacture of Medical Equipments and Measuring Instrument**	**2559**		**47535**	**70834**	**68898**	**69821**
1.医疗仪器设备及器械制造	Manufacture of Medical Equipment and Appliance	180		31990	59820	48784	37903
2.仪器仪表制造	Manufacture of Measuring Instrument	2379		15545	11014	20114	31919

2-1-7　续表 8　continued

行　业	Industry	消化吸收经费支出（万元） Expenditure for Assimilation of Technology (10000 yuan)					
		2000	2005	2011	2012	2013	2014
合计	**Total**	**11736**	**192020**	**69909**	**9723**	**20669**	**48305**
医药制造业	**Manufacture of Medicines**	**961**	**3405**	**6502**	**1894**	**5986**	**6727**
#化学药品制造	Manufacture of Chemical Medicine	960	3049	4846	892	5093	5954
中成药生产	Production of Finished Traditional Chinese Herbal Medicine	1	356	1014	842	627	727
生物药品制造	Manufacture of Biological Medicine						
航空、航天器及设备制造业	**Manufacture of Aircrafts and Spacecrafts and Related Equipment**						
#飞机制造	Manufacture of Airplanes						
航天器制造	Manufacture of Spacecrafts						
电子及通信设备制造业	**Manufacture of Electronic Equipment and Communication Equipment**	**7236**	**182791**	**43169**	**6724**	**8976**	**39265**
#通信设备制造	Manufacture of Communication Equipment	1839	165488	1092	347	462	734
#通信系统设备制造	Manufacture of Communication System Equipment	1088		5	190	6	
通信终端设备制造	Manufacture of Communication Terminal Equipment	652			157	456	734
广播电视设备制造	Manufacture of Broadcasting and TV Equipment				841	952	1095
雷达及配套设备制造	Manufacture of Radar and Its Fittings						
视听设备制造	Manufacture of TV Set and Radio Receiver	5219	1889	2866	2041	392	28041
电子器件制造	Manufacture of Electronic Appliances	78	11716	1275	2061	4873	4276
#电子真空器件制造	Manufacture of Electronic Vacuum Appliance					1540	1356
半导体分立器件制造	Manufacture of Semiconductor Discreting Appliances			389	936	156	
集成电路制造	Manufacture of Integrate Circuit	78	730	862	925	1035	650
电子元件制造	Manufacture of Electronic Components	100	3698	37935	1431	2296	2513
其他电子设备制造	Manufacture of Other Electronic Equipment						
计算机及办公设备制造业	**Manufacture of Computers and Office Equipment**	**3197**	**3171**	**2305**		**2642**	
#计算机整机制造	Manufacture of Entired Computer						
计算机零部件制造	Manufacture of Computer Components and Parts	3197	1371				
计算机外围设备制造	Manufacture of Computer Peripheral Equipment						
办公设备制造	Manufacture of Office Equipment		1800	2305		2642	
医疗仪器设备及仪器仪表制造业	**Manufacture of Medical Equipments and Measuring Instrument**	**342**	**2653**	**17934**	**1104**	**3065**	**2313**
1.医疗仪器设备及器械制造	Manufacture of Medical Equipment and Appliance	160		21	21		635
2.仪器仪表制造	Manufacture of Measuring Instrument	182	2653	17913	1083	3065	1678

2-1-7 续表 9 continued

行 业	Industry	购买国内技术经费支出（万元） Expenditure on Purchase of Domestic Technology (10000 yuan)					
		2000	2005	2011	2012	2013	2014
合计	**Total**	**4379**	**13159**	**23943**	**24072**	**30527**	**70542**
医药制造业	**Manufacture of Medicines**	**1557**	**6808**	**11495**	**16314**	**20801**	**19433**
#化学药品制造	Manufacture of Chemical Medicine	562	5598	10624	12906	18146	15420
中成药生产	Production of Finished Traditional Chinese Herbal Medicine	980	918	312	3344	1844	3584
生物药品制造	Manufacture of Biological Medicine	15	292	23		470	373
航空、航天器及设备制造业	**Manufacture of Aircrafts and Spacecrafts and Related Equipment**						
#飞机制造	Manufacture of Airplanes						
航天器制造	Manufacture of Spacecrafts						
电子及通信设备制造业	**Manufacture of Electronic Equipment and Communication Equipment**	**102**	**4434**	**10994**	**7089**	**9676**	**48455**
#通信设备制造	Manufacture of Communication Equipment	101	85	5961	5822	5668	41576
#通信系统设备制造	Manufacture of Communication System Equipment			5		6	
通信终端设备制造	Manufacture of Communication Terminal Equipment	101			5822	5662	41576
广播电视设备制造	Manufacture of Broadcasting and TV Equipment			36		825	
雷达及配套设备制造	Manufacture of Radar and Its Fittings						
视听设备制造	Manufacture of TV Set and Radio Receiver		684	3026		1947	6313
电子器件制造	Manufacture of Electronic Appliances		2906	430	934	611	13
#电子真空器件制造	Manufacture of Electronic Vacuum Appliance		1013				
半导体分立器件制造	Manufacture of Semiconductor Discreting Appliances		1822			34	
集成电路制造	Manufacture of Integrate Circuit		70	430	86		
电子元件制造	Manufacture of Electronic Components	2	558	1538	195	518	524
其他电子设备制造	Manufacture of Other Electronic Equipment		200	4			
计算机及办公设备制造业	**Manufacture of Computers and Office Equipment**		**1844**	**158**	**52**		**2382**
#计算机整机制造	Manufacture of Entired Computer		1844		52		
计算机零部件制造	Manufacture of Computer Components and Parts			138			
计算机外围设备制造	Manufacture of Computer Peripheral Equipment						470
办公设备制造	Manufacture of Office Equipment			20			
医疗仪器设备及仪器仪表制造业	**Manufacture of Medical Equipments and Measuring Instrument**	**2720**	**74**	**1296**	**616**	**50**	**272**
1.医疗仪器设备及器械制造	Manufacture of Medical Equipment and Appliance	2707	15		65		177
2.仪器仪表制造	Manufacture of Measuring Instrument	12	59	1296	551	50	95

2-1-7 续表 10 continued

行 业	Industry	研发机构数（个） Number of R&D Institutions in Enterprises (unit)					
		2000	2005	2011	2012	2013	2014
合计	**Total**	**115**	**274**	**613**	**1069**	**927**	**953**
医药制造业	**Manufacture of Medicines**	**36**	**62**	**118**	**135**	**139**	**127**
#化学药品制造	Manufacture of Chemical Medicine	16	46	69	69	78	73
中成药生产	Production of Finished Traditional Chinese Herbal Medicine	14	12	23	18	20	17
生物药品制造	Manufacture of Biological Medicine	5	2	17	20	21	23
航空、航天器及设备制造业	**Manufacture of Aircrafts and Spacecrafts and Related Equipment**		**2**	**4**	**8**	**8**	**11**
#飞机制造	Manufacture of Airplanes		2	4	4	3	5
航天器制造	Manufacture of Spacecrafts						
电子及通信设备制造业	**Manufacture of Electronic Equipment and Communication Equipment**	**63**	**167**	**342**	**695**	**585**	**590**
#通信设备制造	Manufacture of Communication Equipment	32	41	52	65	60	72
#通信系统设备制造	Manufacture of Communication System Equipment	18	13	7	27	22	40
通信终端设备制造	Manufacture of Communication Terminal Equipment	4	5	3	38	38	32
广播电视设备制造	Manufacture of Broadcasting and TV Equipment		1	12	18	19	19
雷达及配套设备制造	Manufacture of Radar and Its Fittings				1		
视听设备制造	Manufacture of TV Set and Radio Receiver	8	40	32	51	45	36
电子器件制造	Manufacture of Electronic Appliances	5	26	86	222	170	175
#电子真空器件制造	Manufacture of Electronic Vacuum Appliance	3	5		1	1	1
半导体分立器件制造	Manufacture of Semiconductor Discreting Appliances	1	3	9	31	21	26
集成电路制造	Manufacture of Integrate Circuit	1	12	29	55	45	52
电子元件制造	Manufacture of Electronic Components	11	57	154	282	235	230
其他电子设备制造	Manufacture of Other Electronic Equipment	7	2	6	25	25	23
计算机及办公设备制造业	**Manufacture of Computers and Office Equipment**	**7**	**23**	**68**	**115**	**87**	**109**
#计算机整机制造	Manufacture of Entired Computer	2	10	21	13	11	9
计算机零部件制造	Manufacture of Computer Components and Parts	5	12	40	48	32	39
计算机外围设备制造	Manufacture of Computer Peripheral Equipment				25	15	19
办公设备制造	Manufacture of Office Equipment		1	7	8	10	10
医疗仪器设备及仪器仪表制造业	**Manufacture of Medical Equipments and Measuring Instrument**	**9**	**20**	**81**	**116**	**108**	**116**
1.医疗仪器设备及器械制造	Manufacture of Medical Equipment and Appliance	4	4	23	36	26	33
2.仪器仪表制造	Manufacture of Measuring Instrument	5	16	58	80	82	83

2-1-7 续表 11 continued

行 业	Industry	机构人员（人） Personnel in the R&D Institutions (person)					
		2000	2005	2011	2012	2013	2014
合计	**Total**	**7173**	**25554**	**73021**	**116340**	**112084**	**104736**
医药制造业	**Manufacture of Medicines**	**1081**	**2695**	**8398**	**9859**	**11755**	**11338**
#化学药品制造	Manufacture of Chemical Medicine	487	1959	5433	6328	7478	7298
中成药生产	Production of Finished Traditional Chinese Herbal Medicine	459	425	1419	1357	1518	1542
生物药品制造	Manufacture of Biological Medicine	121	219	1102	1312	1842	1921
航空、航天器及设备制造业	**Manufacture of Aircrafts and Spacecrafts and Related Equipment**		**308**	**305**	**363**	**809**	**983**
#飞机制造	Manufacture of Airplanes		308	305	140	322	393
航天器制造	Manufacture of Spacecrafts						
电子及通信设备制造业	**Manufacture of Electronic Equipment and Communication Equipment**	**5524**	**15025**	**43624**	**72994**	**67339**	**62756**
#通信设备制造	Manufacture of Communication Equipment	3800	6143	13099	16025	14483	13145
#通信系统设备制造	Manufacture of Communication System Equipment	2622	3596	4736	6535	6046	7503
通信终端设备制造	Manufacture of Communication Terminal Equipment	93	652	409	9490	8437	5642
广播电视设备制造	Manufacture of Broadcasting and TV Equipment		250	1259	1114	1779	1919
雷达及配套设备制造	Manufacture of Radar and Its Fittings				20		
视听设备制造	Manufacture of TV Set and Radio Receiver	320	2919	2611	3419	3790	2703
电子器件制造	Manufacture of Electronic Appliances	140	1718	12166	25547	18810	18626
#电子真空器件制造	Manufacture of Electronic Vacuum Appliance	71	214		21	101	91
半导体分立器件制造	Manufacture of Semiconductor Discreting Appliances	8	151	775	1436	1137	1084
集成电路制造	Manufacture of Integrate Circuit	61	973	5254	7895	6598	7637
电子元件制造	Manufacture of Electronic Components	807	3952	13820	22566	20565	18867
其他电子设备制造	Manufacture of Other Electronic Equipment	457	43	669	2486	5493	5443
计算机及办公设备制造业	**Manufacture of Computers and Office Equipment**	**417**	**6274**	**13882**	**24664**	**23764**	**20443**
#计算机整机制造	Manufacture of Entired Computer	140	2657	7340	12158	12204	9892
计算机零部件制造	Manufacture of Computer Components and Parts	277	2816	6077	5970	4901	3129
计算机外围设备制造	Manufacture of Computer Peripheral Equipment				1682	1204	1058
办公设备制造	Manufacture of Office Equipment		801	465	854	1293	1329
医疗仪器设备及仪器仪表制造业	**Manufacture of Medical Equipments and Measuring Instrument**	**151**	**1252**	**6812**	**8460**	**8417**	**9216**
1.医疗仪器设备及器械制造	Manufacture of Medical Equipment and Appliance	45	431	1909	2929	2638	2355
2.仪器仪表制造	Manufacture of Measuring Instrument	106	821	4903	5531	5779	6861

2-1-7 续表 12 continued

行 业	Industry	机构经费支出（万元） Expenditure in the R&D Institutions (10000 yuan)					
		2000	2005	2011	2012	2013	2014
合计	**Total**	**148968**	**476070**	**2061718**	**3063012**	**3106750**	**2678219**
医药制造业	**Manufacture of Medicines**	**17518**	**42017**	**211688**	**263423**	**358668**	**317358**
#化学药品制造	Manufacture of Chemical Medicine	12491	32989	156427	190963	270660	217920
中成药生产	Production of Finished Traditional Chinese Herbal Medicine	3856	4162	23231	33624	39842	34152
生物药品制造	Manufacture of Biological Medicine	685	2216	22249	26021	34794	51616
航空、航天器及设备制造业	**Manufacture of Aircrafts and Spacecrafts and Related Equipment**		**4713**	**8586**	**12519**	**20867**	**22665**
#飞机制造	Manufacture of Airplanes		4713	8586	5115	8291	7605
航天器制造	Manufacture of Spacecrafts						
电子及通信设备制造业	**Manufacture of Electronic Equipment and Communication Equipment**	**113778**	**330448**	**1168755**	**1918058**	**1920989**	**1770095**
#通信设备制造	Manufacture of Communication Equipment	94135	157033	438859	502960	518166	465475
#通信系统设备制造	Manufacture of Communication System Equipment	55672	73388	188363	227709	195390	236008
通信终端设备制造	Manufacture of Communication Terminal Equipment	4185	8799	12647	275251	322776	229467
广播电视设备制造	Manufacture of Broadcasting and TV Equipment		1686	14782	29998	51786	34774
雷达及配套设备制造	Manufacture of Radar and Its Fittings				103		
视听设备制造	Manufacture of TV Set and Radio Receiver	8339	45221	86117	113133	122045	64126
电子器件制造	Manufacture of Electronic Appliances	4946	33415	369863	739436	675209	597836
#电子真空器件制造	Manufacture of Electronic Vacuum Appliance	1013	6088		814	843	780
半导体分立器件制造	Manufacture of Semiconductor Discreting Appliances	13	3632	15795	31709	21412	25866
集成电路制造	Manufacture of Integrate Circuit	3920	14287	181064	287400	270915	296859
电子元件制造	Manufacture of Electronic Components	3843	92816	247813	370012	334577	364873
其他电子设备制造	Manufacture of Other Electronic Equipment	2516	278	11322	112745	155460	184344
计算机及办公设备制造业	**Manufacture of Computers and Office Equipment**	**16008**	**89763**	**518319**	**653407**	**552579**	**324034**
#计算机整机制造	Manufacture of Entired Computer	791	13195	360275	392664	252804	138471
计算机零部件制造	Manufacture of Computer Components and Parts	15218	74768	151697	159720	179212	46880
计算机外围设备制造	Manufacture of Computer Peripheral Equipment				24007	16148	20876
办公设备制造	Manufacture of Office Equipment		1800	6347	9310	31559	36308
医疗仪器设备及仪器仪表制造业	**Manufacture of Medical Equipments and Measuring Instrument**	**1664**	**9128**	**154370**	**215603**	**253647**	**244068**
1.医疗仪器设备及器械制造	Manufacture of Medical Equipment and Appliance	870	1516	83339	108522	108090	118751
2.仪器仪表制造	Manufacture of Measuring Instrument	794	7612	71031	107080	145558	125317

2-1-8 各地区大中型企业R&D及相关活动情况

Statistics on R&D and Related Activities of Enterprises in Large and Medium-sized Enterprises by Region

地区	Region	R&D人员折合全时当量（人年） Full-time Equivalent of R&D Personnel (man-year)					
		2000	2005	2011	2012	2013	2014
全　国	**Total**	**91573**	**173161**	**426718**	**525614**	**559229**	**572537**
东部地区	Eastern Region	45397	112545	345745	418575	431848	437833
中部地区	Middle Region	13932	23154	41565	50983	59078	65711
西部地区	Western Region	25138	25244	25928	38858	51675	51878
东北地区	Northeastern Region	7106	12219	13480	17196	16629	17115
北　京	Beijing	4374	8591	12955	14930	17562	16132
天　津	Tianjin	1895	3464	8205	8793	10042	12051
河　北	Hebei	1768	3469	5689	6488	7146	8513
山　西	Shanxi	286	302	1385	2734	2593	1502
内蒙古	Inner Mongolia	20	108	159	224	274	275
辽　宁	Liaoning	3725	6089	5094	8595	7844	8456
吉　林	Jilin	1136	630	2828	3637	2762	2628
黑龙江	Heilongjiang	2245	5500	5559	4963	6022	6030
上　海	Shanghai	7128	7045	15630	18876	22873	20108
江　苏	Jiangsu	6272	18901	63191	70473	78316	81963
浙　江	Zhejiang	1724	11571	28734	34315	37902	43809
安　徽	Anhui	1136	1404	6192	7085	7215	8819
福　建	Fujian	1595	5277	19058	22529	24392	27388
江　西	Jiangxi	6493	5441	6924	7512	8665	7497
山　东	Shandong	3195	5836	23865	31274	39141	40741
河　南	Henan	1217	3826	7886	8853	13219	15143
湖　北	Hubei	2704	8461	14596	18994	21146	22229
湖　南	Hunan	2077	3611	4422	5802	6241	10521
广　东	Guangdong	16915	47488	167069	210298	193281	186133
广　西	Guangxi	491	870	1132	1313	1146	1532
海　南	Hainan	39	33	218	595	1193	995
重　庆	Chongqing	1379	2094	4055	4132	4054	4177
四　川	Sichuan	2425	9401	5111	12176	18038	15555
贵　州	Guizhou	2393	2451	688	2364	6398	5168
云　南	Yunnan	118	246	1418	1826	1295	1174
西　藏	Tibet					5	2
陕　西	Shaanxi	17561	9686	13039	15624	19221	22371
甘　肃	Gansu	1116	848	730	825	708	939
青　海	Qinghai	61	12	13	48	170	108
宁　夏	Ningxia	85	480	394	303	347	542
新　疆	Xinjiang		25	480	19	19	36

2-1-8 续表 1 continued

地 区	Region	R&D经费内部支出（万元） Intramural Expenditure on R&D (10000 yuan)					
		2000	2005	2011	2012	2013	2014
全 国	**Total**	**1110410**	**3624985**	**12378065**	**14914940**	**17343666**	**19221544**
东部地区	Eastern Region	815839	3008915	9905284	11971280	13584120	15098129
中部地区	Middle Region	86856	179047	994714	1192353	1593392	1808203
西部地区	Western Region	161628	288813	782789	1102368	1459007	1592100
东北地区	Northeastern Region	46087	148210	695278	648939	707148	723113
北 京	Beijing	107059	207216	626895	775203	877623	877398
天 津	Tianjin	60429	90124	251607	289196	330655	373686
河 北	Hebei	15687	34702	103594	129320	178067	244539
山 西	Shanxi	1577	2949	23271	45447	45194	28051
内 蒙 古	Inner Mongolia	73	1174	4564	4832	7315	11817
辽 宁	Liaoning	19875	78649	482418	432952	469878	449082
吉 林	Jilin	7870	13897	50970	48353	46340	65039
黑 龙 江	Heilongjiang	18342	55664	161890	167633	190929	208992
上 海	Shanghai	119707	341939	619208	802296	936529	1128705
江 苏	Jiangsu	68974	381402	1737028	2060527	2199586	2429476
浙 江	Zhejiang	43078	328463	637981	845079	953002	1129758
安 徽	Anhui	8765	18711	162140	171111	210635	258069
福 建	Fujian	28198	139019	462941	482354	596365	664780
江 西	Jiangxi	17724	43024	138099	150116	185063	235593
山 东	Shandong	49329	267923	868851	1143258	1251546	1429067
河 南	Henan	11431	29571	101271	123753	200216	267973
湖 北	Hubei	40537	63366	420870	552623	637199	701624
湖 南	Hunan	6749	20253	144501	149301	315085	316895
广 东	Guangdong	319979	1206178	4551770	5423062	6228787	6789803
广 西	Guangxi	2827	11391	36396	36824	41843	53703
海 南	Hainan	573	560	9014	20980	31961	30919
重 庆	Chongqing	7960	24712	61831	83812	130567	135309
四 川	Sichuan	24759	109765	176643	348968	564865	562162
贵 州	Guizhou	7274	22100	16311	42326	102611	110978
云 南	Yunnan	1701	2846	31243	41925	45509	55415
西 藏	Tibet					97	585
陕 西	Shaanxi	116030	119312	450657	506251	527461	617530
甘 肃	Gansu	3464	4496	21641	26487	22697	30714
青 海	Qinghai	284	38	183	778	4919	1263
宁 夏	Ningxia	157	5165	7896	8418	10341	11774
新 疆	Xinjiang		380	16385	1741	782	851

2-1-8 续表 2 continued

地 区	Region	新产品开发经费支出（万元） Expenditure on New Products Development (10000 yuan)					
		2000	2005	2011	2012	2013	2014
全 国	**Total**	**1177940**	**4156916**	**15280302**	**18274769**	**20694975**	**23505812**
东部地区	Eastern Region	875860	3472865	12498323	14839631	16439492	18778829
中部地区	Middle Region	87719	196713	1172196	1405131	1745130	2046030
西部地区	Western Region	170484	305893	955604	1453930	1777411	1970181
东北地区	Northeastern Region	43877	181445	654179	576075	732942	710772
北 京	Beijing	96740	222839	791684	999613	1193114	1195552
天 津	Tianjin	65426	73238	239216	307348	314430	326229
河 北	Hebei	17761	29647	103164	136997	158885	246375
山 西	Shanxi	1983	4845	29213	52147	53290	33169
内 蒙 古	Inner Mongolia	181	1314	4610	4174	32210	9526
辽 宁	Liaoning	20382	88205	432049	326271	465670	387079
吉 林	Jilin	10559	25342	61632	64568	72064	104953
黑 龙 江	Heilongjiang	12936	67898	160498	185235	195208	218740
上 海	Shanghai	142679	340142	1005813	1154728	1245459	1551824
江 苏	Jiangsu	97846	534778	2617921	3498145	3327767	3444359
浙 江	Zhejiang	38881	384648	718215	869679	1089171	1245484
安 徽	Anhui	6208	25874	211458	291846	289836	376956
福 建	Fujian	28892	190738	511819	525643	612343	630331
江 西	Jiangxi	13422	45405	156085	137577	178872	239851
山 东	Shandong	104224	323607	944538	1218569	1339139	1408281
河 南	Henan	16914	29634	129766	153533	193891	250373
湖 北	Hubei	41304	56204	482625	593543	685579	726683
湖 南	Hunan	7708	33438	158439	176483	343663	418998
广 东	Guangdong	278654	1360287	5503043	6093940	7119026	8697841
广 西	Guangxi	3683	12147	46803	43286	40634	57332
海 南	Hainan	1073	794	16108	34964	40158	32553
重 庆	Chongqing	8571	28943	74253	91791	133097	156079
四 川	Sichuan	41501	112205	336348	632592	734959	780924
贵 州	Guizhou	10049	30087	20846	88135	130715	136477
云 南	Yunnan	4217	4330	30473	37165	48713	56238
西 藏	Tibet				82	240	687
陕 西	Shaanxi	99505	117805	446259	514357	608083	713276
甘 肃	Gansu	5582	6771	20110	31143	37584	44319
青 海	Qinghai	3	58	1132	922	681	372
宁 夏	Ningxia	951	4288	8868	8447	9431	10746
新 疆	Xinjiang	105	1407	17314	1833	1067	4206

2-1-8 续表 3 continued

地 区	Region	新产品销售收入（万元） Sales Revenue of New Products (10000 yuan)					
		2000	2005	2011	2012	2013	2014
全 国	**Total**	**24838202**	**69146633**	**203845209**	**237653174**	**290288371**	**328451936**
东部地区	Eastern Region	21149400	60959695	182636750	209126662	236262483	260850631
中部地区	Middle Region	726582	1604267	9652452	13477314	36563110	43755866
西部地区	Western Region	1991396	4199611	7949597	10554887	12435948	18773383
东北地区	Northeastern Region	970824	2383061	3606411	4494310	5026831	5072057
北 京	Beijing	3830492	3777312	13299197	11263682	14056165	16418367
天 津	Tianjin	2561451	8959529	7444982	10731674	17131319	17484215
河 北	Hebei	223976	233586	697650	1419564	1828836	2418797
山 西	Shanxi	22065	74075	266004	412272	424625	489230
内蒙古	Inner Mongolia	777	17420	44163	83049	167885	129088
辽 宁	Liaoning	476716	1344617	2594695	3236318	3497457	3259061
吉 林	Jilin	55312	97961	615757	766622	964346	1126608
黑龙江	Heilongjiang	438796	940483	395960	491369	565028	686388
上 海	Shanghai	3174322	12571834	9146581	7829314	7203905	8444879
江 苏	Jiangsu	2824340	5294970	46004626	55482350	57469853	64456269
浙 江	Zhejiang	1003813	2779731	8927026	10706727	14119542	16211286
安 徽	Anhui	43246	348387	2112693	3232533	3231999	4166301
福 建	Fujian	1529296	6120112	10443966	11633960	11606813	11111937
江 西	Jiangxi	130176	356989	1339551	1931650	2606500	2998757
山 东	Shandong	1229598	3971258	14780965	16877161	16925532	18195422
河 南	Henan	313657	460775	1155186	1123518	19521946	23325830
湖 北	Hubei	125908	142090	2673095	4213685	4804486	5691077
湖 南	Hunan	90753	204531	2061761	2563654	5973554	7084671
广 东	Guangdong	4726973	17159425	71682228	83121251	95786435	106037036
广 西	Guangxi	43301	91789	174451	450882	776694	663495
海 南	Hainan	1838	150	35077	60976	134082	72424
重 庆	Chongqing	84774	513508	3665576	1431173	1270422	4101706
四 川	Sichuan	1289807	2235391	1319503	5489428	6797871	9312255
贵 州	Guizhou	82183	229843	184131	347984	618334	925395
云 南	Yunnan	43546	60538	340912	287242	444579	356297
西 藏	Tibet						
陕 西	Shaanxi	377599	1038495	1997131	2071035	1975150	2748567
甘 肃	Gansu	91462	38676	198930	284347	261351	378691
青 海	Qinghai	5	1300	237			
宁 夏	Ningxia	22019	44660	148734	107656	121989	156216
新 疆	Xinjiang		37200	94443	2087	1673	1673

2-1-8 续表 4 continued

地 区	Region	专利申请数（件） Patent Applications (piece)					
		2000	2005	2011	2012	2013	2014
全 国	**Total**	**2245**	**16823**	**77725**	**97200**	**102532**	**120077**
东部地区	Eastern Region	1550	14150	67793	80537	83489	98541
中部地区	Middle Region	181	903	5544	7138	9005	10242
西部地区	Western Region	410	1085	2931	7361	7414	8412
东北地区	Northeastern Region	104	685	1457	2164	2624	2882
北 京	Beijing	7	777	5184	8544	6693	6803
天 津	Tianjin	73	393	1990	2478	2395	2359
河 北	Hebei	27	118	367	392	534	788
山 西	Shanxi	4	18	152	208	258	118
内蒙古	Inner Mongolia	1	13	14	16	22	26
辽 宁	Liaoning	30	445	746	1151	1404	1483
吉 林	Jilin	27	126	221	401	554	466
黑龙江	Heilongjiang	47	114	490	612	666	933
上 海	Shanghai	118	1445	3572	4772	5223	6206
江 苏	Jiangsu	129	1000	9659	10502	11194	15941
浙 江	Zhejiang	54	838	3787	5261	5676	5948
安 徽	Anhui	3	43	1203	1803	2255	2591
福 建	Fujian	50	233	1752	2507	2692	3174
江 西	Jiangxi	17	202	390	678	1155	1585
山 东	Shandong	155	991	4555	5291	5709	7443
河 南	Henan	26	141	1128	1195	1363	1301
湖 北	Hubei	81	409	1316	1882	2480	2380
湖 南	Hunan	49	77	1341	1372	1494	2267
广 东	Guangdong	922	8268	36742	40711	43176	49603
广 西	Guangxi	11	87	111	127	188	189
海 南	Hainan	4		74	79	197	276
重 庆	Chongqing	54	80	803	812	641	802
四 川	Sichuan	146	261	663	4218	3599	4320
贵 州	Guizhou	38	98	136	479	645	1207
云 南	Yunnan	40	167	164	186	166	148
西 藏	Tibet			2	2	2	1
陕 西	Shaanxi	53	395	964	1252	1867	1576
甘 肃	Gansu	4	48	129	219	167	100
青 海	Qinghai	13	1			1	2
宁 夏	Ningxia	62	20	54	48	114	37
新 疆	Xinjiang		15	16	2	2	4

2-1-8 续表 5 continued

地 区	Region	有效发明专利数（件） Number of Patents In Force (piece)					
		2000	2005	2011	2012	2013	2014
全 国	**Total**	**1443**	**6658**	**67428**	**97878**	**115884**	**147927**
东部地区	Eastern Region	941	5648	60911	87182	100969	128176
中部地区	Middle Region	125	375	3361	4686	6414	8909
西部地区	Western Region	232	462	2031	4360	6554	8684
东北地区	Northeastern Region	145	173	1125	1650	1947	2158
北 京	Beijing	18	500	3464	6693	6877	8085
天 津	Tianjin	6	113	922	1420	1850	2039
河 北	Hebei	12	42	399	679	784	1018
山 西	Shanxi	1	8	109	154	146	226
内蒙古	Inner Mongolia		13	18	15	21	16
辽 宁	Liaoning	62	92	598	829	1178	1324
吉 林	Jilin	15	30	186	384	410	399
黑龙江	Heilongjiang	68	51	341	437	359	435
上 海	Shanghai	110	264	2495	3904	3861	6133
江 苏	Jiangsu	84	489	4924	7498	9979	12792
浙 江	Zhejiang	50	333	3111	4265	4559	5900
安 徽	Anhui	1	34	337	903	1568	1981
福 建	Fujian	1	434	874	1522	2206	2907
江 西	Jiangxi	12	42	302	496	845	942
山 东	Shandong	97	247	1842	2943	3591	5050
河 南	Henan	32	47	383	489	687	870
湖 北	Hubei	28	160	1717	2067	2476	3136
湖 南	Hunan	51	71	495	577	692	1754
广 东	Guangdong	552	3197	42741	58182	67038	83902
广 西	Guangxi	9	29	101	219	241	227
海 南	Hainan	2		38	76	224	350
重 庆	Chongqing	15	38	308	435	684	682
四 川	Sichuan	81	91	391	1838	2848	4475
贵 州	Guizhou	33	84	212	374	672	927
云 南	Yunnan	17	73	215	311	499	323
西 藏	Tibet			1		1	
陕 西	Shaanxi	68	154	828	1089	1503	1847
甘 肃	Gansu	5	3	48	64	58	70
青 海	Qinghai	4	1				4
宁 夏	Ningxia	9	15	14	7	25	91
新 疆	Xinjiang		3	14	8	2	22

2-1-8 续表 6 continued

地区	Region	技术改造经费支出（万元） Expenditure for Technical Renovation (10000 yuan)					
		2000	2005	2011	2012	2013	2014
全　国	**Total**	**1047478**	**1590214**	**2396391**	**3191778**	**3671266**	**3165342**
东部地区	Eastern Region	569560	919104	1712997	2171436	2680806	1809778
中部地区	Middle Region	95484	158537	275943	388999	402335	397443
西部地区	Western Region	231467	295319	206264	398059	382434	590420
东北地区	Northeastern Region	150967	217254	201187	233283	205692	367701
北　京	Beijing	7625	18144	22309	17257	11830	9548
天　津	Tianjin	51416	47343	61997	28078	4550	27012
河　北	Hebei	33335	17614	25443	35263	44677	49194
山　西	Shanxi	4632	3975	2560	8414	12176	22943
内蒙古	Inner Mongolia	3961	210	7301	1415		
辽　宁	Liaoning	76013	51994	99690	101630	65411	291621
吉　林	Jilin	14919	21988	17607	43764	53854	10634
黑龙江	Heilongjiang	60035	143272	83890	87887	86426	65446
上　海	Shanghai	58546	53656	83524	110582	48673	29233
江　苏	Jiangsu	107929	216469	785871	1080619	1002907	734517
浙　江	Zhejiang	86613	212220	228686	275779	256292	302120
安　徽	Anhui	10450	32871	34566	51664	57383	65085
福　建	Fujian	16177	33522	135505	118044	154140	99458
江　西	Jiangxi	15333	34012	28119	132110	93355	21800
山　东	Shandong	92982	132152	172283	269657	349669	342176
河　南	Henan	21323	44723	40623	31140	50961	41871
湖　北	Hubei	32884	15126	51283	65668	63737	115235
湖　南	Hunan	6903	27620	111492	100001	124722	130509
广　东	Guangdong	110504	173141	171626	217599	793371	212422
广　西	Guangxi	3867	14845	20826	36892	18434	16845
海　南	Hainan	566		4929	18555	14699	4098
重　庆	Chongqing	5901	32133	15469	35501	34663	42120
四　川	Sichuan	38775	63437	65886	142893	145690	175901
贵　州	Guizhou	27235	35210	1380	31216	25910	39907
云　南	Yunnan	3973	9228	3342	3564	13317	10136
西　藏	Tibet						
陕　西	Shaanxi	133595	129342	108964	128228	123583	265960
甘　肃	Gansu	5495	18726	3344	2823	88	19489
青　海	Qinghai	1002					
宁　夏	Ningxia	15407	963	4378	6224	15540	16946
新　疆	Xinjiang	85	6281	3500	9300	5210	3117

2-1-8 续表 7 continued

地 区	Region	引进技术经费支出（万元） Expenditure for Acquisition of Foreign Technology (10000 yuan)					
		2000	2005	2011	2012	2013	2014
全 国	**Total**	**470463**	**848184**	**621819**	**733053**	**532130**	**566978**
东部地区	Eastern Region	320932	797643	571201	576357	489658	537142
中部地区	Middle Region	27460	11339	33117	6074	24961	11456
西部地区	Western Region	102037	24803	16732	145946	14975	13276
东北地区	Northeastern Region	20034	14399	769	4675	2537	5104
北 京	Beijing	2904	31155	56689	83618	76812	54241
天 津	Tianjin	6088	248797	18317	50041	42877	38229
河 北	Hebei	8208	1882	886	779	949	3357
山 西	Shanxi	315				387	
内 蒙 古	Inner Mongolia	2263					
辽 宁	Liaoning	12396	5813	105	226	2537	4739
吉 林	Jilin	3071	706	663	4449		100
黑 龙 江	Heilongjiang	4567	7880				265
上 海	Shanghai	153586	141906	62829	67756	38339	36519
江 苏	Jiangsu	54830	168260	192444	142437	139866	174171
浙 江	Zhejiang	8306	9197	19515	23523	19743	11353
安 徽	Anhui	1906	3374	8138	874	2236	3211
福 建	Fujian	11572	27311	156441	88814	66064	81529
江 西	Jiangxi	3365	4442	3020	1655	450	509
山 东	Shandong	5957	7565	19662	36438	41613	24497
河 南	Henan	3786	498	20786	1775	470	1434
湖 北	Hubei	13060	1672	919	1727	20595	5809
湖 南	Hunan	2765	1354	255	42	823	493
广 东	Guangdong	68671	161527	42298	82947	62095	112966
广 西	Guangxi	239	42	1806			
海 南	Hainan	573		315		1300	281
重 庆	Chongqing	609	2490	108	907	424	978
四 川	Sichuan	21569	4069	15811	142758	13011	11127
贵 州	Guizhou	11654	7223	35			40
云 南	Yunnan	427	217	5	883	55	
西 藏	Tibet						
陕 西	Shaanxi	64595	10804	419	1124	1485	1095
甘 肃	Gansu	3058		355	273		
青 海	Qinghai	2					
宁 夏	Ningxia	64					
新 疆	Xinjiang	60					37

2-1-8 续表 8 continued

地 区	Region	消化吸收经费支出（万元） Expenditure for Assimilation of Technology (10000 yuan)					
		2000	2005	2011	2012	2013	2014
全 国	**Total**	**33685**	**274972**	**152481**	**93179**	**130081**	**149184**
东部地区	Eastern Region	20561	265981	135831	74894	109378	115900
中部地区	Middle Region	1960	3603	10293	9343	13748	25762
西部地区	Western Region	2345	2471	6086	7686	3730	6552
东北地区	Northeastern Region	8819	2917	272	1254	3226	970
北 京	Beijing	4538	196	1504	599	851	671
天 津	Tianjin	816	158030	1113	321	1360	1260
河 北	Hebei	1806	785	1651	4849	5729	6031
山 西	Shanxi	13	30	121	122	2932	891
内蒙古	Inner Mongolia						
辽 宁	Liaoning	2240	43	257	34	33	56
吉 林	Jilin		252	15	1220	3062	900
黑龙江	Heilongjiang	6579	2622			130	14
上 海	Shanghai	1637	9373	11773	3308	14185	32344
江 苏	Jiangsu	2373	11721	71459	25796	37600	27000
浙 江	Zhejiang	1129	7904	12348	13706	13248	14190
安 徽	Anhui	749	280	3416	388	394	494
福 建	Fujian	858	3328	3641	1850	11715	4721
江 西	Jiangxi	22	1309	1784	1250	138	82
山 东	Shandong	1315	2581	18065	19064	14188	18203
河 南	Henan	53	820	1669	862	1082	3376
湖 北	Hubei	794	280	1161	6033	6582	17592
湖 南	Hunan	330	884	2142	688	2621	3327
广 东	Guangdong	5972	71581	10597	5221	9576	9432
广 西	Guangxi	15	423	3583	146	30	123
海 南	Hainan	102	60	99	176	926	2048
重 庆	Chongqing	400	1025	955	536	49	680
四 川	Sichuan	532	899	1594	5962	2593	4508
贵 州	Guizhou	35	44	35		3	50
云 南	Yunnan	654		384	409	426	432
西 藏	Tibet						
陕 西	Shaanxi	702	504	2632	585	149	244
甘 肃	Gansu			35	47		
青 海	Qinghai						
宁 夏	Ningxia	12		450		480	465
新 疆	Xinjiang	10					50

2-1-8 续表 9 continued

地 区	Region	购买国内技术经费支出（万元） Expenditure on Purchase of Domestic Technology (10000 yuan)					
		2000	2005	2011	2012	2013	2014
全 国	**Total**	**72099**	**95359**	**162429**	**238341**	**312567**	**467082**
东部地区	Eastern Region	27678	70402	129482	202096	262407	311660
中部地区	Middle Region	7373	11196	12507	15185	19090	113345
西部地区	Western Region	3143	12246	16920	18431	27770	32118
东北地区	Northeastern Region	33905	1515	3520	2628	3299	9960
北 京	Beijing	86	3274	5593	934	1837	2808
天 津	Tianjin	2231	1254	800	242	113	228
河 北	Hebei	2066	1637	4006	6147	7051	10885
山 西	Shanxi	145	181	925	4255	964	917
内蒙古	Inner Mongolia	2018				800	
辽 宁	Liaoning	327	592	284	1404	986	8143
吉 林	Jilin	32722	323	2529	1169	1874	462
黑龙江	Heilongjiang	856	600	707	55	439	1355
上 海	Shanghai	4683	5669	13935	5999	16499	32578
江 苏	Jiangsu	8472	16724	24539	30162	40089	48602
浙 江	Zhejiang	3303	11229	17806	24032	31820	31569
安 徽	Anhui	1511	348	3657	1974	1647	2258
福 建	Fujian	540	9702	21904	47399	62322	76352
江 西	Jiangxi	173	5129	109	220	60	98797
山 东	Shandong	4205	3812	18101	49095	60052	51529
河 南	Henan	82	4653	1959	1395	4560	4207
湖 北	Hubei	2952	774	1613	2975	7179	1920
湖 南	Hunan	493	110	4244	4363	4681	5246
广 东	Guangdong	1329	16220	19239	32839	18868	53232
广 西	Guangxi	388	602	1248	1993	3438	2947
海 南	Hainan	375	280	2313	5242	23757	3877
重 庆	Chongqing	1024	2488	3502	1001	6426	3412
四 川	Sichuan	887	1705	12164	13735	15504	15241
贵 州	Guizhou	100	6102	255	87		260
云 南	Yunnan	40	297	135	718	572	269
西 藏	Tibet						
陕 西	Shaanxi	1001	1484	804	870	1010	9889
甘 肃	Gansu	41	100	60	26		
青 海	Qinghai						
宁 夏	Ningxia	10	56			20	
新 疆	Xinjiang	40	15				100

2-1-8 续表 10 continued

地 区	Region	研发机构数（个） Number of R&D Institutions in Enterprises (unit)					
		2000	2005	2011	2012	2013	2014
全 国	**Total**	**1379**	**1619**	**3254**	**4566**	**4583**	**4763**
东部地区	Eastern Region	762	1042	2546	3558	3507	3650
中部地区	Middle Region	212	214	375	513	571	590
西部地区	Western Region	277	268	246	400	380	419
东北地区	Northeastern Region	128	95	87	95	125	104
北 京	Beijing	49	32	125	128	130	131
天 津	Tianjin	38	41	70	67	74	57
河 北	Hebei	35	27	41	56	60	57
山 西	Shanxi	18	23	12	12	19	15
内 蒙 古	Inner Mongolia	3	3	10	8	3	5
辽 宁	Liaoning	56	34	34	35	52	37
吉 林	Jilin	41	29	25	22	36	28
黑 龙 江	Heilongjiang	31	32	28	38	37	39
上 海	Shanghai	82	74	108	115	102	97
江 苏	Jiangsu	193	225	663	1588	1506	1608
浙 江	Zhejiang	68	193	365	447	460	461
安 徽	Anhui	27	33	78	152	135	126
福 建	Fujian	25	43	106	134	149	149
江 西	Jiangxi	27	39	45	53	84	102
山 东	Shandong	81	123	217	273	280	270
河 南	Henan	43	49	110	133	146	161
湖 北	Hubei	62	37	74	103	99	92
湖 南	Hunan	32	30	46	60	88	94
广 东	Guangdong	168	264	814	731	727	804
广 西	Guangxi	17	17	23	31	36	37
海 南	Hainan	6	3	14	19	19	16
重 庆	Chongqing	25	43	48	53	61	81
四 川	Sichuan	75	54	54	115	102	110
贵 州	Guizhou	45	41	15	27	34	38
云 南	Yunnan	6	9	18	19	24	17
西 藏	Tibet					1	1
陕 西	Shaanxi	106	89	90	121	103	109
甘 肃	Gansu	11	23	11	20	8	9
青 海	Qinghai	3	2	1		1	1
宁 夏	Ningxia	5	6	8	5	5	5
新 疆	Xinjiang	1	1	1	1	2	6

2-1-8　续表 11　continued

地　　区	Region	机构人员（人）Personnel in the R&D Institutions (person)					
		2000	2005	2011	2012	2013	2014
全　　国	**Total**	**90187**	**156789**	**394590**	**536417**	**510507**	**531339**
东部地区	Eastern Region	54377	112007	322950	433998	403699	421937
中部地区	Middle Region	11253	13989	35563	45358	55590	55816
西部地区	Western Region	16145	21814	24869	43985	37761	39646
东北地区	Northeastern Region	8412	8979	11208	13076	13457	13940
北　　京	Beijing	4556	1983	13685	15316	16060	16641
天　　津	Tianjin	1865	2401	6443	8472	10697	10333
河　　北	Hebei	1805	3058	4882	6128	6668	8436
山　　西	Shanxi	643	756	1510	1632	2078	1158
内 蒙 古	Inner Mongolia	59	124	274	372	154	161
辽　　宁	Liaoning	3803	4252	5314	7083	7333	7259
吉　　林	Jilin	1956	2087	2600	2128	2535	2602
黑 龙 江	Heilongjiang	2653	2640	3294	3865	3589	4079
上　　海	Shanghai	4789	8518	16498	20110	20182	16302
江　　苏	Jiangsu	9033	14095	50126	111594	111110	114261
浙　　江	Zhejiang	2790	11397	32954	39250	41782	43754
安　　徽	Anhui	1191	1417	5794	9448	8102	8560
福　　建	Fujian	1414	4896	14112	16879	17889	18813
江　　西	Jiangxi	2614	3257	5363	7050	8404	9988
山　　东	Shandong	6824	8134	28696	38824	36016	39711
河　　南	Henan	2851	2241	9066	9669	12753	14351
湖　　北	Hubei	2352	4651	9159	13270	18089	14684
湖　　南	Hunan	1543	1543	4397	4289	6164	7075
广　　东	Guangdong	20702	56472	153681	176506	141854	152574
广　　西	Guangxi	503	989	1351	1362	1579	1501
海　　南	Hainan	96	64	522	919	1441	1112
重　　庆	Chongqing	1427	2041	2845	3122	3361	4502
四　　川	Sichuan	4800	8446	7301	21340	12384	12705
贵　　州	Guizhou	2568	2447	1010	1893	3821	4383
云　　南	Yunnan	277	365	1488	1580	1380	1539
西　　藏	Tibet					8	12
陕　　西	Shaanxi	6060	7305	10258	12065	13139	12840
甘　　肃	Gansu	764	770	1310	1189	877	917
青　　海	Qinghai	68	26	14		12	15
宁　　夏	Ningxia	181	391	640	1059	1011	967
新　　疆	Xinjiang		23	3	3	35	104

2-1-8 续表 12 continued

地 区	Region	机构经费支出（万元） Expenditure in the R&D Institutions (10000 yuan)					
		2000	2005	2011	2012	2013	2014
全 国	**Total**	**961000**	**2607837**	**9296716**	**12679661**	**13594544**	**14736915**
东部地区	Eastern Region	763576	2147524	8195338	11035979	11608944	12763623
中部地区	Middle Region	68174	147760	504604	672482	1053765	1035867
西部地区	Western Region	94504	242990	415274	734352	662130	703928
东北地区	Northeastern Region	34747	69564	181501	236846	269705	233497
北 京	Beijing	93430	34981	448528	573268	529756	572166
天 津	Tianjin	51922	51146	109292	156317	179277	196315
河 北	Hebei	10559	21291	64094	93357	121910	161373
山 西	Shanxi	2250	3822	13829	19006	31535	26416
内蒙古	Inner Mongolia	331	1251	4614	5437	6067	16498
辽 宁	Liaoning	12920	21392	119205	166062	187344	161910
吉 林	Jilin	5227	23316	26076	22436	31709	29282
黑龙江	Heilongjiang	16600	24856	36220	48347	50653	42305
上 海	Shanghai	87868	170503	663981	594850	748833	626561
江 苏	Jiangsu	79704	245943	1194825	2804953	2692739	2728518
浙 江	Zhejiang	35530	180522	612042	774237	925526	1036811
安 徽	Anhui	4467	22432	84045	160060	193691	156258
福 建	Fujian	22457	115969	347176	390141	500424	469814
江 西	Jiangxi	20987	50582	62154	94078	134360	153391
山 东	Shandong	69872	242094	793069	990005	1004674	981191
河 南	Henan	14745	23778	88732	100248	175639	210838
湖 北	Hubei	17648	34510	182928	256928	433629	325510
湖 南	Hunan	7746	11387	68302	42159	84912	163454
广 东	Guangdong	307542	1073765	3927497	4640604	4873330	5966484
广 西	Guangxi	3076	10784	23524	31685	30810	32319
海 南	Hainan	1615	526	11309	18241	32475	24389
重 庆	Chongqing	8234	14299	45068	54588	59487	79294
四 川	Sichuan	25813	134953	136116	400889	247327	233379
贵 州	Guizhou	7037	22470	13693	22788	77311	68678
云 南	Yunnan	3681	2697	31032	46934	49872	49111
西 藏	Tibet					98	185
陕 西	Shaanxi	45287	58724	158637	140014	166386	192810
甘 肃	Gansu	3150	5742	20665	23938	14561	20009
青 海	Qinghai	284	54	100		232	334
宁 夏	Ningxia	1019	3672	9953	8059	9322	9142
新 疆	Xinjiang		380	11	15	658	2170

2-1-9 各地区大中型国有及国有控股企业R&D及相关活动情况

Statistics on R&D and Related Activities of State-owned and State-controlled Enterprises in Large and Medium-sized Enterprises by Region

地区	Region	R&D人员折合全时当量（人年） Full-time Equivalent of R&D Personnel (man-year)					
		2000	2005	2011	2012	2013	2014
全国	**Total**	**58427**	**91740**	**128400**	**145058**	**162636**	**159782**
东部地区	Eastern Region	19305	40860	76878	80767	84220	86201
中部地区	Middle Region	12404	19913	23740	25157	26612	24093
西部地区	Western Region	21734	21995	18570	27623	40297	38831
东北地区	Northeastern Region	4985	8972	9212	11509	11507	10658
北京	Beijing	2750	4139	7131	8199	9473	9543
天津	Tianjin	616	1598	3956	3590	4034	4342
河北	Hebei	1501	3105	2431	2911	3076	3632
山西	Shanxi	96	213	376	1849	1238	217
内蒙古	Inner Mongolia	14	48	32		58	54
辽宁	Liaoning	2337	3526	3839	7008	6652	6065
吉林	Jilin	624	320	606	755	400	250
黑龙江	Heilongjiang	2024	5126	4767	3745	4455	4343
上海	Shanghai	3218	1902	5504	4903	7529	5572
江苏	Jiangsu	3885	3421	4534	7189	8799	6942
浙江	Zhejiang	246	2761	4950	3708	4078	3395
安徽	Anhui	993	806	3541	2376	2410	2858
福建	Fujian	213	3301	3016	4945	5876	6220
江西	Jiangxi	6443	4941	5047	4622	4263	2269
山东	Shandong	1939	3523	10900	9899	11448	13573
河南	Henan	923	3125	2845	2536	3743	3024
湖北	Hubei	2149	7333	9859	11169	12468	13355
湖南	Hunan	1785	3448	2039	2603	2490	2370
广东	Guangdong	4581	16641	34127	35316	29484	32717
广西	Guangxi	351	461	262	235	62	127
海南	Hainan	6	7	65	103	424	265
重庆	Chongqing	731	1674	2397	2859	2218	1999
四川	Sichuan	1617	8206	3251	7854	13950	11365
贵州	Guizhou	2301	2252	117	1640	5440	4409
云南	Yunnan	37	180	435	460	267	296
西藏	Tibet					5	1
陕西	Shaanxi	16053	8574	11969	14157	17859	20133
甘肃	Gansu	971	644	396	397	436	447
青海	Qinghai	24	12				
宁夏	Ningxia		453				
新疆	Xinjiang			6	19	3	

2-1-9 续表 1 continued

地 区	Region	R&D经费内部支出（万元） Intramural Expenditure on R&D (10000 yuan)					
		2000	2005	2011	2012	2013	2014
全 国	**Total**	**384700**	**1475400**	**4352362**	**4982793**	**5425509**	**5660870**
东部地区	Eastern Region	188894	978804	2460842	2878211	2917760	3061808
中部地区	Middle Region	67043	142244	626684	681118	800847	850161
西部地区	Western Region	96156	248303	644616	871997	1132853	1183880
东北地区	Northeastern Region	32607	106049	620220	551465	574049	565021
北 京	Beijing	18721	77902	394179	461961	522168	505194
天 津	Tianjin	3402	19501	75915	86045	99194	124762
河 北	Hebei	13477	30614	35618	48358	61521	97005
山 西	Shanxi	466	2234	8812	29189	18650	7226
内蒙古	Inner Mongolia	70	340	267		1685	1980
辽 宁	Liaoning	13236	43072	458998	391456	401811	377245
吉 林	Jilin	2903	10435	15030	10439	8310	6530
黑龙江	Heilongjiang	16468	52542	146193	149568	163929	181246
上 海	Shanghai	13517	43938	238682	290005	272652	420001
江 苏	Jiangsu	33122	59117	101105	191038	220522	210417
浙 江	Zhejiang	3100	59118	98550	77832	80650	76583
安 徽	Anhui	7844	13335	84998	68506	71306	90637
福 建	Fujian	1613	61989	51509	67486	86031	92878
江 西	Jiangxi	17363	37738	109041	94716	95955	127851
山 东	Shandong	27191	190681	406293	441208	498304	530870
河 南	Henan	5898	22667	30734	40200	54436	60217
湖 北	Hubei	31081	50205	305888	387865	453074	463413
湖 南	Hunan	4321	15725	86943	60640	107426	100817
广 东	Guangdong	73325	429998	1047982	1213643	1072559	996947
广 西	Guangxi	1332	5553	7169	5103	6487	8337
海 南	Hainan	94	392	3840	631	4160	7153
重 庆	Chongqing	3697	15656	32148	50503	52133	45867
四 川	Sichuan	16294	101893	148514	274710	453126	414233
贵 州	Guizhou	6386	20428	1587	25750	83513	89666
云 南	Yunnan	379	2039	12680	18406	21497	26391
西 藏	Tibet					97	227
陕 西	Shaanxi	66870	101395	435255	479394	501364	579018
甘 肃	Gansu	2487	2005	14334	16386	12805	18160
青 海	Qinghai	43	38				
宁 夏	Ningxia		4850				
新 疆	Xinjiang			98	1741	147	

2-1-9 续表 2 continued

地 区	Region	新产品开发经费支出（万元） Expenditure on New Products Development (10000 yuan)					
		2000	2005	2011	2012	2013	2014
全 国	**Total**	**436906**	**1583476**	**4784601**	**5524884**	**5971617**	**6358044**
东部地区	Eastern Region	254847	1052655	2820968	3168013	3298269	3553792
中部地区	Middle Region	54411	138483	710366	809473	852413	936516
西部地区	Western Region	93387	265044	748935	1131085	1301495	1389668
东北地区	Northeastern Region	34261	127294	504332	416311	519441	478068
北 京	Beijing	15608	85880	441274	529206	664477	632472
天 津	Tianjin	3348	23235	71194	85130	90769	117945
河 北	Hebei	15190	22403	35888	53678	49604	95614
山 西	Shanxi	1209	3922	8671	27755	22309	1276
内蒙古	Inner Mongolia	149	80	375		1822	518
辽 宁	Liaoning	19065	50126	348534	239502	341900	282550
吉 林	Jilin	3479	14896	14653	14706	12054	10724
黑龙江	Heilongjiang	11717	62272	141145	162103	165488	184794
上 海	Shanghai	10156	56606	317578	384813	326177	560583
江 苏	Jiangsu	49369	72772	156226	276784	284882	271487
浙 江	Zhejiang	3510	88534	94973	71711	75221	76283
安 徽	Anhui	5642	9604	103689	149646	103400	136570
福 建	Fujian	2270	73515	54034	62151	75907	86848
江 西	Jiangxi	12925	37148	115243	80109	83884	90765
山 东	Shandong	76047	224405	398848	432362	502578	450175
河 南	Henan	6670	22120	42924	64696	60900	71848
湖 北	Hubei	23727	43682	344652	408524	461005	495965
湖 南	Hunan	4089	21927	94812	78743	120915	140093
广 东	Guangdong	77120	398347	1239985	1267022	1222204	1253845
广 西	Guangxi	1915	6959	7169	8888	6640	8381
海 南	Hainan	313		3798	5151	6449	8540
重 庆	Chongqing	3623	19859	42127	57422	46667	58872
四 川	Sichuan	24699	102835	266697	501161	553511	551431
贵 州	Guizhou	7461	27610	3249	59943	107827	110404
云 南	Yunnan	619	2909	10225	16118	19021	18556
西 藏	Tibet				82	240	330
陕 西	Shaanxi	53380	103884	415136	468745	553159	620959
甘 肃	Gansu	3585	4153	10475	16740	12482	17242
青 海	Qinghai	3	53		150		
宁 夏	Ningxia	18	3743				
新 疆	Xinjiang			1027	1833	127	2977

2-1-9 续表 3 continued

地 区	Region	新产品销售收入（万元） Sales Revenue of New Products (10000 yuan)					
		2000	2005	2011	2012	2013	2014
全 国	**Total**	**5884034**	**20608590**	**39123877**	**45558591**	**49393828**	**57913831**
东部地区	Eastern Region	3120003	13943711	28685172	29503500	31437028	36273690
中部地区	Middle Region	284722	998485	4639204	5857103	6630047	7555574
西部地区	Western Region	1605769	3508823	3278661	7128381	7952732	10567793
东北地区	Northeastern Region	873540	2157570	2520841	3069606	3374020	3516775
北 京	Beijing	201276	1107350	2326430	2724759	3005983	3531074
天 津	Tianjin	56644	171574	733465	1057091	1080889	1156204
河 北	Hebei	202721	170976	281218	325650	445833	842278
山 西	Shanxi	16053	55780	133567	332635	253950	246067
内 蒙 古	Inner Mongolia	732	3001	5730		20807	28652
辽 宁	Liaoning	425003	1229677	2233323	2703103	2962295	2966907
吉 林	Jilin	10145	31468	27867	35675	35883	49497
黑 龙 江	Heilongjiang	438392	896425	259650	330826	375843	500371
上 海	Shanghai	128874	554157	2724421	868628	818692	968484
江 苏	Jiangsu	855881	1788730	1483358	2784228	3158978	4554418
浙 江	Zhejiang	53273	1054020	1360294	1000542	912116	1686782
安 徽	Anhui	21125	105266	909495	1421929	1571850	2219823
福 建	Fujian	9397	1536275	406882	480704	469492	626175
江 西	Jiangxi	129799	273934	871670	1119391	1038226	794398
山 东	Shandong	859098	3338496	7111830	7563826	8321847	8755496
河 南	Henan	46509	346317	339234	360679	371499	491729
湖 北	Hubei	47327	97695	1160558	1849579	2441204	2812973
湖 南	Hunan	23177	116493	1218950	772888	953319	990584
广 东	Guangdong	734653	4208028	12248721	12698070	13203717	14152779
广 西	Guangxi	16346	14108	8553	13084	27289	29694
海 南	Hainan	1838				19482	
重 庆	Chongqing	28148	199673	744919	867476	627655	656105
四 川	Sichuan	1212226	2049251	625275	4116172	5336827	7596326
贵 州	Guizhou	63662	214228	34942	178533	230740	439445
云 南	Yunnan	1859	41476	115601	95442	42888	41366
西 藏	Tibet						
陕 西	Shaanxi	278677	925690	1690613	1742934	1626711	1744655
甘 肃	Gansu	9730	33834	65137	112651	39817	31550
青 海	Qinghai	5					
宁 夏	Ningxia	11462	44617				
新 疆	Xinjiang		54	2174	2087		

2-1-9 续表 4 continued

地 区	Region	专利申请数 (件) Patent Applications (piece)					
		2000	2005	2011	2012	2013	2014
全 国	**Total**	**734**	**5474**	**22683**	**27459**	**24997**	**33952**
东部地区	Eastern Region	407	3966	17536	19385	15036	23316
中部地区	Middle Region	98	481	2708	3346	3986	4116
西部地区	Western Region	177	582	1579	3503	4539	4962
东北地区	Northeastern Region	52	445	860	1225	1436	1558
北 京	Beijing	7	509	2508	4836	2637	2204
天 津	Tianjin	10	60	685	817	738	668
河 北	Hebei	15	72	71	98	184	179
山 西	Shanxi	4	15	26	104	126	11
内 蒙 古	Inner Mongolia	1		2			
辽 宁	Liaoning	15	328	450	703	864	995
吉 林	Jilin	8	41	52	107	97	48
黑 龙 江	Heilongjiang	29	76	358	415	475	515
上 海	Shanghai	14	299	769	1083	1599	1770
江 苏	Jiangsu	46	152	862	1133	1302	1784
浙 江	Zhejiang	1	118	252	191	163	164
安 徽	Anhui	3	30	616	843	985	910
福 建	Fujian	4	113	370	494	442	588
江 西	Jiangxi	17	107	201	240	278	536
山 东	Shandong	65	548	2362	2881	2725	3788
河 南	Henan	21	114	480	513	464	455
湖 北	Hubei	42	160	870	1184	1610	1586
湖 南	Hunan	10	55	513	462	523	618
广 东	Guangdong	241	2076	9647	7852	5240	12162
广 西	Guangxi	4	19	9	18	40	24
海 南	Hainan			1		6	9
重 庆	Chongqing	6	44	362	310	195	266
四 川	Sichuan	114	206	333	1795	2345	2601
贵 州	Guizhou	10	72	26	270	436	717
云 南	Yunnan		63	54	78	57	57
西 藏	Tibet			2	2	2	1
陕 西	Shaanxi	44	181	771	992	1458	1292
甘 肃	Gansu	3	9	29	36	6	4
青 海	Qinghai		1				
宁 夏	Ningxia		6				
新 疆	Xinjiang			2	2		

2-1-9 续表 5 continued

地区	Region	有效发明专利数（件） Number of Patents In Force (piece)					
		2000	2005	2011	2012	2013	2014
全 国	**Total**	**616**	**1650**	**16421**	**24748**	**30781**	**48575**
东部地区	Eastern Region	358	1033	12719	18979	22621	38767
中部地区	Middle Region	41	256	1996	2735	3317	4110
西部地区	Western Region	138	232	1085	2345	4019	4796
东北地区	Northeastern Region	79	129	621	689	824	902
北 京	Beijing	13	293	1678	2760	3245	3865
天 津	Tianjin	1	21	250	454	534	618
河 北	Hebei	11	21	91	161	191	240
山 西	Shanxi	1	6	23	45	64	7
内蒙古	Inner Mongolia			5			
辽 宁	Liaoning	49	77	376	264	540	588
吉 林	Jilin	11	10	29	74	40	31
黑龙江	Heilongjiang	19	42	216	351	244	283
上 海	Shanghai	3	85	798	993	1146	1404
江 苏	Jiangsu	32	82	564	1271	1318	2448
浙 江	Zhejiang	5	36	343	314	391	692
安 徽	Anhui	1	24	121	460	506	687
福 建	Fujian		23	269	505	721	858
江 西	Jiangxi	12	30	82	241	332	226
山 东	Shandong	55	103	580	931	1222	1760
河 南	Henan	12	25	156	213	247	381
湖 北	Hubei	10	129	1369	1533	1844	2238
湖 南	Hunan	5	42	240	243	324	571
广 东	Guangdong	235	360	8137	11588	13851	26882
广 西	Guangxi	3	9	7	11	23	21
海 南	Hainan			2	2	2	
重 庆	Chongqing	6	21	129	194	170	210
四 川	Sichuan	60	42	113	995	2024	2446
贵 州	Guizhou	10	30	1	124	218	481
云 南	Yunnan		53	86	143	281	164
西 藏	Tibet			1		1	
陕 西	Shaanxi	56	77	725	830	1275	1452
甘 肃	Gansu	5	1	23	40	26	22
青 海	Qinghai	1	1				
宁 夏	Ningxia		7				
新 疆	Xinjiang			7	8	1	

2-1-9 续表 6 continued

地 区	Region	技术改造经费支出（万元） Expenditure for Technical Renovation (10000 yuan)					
		2000	2005	2011	2012	2013	2014
全 国	**Total**	**511340**	**892924**	**785873**	**1110469**	**1539532**	**1271550**
东部地区	Eastern Region	223929	329980	309435	409254	928917	313577
中部地区	Middle Region	56908	115505	144202	229970	204453	184687
西部地区	Western Region	95077	251719	167273	298332	278915	429601
东北地区	Northeastern Region	135426	195720	164964	172912	127247	343686
北 京	Beijing	6935	17515	17311	14619	7301	9149
天 津	Tianjin	2269	9983	59158	26805	3189	25890
河 北	Hebei	31532	13209	10578	13045	17285	16493
山 西	Shanxi	3321	3734	1397	8229	5280	
内 蒙 古	Inner Mongolia	3569	210				
辽 宁	Liaoning	71355	48217	93825	99837	62202	285674
吉 林	Jilin	7683	7851	74		46	78
黑 龙 江	Heilongjiang	56388	139652	71065	73075	64999	57935
上 海	Shanghai	4835	24259	21793	68920	12354	2413
江 苏	Jiangsu	45602	87015	25245	32803	29703	19952
浙 江	Zhejiang	10970	44219	42051	89465	71785	61765
安 徽	Anhui	9601	26550	4279	21785	28762	22457
福 建	Fujian	1646	22251	11411	10666	15825	5218
江 西	Jiangxi	15321	27979	18740	110806	67817	3467
山 东	Shandong	49770	40325	93425	92321	103868	120517
河 南	Henan	14540	22809	23865	16111	31448	26050
湖 北	Hubei	6766	11594	35752	43328	33974	83635
湖 南	Hunan	3792	22629	60169	29710	37172	49079
广 东	Guangdong	69533	67420	26866	58070	665086	51146
广 西	Guangxi	588	3783	1148	733	2881	287
海 南	Hainan	250		450	2537	2522	1034
重 庆	Chongqing	2085	27037	7789	15426	13925	9120
四 川	Sichuan	17290	56224	49535	117872	118910	130024
贵 州	Guizhou	14838	31569	50	29715	24516	36880
云 南	Yunnan	49	9228	769	3120	3067	3455
西 藏	Tibet						
陕 西	Shaanxi	58062	122538	103614	120656	111982	245075
甘 肃	Gansu	2710	4371	2017	1506		2204
青 海	Qinghai	2					
宁 夏	Ningxia	18	753				
新 疆	Xinjiang	24		3500	9300	3635	2557

2-1-9 续表 7 continued

地 区	Region	引进技术经费支出 (万元) Expenditure for Acquisition of Foreign Technology (10000 yuan)					
		2000	2005	2011	2012	2013	2014
全 国	**Total**	**125120**	**150492**	**93845**	**214172**	**64909**	**94793**
东部地区	Eastern Region	50750	107980	54690	70783	30909	76391
中部地区	Middle Region	12031	10313	25649	2465	17553	3431
西部地区	Western Region	44885	18488	13506	140777	13981	10018
东北地区	Northeastern Region	17454	13711		146	2467	4954
北 京	Beijing	654	19754	8578	10966	3482	4830
天 津	Tianjin	1903	3309	388	180	1259	43
河 北	Hebei	7727	1822	434	526	655	1019
山 西	Shanxi	260					
内蒙古	Inner Mongolia	2151					
辽 宁	Liaoning	12284	5780		146	2467	4689
吉 林	Jilin	803	151				
黑龙江	Heilongjiang	4367	7780				265
上 海	Shanghai	282	1962	17816	24866	2380	8364
江 苏	Jiangsu	21110	29905	861	784		
浙 江	Zhejiang	12	5006	6886	8911	6221	3389
安 徽	Anhui	1906	3360	4928	594	250	52
福 建	Fujian	180	21727	900	10175	666	40310
江 西	Jiangxi	3355	4229	350	5		3
山 东	Shandong	3108	3100	16078	12579	13950	18437
河 南	Henan	1196	448	20232	1503		
湖 北	Hubei	2073	1672	69	320	17303	3376
湖 南	Hunan	1090	604	70	42		
广 东	Guangdong	15704	21355	2748	1793	2295	
广 西	Guangxi	39	42				
海 南	Hainan	33					
重 庆	Chongqing	434	73	63	123	230	451
四 川	Sichuan	19416	2492	12989	138785	12267	8432
贵 州	Guizhou	11025	4902	35			40
云 南	Yunnan	369	217		823		
西 藏	Tibet						
陕 西	Shaanxi	10987	10804	419	773	1485	1095
甘 肃	Gansu	2653			273		
青 海	Qinghai	2					
宁 夏	Ningxia						
新 疆	Xinjiang						

2-1-9 续表 8 continued

地 区	Region	消化吸收经费支出（万元） Expenditure for Assimilation of Technology (10000 yuan)					
		2000	2005	2011	2012	2013	2014
全 国	**Total**	**15787**	**31659**	**29041**	**22693**	**36189**	**37839**
东部地区	Eastern Region	5561	25737	24760	18630	33681	21838
中部地区	Middle Region	1206	2090	915	545	2307	14939
西部地区	Western Region	803	1314	3136	3483	39	1002
东北地区	Northeastern Region	8218	2517	230	34	163	60
北 京	Beijing	37	110	1256	326	702	566
天 津	Tianjin	13	90	1091	321	1360	1260
河 北	Hebei	1745	642	1080	830	1038	1240
山 西	Shanxi	13					
内 蒙 古	Inner Mongolia						
辽 宁	Liaoning	2225		230	34	33	46
吉 林	Jilin		52				
黑 龙 江	Heilongjiang	5993	2465			130	14
上 海	Shanghai		686	2229	2068	772	
江 苏	Jiangsu	1221	1380	134	40	16905	112
浙 江	Zhejiang		5619	7413	8185	7761	9404
安 徽	Anhui	749	215	150	50	136	
福 建	Fujian	463	2327	40	78	10	
江 西	Jiangxi	20	1306			108	70
山 东	Shandong	667	1220	9962	6382	5069	9189
河 南	Henan	53	370	210		149	1156
湖 北	Hubei	365	65	127	455	1914	12452
湖 南	Hunan	6	134	428	39		1262
广 东	Guangdong	1357	13485	1556	397	64	68
广 西	Guangxi	15	179				
海 南	Hainan	42					
重 庆	Chongqing	380	875	469	84	39	45
四 川	Sichuan	11	249		3198		907
贵 州	Guizhou		3	35			50
云 南	Yunnan	10					
西 藏	Tibet						
陕 西	Shaanxi	402	188	2632	200		
甘 肃	Gansu						
青 海	Qinghai						
宁 夏	Ningxia						
新 疆	Xinjiang						

2-1-9 续表 9 continued

地 区	Region	购买国内技术经费支出（万元） Expenditure on Purchase of Domestic Technology (10000 yuan)					
		2000	2005	2011	2012	2013	2014
全 国	**Total**	**14799**	**41679**	**43663**	**63406**	**56998**	**187895**
东部地区	Eastern Region	8678	25190	29178	43308	36070	58174
中部地区	Middle Region	4435	6193	4835	5270	5227	99378
西部地区	Western Region	1100	9080	8674	13372	14276	21197
东北地区	Northeastern Region	586	1215	977	1455	1425	9146
北 京	Beijing	25	2867	1589	238	351	
天 津	Tianjin	1375	434	696	188	13	112
河 北	Hebei	2016	829	1182	1226	2055	1870
山 西	Shanxi	10		100	1651		
内 蒙 古	Inner Mongolia	2018					
辽 宁	Liaoning	285	592	270	1400	986	7791
吉 林	Jilin		123				
黑 龙 江	Heilongjiang	301	500	707	55	439	1355
上 海	Shanghai	81	5492	9494	5018	11788	25250
江 苏	Jiangsu	2263	819	1898	2192	2429	1224
浙 江	Zhejiang	1687	3941	4955	12770	13570	12669
安 徽	Anhui	1511	206	1915	595	387	1010
福 建	Fujian	75	4952	1192	4127	2335	14184
江 西	Jiangxi	168	4597				93979
山 东	Shandong	538	78	7259	8376	3034	2732
河 南	Henan	81	1044	915	619	272	1560
湖 北	Hubei	563	236	136	490	3212	290
湖 南	Hunan	85	110	1769	1914	1357	2539
广 东	Guangdong	336	5426	414	9171	497	133
广 西	Guangxi	8	352				
海 南	Hainan	275		500			
重 庆	Chongqing	104	908	315	295	348	1118
四 川	Sichuan	257	503	7620	12264	13597	11296
贵 州	Guizhou	17	6029	35	87		
云 南	Yunnan	40	43		80		
西 藏	Tibet						
陕 西	Shaanxi	642	1484	704	645	331	8784
甘 肃	Gansu	41	100				
青 海	Qinghai						
宁 夏	Ningxia						
新 疆	Xinjiang		15				

2-1-9 续表 10 continued

地 区	Region	研发机构数（个） Number of R&D Institutions in Enterprises (unit)					
		2000	2005	2011	2012	2013	2014
全 国	**Total**	**744**	**712**	**633**	**786**	**746**	**707**
东部地区	Eastern Region	328	340	359	416	413	375
中部地区	Middle Region	149	121	119	138	124	120
西部地区	Western Region	189	200	123	197	163	170
东北地区	Northeastern Region	78	51	32	35	46	42
北 京	Beijing	38	21	54	57	54	48
天 津	Tianjin	17	27	29	32	35	30
河 北	Hebei	17	17	14	16	17	12
山 西	Shanxi	13	15	4	4	5	1
内 蒙 古	Inner Mongolia	3	1	1			
辽 宁	Liaoning	34	20	15	18	28	24
吉 林	Jilin	20	10	2	3	3	3
黑 龙 江	Heilongjiang	24	21	15	14	15	15
上 海	Shanghai	25	35	27	22	26	22
江 苏	Jiangsu	114	96	57	100	90	82
浙 江	Zhejiang	9	31	24	27	37	34
安 徽	Anhui	20	17	19	27	22	27
福 建	Fujian	8	10	12	19	24	24
江 西	Jiangxi	24	29	18	16	15	13
山 东	Shandong	35	25	51	53	46	34
河 南	Henan	26	19	26	29	23	27
湖 北	Hubei	38	23	30	40	39	29
湖 南	Hunan	25	17	21	22	20	23
广 东	Guangdong	56	72	83	82	78	81
广 西	Guangxi	8	6	2	4	2	4
海 南	Hainan	1		6	8	6	8
重 庆	Chongqing	17	33	21	24	21	17
四 川	Sichuan	37	35	18	38	33	31
贵 州	Guizhou	36	31	4	16	21	25
云 南	Yunnan	1	5	4	6	3	3
西 藏	Tibet					1	
陕 西	Shaanxi	87	74	71	95	79	87
甘 肃	Gansu	7	16	4	13	2	2
青 海	Qinghai	2	1				
宁 夏	Ningxia	1	5				
新 疆	Xinjiang	1		1	1	1	1

2-1-9 续表 11 continued

地 区	Region	机构人员（人） Personnel in the R&D Institutions (person)					
		2000	2005	2011	2012	2013	2014
全 国	**Total**	**48076**	**77435**	**111552**	**139355**	**110728**	**114609**
东部地区	Eastern Region	22333	40814	68682	77808	54817	57012
中部地区	Middle Region	7994	10284	18866	21556	24079	23555
西部地区	Western Region	11676	19035	17103	31241	23877	25363
东北地区	Northeastern Region	6073	7302	6901	8750	7955	8679
北 京	Beijing	1935	1477	5209	6749	6609	7035
天 津	Tianjin	797	1239	2573	3417	3278	3076
河 北	Hebei	1177	2215	1593	1757	2049	2255
山 西	Shanxi	271	659	401	720	635	142
内 蒙 古	Inner Mongolia	59	33	31			
辽 宁	Liaoning	2778	3810	4468	6264	5504	6250
吉 林	Jilin	829	1068	165	232	237	161
黑 龙 江	Heilongjiang	2466	2424	2268	2254	2214	2268
上 海	Shanghai	963	1467	5882	3355	4445	3833
江 苏	Jiangsu	5826	4256	6578	13237	10349	9767
浙 江	Zhejiang	304	3500	3619	2946	3199	1918
安 徽	Anhui	1077	781	2483	3349	2148	3044
福 建	Fujian	318	2810	3188	3608	3834	4005
江 西	Jiangxi	2411	2956	3378	4178	4180	4706
山 东	Shandong	3729	5314	11516	12552	12467	15469
河 南	Henan	1448	1150	3237	2829	2362	3134
湖 北	Hubei	1530	3725	6615	8295	12111	9790
湖 南	Hunan	1198	980	2721	2185	2643	2739
广 东	Guangdong	7015	18257	28176	29945	8392	9423
广 西	Guangxi	251	279	186	220	35	118
海 南	Hainan	18		162	242	195	231
重 庆	Chongqing	658	1813	1550	1861	1589	1426
四 川	Sichuan	2828	7544	4922	16124	6852	7615
贵 州	Guizhou	2274	2232	307	1023	2729	3586
云 南	Yunnan	21	292	378	500	259	426
西 藏	Tibet					8	
陕 西	Shaanxi	5171	6339	9303	11011	12058	11842
甘 肃	Gansu	678	459	640	499	344	346
青 海	Qinghai	31	15				
宁 夏	Ningxia	15	341				
新 疆	Xinjiang			3	3	3	4

2-1-9 续表 12 continued

地 区	Region	机构经费支出（万元） Expenditure in the R&D Institutions (10000 yuan)					
		2000	2005	2011	2012	2013	2014
全 国	**Total**	**325230**	**1241169**	**2635886**	**3308633**	**2695986**	**2459296**
东部地区	Eastern Region	197183	864078	1891009	2229564	1552889	1420273
中部地区	Middle Region	42659	103943	314314	367802	544449	451437
西部地区	Western Region	60162	220669	294709	524459	417294	424599
东北地区	Northeastern Region	25227	52479	135854	186807	181354	162987
北 京	Beijing	12922	25829	182861	241201	188455	202983
天 津	Tianjin	3864	18241	36337	61997	64813	66829
河 北	Hebei	8435	16350	15835	17325	26882	46201
山 西	Shanxi	821	3442	4415	6809	8382	7173
内蒙古	Inner Mongolia	331	403	380			
辽 宁	Liaoning	8322	17114	105782	153226	149444	142507
吉 林	Jilin	1715	13266	1510	1772	1807	1648
黑龙江	Heilongjiang	15190	22099	28562	31808	30104	18833
上 海	Shanghai	7971	41605	213902	84135	151143	96112
江 苏	Jiangsu	47321	54701	89669	260972	224362	219434
浙 江	Zhejiang	2181	82767	86941	65619	74501	57360
安 徽	Anhui	4070	6197	33115	56165	69163	37346
福 建	Fujian	2306	62757	44746	50612	60324	59026
江 西	Jiangxi	20387	46217	40787	51906	78359	80251
山 东	Shandong	43008	208074	376464	416467	448808	457454
河 南	Henan	4981	15823	32596	35009	36924	47587
湖 北	Hubei	8372	27731	158385	204016	329747	234389
湖 南	Hunan	3699	4132	44636	13894	21875	44691
广 东	Guangdong	67699	350209	839350	1027092	308356	207994
广 西	Guangxi	1163	3546	1676	1870	201	762
海 南	Hainan	313		3230	4141	5245	6880
重 庆	Chongqing	4088	11347	25839	36010	24904	25881
四 川	Sichuan	12564	128729	95602	314721	150003	148525
贵 州	Guizhou	5528	21050	1107	8196	59864	50797
云 南	Yunnan	38	1862	11280	22243	18950	19892
西 藏	Tibet					98	
陕 西	Shaanxi	35884	49571	149477	127085	152827	163882
甘 肃	Gansu	1981	4930	11394	14315	10446	14829
青 海	Qinghai	43	53				
宁 夏	Ningxia	36	3127				
新 疆	Xinjiang			11	15	3	31

2-1-10 各地区大中型内资企业R&D及相关活动情况

Statistics on R&D and Related Activities of Domestic Funded Enterprises in Large and Medium-sized Enterprises by Region

地区	Region	R&D人员折合全时当量（人年） Full-time Equivalent of R&D Personnel (man-year)					
		2000	2005	2011	2012	2013	2014
全　国	**Total**	**78771**	**121421**	**268918**	**331204**	**361065**	**375108**
东部地区	Eastern Region	35160	65010	196483	233065	246109	256423
中部地区	Middle Region	13732	21194	37210	45189	50893	54683
西部地区	Western Region	24005	24665	23920	37518	49648	49658
东北地区	Northeastern Region	5874	10553	11304	15430	14415	14344
北　京	Beijing	3787	4678	9416	11018	12736	12107
天　津	Tianjin	1010	1875	5117	5865	6362	7113
河　北	Hebei	1666	3388	3921	4389	5322	6716
山　西	Shanxi	286	283	1078	2545	2427	1352
内蒙古	Inner Mongolia	20	108	137	224	264	275
辽　宁	Liaoning	2533	4964	4589	7972	7610	7806
吉　林	Jilin	1110	621	2758	3500	2708	2573
黑龙江	Heilongjiang	2231	4968	3957	3958	4097	3965
上　海	Shanghai	3911	1337	3991	6092	9054	7450
江　苏	Jiangsu	5501	5627	21044	28186	33533	36878
浙　江	Zhejiang	1658	6962	18370	21573	24460	28045
安　徽	Anhui	1088	1342	5463	5986	6318	7122
福　建	Fujian	977	729	4786	5026	6144	7545
江　西	Jiangxi	6489	5435	6789	6837	7629	6547
山　东	Shandong	2950	5129	18149	22119	28725	30269
河　南	Henan	1210	2012	6912	7354	10245	10503
湖　北	Hubei	2562	8434	13057	17414	18952	20516
湖　南	Hunan	2077	3579	3773	5050	5322	8643
广　东	Guangdong	13180	34408	110562	128295	118957	119617
广　西	Guangxi	488	870	965	1059	919	1115
海　南	Hainan	33	7	163	497	816	684
重　庆	Chongqing	964	2070	3050	3833	3599	3604
四　川	Sichuan	2255	9212	4906	12003	17405	15056
贵　州	Guizhou	2380	2437	457	2292	6276	5067
云　南	Yunnan	101	205	1268	1661	1105	991
西　藏	Tibet					5	2
陕　西	Shaanxi	17068	9375	12733	15312	18913	22028
甘　肃	Gansu	1091	848	730	825	708	939
青　海	Qinghai	61	12	13	48	170	108
宁　夏	Ningxia	85	480	283	238	265	437
新　疆	Xinjiang		25	480	19	19	36

2-1-10 续表 1 continued

地 区	Region	R&D经费内部支出（万元） Intramural Expenditure on R&D (10000 yuan)					
		2000	2005	2011	2012	2013	2014
全 国	**Total**	**790317**	**2099137**	**7888445**	**9667304**	**11548301**	**13114379**
东部地区	Eastern Region	523864	1538978	5589698	6965110	8179966	9387621
中部地区	Middle Region	77389	164548	893202	1038050	1337264	1543980
西部地区	Western Region	148102	279373	747248	1057082	1377348	1519466
东北地区	Northeastern Region	40962	116239	658297	607061	653723	663313
北 京	Beijing	47504	87864	358952	475405	598570	565854
天 津	Tianjin	24203	40977	94534	143778	154095	178012
河 北	Hebei	14469	33103	57717	74888	100749	159689
山 西	Shanxi	1577	2888	18480	40745	41289	21882
内蒙古	Inner Mongolia	73	1174	4299	4832	4840	11817
辽 宁	Liaoning	14810	53654	472261	416615	447647	420255
吉 林	Jilin	7838	13399	50514	46843	45737	62413
黑龙江	Heilongjiang	18314	49186	135522	143601	160340	180645
上 海	Shanghai	21368	31845	203167	327987	332732	476437
江 苏	Jiangsu	52975	122828	502923	819013	969220	1107527
浙 江	Zhejiang	42272	146358	339522	457633	524852	662165
安 徽	Anhui	8134	18472	150279	144050	167145	209203
福 建	Fujian	14634	19391	80342	103817	119337	178383
江 西	Jiangxi	17702	42928	133261	132304	161469	213348
山 东	Shandong	43570	215452	629992	823749	951798	1086789
河 南	Henan	7315	17520	86755	101657	151961	208519
湖 北	Hubei	35839	62963	372111	487973	568875	628162
湖 南	Hunan	6749	18603	128016	131319	246527	262867
广 东	Guangdong	259559	829378	3282305	3725868	4409136	4949357
广 西	Guangxi	2810	11391	34269	30777	35202	44054
海 南	Hainan	501	392	5976	12970	19477	23409
重 庆	Chongqing	6491	23842	46365	72325	90009	111039
四 川	Sichuan	24048	108754	173236	343288	548211	542698
贵 州	Guizhou	7250	21950	14341	39204	100052	109692
云 南	Yunnan	1628	2314	23215	33459	40283	47426
西 藏	Tibet					97	585
陕 西	Shaanxi	104894	112435	447086	498275	522387	609137
甘 肃	Gansu	3352	4496	21641	26487	22697	30714
青 海	Qinghai	284	38	183	778	4919	1263
宁 夏	Ningxia	157	5165	4796	5911	7870	10190
新 疆	Xinjiang		380	16385	1741	782	851

2-1-10 续表 2 continued

地 区	Region	新产品开发经费支出（万元） Expenditure on New Products Development (10000 yuan)					
		2000	2005	2011	2012	2013	2014
全 国	**Total**	**808228**	**2237723**	**9042866**	**11070439**	**13422766**	**15719432**
东部地区	Eastern Region	532331	1616896	6498760	7977030	9676056	11482962
中部地区	Middle Region	73270	175275	1055422	1227243	1480727	1782130
西部地区	Western Region	159145	298194	900969	1377786	1631435	1840684
东北地区	Northeastern Region	43482	147358	587715	488378	634548	613656
北 京	Beijing	23308	64983	437726	585725	804243	758927
天 津	Tianjin	24517	25532	90081	129664	136371	150070
河 北	Hebei	16571	25923	62833	90540	93227	159079
山 西	Shanxi	1909	4635	21030	47322	49177	27588
内蒙古	Inner Mongolia	181	1314	4610	4174	4622	9526
辽 宁	Liaoning	20156	60689	379882	268352	399244	324994
吉 林	Jilin	10407	24800	61403	64197	70942	103228
黑龙江	Heilongjiang	12919	61869	146431	155827	164362	185434
上 海	Shanghai	19477	41794	162323	412328	405638	626610
江 苏	Jiangsu	71677	152407	668003	1226112	1340205	1470430
浙 江	Zhejiang	35780	195521	365408	450923	611401	714572
安 徽	Anhui	5834	25320	192723	254657	232441	316689
福 建	Fujian	15135	24643	99332	110469	126940	187463
江 西	Jiangxi	13400	45150	151335	117224	155030	210742
山 东	Shandong	97741	262757	638245	880918	1026506	1053507
河 南	Henan	8414	20142	107450	128319	161885	220483
湖 北	Hubei	35825	54359	437548	529953	615504	662563
湖 南	Hunan	7708	24355	140726	149766	266691	344065
广 东	Guangdong	223644	810564	3917967	4063500	5103073	6336526
广 西	Guangxi	3628	12147	44588	37358	33959	43493
海 南	Hainan	854	626	12254	26847	28453	25780
重 庆	Chongqing	7522	28084	60231	77064	82736	120100
四 川	Sichuan	39881	110981	324180	617876	718487	762608
贵 州	Guizhou	10021	29937	20249	85624	128742	134872
云 南	Yunnan	4144	3184	22788	26912	40023	44742
西 藏	Tibet				82	240	687
陕 西	Shaanxi	90947	113490	429197	489482	576428	666647
甘 肃	Gansu	5571	6771	20110	31143	37584	44319
青 海	Qinghai	3	53	1132	772	681	372
宁 夏	Ningxia	951	4288	5769	5463	6867	9111
新 疆	Xinjiang	105	1407	17314	1833	1067	4206

2-1-10　续表 3　continued

地　区	Region	新产品销售收入（万元） Sales Revenue of New Products (10000 yuan)					
		2000	2005	2011	2012	2013	2014
全　国	**Total**	**9880026**	**22804873**	**68764411**	**91001519**	**110671980**	**145726741**
东部地区	Eastern Region	6601650	15137702	53650380	67404804	80718236	108078571
中部地区	Middle Region	426147	1331792	7431989	9810775	13752459	18135738
西部地区	Western Region	1898184	4118064	4424633	9522809	11541266	14699281
东北地区	Northeastern Region	954045	2217314	3257410	4263130	4660020	4813151
北　京	Beijing	507966	1161045	2468560	3094771	3564951	4471693
天　津	Tianjin	67238	215575	975207	1693900	1878125	1871461
河　北	Hebei	223424	196163	445906	493236	804562	1321871
山　西	Shanxi	22065	68953	108279	283709	287833	271482
内蒙古	Inner Mongolia	777	17420	44163	83049	167885	129088
辽　宁	Liaoning	461266	1312466	2358256	3089963	3330949	3202593
吉　林	Jilin	53986	94760	585885	764254	936703	1125972
黑龙江	Heilongjiang	438793	810088	313269	408913	392368	484586
上　海	Shanghai	336024	361061	1216926	1232536	1357020	1601173
江　苏	Jiangsu	1426725	1915941	6944573	13187041	14450817	20648321
浙　江	Zhejiang	979752	2183048	4658681	6011173	7785716	9655222
安　徽	Anhui	21851	348366	1639294	2238082	2440667	3358729
福　建	Fujian	309753	267586	775832	906129	1002469	1509395
江　西	Jiangxi	130139	356647	1289739	1809001	2387780	2672025
山　东	Shandong	1126820	3722466	10049782	12246077	13362924	14931443
河　南	Henan	75657	236226	1012286	985025	1747433	2050692
湖　北	Hubei	84905	138356	1645004	2847607	3638555	4480945
湖　南	Hunan	90753	165825	1693224	1647349	3250192	5301866
广　东	Guangdong	1580373	5022878	25919702	28501335	36483329	52062190
广　西	Guangxi	41739	91789	160773	358247	620301	615672
海　南	Hainan	1838	150	34438	38604	28323	5803
重　庆	Chongqing	68225	512141	630086	915043	1047539	1185818
四　川	Sichuan	1288848	2203986	1268178	5368552	6675467	9106470
贵　州	Guizhou	81254	229843	127450	270534	527468	829895
云　南	Yunnan	43546	58564	277538	258516	362787	288109
西　藏	Tibet						
陕　西	Shaanxi	302977	993022	1722323	1909452	1782302	2041287
甘　肃	Gansu	91310	38648	198930	284347	261351	378691
青　海	Qinghai	5		237			
宁　夏	Ningxia	22019	44660	105449	72976	94494	122578
新　疆	Xinjiang		37200	94443	2087	1673	1673

2-1-10 续表 4 continued

地区	Region	专利申请数（件） Patent Applications (piece)					
		2000	2005	2011	2012	2013	2014
全 国	**Total**	**1663**	**10787**	**48692**	**63774**	**65045**	**79769**
东部地区	Eastern Region	1005	8510	39880	48733	47786	59888
中部地区	Middle Region	177	848	4983	6168	8067	9415
西部地区	Western Region	381	1025	2595	6959	6962	7902
东北地区	Northeastern Region	100	404	1234	1914	2230	2564
北 京	Beijing	7	279	2464	4905	2785	2872
天 津	Tianjin	67	305	1537	2087	2021	1938
河 北	Hebei	27	99	272	295	467	549
山 西	Shanxi	4	18	125	168	240	106
内蒙古	Inner Mongolia	1	13	12	16	16	20
辽 宁	Liaoning	26	182	635	1006	1115	1310
吉 林	Jilin	27	126	219	401	540	445
黑龙江	Heilongjiang	47	96	380	507	575	809
上 海	Shanghai	49	217	668	1376	1860	2253
江 苏	Jiangsu	125	472	4228	5646	6357	7835
浙 江	Zhejiang	49	393	1801	3324	3072	3042
安 徽	Anhui	3	43	1160	1715	2043	2373
福 建	Fujian	8	21	420	710	1142	1631
江 西	Jiangxi	17	202	361	596	1084	1456
山 东	Shandong	149	711	3467	4856	5144	6872
河 南	Henan	24	97	1075	1110	1269	1205
湖 北	Hubei	79	406	1236	1597	2160	2230
湖 南	Hunan	49	69	1014	982	1271	2045
广 东	Guangdong	510	5926	24851	25471	24751	32623
广 西	Guangxi	10	87	102	104	166	154
海 南	Hainan	4		70	63	187	273
重 庆	Chongqing	54	80	624	706	529	654
四 川	Sichuan	144	257	641	4060	3410	4098
贵 州	Guizhou	13	93	130	460	643	1203
云 南	Yunnan	39	160	122	146	145	124
西 藏	Tibet			2	2	2	1
陕 西	Shaanxi	52	351	907	1218	1829	1513
甘 肃	Gansu	4	48	129	219	167	100
青 海	Qinghai	13	1			1	2
宁 夏	Ningxia	62	20	24	26	52	29
新 疆	Xinjiang		15	16	2	2	4

2-1-10　续表 5　continued

地　区	Region	有效发明专利数（件） Number of Patents In Force (piece)					
		2000	2005	2011	2012	2013	2014
全　国	**Total**	**1008**	**4745**	**45852**	**66893**	**82650**	**108559**
东部地区	Eastern Region	549	3814	39878	57255	69121	91493
中部地区	Middle Region	121	366	3154	4178	5802	7705
西部地区	Western Region	197	400	1861	3946	6126	7517
东北地区	Northeastern Region	141	165	959	1514	1601	1844
北　京	Beijing	14	317	1252	2750	3634	4598
天　津	Tianjin	6	76	758	1222	1731	1667
河　北	Hebei	12	40	220	422	413	603
山　西	Shanxi	1	8	105	150	143	219
内蒙古	Inner Mongolia		13	15	15	18	13
辽　宁	Liaoning	59	88	472	751	941	1134
吉　林	Jilin	14	30	183	384	401	387
黑龙江	Heilongjiang	68	47	304	379	259	323
上　海	Shanghai	10	74	778	1143	1288	1722
江　苏	Jiangsu	84	232	2033	4035	5506	6810
浙　江	Zhejiang	14	304	891	1499	1793	2388
安　徽	Anhui	1	34	305	847	1404	1830
福　建	Fujian		28	357	443	642	979
江　西	Jiangxi	12	42	262	427	750	817
山　东	Shandong	93	177	1358	2365	2804	3820
河　南	Henan	30	42	348	443	647	799
湖　北	Hubei	26	160	1669	1812	2272	2903
湖　南	Hunan	51	67	450	499	586	1137
广　东	Guangdong	306	2537	32125	43306	51102	68582
广　西	Guangxi	8	29	70	186	195	212
海　南	Hainan	2		36	70	208	324
重　庆	Chongqing	15	38	233	355	566	535
四　川	Sichuan	72	87	351	1666	2686	3722
贵　州	Guizhou	13	53	210	373	644	843
云　南	Yunnan	15	68	175	256	487	293
西　藏	Tibet			1		1	
陕　西	Shaanxi	64	132	815	1016	1446	1751
甘　肃	Gansu	5	3	48	64	58	70
青　海	Qinghai	4	1				4
宁　夏	Ningxia	9	15	14	7	23	52
新　疆	Xinjiang		3	14	8	2	22

2-1-10 续表 6 continued

地 区	Region	技术改造经费支出（万元） Expenditure for Technical Renovation (10000 yuan)					
		2000	2005	2011	2012	2013	2014
全 国	**Total**	**924581**	**1183084**	**1664720**	**2352550**	**2870736**	**2677315**
东部地区	Eastern Region	465138	560319	1052443	1417048	1956291	1395689
中部地区	Middle Region	92480	145573	233576	348971	362788	366343
西部地区	Western Region	217146	291226	201663	365538	365866	561828
东北地区	Northeastern Region	149817	185966	177039	220992	185792	353456
北 京	Beijing	7295	17769	20071	15132	8122	9214
天 津	Tianjin	50463	21211	53726	27251	4434	26664
河 北	Hebei	33285	17433	14636	17108	25407	36023
山 西	Shanxi	4632	3050	1763	4241	11754	22943
内蒙古	Inner Mongolia	3961	210	3501	1415		
辽 宁	Liaoning	75062	50193	96813	101525	64223	289421
吉 林	Jilin	14917	11896	17404	43764	53854	10634
黑龙江	Heilongjiang	59838	123877	62822	75701	67715	53401
上 海	Shanghai	17439	7729	26178	75294	15329	8492
江 苏	Jiangsu	98094	116979	455151	652542	575976	562862
浙 江	Zhejiang	82185	180377	173403	217668	223067	281959
安 徽	Anhui	10045	32612	33066	48377	44089	57776
福 建	Fujian	3372	9319	47700	37005	53958	43186
江 西	Jiangxi	15333	33832	24204	129812	93355	20220
山 东	Shandong	85169	100021	160684	252522	324999	304590
河 南	Henan	18823	35659	38053	27052	46079	37312
湖 北	Hubei	32784	14023	50221	48885	61076	114245
湖 南	Hunan	6903	26188	82768	90602	106436	113847
广 东	Guangdong	83703	74637	75912	111196	712686	120253
广 西	Guangxi	3867	14845	20286	19768	16033	9364
海 南	Hainan	266		4697	11327	12313	2446
重 庆	Chongqing	5901	29370	13971	25856	29860	38402
四 川	Sichuan	28270	63298	65577	142456	141177	160768
贵 州	Guizhou	27235	35210	1380	31216	25910	39907
云 南	Yunnan	3973	9226	3108	3203	9917	9310
西 藏	Tibet						
陕 西	Shaanxi	129836	128152	106423	124297	122680	264576
甘 肃	Gansu	5484	18726	3344	2823	88	19489
青 海	Qinghai	1002					
宁 夏	Ningxia	15407	963	4359	5200	14992	16894
新 疆	Xinjiang	39	6281	3500	9300	5210	3117

2-1-10 续表 7 continued

地 区	Region	引进技术经费支出（万元） Expenditure for Acquisition of Foreign Technology (10000 yuan)					
		2000	2005	2011	2012	2013	2014
全 国	**Total**	**235804**	**96198**	**145378**	**270747**	**132821**	**174745**
东部地区	Eastern Region	95979	46023	97118	116418	92894	147520
中部地区	Middle Region	18287	11340	32905	6074	22583	11396
西部地区	Western Region	101587	24803	14667	143659	14877	10775
东北地区	Northeastern Region	19952	14033	689	4595	2467	5054
北 京	Beijing	2202	6139	8578	10966	9042	4830
天 津	Tianjin	4690	3309	389	1	1200	2
河 北	Hebei	7858	1882	434	526	655	1019
山 西	Shanxi	315				387	
内蒙古	Inner Mongolia	2263					
辽 宁	Liaoning	12314	5813	25	146	2467	4689
吉 林	Jilin	3071	706	663	4449		100
黑龙江	Heilongjiang	4567	7514				265
上 海	Shanghai	1766	485	8693	21195	2977	8364
江 苏	Jiangsu	39073	5076	22221	20884	13939	14810
浙 江	Zhejiang	7903	6123	15464	21254	17857	7290
安 徽	Anhui	1906	3374	8138	874	2236	3211
福 建	Fujian	1901	9472	6289	15216	4466	48543
江 西	Jiangxi	3365	4442	3020	1655	450	509
山 东	Shandong	4757	6359	17089	19054	31395	21067
河 南	Henan	1336	498	20573	1775	42	1374
湖 北	Hubei	6337	1672	919	1727	18691	5809
湖 南	Hunan	2765	1354	255	42	777	493
广 东	Guangdong	25018	7136	16156	7320	10065	41574
广 西	Guangxi	239	42	1806			
海 南	Hainan	573				1300	22
重 庆	Chongqing	559	2490	55	861	381	785
四 川	Sichuan	21169	4069	13799	140517	13011	8819
贵 州	Guizhou	11654	7223	35			40
云 南	Yunnan	427	217	5	883		
西 藏	Tibet						
陕 西	Shaanxi	64595	10804	419	1124	1485	1095
甘 肃	Gansu	3058		355	273		
青 海	Qinghai	2					
宁 夏	Ningxia	64					
新 疆	Xinjiang	60					37

2-1-10 续表 8 continued

地 区	Region	消化吸收经费支出（万元） Expenditure for Assimilation of Technology (10000 yuan)					
		2000	2005	2011	2012	2013	2014
全 国	**Total**	**21260**	**31699**	**70417**	**68067**	**84939**	**86063**
东部地区	Eastern Region	8488	25714	54167	50183	64493	55691
中部地区	Middle Region	1624	3437	10293	9043	13517	23198
西部地区	Western Region	2344	2131	5692	7585	3704	6215
东北地区	Northeastern Region	8804	417	265	1254	3226	960
北 京	Beijing	37	109	1256	326	702	566
天 津	Tianjin	67	390	1092	300	1360	1260
河 北	Hebei	1759	785	1080	911	1038	1240
山 西	Shanxi	13	30	121	122	2932	891
内蒙古	Inner Mongolia						
辽 宁	Liaoning	2225	43	250	34	33	46
吉 林	Jilin		252	15	1220	3062	900
黑龙江	Heilongjiang	6579	122			130	14
上 海	Shanghai	53	71	2799	2068	832	60
江 苏	Jiangsu	1514	9159	10335	13195	30190	19306
浙 江	Zhejiang	1109	7152	11014	13227	12687	13785
安 徽	Anhui	749	280	3416	388	394	490
福 建	Fujian	508	1466	1173	733	2260	550
江 西	Jiangxi	22	1309	1784	1250	138	82
山 东	Shandong	715	2106	13619	16945	14064	16539
河 南	Henan	53	654	1669	562	882	3116
湖 北	Hubei	457	280	1161	6033	6581	15291
湖 南	Hunan	330	884	2142	688	2591	3327
广 东	Guangdong	2610	3992	8216	2475	1360	2035
广 西	Guangxi	15	423	3583	146	30	123
海 南	Hainan	102	60				350
重 庆	Chongqing	400	1010	562	536	49	670
四 川	Sichuan	531	890	1594	5962	2593	4424
贵 州	Guizhou	35	44	35		3	50
云 南	Yunnan	654		384	308	400	432
西 藏	Tibet						
陕 西	Shaanxi	702	188	2632	585	149	
甘 肃	Gansu			35	47		
青 海	Qinghai						
宁 夏	Ningxia	12		450		480	465
新 疆	Xinjiang	10					50

2-1-10 续表 9 continued

地 区	Region	购买国内技术经费支出（万元）Expenditure on Purchase of Domestic Technology (10000 yuan)					
		2000	2005	2011	2012	2013	2014
全 国	**Total**	**63674**	**69133**	**102882**	**146982**	**192927**	**339868**
东部地区	Eastern Region	19987	44954	72751	113247	143421	185600
中部地区	Middle Region	7138	11018	11399	13219	18787	113115
西部地区	Western Region	2763	12246	16920	17942	27749	32058
东北地区	Northeastern Region	33785	915	1813	2573	2970	9095
北 京	Beijing	86	3167	2179	934	1394	2365
天 津	Tianjin	2204	434	765	242	113	228
河 北	Hebei	2066	1117	1560	1449	2530	2425
山 西	Shanxi	10	181	825	2712	964	917
内蒙古	Inner Mongolia	2018				800	
辽 宁	Liaoning	327	592	284	1404	986	8143
吉 林	Jilin	32602	323	1529	1169	1874	462
黑龙江	Heilongjiang	856				110	490
上 海	Shanghai	1846	5568	9680	5350	11875	27300
江 苏	Jiangsu	7821	12581	15198	18456	25696	21579
浙 江	Zhejiang	2848	7176	9816	21240	30666	30357
安 徽	Anhui	1511	348	3441	1974	1627	2258
福 建	Fujian	200	4783	5798	10096	6809	45101
江 西	Jiangxi	173	5129	109	64	60	98797
山 东	Shandong	1275	2470	15972	39681	30103	44128
河 南	Henan	82	4653	1959	1395	4560	4177
湖 北	Hubei	2852	596	1613	2838	7072	1920
湖 南	Hunan	493	110	3452	4233	4505	5046
广 东	Guangdong	879	6776	9273	13868	13611	8650
广 西	Guangxi	388	602	1248	1993	3438	2930
海 南	Hainan	375	280	1263	1927	20625	3469
重 庆	Chongqing	1024	2488	3502	1001	6426	3382
四 川	Sichuan	507	1705	12164	13735	15504	15229
贵 州	Guizhou	100	6102	255	87		260
云 南	Yunnan	40	297	135	230	551	269
西 藏	Tibet						
陕 西	Shaanxi	1001	1484	804	870	1010	9889
甘 肃	Gansu	41	100	60	26		
青 海	Qinghai						
宁 夏	Ningxia	10	56			20	
新 疆	Xinjiang	40	15				100

2-1-10 续表 10 continued

地　区	Region	研发机构数（个） Number of R&D Institutions in Enterprises (unit)					
		2000	2005	2011	2012	2013	2014
全　国	**Total**	**1190**	**1168**	**1981**	**2757**	**2960**	**3116**
东部地区	Eastern Region	608	645	1354	1863	2025	2129
中部地区	Middle Region	203	192	337	452	491	518
西部地区	Western Region	266	255	221	364	340	382
东北地区	Northeastern Region	113	76	69	78	104	87
北　京	Beijing	44	24	72	88	85	82
天　津	Tianjin	29	32	44	47	55	45
河　北	Hebei	33	24	34	46	50	47
山　西	Shanxi	16	19	10	10	17	13
内蒙古	Inner Mongolia	3	3	9	8	2	4
辽　宁	Liaoning	44	28	26	28	43	33
吉　林	Jilin	39	27	23	21	35	26
黑龙江	Heilongjiang	30	21	20	29	26	28
上　海	Shanghai	43	30	33	42	34	27
江　苏	Jiangsu	174	158	348	648	725	801
浙　江	Zhejiang	61	147	246	295	341	351
安　徽	Anhui	24	30	70	136	121	116
福　建	Fujian	17	17	44	55	82	81
江　西	Jiangxi	27	38	44	47	69	85
山　东	Shandong	72	92	166	239	240	230
河　南	Henan	41	43	101	118	120	134
湖　北	Hubei	60	34	64	89	87	85
湖　南	Hunan	32	25	39	52	77	85
广　东	Guangdong	114	102	336	387	397	452
广　西	Guangxi	17	17	19	27	30	33
海　南	Hainan	4	2	12	16	16	13
重　庆	Chongqing	24	41	37	42	48	64
四　川	Sichuan	71	50	52	105	97	103
贵　州	Guizhou	44	40	13	26	33	38
云　南	Yunnan	6	6	12	14	15	13
西　藏	Tibet					1	1
陕　西	Shaanxi	102	87	87	117	99	106
甘　肃	Gansu	10	23	11	20	8	9
青　海	Qinghai	3	1	1		1	1
宁　夏	Ningxia	5	6	7	4	4	4
新　疆	Xinjiang	1	1	1	1	2	6

2-1-10 续表 11 continued

地区	Region	机构人员（人） Personnel in the R&D Institutions (person)					
		2000	2005	2011	2012	2013	2014
全　国	**Total**	**76168**	**109651**	**263327**	**345486**	**324035**	**347623**
东部地区	Eastern Region	42181	66824	197612	252315	229673	250805
中部地区	Middle Region	10995	13281	32576	39224	47042	46493
西部地区	Western Region	15243	21140	22893	41959	35628	37707
东北地区	Northeastern Region	7749	8406	10246	11988	11692	12618
北　京	Beijing	2772	1441	8124	9783	9515	9990
天　津	Tianjin	1078	1513	4388	6137	6577	6644
河　北	Hebei	1469	2865	3169	4136	4631	6127
山　西	Shanxi	620	718	1103	1103	1665	754
内蒙古	Inner Mongolia	59	124	250	372	135	141
辽　宁	Liaoning	3194	4095	4857	6643	6312	6753
吉　林	Jilin	1914	2029	2520	2078	2485	2542
黑龙江	Heilongjiang	2641	2282	2869	3267	2895	3323
上　海	Shanghai	2307	1159	2245	4206	5098	4465
江　苏	Jiangsu	8060	7335	20728	40272	43185	47666
浙　江	Zhejiang	2609	8924	18275	22925	27611	27783
安　徽	Anhui	1140	1310	5628	8505	7384	8143
福　建	Fujian	791	731	3424	3607	5191	4909
江　西	Jiangxi	2614	3251	5273	6487	7498	9077
山　东	Shandong	6279	7261	21043	28397	25342	29144
河　南	Henan	2752	2102	8208	8210	8709	8777
湖　北	Hubei	2267	4566	8494	11694	16562	13878
湖　南	Hunan	1543	1210	3620	3225	5224	5864
广　东	Guangdong	16239	34568	114612	132120	101495	113271
广　西	Guangxi	503	989	1138	1151	1177	1138
海　南	Hainan	74	38	466	732	1028	806
重　庆	Chongqing	835	2018	2041	2612	2947	3949
四　川	Sichuan	4661	8185	7000	20952	12032	12369
贵　州	Guizhou	2555	2419	827	1713	3641	4383
云　南	Yunnan	277	306	1197	1337	1091	1280
西　藏	Tibet					8	12
陕　西	Shaanxi	5918	7013	9974	11761	12767	12555
甘　肃	Gansu	748	770	1310	1189	877	917
青　海	Qinghai	68	15	14		12	15
宁　夏	Ningxia	181	391	527	869	906	844
新　疆	Xinjiang		23	3	3	35	104

2-1-10 续表 12 continued

地 区	Region	机构经费支出（万元） Expenditure in the R&D Institutions (10000 yuan)					
		2000	2005	2011	2012	2013	2014
全 国	**Total**	**669580**	**1817148**	**5860691**	**7802691**	**8599141**	**9893613**
东部地区	Eastern Region	487593	1385094	4849573	6315975	6847832	8123285
中部地区	Middle Region	59928	132383	463807	573902	894691	886599
西部地区	Western Region	90256	238459	385204	697439	624452	661472
东北地区	Northeastern Region	31803	61212	162107	215374	232167	222258
北 京	Beijing	21511	25519	200332	273364	243594	266606
天 津	Tianjin	22919	33237	52234	93562	104147	108048
河 北	Hebei	9423	19876	34766	48667	66264	96165
山 西	Shanxi	2162	3682	10118	16992	23909	17844
内蒙古	Inner Mongolia	331	1251	4254	5437	3667	5548
辽 宁	Liaoning	10146	19685	111448	159270	162874	154886
吉 林	Jilin	5075	22810	25602	22210	31525	28837
黑龙江	Heilongjiang	16582	18717	25057	33892	37768	38536
上 海	Shanghai	14194	35527	49957	97758	178233	115230
江 苏	Jiangsu	66936	107408	383774	959798	995508	1108066
浙 江	Zhejiang	33749	155967	288774	392367	512441	570660
安 徽	Anhui	4262	21656	74893	134125	161078	138808
福 建	Fujian	8103	17920	42707	56456	91924	82620
江 西	Jiangxi	20987	50414	62051	84506	122274	138509
山 东	Shandong	60396	231089	540058	747565	781105	768684
河 南	Henan	7025	14611	77974	80934	126676	152043
湖 北	Hubei	17417	32497	176179	222641	393075	292220
湖 南	Hunan	7746	8272	58339	34702	67680	147175
广 东	Guangdong	245812	747409	3227202	3634441	3855419	4991093
广 西	Guangxi	3076	10784	20777	28404	24367	25706
海 南	Hainan	1473	358	8992	11992	19197	16113
重 庆	Chongqing	6400	14142	34278	43287	50412	71186
四 川	Sichuan	24972	132132	130434	396837	242547	230673
贵 州	Guizhou	6968	22415	12741	21968	75591	68678
云 南	Yunnan	3681	2162	22882	34016	40344	39164
西 藏	Tibet					98	185
陕 西	Shaanxi	43965	57762	156433	137772	164252	189886
甘 肃	Gansu	2968	5742	20665	23938	14561	20009
青 海	Qinghai	284	53	100		232	334
宁 夏	Ningxia	1019	3672	7660	5759	7722	7934
新 疆	Xinjiang		380	11	15	658	2170

2-1-11 各地区大中型港澳台资企业R&D及相关活动情况

Statistics on R&D and Related Activities of Hong Kong,Macau and Taiwan Funded Enterprises in Large and Medium-sized Enterprises by Region

地 区	Region	R&D人员折合全时当量（人年） Full-time Equivalent of R&D Personnel (man-year)					
		2000	2005	2011	2012	2013	2014
全 国	**Total**	**3428**	**17880**	**71830**	**81932**	**81905**	**89290**
东部地区	Eastern Region	3300	15879	68587	77622	75038	79043
中部地区	Middle Region	17	1842	2328	3384	6004	8523
西部地区	Western Region	10	72	579	546	585	1009
东北地区	Northeastern Region	101	87	336	377	278	715
北 京	Beijing	532	1867	712	820	1398	1638
天 津	Tianjin	13	43	1368	612	591	2343
河 北	Hebei	96		1365	1512	1172	1089
山 西	Shanxi		19		30	90	45
内蒙古	Inner Mongolia			22		10	
辽 宁	Liaoning	101	49	275	248	175	545
吉 林	Jilin		9	44	56	6	24
黑龙江	Heilongjiang		29	17	72	96	146
上 海	Shanghai	212	717	2925	4405	4330	3770
江 苏	Jiangsu	126	3300	16507	14748	16600	14059
浙 江	Zhejiang	66	1707	6299	7424	6984	9074
安 徽	Anhui			9	725	537	1267
福 建	Fujian	447	2734	6724	8040	8110	9368
江 西	Jiangxi	4	6	62	173	649	566
山 东	Shandong	95	69	660	867	737	882
河 南	Henan	6	1758	328	568	2310	3642
湖 北	Hubei	7	27	1300	1236	1748	1298
湖 南	Hunan		32	608	649	670	1705
广 东	Guangdong	1708	5416	31882	39168	34975	36712
广 西	Guangxi			145	229	202	415
海 南	Hainan	6	26		22	142	108
重 庆	Chongqing		19	304	156	179	332
四 川	Sichuan	10	45	110	17	1	10
贵 州	Guizhou						
云 南	Yunnan		8	54	78	90	122
西 藏	Tibet						
陕 西	Shaanxi					21	26
甘 肃	Gansu						
青 海	Qinghai						
宁 夏	Ningxia			111	64	82	105
新 疆	Xinjiang						

2-1-11 续表 1 continued

地 区	Region	R&D经费内部支出（万元） Intramural Expenditure on R&D (10000 yuan)					
		2000	2005	2011	2012	2013	2014
全 国	**Total**	**117433**	**506685**	**1700201**	**2005351**	**2277974**	**2578846**
东部地区	Eastern Region	112939	490670	1614479	1891440	2074782	2329170
中部地区	Middle Region	4242	12980	64052	83898	162136	199802
西部地区	Western Region	53	1485	15240	22967	24304	24178
东北地区	Northeastern Region	199	1551	6429	7045	16752	25697
北 京	Beijing	55730	68996	90340	118717	106155	195435
天 津	Tianjin	322	970	40486	8138	8389	78418
河 北	Hebei	1190		28560	34439	54260	62754
山 西	Shanxi		61		897	2059	621
内 蒙 古	Inner Mongolia			264		2475	
辽 宁	Liaoning	199	753	5918	5102	15150	23121
吉 林	Jilin		498	363	995	159	560
黑 龙 江	Heilongjiang		300	148	947	1443	2015
上 海	Shanghai	3805	54103	117555	160898	147662	168282
江 苏	Jiangsu	5125	63352	353327	327747	403805	381401
浙 江	Zhejiang	807	61150	211429	265611	282583	301886
安 徽	Anhui			852	14866	32315	42140
福 建	Fujian	9839	73592	154348	178118	209532	216314
江 西	Jiangxi	22	96	1490	5766	15934	11648
山 东	Shandong	1750	2349	30756	35310	30201	50897
河 南	Henan	4116	10770	5941	11118	36405	49700
湖 北	Hubei	104	402	41687	37058	42963	44804
湖 南	Hunan		1651	13818	14190	32459	50889
广 东	Guangdong	34300	165991	585659	761610	829598	871653
广 西	Guangxi			2017	5802	6291	7826
海 南	Hainan	72	168		848	2599	2132
重 庆	Chongqing		805	5354	8223	8883	7381
四 川	Sichuan	53	502	1007	373	152	337
贵 州	Guizhou						
云 南	Yunnan		178	5780	6061	3384	5976
西 藏	Tibet						
陕 西	Shaanxi					649	1074
甘 肃	Gansu						
青 海	Qinghai						
宁 夏	Ningxia			3100	2507	2471	1585
新 疆	Xinjiang						

2-1-11 续表 2 continued

地 区	Region	新产品开发经费支出（万元） Expenditure on New Products Development (10000 yuan)					
		2000	2005	2011	2012	2013	2014
全 国	**Total**	**147684**	**702806**	**2081090**	**2531344**	**2784040**	**3121618**
东部地区	Eastern Region	138315	687944	2000606	2397199	2540325	2879415
中部地区	Middle Region	8925	10567	62984	97081	162831	186858
西部地区	Western Region	125	2084	10973	26220	58707	36915
东北地区	Northeastern Region	319	2211	6528	10843	22176	18430
北 京	Beijing	69369	104785	131563	163190	165890	252099
天 津	Tianjin	371	1050	41509	12783	14301	62084
河 北	Hebei	1190		27150	33532	52199	70533
山 西	Shanxi	74	100		3322	4049	3242
内蒙古	Inner Mongolia					27588	
辽 宁	Liaoning	199	1558	6177	9307	20723	16300
吉 林	Jilin	120	503	117	370	228	343
黑龙江	Heilongjiang		150	233	1165	1225	1787
上 海	Shanghai	11653	58931	134305	195063	196764	232458
江 苏	Jiangsu	7263	86795	489755	549587	598997	561266
浙 江	Zhejiang	1799	64905	236920	283413	312873	362315
安 徽	Anhui	79	90	4500	17846	40836	48751
福 建	Fujian	10031	102513	175721	194859	212836	185521
江 西	Jiangxi	22	255	1224	6342	16452	14701
山 东	Shandong	1754	5950	38568	46927	37022	47092
河 南	Henan	8500	8200	3706	11171	21583	20609
湖 北	Hubei	250	1751	38005	34610	37682	32647
湖 南	Hunan		172	15548	23787	42229	66908
广 东	Guangdong	34665	262848	723012	917842	949445	1106048
广 西	Guangxi			2105	5765	6311	11251
海 南	Hainan	220	168				
重 庆	Chongqing		794	2295	10036	10616	9568
四 川	Sichuan	125	498	1327	1018	1068	1720
贵 州	Guizhou						
云 南	Yunnan		792	3976	6416	7145	9483
西 藏	Tibet						
陕 西	Shaanxi			275		3417	3259
甘 肃	Gansu						
青 海	Qinghai						
宁 夏	Ningxia			3100	2983	2564	1635
新 疆	Xinjiang						

2-1-11 续表 3 continued

地 区	Region	新产品销售收入（万元） Sales Revenue of New Products (10000 yuan)					
		2000	2005	2011	2012	2013	2014
全 国	**Total**	**4687313**	**18624925**	**35147172**	**38754675**	**58237693**	**68386538**
东部地区	Eastern Region	4435932	18353382	31265734	36009862	38062656	43427002
中部地区	Middle Region	238037	245677	1561858	2236752	19665580	24551642
西部地区	Western Region	929	3056	2249979	473846	408361	324725
东北地区	Northeastern Region	12415	22811	69601	34213	101096	83170
北 京	Beijing	1410749	1841038	3294285	3212167	5253538	8369512
天 津	Tianjin	4672	167283	278927	250538	133493	2310611
河 北	Hebei	552		102296	504836	563016	625715
山 西	Shanxi		20				
内 蒙 古	Inner Mongolia						
辽 宁	Liaoning	12415	19610	66351	31845	78319	49047
吉 林	Jilin		3201	3250	2368	2160	636
黑 龙 江	Heilongjiang					20617	33487
上 海	Shanghai	378021	4613506	1300378	2088081	1696037	1586186
江 苏	Jiangsu	50799	860875	7893767	8300684	8872172	10053217
浙 江	Zhejiang	14058	106152	2284882	2921779	3193194	3245065
安 徽	Anhui		21	97519	591738	735697	738048
福 建	Fujian	543311	4668466	4251238	4348820	4401237	4316189
江 西	Jiangxi	37	342	2146	54089	65137	149438
山 东	Shandong	44682	64898	525722	553016	313050	349114
河 南	Henan	238000	207809	86533	37491	17704843	21180793
湖 北	Hubei			1017301	961265	758820	790239
湖 南	Hunan		37485	358359	592167	401083	1693123
广 东	Guangdong	1989087	6031162	11320562	13808630	13565011	12507117
广 西	Guangxi			13678	92334	138209	30296
海 南	Hainan				21308	71911	64278
重 庆	Chongqing		1053	2157375	237956	123110	131898
四 川	Sichuan	929		23171	84129	17557	37674
贵 州	Guizhou						
云 南	Yunnan		1974	26148	24746	81792	67816
西 藏	Tibet						
陕 西	Shaanxi					20198	23404
甘 肃	Gansu		28				
青 海	Qinghai						
宁 夏	Ningxia			43286	34679	27495	33638
新 疆	Xinjiang						

2-1-11　续表 4　continued

地　区	Region	专利申请数（件） Patent Applications (piece)					
		2000	2005	2011	2012	2013	2014
全　国	**Total**	**451**	**3203**	**10111**	**14255**	**13648**	**16214**
东部地区	Eastern Region	448	3145	9588	13319	12663	15300
中部地区	Middle Region	2	47	408	709	705	611
西部地区	Western Region		4	73	172	169	167
东北地区	Northeastern Region	1	7	42	55	111	136
北　京	Beijing		195	767	2141	2366	3282
天　津	Tianjin			111	113	131	188
河　北	Hebei			73	75	46	193
山　西	Shanxi				35	16	10
内蒙古	Inner Mongolia			2		6	6
辽　宁	Liaoning	1	7	40	48	97	89
吉　林	Jilin					9	12
黑龙江	Heilongjiang			2	7	5	35
上　海	Shanghai	27	318	709	1287	784	878
江　苏	Jiangsu	1	404	2834	1934	1885	2991
浙　江	Zhejiang	2	274	1412	1252	1860	2033
安　徽	Anhui			16	65	192	193
福　建	Fujian	42	116	522	649	482	429
江　西	Jiangxi			1	9	30	57
山　东	Shandong	2	2	161	117	143	179
河　南	Henan	2	38	20	15	48	52
湖　北	Hubei		3	52	218	212	96
湖　南	Hunan		6	317	367	207	203
广　东	Guangdong	374	1836	2992	5741	4964	5127
广　西	Guangxi			7	19	14	13
海　南	Hainan				10	2	
重　庆	Chongqing			28	63	48	76
四　川	Sichuan		3	3	51	8	13
贵　州	Guizhou						
云　南	Yunnan		1	12	17	18	23
西　藏	Tibet						
陕　西	Shaanxi					13	28
甘　肃	Gansu						
青　海	Qinghai						
宁　夏	Ningxia			30	22	62	8
新　疆	Xinjiang						

2-1-11 续表 5 continued

地 区	Region	有效发明专利数（件） Number of Patents In Force (piece)					
		2000	2005	2011	2012	2013	2014
全 国	**Total**	**265**	**719**	**8359**	**11990**	**12150**	**16309**
东部地区	Eastern Region	258	705	8138	11614	11597	15152
中部地区	Middle Region	2	5	78	195	351	898
西部地区	Western Region	2	5	73	129	105	137
东北地区	Northeastern Region	3	4	70	52	97	122
北 京	Beijing	4	61	1265	2337	1639	2523
天 津	Tianjin			108	43	15	116
河 北	Hebei			154	222	303	339
山 西	Shanxi				1	1	2
内 蒙 古	Inner Mongolia			3		3	3
辽 宁	Liaoning	3	4	68	49	79	92
吉 林	Jilin					9	12
黑 龙 江	Heilongjiang			2	3	9	18
上 海	Shanghai	13	11	587	1042	693	1905
江 苏	Jiangsu		113	1189	1201	1923	2113
浙 江	Zhejiang	8	17	1900	2348	2357	2940
安 徽	Anhui			13	36	140	119
福 建	Fujian	1	104	155	261	313	384
江 西	Jiangxi			1	3	13	20
山 东	Shandong	2	2	64	69	90	126
河 南	Henan	2	4	16	24	23	31
湖 北	Hubei			11	67	80	120
湖 南	Hunan		1	34	64	94	606
广 东	Guangdong	230	397	2700	4085	4251	4690
广 西	Guangxi			16	23	27	14
海 南	Hainan				6	13	16
重 庆	Chongqing			31	33	25	33
四 川	Sichuan	2	4	31	59	39	34
贵 州	Guizhou						
云 南	Yunnan		1	11	14	3	10
西 藏	Tibet						
陕 西	Shaanxi					6	4
甘 肃	Gansu						
青 海	Qinghai						
宁 夏	Ningxia					2	39
新 疆	Xinjiang						

2-1-11 续表 6 continued

地 区	Region	技术改造经费支出（万元） Expenditure for Technical Renovation (10000 yuan)					
		2000	2005	2011	2012	2013	2014
全 国	**Total**	**42477**	**128312**	**321057**	**454181**	**476872**	**199632**
东部地区	Eastern Region	39184	106927	282440	410093	429296	148835
中部地区	Middle Region	2600	9432	37532	16249	34615	26599
西部地区	Western Region	475	463	823	27732	10890	20798
东北地区	Northeastern Region	218	11490	262	105	2072	3400
北 京	Beijing	328	44	216	230		
天 津	Tianjin	105			626		
河 北	Hebei	50		1921	1536	2124	1827
山 西	Shanxi		125				
内 蒙 古	Inner Mongolia			3800			
辽 宁	Liaoning	21	1162	59	105	1189	2200
吉 林	Jilin		10093	203			
黑 龙 江	Heilongjiang	197	235			883	1200
上 海	Shanghai	3722	9213	13069	12242	7146	4968
江 苏	Jiangsu	3333	13393	140779	282577	308930	71238
浙 江	Zhejiang	4338	13751	28269	20442	15325	5802
安 徽	Anhui		259	1500	3000	13072	6993
福 建	Fujian	11447	21203	20751	15545	26368	13367
江 西	Jiangxi		160	3915	2258		
山 东	Shandong	2000	9730	2782	4184	6523	1487
河 南	Henan	2500	6353		713	3500	3600
湖 北	Hubei	100	1103	420	1625	1473	
湖 南	Hunan		1432	27897	8653	16570	16006
广 东	Guangdong	13562	39593	74114	72707	60895	49917
广 西	Guangxi			540	17124	2251	7316
海 南	Hainan	300				1985	231
重 庆	Chongqing		263	804	9224	4803	3642
四 川	Sichuan	475					9788
贵 州	Guizhou						
云 南	Yunnan				360	3288	
西 藏	Tibet						
陕 西	Shaanxi		200				
甘 肃	Gansu						
青 海	Qinghai						
宁 夏	Ningxia			19	1024	548	52
新 疆	Xinjiang						

2-1-11 续表 7 continued

地　区	Region	引进技术经费支出（万元） Expenditure for Acquisition of Foreign Technology (10000 yuan)					
		2000	2005	2011	2012	2013	2014
全　国	**Total**	**20698**	**129886**	**117533**	**117755**	**127709**	**134621**
东部地区	Eastern Region	17966	129886	117240	117675	127593	134275
中部地区	Middle Region	2650		213		46	
西部地区	Western Region						296
东北地区	Northeastern Region	82		80	80	70	50
北　京	Beijing		239			9	538
天　津	Tianjin		28534		26036	18971	15260
河　北	Hebei	350		452	253	294	2339
山　西	Shanxi						
内蒙古	Inner Mongolia						
辽　宁	Liaoning	82		80	80	70	50
吉　林	Jilin						
黑龙江	Heilongjiang						
上　海	Shanghai	4343	15737	22271	18702	11635	5806
江　苏	Jiangsu	1892	2845	59802	52458	42592	71796
浙　江	Zhejiang	381	51	3424	406	1485	2873
安　徽	Anhui						
福　建	Fujian	7761	9479	27310	10562	42598	16494
江　西	Jiangxi						
山　东	Shandong		300	1305		300	966
河　南	Henan	2450		213			
湖　北	Hubei	200					
湖　南	Hunan					46	
广　东	Guangdong	3239	72702	2678	9254	9710	18203
广　西	Guangxi						
海　南	Hainan						
重　庆	Chongqing						98
四　川	Sichuan						198
贵　州	Guizhou						
云　南	Yunnan						
西　藏	Tibet						
陕　西	Shaanxi						
甘　肃	Gansu						
青　海	Qinghai						
宁　夏	Ningxia						
新　疆	Xinjiang						

2-1-11 续表 8 continued

地 区	Region	消化吸收经费支出（万元） Expenditure for Assimilation of Technology (10000 yuan)					
		2000	2005	2011	2012	2013	2014
全 国	**Total**	**689**	**51254**	**12155**	**15388**	**24473**	**14816**
东部地区	Eastern Region	664	50988	12148	15287	24243	14519
中部地区	Middle Region	10	166			230	203
西部地区	Western Region				101		84
东北地区	Northeastern Region	15	100	7			10
北 京	Beijing						
天 津	Tianjin						
河 北	Hebei	18		395	3432	4118	4118
山 西	Shanxi						
内 蒙 古	Inner Mongolia						
辽 宁	Liaoning	15		7			10
吉 林	Jilin						
黑 龙 江	Heilongjiang		100				
上 海	Shanghai	124	3645	2270	710	7240	4170
江 苏	Jiangsu	326	82	5274	5475	1227	266
浙 江	Zhejiang	20		659	112	124	110
安 徽	Anhui						3
福 建	Fujian	173	1857	1447	1028	7012	1108
江 西	Jiangxi						
山 东	Shandong		300	859	1782	70	976
河 南	Henan		166			200	200
湖 北	Hubei	10					
湖 南	Hunan					30	
广 东	Guangdong	3	45104	1245	2746	4453	3771
广 西	Guangxi						
海 南	Hainan						
重 庆	Chongqing						
四 川	Sichuan						84
贵 州	Guizhou						
云 南	Yunnan				101		
西 藏	Tibet						
陕 西	Shaanxi						
甘 肃	Gansu						
青 海	Qinghai						
宁 夏	Ningxia						
新 疆	Xinjiang						

2-1-11 续表 9 continued

地 区	Region	购买国内技术经费支出（万元） Expenditure on Purchase of Domestic Technology (10000 yuan) 2000	2005	2011	2012	2013	2014
全 国	**Total**	**4047**	**13067**	**35605**	**67286**	**89113**	**56672**
东部地区	Eastern Region	3692	12789	34812	66925	88937	56460
中部地区	Middle Region	235	178	793	130	176	200
西部地区	Western Region				231		12
东北地区	Northeastern Region	120	100				
北 京	Beijing			3414		443	443
天 津	Tianjin						
河 北	Hebei			2446	3323	3921	5860
山 西	Shanxi	135					
内蒙古	Inner Mongolia						
辽 宁	Liaoning						
吉 林	Jilin	120					
黑龙江	Heilongjiang		100				
上 海	Shanghai	39		125	45		5268
江 苏	Jiangsu	180	84	1033	5531	1957	7214
浙 江	Zhejiang	453	100	7245	1897	871	1212
安 徽	Anhui						
福 建	Fujian	340	4917	11742	31636	48953	28841
江 西	Jiangxi						
山 东	Shandong	2330	200	531	5909	27720	5088
河 南	Henan						
湖 北	Hubei	100	178				
湖 南	Hunan			793	130	176	200
广 东	Guangdong	350	7487	8276	18583	4673	2534
广 西	Guangxi						
海 南	Hainan					400	
重 庆	Chongqing						
四 川	Sichuan						12
贵 州	Guizhou						
云 南	Yunnan				231		
西 藏	Tibet						
陕 西	Shaanxi						
甘 肃	Gansu						
青 海	Qinghai						
宁 夏	Ningxia						
新 疆	Xinjiang						

2-1-11　续表 10　continued

地　区	Region	研发机构数（个）Number of R&D Institutions in Enterprises (unit)					
		2000	2005	2011	2012	2013	2014
全　国	**Total**	**74**	**177**	**660**	**740**	**696**	**694**
东部地区	Eastern Region	64	156	628	685	624	630
中部地区	Middle Region	6	13	18	29	38	38
西部地区	Western Region	2	4	9	18	24	20
东北地区	Northeastern Region	2	4	5	8	10	6
北　京	Beijing	4	2	15	7	10	14
天　津	Tianjin	2	1	10	6	5	4
河　北	Hebei	1		2	5	5	5
山　西	Shanxi	2	2		1	1	1
内蒙古	Inner Mongolia			1		1	1
辽　宁	Liaoning	1	2	3	5	6	2
吉　林	Jilin	1	2	1	1	1	1
黑龙江	Heilongjiang			1	2	3	3
上　海	Shanghai	6	9	22	17	19	28
江　苏	Jiangsu	4	19	121	309	284	272
浙　江	Zhejiang	5	12	63	67	49	52
安　徽	Anhui	1	1	3	7	6	4
福　建	Fujian	6	16	24	43	36	35
江　西	Jiangxi		1		3	7	9
山　东	Shandong	4	4	5	9	8	10
河　南	Henan	2	4	3	7	13	16
湖　北	Hubei	1	2	6	8	4	2
湖　南	Hunan		3	5	3	7	6
广　东	Guangdong	30	92	363	221	207	209
广　西	Guangxi			3	2	4	3
海　南	Hainan	2	1		1	1	1
重　庆	Chongqing		1	5	9	12	9
四　川	Sichuan	2	1		3	1	3
贵　州	Guizhou						
云　南	Yunnan		2	3	2	3	3
西　藏	Tibet						
陕　西	Shaanxi				1	2	
甘　肃	Gansu						
青　海	Qinghai						
宁　夏	Ningxia			1	1	1	1
新　疆	Xinjiang						

2-1-11 续表 11 continued

地 区	Region	机构人员（人） Personnel in the R&D Institutions (person)					
		2000	2005	2011	2012	2013	2014
全 国	**Total**	**6846**	**21584**	**58242**	**74591**	**74388**	**78980**
东部地区	Eastern Region	6479	20907	56039	69863	66557	70179
中部地区	Middle Region	205	458	1536	3467	5980	7151
西部地区	Western Region	16	86	460	802	1168	1209
东北地区	Northeastern Region	146	133	207	459	683	441
北 京	Beijing	1628	16	1747	1511	2176	3312
天 津	Tianjin	23	25	756	712	1934	2485
河 北	Hebei	326		1187	1425	1394	1613
山 西	Shanxi	23	18		268	271	262
内 蒙 古	Inner Mongolia			24		19	20
辽 宁	Liaoning	136	75	137	209	400	120
吉 林	Jilin	10	58	50	50	50	50
黑 龙 江	Heilongjiang			20	200	233	271
上 海	Shanghai	266	523	2876	2995	3766	2516
江 苏	Jiangsu	190	2051	11160	22788	22050	19234
浙 江	Zhejiang	141	400	8643	9027	7463	10115
安 徽	Anhui	28	5	50	512	276	262
福 建	Fujian	544	2646	3899	5374	4892	5743
江 西	Jiangxi		6		142	370	447
山 东	Shandong	306	303	223	507	530	542
河 南	Henan	99	78	291	609	3384	4690
湖 北	Hubei	55	76	525	1080	905	328
湖 南	Hunan		275	646	856	774	1162
广 东	Guangdong	3033	14917	25437	25393	22191	24544
广 西	Guangxi			111	102	348	327
海 南	Hainan	22	26		131	161	75
重 庆	Chongqing		13	204	318	374	389
四 川	Sichuan	16	41		105	90	138
贵 州	Guizhou						
云 南	Yunnan		32	143	82	151	212
西 藏	Tibet						
陕 西	Shaanxi				5	81	
甘 肃	Gansu						
青 海	Qinghai						
宁 夏	Ningxia			113	190	105	123
新 疆	Xinjiang						

2-1-11 续表 12 continued

地 区	Region	机构经费支出（万元） Expenditure in the R&D Institutions (10000 yuan)					
		2000	2005	2011	2012	2013	2014
全 国	**Total**	**142452**	**314620**	**1374307**	**1813957**	**1888652**	**2165082**
东部地区	Eastern Region	133988	298301	1337006	1743883	1751336	2035901
中部地区	Middle Region	8047	13154	22937	43481	93240	90889
西部地区	Western Region	60	1298	11824	20967	26863	34252
东北地区	Northeastern Region	357	1868	2540	5624	17213	4040
北 京	Beijing	71514	52	120091	138485	131077	186719
天 津	Tianjin	70	311	24295	3065	2701	53482
河 北	Hebei	1109		20970	31882	35359	46836
山 西	Shanxi	88	55		1398	1540	1400
内 蒙 古	Inner Mongolia			360		2400	10950
辽 宁	Liaoning	237	1362	1978	3953	15172	1950
吉 林	Jilin	120	506	363	226	184	245
黑 龙 江	Heilongjiang			200	1444	1858	1845
上 海	Shanghai	5353	9404	125464	110254	105153	122871
江 苏	Jiangsu	4416	30307	280356	514446	529791	508841
浙 江	Zhejiang	1531	6047	218363	272486	285924	328180
安 徽	Anhui	79	72	2375	10120	17943	12284
福 建	Fujian	12226	70337	133521	153073	172765	162212
江 西	Jiangxi		168		2484	5336	6928
山 东	Shandong	6182	6042	10444	21379	30137	30220
河 南	Henan	7720	8175	6822	11023	40898	50159
湖 北	Hubei	160	1828	4930	12563	12659	6513
湖 南	Hunan		2857	8449	5892	14865	13605
广 东	Guangdong	31446	175632	401627	497556	455579	593040
广 西	Guangxi			1876	2428	6143	6513
海 南	Hainan	142	168		1252	2849	3499
重 庆	Chongqing		92	4169	8872	8282	6006
四 川	Sichuan	60	1000		947	303	697
贵 州	Guizhou						
云 南	Yunnan		206	5363	6416	7707	8878
西 藏	Tibet						
陕 西	Shaanxi				3	429	
甘 肃	Gansu						
青 海	Qinghai						
宁 夏	Ningxia			2293	2300	1600	1208
新 疆	Xinjiang						

2-1-12 各地区大中型外资企业R&D及相关活动情况

Statistics on R&D and Related Activities of Foreign Funded Enterprises in Large and Medium-sized Enterprises by Region

地区	Region	R&D人员折合全时当量（人年） Full-time Equivalent of R&D Personnel (man-year)					
		2000	2005	2011	2012	2013	2014
全国	**Total**	**9375**	**33860**	**85971**	**112477**	**116260**	**108139**
东部地区	Eastern Region	6938	31656	80675	107887	110700	102366
中部地区	Middle Region	183	118	2027	2408	2181	2506
西部地区	Western Region	1123	506	1429	793	1442	1211
东北地区	Northeastern Region	1131	1579	1840	1387	1936	2056
北京	Beijing	55	2046	2828	3091	3428	2387
天津	Tianjin	873	1546	1720	2315	3089	2595
河北	Hebei	6	81	403	586	652	708
山西	Shanxi			307	158	76	105
内蒙古	Inner Mongolia						
辽宁	Liaoning	1091	1076	229	374	60	105
吉林	Jilin	27		26	80	48	31
黑龙江	Heilongjiang	13	503	1585	932	1829	1920
上海	Shanghai	3006	4991	8714	8378	9489	8889
江苏	Jiangsu	645	9975	25640	27538	28183	31026
浙江	Zhejiang		2902	4065	5317	6457	6691
安徽	Anhui	48	62	720	373	360	430
福建	Fujian	171	1814	7549	9462	10138	10475
江西	Jiangxi			73	500	387	384
山东	Shandong	151	638	5055	8287	9680	9589
河南	Henan		56	646	930	663	998
湖北	Hubei	135		238	344	446	416
湖南	Hunan			42	101	250	173
广东	Guangdong	2028	7664	24625	42834	39349	29804
广西	Guangxi	4		22	24	24	2
海南	Hainan			55	76	235	203
重庆	Chongqing	414	5	702	142	277	241
四川	Sichuan	160	144	94	155	632	489
贵州	Guizhou	13	14	231	72	122	101
云南	Yunnan	17	32	95	87	100	61
西藏	Tibet						
陕西	Shaanxi	493	311	306	311	288	317
甘肃	Gansu	25					
青海	Qinghai						
宁夏	Ningxia						
新疆	Xinjiang						

2-1-12 续表 1 continued

地　区	Region	R&D经费内部支出（万元） Intramural Expenditure on R&D (10000 yuan)					
		2000	2005	2011	2012	2013	2014
全　国	**Total**	**202661**	**1019163**	**2789420**	**3242284**	**3517391**	**3528319**
东部地区	Eastern Region	179037	979268	2701107	3114728	3329372	3381339
中部地区	Middle Region	5225	1520	37460	70404	93992	64422
西部地区	Western Region	13473	7955	20300	22318	57355	48457
东北地区	Northeastern Region	4926	30420	30552	34833	36672	34102
北　京	Beijing	3826	50356	177602	181079	172897	116109
天　津	Tianjin	35904	48177	116587	137279	168171	117256
河　北	Hebei	27	1599	17317	19992	23059	22097
山　西	Shanxi			4791	3804	1846	5548
内蒙古	Inner Mongolia						
辽　宁	Liaoning	4866	24242	4239	11234	7081	5705
吉　林	Jilin	32		94	514	445	2066
黑龙江	Heilongjiang	28	6178	26219	23084	29146	26332
上　海	Shanghai	94533	255992	298485	313411	456134	483985
江　苏	Jiangsu	10874	195222	880778	913766	826560	940548
浙　江	Zhejiang		120955	87030	121835	145567	165707
安　徽	Anhui	631	239	11009	12193	11175	6726
福　建	Fujian	3726	46036	228251	200418	267497	270083
江　西	Jiangxi			3347	12045	7660	10597
山　东	Shandong	4009	50122	208103	284199	269547	291382
河　南	Henan		1281	8575	10976	11851	9754
湖　北	Hubei	4594		7072	27592	25360	28658
湖　南	Hunan			2667	3791	36099	3139
广　东	Guangdong	26121	210810	683807	935583	990053	968794
广　西	Guangxi	17		110	245	350	1823
海　南	Hainan			3038	7162	9886	5378
重　庆	Chongqing	1469	65	10112	3263	31675	16889
四　川	Sichuan	658	509	2400	5305	16502	19128
贵　州	Guizhou	24	150	1969	3122	2559	1285
云　南	Yunnan	74	354	2248	2405	1843	2013
西　藏	Tibet						
陕　西	Shaanxi	11136	6878	3571	7975	4426	7318
甘　肃	Gansu	112					
青　海	Qinghai						
宁　夏	Ningxia						
新　疆	Xinjiang						

2-1-12 续表 2 continued

地 区	Region	新产品开发经费支出（万元） Expenditure on New Products Development (10000 yuan)					
		2000	2005	2011	2012	2013	2014
全 国	**Total**	**222028**	**1216386**	**4156346**	**4672985**	**4488169**	**4664762**
东部地区	Eastern Region	205214	1168024	3998957	4465400	4223110	4416452
中部地区	Middle Region	5524	10870	53790	80807	101572	77042
西部地区	Western Region	11214	5615	43662	49923	87269	92582
东北地区	Northeastern Region	76	31877	59937	76853	76218	78686
北 京	Beijing	4064	53072	222395	250697	222982	184526
天 津	Tianjin	40538	46656	107626	164901	163759	114075
河 北	Hebei		3724	13182	12924	13459	16763
山 西	Shanxi		110	8183	1502	64	2339
内 蒙 古	Inner Mongolia						
辽 宁	Liaoning	27	25958	45990	48611	45703	45785
吉 林	Jilin	32	40	112		894	1382
黑 龙 江	Heilongjiang	17	5879	13834	28242	29621	31519
上 海	Shanghai	111550	239418	709186	547336	643056	692756
江 苏	Jiangsu	18905	295576	1460163	1722446	1388565	1412663
浙 江	Zhejiang	1303	124222	115888	135341	164897	168598
安 徽	Anhui	296	464	14235	19342	16559	11516
福 建	Fujian	3726	63583	236766	220315	272568	257347
江 西	Jiangxi			3526	14010	7389	14408
山 东	Shandong	4730	54899	267725	290724	275612	307683
河 南	Henan		1292	18611	14043	10423	9281
湖 北	Hubei	5228	93	7072	28980	32393	31474
湖 南	Hunan		8911	2165	2929	34743	8024
广 东	Guangdong	20345	286875	862065	1112597	1066508	1255267
广 西	Guangxi	55		110	162	365	2588
海 南	Hainan			3854	8117	11705	6773
重 庆	Chongqing	1049	65	11728	4690	39745	26411
四 川	Sichuan	1496	726	10842	13697	15404	16596
贵 州	Guizhou	28	150	597	2510	1973	1604
云 南	Yunnan	74	354	3709	3837	1545	2013
西 藏	Tibet						
陕 西	Shaanxi	8558	4316	16787	24875	28238	43370
甘 肃	Gansu	11					
青 海	Qinghai		5		150		
宁 夏	Ningxia						
新 疆	Xinjiang						

2-1-12　续表 3　continued

地　区	Region	新产品销售收入（万元） Sales Revenue of New Products (10000 yuan)					
		2000	2005	2011	2012	2013	2014
全　国	**Total**	**10270862**	**27716836**	**99933626**	**107896980**	**121378698**	**114338658**
东部地区	Eastern Region	10111817	27468611	97720636	105711995	117481591	109345059
中部地区	Middle Region	62398	26796	658605	1429786	3145071	1068486
西部地区	Western Region	92282	78491	1274985	558232	486321	3749377
东北地区	Northeastern Region	4365	142937	279400	196966	265715	175736
北　京	Beijing	1911777	775229	7536353	4956744	5237676	3577162
天　津	Tianjin	2489541	8576670	6190848	8787235	15119701	13302143
河　北	Hebei		37423	149448	421492	461258	471211
山　西	Shanxi		5102	157725	128563	136792	217748
内蒙古	Inner Mongolia						
辽　宁	Liaoning	3035	12541	170088	114510	88189	7421
吉　林	Jilin	1327		26622		25483	
黑龙江	Heilongjiang	3	130396	82691	82456	152043	168315
上　海	Shanghai	2460277	7597266	6629278	4508696	4150848	5257520
江　苏	Jiangsu	1346817	2518154	31166286	33994625	34146864	33754731
浙　江	Zhejiang	10003	490531	1983463	1773775	3140632	3311000
安　徽	Anhui	21396		375880	402712	55635	69525
福　建	Fujian	676232	1184060	5416897	6379010	6203108	5286354
江　西	Jiangxi			47666	68560	153583	177293
山　东	Shandong	58096	183894	4205462	4078067	3249559	2914866
河　南	Henan		16740	56367	101000	69670	94345
湖　北	Hubei	41003	3734	10790	404813	407111	419894
湖　南	Hunan		1221	10177	324137	2322280	89682
广　东	Guangdong	1157513	6105385	34441964	40811285	45738096	41467729
广　西	Guangxi	1562			300	18185	17527
海　南	Hainan			638	1062	33848	2343
重　庆	Chongqing	16549	313	878115	278173	99774	2783990
四　川	Sichuan	30	31406	28154	36746	104846	168111
贵　州	Guizhou	929		56682	77450	90866	95501
云　南	Yunnan			37226	3980		372
西　藏	Tibet						
陕　西	Shaanxi	74622	45473	274808	161582	172651	683877
甘　肃	Gansu	152					
青　海	Qinghai		1300				
宁　夏	Ningxia						
新　疆	Xinjiang						

2-1-12 续表 4 continued

地 区	Region	专利申请数（件） Patent Applications (piece)					
		2000	2005	2011	2012	2013	2014
全 国	**Total**	**131**	**2833**	**18922**	**19171**	**23839**	**24094**
东部地区	Eastern Region	97	2495	18325	18485	23040	23353
中部地区	Middle Region	2	8	153	261	233	216
西部地区	Western Region	29	56	263	230	283	343
东北地区	Northeastern Region	3	274	181	195	283	182
北 京	Beijing		303	1953	1498	1542	649
天 津	Tianjin	6	88	342	278	243	233
河 北	Hebei		19	22	22	21	46
山 西	Shanxi			27	5	2	2
内 蒙 古	Inner Mongolia						
辽 宁	Liaoning	3	256	71	97	192	84
吉 林	Jilin			2		5	9
黑 龙 江	Heilongjiang		18	108	98	86	89
上 海	Shanghai	42	910	2195	2109	2579	3075
江 苏	Jiangsu	3	124	2597	2922	2952	5115
浙 江	Zhejiang	3	171	574	685	744	873
安 徽	Anhui			27	23	20	25
福 建	Fujian		96	810	1148	1068	1114
江 西	Jiangxi			28	73	41	72
山 东	Shandong	4	278	927	318	422	392
河 南	Henan		6	33	70	46	44
湖 北	Hubei	2		28	67	108	54
湖 南	Hunan		2	10	23	16	19
广 东	Guangdong	38	506	8899	9499	13461	11853
广 西	Guangxi	1		2	4	8	22
海 南	Hainan			4	6	8	3
重 庆	Chongqing			151	43	64	72
四 川	Sichuan	2	1	19	107	181	209
贵 州	Guizhou	25	5	6	19	2	4
云 南	Yunnan	1	6	30	23	3	1
西 藏	Tibet						
陕 西	Shaanxi	1	44	57	34	25	35
甘 肃	Gansu						
青 海	Qinghai						
宁 夏	Ningxia						
新 疆	Xinjiang						

2-1-12 续表 5 continued

地 区	Region	有效发明专利数（件） Number of Patents In Force (piece)					
		2000	2005	2011	2012	2013	2014
全 国	**Total**	**170**	**1194**	**13217**	**18995**	**21084**	**23059**
东部地区	Eastern Region	134	1129	12895	18313	20251	21531
中部地区	Middle Region	2	4	129	313	261	306
西部地区	Western Region	33	57	97	285	323	1030
东北地区	Northeastern Region	1	4	96	84	249	192
北 京	Beijing		122	947	1606	1604	964
天 津	Tianjin		37	56	155	104	256
河 北	Hebei		2	25	35	68	76
山 西	Shanxi			4	3	2	5
内 蒙 古	Inner Mongolia						
辽 宁	Liaoning			58	29	158	98
吉 林	Jilin	1		3			
黑 龙 江	Heilongjiang		4	35	55	91	94
上 海	Shanghai	87	179	1130	1719	1880	2506
江 苏	Jiangsu		144	1702	2262	2550	3869
浙 江	Zhejiang	28	12	320	418	409	572
安 徽	Anhui			19	20	24	32
福 建	Fujian		302	362	818	1251	1544
江 西	Jiangxi			39	66	82	105
山 东	Shandong	2	68	420	509	697	1104
河 南	Henan		1	19	22	17	40
湖 北	Hubei	2		37	188	124	113
湖 南	Hunan		3	11	14	12	11
广 东	Guangdong	16	263	7916	10791	11685	10630
广 西	Guangxi	1		15	10	19	1
海 南	Hainan			2		3	10
重 庆	Chongqing			44	47	93	114
四 川	Sichuan	7		9	113	123	719
贵 州	Guizhou	20	31	2	1	28	84
云 南	Yunnan	2	4	29	41	9	20
西 藏	Tibet						
陕 西	Shaanxi	4	22	13	73	51	92
甘 肃	Gansu						
青 海	Qinghai						
宁 夏	Ningxia						
新 疆	Xinjiang						

2-1-12 续表 6 continued

地 区	Region	技术改造经费支出（万元） Expenditure for Technical Renovation (10000 yuan)					
		2000	2005	2011	2012	2013	2014
全 国	**Total**	**80420**	**278819**	**410614**	**385046**	**323658**	**288395**
东部地区	Eastern Region	65237	251858	378114	344294	295220	265254
中部地区	Middle Region	405	3530	4836	23777	4932	4501
西部地区	Western Region	13846	3631	3778	4788	5678	7795
东北地区	Northeastern Region	932	19801	23886	12185	17828	10845
北 京	Beijing	2	331	2022	1894	3708	333
天 津	Tianjin	848	26132	8270	201	116	348
河 北	Hebei		181	8887	16619	17146	11344
山 西	Shanxi		800	797	4173	422	
内 蒙 古	Inner Mongolia						
辽 宁	Liaoning	930	640	2819			
吉 林	Jilin	2					
黑 龙 江	Heilongjiang		19161	21068	12185	17828	10845
上 海	Shanghai	37385	36715	44277	23045	26197	15773
江 苏	Jiangsu	6502	86097	189941	145499	118001	100418
浙 江	Zhejiang	90	18092	27014	37668	17899	14359
安 徽	Anhui	405			286	222	316
福 建	Fujian	1358	2999	67054	65492	73814	42906
江 西	Jiangxi		20		39		1580
山 东	Shandong	5813	22400	8817	12950	18148	36100
河 南	Henan		2710	2570	3375	1383	959
湖 北	Hubei			642	15158	1189	989
湖 南	Hunan			827	745	1716	657
广 东	Guangdong	13240	58911	21600	33695	19790	42253
广 西	Guangxi					150	165
海 南	Hainan			232	7227	402	1421
重 庆	Chongqing		2500	694	420		75
四 川	Sichuan	10030	139	309	437	4513	5345
贵 州	Guizhou						
云 南	Yunnan		2	235		112	826
西 藏	Tibet						
陕 西	Shaanxi	3759	990	2541	3931	903	1384
甘 肃	Gansu	11					
青 海	Qinghai						
宁 夏	Ningxia						
新 疆	Xinjiang	47					

2-1-12 续表 7 continued

地 区	Region	引进技术经费支出（万元） Expenditure for Acquisition of Foreign Technology (10000 yuan)					
		2000	2005	2011	2012	2013	2014
全 国	**Total**	**213961**	**622099**	**358907**	**344551**	**271601**	**257612**
东部地区	Eastern Region	206988	621734	356843	342264	269171	255347
中部地区	Middle Region	6523				2332	60
西部地区	Western Region	450		2065	2286	98	2205
东北地区	Northeastern Region		366				
北 京	Beijing	702	24778	48111	72652	67761	48873
天 津	Tianjin	1398	216953	17927	24003	22706	22967
河 北	Hebei						
山 西	Shanxi						
内 蒙 古	Inner Mongolia						
辽 宁	Liaoning						
吉 林	Jilin						
黑 龙 江	Heilongjiang		366				
上 海	Shanghai	147477	125685	31865	27858	23727	22349
江 苏	Jiangsu	13865	160340	110422	69094	83336	87565
浙 江	Zhejiang	22	3022	627	1863	402	1191
安 徽	Anhui						
福 建	Fujian	1910	8360	122843	63035	19000	16491
江 西	Jiangxi						
山 东	Shandong	1200	906	1268	17384	9918	2464
河 南	Henan					428	60
湖 北	Hubei	6523				1904	
湖 南	Hunan						
广 东	Guangdong	40414	81690	23465	66372	42321	53189
广 西	Guangxi						
海 南	Hainan			315			258
重 庆	Chongqing	50		53	46	43	96
四 川	Sichuan	400		2012	2240		2109
贵 州	Guizhou						
云 南	Yunnan					55	
西 藏	Tibet						
陕 西	Shaanxi						
甘 肃	Gansu						
青 海	Qinghai						
宁 夏	Ningxia						
新 疆	Xinjiang						

2-1-12 续表 8 continued

地 区	Region	消化吸收经费支出（万元） Expenditure for Assimilation of Technology (10000 yuan)					
		2000	2005	2011	2012	2013	2014
全 国	**Total**	**11736**	**192020**	**69909**	**9723**	**20669**	**48305**
东部地区	Eastern Region	11408	189280	69516	9423	20642	45690
中部地区	Middle Region	327			300	1	2361
西部地区	Western Region	1	340	394		26	254
东北地区	Northeastern Region		2400				
北 京	Beijing	4501	86	248	273	150	105
天 津	Tianjin	749	157640	21	21		
河 北	Hebei	29		176	506	573	673
山 西	Shanxi						
内 蒙 古	Inner Mongolia						
辽 宁	Liaoning						
吉 林	Jilin						
黑 龙 江	Heilongjiang		2400				
上 海	Shanghai	1460	5657	6704	528	6113	28114
江 苏	Jiangsu	534	2479	55850	7126	6183	7428
浙 江	Zhejiang		752	675	366	437	295
安 徽	Anhui						
福 建	Fujian	177	5	1021	89	2444	3064
江 西	Jiangxi						
山 东	Shandong	600	175	3586	336	54	689
河 南	Henan				300		60
湖 北	Hubei	327				1	2301
湖 南	Hunan						
广 东	Guangdong	3360	22485	1136		3763	3626
广 西	Guangxi						
海 南	Hainan			99	176	926	1698
重 庆	Chongqing		15	394			10
四 川	Sichuan	1	9				
贵 州	Guizhou						
云 南	Yunnan					26	
西 藏	Tibet						
陕 西	Shaanxi		316				244
甘 肃	Gansu						
青 海	Qinghai						
宁 夏	Ningxia						
新 疆	Xinjiang						

2-1-12 续表 9 continued

地 区	Region	购买国内技术经费支出（万元） Expenditure on Purchase of Domestic Technology (10000 yuan) 2000	2005	2011	2012	2013	2014
全 国	**Total**	**4379**	**13159**	**23943**	**24072**	**30527**	**70542**
东部地区	Eastern Region	3999	12659	21920	21922	30049	69600
中部地区	Middle Region			316	1836	128	30
西部地区	Western Region	380			257	21	48
东北地区	Northeastern Region		500	1707	55	329	864
北 京	Beijing		107				
天 津	Tianjin	27	820	36			1
河 北	Hebei		520		1375	600	2600
山 西	Shanxi			100	1543		
内蒙古	Inner Mongolia						
辽 宁	Liaoning						
吉 林	Jilin			1000			
黑龙江	Heilongjiang		500	707	55	329	864
上 海	Shanghai	2798	101	4130	603	4624	10
江 苏	Jiangsu	472	4059	8308	6174	12436	19809
浙 江	Zhejiang	2	3953	745	894	284	
安 徽	Anhui			216		20	
福 建	Fujian		2	4364	5667	6561	2410
江 西	Jiangxi				156		
山 东	Shandong	600	1142	1598	3505	2230	2313
河 南	Henan						30
湖 北	Hubei				137	108	
湖 南	Hunan						
广 东	Guangdong	100	1956	1690	387	584	42049
广 西	Guangxi						18
海 南	Hainan			1050	3315	2732	408
重 庆	Chongqing						30
四 川	Sichuan	380					
贵 州	Guizhou						
云 南	Yunnan				257	21	
西 藏	Tibet						
陕 西	Shaanxi						
甘 肃	Gansu						
青 海	Qinghai						
宁 夏	Ningxia						
新 疆	Xinjiang						

2-1-12 续表 10 continued

地 区	Region	研发机构数（个） Number of R&D Institutions in Enterprises (unit)					
		2000	2005	2011	2012	2013	2014
全 国	**Total**	**115**	**274**	**613**	**1069**	**927**	**953**
东部地区	Eastern Region	90	241	564	1010	858	891
中部地区	Middle Region	3	9	20	32	42	34
西部地区	Western Region	9	9	16	18	16	17
东北地区	Northeastern Region	13	15	13	9	11	11
北 京	Beijing	1	6	38	33	35	35
天 津	Tianjin	7	8	16	14	14	8
河 北	Hebei	1	3	5	5	5	5
山 西	Shanxi		2	2	1	1	1
内 蒙 古	Inner Mongolia						
辽 宁	Liaoning	11	4	5	2	3	2
吉 林	Jilin	1		1			1
黑 龙 江	Heilongjiang	1	11	7	7	8	8
上 海	Shanghai	33	35	53	56	49	42
江 苏	Jiangsu	15	48	194	631	497	535
浙 江	Zhejiang	2	34	56	85	70	58
安 徽	Anhui	2	2	5	9	8	6
福 建	Fujian	2	10	38	36	31	33
江 西	Jiangxi			1	3	8	8
山 东	Shandong	5	27	46	25	32	30
河 南	Henan		2	6	8	13	11
湖 北	Hubei	1	1	4	6	8	5
湖 南	Hunan		2	2	5	4	3
广 东	Guangdong	24	70	115	123	123	143
广 西	Guangxi			1	2	2	1
海 南	Hainan			2	2	2	2
重 庆	Chongqing	1	1	6	2	1	8
四 川	Sichuan	2	3	2	7	4	4
贵 州	Guizhou	1	1	2	1	1	
云 南	Yunnan		1	3	3	6	1
西 藏	Tibet						
陕 西	Shaanxi	4	2	3	3	2	3
甘 肃	Gansu	1					
青 海	Qinghai		1				
宁 夏	Ningxia						
新 疆	Xinjiang						

2-1-12 续表 11 continued

地 区	Region	机构人员（人） Personnel in the R&D Institutions (person)					
		2000	2005	2011	2012	2013	2014
全 国	**Total**	**7173**	**25554**	**73021**	**116340**	**112084**	**104736**
东部地区	Eastern Region	5717	24276	69299	111820	107469	100953
中部地区	Middle Region	53	250	1451	2667	2568	2172
西部地区	Western Region	886	588	1516	1224	965	730
东北地区	Northeastern Region	517	440	755	629	1082	881
北 京	Beijing	156	526	3814	4022	4369	3339
天 津	Tianjin	764	863	1299	1623	2186	1204
河 北	Hebei	10	193	526	567	643	696
山 西	Shanxi		20	407	261	142	142
内 蒙 古	Inner Mongolia						
辽 宁	Liaoning	473	82	320	231	621	386
吉 林	Jilin	32		30			10
黑 龙 江	Heilongjiang	12	358	405	398	461	485
上 海	Shanghai	2216	6836	11377	12909	11318	9321
江 苏	Jiangsu	783	4709	18238	48534	45875	47361
浙 江	Zhejiang	40	2073	6036	7298	6708	5856
安 徽	Anhui	23	102	116	431	442	155
福 建	Fujian	79	1519	6789	7898	7806	8161
江 西	Jiangxi			90	421	536	464
山 东	Shandong	239	570	7430	9920	10144	10025
河 南	Henan		61	567	850	660	884
湖 北	Hubei	30	9	140	496	622	478
湖 南	Hunan		58	131	208	166	49
广 东	Guangdong	1430	6987	13632	18993	18168	14759
广 西	Guangxi			102	109	54	36
海 南	Hainan			56	56	252	231
重 庆	Chongqing	592	10	600	192	40	164
四 川	Sichuan	123	220	301	283	262	198
贵 州	Guizhou	13	28	183	180	180	
云 南	Yunnan		27	148	161	138	47
西 藏	Tibet						
陕 西	Shaanxi	142	292	284	299	291	285
甘 肃	Gansu	16					
青 海	Qinghai		11				
宁 夏	Ningxia						
新 疆	Xinjiang						

2-1-12 续表 12 continued

地 区	Region	机构经费支出（万元） Expenditure in the R&D Institutions (10000 yuan)					
		2000	2005	2011	2012	2013	2014
全 国	**Total**	**148968**	**476070**	**2061718**	**3063012**	**3106750**	**2678219**
东部地区	Eastern Region	141995	464129	2008759	2976120	3009776	2604437
中部地区	Middle Region	198	2225	17860	55098	65833	58379
西部地区	Western Region	4188	3233	18246	15945	10816	8204
东北地区	Northeastern Region	2588	6483	16853	15848	20325	7198
北 京	Beijing	406	9410	128105	161418	155085	118841
天 津	Tianjin	28933	17597	32763	59689	72429	34784
河 北	Hebei	27	1415	8359	12808	20287	18373
山 西	Shanxi		85	3711	615	6085	7173
内 蒙 古	Inner Mongolia						
辽 宁	Liaoning	2537	345	5779	2837	9298	5074
吉 林	Jilin	32		111			200
黑 龙 江	Heilongjiang	19	6138	10964	13010	11027	1924
上 海	Shanghai	68321	125571	488561	386838	465447	388460
江 苏	Jiangsu	8352	108229	530695	1330709	1167440	1111611
浙 江	Zhejiang	250	18508	104905	109383	127161	137971
安 徽	Anhui	126	704	6777	15814	14670	5165
福 建	Fujian	2128	27711	170948	180611	235735	224982
江 西	Jiangxi			103	7088	6751	7954
山 东	Shandong	3295	4962	242567	221060	193432	182287
河 南	Henan		992	3935	8291	8065	8636
湖 北	Hubei	72	185	1819	21724	27895	26777
湖 南	Hunan		259	1514	1564	2367	2675
广 东	Guangdong	30284	150725	298668	508605	562332	382352
广 西	Guangxi			871	852	300	100
海 南	Hainan			2318	4995	10428	4777
重 庆	Chongqing	1834	65	6621	2428	793	2103
四 川	Sichuan	781	1822	5682	3105	4477	2009
贵 州	Guizhou	69	55	952	819	1720	
云 南	Yunnan		329	2787	6500	1821	1070
西 藏	Tibet						
陕 西	Shaanxi	1322	962	2204	2239	1705	2923
甘 肃	Gansu	182					
青 海	Qinghai		1				
宁 夏	Ningxia						
新 疆	Xinjiang						

2-2-1 按行业分高技术产业R&D活动人员情况(2014年)

R&D Personnel in High-tech Industry by Industrial Sector(2014)

行业	Industry	有R&D活动的企业数(个) Number of Enterprises Having R&D Activities (unit)	R&D人员(人) R&D Personnel (person)	#全时人员 Full-time Personnel	#研究人员 Researchers	R&D人员折合全时当量(人年) Full-time Equivalent (man-year)
合计	**Total**	**10774**	**893959**	**683151**	**293137**	**701440**
医药制造业	**Manufacture of Medicines**	**2890**	**182530**	**128838**	**53838**	**133902**
#化学药品制造	Manufacture of Chemical Medicine	1144	93742	68154	27800	70398
中成药生产	Production of Finished Traditional Chinese Herbal Medicine	698	42279	27214	13619	30212
生物药品制造	Manufacture of Biological Medicine	496	24878	18069	7206	18043
航空、航天器及设备制造业	**Manufacture of Aircrafts and Spacecrafts and Related Equipment**	**170**	**55288**	**41508**	**24162**	**41043**
#飞机制造	Manufacture of Airplanes	82	43519	32303	18609	31771
航天器制造	Manufacture of Spacecrafts	16	4518	3523	2921	4206
电子及通信设备制造业	**Manufacture of Electronic Equipment and Communication Equipment**	**4913**	**470554**	**366829**	**167250**	**380683**
#通信设备制造	Manufacture of Communication Equipment	587	145925	127161	81692	131846
#通信系统设备制造	Manufacture of Communication System Equipment	345	115746	102973	73614	109215
通信终端设备制造	Manufacture of Communication Terminal Equipment	242	30179	24188	8078	22631
广播电视设备制造	Manufacture of Broadcasting and TV Equipment	250	17549	14339	6634	12460
雷达及配套设备制造	Manufacture of Radar and Its Fittings	36	9122	7925	4307	6820
视听设备制造	Manufacture of TV Set and Radio Receiver	307	37121	28356	9064	28469
电子器件制造	Manufacture of Electronic Appliances	1150	95345	73246	25550	72956
#电子真空器件制造	Manufacture of Electronic Vacuum Appliance	31	2519	1638	1371	1839
半导体分立器件制造	Manufacture of Semiconductor Discreting Appliances	159	8419	5768	2402	6029
集成电路制造	Manufacture of Integrate Circuit	236	29222	22669	7460	23179
电子元件制造	Manufacture of Electronic Components	1682	103661	69207	25370	80960
其他电子设备制造	Manufacture of Other Electronic Equipment	405	28755	23020	5892	23338
计算机及办公设备制造业	**Manufacture of Computers and Office Equipment**	**505**	**74617**	**61067**	**16163**	**60181**
#计算机整机制造	Manufacture of Entired Computer	59	29706	26831	5783	23932
计算机零部件制造	Manufacture of Computer Components and Parts	134	12466	10421	3316	9462
计算机外围设备制造	Manufacture of Computer Peripheral Equipment	125	15923	11011	3698	13054
办公设备制造	Manufacture of Office Equipment	96	6514	4646	1436	5169
医疗仪器设备及仪器仪表制造业	**Manufacture of Medical Equipments and Measuring Instrument**	**2296**	**110970**	**84909**	**31724**	**85631**
1.医疗仪器设备及器械制造	Manufacture of Medical Equipment and Appliance	522	21486	15621	5447	16044
2.仪器仪表制造	Manufacture of Measuring Instrument	1774	89484	69288	26277	69588

注：本表数据口径范围为年主营业务收入2000万元及以上的法人工业企业。以下至2-7-9表相同。

2-2-2 各地区高技术产业R&D活动人员情况(2014年)

R&D Personnel in High-tech Industry by Region(2014)

地 区	Region	有R&D活动的企业数(个) Number of Enterprises Having R&D Activities (unit)	R&D人员(人) R&D Personnel (person)	#全时人员 Full-time Personnel	#研究人员 Researchers	R&D人员折合全时当量(人年) Full-time Equivalent (man-year)
全 国	**Total**	**10774**	**893959**	**683151**	**293137**	**701440**
东部地区	Eastern Region	7797	655134	511313	206406	533101
中部地区	Middle Region	1689	116507	86502	39780	82660
西部地区	Western Region	930	89533	61694	35298	64251
东北地区	Northeaastern Region	358	32785	23642	11653	21427
北 京	Beijing	450	32779	28303	10443	23741
天 津	Tianjin	242	19743	15025	4888	16062
河 北	Hebei	175	15063	11000	6939	10956
山 西	Shanxi	55	3656	2429	999	2322
内 蒙 古	Inner Mongolia	20	1131	711	299	630
辽 宁	Liaoning	178	16594	13096	4857	10836
吉 林	Jilin	95	6140	3507	1959	3463
黑 龙 江	Heilongjiang	85	10051	7039	4837	7128
上 海	Shanghai	387	32374	23497	8914	24649
江 苏	Jiangsu	2269	131488	96730	31432	106001
浙 江	Zhejiang	1404	73838	52735	14449	62744
安 徽	Anhui	380	21167	13131	4900	13151
福 建	Fujian	376	39484	32442	7931	33141
江 西	Jiangxi	226	15041	11463	5923	8760
山 东	Shandong	627	66535	55833	22165	49122
河 南	Henan	307	24289	18466	8827	18284
湖 北	Hubei	340	34398	27150	12139	25642
湖 南	Hunan	381	17956	13863	6992	14501
广 东	Guangdong	1829	241323	193818	98737	205106
广 西	Guangxi	82	3668	2476	1511	2157
海 南	Hainan	38	2507	1930	508	1579
重 庆	Chongqing	160	9070	7053	3392	5874
四 川	Sichuan	287	27968	19861	9616	18509
贵 州	Guizhou	69	10184	7620	3805	9052
云 南	Yunnan	68	2976	1785	789	1798
西 藏	Tibet	4	56	43	31	13
陕 西	Shaanxi	177	30662	19836	14496	24057
甘 肃	Gansu	34	2182	1373	985	1268
青 海	Qinghai	4	148	14	50	115
宁 夏	Ningxia	15	1253	820	287	638
新 疆	Xinjiang	10	235	102	37	140

2-2-3 按行业和企业规模分高技术产业R&D活动人员情况(2014年)

R&D Personnel in High-tech Industry by Industrial Sector and Scale of Enterprises (2014)

行业	Industry	大型企业 Large-size Enterprises				
		有R&D活动的企业数(个) Number of Enterprises Having R&D Activities (unit)	R&D人员(人) R&D Personnel (person)	#全时人员 Full-time Personnel	#研究人员 Researchers	R&D人员折合全时当量(人年) Full-time Equivalent (man-year)
合计	**Total**	**1129**	**479420**	**388206**	**179666**	**401440**
医药制造业	**Manufacture of Medicines**	**227**	**68734**	**52284**	**22619**	**54983**
#化学药品制造	Manufacture of Chemical Medicine	127	44208	34733	15059	35522
中成药生产	Production of Finished Traditional Chinese Herbal Medicine	65	16004	10779	5410	13069
生物药品制造	Manufacture of Biological Medicine	23	4249	3153	1443	3092
航空、航天器及设备制造业	**Manufacture of Aircrafts and Spacecrafts and Related Equipment**	**60**	**44626**	**32645**	**20269**	**32485**
#飞机制造	Manufacture of Airplanes	39	37143	26872	16222	26118
航天器制造	Manufacture of Spacecrafts	9	3835	2978	2486	3623
电子及通信设备制造业	**Manufacture of Electronic Equipment and Communication Equipment**	**654**	**286360**	**235388**	**117702**	**245926**
#通信设备制造	Manufacture of Communication Equipment	110	118240	105089	73600	110643
#通信系统设备制造	Manufacture of Communication System Equipment	48	98979	88932	68543	96166
通信终端设备制造	Manufacture of Communication Terminal Equipment	62	19261	16157	5057	14477
广播电视设备制造	Manufacture of Broadcasting and TV Equipment	21	7822	6888	4129	5400
雷达及配套设备制造	Manufacture of Radar and Its Fittings	8	6382	5769	3068	4634
视听设备制造	Manufacture of TV Set and Radio Receiver	66	25293	20453	6268	20110
电子器件制造	Manufacture of Electronic Appliances	162	50227	40823	12984	40094
#电子真空器件制造	Manufacture of Electronic Vacuum Appliance	2	1180	683	1049	673
半导体分立器件制造	Manufacture of Semiconductor Discreting Appliances	17	3299	2491	1055	2270
集成电路制造	Manufacture of Integrate Circuit	43	16359	12683	2940	13243
电子元件制造	Manufacture of Electronic Components	212	50581	33797	12157	41813
其他电子设备制造	Manufacture of Other Electronic Equipment	25	13133	11386	1831	11841
计算机及办公设备制造业	**Manufacture of Computers and Office Equipment**	**99**	**53555**	**46502**	**10897**	**45530**
#计算机整机制造	Manufacture of Entired Computer	22	27272	24975	5129	22094
计算机零部件制造	Manufacture of Computer Components and Parts	30	7967	6980	2189	6591
计算机外围设备制造	Manufacture of Computer Peripheral Equipment	21	9773	6977	2322	8817
办公设备制造	Manufacture of Office Equipment	12	2996	2581	555	2811
医疗仪器设备及仪器仪表制造业	**Manufacture of Medical Equipments and Measuring Instrument**	**89**	**26145**	**21387**	**8179**	**22516**
1.医疗仪器设备及器械制造	Manufacture of Medical Equipment and Appliance	19	2804	1933	818	2116
2.仪器仪表制造	Manufacture of Measuring Instrument	70	23341	19454	7361	20400

2-2-3 续表 continued

行业	Industry	中型企业 Medium-sized Enterprises 有R&D活动的企业数（个）Number of Enterprises Having R&D Activities (unit)	R&D人员（人）R&D Personnel (person)	#全时人员 Full-time Personnel	#研究人员 Researchers	R&D人员折合全时当量（人年）Full-time Equivalent (man-year)
合计	**Total**	**3143**	**232156**	**166729**	**63081**	**171097**
医药制造业	**Manufacture of Medicines**	**872**	**63947**	**43825**	**17355**	**45398**
#化学药品制造	Manufacture of Chemical Medicine	387	30823	21184	7598	22228
中成药生产	Production of Finished Traditional Chinese Herbal Medicine	228	14557	9272	4669	9971
生物药品制造	Manufacture of Biological Medicine	129	10445	7762	3271	7631
航空、航天器及设备制造业	**Manufacture of Aircrafts and Spacecrafts and Related Equipment**	**44**	**4912**	**4026**	**2225**	**3765**
#飞机制造	Manufacture of Airplanes	25	2360	1800	1082	1846
航天器制造	Manufacture of Spacecrafts	4	584	510	430	575
电子及通信设备制造业	**Manufacture of Electronic Equipment and Communication Equipment**	**1551**	**108935**	**78662**	**29144**	**81336**
#通信设备制造	Manufacture of Communication Equipment	153	16917	13709	5045	13573
#通信系统设备制造	Manufacture of Communication System Equipment	83	9733	8527	3071	8023
通信终端设备制造	Manufacture of Communication Terminal Equipment	70	7184	5182	1974	5551
广播电视设备制造	Manufacture of Broadcasting and TV Equipment	69	5713	4472	1292	4225
雷达及配套设备制造	Manufacture of Radar and Its Fittings	15	2114	1689	870	1786
视听设备制造	Manufacture of TV Set and Radio Receiver	101	7616	5010	1834	5293
电子器件制造	Manufacture of Electronic Appliances	352	26173	19223	7383	19235
#电子真空器件制造	Manufacture of Electronic Vacuum Appliance	10	822	566	126	716
半导体分立器件制造	Manufacture of Semiconductor Discreting Appliances	36	2487	1608	648	1751
集成电路制造	Manufacture of Integrate Circuit	63	6870	5319	3021	5473
电子元件制造	Manufacture of Electronic Components	612	33778	22626	8361	25269
其他电子设备制造	Manufacture of Other Electronic Equipment	101	7672	5671	1954	5684
计算机及办公设备制造业	**Manufacture of Computers and Office Equipment**	**157**	**13691**	**8808**	**3175**	**9376**
#计算机整机制造	Manufacture of Entired Computer	15	1624	1160	426	1257
计算机零部件制造	Manufacture of Computer Components and Parts	46	2931	2138	753	1694
计算机外围设备制造	Manufacture of Computer Peripheral Equipment	45	4216	2590	860	2922
办公设备制造	Manufacture of Office Equipment	24	2074	1110	393	1311
医疗仪器设备及仪器仪表制造业	**Manufacture of Medical Equipments and Measuring Instrument**	**519**	**40671**	**31408**	**11182**	**31223**
1.医疗仪器设备及器械制造	Manufacture of Medical Equipment and Appliance	128	8954	6441	2249	6959
2.仪器仪表制造	Manufacture of Measuring Instrument	391	31717	24967	8933	24264

2-2-4 按行业分国有及国有控股企业高技术产业R&D活动人员情况(2014年)

R&D Personnel in High-tech Industry of State-owned and State-controlled Enterprises by Industrial Sector (2014)

行 业	Industry	有R&D活动的企业数(个) Number of Enterprises Having R&D Activities (unit)	R&D人员(人) R&D Personnel (person)	#全时人员 Full-time Personnel	#研究人员 Researchers	R&D人员折合全时当量(人年) Full-time Equivalent (man-year)
合计	**Total**	**1010**	**216816**	**176376**	**93321**	**175212**
医药制造业	**Manufacture of Medicines**	**263**	**32287**	**22388**	**13774**	**25491**
#化学药品制造	Manufacture of Chemical Medicine	119	20059	14055	8791	16210
中成药生产	Production of Finished Traditional Chinese Herbal Medicine	85	7140	4914	2959	5761
生物药品制造	Manufacture of Biological Medicine	36	3288	2233	1352	2252
航空、航天器及设备制造业	**Manufacture of Aircrafts and Spacecrafts and Related Equipment**	**106**	**51728**	**38970**	**22926**	**39021**
#飞机制造	Manufacture of Airplanes	62	41985	31140	18051	30782
航天器制造	Manufacture of Spacecrafts	13	4419	3488	2916	4198
电子及通信设备制造业	**Manufacture of Electronic Equipment and Communication Equipment**	**431**	**94283**	**82551**	**43214**	**78684**
#通信设备制造	Manufacture of Communication Equipment	95	38723	36734	23817	36350
#通信系统设备制造	Manufacture of Communication System Equipment	66	34413	33394	22638	32693
通信终端设备制造	Manufacture of Communication Terminal Equipment	29	4310	3340	1179	3657
广播电视设备制造	Manufacture of Broadcasting and TV Equipment	16	1710	1619	593	1543
雷达及配套设备制造	Manufacture of Radar and Its Fittings	21	8052	7131	3787	5983
视听设备制造	Manufacture of TV Set and Radio Receiver	18	10873	9550	3700	8400
电子器件制造	Manufacture of Electronic Appliances	137	21188	17248	6529	15906
#电子真空器件制造	Manufacture of Electronic Vacuum Appliance	5	363	242	263	303
半导体分立器件制造	Manufacture of Semiconductor Discreting Appliances	15	1445	968	737	827
集成电路制造	Manufacture of Integrate Circuit	38	4623	3592	1318	3567
电子元件制造	Manufacture of Electronic Components	93	8286	5910	2847	6609
其他电子设备制造	Manufacture of Other Electronic Equipment	14	1769	1500	535	1419
计算机及办公设备制造业	**Manufacture of Computers and Office Equipment**	**40**	**19706**	**17070**	**3749**	**16920**
#计算机整机制造	Manufacture of Entired Computer	12	10339	10123	2561	7999
计算机零部件制造	Manufacture of Computer Components and Parts	3	396	396	83	382
计算机外围设备制造	Manufacture of Computer Peripheral Equipment	13	4371	2024	337	4028
办公设备制造	Manufacture of Office Equipment	8	1502	1432	455	1426
医疗仪器设备及仪器仪表制造业	**Manufacture of Medical Equipments and Measuring Instrument**	**170**	**18812**	**15397**	**9658**	**15097**
1.医疗仪器设备及器械制造	Manufacture of Medical Equipment and Appliance	14	1414	987	682	1211
2.仪器仪表制造	Manufacture of Measuring Instrument	156	17398	14410	8976	13886

2-2-5 按行业和登记注册类型分高技术产业R&D活动人员情况(2014年)

R&D Personnel in High-tech Industry by Industrial Sector and Registration Status(2014)

行 业	Industry	内资企业 Domestic Funded				
		有R&D活动的企业数(个) Number of Enterprises Having R&D Activities (unit)	R&D人员(人) R&D Personnel (person)	#全时人员 Full-time Personnel	#研究人员 Researchers	R&D人员折合全时当量(人年) Full-time Equivalent (man-year)
合计	**Total**	**8090**	**618939**	**476177**	**229340**	**479510**
医药制造业	**Manufacture of Medicines**	**2401**	**142887**	**98427**	**42546**	**102516**
#化学药品制造	Manufacture of Chemical Medicine	924	69669	49495	20551	51384
中成药生产	Production of Finished Traditional Chinese Herbal Medicine	604	36136	22794	11331	25315
生物药品制造	Manufacture of Biological Medicine	394	18529	13004	5998	13004
航空、航天器及设备制造业	**Manufacture of Aircrafts and Spacecrafts and Related Equipment**	**149**	**52865**	**39761**	**23335**	**39562**
#飞机制造	Manufacture of Airplanes	71	42720	31582	18430	31349
航天器制造	Manufacture of Spacecrafts	16	4518	3523	2921	4206
电子及通信设备制造业	**Manufacture of Electronic Equipment and Communication Equipment**	**3371**	**301913**	**243968**	**129575**	**244443**
#通信设备制造	Manufacture of Communication Equipment	449	111074	100103	74899	103287
#通信系统设备制造	Manufacture of Communication Equipment	286	95244	88707	70380	90833
通信终端设备制造	Manufacture of Communication Terminal Equipment	163	15830	11396	4519	12454
广播电视设备制造	Manufacture of Broadcasting and TV Equipment	190	13853	11387	5888	10005
雷达及配套设备制造	Manufacture of Radar and Its Fittings	33	9049	7874	4266	6771
视听设备制造	Manufacture of TV Set and Radio Receiver	186	20724	16820	5788	15931
电子器件制造	Manufacture of Electronic Appliances	765	54733	41835	15571	40379
#电子真空器件制造	Manufacture of Electronic Vacuum Appliance	27	2437	1574	1348	1805
半导体分立器件制造	Manufacture of Semiconductor Discreting Appliances	105	5976	4142	1791	4004
集成电路制造	Manufacture of Integrate Circuit	142	13314	10490	3971	10273
电子元件制造	Manufacture of Electronic Components	1060	49725	33705	12064	36722
其他电子设备制造	Manufacture of Other Electronic Equipment	303	19144	15404	5015	14768
计算机及办公设备制造业	**Manufacture of Computers and Office Equipment**	**316**	**35093**	**27764**	**7788**	**27630**
#计算机整机制造	Manufacture of Entired Computer	35	12263	11636	2963	9520
计算机零部件制造	Manufacture of Computer Components and Parts	58	5044	4397	1248	3650
计算机外围设备制造	Manufacture of Computer Peripheral Equipment	77	7788	4537	1089	6647
办公设备制造	Manufacture of Office Equipment	73	4836	3359	1172	3831
医疗仪器设备及仪器仪表制造业	**Manufacture of Medical Equipments and Measuring Instrument**	**1853**	**86181**	**66257**	**26096**	**65359**
1.医疗仪器设备及器械制造	Manufacture of Medical Equipment and Appliance	388	14975	11135	3819	10914
2.仪器仪表制造	Manufacture of Measuring Instrument	1465	71206	55122	22277	54445

2-2-5 续表 1 continued

行业	Industry	#国有企业 State-owned Enterprises 有R&D活动的企业数(个) Number of Enterprises Having R&D Activities (unit)	R&D人员(人) R&D Personnel (person)	#全时人员 Full-time Personnel	#研究人员 Researchers	R&D人员折合全时当量(人年) Full-time Equivalent (man-year)
合计	**Total**	**105**	**25678**	**19361**	**12554**	**22787**
医药制造业	**Manufacture of Medicines**	**17**	**1293**	**872**	**699**	**1017**
#化学药品制造	Manufacture of Chemical Medicine	3	172	115	84	144
中成药生产	Production of Finished Traditional Chinese Herbal Medicine	6	138	102	38	121
生物药品制造	Manufacture of Biological Medicine	5	706	625	429	493
航空、航天器及设备制造业	**Manufacture of Aircrafts and Spacecrafts and Related Equipment**	**30**	**9005**	**6697**	**4302**	**8188**
#飞机制造	Manufacture of Airplanes	14	4088	3057	1835	3873
航天器制造	Manufacture of Spacecrafts	7	2625	1793	1562	2413
电子及通信设备制造业	**Manufacture of Electronic Equipment and Communication Equipment**	**33**	**9413**	**8113**	**5278**	**8149**
#通信设备制造	Manufacture of Communication Equipment	12	5233	4729	3436	4735
#通信系统设备制造	Manufacture of Communication Equipment	11	5043	4539	3402	4545
通信终端设备制造	Manufacture of Communication Terminal Equipment	1	190	190	34	190
广播电视设备制造	Manufacture of Broadcasting and TV Equipment					
雷达及配套设备制造	Manufacture of Radar and Its Fittings	4	2577	2526	1263	2279
视听设备制造	Manufacture of TV Set and Radio Receiver					
电子器件制造	Manufacture of Electronic Appliances	4	242	178	110	154
#电子真空器件制造	Manufacture of Electronic Vacuum Appliance					
半导体分立器件制造	Manufacture of Semiconductor Discreting Appliances					
集成电路制造	Manufacture of Integrate Circuit	1	35	35	26	16
电子元件制造	Manufacture of Electronic Components	12	1243	680	456	863
其他电子设备制造	Manufacture of Other Electronic Equipment	1	118		13	118
计算机及办公设备制造业	**Manufacture of Computers and Office Equipment**	**2**	**1903**	**9**	**21**	**1903**
#计算机整机制造	Manufacture of Entired Computer					
计算机零部件制造	Manufacture of Computer Components and Parts					
计算机外围设备制造	Manufacture of Computer Peripheral Equipment	1	1868	9		1868
办公设备制造	Manufacture of Office Equipment	1	35		21	35
医疗仪器设备及仪器仪表制造业	**Manufacture of Medical Equipments and Measuring Instrument**	**23**	**4064**	**3670**	**2254**	**3531**
1.医疗仪器设备及器械制造	Manufacture of Medical Equipment and Appliance	2	654	392	395	646
2.仪器仪表制造	Manufacture of Measuring Instrument	21	3410	3278	1859	2886

2-2-5 续表 2 continued

行业	Industry	港澳台投资企业 Enterprises with Funds from Hong Kong, Macau and Taiwan				
		有R&D活动的企业数(个) Number of Enterprises Having R&D Activities (unit)	R&D人员(人) R&D Personnel (person)	#全时人员 Full-time Personnel	#研究人员 Researchers	R&D人员折合全时当量(人年) Full-time Equivalent (man-year)
合计	**Total**	**1171**	**123542**	**89248**	**27539**	**100382**
医药制造业	**Manufacture of Medicines**	**223**	**17616**	**13495**	**4252**	**14500**
#化学药品制造	Manufacture of Chemical Medicine	94	9413	7379	2334	7692
中成药生产	Production of Finished Traditional Chinese Herbal Medicine	56	3589	2566	1122	2961
生物药品制造	Manufacture of Biological Medicine	41	3120	2371	512	2629
航空、航天器及设备制造业	**Manufacture of Aircrafts and Spacecrafts and Related Equipment**	**4**	**844**	**822**	**271**	**620**
#飞机制造	Manufacture of Airplanes	3	416	394	62	202
航天器制造	Manufacture of Spacecrafts					
电子及通信设备制造业	**Manufacture of Electronic Equipment and Communication Equipment**	**720**	**82998**	**58198**	**17716**	**67831**
#通信设备制造	Manufacture of Communication Equipment	55	17836	14067	2616	15847
#通信系统设备制造	Manufacture of Communication Equipment	25	11918	8741	1243	11549
通信终端设备制造	Manufacture of Communication Terminal Equipment	30	5918	5326	1373	4298
广播电视设备制造	Manufacture of Broadcasting and TV Equipment	30	1766	1374	307	1046
雷达及配套设备制造	Manufacture of Radar and Its Fittings	1	22	22	1	16
视听设备制造	Manufacture of TV Set and Radio Receiver	58	10846	7790	1533	8227
电子器件制造	Manufacture of Electronic Appliances	168	14571	10674	3778	11265
#电子真空器件制造	Manufacture of Electronic Vacuum Appliance	1	52	52	3	10
半导体分立器件制造	Manufacture of Semiconductor Discreting Appliances	16	471	348	84	383
集成电路制造	Manufacture of Integrate Circuit	34	4905	3203	976	3758
电子元件制造	Manufacture of Electronic Components	317	30173	19475	8402	25283
其他电子设备制造	Manufacture of Other Electronic Equipment	47	2909	1472	366	2311
计算机及办公设备制造业	**Manufacture of Computers and Office Equipment**	**82**	**13606**	**10182**	**3489**	**10182**
#计算机整机制造	Manufacture of Entired Computer	8	4871	3278	714	3508
计算机零部件制造	Manufacture of Computer Components and Parts	32	1704	1004	541	1133
计算机外围设备制造	Manufacture of Computer Peripheral Equipment	30	6473	5529	2140	5211
办公设备制造	Manufacture of Office Equipment	9	380	313	63	214
医疗仪器设备及仪器仪表制造业	**Manufacture of Medical Equipments and Measuring Instrument**	**142**	**8478**	**6551**	**1811**	**7249**
1.医疗仪器设备及器械制造	Manufacture of Medical Equipment and Appliance	37	1682	1313	398	1298
2.仪器仪表制造	Manufacture of Measuring Instrument	105	6796	5238	1413	5951

2-2-5 续表 3 continued

行 业	Industry	外商投资企业 Foreign Funded Enterprises				
		有R&D活动的企业数(个) Number of Enterprises Having R&D Activities (unit)	R&D人员(人) R&D Personnel (person)	#全时人员 Full-time Personnel	#研究人员 Researchers	R&D人员折合全时当量(人年) Full-time Equivalent (man-year)
合计	**Total**	**1513**	**151478**	**117726**	**36258**	**121548**
医药制造业	**Manufacture of Medicines**	**266**	**22027**	**16916**	**7040**	**16886**
#化学药品制造	Manufacture of Chemical Medicine	126	14660	11280	4915	11323
中成药生产	Production of Finished Traditional Chinese Herbal Medicine	38	2554	1854	1166	1936
生物药品制造	Manufacture of Biological Medicine	61	3229	2694	696	2410
航空、航天器及设备制造业	**Manufacture of Aircrafts and Spacecrafts and Related Equipment**	**17**	**1579**	**925**	**556**	**861**
#飞机制造	Manufacture of Airplanes	8	383	327	117	221
航天器制造	Manufacture of Spacecrafts					
电子及通信设备制造业	**Manufacture of Electronic Equipment and Communication Equipment**	**822**	**85643**	**64663**	**19959**	**68410**
#通信设备制造	Manufacture of Communication Equipment	83	17015	12991	4177	12712
#通信系统设备制造	Manufacture of Communication Equipment	34	8584	5525	1991	6833
通信终端设备制造	Manufacture of Communication Terminal Equipment	49	8431	7466	2186	5880
广播电视设备制造	Manufacture of Broadcasting and TV Equipment	30	1930	1578	439	1410
雷达及配套设备制造	Manufacture of Radar and Its Fittings	2	51	29	40	33
视听设备制造	Manufacture of TV Set and Radio Receiver	63	5551	3746	1743	4311
电子器件制造	Manufacture of Electronic Appliances	217	26041	20737	6201	21312
#电子真空器件制造	Manufacture of Electronic Vacuum Appliance	3	30	12	20	24
半导体分立器件制造	Manufacture of Semiconductor Discreting Appliances	38	1972	1278	527	1642
集成电路制造	Manufacture of Integrate Circuit	60	11003	8976	2513	9148
电子元件制造	Manufacture of Electronic Components	305	23763	16027	4904	18955
其他电子设备制造	Manufacture of Other Electronic Equipment	55	6702	6144	511	6258
计算机及办公设备制造业	**Manufacture of Computers and Office Equipment**	**107**	**25918**	**23121**	**4886**	**22369**
#计算机整机制造	Manufacture of Entired Computer	16	12572	11917	2106	10905
计算机零部件制造	Manufacture of Computer Components and Parts	44	5718	5020	1527	4679
计算机外围设备制造	Manufacture of Computer Peripheral Equipment	18	1662	945	469	1195
办公设备制造	Manufacture of Office Equipment	14	1298	974	201	1124
医疗仪器设备及仪器仪表制造业	**Manufacture of Medical Equipments and Measuring Instrument**	**301**	**16311**	**12101**	**3817**	**13024**
1.医疗仪器设备及器械制造	Manufacture of Medical Equipment and Appliance	97	4829	3173	1230	3832
2.仪器仪表制造	Manufacture of Measuring Instrument	204	11482	8928	2587	9192

2-2-6 按地区和企业规模分高技术产业R&D活动人员情况(2014年)

R&D Personnel in High-tech Industry by Region and Industrial Sector(2014)

地区	Region	大型企业 Large-sized Enterprises				
		有R&D活动的企业数(个) Number of Enterprises Having R&D Activities (unit)	R&D人员(人) R&D Personnel (person)	#全时人员 Full-time Personnel	#研究人员 Researchcrs	R&D人员折合全时当量(人年) Full-time Equivalent (man-year)
全国	**Total**	**1129**	**479420**	**388206**	**179666**	**401440**
东部地区	Eastern Region	845	357043	294934	131179	308280
中部地区	Middle Region	144	56114	45706	20435	42173
西部地区	Western Region	106	47621	32864	20855	38418
东北地区	Norheastern Region	34	18642	14702	7197	12569
北京	Beijing	34	12552	10298	4701	9415
天津	Tianjin	19	8401	6740	2038	7635
河北	Hebei	13	7638	5875	4617	5934
山西	Shanxi	4	886	646	98	780
内蒙古	Inner Mongolia	1	160	117	74	109
辽宁	Liaoning	13	9864	8590	2666	6583
吉林	Jilin	13	2536	1402	930	1521
黑龙江	Heilongjiang	8	6242	4710	3601	4465
上海	Shanghai	49	14786	11171	4042	12015
江苏	Jiangsu	239	58979	45521	12753	49929
浙江	Zhejiang	72	28682	19608	4849	25890
安徽	Anhui	24	7984	5062	1625	4381
福建	Fujian	42	21537	19447	3977	18393
江西	Jiangxi	27	7926	6831	3435	4217
山东	Shandong	60	40835	36589	13632	31300
河南	Henan	39	11350	9341	5238	8281
湖北	Hubei	32	20361	17097	7774	17296
湖南	Hunan	18	7607	6729	2265	7216
广东	Guangdong	317	163633	139685	80570	147770
广西	Guangxi	9	953	571	329	650
海南	Hainan					
重庆	Chongqing	18	2670	2274	1237	2103
四川	Sichuan	28	15820	11328	5443	11819
贵州	Guizhou	14	3647	2471	1615	3247
云南	Yunnan	3	582	547	115	582
西藏	Tibet					
陕西	Shaanxi	30	22289	14578	11437	18929
甘肃	Gansu	2	1286	805	538	767
青海	Qinghai					
宁夏	Ningxia	1	214	173	67	214
新疆	Xinjiang					

2-2-6 续表 continued

地区	Region	中型企业 Medium-sized Enterprises				
		有R&D活动的企业数（个）Number of Enterprises Having R&D Activities (unit)	R&D人员（人）R&D Personnel (person)	#全时人员 Full-time Personnel	#研究人员 Researchers	R&D人员折合全时当量（人年）Full-time Equivalent (man-year)
全　国	**Total**	**3143**	**232156**	**166729**	**63081**	**171097**
东部地区	Eastern Region	2276	169169	123653	42293	129553
中部地区	Middle Region	491	32932	22949	10154	23539
西部地区	Western Region	285	22911	15655	8321	13459
东北地区	Norheastern Region	91	7144	4472	2313	4546
北　京	Beijing	102	9882	8548	2821	6717
天　津	Tianjin	60	5852	4317	1543	4416
河　北	Hebei	42	3768	2714	1153	2580
山　西	Shanxi	14	1415	820	361	722
内蒙古	Inner Mongolia	4	499	273	70	167
辽　宁	Liaoning	39	2828	1984	1019	1873
吉　林	Jilin	27	2112	1203	563	1108
黑龙江	Heilongjiang	25	2204	1285	731	1565
上　海	Shanghai	113	10559	7518	3063	8093
江　苏	Jiangsu	700	40484	29323	10117	32034
浙　江	Zhejiang	314	21890	16763	4519	17920
安　徽	Anhui	83	6063	3699	1354	4438
福　建	Fujian	104	10661	7671	2294	8995
江　西	Jiangxi	91	4800	3212	1562	3280
山　东	Shandong	145	12957	10147	4488	9441
河　南	Henan	125	8530	6477	2329	6861
湖　北	Hubei	81	7584	5560	2317	4933
湖　南	Hunan	97	4540	3181	2231	3305
广　东	Guangdong	678	51473	35415	12014	38364
广　西	Guangxi	30	1661	1208	812	882
海　南	Hainan	18	1643	1237	281	995
重　庆	Chongqing	50	3676	2748	1318	2074
四　川	Sichuan	88	6789	5005	2506	3736
贵　州	Guizhou	27	2513	1573	874	1922
云　南	Yunnan	19	1370	744	332	592
西　藏	Tibet	2	21	9	9	2
陕　西	Shaanxi	53	5090	3365	2028	3442
甘　肃	Gansu	5	267	173	167	172
青　海	Qinghai	2	133	10	46	108
宁　夏	Ningxia	3	842	540	156	328
新　疆	Xinjiang	2	50	7	3	36

2-2-7 各地区国有及国有控股企业高技术产业R&D活动人员情况(2014年)

R&D Personnel in High-tech Industry of State-owned and State-controlled Enterprises by Region (2014)

地 区	Region	有R&D活动的企业数(个) Number of Enterprises Having R&D Activities (unit)	R&D人员(人) R&D Personnel (person)	#全时人员 Full-time Personnel	#研究人员 Researchers	R&D人员折合全时当量(人年) Full-time Equivalent (man-year)
全 国	**Total**	**1010**	**216816**	**176376**	**93321**	**175212**
东部地区	Eastern Region	580	111490	94636	48072	94302
中部地区	Middle Region	162	34063	28857	13792	25708
西部地区	Western Region	225	54724	39119	24635	44322
东北地区	Northeastern Region	43	16539	13764	6822	10880
北 京	Beijing	128	15246	12538	7517	11903
天 津	Tianjin	71	6705	4850	2376	5378
河 北	Hebei	24	5087	3710	2763	3951
山 西	Shanxi	10	630	400	187	424
内蒙古	Inner Mongolia	3	203	112	32	144
辽 宁	Liaoning	20	9478	8564	2852	6168
吉 林	Jilin	9	865	719	322	350
黑龙江	Heilongjiang	14	6196	4481	3648	4362
上 海	Shanghai	84	7940	6698	2103	6521
江 苏	Jiangsu	78	10116	7684	3798	7918
浙 江	Zhejiang	35	4242	3430	1304	3979
安 徽	Anhui	36	5398	3837	1632	3219
福 建	Fujian	21	6719	6446	924	6483
江 西	Jiangxi	16	5266	5132	2564	2328
山 东	Shandong	38	18447	16680	6657	14093
河 南	Henan	22	3916	3340	1317	3150
湖 北	Hubei	50	15805	13894	6750	13996
湖 南	Hunan	28	3048	2254	1342	2591
广 东	Guangdong	98	36680	32367	20570	33812
广 西	Guangxi	7	701	548	504	167
海 南	Hainan	3	308	233	60	265
重 庆	Chongqing	35	2892	2554	1372	2392
四 川	Sichuan	59	16030	11370	5963	11999
贵 州	Guizhou	31	8520	6807	3338	8061
云 南	Yunnan	10	616	510	302	400
西 藏	Tibet	1	10	2	2	1
陕 西	Shaanxi	67	25126	16681	12796	20576
甘 肃	Gansu	5	474	471	293	472
青 海	Qinghai	1	5	4	1	5
宁 夏	Ningxia	1	20		5	20
新 疆	Xinjiang	5	127	60	27	86

2-2-8 按地区和登记注册类型分高技术产业R&D活动人员情况(2014年)
R&D Personnel in High-tech Industry by Region and Registration Status(2014)

地 区	Region	内资企业 Domestic Funded				
		有R&D活动的企业数(个) Number of Enterprises Having R&D Activities (unit)	R&D人员(人) R&D Personnel (person)	#全时人员 Full-time Personnel	#研究人员 Researchers	R&D人员折合全时当量(人年) Full-time Equivalent (man-year)
全 国	**Total**	**8090**	**618939**	**476177**	**229340**	**479510**
东部地区	Eastern Region	5424	408145	323582	152439	330057
中部地区	Middle Region	1524	98777	74133	33539	70124
西部地区	Western Region	833	84311	58500	33868	61214
东北地区	Northeastern Region	309	27706	19962	9494	18114
北 京	Beijing	360	24531	21350	8993	18707
天 津	Tianjin	186	13379	10231	3997	10622
河 北	Hebei	160	12645	8755	5874	9033
山 西	Shanxi	50	3352	2269	943	2136
内 蒙 古	Inner Mongolia	19	1111	698	290	613
辽 宁	Liaoning	151	15016	12011	4529	9980
吉 林	Jilin	85	5745	3302	1887	3213
黑 龙 江	Heilongjiang	73	6945	4649	3078	4921
上 海	Shanghai	222	14140	10592	3941	10447
江 苏	Jiangsu	1414	68941	50047	16767	54734
浙 江	Zhejiang	1128	51595	36361	10705	42600
安 徽	Anhui	348	17597	11748	4480	11125
福 建	Fujian	244	13875	10496	3120	11562
江 西	Jiangxi	192	13417	10353	5287	7693
山 东	Shandong	539	52414	43421	18547	37804
河 南	Henan	277	17672	12950	5403	13287
湖 北	Hubei	305	31184	25103	11157	23528
湖 南	Hunan	352	15555	11710	6269	12355
广 东	Guangdong	1147	154892	131003	80164	133540
广 西	Guangxi	70	3028	2196	1371	1695
海 南	Hainan	24	1733	1326	331	1008
重 庆	Chongqing	141	7830	6130	2930	5193
四 川	Sichuan	253	26562	18782	9316	17677
贵 州	Guizhou	64	9895	7578	3711	8900
云 南	Yunnan	60	2363	1552	759	1535
西 藏	Tibet	4	56	43	31	13
陕 西	Shaanxi	162	29781	19314	14126	23552
甘 肃	Gansu	33	2171	1362	981	1257
青 海	Qinghai	4	148	14	50	115
宁 夏	Ningxia	14	1148	746	275	533
新 疆	Xinjiang	9	218	85	28	131

2-2-8 续表 1 continued

地 区	Region	#国有企业 State-owned Enterprises 有R&D活动的企业数（个）Number of Enterprises Having R&D Activities (unit)	R&D人员（人）R&D Personnel (person)	#全时人员 Full-time Personnel	#研究人员 Researchers	R&D人员折合全时当量（人年）Full-time Equivalent (man-year)
全 国	**Total**	**105**	**25678**	**19361**	**12554**	**22787**
东部地区	Eastern Region	34	5702	4448	2898	5397
中部地区	Middle Region	20	6801	5972	3523	5920
西部地区	Western Region	49	12927	8941	5991	11238
东北地区	Northeastern Region	2	248		142	232
北 京	Beijing	10	1307	667	851	1236
天 津	Tianjin	1	94	94	44	58
河 北	Hebei	4	703	577	204	681
山 西	Shanxi	2	97	64	20	87
内 蒙 古	Inner Mongolia					
辽 宁	Liaoning					
吉 林	Jilin					
黑 龙 江	Heilongjiang	2	248		142	232
上 海	Shanghai	7	640	481	222	576
江 苏	Jiangsu	4	1737	1727	958	1711
浙 江	Zhejiang	2	107	97	10	97
安 徽	Anhui	5	1573	1436	531	1173
福 建	Fujian	1	35	35	26	16
江 西	Jiangxi	2	84	68	75	32
山 东	Shandong	3	847	570	529	794
河 南	Henan	2	456	438	149	103
湖 北	Hubei	5	4499	3922	2705	4457
湖 南	Hunan	4	92	44	43	67
广 东	Guangdong	1	42	10	20	40
广 西	Guangxi	3	521	505	467	49
海 南	Hainan	1	190	190	34	190
重 庆	Chongqing	1	50	32	42	50
四 川	Sichuan	12	3245	1000	634	2985
贵 州	Guizhou	6	1198	1001	680	1159
云 南	Yunnan	2	151	128	150	15
西 藏	Tibet					
陕 西	Shaanxi	24	7451	5964	3837	6669
甘 肃	Gansu	1	311	311	181	311
青 海	Qinghai					
宁 夏	Ningxia					
新 疆	Xinjiang					

2-2-8 续表 2 continued

地 区	Region	港澳台投资企业 Enterprises with Funds from Hong Kong, Macau and Taiwan 有R&D活动的企业数(个) Number of Enterprises Having R&D Activities (unit)	R&D人员(人) R&D Personnel (person)	#全时人员 Full-time Personnel	#研究人员 Researchers	R&D人员折合全时当量(人年) Full-time Equivalent (man-year)
全 国	**Total**	**1171**	**123542**	**89248**	**27539**	**100382**
东部地区	Eastern Region	1025	106685	77861	21852	88628
中部地区	Middle Region	82	13260	9252	4795	9356
西部地区	Western Region	39	2029	1161	493	1384
东北地区	Northeastern Region	25	1568	974	399	1013
北 京	Beijing	30	3433	3254	662	1958
天 津	Tianjin	12	2676	2422	141	2408
河 北	Hebei	5	1442	1381	756	1094
山 西	Shanxi	2	94	52	18	62
内蒙古	Inner Mongolia	1	20	13	9	17
辽 宁	Liaoning	16	1105	653	273	695
吉 林	Jilin	4	208	146	51	149
黑龙江	Heilongjiang	5	255	175	75	170
上 海	Shanghai	56	5961	4054	1643	4410
江 苏	Jiangsu	299	19763	15418	4267	16247
浙 江	Zhejiang	135	12162	8170	1714	11161
安 徽	Anhui	15	2810	1008	235	1433
福 建	Fujian	68	12813	10746	2840	10418
江 西	Jiangxi	22	883	575	268	654
山 东	Shandong	18	1690	1355	445	1143
河 南	Henan	15	5419	4481	3229	3862
湖 北	Hubei	14	2054	1271	497	1535
湖 南	Hunan	14	2000	1865	548	1810
广 东	Guangdong	395	46334	30758	9337	39490
广 西	Guangxi	9	554	219	118	442
海 南	Hainan	7	411	303	47	300
重 庆	Chongqing	8	616	452	179	410
四 川	Sichuan	8	217	124	100	100
贵 州	Guizhou	3	40	18	17	28
云 南	Yunnan	5	216	129	24	178
西 藏	Tibet					
陕 西	Shaanxi	4	261	132	34	104
甘 肃	Gansu					
青 海	Qinghai					
宁 夏	Ningxia	1	105	74	12	105
新 疆	Xinjiang					

2-2-8 续表 3 continued

地区	Region	外商投资企业 Foreign Funded Enterprises 有R&D活动的企业数(个) Number of Enterprises Having R&D Activities (unit)	R&D人员(人) R&D Personnel (person)	#全时人员 Full-time Personnel	#研究人员 Researchers	R&D人员折合全时当量(人年) Full-time Equivalent (man-year)
全　国	**Total**	**1513**	**151478**	**117726**	**36258**	**121548**
东部地区	Eastern Region	1348	140304	109870	32115	114416
中部地区	Middle Region	83	4470	3117	1446	3180
西部地区	Western Region	58	3193	2033	937	1653
东北地区	Northeastern Region	24	3511	2706	1760	2300
北　京	Beijing	60	4815	3699	788	3077
天　津	Tianjin	44	3688	2372	750	3032
河　北	Hebei	10	976	864	309	829
山　西	Shanxi	3	210	108	38	124
内蒙古	Inner Mongolia					
辽　宁	Liaoning	11	473	432	55	162
吉　林	Jilin	6	187	59	21	100
黑龙江	Heilongjiang	7	2851	2215	1684	2038
上　海	Shanghai	109	12273	8851	3330	9792
江　苏	Jiangsu	556	42784	31265	10398	35020
浙　江	Zhejiang	141	10081	8204	2030	8984
安　徽	Anhui	17	760	375	185	592
福　建	Fujian	64	12796	11200	1971	11161
江　西	Jiangxi	12	741	535	368	413
山　东	Shandong	70	12431	11057	3173	10175
河　南	Henan	15	1198	1035	195	1135
湖　北	Hubei	21	1160	776	485	579
湖　南	Hunan	15	401	288	175	336
广　东	Guangdong	287	40097	32057	9236	32076
广　西	Guangxi	3	86	61	22	19
海　南	Hainan	7	363	301	130	271
重　庆	Chongqing	11	624	471	283	271
四　川	Sichuan	26	1189	955	200	732
贵　州	Guizhou	2	249	24	77	125
云　南	Yunnan	3	397	104	6	86
西　藏	Tibet					
陕　西	Shaanxi	11	620	390	336	401
甘　肃	Gansu	1	11	11	4	11
青　海	Qinghai					
宁　夏	Ningxia					
新　疆	Xinjiang	1	17	17	9	9

2-2-9　按地区和行业分高技术产业R&D活动人员情况(2014年)

R&D Personnel in High-tech Industry by Region and Industrial Sector(2014)

地　区	Region	医药制造业 Medical and Pharmaceutical Products Manufacturing				
		有R&D活动的企业数 (个) Number of Enterprises Having R&D Activities (unit)	R&D人员 (人) R&D Personnel (person)	#全时人员 Full-time Personnel	#研究人员 Researchers	R&D人员折合全时当量 (人年) Full-time Equivalent (man-year)
全　国	**Total**	**2890**	**182530**	**128838**	**53838**	**133902**
东部地区	Eastern Region	1574	109148	82006	30594	85860
中部地区	Middle Region	674	36659	24342	10558	24998
西部地区	Western Region	445	23081	14667	7447	13671
东北地区	Northeastern Region	197	13642	7823	5239	9373
北　京	Beijing	105	7776	5925	1804	5459
天　津	Tianjin	71	6969	5227	2278	5907
河　北	Hebei	81	7444	5553	3631	5778
山　西	Shanxi	34	2555	1615	586	1739
内蒙古	Inner Mongolia	15	984	610	236	520
辽　宁	Liaoning	63	3652	1986	1513	2524
吉　林	Jilin	82	4804	2474	1325	3068
黑龙江	Heilongjiang	52	5186	3363	2401	3781
上　海	Shanghai	104	6623	4595	1218	5060
江　苏	Jiangsu	368	20939	16098	5146	17684
浙　江	Zhejiang	279	16481	12611	3950	13673
安　徽	Anhui	123	5263	2941	1202	2956
福　建	Fujian	70	3306	1940	909	2642
江　西	Jiangxi	95	3813	2670	1308	2298
山　东	Shandong	253	22812	18373	8083	16970
河　南	Henan	138	8697	6041	2428	6568
湖　北	Hubei	138	11222	7743	2928	7845
湖　南	Hunan	146	5109	3332	2106	3592
广　东	Guangdong	208	14564	10015	3112	11340
广　西	Guangxi	46	1695	992	678	1156
海　南	Hainan	35	2234	1669	463	1346
重　庆	Chongqing	59	3846	2963	1317	2408
四　川	Sichuan	120	7195	4885	2122	3922
贵　州	Guizhou	31	1524	716	393	910
云　南	Yunnan	59	2737	1665	726	1618
西　藏	Tibet	4	56	43	31	13
陕　西	Shaanxi	57	2423	1155	992	1558
甘　肃	Gansu	31	1146	819	605	791
青　海	Qinghai	4	148	14	50	115
宁　夏	Ningxia	10	1101	711	262	525
新　疆	Xinjiang	9	226	94	35	136

2-2-9 续表 1 continued

地 区	Region	航空、航天器及设备制造业 Manufacture of Aircrafts and Spacecrafts and Related Equipment 有R&D活动的企业数(个) Number of Enterprises Having R&D Activities (unit)	R&D人员(人) R&D Personnel (person)	#全时人员 Full-time Personnel	#研究人员 Researchers	R&D人员折合全时当量(人年) Full-time Equivalent (man-year)
全 国	**Total**	**170**	**55288**	**41508**	**24162**	**41043**
东部地区	Eastern Region	70	10252	8144	4937	8075
中部地区	Middle Region	18	8356	7529	4069	5595
西部地区	Western Region	68	26621	16650	11870	21303
东北地区	Northeastern Region	14	10059	9185	3286	6071
北 京	Beijing	20	4041	2938	2483	3291
天 津	Tianjin	5	249	212	57	135
河 北	Hebei	3	1192	1073	616	1068
山 西	Shanxi					
内 蒙 古	Inner Mongolia					
辽 宁	Liaoning	6	6917	6891	1630	4097
吉 林	Jilin					
黑 龙 江	Heilongjiang	8	3142	2294	1656	1974
上 海	Shanghai	6	1966	1825	669	1560
江 苏	Jiangsu	21	1255	782	468	955
浙 江	Zhejiang	6	195	141	63	145
安 徽	Anhui	1	7	2	1	1
福 建	Fujian					
江 西	Jiangxi	2	3938	3938	1782	1482
山 东	Shandong	5	408	326	308	261
河 南	Henan	3	1358	1347	254	1347
湖 北	Hubei	6	2117	1672	1697	1861
湖 南	Hunan	6	936	570	335	904
广 东	Guangdong	4	946	847	273	659
广 西	Guangxi					
海 南	Hainan					
重 庆	Chongqing					
四 川	Sichuan	19	4085	2852	1633	2492
贵 州	Guizhou	20	6676	5527	2583	6537
云 南	Yunnan					
西 藏	Tibet					
陕 西	Shaanxi	29	15860	8271	7654	12274
甘 肃	Gansu					
青 海	Qinghai					
宁 夏	Ningxia					
新 疆	Xinjiang					

2-2-9 续表 2 continued

地 区	Region	电子及通信设备制造业 Manufacture of Electronic Equipment and Communication Equipment				
		有R&D活动的企业数 (个) Number of Enterprises Having R&D Activities (unit)	R&D人员 (人) R&D Personnel (person)	#全时人员 Full-time Personnel	#研究人员 Researchers	R&D人员折合全时当量 (人年) Full-time Equivalent (man-year)
全 国	**Total**	**4913**	**470554**	**366829**	**167250**	**380683**
东部地区	Eastern Region	3945	386402	300451	135297	319284
中部地区	Middle Region	664	53673	42662	19493	39966
西部地区	Western Region	237	25717	20261	10892	18530
东北地区	Northeastern Region	67	4762	3455	1568	2903
北 京	Beijing	145	11855	11286	3730	8303
天 津	Tianjin	105	8598	6420	1787	7217
河 北	Hebei	50	4035	2399	1757	2597
山 西	Shanxi	11	785	579	306	448
内蒙古	Inner Mongolia					
辽 宁	Liaoning	53	3589	2581	1031	2413
吉 林	Jilin	7	762	520	331	142
黑龙江	Heilongjiang	7	411	354	206	348
上 海	Shanghai	166	17570	12497	4991	13812
江 苏	Jiangsu	1141	71699	52163	15478	56681
浙 江	Zhejiang	665	40309	27698	6953	34641
安 徽	Anhui	192	11701	7963	2928	7703
福 建	Fujian	219	22759	18938	4344	18278
江 西	Jiangxi	94	5403	3565	2103	3545
山 东	Shandong	200	19968	16625	8554	14258
河 南	Henan	84	8789	7143	4305	6188
湖 北	Hubei	133	18613	16306	6707	14738
湖 南	Hunan	150	8382	7106	3144	7345
广 东	Guangdong	1252	189412	152229	87667	163302
广 西	Guangxi	19	1249	1015	701	607
海 南	Hainan	2	197	196	36	197
重 庆	Chongqing	40	1923	1468	706	1322
四 川	Sichuan	103	13358	10894	5362	9522
贵 州	Guizhou	16	1867	1321	785	1497
云 南	Yunnan	4	119	61	27	79
西 藏	Tibet					
陕 西	Shaanxi	53	6220	5008	2953	5047
甘 肃	Gansu	1	975	494	357	456
青 海	Qinghai					
宁 夏	Ningxia	1	6		1	1
新 疆	Xinjiang					

2-2-9 续表 3 continued

地 区	Region	计算机及办公设备制造业 Manufacture of Computer and Office Equipments				
		有R&D活动的企业数（个） Number of Enterprises Having R&D Activities (unit)	R&D人员（人） R&D Personnel (person)	#全时人员 Full-time Personnel	#研究人员 Researchers	R&D人员折合全时当量（人年） Full-time Equivalent (man-year)
全 国	**Total**	**505**	**74617**	**61067**	**16163**	**60181**
东部地区	Eastern Region	427	65925	57439	14611	54514
中部地区	Middle Region	38	4366	2096	870	2326
西部地区	Western Region	25	3158	725	377	2425
东北地区	Northeastern Region	15	1168	807	305	917
北 京	Beijing	25	2259	2210	260	1880
天 津	Tianjin	9	1569	1457	179	1328
河 北	Hebei	3	243	144	129	148
山 西	Shanxi	1	45	9	5	5
内蒙古	Inner Mongolia	2	36	17	33	20
辽 宁	Liaoning	6	543	296	103	390
吉 林	Jilin	2	125	109	80	110
黑龙江	Heilongjiang	7	500	402	122	417
上 海	Shanghai	13	974	594	504	731
江 苏	Jiangsu	117	9502	7303	3372	7585
浙 江	Zhejiang	46	1229	927	304	1025
安 徽	Anhui	8	2330	837	294	1059
福 建	Fujian	33	10861	9454	2331	10042
江 西	Jiangxi	4	95	62	27	82
山 东	Shandong	17	15794	14969	2639	12519
河 南	Henan	5	349	258	175	256
湖 北	Hubei	8	689	244	195	192
湖 南	Hunan	12	858	686	174	732
广 东	Guangdong	164	23494	20381	4893	19258
广 西	Guangxi	4	305	77	12	184
海 南	Hainan					
重 庆	Chongqing	6	476	272	210	160
四 川	Sichuan	11	2196	257	81	1952
贵 州	Guizhou					
云 南	Yunnan	1	63	45	21	61
西 藏	Tibet					
陕 西	Shaanxi	1	82	57	20	49
甘 肃	Gansu					
青 海	Qinghai					
宁 夏	Ningxia					
新 疆	Xinjiang					

2-2-9 续表 4 continued

地 区	Region	医疗仪器设备及仪器仪表制造业 Manufacture of Medical Equipments and Measuring Instrument				
		有R&D活动的企业数(个) Number of Enterprises Having R&D Activities (unit)	R&D人员(人) R&D Personnel (person)	#全时人员 Full-time Personnel	#研究人员 Researchers	R&D人员折合全时当量(人年) Full-time Equivalent (man-year)
全 国	**Total**	**2296**	**110970**	**84909**	**31724**	**85631**
东部地区	Eastern Region	1781	83407	63273	20967	65369
中部地区	Middle Region	295	13453	9873	4790	9776
西部地区	Western Region	155	10956	9391	4712	8323
东北地区	Northeastern Region	65	3154	2372	1255	2163
北 京	Beijing	155	6848	5944	2166	4809
天 津	Tianjin	52	2358	1709	587	1475
河 北	Hebei	38	2149	1831	806	1365
山 西	Shanxi	9	271	226	102	131
内蒙古	Inner Mongolia	3	111	84	30	90
辽 宁	Liaoning	50	1893	1342	580	1412
吉 林	Jilin	4	449	404	223	142
黑龙江	Heilongjiang	11	812	626	452	609
上 海	Shanghai	98	5241	3986	1532	3486
江 苏	Jiangsu	622	28093	20384	6968	23096
浙 江	Zhejiang	408	15624	11358	3179	13260
安 徽	Anhui	56	1866	1388	475	1433
福 建	Fujian	54	2558	2110	347	2179
江 西	Jiangxi	31	1792	1228	703	1354
山 东	Shandong	152	7553	5540	2581	5115
河 南	Henan	77	5096	3677	1665	3925
湖 北	Hubei	55	1757	1185	612	1006
湖 南	Hunan	67	2671	2169	1233	1929
广 东	Guangdong	201	12907	10346	2792	10547
广 西	Guangxi	13	419	392	120	211
海 南	Hainan	1	76	65	9	36
重 庆	Chongqing	55	2825	2350	1159	1984
四 川	Sichuan	34	1134	973	418	622
贵 州	Guizhou	2	117	56	44	108
云 南	Yunnan	4	57	14	15	40
西 藏	Tibet					
陕 西	Shaanxi	37	6077	5345	2877	5129
甘 肃	Gansu	2	61	60	23	20
青 海	Qinghai					
宁 夏	Ningxia	4	146	109	24	113
新 疆	Xinjiang	1	9	8	2	5

2-3-1 按行业分高技术产业R&D活动经费情况(2014年)

R&D Expenditure in High-tech Industry by Industrial Sector(2014)

单位：万元 (10000 yuan)

行业	Industry	R&D经费内部支出 Intramural Expenditure on R&D	#人员劳务费 Labor Cost	#仪器和设备 Equipment	#政府资金 Government Funds	#企业资金 Self-raised Funds by Enterprises	R&D经费外部支出 External Expenditure on R&D
合计	**Total**	**22742749**	**8345650**	**2128305**	**1785786**	**20565513**	**1419662**
医药制造业	**Manufacture of Medicines**	**3903161**	**1099644**	**462459**	**196646**	**3676105**	**482787**
#化学药品制造	Manufacture of Chemical Medicine	2047117	593639	247006	83631	1948840	305764
中成药生产	Production of Finished Traditional Chinese Herbal Medicine	776841	220268	79408	50240	719271	114865
生物药品制造	Manufacture of Biological Medicine	653754	165139	78378	45237	603676	46890
航空、航天器及设备制造业	**Manufacture of Aircrafts and Spacecrafts and Related Equipment**	**1940455**	**332469**	**102258**	**908589**	**958417**	**222993**
#飞机制造	Manufacture of Airplanes	1541163	242570	86326	767151	749448	107699
航天器制造	Manufacture of Spacecrafts	266271	47154	5765	129788	94904	113357
电子及通信设备制造业	**Manufacture of Electronic Equipment and Communication Equipment**	**13239470**	**5382538**	**1284785**	**519851**	**12519807**	**541666**
#通信设备制造	Manufacture of Communication Equipment	5763246	2936113	353734	141959	5590490	357507
#通信系统设备制造	Manufacture of Communication Equipment	4799481	2535791	293709	129713	4656977	192065
通信终端设备制造	Manufacture of Communication Terminal Equipment	963765	400322	60024	12247	933513	165441
广播电视设备制造	Manufacture of Broadcasting and TV Equipment	326311	107279	27339	7477	315505	17816
雷达及配套设备制造	Manufacture of Radar and Its Fittings	160704	38596	25071	24315	136048	23129
视听设备制造	Manufacture of TV Set and Radio Receiver	1211818	389478	87731	40434	1157224	24545
电子器件制造	Manufacture of Electronic Appliances	2584316	830167	384550	169109	2346895	58628
#电子真空器件制造	Manufacture of Electronic Vacuum Appliance	34207	9089	6738	661	33518	574
半导体分立器件制造	Manufacture of Semiconductor Discreting Appliances	146943	47750	24357	5438	134528	6781
集成电路制造	Manufacture of Integrate Circuit	934343	317895	178257	89270	807896	11719
电子元件制造	Manufacture of Electronic Components	1844189	632750	237151	46463	1759032	28704
其他电子设备制造	Manufacture of Other Electronic Equipment	602970	241010	64341	46428	519628	8883
计算机及办公设备制造业	**Manufacture of Computers and Office Equipment**	**1555573**	**720231**	**61836**	**39436**	**1469584**	**95131**
#计算机整机制造	Manufacture of Entired Computer	761885	366777	18615	19723	713089	88859
计算机零部件制造	Manufacture of Computer Components and Parts	244413	102097	16453	1489	241389	1451
计算机外围设备制造	Manufacture of Computer Peripheral Equipment	245073	89247	6825	6557	229856	1902
办公设备制造	Manufacture of Office Equipment	123994	60105	6822	3507	120374	1357
医疗仪器设备及仪器仪表制造业	**Manufacture of Medical Equipments and Measuring Instrument**	**2104090**	**810768**	**216967**	**121265**	**1941600**	**77084**
1.医疗仪器设备及器械制造	Manufacture of Medical Equipment and Appliance	481492	180563	59044	31485	432652	10112
2.仪器仪表制造	Manufacture of Measuring Instrument	1622598	630205	157923	89779	1508948	66972

2-3-2 各地区高技术产业R&D活动经费情况(2014年)

R&D Expenditure in High-tech Industry by Region(2014)

单位：万元 (10000 yuan)

地　区	Region	R&D经费内部支出 Intramural Expenditure on R&D	#人员劳务费 Labor Cost	#仪器和设备 Equipment	#政府资金 Government Funds	#企业资金 Self-raised Funds by Enterprises	R&D经费外部支出 External Expenditure on R&D
全　国	**Total**	**22742749**	**8345650**	**2128305**	**1785786**	**20565513**	**1419662**
东部地区	Eastern Region	17673121	6969593	1586901	942335	16415262	1120326
中部地区	Middle Region	2307434	746186	279901	232011	2036925	136660
西部地区	Western Region	1908563	461739	204418	373170	1503402	91263
东北地区	Northeaastern Region	853631	168133	57085	238271	609924	71412
北　京	Beijing	1107598	433020	44951	177454	869408	221762
天　津	Tianjin	509798	183273	81325	22967	438041	41730
河　北	Hebei	297671	75022	38322	30015	263891	37205
山　西	Shanxi	47826	10935	3442	1930	45382	5635
内蒙古	Inner Mongolia	18470	4763	1562	622	17679	1202
辽　宁	Liaoning	533110	98456	32896	140863	389766	21052
吉　林	Jilin	92244	18840	16332	8298	82400	21007
黑龙江	Heilongjiang	228277	50837	7857	89109	137758	29353
上　海	Shanghai	1274063	466253	120787	289007	969543	98896
江　苏	Jiangsu	3084252	1007105	396402	74172	2922366	140643
浙　江	Zhejiang	1537770	659896	114726	55506	1472972	92848
安　徽	Anhui	374669	125005	43472	32513	338003	44276
福　建	Fujian	804196	275046	90914	23546	775741	24290
江　西	Jiangxi	281410	75760	40630	42453	226228	20021
山　东	Shandong	1760079	495125	150418	69644	1665756	108654
河　南	Henan	321730	111936	42583	20744	294046	14246
湖　北	Hubei	816041	282452	98864	74633	731726	22638
湖　南	Hunan	465758	140098	50911	59738	401541	29845
广　东	Guangdong	7256155	3362627	543563	197625	6998607	338229
广　西	Guangxi	72384	19692	9059	5200	66222	4876
海　南	Hainan	41538	12226	5493	2399	38937	16071
重　庆	Chongqing	184783	61752	21582	8136	176202	12914
四　川	Sichuan	645716	182843	74032	50157	573403	29208
贵　州	Guizhou	173964	45512	15614	27726	144473	4764
云　南	Yunnan	75157	19165	6088	7331	67615	7878
西　藏	Tibet	1728	548	50	337	1392	108
陕　西	Shaanxi	674406	111529	65686	267345	401516	26075
甘　肃	Gansu	40671	11887	6145	3866	36759	3231
青　海	Qinghai	1666	217	165	375	1291	175
宁　夏	Ningxia	14927	2912	3571	1481	13315	370
新　疆	Xinjiang	4692	920	864	595	3535	463

2-3-3 按行业和企业规模分高技术产业R&D活动经费情况(2014年)
R&D Expenditure in High-tech Industry by Industrial Sector and Scale of Enterprises(2014)

单位：万元 (10000 yuan)

行业	Industry	大型企业 Large-sized Enterprises R&D经费内部支出 Intramural Expenditure on R&D	#人员劳务费 Labor Cost	#仪器和设备 Equipment	#政府资金 Government Funds	#企业资金 Self-raised Funds by Enterprises	R&D经费外部支出 External Expenditure on R&D
合计	**Total**	**14660813**	**5664227**	**1213414**	**1232942**	**13190899**	**901943**
医药制造业	**Manufacture of Medicines**	**1601639**	**484223**	**162425**	**78613**	**1514991**	**210213**
#化学药品制造	Manufacture of Chemical Medicine	1087849	323726	111674	48949	1033729	157298
中成药生产	Production of Finished Traditional Chinese Herbal Medicine	295488	97200	22271	18202	274968	43564
生物药品制造	Manufacture of Biological Medicine	107877	29944	14320	7716	99615	6546
航空、航天器及设备制造业	**Manufacture of Aircrafts and Spacecrafts and Related Equipment**	**1661175**	**282530**	**89066**	**785413**	**816582**	**109395**
#飞机制造	Manufacture of Airplanes	1427618	210618	77683	745882	664790	106775
航天器制造	Manufacture of Spacecrafts	160371	45104	5645	28931	90236	965
电子及通信设备制造业	**Manufacture of Electronic Equipment and Communication Equipment**	**9703684**	**4131226**	**876379**	**312002**	**9265475**	**467224**
#通信设备制造	Manufacture of Communication Equipment	5226055	2702044	302679	119932	5095488	336861
#通信系统设备制造	Manufacture of Communication Equipment	4490111	2400610	261475	112710	4370857	180698
通信终端设备制造	Manufacture of Communication Terminal Equipment	735944	301434	41203	7222	724631	156163
广播电视设备制造	Manufacture of Broadcasting and TV Equipment	125031	45733	8435	1486	121752	11917
雷达及配套设备制造	Manufacture of Radar and Its Fittings	127179	27203	19894	22111	104783	21842
视听设备制造	Manufacture of TV Set and Radio Receiver	990566	299424	68805	34829	946758	21722
电子器件制造	Manufacture of Electronic Appliances	1702334	522255	276895	99384	1551476	41437
#电子真空器件制造	Manufacture of Electronic Vacuum Appliance	15711	3390	4769	196	15515	439
半导体分立器件制造	Manufacture of Semiconductor Discreting Appliances	54099	18595	10911	1568	51479	3826
集成电路制造	Manufacture of Integrate Circuit	630681	196186	146649	48715	548198	7889
电子元件制造	Manufacture of Electronic Components	873081	311283	116919	10111	846086	16413
其他电子设备制造	Manufacture of Other Electronic Equipment	296473	125962	32420	6712	258783	1617
计算机及办公设备制造业	**Manufacture of Computers and Office Equipment**	**1210594**	**569676**	**38963**	**25110**	**1143843**	**90270**
#计算机整机制造	Manufacture of Entired Computer	711274	347314	14295	14021	668242	87495
计算机零部件制造	Manufacture of Computer Components and Parts	166606	69705	8526	716	165870	397
计算机外围设备制造	Manufacture of Computer Peripheral Equipment	148411	47097	2524	3075	137992	219
办公设备制造	Manufacture of Office Equipment	74645	40752	3401	2090	72555	1087
医疗仪器设备及仪器仪表制造业	**Manufacture of Medical Equipments and Measuring Instrument**	**483722**	**196572**	**46581**	**31805**	**450008**	**24841**
1.医疗仪器设备及器械制造	Manufacture of Medical Equipment and Appliance	57102.3	24219.5	7618.3	2582.9	53699.9	1075.6
2.仪器仪表制造	Manufacture of Measuring Instrument	426620	172352	38962	29222	396308	23765

2-3-3 续表 continued

单位：万元 (10000 yuan)

行业	Industry	中型企业 Medium-sized Enterprises					
		R&D经费内部支出 Intramural Expenditure on R&D	#人员劳务费 Labor Cost	#仪器和设备 Equip-ment	#政府资金 Govern-ment Funds	#企业资金 Self-raised Funds by Enterprises	R&D经费外部支出 External Expenditure on R&D
合计	**Total**	**4560731**	**1559528**	**493646**	**356428**	**4099906**	**378759**
医药制造业	**Manufacture of Medicines**	**1295450**	**354828**	**166164**	**67518**	**1221102**	**189360**
#化学药品制造	Manufacture of Chemical Medicine	606069	174261	83484	20206	582944	122635
中成药生产	Production of Finished Traditional Chinese Herbal Medicine	254547	66883	28635	18078	234025	39817
生物药品制造	Manufacture of Biological Medicine	294810	72350	34841	23714	270510	21125
航空、航天器及设备制造业	**Manufacture of Aircrafts and Spacecrafts and Related Equipment**	**186698**	**21699**	**5092**	**112697**	**60997**	**113424**
#飞机制造	Manufacture of Airplanes	48231	12923	3040	11677	29114	871
航天器制造	Manufacture of Spacecrafts	104789	1444	20	100807	3607	112392
电子及通信设备制造业	**Manufacture of Electronic Equipment and Communication Equipment**	**2061192**	**766987**	**228789**	**129531**	**1877762**	**40782**
#通信设备制造	Manufacture of Communication Equipment	326179	150459	25027	13712	295428	14552
#通信系统设备制造	Manufacture of Communication Equipment	182517	80976	16902	11876	165583	7122
通信终端设备制造	Manufacture of Communication Terminal Equipment	143663	69484	8126	1837	129845	7430
广播电视设备制造	Manufacture of Broadcasting and TV Equipment	101516	36881	7709	1694	98841	5131
雷达及配套设备制造	Manufacture of Radar and Its Fittings	23888	7140	4388	1583	22249	1216
视听设备制造	Manufacture of TV Set and Radio Receiver	159096	64673	11996	3419	151435	1898
电子器件制造	Manufacture of Electronic Appliances	518950	180041	68092	45283	462721	5268
#电子真空器件制造	Manufacture of Electronic Vacuum Appliance	9652	2690	1025	18	9634	
半导体分立器件制造	Manufacture of Semiconductor Discreting Appliances	48178	14526	8385	1815	41917	1646
集成电路制造	Manufacture of Integrate Circuit	164257	65566	15751	26748	135359	1388
电子元件制造	Manufacture of Electronic Components	586205	210223	71853	22106	548294	8062
其他电子设备制造	Manufacture of Other Electronic Equipment	154824	61875	11277	31466	119479	2893
计算机及办公设备制造业	**Manufacture of Computers and Office Equipment**	**210528**	**95316**	**13155**	**9525**	**197037**	**1510**
#计算机整机制造	Manufacture of Entired Computer	32997	11022	1909	5166	27769	353
计算机零部件制造	Manufacture of Computer Components and Parts	51870	23023	5766	260	50129	122
计算机外围设备制造	Manufacture of Computer Peripheral Equipment	61444	27250	2293	1823	58636	969
办公设备制造	Manufacture of Office Equipment	21464	10472	1305	417	21029	2
医疗仪器设备及仪器仪表制造业	**Manufacture of Medical Equipments and Measuring Instrument**	**806864**	**320699**	**80446**	**37158**	**743008**	**33683**
1.医疗仪器设备及器械制造	Manufacture of Medical Equipment and Appliance	228234.6	89795.9	27733.4	11165.6	203299.9	2896.7
2.仪器仪表制造	Manufacture of Measuring Instrument	578629	230903	52713	25992	539708	30786

2-3-4 按行业分国有及国有控股企业高技术产业R&D活动经费情况(2014年)

R&D Expenditure in High-tech Industry of State-owned and State-controlled Enterprises by Industrial Sector (2014)

单位：万元 (10000 yuan)

行业	Industry	R&D经费内部支出 Intramural Expenditure on R&D	#人员劳务费 Labor Cost	#仪器和设备 Equip-ment	#政府资金 Govern-ment Funds	#企业资金 Self-raised Funds by Enterprises	R&D经费外部支出 External Expenditure on R&D
合计	**Total**	**6037972**	**1893381**	**509724**	**1243264**	**4680493**	**347842**
医药制造业	**Manufacture of Medicines**	**588335**	**204891**	**61522**	**35641**	**549648**	**58694**
#化学药品制造	Manufacture of Chemical Medicine	323660	115448	41743	16945	305256	42616
中成药生产	Production of Finished Traditional Chinese Herbal Medicine	143666	54144	8572	8963	133830	12770
生物药品制造	Manufacture of Biological Medicine	90600	25921	10302	8675	81291	2483
航空、航天器及设备制造业	**Manufacture of Aircrafts and Spacecrafts and Related Equipment**	**1856449**	**306690**	**88542**	**907266**	**876779**	**222190**
#飞机制造	Manufacture of Airplanes	1490911	227865	75990	766605	700534	106983
航天器制造	Manufacture of Spacecrafts	265160	46548	5665	129738	93843	113357
电子及通信设备制造业	**Manufacture of Electronic Equipment and Communication Equipment**	**2925672**	**1094762**	**323567**	**246036**	**2657269**	**48494**
#通信设备制造	Manufacture of Communication Equipment	1132579	541601	108720	94183	1033508	7901
#通信系统设备制造	Manufacture of Communication System Equipment	1053774	502890	100588	90216	960161	5163
通信终端设备制造	Manufacture of Communication Terminal Equipment	78806	38711	8132	3967	73347	2739
广播电视设备制造	Manufacture of Broadcasting and TV Equipment	32408	14106	4818	921	31244	4951
雷达及配套设备制造	Manufacture of Radar and Its Fittings	148456	33946	24379	23854	124261	22709
视听设备制造	Manufacture of TV Set and Radio Receiver	565614	156037	46649	17963	547651	6345
电子器件制造	Manufacture of Electronic Appliances	731349	237620	114795	60951	659500	2050
#电子真空器件制造	Manufacture of Electronic Vacuum Appliance	4767	1926	379	111	4628	86
半导体分立器件制造	Manufacture of Semiconductor Discreting Appliances	15986	4873	1138	1811	13057	91
集成电路制造	Manufacture of Integrate Circuit	237219	54650	76148	34473	197801	1421
电子元件制造	Manufacture of Electronic Components	160068	64080	12311	16504	138604	1053
其他电子设备制造	Manufacture of Other Electronic Equipment	44015	18011	862	17698	25702	490
计算机及办公设备制造业	**Manufacture of Computers and Office Equipment**	**334295**	**166124**	**7429**	**23365**	**301669**	**4982**
#计算机整机制造	Manufacture of Entired Computer	205265	87421	2460	15704	187757	3713
计算机零部件制造	Manufacture of Computer Components and Parts	9147	3739	926	418	8729	244
计算机外围设备制造	Manufacture of Computer Peripheral Equipment	40035	22212	1327	2490	30088	647
办公设备制造	Manufacture of Office Equipment	28352	16520	771	874	27478	143
医疗仪器设备及仪器仪表制造业	**Manufacture of Medical Equipments and Measuring Instrument**	**333221**	**120915**	**28664**	**30956**	**295129**	**13482**
1.医疗仪器设备及器械制造	Manufacture of Medical Equipment and Appliance	29022.7	11079.7	4675.2	3710.9	25311.8	935.3
2.仪器仪表制造	Manufacture of Measuring Instrument	304198	109836	23989	27245	269817	12547

2-3-5 按行业和登记注册类型分高技术产业R&D活动经费情况(2014年)

R&D Expenditure in High-tech Industry by Industrial Sector and Registration Status(2014)

单位：万元 (10000 yuan)

行业	Industry	内资企业 Domestic Funded					
		R&D经费内部支出 Intramural Expenditure on R&D	#人员劳务费 Labor Cost	#仪器和设备 Equip-ment	#政府资金 Govern-ment Funds	#企业资金 Self-raised Funds by Enterprises	R&D经费外部支出 External Expenditure on R&D
合计	**Total**	**15976708**	**5831532**	**1477146**	**1592735**	**14184682**	**984141**
医药制造业	**Manufacture of Medicines**	**2936444**	**803572**	**360781**	**149404**	**2762759**	**325864**
#化学药品制造	Manufacture of Chemical Medicine	1424066	405252	181807	59820	1353667	184098
中成药生产	Production of Finished Traditional Chinese Herbal Medicine	645879	179674	69167	38945	600525	91098
生物药品制造	Manufacture of Biological Medicine	490561	115130	57025	34453	452213	36761
航空、航天器及设备制造业	**Manufacture of Aircrafts and Spacecrafts and Related Equipment**	**1872940**	**304620**	**89611**	**908582**	**895037**	**222982**
#飞机制造	Manufacture of Airplanes	1498697	230362	76278	767151	711109	107699
航天器制造	Manufacture of Spacecrafts	266271	47154	5765	129788	94904	113357
电子及通信设备制造业	**Manufacture of Electronic Equipment and Communication Equipment**	**9005354**	**3888649**	**830987**	**403381**	**8532500**	**384510**
#通信设备制造	Manufacture of Communication Equipment	4676917	2494849	286768	127351	4535419	287853
#通信系统设备制造	Manufacture of Communication System Equipment	4262481	2294563	252771	118456	4131685	153257
通信终端设备制造	Manufacture of Communication Terminal Equipment	414436	200286	33997	8895	403734	134596
广播电视设备制造	Manufacture of Broadcasting and TV Equipment	255317	78688	21673	6241	245797	15905
雷达及配套设备制造	Manufacture of Radar and Its Fittings	159577	38038	25071	24315	134921	23099
视听设备制造	Manufacture of TV Set and Radio Receiver	773604	241533	62195	21886	749429	9863
电子器件制造	Manufacture of Electronic Appliances	1369957	439417	201004	116103	1232720	9998
#电子真空器件制造	Manufacture of Electronic Vacuum Appliance	32464	8232	6491	661	31775	574
半导体分立器件制造	Manufacture of Semiconductor Discreting Appliances	84851	26782	14726	4818	77804	865
集成电路制造	Manufacture of Integrate Circuit	446101	130527	109689	59049	386220	1717
电子元件制造	Manufacture of Electronic Components	869611	290282	108230	39729	812456	10290
其他电子设备制造	Manufacture of Other Electronic Equipment	348726	157112	45460	33122	310640	7492
计算机及办公设备制造业	**Manufacture of Computers and Office Equipment**	**616413**	**279281**	**25803**	**28789**	**569601**	**8294**
#计算机整机制造	Manufacture of Entired Computer	256378	104870	5174	16421	238154	4144
计算机零部件制造	Manufacture of Computer Components and Parts	81317	41299	8591	643	79673	1052
计算机外围设备制造	Manufacture of Computer Peripheral Equipment	99281	48365	4504	4269	86626	869
办公设备制造	Manufacture of Office Equipment	82368	35227	3730	3259	79070	878
医疗仪器设备及仪器仪表制造业	**Manufacture of Medical Equipments and Measuring Instrument**	**1545558**	**555410**	**169964**	**102579**	**1424784**	**42491**
1.医疗仪器设备及器械制造	Manufacture of Medical Equipment and Appliance	291910	96300	41570	23607	265776	8011
2.仪器仪表制造	Manufacture of Measuring Instrument	1253648	459110	128394	78972	1159009	34480

2-3-5 续表 1 continued

单位：万元 (10000 yuan)

行业	Industry	#国有企业 State-owned Enterprises R&D经费内部支出 Intramural Expenditure on R&D	#人员劳务费 Labor Cost	#仪器和设备 Equip-ment	#政府资金 Govern-ment Funds	#企业资金 Self-raised Funds by Enterprises	R&D经费外部支出 External Expenditure on R&D
合计	**Total**	**524925**	**161333**	**65797**	**98886**	**416089**	**26412**
医药制造业	**Manufacture of Medicines**	**39483**	**11455**	**5953**	**3677**	**35676**	**1754**
#化学药品制造	Manufacture of Chemical Medicine	1906	884	445		1906	543
中成药生产	Production of Finished Traditional Chinese Herbal Medicine	1210	507	63	88	1122	458
生物药品制造	Manufacture of Biological Medicine	28837	8935	5131	3237	25516	747
航空、航天器及设备制造业	**Manufacture of Aircrafts and Spacecrafts and Related Equipment**	**169030**	**35631**	**12293**	**52014**	**110153**	**3596**
#飞机制造	Manufacture of Airplanes	51104	12490	4092	17496	31180	995
航天器制造	Manufacture of Spacecrafts	84208	15951	4048	28675	52129	965
电子及通信设备制造业	**Manufacture of Electronic Equipment and Communication Equipment**	**253920**	**91924**	**38820**	**35790**	**215232**	**19444**
#通信设备制造	Manufacture of Communication Equipment	190637	79536	28298	16211	173708	208
#通信系统设备制造	Manufacture of Communication System Equipment	184062	76729	27783	15912	167433	208
通信终端设备制造	Manufacture of Communication Terminal Equipment	6575	2808	515	299	6276	
广播电视设备制造	Manufacture of Broadcasting and TV Equipment						
雷达及配套设备制造	Manufacture of Radar and Its Fittings	44421	6510	9401	16848	27573	19020
视听设备制造	Manufacture of TV Set and Radio Receiver						
电子器件制造	Manufacture of Electronic Appliances	4422	1385	160	130	4260	
#电子真空器件制造	Manufacture of Electronic Vacuum Appliance						
半导体分立器件制造	Manufacture of Semiconductor Discreting Appliances						
集成电路制造	Manufacture of Integrate Circuit	2147	376			2147	
电子元件制造	Manufacture of Electronic Components	13129	3905	961	2249	8731	217
其他电子设备制造	Manufacture of Other Electronic Equipment	1310	588		351	959	
计算机及办公设备制造业	**Manufacture of Computers and Office Equipment**	**1002**	**282**	**266**	**452**	**550**	**16**
#计算机整机制造	Manufacture of Entired Computer						
计算机零部件制造	Manufacture of Computer Components and Parts						
计算机外围设备制造	Manufacture of Computer Peripheral Equipment	616	200		452	165	16
办公设备制造	Manufacture of Office Equipment	385	82	266		385	
医疗仪器设备及仪器仪表制造业	**Manufacture of Medical Equipments and Measuring Instrument**	**61491**	**22042**	**8466**	**6954**	**54478**	**1603**
1.医疗仪器设备及器械制造	Manufacture of Medical Equipment and Appliance	12535	4912	4135	1028	11507	461
2.仪器仪表制造	Manufacture of Measuring Instrument	48956	17131	4331	5926	42971	1141

2-3-5 续表 2 continued

单位：万元 (10000 yuan)

行业	Industry	港澳台投资企业 Enterprises with Funds from Hong Kong, Macau and Taiwan					
		R&D经费内部支出 Intramural Expenditure on R&D	#人员劳务费 Labor Cost	#仪器和设备 Equipment	#政府资金 Government Funds	#企业资金 Self-raised Funds by Enterprises	R&D经费外部支出 External Expenditure on R&D
合计	**Total**	**2870378**	**1048795**	**258612**	**83375**	**2712263**	**201746**
医药制造业	**Manufacture of Medicines**	**452012**	**123639**	**47653**	**22584**	**427626**	**66301**
#化学药品制造	Manufacture of Chemical Medicine	274858	65863	29847	14150	260213	54650
中成药生产	Production of Finished Traditional Chinese Herbal Medicine	66133	21100	4060	3160	62443	7940
生物药品制造	Manufacture of Biological Medicine	89170	28668	12254	4702	83690	2911
航空、航天器及设备制造业	**Manufacture of Aircrafts and Spacecrafts and Related Equipment**	**30902**	**16367**	**1858**		**30902**	
#飞机制造	Manufacture of Airplanes	22964	8495	1858		22964	
航天器制造	Manufacture of Spacecrafts						
电子及通信设备制造业	**Manufacture of Electronic Equipment and Communication Equipment**	**1897417**	**713941**	**181814**	**50321**	**1799953**	**49397**
#通信设备制造	Manufacture of Communication Equipment	458239	221795	22459	8619	448046	18937
#通信系统设备制造	Manufacture of Communication System Equipment	293140	135848	15086	8375	284764	14860
通信终端设备制造	Manufacture of Communication Terminal Equipment	165099	85947	7373	244	163282	4077
广播电视设备制造	Manufacture of Broadcasting and TV Equipment	34986	10628	3304	294	34643	165
雷达及配套设备制造	Manufacture of Radar and Its Fittings	275	135			275	
视听设备制造	Manufacture of TV Set and Radio Receiver	304415	87083	14832	16635	286609	3915
电子器件制造	Manufacture of Electronic Appliances	433233	167639	45834	16934	385028	11562
#电子真空器件制造	Manufacture of Electronic Vacuum Appliance	535	195	219		535	
半导体分立器件制造	Manufacture of Semiconductor Discreting Appliances	14311	3515	1321	12	14299	228
集成电路制造	Manufacture of Integrate Circuit	149193	83270	9450	13524	106138	947
电子元件制造	Manufacture of Electronic Components	529951	178261	75193	5070	512954	12862
其他电子设备制造	Manufacture of Other Electronic Equipment	50280	20433	5602	601	49428	831
计算机及办公设备制造业	**Manufacture of Computers and Office Equipment**	**351560**	**131659**	**13885**	**5541**	**323278**	**84776**
#计算机整机制造	Manufacture of Entired Computer	179409	86902	6471	3302	153871	83806
计算机零部件制造	Manufacture of Computer Components and Parts	45355	15457	4671	720	44635	134
计算机外围设备制造	Manufacture of Computer Peripheral Equipment	120545	27111	917	1416	119004	819
办公设备制造	Manufacture of Office Equipment	4684	1837	1201	22	4662	2
医疗仪器设备及仪器仪表制造业	**Manufacture of Medical Equipments and Measuring Instrument**	**138488**	**63189**	**13403**	**4929**	**130506**	**1273**
1.医疗仪器设备及器械制造	Manufacture of Medical Equipment and Appliance	39240	14958	2779	2259	36415	323
2.仪器仪表制造	Manufacture of Measuring Instrument	99249	48232	10623	2671	94091	950

2-3-5 续表 3 continued

单位：万元 (10000 yuan)

行 业	Industry	外商投资企业 Foreign Funded Enterprises R&D经费内部支出 Intramural Expenditure on R&D	#人员劳务费 Labor Cost	#仪器和设备 Equip-ment	#政府资金 Govern-ment Funds	#企业资金 Self-raised Funds by Enterprises	R&D经费外部支出 External Expenditure on R&D
合计	**Total**	**3895663**	**1465324**	**392546**	**109677**	**3668568**	**233774**
医药制造业	**Manufacture of Medicines**	**514705**	**172433**	**54025**	**24658**	**485720**	**90622**
#化学药品制造	Manufacture of Chemical Medicine	348193	122524	35352	9661	334960	67016
中成药生产	Production of Finished Traditional Chinese Herbal Medicine	64829	19495	6181	8135	56303	15827
生物药品制造	Manufacture of Biological Medicine	74023	21342	9098	6082	67773	7218
航空、航天器及设备制造业	**Manufacture of Aircrafts and Spacecrafts and Related Equipment**	**36613**	**11482**	**10789**	**8**	**32478**	**11**
#飞机制造	Manufacture of Airplanes	19502	3714	8191		15374	
航天器制造	Manufacture of Spacecrafts						
电子及通信设备制造业	**Manufacture of Electronic Equipment and Communication Equipment**	**2336700**	**779949**	**271984**	**66149**	**2187355**	**107759**
#通信设备制造	Manufacture of Communication Equipment	628090	219470	44507	5989	607025	50717
#通信系统设备制造	Manufacture of Communication System Equipment	243861	105381	25853	2881	240528	23949
通信终端设备制造	Manufacture of Communication Terminal Equipment	384230	114089	18654	3108	366497	26768
广播电视设备制造	Manufacture of Broadcasting and TV Equipment	36007	17962	2362	942	35066	1747
雷达及配套设备制造	Manufacture of Radar and Its Fittings	852	423			852	30
视听设备制造	Manufacture of TV Set and Radio Receiver	133799	60861	10705	1913	121186	10767
电子器件制造	Manufacture of Electronic Appliances	781126	223111	137712	36072	729146	37068
#电子真空器件制造	Manufacture of Electronic Vacuum Appliance	1208	663	29		1208	
半导体分立器件制造	Manufacture of Semiconductor Discreting Appliances	47781	17453	8311	608	42424	5688
集成电路制造	Manufacture of Integrate Circuit	339049	104098	59118	16697	315538	9055
电子元件制造	Manufacture of Electronic Components	444628	164207	53728	1664	433622	5552
其他电子设备制造	Manufacture of Other Electronic Equipment	203964	63465	13279	12705	159559	560
计算机及办公设备制造业	**Manufacture of Computers and Office Equipment**	**587601**	**309291**	**22148**	**5106**	**576705**	**2062**
#计算机整机制造	Manufacture of Entired Computer	326098	175005	6969		321064	909
计算机零部件制造	Manufacture of Computer Components and Parts	117741	45341	3191	127	117081	265
计算机外围设备制造	Manufacture of Computer Peripheral Equipment	25247	13772	1405	873	24227	214
办公设备制造	Manufacture of Office Equipment	36943	23041	1891	225	36642	477
医疗仪器设备及仪器仪表制造业	**Manufacture of Medical Equipments and Measuring Instrument**	**420044**	**192169**	**33600**	**13756**	**386310**	**33321**
1.医疗仪器设备及器械制造	Manufacture of Medical Equipment and Appliance	150342	69306	14694	5620	130462	1778
2.仪器仪表制造	Manufacture of Measuring Instrument	269702	122863	18906	8136	255849	31543

2-3-6 按地区和企业规模分高技术产业R&D活动经费情况(2014年)

R&D Expenditure in High-tech Industry by Region and Industrial Sector(2014)

单位：万元 (10000 yuan)

地区	Region	大型企业 Large-sized Enterprises					
		R&D经费内部支出 Intramural Expenditure on R&D	#人员劳务费 Labor Cost	#仪器和设备 Equipment	#政府资金 Government Funds	#企业资金 Self-raised Funds by Enterprises	R&D经费外部支出 External Expenditure on R&D
全国	**Total**	**14660813**	**5664227**	**1213414**	**1232942**	**13190899**	**901943**
东部地区	Eastern Region	11543958	4826233	920277	539982	10811157	722448
中部地区	Middle Region	1283219	460730	144592	174232	1089534	87438
西部地区	Western Region	1218066	262115	123199	305123	890832	50139
东北地区	Northeaastern Region	615570	115148	25345	213605	399376	41918
北京	Beijing	539065	229403	25457	26915	461502	92389
天津	Tianjin	254686	99581	49800	5993	205135	20256
河北	Hebei	196572	48310	28565	23463	172861	31988
山西	Shanxi	12873	2688	640	129	12745	2665
内蒙古	Inner Mongolia	6362	1720	567		6362	
辽宁	Liaoning	397308	69282	12777	122428	272800	11115
吉林	Jilin	36283	7951	8495	3749	32534	5993
黑龙江	Heilongjiang	181980	37916	4073	87428	94042	24809
上海	Shanghai	823069	269213	83549	251952	567873	76896
江苏	Jiangsu	1560752	503801	187314	36423	1477682	63482
浙江	Zhejiang	737615	352510	44339	24136	712964	54519
安徽	Anhui	167023	70285	14490	15825	151197	31016
福建	Fujian	503212	166072	54473	8450	492426	13078
江西	Jiangxi	175861	45463	22805	37433	126466	14920
山东	Shandong	1091020	341979	53315	29090	1052914	56964
河南	Henan	152519	57762	17291	12365	136540	7672
湖北	Hubei	576349	213280	69103	61174	513250	12446
湖南	Hunan	198594	71253	20263	47306	149336	18720
广东	Guangdong	5837967	2815363	393467	133561	5667801	312877
广西	Guangxi	18473	4584	2709	713	17137	2936
海南	Hainan						
重庆	Chongqing	64794	22045	7291	3034	61669	3124
四川	Sichuan	445367	122210	44946	31205	398036	17910
贵州	Guizhou	67273	22159	8723	8133	57418	2118
云南	Yunnan	25957	4523	1270	1517	24440	3481
西藏	Tibet						
陕西	Shaanxi	561211	75921	52722	258106	299557	19843
甘肃	Gansu	25207	8144	4760	2255	22953	709
青海	Qinghai						
宁夏	Ningxia	3421	811	213	161	3260	19
新疆	Xinjiang						

2-3-6 续表 continued

单位：万元 (10000 yuan)

地区	Region	中型企业 Medium-sized Enterprises R&D经费内部支出 Intramural Expenditure on R&D	#人员劳务费 Labor Cost	#仪器和设备 Equipment	#政府资金 Government Funds	#企业资金 Self-raised Funds by Enterprises	R&D经费外部支出 External Expenditure on R&D
全国	**Total**	**4560731**	**1559528**	**493646**	**356428**	**4099906**	**378759**
东部地区	Eastern Region	3554171	1271689	367629	281947	3185708	303124
中部地区	Middle Region	524984	154670	70990	29551	486466	28109
西部地区	Western Region	374034	108064	40258	35968	330801	27806
东北地区	Northeaastern Region	107542	25105	14770	8962	96930	19720
北京	Beijing	338333	100235	10276	135347	197015	120853
天津	Tianjin	119000	41100	16387	9692	105677	6930
河北	Hebei	47967	13645	3838	3431	42938	1706
山西	Shanxi	15177	3577	1316	653	14189	2294
内蒙古	Inner Mongolia	5455	1274	342	30	5256	1162
辽宁	Liaoning	51774	11582	7410	5764	46011	5505
吉林	Jilin	28756	5926	5559	2577	24859	11495
黑龙江	Heilongjiang	27013	7597	1801	622	26061	2720
上海	Shanghai	305635	132907	27320	25371	269096	18956
江苏	Jiangsu	868724	294085	113612	17733	819329	56433
浙江	Zhejiang	392142	155333	32235	15195	373129	20490
安徽	Anhui	91046	23913	12149	8368	81320	5761
福建	Fujian	161568	65045	14270	9180	151994	7176
江西	Jiangxi	59732	20274	9517	3048	56491	3938
山东	Shandong	338047	88331	46169	23132	301409	41402
河南	Henan	115454	36807	17833	6105	107147	4457
湖北	Hubei	125274	40198	17161	6104	115160	8100
湖南	Hunan	118301	29901	13014	5274	112159	3560
广东	Guangdong	951836	371345	98661	40890	896358	15253
广西	Guangxi	35230	10327	4519	2531	32636	607
海南	Hainan	30919	9662	4861	1978	28764	13924
重庆	Chongqing	70515	23288	7935	3377	67048	8500
四川	Sichuan	116795	33057	16086	11202	100861	8225
贵州	Guizhou	43704	6112	1360	7509	36196	2224
云南	Yunnan	29458	9712	2422	3135	26238	2002
西藏	Tibet	585	170	50	211	374	108
陕西	Shaanxi	56318	20776	4824	6142	48344	3634
甘肃	Gansu	5507	1533	153	186	5321	632
青海	Qinghai	1263	173	60	315	949	175
宁夏	Ningxia	8353	1403	2430	1154	7068	230
新疆	Xinjiang	851	239	78	176	513	308

2-3-7　各地区国有及国有控股企业高技术产业R&D活动经费情况(2014年)

R&D Expenditure in High-tech Industry of State-owned and State-controlled Enterprises by Region (2014)

单位：万元　　(10000 yuan)

地　区	Region	R&D经费内部支出 Intramural Expenditure on R&D	#人员劳务费 Labor Cost	#仪器和设备 Equipment	#政府资金 Government Funds	#企业资金 Self-raised Funds by Enterprises	R&D经费外部支出 External Expenditure on R&D
全　国	**Total**	**6037972**	**1893381**	**509724**	**1243264**	**4680493**	**347842**
东部地区	Eastern Region	3295947	1201358	260490	542287	2674109	220730
中部地区	Middle Region	890715	299645	108173	153956	733055	61980
西部地区	Western Region	1280152	286806	123567	335275	917092	34984
东北地区	Northeaastern Region	571158	105573	17495	211747	356237	30149
北　京	Beijing	578664	183381	13792	144603	388739	120929
天　津	Tianjin	161190	53599	15040	12620	145000	11518
河　北	Hebei	105644	28089	18400	16813	86862	2654
山　西	Shanxi	12608	1922	78	109	12055	37
内蒙古	Inner Mongolia	3642	585		319	3323	
辽　宁	Liaoning	379117	64071	13236	122350	254688	9482
吉　林	Jilin	9375	3208	411	1768	7261	217
黑龙江	Heilongjiang	182666	38295	3849	87629	94288	20451
上　海	Shanghai	447176	113666	44009	239580	201275	36677
江　苏	Jiangsu	242562	74153	37353	10037	226049	5793
浙　江	Zhejiang	90795	36203	8491	8666	80553	17115
安　徽	Anhui	100731	31661	9659	13377	87298	21829
福　建	Fujian	96720	56128	5918	5440	91195	2612
江　西	Jiangxi	129371	31378	21076	36227	93139	13601
山　东	Shandong	540891	166359	18191	17575	521227	11962
河　南	Henan	62529	23165	8696	9438	51935	3595
湖　北	Hubei	476072	188364	63655	47408	426711	7834
湖　南	Hunan	109404	23156	5009	47398	61916	15084
广　东	Guangdong	1025152	486597	98757	86654	926358	10015
广　西	Guangxi	9034	5102	513	1356	7615	12
海　南	Hainan	7153	3184	540	299	6854	1455
重　庆	Chongqing	54196	20826	2986	2857	51222	1626
四　川	Sichuan	424773	122059	45092	36822	367974	10611
贵　州	Guizhou	146018	39600	14315	25668	118586	1435
云　南	Yunnan	29302	7388	1159	3217	26001	324
西　藏	Tibet	227	15		155	72	
陕　西	Shaanxi	590091	86053	54561	262870	321841	19824
甘　肃	Gansu	19096	4430	4128	1698	17398	1054
青　海	Qinghai	263	35	75		263	
宁　夏	Ningxia	128	69		15	113	48
新　疆	Xinjiang	3382	644	738	299	2684	52

2-3-8 按地区和登记注册类型分高技术产业R&D活动经费情况(2014年)

R&D Expenditure in High-tech Industry by Region and Registration Status(2014)

单位：万元 (10000 yuan)

地区	Region	内资企业 Domestic Funded					
		R&D经费内部支出 Intramural Expenditure on R&D	#人员劳务费 Labor Cost	#仪器和设备 Equipment	#政府资金 Government Funds	#企业资金 Self-raised Funds by Enterprises	R&D经费外部支出 External Expenditure on R&D
全　国	**Total**	**15976708**	**5831532**	**1477146**	**1592735**	**14184682**	**984141**
东部地区	Eastern Region	11388968	4622494	972466	764007	10490655	719235
中部地区	Middle Region	2005948	635134	263635	225370	1748692	120856
西部地区	Western Region	1806058	425553	191030	369125	1409099	86715
东北地区	Northeaastern Region	775734	148351	50015	234233	536236	57336
北　京	Beijing	757774	274908	22544	157914	550586	132613
天　津	Tianjin	300715	101796	31380	21345	275218	36109
河　北	Hebei	210034	55629	31140	22746	183524	7229
山　西	Shanxi	41123	9952	3194	1854	38754	5623
内蒙古	Inner Mongolia	17981	4685	1562	572	17239	1202
辽　宁	Liaoning	499128	89852	30402	138917	357730	16374
吉　林	Jilin	78959	17499	15676	7529	69885	13847
黑龙江	Heilongjiang	197647	41001	3937	87786	108621	27115
上　海	Shanghai	565982	154899	53438	247060	312444	38940
江　苏	Jiangsu	1586184	475249	215844	52610	1516686	58322
浙　江	Zhejiang	982408	432892	83573	35681	939808	58070
安　徽	Anhui	314143	96368	40084	30933	281555	32701
福　建	Fujian	280900	94971	43084	12626	266430	10158
江　西	Jiangxi	256352	67135	37333	41569	205009	19431
山　东	Shandong	1384738	365853	119186	57585	1320178	69013
河　南	Henan	256282	82384	39420	19778	229817	12912
湖　北	Hubei	734060	266821	96171	72142	652844	21956
湖　南	Hunan	403989	112474	47434	59094	340711	28232
广　东	Guangdong	5289564	2656832	369112	154282	5097297	301794
广　西	Guangxi	61146	16006	7595	4700	55933	4680
海　南	Hainan	30669	9466	3166	2158	28485	6989
重　庆	Chongqing	158111	52460	18825	7581	150127	10875
四　川	Sichuan	613978	170821	67346	49844	545553	29121
贵　州	Guizhou	170759	44687	15484	27168	141826	4412
云　南	Yunnan	64398	14720	5566	6909	57370	6370
西　藏	Tibet	1728	548	50	337	1392	108
陕　西	Shaanxi	657862	106110	63928	266197	386120	25771
甘　肃	Gansu	40575	11807	6145	3866	36663	3181
青　海	Qinghai	1666	217	165	375	1291	175
宁　夏	Ningxia	13342	2584	3532	1021	12190	359
新　疆	Xinjiang	4512	908	832	555	3395	463

2-3-8 续表 1 continued

单位：万元 (10000 yuan)

地区	Region	#国有企业 State-owned Enterprises R&D经费内部支出 Intramural Expenditure on R&D	#人员劳务费 Labor Cost	#仪器和设备 Equipment	#政府资金 Government Funds	#企业资金 Self-raised Funds by Enterprises	R&D经费外部支出 External Expenditure on R&D
全国	**Total**	**524925**	**161333**	**65797**	**98886**	**416089**	**26412**
东部地区	Eastern Region	131571	39689	11633	19108	107844	2990
中部地区	Middle Region	198574	78067	30548	24689	173461	19183
西部地区	Western Region	190496	42744	23350	54737	130853	4238
东北地区	Northeaastern Region	4283	833	266	352	3931	
北京	Beijing	36045	8573	910	6045	26854	1949
天津	Tianjin	4476	615			4476	
河北	Hebei	18550	3337	2246	5646	12904	27
山西	Shanxi	992	216		65	592	
内蒙古	Inner Mongolia						
辽宁	Liaoning						
吉林	Jilin						
黑龙江	Heilongjiang	4283	833	266	352	3931	
上海	Shanghai	19484	6148	2629	4924	14530	107
江苏	Jiangsu	24264	10732	821	1083	21784	419
浙江	Zhejiang	2054	825	282	64	1991	
安徽	Anhui	25112	5298	3181	9066	16046	18853
福建	Fujian	2147	376			2147	
江西	Jiangxi	462	159	98		462	
山东	Shandong	14997	6179	4132	1048	13949	483
河南	Henan	2791	802	13	897	1894	
湖北	Hubei	168404	71201	27114	14661	153743	138
湖南	Hunan	814	391	141		725	193
广东	Guangdong	2979	97	99		2933	5
广西	Guangxi	7986	4632	450	1230	6756	12
海南	Hainan	6575	2808	515	299	6276	
重庆	Chongqing	658	201	71	206	451	33
四川	Sichuan	20120	3636	1359	3814	15107	1684
贵州	Guizhou	14313	5263	675	2428	10855	137
云南	Yunnan	10223	3384	939	1660	8478	2
西藏	Tibet						
陕西	Shaanxi	123095	22460	15827	44082	76421	1671
甘肃	Gansu	14101	3168	4029	1316	12785	700
青海	Qinghai						
宁夏	Ningxia						
新疆	Xinjiang						

2-3-8 续表 2 continued

单位：万元 (10000 yuan)

地区	Region	港澳台投资企业 Enterprises with Funds from Hong Kong, Macau and Taiwan					
		R&D经费内部支出 Intramural Expenditure on R&D	#人员劳务费 Labor Cost	#仪器和设备 Equipment	#政府资金 Government Funds	#企业资金 Self-raised Funds by Enterprises	R&D经费外部支出 External Expenditure on R&D
全国	**Total**	**2870378**	**1048795**	**258612**	**83375**	**2712263**	**201746**
东部地区	Eastern Region	2583060	943110	245109	76198	2436552	191527
中部地区	Middle Region	216350	86745	9120	2927	209683	1628
西部地区	Western Region	33486	12076	3254	2701	30096	2861
东北地区	Northeaastern Region	37482	6864	1129	1549	35933	5730
北京	Beijing	216423	102015	6835	4986	201726	88352
天津	Tianjin	78878	46455	11372	470	34849	626
河北	Hebei	62804	13679	3764	5408	57396	19679
山西	Shanxi	756	222	109	63	693	
内蒙古	Inner Mongolia	489	78		50	439	
辽宁	Liaoning	25752	5779	683	1076	24677	4678
吉林	Jilin	9369	451	121	383	8986	
黑龙江	Heilongjiang	2361	634	326	90	2271	1051
上海	Shanghai	190412	94668	16575	14276	173889	2608
江苏	Jiangsu	446322	146729	44146	7341	437233	32861
浙江	Zhejiang	344335	138662	19262	10528	332794	18144
安徽	Anhui	49383	24598	1934	1256	47839	473
福建	Fujian	240435	61042	36472	4669	234666	653
江西	Jiangxi	13572	4301	1420	232	10383	448
山东	Shandong	62699	13160	7909	2278	56568	20922
河南	Henan	52606	24416	2189	521	52085	431
湖北	Hubei	47518	8387	1367	489	46533	89
湖南	Hunan	52516	24821	2101	367	52149	187
广东	Guangdong	935910	325460	98121	26228	902604	7684
广西	Guangxi	8336	2246	1341	424	7463	196
海南	Hainan	4845	1240	654	15	4829	
重庆	Chongqing	8773	4690	1041	274	8499	1521
四川	Sichuan	1874	779	6	156	1478	62
贵州	Guizhou	914	283	130	130	784	11
云南	Yunnan	7782	2813	497	382	7400	957
西藏	Tibet						
陕西	Shaanxi	3733	859	201	825	2908	103
甘肃	Gansu						
青海	Qinghai						
宁夏	Ningxia	1585	328	39	460	1125	12
新疆	Xinjiang						

2-3-8　续表 3　continued

单位：万元　　　　　　　　　　　　　　　　　　　　　　　　(10000 yuan)

地　　区	Region	外商投资企业 Foreign Funded Enterprises					
		R&D经费内部支出 Intramural Expenditure on R&D	#人员劳务费 Labor Cost	#仪器和设备 Equipment	#政府资金 Government Funds	#企业资金 Self-raised Funds by Enterprises	R&D经费外部支出 External Expenditure on R&D
全　　国	**Total**	**3895663**	**1465324**	**392546**	**109677**	**3668568**	**233774**
东部地区	Eastern Region	3701092	1403989	369326	102130	3488055	209564
中部地区	Middle Region	85136	24306	7146	3714	78551	14176
西部地区	Western Region	69020	24111	10134	1344	64208	1687
东北地区	Northeaastern Region	40415	12918	5940	2489	37755	8347
北　　京	Beijing	133401	56097	15572	14554	117096	797
天　　津	Tianjin	130206	35022	38574	1152	127974	4996
河　　北	Hebei	24833	5714	3418	1862	22972	10298
山　　西	Shanxi	5948	760	140	13	5935	12
内 蒙 古	Inner Mongolia						
辽　　宁	Liaoning	8230	2826	1811	871	7359	
吉　　林	Jilin	3916	890	534	386	3530	7160
黑 龙 江	Heilongjiang	28270	9202	3595	1233	26867	1187
上　　海	Shanghai	517669	216686	50774	27671	483210	57348
江　　苏	Jiangsu	1051746	385128	136413	14221	968448	49460
浙　　江	Zhejiang	211027	88341	11891	9297	200370	16634
安　　徽	Anhui	11144	4039	1453	324	8609	11101
福　　建	Fujian	282862	119033	11359	6251	274645	13479
江　　西	Jiangxi	11487	4324	1877	652	10835	142
山　　东	Shandong	312643	116113	23323	9782	289010	18719
河　　南	Henan	12842	5136	974	445	12143	902
湖　　北	Hubei	34463	7244	1326	2002	32348	593
湖　　南	Hunan	9253	2803	1376	277	8681	1426
广　　东	Guangdong	1030681	380335	76330	17115	998707	28751
广　　西	Guangxi	2902	1440	124	75	2827	
海　　南	Hainan	6025	1520	1673	225	5623	9082
重　　庆	Chongqing	17899	4601	1715	281	17576	518
四　　川	Sichuan	29863	11244	6681	157	26371	26
贵　　州	Guizhou	2291	542		428	1863	341
云　　南	Yunnan	2977	1631	26	40	2846	551
西　　藏	Tibet						
陕　　西	Shaanxi	12811	4561	1557	323	12488	202
甘　　肃	Gansu	96	80			96	50
青　　海	Qinghai						
宁　　夏	Ningxia						
新　　疆	Xinjiang	180	12	32	40	140	

2-3-9 按地区和行业分高技术产业R&D活动经费情况(2014年)
R&D Expenditure in High-tech Industry by Region and Industrial Sector(2014)

单位：万元 (10000 yuan)

地区	Region	医药制造业 Medical and Pharmaceutical Products Manufacturing					
		R&D经费内部支出 Intramural Expenditure on R&D	#人员劳务费 Labor Cost	#仪器和设备 Equipment	#政府资金 Government Funds	#企业资金 Self-raised Funds by Enterprises	R&D经费外部支出 External Expenditure on R&D
全　国	**Total**	**3903161**	**1099644**	**462459**	**196646**	**3676105**	**482787**
东部地区	Eastern Region	2625034	778687	296534	125659	2483753	333254
中部地区	Middle Region	608012	165806	75654	29089	569235	54236
西部地区	Western Region	463014	107105	57704	27470	432055	53975
东北地区	Northeaastern Region	207102	48046	32566	14429	191063	41323
北　京	Beijing	170705	60192	19066	8676	159826	15261
天　津	Tianjin	146426	54971	9562	7940	138186	28783
河　北	Hebei	182424	43108	27348	13591	167897	35038
山　西	Shanxi	33681	7629	2775	1029	32651	5534
内蒙古	Inner Mongolia	15634	4162	1492	205	15260	1202
辽　宁	Liaoning	68446	15201	11919	6005	62441	10910
吉　林	Jilin	78317	15822	14342	6583	70614	20930
黑龙江	Heilongjiang	60339	17023	6305	1841	58007	9483
上　海	Shanghai	180382	70667	16595	6662	173102	14081
江　苏	Jiangsu	546170	157182	54730	18555	523364	67154
浙　江	Zhejiang	293060	105388	30896	14167	277494	53428
安　徽	Anhui	89793	21400	12017	6046	81805	10886
福　建	Fujian	59456	18181	8516	2940	56373	7224
江　西	Jiangxi	62471	20887	8548	2285	59858	5400
山　东	Shandong	681394	166563	70055	30691	648372	78166
河　南	Henan	117770	33632	19082	5552	109540	9382
湖　北	Hubei	174454	48729	19966	7556	164336	10650
湖　南	Hunan	129844	33530	13266	6619	121045	12383
广　东	Guangdong	331559	94073	54841	20338	307981	18049
广　西	Guangxi	37328	6968	4540	2101	34837	3572
海　南	Hainan	33460	8362	4925	2100	31157	16071
重　庆	Chongqing	82984	23817	12574	3473	79252	10471
四　川	Sichuan	143238	30485	18495	8109	133574	17288
贵　州	Guizhou	25404	5391	852	1924	23480	3310
云　南	Yunnan	69177	17211	5487	6152	62814	7791
西　藏	Tibet	1728	548	50	337	1392	108
陕　西	Shaanxi	41452	8393	5280	1063	40225	6055
甘　肃	Gansu	28569	6634	5414	2319	26205	3223
青　海	Qinghai	1666	217	165	375	1291	175
宁　夏	Ningxia	12089	2499	2727	976	10983	359
新　疆	Xinjiang	3744	781	628	439	2743	423

2-3-9 续表 1 continued

单位：万元 (10000 yuan)

地区	Region	航空、航天器及设备制造业 Manufacture of Aircrafts and Spacecrafts and Related Equipment R&D经费内部支出 Intramural Expenditure on R&D	#人员劳务费 Labor Cost	#仪器和设备 Equipment	#政府资金 Government Funds	#企业资金 Self-raised Funds by Enterprises	R&D经费外部支出 External Expenditure on R&D
全　国	**Total**	**1940455**	**332469**	**102258**	**908589**	**958417**	**222993**
东部地区	Eastern Region	589848	114395	21496	335082	204671	145081
中部地区	Middle Region	205504	45435	30594	89691	115482	32167
西部地区	Western Region	722552	105322	48016	279062	423297	19528
东北地区	Northeaastern Region	422551	67317	2153	204755	214968	26219
北　京	Beijing	237563	46334	3681	107283	89178	112848
天　津	Tianjin	4751	1694	605		4107	
河　北	Hebei	26813	4607	2205	11565	14289	563
山　西	Shanxi						
内蒙古	Inner Mongolia						
辽　宁	Liaoning	271041	39228	1456	118719	150242	6728
吉　林	Jilin						
黑龙江	Heilongjiang	151510	28089	697	86036	64726	19490
上　海	Shanghai	247642	33154	2973	215377	27258	30986
江　苏	Jiangsu	30291	8848	3097	516	27391	684
浙　江	Zhejiang	2406	1202	12	16	2390	
安　徽	Anhui	88	14		15	73	
福　建	Fujian						
江　西	Jiangxi	108090	22415	19831	36029	72061	13253
山　东	Shandong	13227	3015	7628		13227	
河　南	Henan	18728	10128	484	2514	16065	
湖　北	Hubei	35367	6380	10242	10788	24397	5276
湖　南	Hunan	43231	6497	37	40345	2886	13638
广　东	Guangdong	27157	15541	1296	325	26832	
广　西	Guangxi						
海　南	Hainan						
重　庆	Chongqing						
四　川	Sichuan	175438	27707	4545	15594	142862	4323
贵　州	Guizhou	112381	27511	13195	21178	89480	813
云　南	Yunnan						
西　藏	Tibet						
陕　西	Shaanxi	434733	50103	30276	242290	190955	14391
甘　肃	Gansu						
青　海	Qinghai						
宁　夏	Ningxia						
新　疆	Xinjiang						

2-3-9 续表 2 continued

单位：万元 (10000 yuan)

地区	Region	电子及通信设备制造业 Manufacture of Electronic Equipment and Communication Equipment					
		R&D经费内部支出 Intramural Expenditure on R&D	#人员劳务费 Labor Cost	#仪器和设备 Equipment	#政府资金 Government Funds	#企业资金 Self-raised Funds by Enterprises	R&D经费外部支出 External Expenditure on R&D
全　国	**Total**	**13239470**	**5382538**	**1284785**	**519851**	**12519807**	**541666**
东部地区	Eastern Region	11365678	4735542	1049252	363574	10834345	493370
中部地区	Middle Region	1202070	434528	145550	99610	1077863	33844
西部地区	Western Region	515045	179247	71264	47701	460476	12234
东北地区	Northeaastern Region	156677	33221	18721	8966	147123	2219
北　京	Beijing	401958	183730	13570	48788	349879	6662
天　津	Tianjin	272844	98216	63360	6550	233390	10611
河　北	Hebei	65069	17309	7455	3301	60172	559
山　西	Shanxi	10685	2030	559	677	9494	71
内蒙古	Inner Mongolia						
辽　宁	Liaoning	143545	30765	16698	7880	135328	1934
吉　林	Jilin	9281	1159	1791	535	8666	5
黑龙江	Heilongjiang	3850	1298	232	551	3129	280
上　海	Shanghai	687137	281533	91398	59734	621256	41395
江　苏	Jiangsu	1671321	535159	245046	29462	1580831	52060
浙　江	Zhejiang	961763	428159	64585	27024	928122	28313
安　徽	Anhui	221042	74278	27468	22860	196191	21355
福　建	Fujian	514937	150465	72828	12845	498303	15664
江　西	Jiangxi	86099	25206	9618	3424	70630	745
山　东	Shandong	633165	145993	46316	17615	595380	23586
河　南	Henan	110691	40864	14805	8388	99937	2523
湖　北	Hubei	553809	216554	64505	54462	493964	5914
湖　南	Hunan	219745	75596	28594	9799	207647	3237
广　东	Guangdong	6150853	2892144	444178	157957	5960681	314520
广　西	Guangxi	22522	8684	2078	2564	19889	1290
海　南	Hainan	6631	2834	515	299	6332	
重　庆	Chongqing	42820	14045	2971	1319	41436	822
四　川	Sichuan	297818	111488	46049	24269	269984	7216
贵　州	Guizhou	34862	12331	1549	4572	30247	614
云　南	Yunnan	3665	1216	421	820	2845	86
西　藏	Tibet						
陕　西	Shaanxi	102217	26484	17465	13212	85878	2197
甘　肃	Gansu	11106	4976	731	939	10168	9
青　海	Qinghai						
宁　夏	Ningxia	36	23		7	29	
新　疆	Xinjiang						

2-3-9 续表 3 continued

单位：万元 (10000 yuan)

地 区	Region	计算机及办公设备制造业 Manufacture of Computer and Office Equipments					
		R&D经费内部支出 Intramural Expenditure on R&D	#人员劳务费 Labor Cost	#仪器和设备 Equipment	#政府资金 Government Funds	#企业资金 Self-raised Funds by Enterprises	R&D经费外部支出 External Expenditure on R&D
全 国	**Total**	**1555573**	**720231**	**61836**	**39436**	**1469584**	**95131**
东部地区	Eastern Region	1423914	672896	51165	34556	1343453	93224
中部地区	Middle Region	85209	32233	3894	2205	82863	608
西部地区	Western Region	27846	10647	5541	1202	26201	209
东北地区	Northeaastern Region	18604	4456	1235	1473	17067	1090
北 京	Beijing	152442	73387	4931	2940	140057	84192
天 津	Tianjin	36267	12995	1263	4993	17246	5
河 北	Hebei	1912	611	185		1912	66
山 西	Shanxi	146	49		20	126	
内 蒙 古	Inner Mongolia	205	78	60		205	
辽 宁	Liaoning	12854	2544	835	1330	11460	1060
吉 林	Jilin	921	294	129		921	30
黑 龙 江	Heilongjiang	4829	1618	272	143	4687	
上 海	Shanghai	26259	11835	1587	401	25841	4
江 苏	Jiangsu	211455	84181	10835	3513	207334	369
浙 江	Zhejiang	22914	8647	801	1000	21818	397
安 徽	Anhui	38615	20852	756	859	37757	339
福 建	Fujian	190258	92447	4780	5876	184382	459
江 西	Jiangxi	2981	947	618	15	2825	
山 东	Shandong	262595	131338	2486	9182	251537	3784
河 南	Henan	5985	2309	654	100	5885	
湖 北	Hubei	20498	2255	928	313	20185	259
湖 南	Hunan	16985	5821	939	899	16086	10
广 东	Guangdong	519812	257456	24297	6651	493327	3946
广 西	Guangxi	3036	1005	749	102	2491	15
海 南	Hainan						
重 庆	Chongqing	13214	4569	2080		13214	127
四 川	Sichuan	8635	3902	2645	755	7880	68
贵 州	Guizhou						
云 南	Yunnan	1295	483		345	951	
西 藏	Tibet						
陕 西	Shaanxi	1460	608	7		1460	
甘 肃	Gansu						
青 海	Qinghai						
宁 夏	Ningxia						
新 疆	Xinjiang						

2-3-9 续表 4 continued

单位：万元 (10000 yuan)

地区	Region	医疗仪器设备及仪器仪表制造业 Manufacture of Medical Equipments and Measuring Instrument					
		R&D经费内部支出 Intramural Expenditure on R&D	#人员劳务费 Labor Cost	#仪器和设备 Equipment	#政府资金 Government Funds	#企业资金 Self-raised Funds by Enterprises	R&D经费外部支出 External Expenditure on R&D
全　国	**Total**	**2104090**	**810768**	**216967**	**121265**	**1941600**	**77084**
东部地区	Eastern Region	1668647	668073	168454	83464	1549041	55399
中部地区	Middle Region	206639	68183	24210	11416	191482	15806
西部地区	Western Region	180107	59419	21893	17736	161373	5318
东北地区	Northeaastern Region	48698	15093	2410	8648	39704	562
北　京	Beijing	144931	69378	3703	9768	130469	2799
天　津	Tianjin	49510	15396	6535	3483	45112	2331
河　北	Hebei	21454	9387	1129	1559	19622	980
山　西	Shanxi	3315	1227	108	204	3111	30
内蒙古	Inner Mongolia	2631	523	10	417	2214	
辽　宁	Liaoning	37224	10718	1989	6929	30295	421
吉　林	Jilin	3726	1565	70	1180	2200	42
黑龙江	Heilongjiang	7748	2810	351	539	7209	100
上　海	Shanghai	132643	69065	8234	6833	122086	12429
江　苏	Jiangsu	625015	221735	82695	22126	583446	20375
浙　江	Zhejiang	257627	116500	18433	13299	243148	10709
安　徽	Anhui	25132	8460	3230	2733	22178	11696
福　建	Fujian	39546	13953	4791	1885	36683	943
江　西	Jiangxi	21770	6305	2015	700	20854	624
山　东	Shandong	169699	48217	23932	12157	157241	3118
河　南	Henan	68556	25004	7558	4190	62620	2341
湖　北	Hubei	31914	8533	3224	1514	28843	539
湖　南	Hunan	55953	18654	8075	2077	53877	576
广　东	Guangdong	226775	103413	18950	12354	209787	1714
广　西	Guangxi	9498	3035	1693	433	9005	
海　南	Hainan	1448	1030	52		1448	
重　庆	Chongqing	45765	19321	3956	3344	42300	1495
四　川	Sichuan	20586	9260	2298	1432	19103	313
贵　州	Guizhou	1317	280	18	52	1265	26
云　南	Yunnan	1021	255	180	14	1006	1
西　藏	Tibet						
陕　西	Shaanxi	94543	25940	12657	10780	82998	3432
甘　肃	Gansu	996	277		609	387	
青　海	Qinghai						
宁　夏	Ningxia	2802	390	844	499	2302	12
新　疆	Xinjiang	948	139	236	156	792	40

2-4-1　按行业分高技术产业新产品开发和销售情况(2014年)

New Products Development and Sale in High-tech Industry by Industrial Sector (2014)

单位：万元　　　　　　(10000 yuan)

行　业	Industry	新产品开发项目数(项) New Products (item)	新产品开发经费支出 Expenditure on New Products Development	新产品销售收入 Sales Revenue of New Products	#出口 Exports
合计	**Total**	**94872**	**27665985**	**354941746**	**148484977**
医药制造业	**Manufacture of Medicines**	**24414**	**4079308**	**43018345**	**3194422**
#化学药品制造	Manufacture of Chemical Medicine	12657	2094743	23348873	2105070
中成药生产	Production of Finished Traditional Chinese Herbal Medicine	5164	801555	10198987	91055
生物药品制造	Manufacture of Biological Medicine	3858	722569	4232808	612659
航空、航天器及设备制造业	**Manufacture of Aircrafts and Spacecrafts and Related Equipment**	**4272**	**2026148**	**11185051**	**920087**
#飞机制造	Manufacture of Airplanes	2407	1558426	9784011	632710
航天器制造	Manufacture of Spacecrafts	1148	298923	456498	1750
电子及通信设备制造业	**Manufacture of Electronic Equipment and Communication Equipment**	**44930**	**16853109**	**223221172**	**98398647**
#通信设备制造	Manufacture of Communication Equipment	8249	7351356	101942152	56455375
#通信系统设备制造	Manufacture of Communication System Equipment	5985	6200643	36095513	22436237
通信终端设备制造	Manufacture of Communication Terminal Equipment	2264	1150713	65846639	34019138
广播电视设备制造	Manufacture of Broadcasting and TV Equipment	2021	430808	3009567	554548
雷达及配套设备制造	Manufacture of Radar and Its Fittings	1091	247762	1570031	40470
视听设备制造	Manufacture of TV Set and Radio Receiver	5811	1478558	28452369	8656292
电子器件制造	Manufacture of Electronic Appliances	9057	3240751	40868629	16675566
#电子真空器件制造	Manufacture of Electronic Vacuum Appliance	371	40399	204025	16560
半导体分立器件制造	Manufacture of Semiconductor Discreting Appliances	1033	162080	1171777	268853
集成电路制造	Manufacture of Integrate Circuit	2127	1170316	8428940	5127620
电子元件制造	Manufacture of Electronic Components	11668	2185303	26244323	10865587
其他电子设备制造	Manufacture of Other Electronic Equipment	3316	983655	10072958	3058459
计算机及办公设备制造业	**Manufacture of Computers and Office Equipment**	**4717**	**2054648**	**57159199**	**43337394**
#计算机整机制造	Manufacture of Entired Computer	863	1010262	29222188	20732162
计算机零部件制造	Manufacture of Computer Components and Parts	1272	375756	18440932	16921945
计算机外围设备制造	Manufacture of Computer Peripheral Equipment	1177	282524	5823784	4176561
办公设备制造	Manufacture of Office Equipment	572	150126	1667627	894567
医疗仪器设备及仪器仪表制造业	**Manufacture of Medical Equipments and Measuring Instrument**	**16539**	**2652773**	**20357979**	**2634428**
1.医疗仪器设备及器械制造	Manufacture of Medical Equipment and Appliance	3654	678544	3398094	633959
2.仪器仪表制造	Manufacture of Measuring Instrument	12885	1974229	16959886	2000468

2-4-2 各地区高技术产业新产品开发和销售情况(2014年)

New Products Development and Sale in High-tech Industry by Region(2014)

单位：万元 (10000 yuan)

地　区	Region	新产品开发项目数(项) New Products (item)	新产品开发经费支出 Expenditure on New Products Development	新产品销售收入 Sales Revenue of New Products	#出口 Exports
全　国	**Total**	**94872**	**27665985**	**354941746**	**148484977**
东部地区	Eastern Region	67761	21813897	280158484	119366956
中部地区	Middle Region	10917	2619869	48314729	24813917
西部地区	Western Region	13055	2372312	20787846	3985795
东北地区	Northeaastern Region	3139	859906	5680689	318309
北　京	Beijing	5751	1564368	18651122	3626776
天　津	Tianjin	3095	437203	18791769	9238679
河　北	Hebei	1992	293819	2710642	195479
山　西	Shanxi	387	54949	616688	21976
内蒙古	Inner Mongolia	115	17414	143589	23315
辽　宁	Liaoning	1301	487834	3605210	211942
吉　林	Jilin	781	133254	1298133	77235
黑龙江	Heilongjiang	1057	238819	777346	29132
上　海	Shanghai	4316	1749834	9462702	3596018
江　苏	Jiangsu	14667	4246651	69988157	33581148
浙　江	Zhejiang	8379	1697889	20680473	5047064
安　徽	Anhui	2687	524986	5423312	515584
福　建	Fujian	2304	767538	11773669	4453749
江　西	Jiangxi	1360	294880	3214230	445632
山　东	Shandong	6237	1722243	19399769	3239689
河　南	Henan	1901	308587	23641877	21212843
湖　北	Hubei	2731	864512	6701273	338225
湖　南	Hunan	1851	571955	8717350	2279658
广　东	Guangdong	20461	9293468	108574709	56388354
广　西	Guangxi	573	79827	821633	54471
海　南	Hainan	559	40885	125474	
重　庆	Chongqing	2135	215618	4584535	2627871
四　川	Sichuan	6094	903420	9962586	543028
贵　州	Guizhou	868	194768	1061797	7209
云　南	Yunnan	397	79022	559468	25680
西　藏	Tibet	11	1494		
陕　西	Shaanxi	2296	791615	3028595	600640
甘　肃	Gansu	292	54866	416450	98734
青　海	Qinghai	16	11341	11262	
宁　夏	Ningxia	219	14270	179031	4847
新　疆	Xinjiang	39	8658	18901	

2-4-3 按行业和企业规模分高技术产业新产品开发和销售情况(2014年)

New Products Development and Sale in High-tech Industry by Industrial Sector and Scale of Enterprises(2014)

单位：万元 (10000 yuan)

行业	Industry	大型企业 Large-sized Enterprises 新产品开发项目数(项) New Products (item)	新产品开发经费支出 Expenditure on New Products Development	新产品销售收入 Sales Revenue of New Products	#出口 Exports
合计	**Total**	**31425**	**17809000**	**276067058**	**134722937**
医药制造业	**Manufacture of Medicines**	**6715**	**1580986**	**22068711**	**1495883**
#化学药品制造	Manufacture of Chemical Medicine	4468	1066673	13846205	1246726
中成药生产	Production of Finished Traditional Chinese Herbal Medicine	1358	285351	4893531	18121
生物药品制造	Manufacture of Biological Medicine	591	115212	938417	63436
航空、航天器及设备制造业	**Manufacture of Aircrafts and Spacecrafts and Related Equipment**	**3150**	**1686557**	**7704037**	**513056**
#飞机制造	Manufacture of Airplanes	1858	1426713	7159552	507028
航天器制造	Manufacture of Spacecrafts	1105	187295	298086	1750
电子及通信设备制造业	**Manufacture of Electronic Equipment and Communication Equipment**	**18055**	**12362773**	**186162248**	**89835353**
#通信设备制造	Manufacture of Communication Equipment	4429	6622755	96532737	55627827
#通信系统设备制造	Manufacture of Communication System Equipment	3464	5770486	33311379	22131276
通信终端设备制造	Manufacture of Communication Terminal Equipment	965	852269	63221357	33496551
广播电视设备制造	Manufacture of Broadcasting and TV Equipment	586	160642	940816	180192
雷达及配套设备制造	Manufacture of Radar and Its Fittings	806	188707	1354432	29915
视听设备制造	Manufacture of TV Set and Radio Receiver	4134	1196116	24911390	7044537
电子器件制造	Manufacture of Electronic Appliances	2880	2151665	32208090	14363826
#电子真空器件制造	Manufacture of Electronic Vacuum Appliance	162	16581	54281	4321
半导体分立器件制造	Manufacture of Semiconductor Discreting Appliances	177	54926	387308	85702
集成电路制造	Manufacture of Integrate Circuit	814	780747	6574144	4469515
电子元件制造	Manufacture of Electronic Components	3632	1032529	16155431	8610721
其他电子设备制造	Manufacture of Other Electronic Equipment	503	522194	6849117	2172729
计算机及办公设备制造业	**Manufacture of Computers and Office Equipment**	**1551**	**1598441**	**53300718**	**41791485**
#计算机整机制造	Manufacture of Entired Computer	520	922641	28674050	20644007
计算机零部件制造	Manufacture of Computer Components and Parts	274	286497	17442105	16455450
计算机外围设备制造	Manufacture of Computer Peripheral Equipment	322	162143	4601665	3492371
办公设备制造	Manufacture of Office Equipment	108	80780	1093196	661852
医疗仪器设备及仪器仪表制造业	**Manufacture of Medical Equipments and Measuring Instrument**	**1954**	**580244**	**6831344**	**1087161**
1.医疗仪器设备及器械制造	Manufacture of Medical Equipment and Appliance	362	83264	826961	110013
2.仪器仪表制造	Manufacture of Measuring Instrument	1592	496980	6004383	977148

2-4-3 续表 continued

单位：万元 (10000 yuan)

行业	Industry	中型企业 Medium-sized Enterprises 新产品开发项目数(项) New Products (item)	新产品开发经费支出 Expenditure on New Products Development	新产品销售收入 Sales Revenue of New Products	#出口 Exports
合计	**Total**	**29254**	**5696812**	**52384879**	**10200955**
医药制造业	**Manufacture of Medicines**	**9414**	**1452387**	**14185279**	**1224632**
#化学药品制造	Manufacture of Chemical Medicine	5006	670868	6994958	592077
中成药生产	Production of Finished Traditional Chinese Herbal Medicine	2032	286238	3647167	54194
生物药品制造	Manufacture of Biological Medicine	1501	350902	2146853	454477
航空、航天器及设备制造业	**Manufacture of Aircrafts and Spacecrafts and Related Equipment**	**597**	**226000**	**3105010**	**360979**
#飞机制造	Manufacture of Airplanes	405	70881	2494058	86820
航天器制造	Manufacture of Spacecrafts	35	110518	155499	
电子及通信设备制造业	**Manufacture of Electronic Equipment and Communication Equipment**	**12502**	**2693502**	**24431193**	**6256066**
#通信设备制造	Manufacture of Communication Equipment	1492	426598	3694196	670144
#通信系统设备制造	Manufacture of Communication System Equipment	920	243473	1870267	235792
通信终端设备制造	Manufacture of Communication Terminal Equipment	572	183125	1823929	434352
广播电视设备制造	Manufacture of Broadcasting and TV Equipment	678	151022	1521921	265032
雷达及配套设备制造	Manufacture of Radar and Its Fittings	210	42216	144484	802
视听设备制造	Manufacture of TV Set and Radio Receiver	829	201188	2397122	970835
电子器件制造	Manufacture of Electronic Appliances	2645	662850	5684605	1634015
#电子真空器件制造	Manufacture of Electronic Vacuum Appliance	94	12436	79106	3282
半导体分立器件制造	Manufacture of Semiconductor Discreting Appliances	283	60360	460791	161965
集成电路制造	Manufacture of Integrate Circuit	503	214151	961627	278041
电子元件制造	Manufacture of Electronic Components	4388	723282	6840548	1810878
其他电子设备制造	Manufacture of Other Electronic Equipment	1143	268911	1920401	774304
计算机及办公设备制造业	**Manufacture of Computers and Office Equipment**	**1269**	**260789**	**2812952**	**1336956**
#计算机整机制造	Manufacture of Entired Computer	134	46394	421111	70120
计算机零部件制造	Manufacture of Computer Components and Parts	299	57853	762668	370857
计算机外围设备制造	Manufacture of Computer Peripheral Equipment	452	68585	919708	653622
办公设备制造	Manufacture of Office Equipment	191	34806	384760	189035
医疗仪器设备及仪器仪表制造业	**Manufacture of Medical Equipments and Measuring Instrument**	**5472**	**1064133**	**7850445**	**1022322**
1.医疗仪器设备及器械制造	Manufacture of Medical Equipment and Appliance	1210	333177	1452379	304516
2.仪器仪表制造	Manufacture of Measuring Instrument	4262	730956	6398066	717806

2-4-4 按行业分国有及国有控股企业高技术产业新产品开发和销售情况(2014年)

New Products Development and Sale in High-tech Industry of State-owned and State-controlled Enterprises by Industrial Sector (2014)

单位：万元 (10000 yuan)

行业	Industry	新产品开发项目数(项) New Products (item)	新产品开发经费支出 Expenditure on New Products Development	新产品销售收入 Sales Revenue of New Products	#出口 Exports
合计	**Total**	**20300**	**6787498**	**60579188**	**11530890**
医药制造业	**Manufacture of Medicines**	**3769**	**571235**	**6022141**	**696735**
#化学药品制造	Manufacture of Chemical Medicine	2203	313317	3245099	571495
中成药生产	Production of Finished Traditional Chinese Herbal Medicine	906	143808	1621580	3851
生物药品制造	Manufacture of Biological Medicine	475	88963	529675	61653
航空、航天器及设备制造业	**Manufacture of Aircrafts and Spacecrafts and Related Equipment**	**3675**	**1892318**	**6824837**	**249847**
#飞机制造	Manufacture of Airplanes	2118	1484025	6028151	247172
航天器制造	Manufacture of Spacecrafts	1140	297813	453585	1750
电子及通信设备制造业	**Manufacture of Electronic Equipment and Communication Equipment**	**9604**	**3648375**	**39924915**	**10114802**
#通信设备制造	Manufacture of Communication Equipment	1495	1377836	12406900	4983821
#通信系统设备制造	Manufacture of Communication System Equipment	1080	1258615	11401550	4823245
通信终端设备制造	Manufacture of Communication Terminal Equipment	415	119220	1005350	160576
广播电视设备制造	Manufacture of Broadcasting and TV Equipment	278	36524	249788	17933
雷达及配套设备制造	Manufacture of Radar and Its Fittings	947	233413	1456996	31746
视听设备制造	Manufacture of TV Set and Radio Receiver	2883	649530	12549861	1828594
电子器件制造	Manufacture of Electronic Appliances	1795	931655	10266275	3008207
#电子真空器件制造	Manufacture of Electronic Vacuum Appliance	50	4142	16756	173
半导体分立器件制造	Manufacture of Semiconductor Discreting Appliances	280	21847	142930	14916
集成电路制造	Manufacture of Integrate Circuit	406	277752	1243859	821769
电子元件制造	Manufacture of Electronic Components	1328	183050	1503152	85259
其他电子设备制造	Manufacture of Other Electronic Equipment	295	116178	410718	18348
计算机及办公设备制造业	**Manufacture of Computers and Office Equipment**	**594**	**293474**	**5093800**	**275859**
#计算机整机制造	Manufacture of Entired Computer	172	141857	3629494	151226
计算机零部件制造	Manufacture of Computer Components and Parts	28	9462	81801	16778
计算机外围设备制造	Manufacture of Computer Peripheral Equipment	251	57842	807805	98918
办公设备制造	Manufacture of Office Equipment	56	31843	267382	3743
医疗仪器设备及仪器仪表制造业	**Manufacture of Medical Equipments and Measuring Instrument**	**2658**	**382096**	**2713494**	**193646**
1.医疗仪器设备及器械制造	Manufacture of Medical Equipment and Appliance	164	34272	229255	18365
2.仪器仪表制造	Manufacture of Measuring Instrument	2494	347824	2484239	175282

2-4-5 按行业和登记注册类型分高技术产业新产品开发和销售情况(2014年)

New Products Development and Sale in High-tech Industry by Industrial Sector and Registration Status(2014)

单位：万元 (10000 yuan)

行业	Industry	内资企业 Domestic Funded			
		新产品开发项目数(项) New Products (item)	新产品开发经费支出 Expenditure on New Products Development	新产品销售收入 Sales Revenue of New Products	#出口 Exports
合计	**Total**	**72267**	**19036308**	**166216737**	**40740572**
医药制造业	**Manufacture of Medicines**	**19037**	**3068455**	**32647190**	**2385279**
#化学药品制造	Manufacture of Chemical Medicine	9725	1473531	15905355	1585406
中成药生产	Production of Finished Traditional Chinese Herbal Medicine	4302	671129	8588086	63068
生物药品制造	Manufacture of Biological Medicine	2696	522490	3483556	456264
航空、航天器及设备制造业	**Manufacture of Aircrafts and Spacecrafts and Related Equipment**	**4044**	**1933432**	**8172142**	**431234**
#飞机制造	Manufacture of Airplanes	2336	1504485	7174244	422347
航天器制造	Manufacture of Spacecrafts	1148	298923	456498	1750
电子及通信设备制造业	**Manufacture of Electronic Equipment and Communication Equipment**	**33064**	**11442555**	**101705047**	**35671413**
#通信设备制造	Manufacture of Communication Equipment	6742	6034896	41000913	23887850
#通信系统设备制造	Manufacture of Communication System Equipment	5250	5512232	31265700	20781585
通信终端设备制造	Manufacture of Communication Terminal Equipment	1492	522664	9735212	3106265
广播电视设备制造	Manufacture of Broadcasting and TV Equipment	1540	307029	2080540	358278
雷达及配套设备制造	Manufacture of Radar and Its Fittings	1075	246462	1532495	30767
视听设备制造	Manufacture of TV Set and Radio Receiver	4019	895680	15880481	3358030
电子器件制造	Manufacture of Electronic Appliances	6144	1710052	18523511	3744621
#电子真空器件制造	Manufacture of Electronic Vacuum Appliance	326	36257	141022	7281
半导体分立器件制造	Manufacture of Semiconductor Discreting Appliances	780	101541	832119	188451
集成电路制造	Manufacture of Integrate Circuit	1181	524094	2849653	1042887
电子元件制造	Manufacture of Electronic Components	7957	981826	9258562	1470178
其他电子设备制造	Manufacture of Other Electronic Equipment	2641	553222	5429283	1856284
计算机及办公设备制造业	**Manufacture of Computers and Office Equipment**	**3170**	**687167**	**7843270**	**816501**
#计算机整机制造	Manufacture of Entired Computer	433	229985	4470085	257745
计算机零部件制造	Manufacture of Computer Components and Parts	837	93814	666000	84512
计算机外围设备制造	Manufacture of Computer Peripheral Equipment	822	131288	1444628	264437
办公设备制造	Manufacture of Office Equipment	413	95639	547286	66129
医疗仪器设备及仪器仪表制造业	**Manufacture of Medical Equipments and Measuring Instrument**	**12952**	**1904698**	**15849088**	**1436145**
1.医疗仪器设备及器械制造	Manufacture of Medical Equipment and Appliance	2600	403494	2728319	348778
2.仪器仪表制造	Manufacture of Measuring Instrument	10352	1501204	13120770	1087367

2-4-5 续表 1 continued

单位：万元 (10000 yuan)

行 业	Industry	#国有企业 State-owned Enterprises 新产品开发项目数(项) New Products (item)	新产品开发经费支出 Expenditure on New Products Development	新产品销售收入 Sales Revenue of New Products	#出口 Exports
合计	**Total**	**1984**	**606711**	**2334682**	**187948**
医药制造业	**Manufacture of Medicines**	**210**	**31514**	**214862**	**151**
#化学药品制造	Manufacture of Chemical Medicine	36	2568	37417	151
中成药生产	Production of Finished Traditional Chinese Herbal Medicine	22	3330	48307	
生物药品制造	Manufacture of Biological Medicine	89	20577	32448	
航空、航天器及设备制造业	**Manufacture of Aircrafts and Spacecrafts and Related Equipment**	**535**	**221940**	**659755**	**8523**
#飞机制造	Manufacture of Airplanes	337	77248	143971	6662
航天器制造	Manufacture of Spacecrafts	112	104070	286364	1750
电子及通信设备制造业	**Manufacture of Electronic Equipment and Communication Equipment**	**790**	**289531**	**979148**	**95628**
#通信设备制造	Manufacture of Communication Equipment	154	189006	562333	9453
#通信系统设备制造	Manufacture of Communication System Equipment	147	181332	562333	9453
通信终端设备制造	Manufacture of Communication Terminal Equipment	7	7674		
广播电视设备制造	Manufacture of Broadcasting and TV Equipment				
雷达及配套设备制造	Manufacture of Radar and Its Fittings	318	74488	93856	
视听设备制造	Manufacture of TV Set and Radio Receiver			189256	84628
电子器件制造	Manufacture of Electronic Appliances	43	6381	23794	
#电子真空器件制造	Manufacture of Electronic Vacuum Appliance				
半导体分立器件制造	Manufacture of Semiconductor Discreting Appliances				
集成电路制造	Manufacture of Integrate Circuit	1	2147		
电子元件制造	Manufacture of Electronic Components	264	18394	93770	1546
其他电子设备制造	Manufacture of Other Electronic Equipment	11	1261	16140	
计算机及办公设备制造业	**Manufacture of Computers and Office Equipment**	**3**	**385**	**122171**	
#计算机整机制造	Manufacture of Entired Computer				
计算机零部件制造	Manufacture of Computer Components and Parts				
计算机外围设备制造	Manufacture of Computer Peripheral Equipment			122171	
办公设备制造	Manufacture of Office Equipment	3	385		
医疗仪器设备及仪器仪表制造业	**Manufacture of Medical Equipments and Measuring Instrument**	**446**	**63341**	**358747**	**83647**
1.医疗仪器设备及器械制造	Manufacture of Medical Equipment and Appliance	40	13573	129600	5393
2.仪器仪表制造	Manufacture of Measuring Instrument	406	49768	229147	78254

2-4-5 续表 2 continued

单位：万元 (10000 yuan)

行业	Industry	港澳台投资企业 Enterprises with Funds from Hong Kong, Macau and Taiwan 新产品开发项目数(项) New Products (item)	新产品开发经费支出 Expenditure on New Products Development	新产品销售收入 Sales Revenue of New Products	#出口 Exports
合计	**Total**	**9479**	**3487764**	**70941787**	**42156599**
医药制造业	**Manufacture of Medicines**	**2769**	**497966**	**5019124**	**314794**
#化学药品制造	Manufacture of Chemical Medicine	1554	312610	3196739	188668
中成药生产	Production of Finished Traditional Chinese Herbal Medicine	551	67694	1050485	1498
生物药品制造	Manufacture of Biological Medicine	469	94658	488998	89630
航空、航天器及设备制造业	**Manufacture of Aircrafts and Spacecrafts and Related Equipment**	**82**	**31647**	**152509**	**131012**
#飞机制造	Manufacture of Airplanes	25	24244	152509	131012
航天器制造	Manufacture of Spacecrafts				
电子及通信设备制造业	**Manufacture of Electronic Equipment and Communication Equipment**	**5097**	**2372005**	**56307068**	**36070256**
#通信设备制造	Manufacture of Communication Equipment	532	542631	31026713	22463018
#通信系统设备制造	Manufacture of Communication System Equipment	175	349240	3099733	663226
通信终端设备制造	Manufacture of Communication Terminal Equipment	357	193391	27926981	21799792
广播电视设备制造	Manufacture of Broadcasting and TV Equipment	273	58150	560413	154912
雷达及配套设备制造	Manufacture of Radar and Its Fittings			27303	8162
视听设备制造	Manufacture of TV Set and Radio Receiver	693	413468	6887901	2314603
电子器件制造	Manufacture of Electronic Appliances	1143	542892	7467226	5340558
#电子真空器件制造	Manufacture of Electronic Vacuum Appliance	8	742		
半导体分立器件制造	Manufacture of Semiconductor Discreting Appliances	60	15355	114464	20813
集成电路制造	Manufacture of Integrate Circuit	270	194490	1834802	1371820
电子元件制造	Manufacture of Electronic Components	1748	634170	8030631	4701496
其他电子设备制造	Manufacture of Other Electronic Equipment	373	81897	793847	249536
计算机及办公设备制造业	**Manufacture of Computers and Office Equipment**	**517**	**382217**	**8012546**	**5265228**
#计算机整机制造	Manufacture of Entired Computer	75	200773	3581575	1355442
计算机零部件制造	Manufacture of Computer Components and Parts	150	47361	204220	126313
计算机外围设备制造	Manufacture of Computer Peripheral Equipment	213	113473	4006678	3640482
办公设备制造	Manufacture of Office Equipment	52	9882	200677	140730
医疗仪器设备及仪器仪表制造业	**Manufacture of Medical Equipments and Measuring Instrument**	**1014**	**203929**	**1450540**	**375310**
1.医疗仪器设备及器械制造	Manufacture of Medical Equipment and Appliance	271	65600	250859	88216
2.仪器仪表制造	Manufacture of Measuring Instrument	743	138329	1199681	287094

2-4-5 续表 3 continued

单位：万元 (10000 yuan)

行 业	Industry	外商投资企业 Foreign Funded Enterprises 新产品开发项目数(项) New Products (item)	新产品开发经费支出 Expenditure on New Products Development	新产品销售收入 Sales Revenue of New Products	#出口 Exports
合计	**Total**	**13126**	**5141913**	**117783223**	**65587807**
医药制造业	**Manufacture of Medicines**	**2608**	**512887**	**5352031**	**494350**
#化学药品制造	Manufacture of Chemical Medicine	1378	308602	4246779	330996
中成药生产	Production of Finished Traditional Chinese Herbal Medicine	311	62732	560415	26489
生物药品制造	Manufacture of Biological Medicine	693	105421	260254	66765
航空、航天器及设备制造业	**Manufacture of Aircrafts and Spacecrafts and Related Equipment**	**146**	**61069**	**2860401**	**357841**
#飞机制造	Manufacture of Airplanes	46	29696	2457258	79352
航天器制造	Manufacture of Spacecrafts				
电子及通信设备制造业	**Manufacture of Electronic Equipment and Communication Equipment**	**6769**	**3038549**	**65209057**	**26656978**
#通信设备制造	Manufacture of Communication Equipment	975	773829	29914526	10104507
#通信系统设备制造	Manufacture of Communication System Equipment	560	339171	1730080	991426
通信终端设备制造	Manufacture of Communication Terminal Equipment	415	434659	28184446	9113081
广播电视设备制造	Manufacture of Broadcasting and TV Equipment	208	65630	368615	41358
雷达及配套设备制造	Manufacture of Radar and Its Fittings	16	1300	10233	1540
视听设备制造	Manufacture of TV Set and Radio Receiver	1099	169410	5683987	2983660
电子器件制造	Manufacture of Electronic Appliances	1770	987807	14877892	7590388
#电子真空器件制造	Manufacture of Electronic Vacuum Appliance	37	3400	63003	9279
半导体分立器件制造	Manufacture of Semiconductor Discreting Appliances	193	45184	225195	59590
集成电路制造	Manufacture of Integrate Circuit	676	451732	3744485	2712914
电子元件制造	Manufacture of Electronic Components	1963	569307	8955130	4693912
其他电子设备制造	Manufacture of Other Electronic Equipment	302	348536	3849828	952639
计算机及办公设备制造业	**Manufacture of Computers and Office Equipment**	**1030**	**985263**	**41303383**	**37255665**
#计算机整机制造	Manufacture of Entired Computer	355	579504	21170527	19118976
计算机零部件制造	Manufacture of Computer Components and Parts	285	234580	17570712	16711120
计算机外围设备制造	Manufacture of Computer Peripheral Equipment	142	37763	372477	271642
办公设备制造	Manufacture of Office Equipment	107	44605	919664	687708
医疗仪器设备及仪器仪表制造业	**Manufacture of Medical Equipments and Measuring Instrument**	**2573**	**544146**	**3058351**	**822973**
1.医疗仪器设备及器械制造	Manufacture of Medical Equipment and Appliance	783	209449	418916	196966
2.仪器仪表制造	Manufacture of Measuring Instrument	1790	334697	2639435	626007

2-4-6 按地区和企业规模分高技术产业新产品开发和销售情况(2014年)

New Products Development and Sale in High-tech Industry by Region and Industrial Sector(2014)

单位：万元 (10000 yuan)

地区	Region	大型企业 Large-sized Enterprises 新产品开发项目数(项) New Products (item)	新产品开发经费支出 Expenditure on New Products Development	新产品销售收入 Sales Revenue of New Products	#出口 Exports
全国	**Total**	**31425**	**17809000**	**276067058**	**134722937**
东部地区	Eastern Region	21935	14319013	220080923	106640793
中部地区	Middle Region	3023	1444847	36827344	24206402
西部地区	Western Region	5344	1473223	15054239	3629882
东北地区	Northeaastern Region	1123	571918	4104552	245860
北京	Beijing	1631	652815	13565982	3210997
天津	Tianjin	1137	218062	13934272	8662447
河北	Hebei	1110	197654	2024718	144767
山西	Shanxi	82	13120	304373	8222
内蒙古	Inner Mongolia	14	5477		
辽宁	Liaoning	411	327279	2912684	175853
吉林	Jilin	183	56615	586943	41380
黑龙江	Heilongjiang	529	188023	604925	28627
上海	Shanghai	1303	1142622	6480764	3001665
江苏	Jiangsu	3579	2299620	53178071	29882249
浙江	Zhejiang	1105	844207	9839417	2725787
安徽	Anhui	498	255817	2921785	249470
福建	Fujian	569	463462	9485560	4036228
江西	Jiangxi	547	167254	2218838	397229
山东	Shandong	2817	1053884	15441021	2823398
河南	Henan	627	133980	22519018	21178916
湖北	Hubei	861	588979	4013060	181893
湖南	Hunan	408	285696	4850271	2190672
广东	Guangdong	8681	7445822	96131118	52153256
广西	Guangxi	105	19253	424761	25925
海南	Hainan	3	865		
重庆	Chongqing	407	84771	3314784	2585392
四川	Sichuan	2859	581949	8012674	322819
贵州	Guizhou	450	84964	534684	3791
云南	Yunnan	96	29723	117138	12954
西藏	Tibet				
陕西	Shaanxi	1247	624563	2267017	578066
甘肃	Gansu	126	38425	333333	98734
青海	Qinghai				
宁夏	Ningxia	38	3791	49848	2201
新疆	Xinjiang	2	309		

2-4-6 续表 continued

单位：万元 (10000 yuan)

地区	Region	中型企业 Medium-sized Enterprises			
		新产品开发项目数(项) New Products (item)	新产品开发经费支出 Expenditure on New Products Development	新产品销售收入 Sales Revenue of New Products	#出口 Exports
全国	**Total**	**29254**	**5696812**	**52384879**	**10200955**
东部地区	Eastern Region	21152	4459816	40769708	9433483
中部地区	Middle Region	3501	601184	6928522	421004
西部地区	Western Region	3630	496958	3719144	301185
东北地区	Northeaastern Region	971	138854	967505	45284
北京	Beijing	1581	542737	2852385	292872
天津	Tianjin	839	108167	3549944	222539
河北	Hebei	350	48721	394079	34786
山西	Shanxi	103	20050	184857	12953
内蒙古	Inner Mongolia	48	4050	129088	23315
辽宁	Liaoning	316	59800	346377	22112
吉林	Jilin	340	48338	539665	23171
黑龙江	Heilongjiang	315	30717	81463	
上海	Shanghai	1521	409202	1964115	451303
江苏	Jiangsu	4899	1144740	11278197	2622740
浙江	Zhejiang	2465	401278	6371870	1451729
安徽	Anhui	738	121138	1244517	184023
福建	Fujian	785	166869	1626377	370097
江西	Jiangxi	450	72597	779919	38348
山东	Shandong	1572	354397	2754400	335496
河南	Henan	645	116393	806812	9760
湖北	Hubei	946	137705	1678018	110446
湖南	Hunan	619	133302	2234399	65474
广东	Guangdong	6744	1252019	9905918	3651921
广西	Guangxi	256	38080	238734	25840
海南	Hainan	396	31688	72424	
重庆	Chongqing	483	71308	786922	23374
四川	Sichuan	1687	198976	1299581	192824
贵州	Guizhou	232	51513	390711	3055
云南	Yunnan	140	26515	239159	9267
西藏	Tibet	3	687		
陕西	Shaanxi	633	88713	481550	20864
甘肃	Gansu	44	5894	45358	
青海	Qinghai	13	372		
宁夏	Ningxia	78	6955	106368	2646
新疆	Xinjiang	13	3896	1673	

2-4-7 各地区国有及国有控股企业高技术产业新产品开发和销售情况(2014年)

New Products Development and Sale in High-tech Industry of State-owned and State-controlled Enterprises by Region (2014)

单位：万元 (10000 yuan)

地 区	Region	新产品开发项目数(项) New Products (item)	新产品开发经费支出 Expenditure on New Products Development	新产品销售收入 Sales Revenue of New Products	#出口 Exports
全 国	**Total**	**20300**	**6787498**	**60579188**	**11530890**
东部地区	Eastern Region	10412	3835730	38259649	10482124
中部地区	Middle Region	2403	982424	7881478	390058
西部地区	Western Region	6479	1483011	10877545	485407
东北地区	Northeaastern Region	1006	486333	3560517	173300
北 京	Beijing	2587	744793	4297264	203683
天 津	Tianjin	1295	150942	1601868	519601
河 北	Hebei	550	103245	883530	62789
山 西	Shanxi	83	7117	271060	9175
内 蒙 古	Inner Mongolia	10	2019	28652	23315
辽 宁	Liaoning	443	286646	2982282	170053
吉 林	Jilin	92	12926	73456	1463
黑 龙 江	Heilongjiang	471	186760	504779	1785
上 海	Shanghai	1075	592834	1082810	113681
江 苏	Jiangsu	1174	310917	4681600	1066123
浙 江	Zhejiang	339	92123	1869146	679324
安 徽	Anhui	591	148092	2377004	206392
福 建	Fujian	216	91642	660723	117529
江 西	Jiangxi	173	92726	804647	5791
山 东	Shandong	1047	454950	8789064	1432637
河 南	Henan	321	74986	506263	67156
湖 北	Hubei	842	512399	2866489	68025
湖 南	Hunan	393	147104	1056015	33520
广 东	Guangdong	2098	1285743	14393644	6286757
广 西	Guangxi	31	9497	35468	
海 南	Hainan	31	8540		
重 庆	Chongqing	447	63224	699234	28472
四 川	Sichuan	3603	568100	7697078	363916
贵 州	Guizhou	598	160619	513046	7183
云 南	Yunnan	70	20455	55201	2921
西 藏	Tibet	2	330		
陕 西	Shaanxi	1637	634855	1786574	59601
甘 肃	Gansu	61	17938	53843	
青 海	Qinghai	1	175	4850	
宁 夏	Ningxia	5	128		
新 疆	Xinjiang	14	5672	3598	

2-4-8 按地区和登记注册类型分高技术产业新产品开发和销售情况(2014年)

New Products Development and Sale in High-tech Industry by Region and Registration Status (2014)

单位：万元 (10000 yuan)

地区	Region	内资企业 Domestic Funded			
		新产品开发项目数(项) New Products (item)	新产品开发经费支出 Expenditure on New Products Development	新产品销售收入 Sales Revenue of New Products	#出口 Exports
全国	**Total**	**72267**	**19036308**	**166216737**	**40740572**
东部地区	Eastern Region	47502	13773599	122135001	37411216
中部地区	Middle Region	9747	2309039	22230112	2272204
西部地区	Western Region	12253	2206645	16532857	778970
东北地区	Northeaastern Region	2765	747025	5318767	278182
北京	Beijing	4745	1055819	6164881	148784
天津	Tianjin	2108	247108	3085158	530052
河北	Hebei	1450	203204	1606551	116266
山西	Shanxi	372	45955	352221	13753
内蒙古	Inner Mongolia	114	16924	143589	23315
辽宁	Liaoning	1136	418391	3505527	202598
吉林	Jilin	732	124840	1239809	74420
黑龙江	Heilongjiang	897	203794	573431	1165
上海	Shanghai	2131	744930	2105916	147529
江苏	Jiangsu	9048	2037730	24239924	2630209
浙江	Zhejiang	6450	1070181	13042646	2962976
安徽	Anhui	2477	450352	4482184	452408
福建	Fujian	1358	286341	2002069	255406
江西	Jiangxi	1229	263318	2875333	379987
山东	Shandong	5264	1325401	15966945	1961276
河南	Henan	1522	272696	2320460	143427
湖北	Hubei	2438	788382	5424646	302122
湖南	Hunan	1709	488336	6775268	980507
广东	Guangdong	14520	6773313	53904351	28658717
广西	Guangxi	447	64049	744961	28322
海南	Hainan	428	29573	16561	
重庆	Chongqing	1911	176890	1660530	58429
四川	Sichuan	5917	871340	9715766	453411
贵州	Guizhou	855	192263	957943	7183
云南	Yunnan	302	65615	419582	18900
西藏	Tibet	11	1494		
陕西	Shaanxi	2154	730666	2298480	85835
甘肃	Gansu	289	54769	416450	98734
青海	Qinghai	16	11341	11262	
宁夏	Ningxia	198	12635	145394	4841
新疆	Xinjiang	39	8658	18901	

2-4-8 续表 1 continued

单位：万元 (10000 yuan)

地 区	Region	#国有企业 State-owned Enterprises 新产品开发项目数(项) New Products (item)	新产品开发经费支出 Expenditure on New Products Development	新产品销售收入 Sales Revenue of New Products	#出口 Exports
全 国	**Total**	**1984**	**606711**	**2334682**	**187948**
东部地区	Eastern Region	508	149304	775965	83271
中部地区	Middle Region	433	206679	841960	94988
西部地区	Western Region	1000	244960	713247	9689
东北地区	Northeaastern Region	43	5767	3509	
北 京	Beijing	100	37722	226396	151
天 津	Tianjin			3859	
河 北	Hebei	52	28277	88816	111
山 西	Shanxi	2	322		
内蒙古	Inner Mongolia				
辽 宁	Liaoning	1	648		
吉 林	Jilin	4	836		
黑龙江	Heilongjiang	38	4283	3509	
上 海	Shanghai	127	24489	110449	2013
江 苏	Jiangsu	130	30357	180664	75604
浙 江	Zhejiang	10	2291	245	
安 徽	Anhui	247	30378	233960	84628
福 建	Fujian	1	2147		
江 西	Jiangxi	5	413		
山 东	Shandong	80	16338	130012	5393
河 南	Henan	56	4020	23941	
湖 北	Hubei	103	169674	559196	10359
湖 南	Hunan	20	1872	24863	
广 东	Guangdong	1	10	35524	
广 西	Guangxi	12	7889	23473	
海 南	Hainan	7	7674		
重 庆	Chongqing	17	658	1601	
四 川	Sichuan	306	38151	239571	233
贵 州	Guizhou	58	15728	77238	
云 南	Yunnan	12	2126	38322	
西 藏	Tibet				
陕 西	Shaanxi	567	166299	302106	9456
甘 肃	Gansu	28	14109	30937	
青 海	Qinghai				
宁 夏	Ningxia				
新 疆	Xinjiang				

2-4-8　续表 2　continued

单位：万元　　(10000 yuan)

地　区	Region	港澳台投资企业 Enterprises with Funds from Hong Kong, Macau and Taiwan 新产品开发项目数(项) New Products (item)	新产品开发经费支出 Expenditure on New Products Development	新产品销售收入 Sales Revenue of New Products	#出口 Exports
全　国	**Total**	**9479**	**3487764**	**70941787**	**42156599**
东部地区	Eastern Region	8357	3204765	45629402	19651813
中部地区	Middle Region	569	209358	24775117	22389051
西部地区	Western Region	391	48697	443569	115355
东北地区	Northeaastern Region	162	24944	93699	380
北　京	Beijing	410	295015	8669911	602034
天　津	Tianjin	89	63063	2317013	2139638
河　北	Hebei	298	71014	627340	12090
山　西	Shanxi	13	6550	46719	
内蒙古	Inner Mongolia	1	489		
辽　宁	Liaoning	110	18029	59576	380
吉　林	Jilin	12	4772	636	
黑龙江	Heilongjiang	40	2143	33487	
上　海	Shanghai	767	264396	1876180	601132
江　苏	Jiangsu	1842	648690	10513208	6104265
浙　江	Zhejiang	839	406543	3801645	1178404
安　徽	Anhui	123	58183	839499	22879
福　建	Fujian	503	208963	4388901	3527644
江　西	Jiangxi	100	15821	152887	19924
山　东	Shandong	194	60725	423467	42585
河　南	Henan	104	23407	21214733	21064060
湖　北	Hubei	123	36454	826230	11469
湖　南	Hunan	106	68944	1695049	1270718
广　东	Guangdong	3376	1183631	12925955	5444021
广　西	Guangxi	104	11931	57281	8647
海　南	Hainan	39	2726	85782	
重　庆	Chongqing	116	11319	139083	85368
四　川	Sichuan	29	3419	41709	5482
贵　州	Guizhou	6	897	8328	
云　南	Yunnan	68	10124	139225	6491
西　藏	Tibet				
陕　西	Shaanxi	46	8882	24305	9361
甘　肃	Gansu				
青　海	Qinghai				
宁　夏	Ningxia	21	1635	33638	6
新　疆	Xinjiang				

2-4-8 续表 3 continued

单位：万元 (10000 yuan)

地区	Region	外商投资企业 Foreign Funded Enterprises 新产品开发项目数(项) New Products (item)	新产品开发经费支出 Expenditure on New Products Development	新产品销售收入 Sales Revenue of New Products	#出口 Exports
全　国	**Total**	**13126**	**5141913**	**117783223**	**65587807**
东部地区	Eastern Region	11902	4835533	112394081	62303927
中部地区	Middle Region	601	101472	1309499	152663
西部地区	Western Region	411	116971	3811419	3091470
东北地区	Northeaastern Region	212	87937	268223	39747
北　京	Beijing	596	213534	3816330	2875957
天　津	Tianjin	898	127033	13389598	6568989
河　北	Hebei	244	19600	476751	67122
山　西	Shanxi	2	2444	217748	8222
内蒙古	Inner Mongolia				
辽　宁	Liaoning	55	51413	40107	8964
吉　林	Jilin	37	3642	57688	2815
黑龙江	Heilongjiang	120	32882	170428	27968
上　海	Shanghai	1418	740508	5480607	2847358
江　苏	Jiangsu	3777	1560232	35235025	24846674
浙　江	Zhejiang	1090	221165	3836182	905683
安　徽	Anhui	87	16452	101629	40297
福　建	Fujian	443	272234	5382699	670699
江　西	Jiangxi	31	15741	186010	45721
山　东	Shandong	779	336118	3009356	1235828
河　南	Henan	275	12484	106684	5355
湖　北	Hubei	170	39676	450396	24634
湖　南	Hunan	36	14675	247033	28433
广　东	Guangdong	2565	1336523	41744403	22285617
广　西	Guangxi	22	3847	19390	17502
海　南	Hainan	92	8586	23131	
重　庆	Chongqing	108	27409	2784921	2484075
四　川	Sichuan	148	28660	205111	84135
贵　州	Guizhou	7	1608	95526	26
云　南	Yunnan	27	3283	661	289
西　藏	Tibet				
陕　西	Shaanxi	96	52068	705810	505444
甘　肃	Gansu	3	96		
青　海	Qinghai				
宁　夏	Ningxia				
新　疆	Xinjiang				

2-4-9 按地区和行业分高技术产业新产品开发和销售情况(2014年)

New Products Development and Sale in High-tech Industry by Region and Industrial Sector (2014)

单位：万元 (10000 yuan)

地区	Region	医药制造业 Medical and Pharmaceutical Products Manufacturing			
		新产品开发项目数(项) New Products (item)	新产品开发经费支出 Expenditure on New Products Development	新产品销售收入 Sales Revenue of New Products	#出口 Exports
全国	**Total**	**24414**	**4079308**	**43018345**	**3194422**
东部地区	Eastern Region	15300	2709571	28719384	2593536
中部地区	Middle Region	3993	613456	8001813	368796
西部地区	Western Region	3428	513185	4491238	159384
东北地区	Northeaastern Region	1693	243097	1805910	72706
北京	Beijing	1219	207859	1644403	13961
天津	Tianjin	684	85537	1697716	134573
河北	Hebei	1209	163234	1540960	90678
山西	Shanxi	221	32985	510694	9022
内蒙古	Inner Mongolia	100	12928	140979	23315
辽宁	Liaoning	449	70508	463050	38049
吉林	Jilin	664	110026	1129486	33027
黑龙江	Heilongjiang	580	62563	213374	1631
上海	Shanghai	1240	199761	1573838	67183
江苏	Jiangsu	2729	616347	6422020	432505
浙江	Zhejiang	2283	283873	4153240	1225899
安徽	Anhui	788	107524	1135372	105764
福建	Fujian	455	59042	608003	18960
江西	Jiangxi	530	68568	911270	14851
山东	Shandong	2802	654898	7776705	507612
河南	Henan	828	107649	1011574	26937
湖北	Hubei	975	160459	2589468	186199
湖南	Hunan	651	136271	1843437	26024
广东	Guangdong	2132	407444	3179289	102164
广西	Guangxi	342	38603	586372	32422
海南	Hainan	547	31576	123211	
重庆	Chongqing	631	77705	899446	73409
四川	Sichuan	1050	171024	1161421	10962
贵州	Guizhou	237	30690	488850	
云南	Yunnan	359	72800	505515	14256
西藏	Tibet	11	1494		
陕西	Shaanxi	309	61065	453165	180
甘肃	Gansu	149	27053	92773	
青海	Qinghai	15	688	4850	
宁夏	Ningxia	191	10862	144794	4841
新疆	Xinjiang	34	8274	13074	

2-4-9 续表 1 continued

单位：万元 (10000 yuan)

地区	Region	航空、航天器及设备制造业 Manufacture of Aircrafts and Spacecrafts and Related Equipment			
		新产品开发项目数(项) New Products (item)	新产品开发经费支出 Expenditure on New Products Development	新产品销售收入 Sales Revenue of New Products	#出口 Exports
全 国	**Total**	**4272**	**2026148**	**11185051**	**920087**
东部地区	Eastern Region	1896	728366	4854665	675493
中部地区	Middle Region	263	210564	977414	5785
西部地区	Western Region	1558	760391	3011410	238788
东北地区	Northeaastern Region	555	326827	2341563	22
北 京	Beijing	1144	245515	335028	2514
天 津	Tianjin	23	4254	2199684	2178
河 北	Hebei	80	36539	131883	111
山 西	Shanxi				
内 蒙 古	Inner Mongolia	1	1825		
辽 宁	Liaoning	234	174036	1903847	22
吉 林	Jilin				
黑 龙 江	Heilongjiang	321	152791	437716	
上 海	Shanghai	83	309973	139689	
江 苏	Jiangsu	376	70084	1371776	289623
浙 江	Zhejiang	29	2361	19581	5115
安 徽	Anhui	1	88	280	
福 建	Fujian	1	303		
江 西	Jiangxi	56	71989	520701	
山 东	Shandong	45	21915	157274	4654
河 南	Henan	33	31265	122270	
湖 北	Hubei	97	35051	104616	5785
湖 南	Hunan	76	72172	229547	
广 东	Guangdong	115	37421	499750	371297
广 西	Guangxi				
海 南	Hainan				
重 庆	Chongqing				
四 川	Sichuan	732	167665	1411880	187452
贵 州	Guizhou	238	124112	366539	3696
云 南	Yunnan				
西 藏	Tibet				
陕 西	Shaanxi	587	466788	1232991	47640
甘 肃	Gansu				
青 海	Qinghai				
宁 夏	Ningxia				
新 疆	Xinjiang				

2-4-9 续表 2 continued

单位：万元 (10000 yuan)

地区	Region	电子及通信设备制造业 Manufacture of Electronic Equipment and Communication Equipment			
		新产品开发项目数(项) New Products (item)	新产品开发经费支出 Expenditure on New Products Development	新产品销售收入 Sales Revenue of New Products	#出口 Exports
全国	**Total**	**44930**	**16853109**	**223221172**	**98398647**
东部地区	Eastern Region	33953	14341748	176420507	72843113
中部地区	Middle Region	4511	1444611	36308094	24265325
西部地区	Western Region	6022	856777	9319127	1054094
东北地区	Northeaastern Region	444	209973	1173443	236114
北京	Beijing	1545	622673	12108572	3097528
天津	Tianjin	1804	280947	13108381	7772740
河北	Hebei	417	68416	861351	78479
山西	Shanxi	76	12486	52647	1
内蒙古	Inner Mongolia				
辽宁	Liaoning	342	185296	951220	165064
吉林	Jilin	62	15669	125980	44208
黑龙江	Heilongjiang	40	9009	96243	26842
上海	Shanghai	1754	956828	6707755	3183022
江苏	Jiangsu	6498	2327876	31365535	9898589
浙江	Zhejiang	3465	1083053	12601312	3275571
安徽	Anhui	1519	337225	3843528	366618
福建	Fujian	1242	490145	8594682	2790953
江西	Jiangxi	555	122776	1579428	418197
山东	Shandong	2002	642192	7126607	2470679
河南	Henan	444	92104	21676897	21108300
湖北	Hubei	1252	604129	3620771	137636
湖南	Hunan	665	275892	5534824	2234574
广东	Guangdong	15217	7861758	83944051	40275551
广西	Guangxi	140	24828	152969	18639
海南	Hainan	9	7861	2262	
重庆	Chongqing	613	66242	484281	43759
四川	Sichuan	3895	527099	7055265	336363
贵州	Guizhou	367	36776	140762	3485
云南	Yunnan	17	2953	26277	6491
西藏	Tibet				
陕西	Shaanxi	886	161968	1133573	546624
甘肃	Gansu	102	26150	317161	98734
青海	Qinghai	1	10653	6412	
宁夏	Ningxia				
新疆	Xinjiang	1	108	2427	

2-4-9 续表 3 continued

单位: 万元 (10000 yuan)

地区	Region	计算机及办公设备制造业 Manufacture of Computer and Office Equipments 新产品开发项目数(项) New Products (item)	新产品开发经费支出 Expenditure on New Products Development	新产品销售收入 Sales Revenue of New Products	#出口 Exports
全国	**Total**	**4717**	**2054648**	**57159199**	**43337394**
东部地区	Eastern Region	3744	1898730	53878756	40815533
中部地区	Middle Region	342	104436	454319	21265
西部地区	Western Region	560	32290	2739954	2500150
东北地区	Northeaastern Region	71	19192	86170	446
北京	Beijing	302	237674	3273748	432931
天津	Tianjin	97	16633	1538289	1312811
河北	Hebei	19	2042	7255	
山西	Shanxi	5	140		
内蒙古	Inner Mongolia	5	205	2610	
辽宁	Liaoning	34	12828	57280	446
吉林	Jilin	2	921	16607	
黑龙江	Heilongjiang	35	5444	12284	
上海	Shanghai	152	94971	397817	274338
江苏	Jiangsu	654	442857	23254937	21948810
浙江	Zhejiang	246	28699	553225	38677
安徽	Anhui	88	43585	127386	13175
福建	Fujian	311	175935	2400256	1597060
江西	Jiangxi	27	4267	34219	7800
山东	Shandong	371	200463	3118341	175320
河南	Henan	33	6426	64993	
湖北	Hubei	47	22675	41714	
湖南	Hunan	142	27343	186007	290
广东	Guangdong	1592	699456	19334889	15035588
广西	Guangxi	19	5050	5560	
海南	Hainan				
重庆	Chongqing	467	18511	2577970	2490973
四川	Sichuan	58	5461	145893	6466
贵州	Guizhou	1	3	682	
云南	Yunnan	5	1600	3044	2711
西藏	Tibet				
陕西	Shaanxi	5	1460	4195	
甘肃	Gansu				
青海	Qinghai				
宁夏	Ningxia				
新疆	Xinjiang				

2-4-9 续表 4 continued

单位：万元 (10000 yuan)

地 区	Region	医疗仪器设备及仪器仪表制造业 Manufacture of Medical Equipments and Measuring Instrument			
		新产品开发项目数（项） New Products (item)	新产品开发经费支出 Expenditure on New Products Development	新产品销售收入 Sales Revenue of New Products	#出口 Exports
全 国	**Total**	**16539**	**2652773**	**20357979**	**2634428**
东部地区	Eastern Region	12868	2135483	16285171	2439282
中部地区	Middle Region	1808	246803	2573088	152747
西部地区	Western Region	1487	209670	1226118	33379
东北地区	Northeaastern Region	376	60818	273602	9021
北 京	Beijing	1541	250648	1289372	79842
天 津	Tianjin	487	49832	247699	16378
河 北	Hebei	267	23588	169193	26211
山 西	Shanxi	85	9338	53348	12953
内蒙古	Inner Mongolia	9	2455		
辽 宁	Liaoning	242	45167	229812	8361
吉 林	Jilin	53	6638	26061	
黑龙江	Heilongjiang	81	9013	17729	659
上 海	Shanghai	1087	188301	643604	71475
江 苏	Jiangsu	4410	789487	7573889	1011621
浙 江	Zhejiang	2356	299903	3353115	501801
安 徽	Anhui	291	36566	316745	30027
福 建	Fujian	295	42113	170728	46777
江 西	Jiangxi	192	27281	168612	4785
山 东	Shandong	1017	202776	1220842	81423
河 南	Henan	563	71144	766144	77606
湖 北	Hubei	360	42197	344704	8606
湖 南	Hunan	317	60277	923536	18770
广 东	Guangdong	1405	287389	1616730	603755
广 西	Guangxi	72	11346	76732	3411
海 南	Hainan	3	1448		
重 庆	Chongqing	424	53160	622837	19730
四 川	Sichuan	359	32171	188127	1786
贵 州	Guizhou	25	3187	64964	28
云 南	Yunnan	16	1670	24633	2222
西 藏	Tibet				
陕 西	Shaanxi	509	100335	204670	6196
甘 肃	Gansu	41	1662	6517	
青 海	Qinghai				
宁 夏	Ningxia	28	3408	34238	6
新 疆	Xinjiang	4	276	3400	

2-5-1 按行业分高技术产业专利情况(2014年)
Statistics on Patents in High-tech Industry by Industrial Sector(2014)

单位：件 (piece)

行 业	Industry	专利申请数 Patent Applications	#发明专利 Invention Patents	有效发明专利数 Number of Patents In Force
合计	**Total**	**166709**	**87620**	**180601**
医药制造业	**Manufacture of Medicines**	**19354**	**12620**	**24799**
#化学药品制造	Manufacture of Chemical Medicine	7112	5006	10737
中成药生产	Production of Finished Traditional	5285	3506	8073
	Chinese Herbal Medicine			
生物药品制造	Manufacture of Biological Medicine	3302	2306	3523
航空、航天器及设备	**Manufacture of Aircrafts and Spacecrafts**	**5375**	**3092**	**3805**
制造业	**and Related Equipment**			
#飞机制造	Manufacture of Airplanes	4026	2457	2775
航天器制造	Manufacture of Spacecrafts	602	371	510
电子及通信设备制造业	**Manufacture of Electronic Equipment**	**98573**	**53505**	**119115**
	and Communication Equipment			
#通信设备制造	Manufacture of Communication Equipment	32718	22935	69471
#通信系统设备制造	Manufacture of Communication System Equipment	24305	17621	66345
通信终端设备制造	Manufacture of Communication			
	Terminal Equipment	8413	5314	3126
广播电视设备制造	Manufacture of Broadcasting and TV Equipment			
雷达及配套设备制造	Manufacture of Radar and Its Fittings	3970	1460	2819
视听设备制造	Manufacture of TV Set and Radio Receiver	985	458	1118
电子器件制造	Manufacture of Electronic Appliances	6207	2206	4738
#电子真空器件制造	Manufacture of Electronic Vacuum Appliance	26147	14770	20854
半导体分立器件制造	Manufacture of Semiconductor	236	67	176
	Discreting Appliances	1512	446	1021
集成电路制造	Manufacture of Integrate Circuit			
电子元件制造	Manufacture of Electronic Components	7274	5167	6613
其他电子设备制造	Manufacture of Other Electronic Equipment	14972	5748	10176
计算机及办公设备制造业	**Manufacture of Computers and Office Equipment**	**5716**	**2785**	**4308**
#计算机整机制造	Manufacture of Entired Computer	14151	8165	13720
计算机零部件制造	Manufacture of Computer Components and Parts			
计算机外围设备制造	Manufacture of Computer Peripheral Equipment	7021	5032	7842
办公设备制造	Manufacture of Office Equipment	2082	986	1404
医疗仪器设备及仪器仪表	**Manufacture of Medical Equipments**	**2202**	**947**	**2145**
制造业	**and Measuring Instrument**	**1362**	**439**	**716**
1.医疗仪器设备及器械	Manufacture of Medical Equipment and	29256	10238	19162
制造	Appliance			
2.仪器仪表制造	Manufacture of Measuring Instrument	7789	2612	5291

2-5-2 各地区高技术产业专利情况(2014年)

Statistics on Patents in High-tech Industry by Region(2014)

单位：件 (piece)

地 区	Region	专利申请数 Patent Applications	#发明专利 Invention Patents	有效发明专利数 Number of Patents In Force
全 国	**Total**	**166709**	**87620**	**180601**
东部地区	Eastern Region	132823	71320	151571
中部地区	Middle Region	16284	7500	13215
西部地区	Western Region	13362	6519	12543
东北地区	Northeaastern Region	4240	2281	3272
北 京	Beijing	8906	5845	10399
天 津	Tianjin	3670	2243	3540
河 北	Hebei	1228	654	1257
山 西	Shanxi	294	194	485
内 蒙 古	Inner Mongolia	62	34	42
辽 宁	Liaoning	2429	1371	2050
吉 林	Jilin	605	329	596
黑 龙 江	Heilongjiang	1206	581	626
上 海	Shanghai	8170	5667	8407
江 苏	Jiangsu	25884	10773	19259
浙 江	Zhejiang	12163	4423	8439
安 徽	Anhui	4994	2302	3775
福 建	Fujian	4518	2130	3648
江 西	Jiangxi	2148	976	1241
山 东	Shandong	9775	4745	6883
河 南	Henan	2075	780	1306
湖 北	Hubei	3455	1853	3984
湖 南	Hunan	3318	1395	2424
广 东	Guangdong	58119	34510	89203
广 西	Guangxi	420	212	458
海 南	Hainan	390	330	536
重 庆	Chongqing	1649	609	1126
四 川	Sichuan	6885	3185	6192
贵 州	Guizhou	1454	819	1145
云 南	Yunnan	390	222	597
西 藏	Tibet	3	3	44
陕 西	Shaanxi	2077	1202	2551
甘 肃	Gansu	293	142	197
青 海	Qinghai	8	5	6
宁 夏	Ningxia	69	61	124
新 疆	Xinjiang	52	25	61

2-5-3 按行业和企业规模分高技术产业专利情况(2014年)
Statistics on Patents in High-tech Industry by Industrial Sector and Scale of Enterprises(2014)

单位：件 (piece)

行 业	Industry	大型企业 Large-sized Enterprises 专利申请数 Patent Applications	#发明专利 Invention Patents	有效发明专利数 Number of Patents In Force
合计	**Total**	**80770**	**52673**	**117030**
医药制造业	**Manufacture of Medicines**	**4916**	**3488**	**8379**
#化学药品制造	Manufacture of Chemical Medicine	1997	1577	4560
中成药生产	Production of Finished Traditional Chinese Herbal Medicine	2343	1655	3404
生物药品制造	Manufacture of Biological Medicine	160	106	213
航空、航天器及设备制造业	**Manufacture of Aircrafts and Spacecrafts and Related Equipment**	**4241**	**2648**	**3037**
#飞机制造	Manufacture of Airplanes	3585	2257	2379
航天器制造	Manufacture of Spacecrafts	416	268	458
电子及通信设备制造业	**Manufacture of Electronic Equipment and Communication Equipment**	**55008**	**36718**	**89979**
#通信设备制造	Manufacture of Communication Equipment	27637	20749	65779
#通信系统设备制造	Manufacture of Communication System Equipment	20913	16096	63629
通信终端设备制造	Manufacture of Communication Terminal Equipment	6724	4653	2150
广播电视设备制造	Manufacture of Broadcasting and TV Equipment	1373	742	1079
雷达及配套设备制造	Manufacture of Radar and Its Fittings	634	281	790
视听设备制造	Manufacture of TV Set and Radio Receiver	3896	1755	3700
电子器件制造	Manufacture of Electronic Appliances	14051	9836	11883
#电子真空器件制造	Manufacture of Electronic Vacuum Appliance	72	17	98
半导体分立器件制造	Manufacture of Semiconductor Discreting Appliances	154	46	209
集成电路制造	Manufacture of Integrate Circuit	3982	3153	3253
电子元件制造	Manufacture of Electronic Components	3796	1893	3200
其他电子设备制造	Manufacture of Other Electronic Equipment	823	435	709
计算机及办公设备制造业	**Manufacture of Computers and Office Equipment**	**10045**	**6786**	**10655**
#计算机整机制造	Manufacture of Entired Computer	6462	4772	7505
计算机零部件制造	Manufacture of Computer Components and Parts	1224	759	732
计算机外围设备制造	Manufacture of Computer Peripheral Equipment	1057	572	1251
办公设备制造	Manufacture of Office Equipment	668	283	359
医疗仪器设备及仪器仪表制造业	**Manufacture of Medical Equipments and Measuring Instrument**	**6560**	**3033**	**4980**
1.医疗仪器设备及器械制造	Manufacture of Medical Equipment and Appliance	1631	709	1327
2.仪器仪表制造	Manufacture of Measuring Instrument	4929	2324	3653

2-5-3　续表　continued

单位：件　(piece)

行　业	Industry	中型企业 Medium-sized Enterprises 专利申请数 Patent Applications	#发明专利 Invention Patents	有效发明专利数 Number of Patents In Force
合计	**Total**	**39307**	**17130**	**30897**
医药制造业	**Manufacture of Medicines**	**6598**	**4306**	**7782**
#化学药品制造	Manufacture of Chemical Medicine	2692	1855	3413
中成药生产	Production of Finished Traditional Chinese Herbal Medicine	1312	872	2109
生物药品制造	Manufacture of Biological Medicine	1386	1026	1533
航空、航天器及设备制造业	**Manufacture of Aircrafts and Spacecrafts and Related Equipment**	**531**	**294**	**448**
#飞机制造	Manufacture of Airplanes	257	121	266
航天器制造	Manufacture of Spacecrafts	110	95	44
电子及通信设备制造业	**Manufacture of Electronic Equipment and Communication Equipment**	**20582**	**8596**	**15328**
#通信设备制造	Manufacture of Communication Equipment	2432	1337	1690
#通信系统设备制造	Manufacture of Communication System Equipment	1586	956	1188
通信终端设备制造	Manufacture of Communication Terminal Equipment	846	381	502
广播电视设备制造	Manufacture of Broadcasting and TV Equipment	911	339	1012
雷达及配套设备制造	Manufacture of Radar and Its Fittings	166	84	178
视听设备制造	Manufacture of TV Set and Radio Receiver	1292	273	379
电子器件制造	Manufacture of Electronic Appliances	5886	2410	4663
#电子真空器件制造	Manufacture of Electronic Vacuum Appliance	71	26	36
半导体分立器件制造	Manufacture of Semiconductor Discreting Appliances	508	169	256
集成电路制造	Manufacture of Integrate Circuit	1202	734	1547
电子元件制造	Manufacture of Electronic Components	5813	2088	4020
其他电子设备制造	Manufacture of Other Electronic Equipment	1888	1118	2150
计算机及办公设备制造业	**Manufacture of Computers and Office Equipment**	**2043**	**746**	**1633**
#计算机整机制造	Manufacture of Entired Computer	355	152	204
计算机零部件制造	Manufacture of Computer Components and Parts	358	87	228
计算机外围设备制造	Manufacture of Computer Peripheral Equipment	624	205	510
办公设备制造	Manufacture of Office Equipment	253	48	150
医疗仪器设备及仪器仪表制造业	**Manufacture of Medical Equipments and Measuring Instrument**	**9553**	**3188**	**5706**
1.医疗仪器设备及器械制造	Manufacture of Medical Equipment and Appliance	2495	813	1753
2.仪器仪表制造	Manufacture of Measuring Instrument	7058	2375	3953

2-5-4 按行业分国有及国有控股企业高技术产业专利情况(2014年)

Statistics on Patents in High-tech Industry of State-owned and State-controlled Enterprises by Industry (2014)

单位：件 (piece)

行业	Industry	专利申请数 Patent Applications	#发明专利 Invention Patents	有效发明专利数 Number of Patents In Force
合计	**Total**	**36985**	**22131**	**51808**
医药制造业	**Manufacture of Medicines**	**1917**	**1181**	**3786**
#化学药品制造	Manufacture of Chemical Medicine	801	594	2021
中成药生产	Production of Finished Traditional Chinese Herbal Medicine	757	351	1142
生物药品制造	Manufacture of Biological Medicine	237	167	482
航空、航天器及设备制造业	**Manufacture of Aircrafts and Spacecrafts and Related Equipment**	**4445**	**2529**	**3360**
#飞机制造	Manufacture of Airplanes	3474	1981	2534
航天器制造	Manufacture of Spacecrafts	526	363	502
电子及通信设备制造业	**Manufacture of Electronic Equipment and Communication Equipment**	**24336**	**15154**	**39573**
#通信设备制造	Manufacture of Communication Equipment	9157	4790	24373
#通信系统设备制造	Manufacture of Communication System Equipment	8498	4546	23768
通信终端设备制造	Manufacture of Communication Terminal Equipment	659	244	605
广播电视设备制造	Manufacture of Broadcasting and TV Equipment	265	158	267
雷达及配套设备制造	Manufacture of Radar and Its Fittings			
视听设备制造	Manufacture of TV Set and Radio Receiver	749	333	950
电子器件制造	Manufacture of Electronic Appliances	2615	1350	2402
#电子真空器件制造	Manufacture of Electronic Vacuum Appliance	8874	6936	8636
半导体分立器件制造	Manufacture of Semiconductor	52	19	75
	Discreting Appliances	84	42	40
集成电路制造	Manufacture of Integrate Circuit			
电子元件制造	Manufacture of Electronic Components	1503	1179	1468
其他电子设备制造	Manufacture of Other Electronic Equipment	1266	615	1306
计算机及办公设备制造业	**Manufacture of Computers and Office Equipment**	**855**	**708**	**1193**
#计算机整机制造	Manufacture of Entired Computer	3364	1786	1826
计算机零部件制造	Manufacture of Computer Components and Parts			
计算机外围设备制造	Manufacture of Computer Peripheral Equipment	2099	1057	355
办公设备制造	Manufacture of Office Equipment	52	9	39
医疗仪器设备及仪器仪表	**Manufacture of Medical Equipments**	**615**	**318**	**510**
制造业	**and Measuring Instrument**	**320**	**171**	**264**
1.医疗仪器设备及器械制造	Manufacture of Medical Equipment and Appliance	2923	1481	3263
2.仪器仪表制造	Manufacture of Measuring Instrument	423	103	344

2-5-5 按行业和登记注册类型分高技术产业专利情况(2014年)
Statistics on Patents in High-tech Industry by Industrial Sector and Registration Status(2014)

单位：件 (piece)

行业	Industry	内资企业 Domestic Funded		
		专利申请数 Patent Applications	#发明专利 Invention Patents	有效发明专利数 Number of Patents In Force
合计	**Total**	**118143**	**58751**	**134892**
医药制造业	**Manufacture of Medicines**	**15801**	**10113**	**19718**
#化学药品制造	Manufacture of Chemical Medicine	5301	3653	7886
中成药生产	Production of Finished Traditional Chinese Herbal Medicine	4916	3237	6991
生物药品制造	Manufacture of Biological Medicine	2465	1623	2640
航空、航天器及设备制造业	**Manufacture of Aircrafts and Spacecrafts and Related Equipment**	**4837**	**2626**	**3571**
#飞机制造	Manufacture of Airplanes	3569	2015	2564
航天器制造	Manufacture of Spacecrafts	602	371	510
电子及通信设备制造业	**Manufacture of Electronic Equipment and Communication Equipment**	**68124**	**35213**	**93111**
#通信设备制造	Manufacture of Communication Equipment	25003	17241	63190
#通信系统设备制造	Manufacture of Communication System Equipment	21400	15507	61795
通信终端设备制造	Manufacture of Communication Terminal Equipment	3603	1734	1395
广播电视设备制造	Manufacture of Broadcasting and TV Equipment	3145	1073	1487
雷达及配套设备制造	Manufacture of Radar and Its Fittings	978	456	1114
视听设备制造	Manufacture of TV Set and Radio Receiver	4557	1737	3368
电子器件制造	Manufacture of Electronic Appliances	14222	6746	11259
#电子真空器件制造	Manufacture of Electronic Vacuum Appliance	222	66	172
半导体分立器件制造	Manufacture of Semiconductor Discreting Appliances	1244	386	809
集成电路制造	Manufacture of Integrate Circuit	3117	2042	2611
电子元件制造	Manufacture of Electronic Components	9422	3385	5739
其他电子设备制造	Manufacture of Other Electronic Equipment	4400	2097	3189
计算机及办公设备制造业	**Manufacture of Computers and Office Equipment**	**6710**	**2793**	**3727**
#计算机整机制造	Manufacture of Entired Computer	2420	1190	565
计算机零部件制造	Manufacture of Computer Components and Parts	707	212	453
计算机外围设备制造	Manufacture of Computer Peripheral Equipment	1306	563	1314
办公设备制造	Manufacture of Office Equipment	1138	331	481
医疗仪器设备及仪器仪表制造业	**Manufacture of Medical Equipments and Measuring Instrument**	**22671**	**8006**	**14765**
1.医疗仪器设备及器械制造	Manufacture of Medical Equipment and Appliance	6060	2080	3838
2.仪器仪表制造	Manufacture of Measuring Instrument	16611	5926	10927

2-5-5 续表 1 continued

单位：件 (piece)

行业	Industry	#国有企业 State-owned Enterprises 专利申请数 Patent Applications	#发明专利 Invention Patents	有效发明专利数 Number of Patents In Force
合计	**Total**	**3069**	**1924**	**3541**
医药制造业	**Manufacture of Medicines**	**101**	**78**	**280**
#化学药品制造	Manufacture of Chemical Medicine	3	3	30
中成药生产	Production of Finished Traditional Chinese Herbal Medicine	24	11	21
生物药品制造	Manufacture of Biological Medicine	60	59	217
航空、航天器及设备制造业	**Manufacture of Aircrafts and Spacecrafts and Related Equipment**	**649**	**401**	**728**
#飞机制造	Manufacture of Airplanes	166	112	192
航天器制造	Manufacture of Spacecrafts	325	205	403
电子及通信设备制造业	**Manufacture of Electronic Equipment and Communication Equipment**	**1065**	**749**	**1211**
#通信设备制造	Manufacture of Communication Equipment	647	498	661
#通信系统设备制造	Manufacture of Communication System Equipment	647	498	661
通信终端设备制造	Manufacture of Communication Terminal Equipment			
广播电视设备制造	Manufacture of Broadcasting and TV Equipment			
雷达及配套设备制造	Manufacture of Radar and Its Fittings	237	189	390
视听设备制造	Manufacture of TV Set and Radio Receiver			
电子器件制造	Manufacture of Electronic Appliances	34	13	40
#电子真空器件制造	Manufacture of Electronic Vacuum Appliance			
半导体分立器件制造	Manufacture of Semiconductor Discreting Appliances			
集成电路制造	Manufacture of Integrate Circuit	8	8	
电子元件制造	Manufacture of Electronic Components	120	35	77
其他电子设备制造	Manufacture of Other Electronic Equipment	27	14	43
计算机及办公设备制造业	**Manufacture of Computers and Office Equipment**	**186**	**168**	**192**
#计算机整机制造	Manufacture of Entired Computer			
计算机零部件制造	Manufacture of Computer Components and Parts			
计算机外围设备制造	Manufacture of Computer Peripheral Equipment	184	166	190
办公设备制造	Manufacture of Office Equipment	2	2	2
医疗仪器设备及仪器仪表制造业	**Manufacture of Medical Equipments and Measuring Instrument**	**1068**	**528**	**1130**
1.医疗仪器设备及器械制造	Manufacture of Medical Equipment and Appliance	318	41	59
2.仪器仪表制造	Manufacture of Measuring Instrument	750	487	1071

2-5-5　续表 2　continued

单位：件 (piece)

行　业	Industry	港澳台投资企业 Enterprises with Funds from Hong Kong, Macau and Taiwan		
		专利申请数 Patent Applications	#发明专利 Invention Patents	有效发明专利数 Number of Patents In Force
合计	**Total**	**19631**	**10774**	**18873**
医药制造业	**Manufacture of Medicines**	**1541**	**1086**	**2384**
#化学药品制造	Manufacture of Chemical Medicine	871	672	1446
中成药生产	Production of Finished Traditional Chinese Herbal Medicine	225	146	518
生物药品制造	Manufacture of Biological Medicine	282	212	311
航空、航天器及设备制造业	**Manufacture of Aircrafts and Spacecrafts and Related Equipment**	**438**	**429**	**174**
#飞机制造	Manufacture of Airplanes	429	425	166
航天器制造	Manufacture of Spacecrafts			
电子及通信设备制造业	**Manufacture of Electronic Equipment and Communication Equipment**	**11107**	**5619**	**11827**
#通信设备制造	Manufacture of Communication Equipment	2799	1871	3766
#通信系统设备制造	Manufacture of Communication System Equipment	2360	1703	3453
通信终端设备制造	Manufacture of Communication Terminal Equipment	439	168	313
广播电视设备制造	Manufacture of Broadcasting and TV Equipment	347	100	303
雷达及配套设备制造	Manufacture of Radar and Its Fittings	4		
视听设备制造	Manufacture of TV Set and Radio Receiver	1262	374	1039
电子器件制造	Manufacture of Electronic Appliances	2338	1343	3292
#电子真空器件制造	Manufacture of Electronic Vacuum Appliance			4
半导体分立器件制造	Manufacture of Semiconductor Discreting Appliances	60	21	52
集成电路制造	Manufacture of Integrate Circuit	919	689	1528
电子元件制造	Manufacture of Electronic Components	3341	1543	2245
其他电子设备制造	Manufacture of Other Electronic Equipment	347	101	197
计算机及办公设备制造业	**Manufacture of Computers and Office Equipment**	**3940**	**2819**	**2680**
#计算机整机制造	Manufacture of Entired Computer	3095	2484	1843
计算机零部件制造	Manufacture of Computer Components and Parts	189	31	147
计算机外围设备制造	Manufacture of Computer Peripheral Equipment	571	277	624
办公设备制造	Manufacture of Office Equipment	61	14	50
医疗仪器设备及仪器仪表制造业	**Manufacture of Medical Equipments and Measuring Instrument**	**2605**	**821**	**1808**
1.医疗仪器设备及器械制造	Manufacture of Medical Equipment and Appliance	532	148	269
2.仪器仪表制造	Manufacture of Measuring Instrument	2073	673	1539

2-5-5 续表 3 continued

单位：件 (piece)

行 业	Industry	外商投资企业 Foreign Funded Enterprises		
		专利申请数 Patent Applications	#发明专利 Invention Patents	有效发明专利数 Number of Patents In Force
合计	**Total**	**28935**	**18095**	**26836**
医药制造业	**Manufacture of Medicines**	**2012**	**1421**	**2697**
#化学药品制造	Manufacture of Chemical Medicine	940	681	1405
中成药生产	Production of Finished Traditional Chinese Herbal Medicine	144	123	564
生物药品制造	Manufacture of Biological Medicine	555	471	572
航空、航天器及设备制造业	**Manufacture of Aircrafts and Spacecrafts and Related Equipment**	**100**	**37**	**60**
#飞机制造	Manufacture of Airplanes	28	17	45
航天器制造	Manufacture of Spacecrafts			
电子及通信设备制造业	**Manufacture of Electronic Equipment and Communication Equipment**	**19342**	**12673**	**14177**
#通信设备制造	Manufacture of Communication Equipment	4916	3823	2515
#通信系统设备制造	Manufacture of Communication System Equipment	545	411	1097
通信终端设备制造	Manufacture of Communication Terminal Equipment	4371	3412	1418
广播电视设备制造	Manufacture of Broadcasting and TV Equipment	478	287	1029
雷达及配套设备制造	Manufacture of Radar and Its Fittings	3	2	4
视听设备制造	Manufacture of TV Set and Radio Receiver	388	95	331
电子器件制造	Manufacture of Electronic Appliances	9587	6681	6303
#电子真空器件制造	Manufacture of Electronic Vacuum Appliance	14	1	
半导体分立器件制造	Manufacture of Semiconductor Discreting Appliances	208	39	160
集成电路制造	Manufacture of Integrate Circuit	3238	2436	2474
电子元件制造	Manufacture of Electronic Components	2209	820	2192
其他电子设备制造	Manufacture of Other Electronic Equipment	969	587	922
计算机及办公设备制造业	**Manufacture of Computers and Office Equipment**	**3501**	**2553**	**7313**
#计算机整机制造	Manufacture of Entired Computer	1506	1358	5434
计算机零部件制造	Manufacture of Computer Components and Parts	1186	743	804
计算机外围设备制造	Manufacture of Computer Peripheral Equipment	325	107	207
办公设备制造	Manufacture of Office Equipment	163	94	185
医疗仪器设备及仪器仪表制造业	**Manufacture of Medical Equipments and Measuring Instrument**	**3980**	**1411**	**2589**
1.医疗仪器设备及器械制造	Manufacture of Medical Equipment and Appliance	1197	384	1184
2.仪器仪表制造	Manufacture of Measuring Instrument	2783	1027	1405

2-5-6 按地区和企业规模分高技术产业专利情况(2014年)

Statistics on Patents in High-tech Industry by Region and Industrial Sector(2014)

单位：件 (piece)

地区	Region	大型企业 Large-sized Enterprises		
		专利申请数 Patent Applications	#发明专利 Invention Patents	有效发明专利数 Number of Patents In Force
全国	**Total**	**80770**	**52673**	**117030**
东部地区	Eastern Region	68418	45744	104517
中部地区	Middle Region	5426	2991	6026
西部地区	Western Region	5027	2877	5307
东北地区	Northeaastern Region	1899	1061	1180
北京	Beijing	4773	3432	4297
天津	Tianjin	1378	1130	1294
河北	Hebei	515	372	839
山西	Shanxi	23	17	101
内蒙古	Inner Mongolia	18	11	9
辽宁	Liaoning	1047	620	662
吉林	Jilin	303	134	229
黑龙江	Heilongjiang	549	307	289
上海	Shanghai	4411	3720	4058
江苏	Jiangsu	8848	4333	7948
浙江	Zhejiang	2973	1787	4189
安徽	Anhui	1252	670	1055
福建	Fujian	1569	978	1678
江西	Jiangxi	992	526	538
山东	Shandong	5477	2751	3413
河南	Henan	531	301	409
湖北	Hubei	1706	1094	2615
湖南	Hunan	922	383	1308
广东	Guangdong	38474	27241	76801
广西	Guangxi	73	36	66
海南	Hainan			
重庆	Chongqing	261	135	266
四川	Sichuan	2547	1272	2651
贵州	Guizhou	775	526	678
云南	Yunnan	69	44	134
西藏	Tibet			
陕西	Shaanxi	1192	791	1396
甘肃	Gansu	81	51	54
青海	Qinghai			
宁夏	Ningxia	8	8	40
新疆	Xinjiang	3	3	13

2-5-6 续表 continued

单位：件 (piece)

地 区	Region	中型企业 Medium-sized Enterprises 专利申请数 Patent Applications	#发明专利 Invention Patents	有效发明专利数 Number of Patents In Force
全 国	**Total**	**39307**	**17130**	**30897**
东部地区	Eastern Region	30123	12909	23659
中部地区	Middle Region	4816	2100	2883
西部地区	Western Region	3385	1639	3377
东北地区	Northeaastern Region	983	482	978
北 京	Beijing	2030	1347	3788
天 津	Tianjin	981	573	745
河 北	Hebei	273	133	179
山 西	Shanxi	95	66	125
内 蒙 古	Inner Mongolia	8	5	7
辽 宁	Liaoning	436	239	662
吉 林	Jilin	163	100	170
黑 龙 江	Heilongjiang	384	143	146
上 海	Shanghai	1795	1029	2075
江 苏	Jiangsu	7093	2648	4844
浙 江	Zhejiang	2975	939	1711
安 徽	Anhui	1339	716	926
福 建	Fujian	1605	750	1229
江 西	Jiangxi	593	252	404
山 东	Shandong	1966	932	1637
河 南	Henan	770	235	461
湖 北	Hubei	674	340	521
湖 南	Hunan	1345	491	446
广 东	Guangdong	11129	4294	7101
广 西	Guangxi	116	58	161
海 南	Hainan	276	264	350
重 庆	Chongqing	541	230	416
四 川	Sichuan	1773	899	1824
贵 州	Guizhou	432	187	249
云 南	Yunnan	79	61	189
西 藏	Tibet	1	1	
陕 西	Shaanxi	384	169	451
甘 肃	Gansu	19	5	16
青 海	Qinghai	2	1	4
宁 夏	Ningxia	29	22	51
新 疆	Xinjiang	1	1	9

2-5-7 各地区国有及国有控股企业高技术产业专利情况(2014年)

Statistics on Patents in High-tech Industry of State-owned and State-controlled Enterprises by Region (2014)

单位：件 (piece)

地区	Region	专利申请数 Patent Applications	#发明专利 Invention Patents	有效发明专利数 Number of Patents In Force
全国	**Total**	**36985**	**22131**	**51808**
东部地区	Eastern Region	25156	15823	40949
中部地区	Middle Region	4628	2542	4587
西部地区	Western Region	5484	2767	5293
东北地区	Northeaastern Region	1717	999	979
北京	Beijing	2785	1954	4398
天津	Tianjin	945	415	835
河北	Hebei	229	139	265
山西	Shanxi	32	23	50
内蒙古	Inner Mongolia	18	12	10
辽宁	Liaoning	1125	637	623
吉林	Jilin	61	33	65
黑龙江	Heilongjiang	531	329	291
上海	Shanghai	2006	1650	1868
江苏	Jiangsu	2011	1262	2820
浙江	Zhejiang	301	162	781
安徽	Anhui	1059	603	897
福建	Fujian	640	459	922
江西	Jiangxi	560	262	255
山东	Shandong	3841	1927	1886
河南	Henan	522	261	384
湖北	Hubei	1792	1088	2357
湖南	Hunan	663	305	644
广东	Guangdong	12389	7851	27174
广西	Guangxi	30	14	31
海南	Hainan	9	4	
重庆	Chongqing	321	115	253
四川	Sichuan	2819	1305	2549
贵州	Guizhou	850	457	591
云南	Yunnan	79	44	257
西藏	Tibet	1	1	
陕西	Shaanxi	1328	796	1566
甘肃	Gansu	9	8	28
青海	Qinghai	4	4	2
宁夏	Ningxia			
新疆	Xinjiang	25	11	6

2-5-8 按地区和登记注册类型分高技术产业专利情况(2014年)

Statistics on Patents in High-tech Industry by Region and Registration Status(2014)

单位：件 (piece)

地区	Region	内资企业 Domestic Funded		
		专利申请数 Patent Applications	#发明专利 Invention Patents	有效发明专利数 Number of Patents In Force
全　国	**Total**	**118143**	**58751**	**134892**
东部地区	Eastern Region	86595	43654	109180
中部地区	Middle Region	15145	6970	11741
西部地区	Western Region	12593	6117	11118
东北地区	Northeaastern Region	3810	2010	2853
北　京	Beijing	4601	2893	6506
天　津	Tianjin	3107	1854	3031
河　北	Hebei	933	411	817
山　西	Shanxi	282	190	475
内蒙古	Inner Mongolia	56	29	39
辽　宁	Liaoning	2171	1187	1788
吉　林	Jilin	564	305	565
黑龙江	Heilongjiang	1075	518	500
上　海	Shanghai	3576	2261	3229
江　苏	Jiangsu	15373	6285	11705
浙　江	Zhejiang	7836	2408	4279
安　徽	Anhui	4676	2157	3530
福　建	Fujian	2672	1061	1548
江　西	Jiangxi	1974	900	1093
山　东	Shandong	8922	4339	5295
河　南	Henan	1951	727	1196
湖　北	Hubei	3203	1721	3666
湖　南	Hunan	3059	1275	1781
广　东	Guangdong	39259	21842	72293
广　西	Guangxi	358	171	425
海　南	Hainan	316	300	477
重　庆	Chongqing	1483	548	947
四　川	Sichuan	6524	2987	5286
贵　州	Guizhou	1447	814	1059
云　南	Yunnan	362	198	525
西　藏	Tibet	3	3	44
陕　西	Shaanxi	1946	1136	2444
甘　肃	Gansu	293	142	197
青　海	Qinghai	8	5	6
宁　夏	Ningxia	61	59	85
新　疆	Xinjiang	52	25	61

2-5-8 续表 1 continued

单位：件 (piece)

地区	Region	#国有企业 State-owned Enterprises 专利申请数 Patent Applications	#发明专利 Invention Patents	有效发明专利数 Number of Patents In Force
全国	**Total**	**3069**	**1924**	**3541**
东部地区	Eastern Region	1347	717	1468
中部地区	Middle Region	790	580	975
西部地区	Western Region	928	623	1087
东北地区	Northeaastern Region	4	4	11
北京	Beijing	162	107	230
天津	Tianjin	3		
河北	Hebei	21	8	9
山西	Shanxi	3	3	3
内蒙古	Inner Mongolia			
辽宁	Liaoning			
吉林	Jilin	2	2	
黑龙江	Heilongjiang	2	2	11
上海	Shanghai	118	70	47
江苏	Jiangsu	671	459	967
浙江	Zhejiang	16	2	2
安徽	Anhui	108	64	221
福建	Fujian	8	8	
江西	Jiangxi	6		
山东	Shandong	339	60	201
河南	Henan	35	17	54
湖北	Hubei	622	493	687
湖南	Hunan	16	3	10
广东	Guangdong	9	3	12
广西	Guangxi	22	9	3
海南	Hainan			
重庆	Chongqing	3		6
四川	Sichuan	303	217	374
贵州	Guizhou	141	65	98
云南	Yunnan	14	13	56
西藏	Tibet			
陕西	Shaanxi	443	317	538
甘肃	Gansu	2	2	12
青海	Qinghai			
宁夏	Ningxia			
新疆	Xinjiang			

2-5-8 续表 2 continued

单位：件 (piece)

地区	Region	港澳台投资企业 Enterprises with Funds from Hong Kong, Macau and Taiwan		
		专利申请数 Patent Applications	#发明专利 Invention Patents	有效发明专利数 Number of Patents In Force
全　国	**Total**	**19631**	**10774**	**18873**
东部地区	Eastern Region	18460	10188	17475
中部地区	Middle Region	732	329	1029
西部地区	Western Region	271	129	223
东北地区	Northeaastern Region	168	128	146
北　京	Beijing	3511	2772	2743
天　津	Tianjin	238	186	196
河　北	Hebei	226	193	344
山　西	Shanxi	10	2	5
内蒙古	Inner Mongolia	6	5	3
辽　宁	Liaoning	116	99	108
吉　林	Jilin	16	10	12
黑龙江	Heilongjiang	36	19	26
上　海	Shanghai	1107	808	2157
江　苏	Jiangsu	3939	1759	2734
浙　江	Zhejiang	2633	1315	3198
安　徽	Anhui	221	91	178
福　建	Fujian	620	295	498
江　西	Jiangxi	89	38	43
山　东	Shandong	235	80	269
河　南	Henan	57	30	37
湖　北	Hubei	138	70	154
湖　南	Hunan	217	98	612
广　东	Guangdong	5880	2753	5287
广　西	Guangxi	40	26	31
海　南	Hainan	71	27	49
重　庆	Chongqing	85	31	44
四　川	Sichuan	55	15	41
贵　州	Guizhou	3	1	2
云　南	Yunnan	26	22	48
西　藏	Tibet			
陕　西	Shaanxi	48	27	15
甘　肃	Gansu			
青　海	Qinghai			
宁　夏	Ningxia	8	2	39
新　疆	Xinjiang			

2-5-8 续表 3 continued

单位：件 (piece)

地区	Region	外商投资企业 Foreign Funded Enterprises		
		专利申请数 Patent Applications	#发明专利 Invention Patents	有效发明专利数 Number of Patents In Force
全国	**Total**	**28935**	**18095**	**26836**
东部地区	Eastern Region	27768	17478	24916
中部地区	Middle Region	407	201	445
西部地区	Western Region	498	273	1202
东北地区	Northeaastern Region	262	143	273
北京	Beijing	794	180	1150
天津	Tianjin	325	203	313
河北	Hebei	69	50	96
山西	Shanxi	2	2	5
内蒙古	Inner Mongolia			
辽宁	Liaoning	142	85	154
吉林	Jilin	25	14	19
黑龙江	Heilongjiang	95	44	100
上海	Shanghai	3487	2598	3021
江苏	Jiangsu	6572	2729	4820
浙江	Zhejiang	1694	700	962
安徽	Anhui	97	54	67
福建	Fujian	1226	774	1602
江西	Jiangxi	85	38	105
山东	Shandong	618	326	1319
河南	Henan	67	23	73
湖北	Hubei	114	62	164
湖南	Hunan	42	22	31
广东	Guangdong	12980	9915	11623
广西	Guangxi	22	15	2
海南	Hainan	3	3	10
重庆	Chongqing	81	30	135
四川	Sichuan	306	183	865
贵州	Guizhou	4	4	84
云南	Yunnan	2	2	24
西藏	Tibet			
陕西	Shaanxi	83	39	92
甘肃	Gansu			
青海	Qinghai			
宁夏	Ningxia			
新疆	Xinjiang			

2-5-9 按地区和行业分高技术产业专利情况(2014年)

Statistics on Patents in High-tech Industry by Region and Industrial Sector(2014)

单位：件 (piece)

地区	Region	医药制造业 Medical and Pharmaceutical Products Manufacturing		
		专利申请数 Patent Applications	#发明专利 Invention Patents	有效发明专利数 Number of Patents In Force
全国	**Total**	**19354**	**12620**	**24799**
东部地区	Eastern Region	10969	7746	16035
中部地区	Middle Region	3831	2062	3585
西部地区	Western Region	3319	1999	4002
东北地区	Northeaastern Region	1235	813	1177
北京	Beijing	479	364	1278
天津	Tianjin	1673	1428	2276
河北	Hebei	354	235	857
山西	Shanxi	89	57	220
内蒙古	Inner Mongolia	45	26	33
辽宁	Liaoning	360	292	378
吉林	Jilin	501	282	482
黑龙江	Heilongjiang	374	239	317
上海	Shanghai	739	516	1035
江苏	Jiangsu	2300	1545	2663
浙江	Zhejiang	1106	654	1831
安徽	Anhui	905	597	1171
福建	Fujian	279	191	311
江西	Jiangxi	445	237	470
山东	Shandong	2030	1431	2984
河南	Henan	563	295	330
湖北	Hubei	754	399	735
湖南	Hunan	1075	477	659
广东	Guangdong	1664	1096	2325
广西	Guangxi	159	109	237
海南	Hainan	345	286	475
重庆	Chongqing	435	269	539
四川	Sichuan	1404	806	1472
贵州	Guizhou	529	351	505
云南	Yunnan	358	198	584
西藏	Tibet	3	3	44
陕西	Shaanxi	181	118	327
甘肃	Gansu	132	62	133
青海	Qinghai	6	5	2
宁夏	Ningxia	39	37	65
新疆	Xinjiang	28	15	61

2-5-9 续表 1 continued

单位：件 (piece)

地 区	Region	航空、航天器及设备制造业 Manufacture of Aircrafts and Spacecrafts and Related Equipment 专利申请数 Patent Applications	#发明专利 Invention Patents	有效发明专利数 Number of Patents In Force
全 国	**Total**	**5375**	**3092**	**3805**
东部地区	Eastern Region	1406	905	824
中部地区	Middle Region	1186	629	881
西部地区	Western Region	1649	920	1481
东北地区	Northeaastern Region	1134	638	619
北 京	Beijing	385	236	351
天 津	Tianjin	74	5	9
河 北	Hebei	53	27	23
山 西	Shanxi			
内 蒙 古	Inner Mongolia			
辽 宁	Liaoning	686	381	453
吉 林	Jilin			
黑 龙 江	Heilongjiang	448	257	166
上 海	Shanghai	206	125	126
江 苏	Jiangsu	137	50	122
浙 江	Zhejiang	30	3	5
安 徽	Anhui	4	4	
福 建	Fujian			
江 西	Jiangxi	465	243	124
山 东	Shandong	46	28	5
河 南	Henan	284	187	201
湖 北	Hubei	256	104	149
湖 南	Hunan	177	91	407
广 东	Guangdong	475	431	183
广 西	Guangxi			
海 南	Hainan			
重 庆	Chongqing			
四 川	Sichuan	375	158	349
贵 州	Guizhou	586	320	407
云 南	Yunnan			
西 藏	Tibet			
陕 西	Shaanxi	688	442	725
甘 肃	Gansu			
青 海	Qinghai			
宁 夏	Ningxia			
新 疆	Xinjiang			

2-5-9 续表 2 continued

单位：件 (piece)

地区	Region	电子及通信设备制造业 Manufacture of Electronic Equipment and Communication Equipment 专利申请数 Patent Applications	#发明专利 Invention Patents	有效发明专利数 Number of Patents In Force
全国	**Total**	**98573**	**53505**	**119115**
东部地区	Eastern Region	84235	46945	106761
中部地区	Middle Region	7456	3526	6035
西部地区	Western Region	5979	2638	5377
东北地区	Northeaastern Region	903	396	942
北京	Beijing	3463	2114	5171
天津	Tianjin	1296	601	680
河北	Hebei	472	284	230
山西	Shanxi	82	48	108
内蒙古	Inner Mongolia			
辽宁	Liaoning	676	333	855
吉林	Jilin	72	35	38
黑龙江	Heilongjiang	155	28	49
上海	Shanghai	5784	4454	6108
江苏	Jiangsu	12580	4967	9329
浙江	Zhejiang	7508	2912	5093
安徽	Anhui	3042	1304	1989
福建	Fujian	3266	1469	1840
江西	Jiangxi	952	425	425
山东	Shandong	3860	1719	2203
河南	Henan	444	127	287
湖北	Hubei	1970	1188	2696
湖南	Hunan	966	434	530
广东	Guangdong	45962	28381	76049
广西	Guangxi	119	56	150
海南	Hainan	44	44	58
重庆	Chongqing	334	90	107
四川	Sichuan	4220	1799	3899
贵州	Guizhou	277	134	195
云南	Yunnan	19	19	9
西藏	Tibet			
陕西	Shaanxi	871	473	971
甘肃	Gansu	137	67	46
青海	Qinghai	2		
宁夏	Ningxia			
新疆	Xinjiang			

2-5-9 续表 3 continued

单位：件 (piece)

地　区	Region	计算机及办公设备制造业 Manufacture of Computer and Office Equipments		
		专利申请数 Patent Applications	#发明专利 Invention Patents	有效发明专利数 Number of Patents In Force
全　国	**Total**	**14151**	**8165**	**13720**
东部地区	Eastern Region	13055	7711	13021
中部地区	Middle Region	657	189	395
西部地区	Western Region	315	222	274
东北地区	Northeaastern Region	124	43	30
北　京	Beijing	3456	2642	2209
天　津	Tianjin	105	52	100
河　北	Hebei	53	1	10
山　西	Shanxi			
内 蒙 古	Inner Mongolia	4		
辽　宁	Liaoning	79	40	28
吉　林	Jilin	6	1	
黑 龙 江	Heilongjiang	39	2	2
上　海	Shanghai	350	235	173
江　苏	Jiangsu	1146	503	1114
浙　江	Zhejiang	229	57	107
安　徽	Anhui	284	114	277
福　建	Fujian	555	378	1124
江　西	Jiangxi	30	2	11
山　东	Shandong	2241	1141	519
河　南	Henan	126	15	5
湖　北	Hubei	67	22	68
湖　南	Hunan	150	36	34
广　东	Guangdong	4920	2702	7665
广　西	Guangxi	18	7	16
海　南	Hainan			
重　庆	Chongqing	17	12	17
四　川	Sichuan	266	198	224
贵　州	Guizhou			
云　南	Yunnan			
西　藏	Tibet			
陕　西	Shaanxi	10	5	17
甘　肃	Gansu			
青　海	Qinghai			
宁　夏	Ningxia			
新　疆	Xinjiang			

2-5-9 续表 4 continued

单位：件 (piece)

地区	Region	医疗仪器设备及仪器仪表制造业 Manufacture of Medical Equipments and Measuring Instrument		
		专利申请数 Patent Applications	#发明专利 Invention Patents	有效发明专利数 Number of Patents In Force
全　国	**Total**	**29256**	**10238**	**19162**
东部地区	Eastern Region	23158	8013	14930
中部地区	Middle Region	3154	1094	2319
西部地区	Western Region	2100	740	1409
东北地区	Northeaastern Region	844	391	504
北　京	Beijing	1123	489	1390
天　津	Tianjin	522	157	475
河　北	Hebei	296	107	137
山　西	Shanxi	123	89	157
内蒙古	Inner Mongolia	13	8	9
辽　宁	Liaoning	628	325	336
吉　林	Jilin	26	11	76
黑龙江	Heilongjiang	190	55	92
上　海	Shanghai	1091	337	965
江　苏	Jiangsu	9721	3708	6031
浙　江	Zhejiang	3290	797	1403
安　徽	Anhui	759	283	338
福　建	Fujian	418	92	373
江　西	Jiangxi	256	69	211
山　东	Shandong	1598	426	1172
河　南	Henan	658	156	483
湖　北	Hubei	408	140	336
湖　南	Hunan	950	357	794
广　东	Guangdong	5098	1900	2981
广　西	Guangxi	124	40	55
海　南	Hainan	1		3
重　庆	Chongqing	863	238	463
四　川	Sichuan	620	224	248
贵　州	Guizhou	62	14	38
云　南	Yunnan	13	5	4
西　藏	Tibet			
陕　西	Shaanxi	327	164	511
甘　肃	Gansu	24	13	18
青　海	Qinghai			4
宁　夏	Ningxia	30	24	59
新　疆	Xinjiang	24	10	

2-6-1　按行业分高技术产业技术获取和技术改造情况(2014年)

Technology Acquisition and Renovation in High-tech Industry by Region (2014)

单位：万元　　(10000 yuan)

行　业	Industry	引进技术经费支出 Expenditure for Acquisition of Foreign Technology	消化吸收经费支出 Expenditure for Assimilation of Technology	购买国内技术经费支出 Expenditure for Purchase of Domestic Technology	技术改造经费支出 Expenditure for Technical Renovation
合计	**Total**	**631031**	**172664**	**512561**	**3744940**
医药制造业	**Manufacture of Medicines**	**43636**	**79363**	**193053**	**1260895**
#化学药品制造	Manufacture of Chemical Medicine	27733	51299	122848	701799
中成药生产	Production of Finished Traditional Chinese Herbal Medicine	1551	14341	44226	334282
生物药品制造	Manufacture of Biological Medicine	4513	4981	10843	107797
航空、航天器及设备制造业	**Manufacture of Aircrafts and Spacecrafts and Related Equipment**	**29014**	**3440**	**103159**	**712547**
#飞机制造	Manufacture of Airplanes	13569	202	102232	687033
航天器制造	Manufacture of Spacecrafts	345		463	9573
电子及通信设备制造业	**Manufacture of Electronic Equipment and Communication Equipment**	**454401**	**80254**	**192438**	**1336232**
#通信设备制造	Manufacture of Communication Equipment	79631	2803	54185	80432
#通信系统设备制造	Manufacture of Communication System Equipment	4376	1428	5792	55742
通信终端设备制造	Manufacture of Communication Terminal Equipment	75255	1375	48393	24690
广播电视设备制造	Manufacture of Broadcasting and TV Equipment	2930	1578	2814	38387
雷达及配套设备制造	Manufacture of Radar and Its Fittings	907	907	12420	45768
视听设备制造	Manufacture of TV Set and Radio Receiver	107307	35502	30856	113165
电子器件制造	Manufacture of Electronic Appliances	161497	22368	28709	356666
#电子真空器件制造	Manufacture of Electronic Vacuum Appliance	10	1356	1327	17236
半导体分立器件制造	Manufacture of Semiconductor Discreting Appliances	1939	1665	860	18595
集成电路制造	Manufacture of Integrate Circuit	39318	15051	7094	116623
电子元件制造	Manufacture of Electronic Components	69865	6033	35609	393438
其他电子设备制造	Manufacture of Other Electronic Equipment	3449	1795	1541	41558
计算机及办公设备制造业	**Manufacture of Computers and Office Equipment**	**6183**	**906**	**6319**	**95108**
#计算机整机制造	Manufacture of Entired Computer	1872	569	490	40097
计算机零部件制造	Manufacture of Computer Components and Parts	3177	319	572	10734
计算机外围设备制造	Manufacture of Computer Peripheral Equipment	1082	16	2315	11686
办公设备制造	Manufacture of Office Equipment	52			26144
医疗仪器设备及仪器仪表制造业	**Manufacture of Medical Equipments and Measuring Instrument**	**97797**	**8700**	**17592**	**340158**
1.医疗仪器设备及器械制造	Manufacture of Medical Equipment and Appliance	45875	1449	2613	87301
2.仪器仪表制造	Manufacture of Measuring Instrument	51922	7251	14979	252857

2-6-2 各地区高技术产业技术获取和技术改造情况(2014年)
Technology Acquisition and Renovation in High-tech Industry by Region (2014)

单位：万元 (10000 yuan)

地 区	Region	引进技术经费支出 Expenditure for Acquisition of Foreign Technology	消化吸收经费支出 Expenditure for Assimilation of Technology	购买国内技术经费支出 Expenditure for Purchase of Domestic Technology	技术改造经费支出 Expenditure for Technical Renovation
全 国	**Total**	**631031**	**172664**	**512561**	**3744940**
东部地区	Eastern Region	581749	135623	344439	2122744
中部地区	Middle Region	29694	27910	118493	591268
西部地区	Western Region	13753	7193	34512	658387
东北地区	Northeaastern Region	5836	1937	15118	372542
北 京	Beijing	56578	693	5572	13838
天 津	Tianjin	38479	1440	463	28022
河 北	Hebei	3807	6596	10915	51153
山 西	Shanxi		891	917	25427
内蒙古	Inner Mongolia		100	64	23424
辽 宁	Liaoning	5371	1008	13253	294995
吉 林	Jilin	100	916	474	11461
黑龙江	Heilongjiang	365	14	1391	66086
上 海	Shanghai	39097	32514	32696	32021
江 苏	Jiangsu	197533	40561	63618	877896
浙 江	Zhejiang	16409	17146	37150	371310
安 徽	Anhui	3873	1259	4070	84571
福 建	Fujian	81987	4927	79323	119065
江 西	Jiangxi	509	132	99371	32030
山 东	Shandong	33668	19537	53790	373483
河 南	Henan	1434	3417	4612	45405
湖 北	Hubei	23058	18115	2995	133199
湖 南	Hunan	820	4097	6528	270636
广 东	Guangdong	113826	10163	56842	250356
广 西	Guangxi		159	3367	18361
海 南	Hainan	366	2048	4072	5601
重 庆	Chongqing	978	819	3638	43877
四 川	Sichuan	11294	4764	15737	192923
贵 州	Guizhou	78	50	260	47806
云 南	Yunnan		512	914	14735
西 藏	Tibet				73
陕 西	Shaanxi	1366	274	10382	274618
甘 肃	Gansu				21248
青 海	Qinghai				
宁 夏	Ningxia		465		17492
新 疆	Xinjiang	37	50	150	3831

2-6-3 按行业和企业规模分高技术产业技术获取和技术改造情况(2014年)

Technology Acquisition and Renovation in High-tech Industry by Industrial Sector and Scale of Enterprises(2014)

单位：万元 (10000 yuan)

行业	Industry	大型企业 Large-sized Enterprises			
		引进技术经费支出 Expenditure for Acquisition of Foreign Technology	消化吸收经费支出 Expenditure for Assimilation of Technology	购买国内技术经费支出 Expenditure for Purchase of Domestic Technology	技术改造经费支出 Expenditure for Technical Renovation
合计	**Total**	**428655**	**117564**	**352608**	**2186256**
医药制造业	**Manufacture of Medicines**	**26180**	**47518**	**100390**	**502167**
#化学药品制造	Manufacture of Chemical Medicine	17118	37721	81758	367462
中成药生产	Production of Finished Traditional Chinese Herbal Medicine	1078	3166	13389	52712
生物药品制造	Manufacture of Biological Medicine	310	183	235	14196
航空、航天器及设备制造业	**Manufacture of Aircrafts and Spacecrafts and Related Equipment**	**13649**	**188**	**102232**	**673210**
#飞机制造	Manufacture of Airplanes	13569	70	102232	664020
航天器制造	Manufacture of Spacecrafts	80			4016
电子及通信设备制造业	**Manufacture of Electronic Equipment and Communication Equipment**	**371772**	**66608**	**144848**	**792299**
#通信设备制造	Manufacture of Communication Equipment	78231	1656	49228	49713
#通信系统设备制造	Manufacture of Communication System Equipment	3224	895	4934	32697
通信终端设备制造	Manufacture of Communication Terminal Equipment	75008	761	44294	17017
广播电视设备制造	Manufacture of Broadcasting and TV Equipment	2203	1095	282	5812
雷达及配套设备制造	Manufacture of Radar and Its Fittings	907	907	12420	43988
视听设备制造	Manufacture of TV Set and Radio Receiver	102867	34156	28611	90136
电子器件制造	Manufacture of Electronic Appliances	113397	17491	17803	264461
#电子真空器件制造	Manufacture of Electronic Vacuum Appliance			1327	15266
半导体分立器件制造	Manufacture of Semiconductor Discreting Appliances	100			7070
集成电路制造	Manufacture of Integrate Circuit	11593	14859	5573	108097
电子元件制造	Manufacture of Electronic Components	48690	2462	10984	173317
其他电子设备制造	Manufacture of Other Electronic Equipment	780	1624	532	15036
计算机及办公设备制造业	**Manufacture of Computers and Office Equipment**	**3766**	**904**	**3802**	**81710**
#计算机整机制造	Manufacture of Entired Computer	588	569		39344
计算机零部件制造	Manufacture of Computer Components and Parts	3177	319	572	7778
计算机外围设备制造	Manufacture of Computer Peripheral Equipment		16	1318	9434
办公设备制造	Manufacture of Office Equipment				20869
医疗仪器设备及仪器仪表制造业	**Manufacture of Medical Equipments and Measuring Instrument**	**13288**	**2345**	**1337**	**136870**
1.医疗仪器设备及器械制造	Manufacture of Medical Equipment and Appliance	2914		1303	30757
2.仪器仪表制造	Manufacture of Measuring Instrument	10374	2345	34	106113

2-6-3 续表 continued

单位：万元 (10000 yuan)

行业	Industry	中型企业 Medium-sized Enterprises 引进技术经费支出 Expenditure for Acquisition of Foreign Technology	消化吸收经费支出 Expenditure for Assimilation of Technology	购买国内技术经费支出 Expenditure for Purchase of Domestic Technology	技术改造经费支出 Expenditure for Technical Renovation
合计	**Total**	**138323**	**31620**	**114474**	**979086**
医药制造业	**Manufacture of Medicines**	**14030**	**19850**	**61919**	**511317**
#化学药品制造	Manufacture of Chemical Medicine	8905	12103	33281	248918
中成药生产	Production of Finished Traditional Chinese Herbal Medicine	276	1841	15344	197705
生物药品制造	Manufacture of Biological Medicine	3112	4203	6650	43132
航空、航天器及设备制造业	**Manufacture of Aircrafts and Spacecrafts and Related Equipment**	**265**		**463**	**29109**
#飞机制造	Manufacture of Airplanes				16498
航天器制造	Manufacture of Spacecrafts	265		463	5557
电子及通信设备制造业	**Manufacture of Electronic Equipment and Communication Equipment**	**46094**	**7350**	**39041**	**294024**
#通信设备制造	Manufacture of Communication Equipment	589	744	4747	18786
#通信系统设备制造	Manufacture of Communication System Equipment	589	167	686	11455
通信终端设备制造	Manufacture of Communication Terminal Equipment		578	4061	7331
广播电视设备制造	Manufacture of Broadcasting and TV Equipment	687	52	2129	13644
雷达及配套设备制造	Manufacture of Radar and Its Fittings				1615
视听设备制造	Manufacture of TV Set and Radio Receiver	4414	1343	1980	14468
电子器件制造	Manufacture of Electronic Appliances	21726	1905	7596	50659
#电子真空器件制造	Manufacture of Electronic Vacuum Appliance		1356		609
半导体分立器件制造	Manufacture of Semiconductor Discreting Appliances	1366		180	4265
集成电路制造	Manufacture of Integrate Circuit	18646	183	1334	3098
电子元件制造	Manufacture of Electronic Components	15716	2618	21489	143634
其他电子设备制造	Manufacture of Other Electronic Equipment	1721	76	19	18188
计算机及办公设备制造业	**Manufacture of Computers and Office Equipment**	**1112**	**2**	**1640**	**6957**
#计算机整机制造	Manufacture of Entired Computer				353
计算机零部件制造	Manufacture of Computer Components and Parts				2254
计算机外围设备制造	Manufacture of Computer Peripheral Equipment	1061		940	1347
办公设备制造	Manufacture of Office Equipment	52			889
医疗仪器设备及仪器仪表制造业	**Manufacture of Medical Equipments and Measuring Instrument**	**76822**	**4418**	**11411**	**137680**
1.医疗仪器设备及器械制造	Manufacture of Medical Equipment and Appliance	40049	1260	301	41355
2.仪器仪表制造	Manufacture of Measuring Instrument	36772	3159	11110	96325

2-6-4　按行业分国有及国有控股企业高技术产业技术获取和技术改造情况(2014年)

Technology Acquisition and Renovation in High-tech Industry of State-owned and State-controlled Enterprises by Industrial Sector (2014)

单位：万元　　(10000 yuan)

行　业	Industry	引进技术经费支出 Expenditure for Acquisition of Foreign Technology	消化吸收经费支出 Expenditure for Assimilation of Technology	购买国内技术经费支出 Expenditure for Purchase of Domestic Technology	技术改造经费支出 Expenditure for Technical Renovation
合计	**Total**	**95929**	**38599**	**190904**	**1317138**
医药制造业	**Manufacture of Medicines**	**13608**	**18736**	**28958**	**252532**
#化学药品制造	Manufacture of Chemical Medicine	4671	16383	23569	157845
中成药生产	Production of Finished Traditional Chinese Herbal Medicine	178	872	3864	75486
生物药品制造	Manufacture of Biological Medicine	2328	200	374	4699
航空、航天器及设备制造业	**Manufacture of Aircrafts and Spacecrafts and Related Equipment**	**11364**	**202**	**102395**	**693487**
#飞机制造	Manufacture of Airplanes	11019	202	101932	673176
航天器制造	Manufacture of Spacecrafts	345		463	9573
电子及通信设备制造业	**Manufacture of Electronic Equipment and Communication Equipment**	**70098**	**18905**	**50448**	**271792**
#通信设备制造	Manufacture of Communication Equipment	738	496	3070	30264
#通信系统设备制造	Manufacture of Communication System Equipment	738	236	711	15149
通信终端设备制造	Manufacture of Communication Terminal Equipment		260	2359	15115
广播电视设备制造	Manufacture of Broadcasting and TV Equipment		95	303	10
雷达及配套设备制造	Manufacture of Radar and Its Fittings	907	907	12420	45603
视听设备制造	Manufacture of TV Set and Radio Receiver	11840	3640	110	43186
电子器件制造	Manufacture of Electronic Appliances	47678	10431	15819	59731
#电子真空器件制造	Manufacture of Electronic Vacuum Appliance			1327	106
半导体分立器件制造	Manufacture of Semiconductor Discreting Appliances			304	9198
集成电路制造	Manufacture of Integrate Circuit	6861	10151	1520	7351
电子元件制造	Manufacture of Electronic Components	7203	35	18726	83237
其他电子设备制造	Manufacture of Other Electronic Equipment	1719			6701
计算机及办公设备制造业	**Manufacture of Computers and Office Equipment**		**582**	**3700**	**60981**
#计算机整机制造	Manufacture of Entired Computer		566		39344
计算机零部件制造	Manufacture of Computer Components and Parts				498
计算机外围设备制造	Manufacture of Computer Peripheral Equipment		16	1788	1356
办公设备制造	Manufacture of Office Equipment				19782
医疗仪器设备及仪器仪表制造业	**Manufacture of Medical Equipments and Measuring Instrument**	**859**	**174**	**5403**	**38346**
1.医疗仪器设备及器械制造	Manufacture of Medical Equipment and Appliance	503		506	8129
2.仪器仪表制造	Manufacture of Measuring Instrument	356	174	4897	30216

2-6-5 按行业和登记注册类型分高技术产业技术获取和技术改造情况(2014年)

Technology Acquisition and Renovation in High-tech Industry by Industrial Sector and Registration Status(2014)

单位：万元 (10000 yuan)

行业	Industry	内资企业 Domestic Funded			
		引进技术经费支出 Expenditure for Acquisition of Foreign Technology	消化吸收经费支出 Expenditure for Assimilation of Technology	购买国内技术经费支出 Expenditure for Purchase of Domestic Technology	技术改造经费支出 Expenditure for Technical Renovation
合计	**Total**	**214122**	**107625**	**380902**	**3196147**
医药制造业	**Manufacture of Medicines**	**28024**	**63630**	**153530**	**1097244**
#化学药品制造	Manufacture of Chemical Medicine	13037	36478	93057	585595
中成药生产	Production of Finished Traditional Chinese Herbal Medicine	1551	13520	37390	310036
生物药品制造	Manufacture of Biological Medicine	3947	4981	9715	87385
航空、航天器及设备制造业	**Manufacture of Aircrafts and Spacecrafts and Related Equipment**	**29014**	**3190**	**103159**	**706874**
#飞机制造	Manufacture of Airplanes	13569	70	102232	681435
航天器制造	Manufacture of Spacecrafts	345		463	9573
电子及通信设备制造业	**Manufacture of Electronic Equipment and Communication Equipment**	**140816**	**34741**	**104996**	**1033933**
#通信设备制造	Manufacture of Communication Equipment	22991	2069	10509	63606
#通信系统设备制造	Manufacture of Communication System Equipment	2350	1428	5792	43249
通信终端设备制造	Manufacture of Communication Terminal Equipment	20641	641	4717	20357
广播电视设备制造	Manufacture of Broadcasting and TV Equipment	727	483	2533	22143
雷达及配套设备制造	Manufacture of Radar and Its Fittings	907	907	12420	45768
视听设备制造	Manufacture of TV Set and Radio Receiver	16317	7348	1177	87623
电子器件制造	Manufacture of Electronic Appliances	75688	13199	28020	213174
#电子真空器件制造	Manufacture of Electronic Vacuum Appliance	10		1327	17236
半导体分立器件制造	Manufacture of Semiconductor Discreting Appliances	342	545	824	14185
集成电路制造	Manufacture of Integrate Circuit	31505	10649	7094	34615
电子元件制造	Manufacture of Electronic Components	16053	2359	29587	308318
其他电子设备制造	Manufacture of Other Electronic Equipment	2989	1795	1540	37431
计算机及办公设备制造业	**Manufacture of Computers and Office Equipment**	**2126**	**903**	**3883**	**78082**
#计算机整机制造	Manufacture of Entired Computer	1872	566	490	40097
计算机零部件制造	Manufacture of Computer Components and Parts	202	319	572	3445
计算机外围设备制造	Manufacture of Computer Peripheral Equipment		16	1791	7638
办公设备制造	Manufacture of Office Equipment	52			24787
医疗仪器设备及仪器仪表制造业	**Manufacture of Medical Equipments and Measuring Instrument**	**14142**	**5161**	**15335**	**280014**
1.医疗仪器设备及器械制造	Manufacture of Medical Equipment and Appliance	5478	257	1481	72540
2.仪器仪表制造	Manufacture of Measuring Instrument	8664	4904	13854	207474

2-6-5 续表 1 continued

单位：万元 (10000 yuan)

行 业	Industry	#国有企业 State-owned Enterprises 引进技术经费支出 Expenditure for Acquisition of Foreign Technology	消化吸收经费支出 Expenditure for Assimilation of Technology	购买国内技术经费支出 Expenditure for Purchase of Domestic Technology	技术改造经费支出 Expenditure for Technical Renovation
合计	**Total**	**779**	**110**	**1059**	**115644**
医药制造业	**Manufacture of Medicines**				**14976**
#化学药品制造	Manufacture of Chemical Medicine				10501
中成药生产	Production of Finished Traditional Chinese Herbal Medicine				1012
生物药品制造	Manufacture of Biological Medicine				3455
航空、航天器及设备制造业	**Manufacture of Aircrafts and Spacecrafts and Related Equipment**	**630**		**69**	**33093**
#飞机制造	Manufacture of Airplanes	550		69	21309
航天器制造	Manufacture of Spacecrafts	80			1989
电子及通信设备制造业	**Manufacture of Electronic Equipment and Communication Equipment**	**149**	**80**	**25**	**46548**
#通信设备制造	Manufacture of Communication Equipment	149	80	25	176
#通信系统设备制造	Manufacture of Communication System Equipment	149	80	25	176
通信终端设备制造	Manufacture of Communication Terminal Equipment				
广播电视设备制造	Manufacture of Broadcasting and TV Equipment				
雷达及配套设备制造	Manufacture of Radar and Its Fittings				17487
视听设备制造	Manufacture of TV Set and Radio Receiver				
电子器件制造	Manufacture of Electronic Appliances				811
#电子真空器件制造	Manufacture of Electronic Vacuum Appliance				
半导体分立器件制造	Manufacture of Semiconductor Discreting Appliances				
集成电路制造	Manufacture of Integrate Circuit				
电子元件制造	Manufacture of Electronic Components				28073
其他电子设备制造	Manufacture of Other Electronic Equipment				
计算机及办公设备制造业	**Manufacture of Computers and Office Equipment**				
#计算机整机制造	Manufacture of Entired Computer				
计算机零部件制造	Manufacture of Computer Components and Parts				
计算机外围设备制造	Manufacture of Computer Peripheral Equipment				
办公设备制造	Manufacture of Office Equipment				
医疗仪器设备及仪器仪表制造业	**Manufacture of Medical Equipments and Measuring Instrument**		**30**	**965**	**21027**
1.医疗仪器设备及器械制造	Manufacture of Medical Equipment and Appliance			506	7705
2.仪器仪表制造	Manufacture of Measuring Instrument		30	459	13322

2-6-5 续表 2 continued

单位：万元 (10000 yuan)

行业	Industry	港澳台投资企业 Enterprises with Funds from Hong Kong, Macau and Taiwan			
		引进技术经费支出 Expenditure for Acquisition of Foreign Technology	消化吸收经费支出 Expenditure for Assimilation of Technology	购买国内技术经费支出 Expenditure for Purchase of Domestic Technology	技术改造经费支出 Expenditure for Technical Renovation
合计	**Total**	**154455**	**15403**	**60566**	**240589**
医药制造业	**Manufacture of Medicines**	**8353**	**8986**	**19818**	**89221**
#化学药品制造	Manufacture of Chemical Medicine	7787	8847	14113	53389
中成药生产	Production of Finished Traditional Chinese Herbal Medicine		94	3252	18674
生物药品制造	Manufacture of Biological Medicine	566		755	16534
航空、航天器及设备制造业	**Manufacture of Aircrafts and Spacecrafts and Related Equipment**		**118**		**640**
#飞机制造	Manufacture of Airplanes				640
航天器制造	Manufacture of Spacecrafts				
电子及通信设备制造业	**Manufacture of Electronic Equipment and Communication Equipment**	**134431**	**5120**	**38899**	**115719**
#通信设备制造	Manufacture of Communication Equipment	534		2100	3916
#通信系统设备制造	Manufacture of Communication System Equipment				3855
通信终端设备制造	Manufacture of Communication Terminal Equipment	534		2100	61
广播电视设备制造	Manufacture of Broadcasting and TV Equipment			282	14138
雷达及配套设备制造	Manufacture of Radar and Its Fittings				
视听设备制造	Manufacture of TV Set and Radio Receiver	37980	110	23363	20399
电子器件制造	Manufacture of Electronic Appliances	58649	3847	642	19447
#电子真空器件制造	Manufacture of Electronic Vacuum Appliance				
半导体分立器件制造	Manufacture of Semiconductor Discreting Appliances		75		2287
集成电路制造	Manufacture of Integrate Circuit	1668	3752		2455
电子元件制造	Manufacture of Electronic Components	14784	1081	5448	51559
其他电子设备制造	Manufacture of Other Electronic Equipment	67			3096
计算机及办公设备制造业	**Manufacture of Computers and Office Equipment**	**1061**	**3**		**5951**
#计算机整机制造	Manufacture of Entired Computer		3		
计算机零部件制造	Manufacture of Computer Components and Parts				25
计算机外围设备制造	Manufacture of Computer Peripheral Equipment	1061			1402
办公设备制造	Manufacture of Office Equipment				240
医疗仪器设备及仪器仪表制造业	**Manufacture of Medical Equipments and Measuring Instrument**	**10610**	**1176**	**1849**	**29058**
1.医疗仪器设备及器械制造	Manufacture of Medical Equipment and Appliance	1139	558	955	5378
2.仪器仪表制造	Manufacture of Measuring Instrument	9472	618	894	23680

2-6-5 续表 3 continued

单位：万元 (10000 yuan)

行 业	Industry	外商投资企业 Foreign Funded Enterprises			
		引进技术经费支出 Expenditure for Acquisition of Foreign Technology	消化吸收经费支出 Expenditure for Assimilation of Technology	购买国内技术经费支出 Expenditure for Purchase of Domestic Technology	技术改造经费支出 Expenditure for Technical Renovation
合计	**Total**	**262455**	**49636**	**71093**	**308204**
医药制造业	**Manufacture of Medicines**	**7259**	**6747**	**19705**	**74430**
#化学药品制造	Manufacture of Chemical Medicine	6909	5974	15678	62815
中成药生产	Production of Finished Traditional Chinese Herbal Medicine		727	3584	5572
生物药品制造	Manufacture of Biological Medicine			373	3878
航空、航天器及设备制造业	**Manufacture of Aircrafts and Spacecrafts and Related Equipment**		**132**		**5033**
#飞机制造	Manufacture of Airplanes		132		4958
航天器制造	Manufacture of Spacecrafts				
电子及通信设备制造业	**Manufacture of Electronic Equipment and Communication Equipment**	**179154**	**40394**	**48544**	**186580**
#通信设备制造	Manufacture of Communication Equipment	56106	734	41576	12910
#通信系统设备制造	Manufacture of Communication System Equipment	2026			8638
通信终端设备制造	Manufacture of Communication Terminal Equipment	54080	734	41576	4272
广播电视设备制造	Manufacture of Broadcasting and TV Equipment	2203	1095		2106
雷达及配套设备制造	Manufacture of Radar and Its Fittings				
视听设备制造	Manufacture of TV Set and Radio Receiver	53011	28044	6316	5143
电子器件制造	Manufacture of Electronic Appliances	27160	5321	48	124044
#电子真空器件制造	Manufacture of Electronic Vacuum Appliance		1356		
半导体分立器件制造	Manufacture of Semiconductor Discreting Appliances	1597	1046	35	2123
集成电路制造	Manufacture of Integrate Circuit	6145	650		79552
电子元件制造	Manufacture of Electronic Components	39029	2593	574	33560
其他电子设备制造	Manufacture of Other Electronic Equipment	393			1031
计算机及办公设备制造业	**Manufacture of Computers and Office Equipment**	**2997**		**2436**	**11075**
#计算机整机制造	Manufacture of Entired Computer				
计算机零部件制造	Manufacture of Computer Components and Parts	2976			7263
计算机外围设备制造	Manufacture of Computer Peripheral Equipment	21		524	2646
办公设备制造	Manufacture of Office Equipment				1118
医疗仪器设备及仪器仪表制造业	**Manufacture of Medical Equipments and Measuring Instrument**	**73045**	**2363**	**408**	**31086**
1.医疗仪器设备及器械制造	Manufacture of Medical Equipment and Appliance	39258	635	177	9384
2.仪器仪表制造	Manufacture of Measuring Instrument	33787	1728	231	21702

2-6-6 按地区和企业规模分高技术产业技术获取和技术改造情况(2014年)

Technology Acquisition and Renovation in High-tech Industry by Region and Scale of Enterprises(2014)

单位：万元 (10000 yuan)

地区	Region	大型企业 Large-sized Enterprises			
		引进技术经费支出 Expenditure for Acquisition of Foreign Technology	消化吸收经费支出 Expenditure for Assimilation of Technology	购买国内技术经费支出 Expenditure for Purchase of Domestic Technology	技术改造经费支出 Expenditure for Technical Renovation
全　国	**Total**	**428655**	**117564**	**352608**	**2186256**
东部地区	Eastern Region	406693	94680	220104	1214465
中部地区	Middle Region	7391	17330	99449	177861
西部地区	Western Region	9783	4607	24588	439479
东北地区	Northeaastern Region	4789	946	8467	354451
北　京	Beijing	8313	566		2357
天　津	Tianjin	36277			2792
河　北	Hebei	3357	6031	8753	44209
山　西	Shanxi				
内蒙古	Inner Mongolia				
辽　宁	Liaoning	4689	46	7141	285674
吉　林	Jilin	100	900	462	8403
黑龙江	Heilongjiang			864	60375
上　海	Shanghai	10329	31533	7900	14712
江　苏	Jiangsu	149343	19048	35263	482967
浙　江	Zhejiang	7646	11499	21737	186637
安　徽	Anhui		3		33640
福　建	Fujian	74275	3272	64708	63620
江　西	Jiangxi	480	81	93843	11601
山　东	Shandong	22558	16462	34290	289286
河　南	Henan	1102	2495	1362	36001
湖　北	Hubei	5809	13955	1279	41029
湖　南	Hunan		796	2965	55589
广　东	Guangdong	94594	6269	47453	127887
广　西	Guangxi		88	2927	5426
海　南	Hainan				
重　庆	Chongqing	178	90	525	16868
四　川	Sichuan	8474	3947	11724	102571
贵　州	Guizhou			260	32631
云　南	Yunnan		432	269	771
西　藏	Tibet				
陕　西	Shaanxi	1095		8784	249471
甘　肃	Gansu				16238
青　海	Qinghai				
宁　夏	Ningxia				15444
新　疆	Xinjiang	37	50	100	60

2-6-6 续表 continued

单位：万元 (10000 yuan)

地区	Region	中型企业 Medium-sized Enterprises			
		引进技术经费支出 Expenditure for Acquisition of Foreign Technology	消化吸收经费支出 Expenditure for Assimilation of Technology	购买国内技术经费支出 Expenditure for Purchase of Domestic Technology	技术改造经费支出 Expenditure for Technical Renovation
全　国	**Total**	**138323**	**31620**	**114474**	**979086**
东部地区	Eastern Region	130450	21220	91556	595313
中部地区	Middle Region	4065	8432	13895	219582
西部地区	Western Region	3493	1945	7530	150941
东北地区	Northeaastern Region	315	24	1492	13251
北　京	Beijing	45928	105	2808	7191
天　津	Tianjin	1951	1260	228	24220
河　北	Hebei			2132	4985
山　西	Shanxi		891	917	22943
内蒙古	Inner Mongolia				
辽　宁	Liaoning	50	10	1002	5948
吉　林	Jilin				2231
黑龙江	Heilongjiang	265	14	490	5072
上　海	Shanghai	26190	810	24678	14521
江　苏	Jiangsu	24828	7952	13339	251551
浙　江	Zhejiang	3707	2691	9832	115484
安　徽	Anhui	3211	490	2258	31445
福　建	Fujian	7254	1450	11644	35839
江　西	Jiangxi	29	1	4954	10199
山　东	Shandong	1939	1741	17239	52890
河　南	Henan	333	882	2845	5870
湖　北	Hubei		3637	641	74206
湖　南	Hunan	493	2532	2281	74920
广　东	Guangdong	18372	3163	5779	84535
广　西	Guangxi		35	21	11419
海　南	Hainan	281	2048	3877	4098
重　庆	Chongqing	801	590	2887	25252
四　川	Sichuan	2653	562	3517	73330
贵　州	Guizhou	40	50		7276
云　南	Yunnan				9365
西　藏	Tibet				
陕　西	Shaanxi		244	1105	16489
甘　肃	Gansu				3251
青　海	Qinghai				
宁　夏	Ningxia		465		1502
新　疆	Xinjiang				3057

2-6-7 各地区国有及国有控股企业高技术产业技术获取和技术改造情况(2014年)

Technology Acquisition and Renovation in High-tech Industry of State-owned and State-controlled Enterprises by Region (2014)

单位：万元 (10000 yuan)

地区	Region	引进技术经费支出 Expenditure for Acquisition of Foreign Technology	消化吸收经费支出 Expenditure for Assimilation of Technology	购买国内技术经费支出 Expenditure for Purchase of Domestic Technology	技术改造经费支出 Expenditure for Technical Renovation
全　国	**Total**	**95929**	**38599**	**190904**	**1317138**
东部地区	Eastern Region	76954	22092	59941	336179
中部地区	Middle Region	3841	15275	100301	193545
西部地区	Western Region	10180	1172	21516	443717
东北地区	Northeaastern Region	4954	60	9146	343696
北　京	Beijing	4830	588	97	12398
天　津	Tianjin	143	1360	212	26026
河　北	Hebei	1019	1240	1870	16667
山　西	Shanxi				
内蒙古	Inner Mongolia				
辽　宁	Liaoning	4689	46	7791	285674
吉　林	Jilin				78
黑龙江	Heilongjiang	265	14	1355	57945
上　海	Shanghai	8364		25250	2936
江　苏	Jiangsu	311	112	1224	20595
浙　江	Zhejiang	3389	9404	12669	76812
安　徽	Anhui	52	115	1323	24930
福　建	Fujian	40310		14184	5218
江　西	Jiangxi	3	70	93979	4026
山　东	Shandong	18437	9321	2732	120740
河　南	Henan		1156	1560	26942
湖　北	Hubei	3786	12672	900	86866
湖　南	Hunan		1262	2539	50782
广　东	Guangdong	152	68	1703	53754
广　西	Guangxi				372
海　南	Hainan				1034
重　庆	Chongqing	451	75	1138	9180
四　川	Sichuan	8595	1047	11545	132798
贵　州	Guizhou	40	50		42860
云　南	Yunnan				5576
西　藏	Tibet				
陕　西	Shaanxi	1095		8784	248081
甘　肃	Gansu				2204
青　海	Qinghai				
宁　夏	Ningxia				
新　疆	Xinjiang			50	2647

2-6-8 按地区和登记注册类型分高技术产业技术获取和技术改造情况(2014年)

Technology Acquisition and Renovation in High-tech Industry by Region and Registration Status(2014)

单位：万元 (10000 yuan)

地区	Region	内资企业 Domestic Funded			
		引进技术经费支出 Expenditure for Acquisition of Foreign Technology	消化吸收经费支出 Expenditure for Assimilation of Technology	购买国内技术经费支出 Expenditure for Purchase of Domestic Technology	技术改造经费支出 Expenditure for Technical Renovation
全 国	**Total**	**214122**	**107625**	**380902**	**3196147**
东部地区	Eastern Region	183446	73528	213986	1655372
中部地区	Middle Region	13651	25314	118211	553593
西部地区	Western Region	11238	6856	34452	628962
东北地区	Northeaastern Region	5786	1927	14253	358220
北 京	Beijing	6480	588	3971	13459
天 津	Tianjin	252	1440	462	27638
河 北	Hebei	1158	1495	2455	37366
山 西	Shanxi		891	917	25427
内蒙古	Inner Mongolia		100	64	23424
辽 宁	Liaoning	5321	998	13253	292719
吉 林	Jilin	100	916	474	11461
黑龙江	Heilongjiang	365	14	526	54040
上 海	Shanghai	8364	60	27382	10838
江 苏	Jiangsu	33765	32784	35427	682640
浙 江	Zhejiang	12090	15780	34474	346601
安 徽	Anhui	3873	1255	4070	77238
福 建	Fujian	49002	755	47822	59831
江 西	Jiangxi	509	132	99371	28614
山 东	Shandong	30237	17720	46359	323436
河 南	Henan	1374	3157	4582	40832
湖 北	Hubei	7075	15782	2943	131719
湖 南	Hunan	820	4097	6328	249763
广 东	Guangdong	41992	2556	11994	150126
广 西	Guangxi		159	3350	10878
海 南	Hainan	107	350	3639	3437
重 庆	Chongqing	785	809	3608	40125
四 川	Sichuan	8973	4680	15725	177311
贵 州	Guizhou	78	50	260	47665
云 南	Yunnan		512	914	13899
西 藏	Tibet				73
陕 西	Shaanxi	1366	30	10382	273159
甘 肃	Gansu				21248
青 海	Qinghai				
宁 夏	Ningxia		465		17440
新 疆	Xinjiang	37	50	150	3741

2-6-8 续表 1 continued

单位：万元 (10000 yuan)

地区	Region	#国有企业 State-owned Enterprises 引进技术经费支出 Expenditure for Acquisition of Foreign Technology	消化吸收经费支出 Expenditure for Assimilation of Technology	购买国内技术经费支出 Expenditure for Purchase of Domestic Technology	技术改造经费支出 Expenditure for Technical Renovation
全　国	**Total**	**779**	**110**	**1059**	**115644**
东部地区	Eastern Region	25		945	12644
中部地区	Middle Region	550		69	15659
西部地区	Western Region	205	110	45	87287
东北地区	Northeaastern Region				55
北　京	Beijing				3195
天　津	Tianjin				
河　北	Hebei				614
山　西	Shanxi				
内蒙古	Inner Mongolia				
辽　宁	Liaoning				
吉　林	Jilin				55
黑龙江	Heilongjiang				
上　海	Shanghai	25		439	
江　苏	Jiangsu				1170
浙　江	Zhejiang				
安　徽	Anhui				4026
福　建	Fujian				
江　西	Jiangxi				
山　东	Shandong			506	7650
河　南	Henan				891
湖　北	Hubei	550		69	3532
湖　南	Hunan				7210
广　东	Guangdong				14
广　西	Guangxi				279
海　南	Hainan				
重　庆	Chongqing		30	20	60
四　川	Sichuan	149	80	25	30356
贵　州	Guizhou				5253
云　南	Yunnan				3455
西　藏	Tibet				
陕　西	Shaanxi	56			47883
甘　肃	Gansu				
青　海	Qinghai				
宁　夏	Ningxia				
新　疆	Xinjiang				

2-6-8 续表 2 continued

单位：万元 (10000 yuan)

地 区	Region	港澳台投资企业 Enterprises with Funds from Hong Kong, Macau and Taiwan			
		引进技术经费支出 Expenditure for Acquisition of Foreign Technology	消化吸收经费支出 Expenditure for Assimilation of Technology	购买国内技术经费支出 Expenditure for Purchase of Domestic Technology	技术改造经费支出 Expenditure for Technical Renovation
全 国	**Total**	**154455**	**15403**	**60566**	**240589**
东部地区	Eastern Region	138126	15074	60311	185297
中部地区	Middle Region	15983	235	243	30941
西部地区	Western Region	296	84	12	20951
东北地区	Northeaastern Region	50	10		3400
北 京	Beijing	538		1598	
天 津	Tianjin	15260			
河 北	Hebei	2649	4428	5860	1847
山 西	Shanxi				
内 蒙 古	Inner Mongolia				
辽 宁	Liaoning	50	10		2200
吉 林	Jilin				
黑 龙 江	Heilongjiang				1200
上 海	Shanghai	5817	4180	5268	5328
江 苏	Jiangsu	75004	266	8310	83961
浙 江	Zhejiang	2873	185	2403	7750
安 徽	Anhui		3		7018
福 建	Fujian	16494	1108	29010	15901
江 西	Jiangxi				1836
山 东	Shandong	966	976	5088	12995
河 南	Henan		200		3600
湖 北	Hubei	15983	32	43	36
湖 南	Hunan			200	18450
广 东	Guangdong	18525	3931	2749	56773
广 西	Guangxi				7318
海 南	Hainan			25	743
重 庆	Chongqing	98			3642
四 川	Sichuan	198	84	12	9788
贵 州	Guizhou				141
云 南	Yunnan				10
西 藏	Tibet				
陕 西	Shaanxi				
甘 肃	Gansu				
青 海	Qinghai				
宁 夏	Ningxia				52
新 疆	Xinjiang				

2-6-8 续表 3 continued

单位：万元 (10000 yuan)

地区	Region	外商投资企业 Foreign Funded Enterprises 引进技术经费支出 Expenditure for Acquisition of Foreign Technology	消化吸收经费支出 Expenditure for Assimilation of Technology	购买国内技术经费支出 Expenditure for Purchase of Domestic Technology	技术改造经费支出 Expenditure for Technical Renovation
全国	**Total**	**262455**	**49636**	**71093**	**308204**
东部地区	Eastern Region	260177	47021	70142	282075
中部地区	Middle Region	60	2361	39	6734
西部地区	Western Region	2218	254	48	8474
东北地区	Northeaastern Region			864	10921
北京	Beijing	49560	105	3	378
天津	Tianjin	22967		1	384
河北	Hebei		673	2600	11941
山西	Shanxi				
内蒙古	Inner Mongolia				
辽宁	Liaoning				76
吉林	Jilin				
黑龙江	Heilongjiang			864	10845
上海	Shanghai	24917	28274	45	15855
江苏	Jiangsu	88764	7511	19881	111296
浙江	Zhejiang	1446	1181	272	16958
安徽	Anhui				316
福建	Fujian	16491	3064	2490	43333
江西	Jiangxi				1580
山东	Shandong	2464	841	2343	37053
河南	Henan	60	60	30	972
湖北	Hubei		2301	9	1444
湖南	Hunan				2422
广东	Guangdong	53309	3676	42099	43458
广西	Guangxi			18	165
海南	Hainan	258	1698	408	1421
重庆	Chongqing	96	10	30	110
四川	Sichuan	2123			5824
贵州	Guizhou				
云南	Yunnan				826
西藏	Tibet				
陕西	Shaanxi		244		1459
甘肃	Gansu				
青海	Qinghai				
宁夏	Ningxia				
新疆	Xinjiang				90

2-6-9 按地区和行业分高技术产业技术获取和技术改造情况(2014年)

Technology Acquisition and Renovation in High-tech Industry by Region and Industrial Sector(2014)

单位：万元 (10000 yuan)

地区	Region	医药制造业 Medical and Pharmaceutical Products Manufacturing			
		引进技术经费支出 Expenditure for Acquisition of Foreign Technology	消化吸收经费支出 Expenditure for Assimilation of Technology	购买国内技术经费支出 Expenditure for Purchase of Domestic Technology	技术改造经费支出 Expenditure for Technical Renovation
全国	**Total**	**43636**	**79363**	**193053**	**1260895**
东部地区	Eastern Region	33920	62517	153440	779782
中部地区	Middle Region	6307	11402	16354	278858
西部地区	Western Region	3040	3749	13073	169162
东北地区	Northeaastern Region	369	1696	10186	33093
北京	Beijing	4052		4461	3907
天津	Tianjin	102	1100	328	5882
河北	Hebei	3435	6341	10374	26784
山西	Shanxi		891	917	23768
内蒙古	Inner Mongolia		100	60	23424
辽宁	Liaoning	369	766	8785	12246
吉林	Jilin		916	474	11406
黑龙江	Heilongjiang		14	927	9441
上海	Shanghai	350	60	2572	8863
江苏	Jiangsu	5479	22809	46996	227597
浙江	Zhejiang	4877	12214	21825	193177
安徽	Anhui	2702	573	3079	26631
福建	Fujian	831	45	4914	17034
江西	Jiangxi	3		4659	17128
山东	Shandong	10214	14158	50405	228449
河南	Henan	963	1296	2822	16729
湖北	Hubei	2398	5125	1979	74787
湖南	Hunan	241	3517	2898	119815
广东	Guangdong	4216	3742	7495	62488
广西	Guangxi		123	3367	12110
海南	Hainan	366	2048	4072	5601
重庆	Chongqing	785	675	3335	39353
四川	Sichuan	2181	1823	3465	39755
贵州	Guizhou	38		260	4654
云南	Yunnan		512	914	14723
西藏	Tibet				73
陕西	Shaanxi			1572	9328
甘肃	Gansu				4472
青海	Qinghai				
宁夏	Ningxia		465		17440
新疆	Xinjiang	37	50	100	3831

2-6-9 续表 1 continued

单位：万元 (10000 yuan)

地 区	Region	航空、航天器及设备制造业 Manufacture of Aircrafts and Spacecrafts and Related Equipment 引进技术经费支出 Expenditure for Acquisition of Foreign Technology	消化吸收经费支出 Expenditure for Assimilation of Technology	购买国内技术经费支出 Expenditure for Purchase of Domestic Technology	技术改造经费支出 Expenditure for Technical Renovation
全 国	**Total**	**29014**	**3440**	**103159**	**712547**
东部地区	Eastern Region	17575	3370	680	23953
中部地区	Middle Region	550	70	93911	52812
西部地区	Western Region	5855		4137	304655
东北地区	Northeaastern Region	5035		4431	331127
北 京	Beijing				6386
天 津	Tianjin		80		50
河 北	Hebei				1039
山 西	Shanxi				
内 蒙 古	Inner Mongolia				
辽 宁	Liaoning	4670		3968	278678
吉 林	Jilin				
黑 龙 江	Heilongjiang	365		463	52449
上 海	Shanghai	25			
江 苏	Jiangsu	17550	3040	680	16186
浙 江	Zhejiang				69
安 徽	Anhui				
福 建	Fujian		118		
江 西	Jiangxi		70	93842	
山 东	Shandong		132		223
河 南	Henan				16119
湖 北	Hubei	550		69	11828
湖 南	Hunan				24865
广 东	Guangdong				
广 西	Guangxi				
海 南	Hainan				
重 庆	Chongqing				
四 川	Sichuan	4760		3482	78922
贵 州	Guizhou				30249
云 南	Yunnan				
西 藏	Tibet				
陕 西	Shaanxi	1095		655	195485
甘 肃	Gansu				
青 海	Qinghai				
宁 夏	Ningxia				
新 疆	Xinjiang				

2-6-9 续表 2 continued

单位：万元 (10000 yuan)

地区	Region	电子及通信设备制造业 Manufacture of Electronic Equipment and Communication Equipment			
		引进技术经费支出 Expenditure for Acquisition of Foreign Technology	消化吸收经费支出 Expenditure for Assimilation of Technology	购买国内技术经费支出 Expenditure for Purchase of Domestic Technology	技术改造经费支出 Expenditure for Technical Renovation
全　国	**Total**	**454401**	**80254**	**192438**	**1336232**
东部地区	Eastern Region	427890	61916	171153	958366
中部地区	Middle Region	21721	15071	3807	208714
西部地区	Western Region	4444	3067	17178	165429
东北地区	Northeaastern Region	347	200	300	3723
北　京	Beijing	12307	105	200	2170
天　津	Tianjin	38185	260	135	21639
河　北	Hebei	40	65	41	18715
山　西	Shanxi				675
内蒙古	Inner Mongolia				
辽　宁	Liaoning	247	200	300	96
吉　林	Jilin	100			
黑龙江	Heilongjiang				3627
上　海	Shanghai	19421	32454	25480	18841
江　苏	Jiangsu	145026	9538	12693	420925
浙　江	Zhejiang	8220	4747	9941	153631
安　徽	Anhui	1042	528	527	50873
福　建	Fujian	79911	4180	72363	86494
江　西	Jiangxi	480	12	693	8342
山　东	Shandong	23234	4485	2564	88976
河　南	Henan		1418	845	2258
湖　北	Hubei	19993	12817	940	39316
湖　南	Hunan	207	296	802	107249
广　东	Guangdong	101545	6083	47736	146976
广　西	Guangxi		36		1481
海　南	Hainan				
重　庆	Chongqing	148	98	283	1871
四　川	Sichuan	4260	2933	8761	72151
贵　州	Guizhou				12753
云　南	Yunnan				
西　藏	Tibet				
陕　西	Shaanxi	36		8134	60397
甘　肃	Gansu				16777
青　海	Qinghai				
宁　夏	Ningxia				
新　疆	Xinjiang				

2-6-9 续表 3 continued

单位: 万元 (10000 yuan)

地区	Region	计算机及办公设备制造业 Manufacture of Computer and Office Equipments			
		引进技术经费支出 Expenditure for Acquisition of Foreign Technology	消化吸收经费支出 Expenditure for Assimilation of Technology	购买国内技术经费支出 Expenditure for Purchase of Domestic Technology	技术改造经费支出 Expenditure for Technical Renovation
全国	**Total**	**6183**	**906**	**6319**	**95108**
东部地区	Eastern Region	5930	568	3726	82344
中部地区	Middle Region	253	338	2590	8480
西部地区	Western Region			4	4284
东北地区	Northeaastern Region				
北京	Beijing	1284	566	490	330
天津	Tianjin				
河北	Hebei				
山西	Shanxi				
内蒙古	Inner Mongolia			4	
辽宁	Liaoning				
吉林	Jilin				
黑龙江	Heilongjiang				
上海	Shanghai				325
江苏	Jiangsu	2997		1294	12285
浙江	Zhejiang				420
安徽	Anhui		3		32
福建	Fujian			1912	1502
江西	Jiangxi				3460
山东	Shandong				40414
河南	Henan	202	319	572	529
湖北	Hubei				3619
湖南	Hunan	52	16	2018	840
广东	Guangdong	1649	2	30	27068
广西	Guangxi				4284
海南	Hainan				
重庆	Chongqing				
四川	Sichuan				
贵州	Guizhou				
云南	Yunnan				
西藏	Tibet				
陕西	Shaanxi				
甘肃	Gansu				
青海	Qinghai				
宁夏	Ningxia				
新疆	Xinjiang				

2-6-9 续表 4 continued

单位：万元 (10000 yuan)

地区	Region	医疗仪器设备及仪器仪表制造业 Manufacture of Medical Equipments and Measuring Instrument 引进技术经费支出 Expenditure for Acquisition of Foreign Technology	消化吸收经费支出 Expenditure for Assimilation of Technology	购买国内技术经费支出 Expenditure for Purchase of Domestic Technology	技术改造经费支出 Expenditure for Technical Renovation
全国	**Total**	**97797**	**8700**	**17592**	**340158**
东部地区	Eastern Region	96435	7251	15440	278300
中部地区	Middle Region	863	1030	1831	42403
西部地区	Western Region	415	378	121	14857
东北地区	Northeaastern Region	85	42	200	4598
北京	Beijing	38935	22	422	1044
天津	Tianjin	193			450
河北	Hebei	332	190	500	4615
山西	Shanxi				984
内蒙古	Inner Mongolia				
辽宁	Liaoning	85	42	200	3976
吉林	Jilin				55
黑龙江	Heilongjiang				568
上海	Shanghai	19301		4644	3992
江苏	Jiangsu	26480	5174	1955	200904
浙江	Zhejiang	3312	185	5384	24014
安徽	Anhui	130	154	464	7035
福建	Fujian	1246	584	134	14035
江西	Jiangxi	26	50	177	3100
山东	Shandong	219	761	822	15421
河南	Henan	270	385	373	9770
湖北	Hubei	117	174	7	3648
湖南	Hunan	320	268	810	17866
广东	Guangdong	6417	336	1581	13824
广西	Guangxi				487
海南	Hainan				
重庆	Chongqing	46	46	20	2653
四川	Sichuan	93	8	30	2096
贵州	Guizhou	40	50		150
云南	Yunnan				12
西藏	Tibet				
陕西	Shaanxi	236	274	21	9407
甘肃	Gansu				
青海	Qinghai				
宁夏	Ningxia				52
新疆	Xinjiang			50	

2-7-1 按行业分高技术产业企业办研发机构情况(2014年)

R&D Institutions in High-tech Industry by Industrial Sector (2014)

行业	Industry	有研发机构的企业数(个) Number of Enterprises with R&D Institutions (unit)	机构数(个) R&D Institutions (unit)	机构人员(人) Personnel in R&D Institutions (person)	机构经费支出(万元) Expenditure in R&D Institutions (10000 yuan)	#仪器设备 Equipment
合计	**Total**	**7614**	**9785**	**645640**	**16741781**	**11254027**
医药制造业	**Manufacture of Medicines**	**1999**	**2572**	**119821**	**2696351**	**2141737**
#化学药品制造	Manufacture of Chemical Medicine	820	1092	61536	1506323	1196067
中成药生产	Production of Finished Traditional Chinese Herbal Medicine	472	599	29398	578870	401016
生物药品制造	Manufacture of Biological Medicine	332	437	16074	409032	393505
航空、航天器及设备制造业	**Manufacture of Aircrafts and Spacecrafts and Related Equipment**	**112**	**165**	**32372**	**581369**	**958766**
#飞机制造	Manufacture of Airplanes	66	94	26863	463147	838667
航天器制造	Manufacture of Spacecrafts	9	15	1516	35225	48636
电子及通信设备制造业	**Manufacture of Electronic Equipment and Communication Equipment**	**3575**	**4611**	**359230**	**10913485**	**6336058**
#通信设备制造	Manufacture of Communication Equipment	365	536	125969	5673468	1085772
#通信系统设备制造	Manufacture of Communication System Equipment	233	362	107121	5203158	911736
通信终端设备制造	Manufacture of Communication Terminal Equipment	132	174	18848	470310	174036
广播电视设备制造	Manufacture of Broadcasting and TV Equipment	184	232	10782	204797	112866
雷达及配套设备制造	Manufacture of Radar and Its Fittings	26	47	9510	200479	291723
视听设备制造	Manufacture of TV Set and Radio Receiver	208	273	22719	770161	199743
电子器件制造	Manufacture of Electronic Appliances	821	1063	66175	1627840	1911036
#电子真空器件制造	Manufacture of Electronic Vacuum Appliance	23	25	1394	15617	23596
半导体分立器件制造	Manufacture of Semiconductor Discreting Appliances	123	152	6596	97131	119517
集成电路制造	Manufacture of Integrate Circuit	144	209	16637	548503	581562
电子元件制造	Manufacture of Electronic Components	1359	1622	79033	1431777	1600430
其他电子设备制造	Manufacture of Other Electronic Equipment	281	350	22032	511588	520243
计算机及办公设备制造业	**Manufacture of Computers and Office Equipment**	**353**	**453**	**52235**	**1072103**	**556140**
#计算机整机制造	Manufacture of Entired Computer	39	54	24198	553998	261942
计算机零部件制造	Manufacture of Computer Components and Parts	104	132	6589	102448	86938
计算机外围设备制造	Manufacture of Computer Peripheral Equipment	85	109	8176	191539	75070
办公设备制造	Manufacture of Office Equipment	61	74	4863	90451	31358
医疗仪器设备及仪器仪表制造业	**Manufacture of Medical Equipments and Measuring Instrument**	**1575**	**1984**	**81982**	**1478473**	**1261325**
1.医疗仪器设备及器械制造	Manufacture of Medical Equipment and Appliance	360	436	15294	334049	301066
2.仪器仪表制造	Manufacture of Measuring Instrument	1215	1548	66688	1144424	960259

2-7-2　各地区高技术产业企业办研发机构情况(2014年)

R&D Institutions in High-tech Industry by Region(2014)

地　区	Region	有研发机构的企业数(个) Number of Enterprises with R&D Institutions (unit)	机构数(个) R&D Institutions (unit)	机构人员(人) Personnel in R&D Institutions (person)	机构经费支出(万元) Expenditure in R&D Institutions (10000 yuan)	#仪器设备 Equipment
全　国	**Total**	**7614**	**9785**	**645640**	**16741781**	**11254027**
东部地区	Eastern Region	5846	7449	509296	14360099	8630560
中部地区	Middle Region	1015	1350	70305	1242648	1158447
西部地区	Western Region	578	757	48692	857945	1151287
东北地区	Northeaastern Region	175	229	17347	281089	313733
北　京	Beijing	250	304	22788	720191	271001
天　津	Tianjin	90	116	11892	262419	291062
河　北	Hebei	136	148	10875	189841	139808
山　西	Shanxi	33	52	2017	42209	28876
内蒙古	Inner Mongolia	16	18	519	20475	14288
辽　宁	Liaoning	72	107	9187	192767	205682
吉　林	Jilin	45	54	3262	35582	34732
黑龙江	Heilongjiang	58	68	4898	52740	73320
上　海	Shanghai	138	173	18765	679531	709465
江　苏	Jiangsu	2668	3364	148806	3341026	3680599
浙　江	Zhejiang	1051	1197	61843	1350707	797220
安　徽	Anhui	311	405	13967	227889	188989
福　建	Fujian	213	280	21617	517752	349159
江　西	Jiangxi	147	177	11464	171485	305673
山　东	Shandong	396	582	46723	1103577	843753
河　南	Henan	176	238	16189	229559	159037
湖　北	Hubei	134	204	16523	354962	322524
湖　南	Hunan	214	274	10145	216544	153347
广　东	Guangdong	889	1263	164682	6168823	1543076
广　西	Guangxi	57	70	2353	44911	42301
海　南	Hainan	15	22	1305	26232	5418
重　庆	Chongqing	103	141	5769	100433	71269
四　川	Sichuan	168	211	15271	265669	424096
贵　州	Guizhou	45	55	5654	113767	136133
云　南	Yunnan	47	51	2182	58663	36868
西　藏	Tibet	2	2	20	225	137
陕　西	Shaanxi	92	155	14299	213156	340159
甘　肃	Gansu	25	27	1284	26191	69770
青　海	Qinghai	2	2	25	772	1360
宁　夏	Ningxia	8	9	1033	10211	9037
新　疆	Xinjiang	13	16	283	3473	5869

2-7-3 按行业和企业规模分高技术产业企业办研发机构情况(2014年)

R&D Institutions in High-tech Industry by Industrial Sector and Scale of Enterprises(2014)

行业	Industry	大型企业 Large-sized Enterprises				
		有研发机构的企业数(个) Number of Enterprises with R&D Institutions (unit)	机构数(个) R&D Institutions (unit)	机构人员(人) Personnel in R&D Institutions (person)	机构经费支出(万元) Expenditure in R&D Institutions (10000 yuan)	#仪器设备 Equipment
合计	**Total**	**890**	**1632**	**367646**	**11648446**	**6570625**
医药制造业	**Manufacture of Medicines**	**187**	**350**	**45923**	**1168774**	**915537**
#化学药品制造	Manufacture of Chemical Medicine	112	245	28811	828729	592322
中成药生产	Production of Finished Traditional Chinese Herbal Medicine	57	83	13067	255548	167020
生物药品制造	Manufacture of Biological Medicine	12	13	2490	59675	131522
航空、航天器及设备制造业	**Manufacture of Aircrafts and Spacecrafts and Related Equipment**	**44**	**71**	**27071**	**461846**	**834606**
#飞机制造	Manufacture of Airplanes	31	53	23964	380749	763788
航天器制造	Manufacture of Spacecrafts	5	6	1316	34326	47773
电子及通信设备制造业	**Manufacture of Electronic Equipment and Communication Equipment**	**507**	**928**	**234896**	**8754043**	**4025547**
#通信设备制造	Manufacture of Communication Equipment	69	156	108150	5347395	855362
#通信系统设备制造	Manufacture of Communication System Equipment	31	102	95998	5009218	747613
通信终端设备制造	Manufacture of Communication Terminal Equipment	38	54	12152	338176	107749
广播电视设备制造	Manufacture of Broadcasting and TV Equipment	18	22	3072	75332	31059
雷达及配套设备制造	Manufacture of Radar and Its Fittings	8	13	7551	174353	270427
视听设备制造	Manufacture of TV Set and Radio Receiver	40	80	14412	633369	139367
电子器件制造	Manufacture of Electronic Appliances	133	240	39226	1155832	1305075
#电子真空器件制造	Manufacture of Electronic Vacuum Appliance	3	3	830	9146	19393
半导体分立器件制造	Manufacture of Semiconductor Discreting Appliances	15	33	2834	34135	30817
集成电路制造	Manufacture of Integrate Circuit	32	64	10138	417730	425678
电子元件制造	Manufacture of Electronic Components	176	260	38869	761327	684544
其他电子设备制造	Manufacture of Other Electronic Equipment	28	48	11846	326954	378375
计算机及办公设备制造业	**Manufacture of Computers and Office Equipment**	**77**	**130**	**38744**	**884967**	**428708**
#计算机整机制造	Manufacture of Entired Computer	16	26	22510	532741	248951
计算机零部件制造	Manufacture of Computer Components and Parts	23	33	3678	63536	60615
计算机外围设备制造	Manufacture of Computer Peripheral Equipment	14	25	4414	136492	43333
办公设备制造	Manufacture of Office Equipment	8	14	2482	58253	10791
医疗仪器设备及仪器仪表制造业	**Manufacture of Medical Equipments and Measuring Instrument**	**75**	**153**	**21012**	**378816**	**366228**
1.医疗仪器设备及器械制造	Manufacture of Medical Equipment and Appliance	15	27	1617	42475	29801
2.仪器仪表制造	Manufacture of Measuring Instrument	60	126	19395	336342	336427

2-7-3　续表

行　业	Industry	中型企业 Medium-sized Enterprises 有研发机构的企业数(个) Number of Enterprises with R&D Institutions (unit)	机构数(个) R&D Institutions (unit)	机构人员(人) Personnel in R&D Institutions (person)	机构经费支出(万元) Expenditure in R&D Institutions (10000 yuan)	#仪器设备 Equipment
合计	**Total**	**2419**	**3131**	**163693**	**3088469**	**3127978**
医药制造业	**Manufacture of Medicines**	**651**	**867**	**43233**	**951650**	**802194**
#化学药品制造	Manufacture of Chemical Medicine	302	385	21070	482651	428837
中成药生产	Production of Finished Traditional Chinese Herbal Medicine	171	235	9956	173266	140142
生物药品制造	Manufacture of Biological Medicine	86	141	6847	205541	169400
航空、航天器及设备制造业	**Manufacture of Aircrafts and Spacecrafts and Related Equipment**	**32**	**42**	**3300**	**55254**	**91963**
#飞机制造	Manufacture of Airplanes	22	25	1700	30241	62401
航天器制造	Manufacture of Spacecrafts	2	4	155	577	356
电子及通信设备制造业	**Manufacture of Electronic Equipment and Communication Equipment**	**1209**	**1518**	**77018**	**1371263**	**1594516**
#通信设备制造	Manufacture of Communication Equipment	96	139	10318	198103	146466
#通信系统设备制造	Manufacture of Communication System Equipment	54	79	5657	105149	108532
通信终端设备制造	Manufacture of Communication Terminal Equipment	42	60	4661	92955	37934
广播电视设备制造	Manufacture of Broadcasting and TV Equipment	63	82	5145	86252	52930
雷达及配套设备制造	Manufacture of Radar and Its Fittings	10	21	1456	19049	18429
视听设备制造	Manufacture of TV Set and Radio Receiver	85	98	6185	108074	42002
电子器件制造	Manufacture of Electronic Appliances	269	319	16572	298607	448554
#电子真空器件制造	Manufacture of Electronic Vacuum Appliance	5	5	251	3047	876
半导体分立器件制造	Manufacture of Semiconductor Discreting Appliances	30	37	2109	36711	62356
集成电路制造	Manufacture of Integrate Circuit	45	50	3948	74738	116429
电子元件制造	Manufacture of Electronic Components	505	609	26006	435056	692471
其他电子设备制造	Manufacture of Other Electronic Equipment	72	97	5236	107599	54787
计算机及办公设备制造业	**Manufacture of Computers and Office Equipment**	**119**	**147**	**8565**	**99584**	**87056**
#计算机整机制造	Manufacture of Entired Computer	13	16	1314	11030	8596
计算机零部件制造	Manufacture of Computer Components and Parts	39	56	1981	25126	20161
计算机外围设备制造	Manufacture of Computer Peripheral Equipment	32	35	2176	25273	23887
办公设备制造	Manufacture of Office Equipment	19	20	1452	15770	14105
医疗仪器设备及仪器仪表制造业	**Manufacture of Medical Equipments and Measuring Instrument**	**408**	**557**	**31577**	**610717**	**552249**
1.医疗仪器设备及器械制造	Manufacture of Medical Equipment and Appliance	96	127	7103	179696	207599
2.仪器仪表制造	Manufacture of Measuring Instrument	312	430	24474	431021	344650

2-7-4 按行业分国有及国有控股企业高技术产业企业办研发机构情况(2014年)

R&D Institutions in High-tech Industry of State-owned and State-controlled Enterprises by Industrial Sector (2014)

行业	Industry	有研发机构的企业数(个) Number of Enterprises with R&D Institutions (unit)	机构数(个) R&D Institutions (unit)	机构人员(人) Personnel in R&D Institutions (person)	机构经费支出(万元) Expenditure in R&D Institutions (10000 yuan)	#仪器设备 Equipment
合计	**Total**	**598**	**962**	**123995**	**2663968**	**2776396**
医药制造业	**Manufacture of Medicines**	**185**	**264**	**16985**	**402467**	**364954**
#化学药品制造	Manufacture of Chemical Medicine	81	123	9012	199324	184963
中成药生产	Production of Finished Traditional Chinese Herbal Medicine	69	99	5222	126191	77684
生物药品制造	Manufacture of Biological Medicine	16	21	1297	51664	71351
航空、航天器及设备制造业	**Manufacture of Aircrafts and Spacecrafts and Related Equipment**	**68**	**96**	**29837**	**527129**	**879024**
#飞机制造	Manufacture of Airplanes	49	70	25648	426608	788535
航天器制造	Manufacture of Spacecrafts	7	10	1471	34903	48129
电子及通信设备制造业	**Manufacture of Electronic Equipment and Communication Equipment**	**232**	**399**	**48724**	**1220085**	**1211508**
#通信设备制造	Manufacture of Communication Equipment	46	78	12206	264542	252017
#通信系统设备制造	Manufacture of Communication System Equipment	28	49	9424	221343	232314
通信终端设备制造	Manufacture of Communication Terminal Equipment	18	29	2782	43199	19703
广播电视设备制造	Manufacture of Broadcasting and TV Equipment	10	14	1370	24758	23942
雷达及配套设备制造	Manufacture of Radar and Its Fittings	16	30	8908	192967	283904
视听设备制造	Manufacture of TV Set and Radio Receiver	8	29	4534	275326	47333
电子器件制造	Manufacture of Electronic Appliances	70	94	11044	254247	365563
#电子真空器件制造	Manufacture of Electronic Vacuum Appliance	3	3	216	2049	2423
半导体分立器件制造	Manufacture of Semiconductor Discreting Appliances	8	13	1341	13651	29338
集成电路制造	Manufacture of Integrate Circuit	18	19	1974	51285	80816
电子元件制造	Manufacture of Electronic Components	56	98	5600	77182	146099
其他电子设备制造	Manufacture of Other Electronic Equipment	10	23	2554	63505	20026
计算机及办公设备制造业	**Manufacture of Computers and Office Equipment**	**25**	**61**	**16205**	**300870**	**143573**
#计算机整机制造	Manufacture of Entired Computer	9	20	8462	184942	110454
计算机零部件制造	Manufacture of Computer Components and Parts	2	3	272	4546	1633
计算机外围设备制造	Manufacture of Computer Peripheral Equipment	8	19	2349	39147	13189
办公设备制造	Manufacture of Office Equipment	3	9	1703	25500	2388
医疗仪器设备及仪器仪表制造业	**Manufacture of Medical Equipments and Measuring Instrument**	**88**	**142**	**12244**	**213417**	**177337**
1.医疗仪器设备及器械制造	Manufacture of Medical Equipment and Appliance	9	10	1140	20824	23670
2.仪器仪表制造	Manufacture of Measuring Instrument	79	132	11104	192593	153667

2-7-5 按行业和登记注册类型分高技术产业企业办研发机构情况(2014年)

R&D Institutions in High-tech Industry by Industrial Sector and Registration Status(2014)

行业	Industry	内资企业 Domestic Funded 有研发机构的企业数(个) Number of Enterprises with R&D Institutions (unit)	机构数(个) R&D Institutions (unit)	机构人员(人) Personnel in R&D Institutions (person)	机构经费支出(万元) Expenditure in R&D Institutions (10000 yuan)	#仪器设备 Equipment
合计	**Total**	**5515**	**7235**	**439413**	**11475385**	**6403126**
医药制造业	**Manufacture of Medicines**	**1662**	**2138**	**93174**	**2002120**	**1595112**
#化学药品制造	Manufacture of Chemical Medicine	655	870	45346	1041309	887254
中成药生产	Production of Finished Traditional Chinese Herbal Medicine	415	529	25499	499307	320906
生物药品制造	Manufacture of Biological Medicine	267	349	11375	294784	254230
航空、航天器及设备制造业	**Manufacture of Aircrafts and Spacecrafts and Related Equipment**	**96**	**142**	**31164**	**543257**	**903639**
#飞机制造	Manufacture of Airplanes	56	81	26283	447156	806731
航天器制造	Manufacture of Spacecrafts	9	15	1516	35225	48636
电子及通信设备制造业	**Manufacture of Electronic Equipment and Communication Equipment**	**2310**	**3102**	**230594**	**7489126**	**2917789**
#通信设备制造	Manufacture of Communication Equipment	258	388	97817	4813925	615171
#通信系统设备制造	Manufacture of Communication System Equipment	179	284	89017	4658695	529172
通信终端设备制造	Manufacture of Communication Terminal Equipment	79	104	8800	155230	85999
广播电视设备制造	Manufacture of Broadcasting and TV Equipment	129	166	7144	124895	69093
雷达及配套设备制造	Manufacture of Radar and Its Fittings	25	46	9488	200283	291708
视听设备制造	Manufacture of TV Set and Radio Receiver	121	178	12089	431744	104060
电子器件制造	Manufacture of Electronic Appliances	500	680	34235	651897	748330
#电子真空器件制造	Manufacture of Electronic Vacuum Appliance	22	24	1303	14837	23407
半导体分立器件制造	Manufacture of Semiconductor Discreting Appliances	79	98	4871	55607	78182
集成电路制造	Manufacture of Integrate Circuit	82	125	6363	139130	232380
电子元件制造	Manufacture of Electronic Components	822	992	37668	598713	527078
其他电子设备制造	Manufacture of Other Electronic Equipment	200	258	13384	284973	146208
计算机及办公设备制造业	**Manufacture of Computers and Office Equipment**	**191**	**247**	**22015**	**390791**	**202294**
#计算机整机制造	Manufacture of Entired Computer	22	36	9700	208668	113049
计算机零部件制造	Manufacture of Computer Components and Parts	40	53	1877	25655	15306
计算机外围设备制造	Manufacture of Computer Peripheral Equipment	46	59	4247	63089	34391
办公设备制造	Manufacture of Office Equipment	43	55	3295	49335	17942
医疗仪器设备及仪器仪表制造业	**Manufacture of Medical Equipments and Measuring Instrument**	**1256**	**1606**	**62466**	**1050092**	**784292**
1.医疗仪器设备及器械制造	Manufacture of Medical Equipment and Appliance	265	323	10672	167867	124796
2.仪器仪表制造	Manufacture of Measuring Instrument	991	1283	51794	882225	659496

2-7-5 续表 1 continued

行业	Industry	#国有企业 State-owned Enterprises 有研发机构的企业数(个) Number of Enterprises with R&D Institutions (unit)	机构数(个) R&D Institutions (unit)	机构人员(人) Personnel in R&D Institutions (person)	机构经费支出(万元) Expenditure in R&D Institutions (10000 yuan)	#仪器设备 Equipment
合计	**Total**	**67**	**123**	**17433**	**359425**	**397014**
医药制造业	**Manufacture of Medicines**	**15**	**16**	**704**	**22493**	**21718**
#化学药品制造	Manufacture of Chemical Medicine	3	3	90	1943	1623
中成药生产	Production of Finished Traditional Chinese Herbal Medicine	7	8	191	2450	2371
生物药品制造	Manufacture of Biological Medicine	3	3	396	17446	17628
航空、航天器及设备制造业	**Manufacture of Aircrafts and Spacecrafts and Related Equipment**	**17**	**22**	**4451**	**73279**	**86806**
#飞机制造	Manufacture of Airplanes	9	13	2169	24761	31867
航天器制造	Manufacture of Spacecrafts	4	5	913	27137	47511
电子及通信设备制造业	**Manufacture of Electronic Equipment and Communication Equipment**	**20**	**61**	**8723**	**210658**	**228007**
#通信设备制造	Manufacture of Communication Equipment	4	20	4697	152694	149826
#通信系统设备制造	Manufacture of Communication System Equipment	3	12	4466	145814	149224
通信终端设备制造	Manufacture of Communication Terminal Equipment	1	8	231	6880	602
广播电视设备制造	Manufacture of Broadcasting and TV Equipment					
雷达及配套设备制造	Manufacture of Radar and Its Fittings	4	4	2576	42617	64784
视听设备制造	Manufacture of TV Set and Radio Receiver					
电子器件制造	Manufacture of Electronic Appliances	1	1	243	2161	1359
#电子真空器件制造	Manufacture of Electronic Vacuum Appliance					
半导体分立器件制造	Manufacture of Semiconductor Discreting Appliances					
集成电路制造	Manufacture of Integrate Circuit					
电子元件制造	Manufacture of Electronic Components	10	35	1084	12187	11802
其他电子设备制造	Manufacture of Other Electronic Equipment	1	1	123	999	236
计算机及办公设备制造业	**Manufacture of Computers and Office Equipment**	**1**	**1**	**30**	**283**	**266**
#计算机整机制造	Manufacture of Entired Computer					
计算机零部件制造	Manufacture of Computer Components and Parts					
计算机外围设备制造	Manufacture of Computer Peripheral Equipment					
办公设备制造	Manufacture of Office Equipment	1	1	30	283	266
医疗仪器设备及仪器仪表制造业	**Manufacture of Medical Equipments and Measuring Instrument**	**14**	**23**	**3525**	**52712**	**60216**
1.医疗仪器设备及器械制造	Manufacture of Medical Equipment and Appliance	1	1	528	9930	16626
2.仪器仪表制造	Manufacture of Measuring Instrument	13	22	2997	42782	43590

2-7-5　续表 2　continued

行　业	Industry	港澳台投资企业 Enterprises with Funds from Hong Kong, Macau and Taiwan 有研发机构的企业数（个）Number of Enterprises with R&D Institutions (unit)	机构数（个）R&D Institutions (unit)	机构人员（人）Personnel in R&D Institutions (person)	机构经费支出（万元）Expenditure in R&D Institutions (10000 yuan)	#仪器设备 Equipment
合计	**Total**	**849**	**1066**	**88911**	**2354886**	**1719969**
医药制造业	**Manufacture of Medicines**	**152**	**211**	**12917**	**330350**	**211851**
#化学药品制造	Manufacture of Chemical Medicine	72	106	7690	225118	102337
中成药生产	Production of Finished Traditional Chinese Herbal Medicine	36	44	2147	41549	41353
生物药品制造	Manufacture of Biological Medicine	23	38	2075	47850	60095
航空、航天器及设备制造业	**Manufacture of Aircrafts and Spacecrafts and Related Equipment**	**3**	**4**	**127**	**12086**	**5072**
#飞机制造	Manufacture of Airplanes	2	3	120	6530	4934
航天器制造	Manufacture of Spacecrafts					
电子及通信设备制造业	**Manufacture of Electronic Equipment and Communication Equipment**	**531**	**656**	**59482**	**1546305**	**1114320**
#通信设备制造	Manufacture of Communication Equipment	37	53	14052	376000	157955
#通信系统设备制造	Manufacture of Communication System Equipment	18	24	9947	297095	120831
通信终端设备制造	Manufacture of Communication Terminal Equipment	19	29	4105	78905	37124
广播电视设备制造	Manufacture of Broadcasting and TV Equipment	24	30	1344	35255	28404
雷达及配套设备制造	Manufacture of Radar and Its Fittings	1	1	22	196	15
视听设备制造	Manufacture of TV Set and Radio Receiver	38	44	7611	270119	67685
电子器件制造	Manufacture of Electronic Appliances	121	140	11531	356570	363279
#电子真空器件制造	Manufacture of Electronic Vacuum Appliance					
半导体分立器件制造	Manufacture of Semiconductor Discreting Appliances	13	13	355	11170	6371
集成电路制造	Manufacture of Integrate Circuit	20	25	2513	110198	52527
电子元件制造	Manufacture of Electronic Components	251	314	20485	433924	390433
其他电子设备制造	Manufacture of Other Electronic Equipment	33	42	2713	32278	50661
计算机及办公设备制造业	**Manufacture of Computers and Office Equipment**	**60**	**71**	**9128**	**345407**	**182988**
#计算机整机制造	Manufacture of Entired Computer	7	7	4480	203640	93716
计算机零部件制造	Manufacture of Computer Components and Parts	25	31	1417	28018	48195
计算机外围设备制造	Manufacture of Computer Peripheral Equipment	18	22	2683	104132	34797
办公设备制造	Manufacture of Office Equipment	6	7	185	3778	1899
医疗仪器设备及仪器仪表制造业	**Manufacture of Medical Equipments and Measuring Instrument**	**103**	**124**	**7257**	**120738**	**205738**
1.医疗仪器设备及器械制造	Manufacture of Medical Equipment and Appliance	24	30	1067	22119	36123
2.仪器仪表制造	Manufacture of Measuring Instrument	79	94	6190	98619	169615

2-7-5 续表 3 continued

行 业	Industry	外商投资企业 Foreign Funded Enterprises 有研发机构的企业数（个）Number of Enterprises with R&D Institutions (unit)	机构数（个）R&D Institutions (unit)	机构人员（人）Personnel in R&D Institutions (person)	机构经费支出（万元）Expenditure in R&D Institutions (10000 yuan)	#仪器设备 Equipment
合计	**Total**	**1250**	**1484**	**117316**	**2911509**	**3130932**
医药制造业	**Manufacture of Medicines**	**185**	**223**	**13730**	**363881**	**334775**
#化学药品制造	Manufacture of Chemical Medicine	93	116	8500	239896	206476
中成药生产	Production of Finished Traditional Chinese Herbal Medicine	21	26	1752	38014	38757
生物药品制造	Manufacture of Biological Medicine	42	50	2624	66398	79180
航空、航天器及设备制造业	**Manufacture of Aircrafts and Spacecrafts and Related Equipment**	**13**	**19**	**1081**	**26025**	**50054**
#飞机制造	Manufacture of Airplanes	8	10	460	9461	27002
航天器制造	Manufacture of Spacecrafts					
电子及通信设备制造业	**Manufacture of Electronic Equipment and Communication Equipment**	**734**	**853**	**69154**	**1878055**	**2303948**
#通信设备制造	Manufacture of Communication Equipment	70	95	14100	483544	312646
#通信系统设备制造	Manufacture of Communication System Equipment	36	54	8157	247368	261733
通信终端设备制造	Manufacture of Communication Terminal Equipment	34	41	5943	236176	50913
广播电视设备制造	Manufacture of Broadcasting and TV Equipment	31	36	2294	44648	15368
雷达及配套设备制造	Manufacture of Radar and Its Fittings					
视听设备制造	Manufacture of TV Set and Radio Receiver	49	51	3019	68298	27998
电子器件制造	Manufacture of Electronic Appliances	200	243	20409	619374	799427
#电子真空器件制造	Manufacture of Electronic Vacuum Appliance	1	1	91	780	189
半导体分立器件制造	Manufacture of Semiconductor Discreting Appliances	31	41	1370	30353	34963
集成电路制造	Manufacture of Integrate Circuit	42	59	7761	299175	296655
电子元件制造	Manufacture of Electronic Components	286	316	20880	399140	682919
其他电子设备制造	Manufacture of Other Electronic Equipment	48	50	5935	194337	323374
计算机及办公设备制造业	**Manufacture of Computers and Office Equipment**	**102**	**135**	**21092**	**335905**	**170859**
#计算机整机制造	Manufacture of Entired Computer	10	11	10018	141690	55177
计算机零部件制造	Manufacture of Computer Components and Parts	39	48	3295	48775	23437
计算机外围设备制造	Manufacture of Computer Peripheral Equipment	21	28	1246	24318	5883
办公设备制造	Manufacture of Office Equipment	12	12	1383	37338	11517
医疗仪器设备及仪器仪表制造业	**Manufacture of Medical Equipments and Measuring Instrument**	**216**	**254**	**12259**	**307643**	**271296**
1.医疗仪器设备及器械制造	Manufacture of Medical Equipment and Appliance	71	83	3555	144063	140147
2.仪器仪表制造	Manufacture of Measuring Instrument	145	171	8704	163580	131149

2-7-6　按地区和企业规模分高技术产业企业办研发机构情况(2014年)

R&D Institutions in High-tech Industry by Region and Industrial Sector(2014)

地　区	Region	大型企业 Large-sized Enterprises				
		有R&D机构的企业单位数(个) Number of Enterprises with R&D Institutions (unit)	机构数(个) R&D Institutions (unit)	机构人员(人) Personnel in R&D Institutions (person)	机构经费支出(万元) Expenditure in R&D Institutions (10000 yuan)	#仪器设备 Equipment
全　国	**Total**	**890**	**1632**	**367646**	**11648446**	**6570625**
东部地区	Eastern Region	688	1239	293617	10221690	4851160
中部地区	Middle Region	96	174	37470	753068	668136
西部地区	Western Region	84	175	26328	488690	817550
东北地区	Northeaastern Region	22	44	10231	184998	233780
北　京	Beijing	24	38	7134	313627	109321
天　津	Tianjin	12	13	7823	143341	223482
河　北	Hebei	13	16	5545	123893	76027
山　西	Shanxi	4	5	387	15310	6214
内蒙古	Inner Mongolia	2	3	122	16047	8562
辽　宁	Liaoning	8	22	6233	144996	175318
吉　林	Jilin	5	8	1560	16840	12907
黑龙江	Heilongjiang	9	14	2438	23161	45554
上　海	Shanghai	29	42	11424	514709	542024
江　苏	Jiangsu	298	502	68596	1752053	1883341
浙　江	Zhejiang	63	118	24814	696791	324729
安　徽	Anhui	13	19	4470	96636	26482
福　建	Fujian	27	48	12644	380062	165594
江　西	Jiangxi	22	41	7439	120302	250064
山　东	Shandong	48	120	31582	805583	558221
河　南	Henan	30	48	9252	148880	84284
湖　北	Hubei	15	37	12112	285069	245849
湖　南	Hunan	12	24	3810	86872	55243
广　东	Guangdong	173	341	124027	5490766	968387
广　西	Guangxi	5	7	638	11825	19133
海　南	Hainan	1	1	28	865	35
重　庆	Chongqing	16	28	2297	40355	31121
四　川	Sichuan	19	33	7671	158092	319592
贵　州	Guizhou	12	19	2806	52876	64060
云　南	Yunnan	3	3	774	31437	12408
西　藏	Tibet					
陕　西	Shaanxi	23	76	11004	156810	297669
甘　肃	Gansu	2	4	754	16650	58098
青　海	Qinghai					
宁　夏	Ningxia	1	1	229	4139	4670
新　疆	Xinjiang	1	1	33	459	2235

2-7-6 续表 continued

地 区	Region	中型企业 Medium-sized Enterprises 有R&D机构的企业单位数(个) Number of Enterprises with R&D Institutions (unit)	机构数(个) R&D Institutions (unit)	机构人员(人) Personnel in R&D Institutions (person)	机构经费支出(万元) Expenditure in R&D Institutions (10000 yuan)	#仪器设备 Equipment
全 国	**Total**	**2419**	**3131**	**163693**	**3088469**	**3127978**
东部地区	Eastern Region	1867	2411	128320	2541933	2585630
中部地区	Middle Region	313	416	18346	282799	277206
西部地区	Western Region	193	244	13318	215237	227917
东北地区	Northeaastern Region	46	60	3709	48499	37226
北 京	Beijing	78	93	9507	258539	101093
天 津	Tianjin	31	44	2510	52974	42809
河 北	Hebei	38	41	2891	37480	30240
山 西	Shanxi	9	10	771	11107	12031
内蒙古	Inner Mongolia	2	2	39	452	1772
辽 宁	Liaoning	12	15	1026	16914	7358
吉 林	Jilin	14	20	1042	12442	15375
黑龙江	Heilongjiang	20	25	1641	19144	14493
上 海	Shanghai	44	55	4878	111852	134066
江 苏	Jiangsu	878	1106	45665	976465	1229714
浙 江	Zhejiang	282	343	18940	340020	247669
安 徽	Anhui	66	107	4090	59622	79201
福 建	Fujian	68	101	6169	89752	145782
江 西	Jiangxi	59	61	2549	33089	35085
山 东	Shandong	97	150	8129	175608	172414
河 南	Henan	85	113	5099	61958	48962
湖 北	Hubei	35	55	2572	40441	51105
湖 南	Hunan	59	70	3265	76582	50821
广 东	Guangdong	343	463	28547	475718	477672
广 西	Guangxi	24	30	863	20494	15897
海 南	Hainan	8	15	1084	23524	4171
重 庆	Chongqing	37	53	2205	38939	23363
四 川	Sichuan	61	77	5034	75286	73876
贵 州	Guizhou	18	19	1577	15801	65284
云 南	Yunnan	12	14	765	17675	14321
西 藏	Tibet	1	1	12	185	50
陕 西	Shaanxi	26	33	1836	35999	25440
甘 肃	Gansu	5	5	163	3359	1321
青 海	Qinghai	1	1	15	334	847
宁 夏	Ningxia	3	4	738	5003	4190
新 疆	Xinjiang	3	5	71	1710	1555

2-7-7 各地区国有及国有控股企业高技术产业企业办研发机构情况(2014年)

R&D Institutions in High-tech Industry of State-owned and State-controlled Enterprises by Region (2014)

地区	Region	有研发机构的企业数(个) Number of Enterprises with R&D Institutions (unit)	机构数(个) R&D Institutions (unit)	机构人员(人) Personnel in R&D Institutions (person)	机构经费支出(万元) Expenditure in R&D Institutions (10000 yuan)	#仪器设备 Equipment
全国	**Total**	**598**	**962**	**123995**	**2663968**	**2776396**
东部地区	Eastern Region	346	537	62890	1545594	1173597
中部地区	Middle Region	95	161	24635	469432	583688
西部地区	Western Region	130	210	27597	484192	791624
东北地区	Northeaastern Region	27	54	8873	164749	227487
北京	Beijing	68	87	8542	240826	106211
天津	Tianjin	37	51	3596	78875	55541
河北	Hebei	16	17	2330	51108	45428
山西	Shanxi	4	4	336	12193	3072
内蒙古	Inner Mongolia	2	2	30	548	427
辽宁	Liaoning	12	32	6390	143688	176071
吉林	Jilin	4	4	164	1674	6242
黑龙江	Heilongjiang	11	18	2319	19388	45174
上海	Shanghai	32	38	4455	105731	204098
江苏	Jiangsu	79	128	11091	248829	243574
浙江	Zhejiang	27	48	2418	69327	71161
安徽	Anhui	28	43	3505	46498	44556
福建	Fujian	9	25	4076	60771	27074
江西	Jiangxi	13	16	4792	81631	227969
山东	Shandong	18	37	15803	458439	223616
河南	Henan	15	35	3250	49012	42799
湖北	Hubei	18	35	9926	234784	236887
湖南	Hunan	17	28	2826	45314	28406
广东	Guangdong	59	98	10348	224808	196294
广西	Guangxi	3	4	118	762	1118
海南	Hainan	1	8	231	6880	602
重庆	Chongqing	16	24	1593	27057	18672
四川	Sichuan	27	37	7922	152084	308304
贵州	Guizhou	29	33	4719	95059	124185
云南	Yunnan	7	7	552	22309	8598
西藏	Tibet					
陕西	Shaanxi	37	93	12152	169363	309910
甘肃	Gansu	3	3	359	15651	17256
青海	Qinghai	1	1	10	438	512
宁夏	Ningxia					
新疆	Xinjiang	5	6	142	921	2643

2-7-8 按地区和登记注册类型分高技术产业企业办研发机构情况(2014年)

R&D Institutions in High-tech Industry by Region and Registration Status(2014)

地　区	Region	内资企业 Domestic Funded				
		有研发机构的企业数(个) Number of Enterprises with R&D Institutions (unit)	机构数(个) R&D Institutions (unit)	机构人员(人) Personnel in R&D Institutions (person)	机构经费支出(万元) Expenditure in R&D Institutions (10000 yuan)	#仪器设备 Equipment
全　国	**Total**	**5515**	**7235**	**439413**	**11475385**	**6403126**
东部地区	Eastern Region	3910	5093	317484	9322350	3931613
中部地区	Middle Region	918	1235	59844	1077526	1067440
西部地区	Western Region	528	699	46222	807900	1108203
东北地区	Northeaastern Region	159	208	15863	267610	295871
北　京	Beijing	195	228	15198	382783	143713
天　津	Tianjin	73	98	8068	172324	89311
河　北	Hebei	123	133	8384	123523	106558
山　西	Shanxi	29	48	1443	31850	22780
内蒙古	Inner Mongolia	15	17	499	9525	7998
辽　宁	Liaoning	66	101	8589	184756	201130
吉　林	Jilin	43	52	3202	35137	34309
黑龙江	Heilongjiang	50	55	4072	47717	60432
上　海	Shanghai	71	81	6256	148519	225416
江　苏	Jiangsu	1560	2071	71928	1533287	1275890
浙　江	Zhejiang	843	969	42321	819907	567621
安　徽	Anhui	293	383	13177	203530	176913
福　建	Fujian	136	180	6937	114968	78103
江　西	Jiangxi	126	156	10495	155649	299896
山　东	Shandong	348	514	35576	881815	674580
河　南	Henan	154	208	10445	169391	124779
湖　北	Hubei	123	189	15545	320523	297849
湖　南	Hunan	193	251	8739	196584	145223
广　东	Guangdong	551	802	121874	5127779	767551
广　西	Guangxi	49	62	1933	37560	38982
海　南	Hainan	10	17	942	17446	2871
重　庆	Chongqing	87	120	5054	90816	58553
四　川	Sichuan	158	201	14800	260823	419638
贵　州	Guizhou	45	55	5654	113767	136133
云　南	Yunnan	40	42	1840	46987	29195
西　藏	Tibet	2	2	20	225	137
陕　西	Shaanxi	86	148	13924	209058	333512
甘　肃	Gansu	25	27	1284	26191	69770
青　海	Qinghai	2	2	25	772	1360
宁　夏	Ningxia	7	8	910	9003	7137
新　疆	Xinjiang	12	15	279	3173	5789

2-7-8　续表 1　continued

地　区	Region	#国有企业 State-owned Enterprises 有研发机构的企业数(个) Number of Enterprises with R&D Institutions (unit)	机构数(个) R&D Institutions (unit)	机构人员(人) Personnel in R&D Institutions (person)	机构经费支出(万元) Expenditure in R&D Institutions (10000 yuan)	#仪器设备 Equipment
全　国	**Total**	**67**	**123**	**17433**	**359425**	**397014**
东部地区	Eastern Region	24	35	4696	90288	84667
中部地区	Middle Region	15	28	6390	164702	162170
西部地区	Western Region	27	59	6317	104152	149910
东北地区	Northeaastern Region	1	1	30	283	266
北　京	Beijing	6	6	463	14228	4971
天　津	Tianjin					
河　北	Hebei	4	4	548	9911	3592
山　西	Shanxi					
内蒙古	Inner Mongolia					
辽　宁	Liaoning					
吉　林	Jilin					
黑龙江	Heilongjiang	1	1	30	283	266
上　海	Shanghai	2	2	493	13389	40450
江　苏	Jiangsu	4	8	2183	33227	16202
浙　江	Zhejiang	2	2	111	2171	773
安　徽	Anhui	5	7	1006	12731	3502
福　建	Fujian					
江　西	Jiangxi	1	1	68	417	98
山　东	Shandong	2	2	608	10285	17577
河　南	Henan	3	5	264	1950	11865
湖　北	Hubei	4	13	5025	149024	146427
湖　南	Hunan	2	2	27	580	279
广　东	Guangdong	3	3	59	197	500
广　西	Guangxi	1	1	30	262	445
海　南	Hainan	1	8	231	6880	602
重　庆	Chongqing	1	1	40	458	350
四　川	Sichuan	5	5	914	14845	12908
贵　州	Guizhou	6	6	912	8630	4712
云　南	Yunnan	1	1	30	700	1100
西　藏	Tibet					
陕　西	Shaanxi	12	44	4057	65438	113820
甘　肃	Gansu	1	1	334	13819	16576
青　海	Qinghai					
宁　夏	Ningxia					
新　疆	Xinjiang					

2-7-8 续表 2 continued

地 区	Region	港澳台投资企业 Enterprises with Funds from Hong Kong, Macau and Taiwan				
		有研发机构的企业数 (个) Number of Enterprises with R&D Institutions (unit)	机构数 (个) R&D Institutions (unit)	机构人员 (人) Personnel in R&D Institutions (person)	机构经费支出 (万元) Expenditure in R&D Institutions (10000 yuan)	#仪器设备 Equipment
全 国	**Total**	**849**	**1066**	**88911**	**2354886**	**1719969**
东部地区	Eastern Region	767	972	79165	2212800	1636694
中部地区	Middle Region	53	62	7858	100105	50611
西部地区	Western Region	22	25	1422	37765	28579
东北地区	Northeaastern Region	7	7	466	4217	4085
北 京	Beijing	20	28	3792	208223	34769
天 津	Tianjin	6	6	2533	54028	27100
河 北	Hebei	5	7	1705	46962	10612
山 西	Shanxi	2	2	414	3072	5048
内蒙古	Inner Mongolia	1	1	20	10950	6290
辽 宁	Liaoning	2	2	120	1950	1593
吉 林	Jilin	1	1	50	245	228
黑龙江	Heilongjiang	4	4	296	2021	2265
上 海	Shanghai	24	39	2932	136665	84921
江 苏	Jiangsu	366	445	22784	574399	659250
浙 江	Zhejiang	102	107	11857	359606	155442
安 徽	Anhui	8	9	493	16323	6485
福 建	Fujian	41	55	6150	170655	95835
江 西	Jiangxi	12	12	496	7318	2171
山 东	Shandong	8	17	691	32621	42140
河 南	Henan	12	18	4762	50916	27079
湖 北	Hubei	5	5	403	6671	4169
湖 南	Hunan	14	16	1290	15806	5660
广 东	Guangdong	193	266	26622	625794	525706
广 西	Guangxi	5	5	362	6885	2436
海 南	Hainan	2	2	99	3849	920
重 庆	Chongqing	7	10	499	7442	9213
四 川	Sichuan	3	3	138	697	735
贵 州	Guizhou					
云 南	Yunnan	4	4	261	10074	7344
西 藏	Tibet					
陕 西	Shaanxi	1	1	19	509	660
甘 肃	Gansu					
青 海	Qinghai					
宁 夏	Ningxia	1	1	123	1208	1901
新 疆	Xinjiang					

2-7-8 续表 3 continued

地 区	Region	外商投资企业 Foreign Funded Enterprises 有研发机构的企业数(个) Number of Enterprises with R&D Institutions (unit)	机构数(个) R&D Institutions (unit)	机构人员(人) Personnel in R&D Institutions (person)	机构经费支出(万元) Expenditure in R&D Institutions (10000 yuan)	#仪器设备 Equipment
全 国	**Total**	**1250**	**1484**	**117316**	**2911509**	**3130932**
东部地区	Eastern Region	1169	1384	112647	2824949	3062253
中部地区	Middle Region	44	53	2603	65017	40396
西部地区	Western Region	28	33	1048	12280	14505
东北地区	Northeaastern Region	9	14	1018	9263	13777
北 京	Beijing	35	48	3798	129185	92519
天 津	Tianjin	11	12	1291	36067	174651
河 北	Hebei	8	8	786	19357	22638
山 西	Shanxi	2	2	160	7288	1049
内蒙古	Inner Mongolia					
辽 宁	Liaoning	4	4	478	6061	2959
吉 林	Jilin	1	1	10	200	195
黑龙江	Heilongjiang	4	9	530	3002	10623
上 海	Shanghai	43	53	9577	394347	399129
江 苏	Jiangsu	742	848	54094	1233340	1745460
浙 江	Zhejiang	106	121	7665	171195	74157
安 徽	Anhui	10	13	297	8036	5592
福 建	Fujian	36	45	8530	232129	175221
江 西	Jiangxi	9	9	473	8519	3606
山 东	Shandong	40	51	10456	189141	127033
河 南	Henan	10	12	982	9252	7179
湖 北	Hubei	6	10	575	27769	20507
湖 南	Hunan	7	7	116	4154	2464
广 东	Guangdong	145	195	16186	415250	249819
广 西	Guangxi	3	3	58	465	884
海 南	Hainan	3	3	264	4938	1627
重 庆	Chongqing	9	11	216	2175	3503
四 川	Sichuan	7	7	333	4150	3723
贵 州	Guizhou					
云 南	Yunnan	3	5	81	1603	328
西 藏	Tibet					
陕 西	Shaanxi	5	6	356	3589	5987
甘 肃	Gansu					
青 海	Qinghai					
宁 夏	Ningxia					
新 疆	Xinjiang	1	1	4	300	80

2-7-9 按地区和行业分高技术产业企业办研发机构情况(2014年)

R&D Institutions in High-tech Industry by Region and Industrial Sector (2014)

地 区	Region	医药制造业 Medical and Pharmaceutical Products Manufacturing				
		有研发机构的企业数(个) Number of Enterprises with R&D Institutions (unit)	机构数(个) R&D Institutions (unit)	机构人员(人) Personnel in R&D Institutions (person)	机构经费支出(万元) Expenditure in R&D Institutions (10000 yuan)	#仪器设备 Equipment
全 国	**Total**	**1999**	**2572**	**119821**	**2696351**	**2141737**
东部地区	Eastern Region	1179	1538	78973	1969622	1553896
中部地区	Middle Region	429	564	21083	346126	297442
西部地区	Western Region	290	348	13417	297452	220996
东北地区	Northeaastern Region	101	122	6348	83151	69404
北 京	Beijing	71	72	4966	129022	68219
天 津	Tianjin	30	40	4726	100813	40156
河 北	Hebei	62	64	4827	118985	73871
山 西	Shanxi	21	24	1225	30360	22839
内蒙古	Inner Mongolia	12	14	441	19700	13778
辽 宁	Liaoning	26	30	1092	25330	13626
吉 林	Jilin	41	50	3090	33323	28859
黑龙江	Heilongjiang	34	42	2166	24498	26919
上 海	Shanghai	44	56	3114	87233	117602
江 苏	Jiangsu	388	507	19805	539796	380470
浙 江	Zhejiang	229	307	13936	284480	245372
安 徽	Anhui	101	143	3753	51368	75001
福 建	Fujian	42	61	1772	32880	25981
江 西	Jiangxi	60	66	2576	30060	28918
山 东	Shandong	176	247	15912	405375	410836
河 南	Henan	89	113	5467	62323	62020
湖 北	Hubei	70	95	4911	100722	60296
湖 南	Hunan	88	123	3151	71293	48368
广 东	Guangdong	124	171	9151	256353	186593
广 西	Guangxi	34	39	1304	29965	32329
海 南	Hainan	13	13	764	14685	4796
重 庆	Chongqing	46	66	2946	58875	32433
四 川	Sichuan	67	82	2709	44797	34730
贵 州	Guizhou	12	18	838	18308	11574
云 南	Yunnan	43	47	2030	54520	35387
西 藏	Tibet	2	2	20	225	137
陕 西	Shaanxi	34	36	1214	35955	19888
甘 肃	Gansu	22	22	754	22093	27184
青 海	Qinghai	2	2	25	772	1360
宁 夏	Ningxia	5	6	889	8888	7102
新 疆	Xinjiang	11	14	247	3355	5095

2-7-9 续表 1 continued

地 区	Region	航空、航天器及设备制造业 Manufacture of Aircrafts and Spacecrafts and Related Equipment				
		有研发机构的企业数 (个) Number of Enterprises with R&D Institutions (unit)	机构数 (个) R&D Institutions (unit)	机构人员 (人) Personnel in R&D Institutions (person)	机构经费支出 (万元) Expenditure in R&D Institutions (10000 yuan)	#仪器设备 Equipment
全 国	**Total**	**112**	**165**	**32372**	**581369**	**958766**
东部地区	Eastern Region	45	66	5432	139516	171599
中部地区	Middle Region	13	23	9225	133095	257924
西部地区	Western Region	44	61	11531	198133	330828
东北地区	Northeaastern Region	10	15	6184	110625	198415
北 京	Beijing	7	16	1247	31630	16447
天 津	Tianjin	1	1	6	40	50
河 北	Hebei	3	3	974	12558	16575
山 西	Shanxi					
内 蒙 古	Inner Mongolia	1	1	40	680	400
辽 宁	Liaoning	4	7	4530	92043	162565
吉 林	Jilin					
黑 龙 江	Heilongjiang	6	8	1654	18582	35849
上 海	Shanghai	3	3	1256	34166	60847
江 苏	Jiangsu	25	37	1586	48787	66810
浙 江	Zhejiang	2	2	60	733	102
安 徽	Anhui	1	1	21	350	20
福 建	Fujian					
江 西	Jiangxi	2	2	3718	69034	219547
山 东	Shandong	2	2	234	3345	3512
河 南	Henan	2	4	1741	27121	7432
湖 北	Hubei	5	13	2900	23077	13192
湖 南	Hunan	3	3	845	13513	17733
广 东	Guangdong	2	2	69	8258	7257
广 西	Guangxi					
海 南	Hainan					
重 庆	Chongqing					
四 川	Sichuan	6	6	2205	39673	78130
贵 州	Guizhou	18	19	2912	73385	68037
云 南	Yunnan					
西 藏	Tibet					
陕 西	Shaanxi	19	35	6374	84396	184261
甘 肃	Gansu					
青 海	Qinghai					
宁 夏	Ningxia					
新 疆	Xinjiang					

2-7-9 续表 2 continued

地 区	Region	电子及通信设备制造业 Manufacture of Electronic Equipment and Communication Equipment 有研发机构的企业数(个) Number of Enterprises with R&D Institutions (unit)	机构数(个) R&D Institutions (unit)	机构人员(人) Personnel in R&D Institutions (person)	机构经费支出(万元) Expenditure in R&D Institutions (10000 yuan)	#仪器设备 Equipment
全　国	**Total**	**3575**	**4611**	**359230**	**10913485**	**6336058**
东部地区	Eastern Region	3003	3828	309080	9929425	5313929
中部地区	Middle Region	392	516	29727	637040	477540
西部地区	Western Region	151	226	18138	280052	526654
东北地区	Northeaastern Region	29	41	2285	66969	17935
北　京	Beijing	78	99	7534	223697	101075
天　津	Tianjin	40	44	4294	103211	228876
河　北	Hebei	38	42	2491	38564	36391
山　西	Shanxi	6	19	378	8325	3776
内蒙古	Inner Mongolia					
辽　宁	Liaoning	22	34	2073	65656	16422
吉　林	Jilin	2	2	89	518	79
黑龙江	Heilongjiang	5	5	123	795	1434
上　海	Shanghai	59	75	12168	503995	485826
江　苏	Jiangsu	1419	1776	83680	1857038	2358699
浙　江	Zhejiang	501	552	33540	818763	427309
安　徽	Anhui	162	205	8574	159289	98518
福　建	Fujian	131	158	13061	310121	278723
江　西	Jiangxi	62	72	3885	60975	45674
山　东	Shandong	126	202	11983	382905	197789
河　南	Henan	44	60	6272	97265	51029
湖　北	Hubei	39	69	7846	220056	226773
湖　南	Hunan	79	91	2772	91130	51770
广　东	Guangdong	609	871	139788	5679583	1198620
广　西	Guangxi	11	18	715	8402	5693
海　南	Hainan	2	9	541	11547	622
重　庆	Chongqing	23	26	667	9987	13025
四　川	Sichuan	71	95	9039	164357	303431
贵　州	Guizhou	13	16	1646	20691	56310
云　南	Yunnan	2	2	40	1017	1219
西　藏	Tibet					
陕　西	Shaanxi	27	63	5489	71391	103940
甘　肃	Gansu	3	5	530	4098	42586
青　海	Qinghai					
宁　夏	Ningxia					
新　疆	Xinjiang	1	1	12	108	450

2-7-9 续表 3 continued

地 区	Region	计算机及办公设备制造业 Manufacture of Computer and Office Equipments 有研发机构的企业数(个) Number of Enterprises with R&D Institutions (unit)	机构数(个) R&D Institutions (unit)	机构人员(人) Personnel in R&D Institutions (person)	机构经费支出(万元) Expenditure in R&D Institutions (10000 yuan)	#仪器设备 Equipment
全 国	**Total**	**353**	**453**	**52235**	**1072103**	**556140**
东部地区	Eastern Region	310	397	48986	1029094	540591
中部地区	Middle Region	23	32	2234	28603	10541
西部地区	Western Region	15	18	545	9230	4127
东北地区	Northeaastern Region	5	6	470	5176	881
北 京	Beijing	19	27	3679	202053	26816
天 津	Tianjin	6	6	2208	43072	12725
河 北	Hebei	2	2	297	1396	544
山 西	Shanxi					
内 蒙 古	Inner Mongolia	2	2	33	95	60
辽 宁	Liaoning	1	2	44	1511	392
吉 林	Jilin					
黑 龙 江	Heilongjiang	4	4	426	3666	489
上 海	Shanghai	7	10	460	13037	3502
江 苏	Jiangsu	153	189	13770	245900	228110
浙 江	Zhejiang	32	32	1044	16761	7471
安 徽	Anhui	6	8	395	4306	807
福 建	Fujian	14	27	5796	156398	32436
江 西	Jiangxi	2	2	68	710	3295
山 东	Shandong	8	11	14322	232227	143279
河 南	Henan	4	5	313	5103	2450
湖 北	Hubei	3	3	73	1907	1072
湖 南	Hunan	8	14	1385	16577	2917
广 东	Guangdong	69	93	7410	118250	85708
广 西	Guangxi	2	3	92	607	336
海 南	Hainan					
重 庆	Chongqing	9	11	233	4072	3355
四 川	Sichuan					
贵 州	Guizhou					
云 南	Yunnan	1	1	102	2995	256
西 藏	Tibet					
陕 西	Shaanxi	1	1	85	1461	120
甘 肃	Gansu					
青 海	Qinghai					
宁 夏	Ningxia					
新 疆	Xinjiang					

2-7-9 续表 4 continued

地 区	Region	医疗仪器设备及仪器仪表制造业 Manufacture of Medical Equipments and Measuring Instrument 有研发机构的企业数(个) Number of Enterprises with R&D Institutions (unit)	机构数(个) R&D Institutions (unit)	机构人员(人) Personnel in R&D Institutions (person)	机构经费支出(万元) Expenditure in R&D Institutions (10000 yuan)	#仪器设备 Equipment
全 国	**Total**	**1575**	**1984**	**81982**	**1478473**	**1261325**
东部地区	Eastern Region	1309	1620	66825	1292442	1050545
中部地区	Middle Region	158	215	8036	97786	115000
西部地区	Western Region	78	104	5061	73078	68681
东北地区	Northeaastern Region	30	45	2060	15167	27099
北 京	Beijing	75	90	5362	133790	58445
天 津	Tianjin	13	25	658	15283	9256
河 北	Hebei	31	37	2286	18338	12426
山 西	Shanxi	6	9	414	3524	2261
内蒙古	Inner Mongolia	1	1	5	1	50
辽 宁	Liaoning	19	34	1448	8228	12677
吉 林	Jilin	2	2	83	1741	5793
黑龙江	Heilongjiang	9	9	529	5199	8629
上 海	Shanghai	25	29	1767	41100	41688
江 苏	Jiangsu	683	855	29965	649505	646510
浙 江	Zhejiang	287	304	13263	229970	116967
安 徽	Anhui	41	48	1224	12576	14643
福 建	Fujian	26	34	988	18352	12019
江 西	Jiangxi	21	35	1217	10706	8239
山 东	Shandong	84	120	4272	79725	88337
河 南	Henan	37	56	2396	37747	36107
湖 北	Hubei	17	24	793	9201	21192
湖 南	Hunan	36	43	1992	24031	32558
广 东	Guangdong	85	126	8264	106379	64897
广 西	Guangxi	10	10	242	5937	3944
海 南	Hainan					
重 庆	Chongqing	25	38	1923	27498	22455
四 川	Sichuan	24	28	1318	16842	7804
贵 州	Guizhou	2	2	258	1383	212
云 南	Yunnan	1	1	10	131	6
西 藏	Tibet					
陕 西	Shaanxi	11	20	1137	19953	31951
甘 肃	Gansu					
青 海	Qinghai					
宁 夏	Ningxia	3	3	144	1323	1936
新 疆	Xinjiang	1	1	24	10	323

3

固定资产投资情况
Statistics on Investment in Fixed Assets

3-1-1　高技术产业固定资产投资基本情况

Statistics on Investment in Fixed Assets in High-tech Industry

指　　标	Indicator	2000	2005	2011	2012	2013	2014
施工项目个数（个）	Number of Projects under Construction (unit)	2734	7095	13204	15681	17691	18403
#新开工项目个数	Number of Projects Started This Year	1640	4460	8447	10223	11637	12039
全部建成投产项目个数（个）	Number of Projects Completed and Put into Use (unit)	1282	3158	7735	8968	10528	11914
项目建成投产率（%）	Rate of Projects Completed and Put into Use (%)	46.89	44.51	58.58	57.19	59.51	64.74
投资额（亿元）	Investment (100 million yuan)	562.95	2144.09	9648.46	12932.65	15557.68	17451.72
新增固定资产（亿元）	Newly Increased Fixed Assets (100 million yuan)	421.02	1463.88	6355.15	8377.13	9874.27	11790.74
固定资产交付使用率（%）	Rate of Fixed Assets Put into Use (%)	74.79	68.28	67.12	64.78	63.47	67.56

注：2000年数据口径为投资额在50万元以上的基本建设项目和更新改造项目，2005年的数据口径为投资额在50万元以上的城镇项目，2011年及以后年份数据口径为投资额在500万元以上的全部项目。以下至3-1-12表相同。

3-1-2　制造业固定资产投资基本情况

Statistics on Investment in Fixed Assets in Manufacturing Industry

指　　标	Indicator	2000	2005	2011	2012	2013	2014
施工项目个数（个）	Number of Projects under Construction (unit)	28463	90627	205999	195867	214681	228053
#新开工项目个数	Number of Projects Started This Year	19566	67686	143906	138202	153839	164543
全部建成投产项目个数（个）	Number of Projects Completed and Put into Use (unit)	16803	49335	135566	127527	142785	162735
项目建成投产率（%）	Rate of Projects Completed and Put into Use (%)	59.03	54.44	65.81	65.11	66.51	71.36
投资额（亿元）	Investment (100 million yuan)	3279.26	20406.58	102566.33	124403.90	147584.43	166897.74
新增固定资产（亿元）	Newly Increased Fixed Assets (100 million yuan)	2689.27	13276.49	70849.03	86517.27	103244.61	124992.02
固定资产交付使用率（%）	Rate of Fixed Assets Put into Use (%)	82.01	65.06	69.08	69.55	69.96	74.89

3-1-3 分行业固定资产投资情况

Statistics on Investment in Fixed Assets in High-tech Industry by Industrial Sector

行 业	Industry	施工项目（个） Number of Projects under Construction (unit)					
		2000	2005	2011	2012	2013	2014
合计	**Total**	**2734**	**7095**	**13204**	**15681**	**17691**	**18403**
医药制造业	**Manufacture of Medicines**	**1261**	**3201**	**4741**	**4988**	**5755**	**6132**
#化学药品制造	Manufacture of Chemical Medicine	727	1185	1546	1534	1810	1845
中成药生产	Production of Finished Traditional Chinese Herbal Medicine	374	718	912	1002	1131	1184
生物药品制造	Manufacture of Biological Medicine	120	405	740	866	1025	1056
航空、航天器及设备制造业	**Manufacture of Aircrafts and Spacecrafts and Related Equipment**	**331**	**181**	**188**	**330**	**370**	**375**
#飞机制造	Manufacture of Airplanes	274	159	137	130	127	141
航天器制造	Manufacture of Spacecrafts	57	22	51	40	31	21
电子及通信设备制造业	**Manufacture of Electronic Equipment and Communication Equipment**	**826**	**2524**	**5470**	**6874**	**7754**	**7941**
#通信设备制造	Manufacture of Communication Equipment	159	394	678	663	791	863
#通信系统设备制造	Manufacture of Communication System Equipment	91	142	250	418	500	548
通信终端设备制造	Manufacture of Communication Terminal Equipment	36	49	70	245	291	315
广播电视设备制造	Manufacture of Broadcasting and TV Equipment	19	57	157	376	315	243
雷达及配套设备制造	Manufacture of Radar and Its Fittings	32	28	31	99	88	64
视听设备制造	Manufacture of TV Set and Radio Receiver	92	174	208	186	193	255
电子器件制造	Manufacture of Electronic Appliances	153	474	1413	1552	1608	1667
#电子真空器件制造	Manufacture of Electronic Vacuum Appliance	49	63	129	208	186	160
半导体分立器件制造	Manufacture of Semiconductor Discreting Appliances	57	54	154	164	117	116
集成电路制造	Manufacture of Integrate Circuit	47	139	233	224	249	241
电子元件制造	Manufacture of Electronic Components	291	1059	2264	2147	2606	2532
其他电子设备制造	Manufacture of Other Electronic Equipment	80	338	719	690	901	1057
计算机及办公设备制造业	**Manufacture of Computers and Office Equipment**	**72**	**298**	**499**	**766**	**799**	**849**
#计算机整机制造	Manufacture of Entired Computer	35	66	92	187	128	108
计算机零部件制造	Manufacture of Computer Components and Parts	32	184	357	242	276	313
计算机外围设备制造	Manufacture of Computer Peripheral Equipment				115	130	138
办公设备制造	Manufacture of Office Equipment	5	48	50	52	49	73
医疗仪器设备及仪器仪表制造业	**Manufacture of Medical Equipments and Measuring Instrument**	**244**	**891**	**2306**	**2723**	**3013**	**3106**
1.医疗仪器设备及器械制造	Manufacture of Medical Equipment and Appliance	72	238	626	970	1064	1101
2.仪器仪表制造	Manufacture of Measuring Instrument	172	653	1680	1753	1949	2005

3-1-3 续表 1 continued

行业	Industry	新开工项目（个） Number of Projects Started This Year (unit)					
		2000	2005	2011	2012	2013	2014
合计	**Total**	**1640**	**4460**	**8447**	**10223**	**11637**	**12039**
医药制造业	**Manufacture of Medicines**	**774**	**1983**	**2977**	**3264**	**3706**	**3931**
#化学药品制造	Manufacture of Chemical Medicine	450	720	906	954	1117	1123
中成药生产	Production of Finished Traditional Chinese Herbal Medicine	237	446	566	653	718	753
生物药品制造	Manufacture of Biological Medicine	65	245	416	558	642	625
航空、航天器及设备制造业	**Manufacture of Aircrafts and Spacecrafts and Related Equipment**	**196**	**68**	**86**	**180**	**206**	**215**
#飞机制造	Manufacture of Airplanes	160	61	63	61	63	79
航天器制造	Manufacture of Spacecrafts	36	7	23	25	14	10
电子及通信设备制造业	**Manufacture of Electronic Equipment and Communication Equipment**	**481**	**1632**	**3554**	**4406**	**5118**	**5157**
#通信设备制造	Manufacture of Communication Equipment	90	251	424	424	480	511
#通信系统设备制造	Manufacture of Communication System Equipment	48	82	166	276	313	325
通信终端设备制造	Manufacture of Communication Terminal Equipment	21	35	46	148	167	186
广播电视设备制造	Manufacture of Broadcasting and TV Equipment	13	40	100	255	192	159
雷达及配套设备制造	Manufacture of Radar and Its Fittings	18	12	21	51	45	43
视听设备制造	Manufacture of TV Set and Radio Receiver	54	104	111	114	131	178
电子器件制造	Manufacture of Electronic Appliances	73	284	867	943	1014	1060
#电子真空器件制造	Manufacture of Electronic Vacuum Appliance	27	36	90	135	108	115
半导体分立器件制造	Manufacture of Semiconductor Discreting Appliances	23	28	91	102	71	78
集成电路制造	Manufacture of Integrate Circuit	23	69	141	132	142	144
电子元件制造	Manufacture of Electronic Components	185	722	1555	1449	1858	1728
其他电子设备制造	Manufacture of Other Electronic Equipment	48	219	476	460	611	687
计算机及办公设备制造业	**Manufacture of Computers and Office Equipment**	**34**	**164**	**274**	**496**	**524**	**559**
#计算机整机制造	Manufacture of Entired Computer	16	34	44	114	65	57
计算机零部件制造	Manufacture of Computer Components and Parts	15	97	202	155	184	218
计算机外围设备制造	Manufacture of Computer Peripheral Equipment				67	92	93
办公设备制造	Manufacture of Office Equipment	3	33	28	38	34	49
医疗仪器设备及仪器仪表制造业	**Manufacture of Medical Equipments and Measuring Instrument**	**155**	**613**	**1556**	**1877**	**2083**	**2177**
1.医疗仪器设备及器械制造	Manufacture of Medical Equipment and Appliance	42	165	414	721	771	786
2.仪器仪表制造	Manufacture of Measuring Instrument	113	448	1142	1156	1312	1391

3-1-3 续表 2 continued

行 业	Industry	建成投产项目（个） Number of Projects Completed and Put into Use (unit)					
		2000	2005	2011	2012	2013	2014
合计	**Total**	**1282**	**3158**	**7735**	**8968**	**10528**	**11914**
医药制造业	**Manufacture of Medicines**	**602**	**1457**	**2694**	**2785**	**3335**	**3802**
#化学药品制造	Manufacture of Chemical Medicine	369	546	865	821	1048	1114
中成药生产	Production of Finished Traditional Chinese Herbal Medicine	173	356	507	553	652	693
生物药品制造	Manufacture of Biological Medicine	38	132	391	458	546	622
航空、航天器及设备制造业	**Manufacture of Aircrafts and Spacecrafts and Related Equipment**	**168**	**73**	**59**	**155**	**191**	**181**
#飞机制造	Manufacture of Airplanes	155	64	37	58	58	63
航天器制造	Manufacture of Spacecrafts	13	9	22	21	20	10
电子及通信设备制造业	**Manufacture of Electronic Equipment and Communication Equipment**	**374**	**1111**	**3247**	**3921**	**4586**	**5232**
#通信设备制造	Manufacture of Communication Equipment	64	166	374	341	399	520
#通信系统设备制造	Manufacture of Communication System Equipment	33	53	147	216	255	347
通信终端设备制造	Manufacture of Communication Terminal Equipment	19	26	38	125	144	173
广播电视设备制造	Manufacture of Broadcasting and TV Equipment	11	21	89	228	223	167
雷达及配套设备制造	Manufacture of Radar and Its Fittings	15	8	16	57	54	37
视听设备制造	Manufacture of TV Set and Radio Receiver	45	64	131	115	116	165
电子器件制造	Manufacture of Electronic Appliances	65	195	755	883	930	1034
#电子真空器件制造	Manufacture of Electronic Vacuum Appliance	23	24	81	122	129	122
半导体分立器件制造	Manufacture of Semiconductor Discreting Appliances	27	25	76	109	72	73
集成电路制造	Manufacture of Integrate Circuit	15	47	129	107	127	149
电子元件制造	Manufacture of Electronic Components	139	502	1445	1310	1600	1778
其他电子设备制造	Manufacture of Other Electronic Equipment	35	155	437	369	519	701
计算机及办公设备制造业	**Manufacture of Computers and Office Equipment**	**32**	**118**	**258**	**449**	**464**	**576**
#计算机整机制造	Manufacture of Entired Computer	12	25	46	110	71	68
计算机零部件制造	Manufacture of Computer Components and Parts	18	68	180	136	167	221
计算机外围设备制造	Manufacture of Computer Peripheral Equipment				72	85	93
办公设备制造	Manufacture of Office Equipment	2	25	32	31	26	48
医疗仪器设备及仪器仪表制造业	**Manufacture of Medical Equipments and Measuring Instrument**	**106**	**399**	**1477**	**1658**	**1952**	**2123**
1.医疗仪器设备及器械制造	Manufacture of Medical Equipment and Appliance	27	109	406	613	702	754
2.仪器仪表制造	Manufacture of Measuring Instrument	79	290	1071	1045	1250	1369

3-1-3 续表 3 continued

行 业	Industry	项目建成投产率（%）Rate of Projects Completed and Put into Use (%)					
		2000	2005	2011	2012	2013	2014
合计	**Total**	**46.89**	**44.51**	**58.58**	**57.19**	**59.51**	**64.74**
医药制造业	**Manufacture of Medicines**	**47.74**	**45.52**	**56.82**	**55.83**	**57.95**	**62.00**
#化学药品制造	Manufacture of Chemical Medicine	50.76	46.08	55.95	53.52	57.90	60.38
中成药生产	Production of Finished Traditional Chinese Herbal Medicine	46.26	49.58	55.59	55.19	57.65	58.53
生物药品制造	Manufacture of Biological Medicine	31.67	32.59	52.84	52.89	53.27	58.90
航空、航天器及设备制造业	**Manufacture of Aircrafts and Spacecrafts and Related Equipment**	**50.76**	**40.33**	**31.38**	**46.97**	**51.62**	**48.27**
#飞机制造	Manufacture of Airplanes	56.57	40.25	27.01	44.62	45.67	44.68
航天器制造	Manufacture of Spacecrafts	22.81	40.91	43.14	52.50	64.52	47.62
电子及通信设备制造业	**Manufacture of Electronic Equipment and Communication Equipment**	**45.28**	**44.02**	**59.36**	**57.04**	**59.14**	**65.89**
#通信设备制造	Manufacture of Communication Equipment	40.25	42.13	55.16	51.43	50.44	60.25
#通信系统设备制造	Manufacture of Communication System Equipment	36.26	37.32	58.80	51.67	51.00	63.32
通信终端设备制造	Manufacture of Communication Terminal Equipment	52.78	53.06	54.29	51.02	49.48	54.92
广播电视设备制造	Manufacture of Broadcasting and TV Equipment	57.89	36.84	56.69	60.64	70.79	68.72
雷达及配套设备制造	Manufacture of Radar and Its Fittings	46.88	28.57	51.61	57.58	61.36	57.81
视听设备制造	Manufacture of TV Set and Radio Receiver	57.89	36.78	62.98	61.83	60.10	64.71
电子器件制造	Manufacture of Electronic Appliances	42.48	41.14	53.43	56.89	57.84	62.03
#电子真空器件制造	Manufacture of Electronic Vacuum Appliance	46.94	38.10	62.79	58.65	69.35	76.25
半导体分立器件制造	Manufacture of Semiconductor Discreting Appliances	47.37	46.30	49.35	66.46	61.54	62.93
集成电路制造	Manufacture of Integrate Circuit	31.91	33.81	55.36	47.77	51.00	61.83
电子元件制造	Manufacture of Electronic Components	47.77	47.40	63.83	61.02	61.40	70.22
其他电子设备制造	Manufacture of Other Electronic Equipment	43.75	45.86	60.78	53.48	57.60	66.32
计算机及办公设备制造业	**Manufacture of Computers and Office Equipment**	**44.44**	**39.60**	**51.70**	**58.62**	**58.07**	**67.84**
#计算机整机制造	Manufacture of Entired Computer	34.29	37.88	50.00	58.82	55.47	62.96
计算机零部件制造	Manufacture of Computer Components and Parts	56.25	36.96	50.42	56.20	60.51	70.61
计算机外围设备制造	Manufacture of Computer Peripheral Equipment				62.61	65.38	67.39
办公设备制造	Manufacture of Office Equipment	40.00	52.08	64.00	59.62	53.06	65.75
医疗仪器设备及仪器仪表制造业	**Manufacture of Medical Equipments and Measuring Instrument**	**43.44**	**44.78**	**64.05**	**60.89**	**64.79**	**68.35**
1.医疗仪器设备及器械制造	Manufacture of Medical Equipment and Appliance	37.50	45.80	64.86	63.20	65.98	68.48
2.仪器仪表制造	Manufacture of Measuring Instrument	45.93	44.41	63.75	59.61	64.14	68.28

3-1-3 续表 4 continued

行 业	Industry	投资额(亿元) Investment (100 million yuan)					
		2000	2005	2011	2012	2013	2014
合计	**Total**	**562.95**	**2144.09**	**9468.46**	**12932.65**	**15557.68**	**17451.72**
医药制造业	**Manufacture of Medicines**	**133.62**	**696.05**	**2648.93**	**3575.38**	**4529.35**	**5191.93**
#化学药品制造	Manufacture of Chemical Medicine	81.50	289.30	1002.22	1264.43	1591.98	1702.85
中成药生产	Production of Finished Traditional Chinese Herbal Medicine	27.40	140.52	482.46	684.03	831.76	978.39
生物药品制造	Manufacture of Biological Medicine	20.74	116.50	488.02	731.30	994.84	1075.46
航空、航天器及设备制造业	**Manufacture of Aircrafts and Spacecrafts and Related Equipment**	**43.23**	**69.99**	**258.13**	**434.03**	**620.60**	**701.92**
#飞机制造	Manufacture of Airplanes	31.70	64.20	190.16	190.64	232.33	330.75
航天器制造	Manufacture of Spacecrafts	11.52	5.78	67.97	45.28	40.58	23.13
电子及通信设备制造业	**Manufacture of Electronic Equipment and Communication Equipment**	**335.98**	**1062.99**	**4521.94**	**6336.97**	**7573.37**	**8434.59**
#通信设备制造	Manufacture of Communication Equipment	55.36	139.89	540.67	658.04	897.01	1089.80
#通信系统设备制造	Manufacture of Communication System Equipment	35.04	32.96	139.71	342.11	454.70	520.01
通信终端设备制造	Manufacture of Communication Terminal Equipment	8.37	16.02	59.83	315.93	442.31	569.79
广播电视设备制造	Manufacture of Broadcasting and TV Equipment	2.06	9.96	94.90	257.68	215.90	200.69
雷达及配套设备制造	Manufacture of Radar and Its Fittings	3.04	8.86	38.66	97.24	66.95	72.94
视听设备制造	Manufacture of TV Set and Radio Receiver	32.25	70.19	132.94	163.71	210.10	228.14
电子器件制造	Manufacture of Electronic Appliances	159.65	399.08	2016.23	2063.66	2485.88	2831.93
#电子真空器件制造	Manufacture of Electronic Vacuum Appliance	67.89	17.48	92.34	131.41	121.71	104.65
半导体分立器件制造	Manufacture of Semiconductor Discreting Appliances	10.11	56.18	207.35	189.45	115.27	107.40
集成电路制造	Manufacture of Integrate Circuit	81.65	195.44	306.18	348.41	575.60	645.29
电子元件制造	Manufacture of Electronic Components	70.93	345.87	1181.61	1409.11	1655.82	1748.42
其他电子设备制造	Manufacture of Other Electronic Equipment	12.69	89.14	516.93	501.38	852.58	967.63
计算机及办公设备制造业	**Manufacture of Computers and Office Equipment**	**26.17**	**168.14**	**763.64**	**836.31**	**835.81**	**876.90**
#计算机整机制造	Manufacture of Entired Computer	12.41	49.66	346.83	283.95	282.67	185.05
计算机零部件制造	Manufacture of Computer Components and Parts	13.51	102.91	390.20	261.09	248.18	329.29
计算机外围设备制造	Manufacture of Computer Peripheral Equipment				135.07	124.86	121.85
办公设备制造	Manufacture of Office Equipment	0.25	15.57	26.61	34.86	32.87	43.63
医疗仪器设备及仪器仪表制造业	**Manufacture of Medical Equipments and Measuring Instrument**	**23.95**	**146.92**	**1275.81**	**1749.97**	**1998.55**	**2246.39**
1.医疗仪器设备及器械制造	Manufacture of Medical Equipment and Appliance	8.90	38.83	330.80	535.57	673.03	856.18
2.仪器仪表制造	Manufacture of Measuring Instrument	15.05	108.09	945.01	1214.40	1325.53	1390.21

3-1-3 续表 5 continued

行 业	Industry	新增固定资产（亿元） Newly Increased Fixed Assets (100 million yuan)					
		2000	2005	2011	2012	2013	2014
合计	**Total**	**421.02**	**1463.88**	**6355.15**	**8377.13**	**9874.27**	**11790.74**
医药制造业	**Manufacture of Medicines**	**105.05**	**442.20**	**1671.45**	**2135.58**	**2989.45**	**3613.84**
#化学药品制造	Manufacture of Chemical Medicine	65.94	188.69	621.76	734.44	1131.58	1229.29
中成药生产	Production of Finished Traditional Chinese Herbal Medicine	19.32	96.50	349.69	453.85	522.25	615.58
生物药品制造	Manufacture of Biological Medicine	16.21	55.68	260.45	348.89	527.76	673.27
航空、航天器及设备制造业	**Manufacture of Aircrafts and Spacecrafts and Related Equipment**	**34.44**	**43.73**	**79.42**	**256.81**	**352.68**	**338.99**
#飞机制造	Manufacture of Airplanes	29.01	40.09	46.53	111.05	100.13	123.00
航天器制造	Manufacture of Spacecrafts	5.43	3.64	32.89	32.89	34.48	10.72
电子及通信设备制造业	**Manufacture of Electronic Equipment and Communication Equipment**	**239.78**	**742.71**	**3076.57**	**4271.88**	**4682.65**	**5632.40**
#通信设备制造	Manufacture of Communication Equipment	45.83	73.54	407.86	394.06	509.17	728.28
#通信系统设备制造	Manufacture of Communication System Equipment	27.51	14.56	116.01	194.53	232.09	386.86
通信终端设备制造	Manufacture of Communication Terminal Equipment	7.94	10.92	25.86	199.54	277.08	341.42
广播电视设备制造	Manufacture of Broadcasting and TV Equipment	2.06	10.06	50.13	202.53	150.95	130.74
雷达及配套设备制造	Manufacture of Radar and Its Fittings	2.17	1.35	22.18	85.86	37.68	23.19
视听设备制造	Manufacture of TV Set and Radio Receiver	28.42	40.98	105.39	114.50	148.82	163.72
电子器件制造	Manufacture of Electronic Appliances	99.07	304.49	1359.97	1451.64	1467.56	1781.90
#电子真空器件制造	Manufacture of Electronic Vacuum Appliance	45.46	12.09	60.32	81.86	88.30	93.66
半导体分立器件制造	Manufacture of Semiconductor Discreting Appliances	9.40	19.59	103.29	166.45	76.53	73.82
集成电路制造	Manufacture of Integrate Circuit	44.21	129.03	307.24	234.28	265.32	553.76
电子元件制造	Manufacture of Electronic Components	52.12	240.71	865.99	973.46	1110.15	1235.02
其他电子设备制造	Manufacture of Other Electronic Equipment	10.12	71.59	265.03	323.27	507.04	672.06
计算机及办公设备制造业	**Manufacture of Computers and Office Equipment**	**22.81**	**140.51**	**580.70**	**580.32**	**497.90**	**579.20**
#计算机整机制造	Manufacture of Entired Computer	9.43	33.44	235.05	188.20	155.25	139.93
计算机零部件制造	Manufacture of Computer Components and Parts	13.25	92.44	327.41	193.07	157.66	185.18
计算机外围设备制造	Manufacture of Computer Peripheral Equipment				101.02	77.30	111.19
办公设备制造	Manufacture of Office Equipment	0.13	14.62	18.24	19.53	18.25	37.68
医疗仪器设备及仪器仪表制造业	**Manufacture of Medical Equipments and Measuring Instrument**	**18.94**	**94.73**	**947.01**	**1132.55**	**1351.60**	**1626.30**
1.医疗仪器设备及器械制造	Manufacture of Medical Equipment and Appliance	8.54	25.39	220.56	365.72	477.66	591.90
2.仪器仪表制造	Manufacture of Measuring Instrument	10.40	69.34	726.45	766.82	873.94	1034.40

3-1-3 续表 6 continued

行业	Industry	固定资产交付使用率（%） Rate of Fixed Assets Put into Use (%)					
		2000	2005	2011	2012	2013	2014
合计	**Total**	**74.79**	**68.28**	**67.12**	**64.78**	**63.47**	**67.56**
医药制造业	**Manufacture of Medicines**	**78.62**	**63.53**	**63.10**	**59.73**	**66.00**	**69.60**
#化学药品制造	Manufacture of Chemical Medicine	80.90	65.22	62.04	58.09	71.08	72.19
中成药生产	Production of Finished Traditional Chinese Herbal Medicine	70.50	68.67	72.48	66.35	62.79	62.92
生物药品制造	Manufacture of Biological Medicine	78.14	47.79	53.37	47.71	53.05	62.60
航空、航天器及设备制造业	**Manufacture of Aircrafts and Spacecrafts and Related Equipment**	**79.67**	**62.48**	**30.77**	**59.17**	**56.83**	**48.29**
#飞机制造	Manufacture of Airplanes	91.51	62.45	24.47	58.25	43.10	37.19
航天器制造	Manufacture of Spacecrafts	47.10	62.98	48.39	72.65	84.97	46.35
电子及通信设备制造业	**Manufacture of Electronic Equipment and Communication Equipment**	**71.37**	**69.87**	**68.04**	**67.41**	**61.83**	**66.78**
#通信设备制造	Manufacture of Communication Equipment	82.78	52.57	75.44	59.88	56.76	66.83
#通信系统设备制造	Manufacture of Communication System Equipment	78.50	44.17	83.04	56.86	51.04	74.39
通信终端设备制造	Manufacture of Communication Terminal Equipment	94.90	68.16	43.22	63.16	62.64	59.92
广播电视设备制造	Manufacture of Broadcasting and TV Equipment	100.00	101.00	52.82	78.60	69.91	65.14
雷达及配套设备制造	Manufacture of Radar and Its Fittings	71.22	15.24	57.37	88.30	56.29	31.79
视听设备制造	Manufacture of TV Set and Radio Receiver	88.12	58.38	79.28	69.94	70.83	71.76
电子器件制造	Manufacture of Electronic Appliances	62.06	76.30	67.45	70.34	59.04	62.92
#电子真空器件制造	Manufacture of Electronic Vacuum Appliance	66.96	69.16	65.32	62.29	72.56	89.50
半导体分立器件制造	Manufacture of Semiconductor Discreting Appliances	93.00	34.87	49.81	87.86	66.39	68.74
集成电路制造	Manufacture of Integrate Circuit	54.15	66.02	100.35	67.24	46.09	85.82
电子元件制造	Manufacture of Electronic Components	73.47	69.60	73.29	69.08	67.05	70.64
其他电子设备制造	Manufacture of Other Electronic Equipment	79.76	80.31	51.27	64.48	59.47	69.45
计算机及办公设备制造业	**Manufacture of Computers and Office Equipment**	**87.14**	**83.57**	**76.04**	**69.39**	**59.57**	**66.05**
#计算机整机制造	Manufacture of Entired Computer	75.99	67.34	67.77	66.28	54.92	75.61
计算机零部件制造	Manufacture of Computer Components and Parts	98.08	89.83	83.91	73.95	63.52	56.24
计算机外围设备制造	Manufacture of Computer Peripheral Equipment				74.79	61.91	91.26
办公设备制造	Manufacture of Office Equipment	49.78	93.90	68.55	56.03	55.53	86.36
医疗仪器设备及仪器仪表制造业	**Manufacture of Medical Equipments and Measuring Instrument**	**79.08**	**64.48**	**74.23**	**64.72**	**67.63**	**72.40**
1.医疗仪器设备及器械制造	Manufacture of Medical Equipment and Appliance	95.94	65.39	66.67	68.29	70.97	69.13
2.仪器仪表制造	Manufacture of Measuring Instrument	69.11	64.15	76.87	63.14	65.93	74.41

3-1-4　国有及国有控股企业固定资产投资情况

Statistics on Investment in Fixed Assets in State-owned and State-controlled Enterprises by Industrial Sector

行　业	Industry	施工项目（个） Number of Projects under Construction (unit)					
		2000	2005	2011	2012	2013	2014
合计	**Total**	**1321**	**1285**	**1065**	**741**	**1304**	**1329**
医药制造业	**Manufacture of Medicines**	**478**	**553**	**292**	**140**	**345**	**339**
#化学药品制造	Manufacture of Chemical Medicine	310	269	124	45	119	109
中成药生产	Production of Finished Traditional Chinese Herbal Medicine	131	115	58	27	88	85
生物药品制造	Manufacture of Biological Medicine	29	65	47	33	70	69
航空、航天器及设备制造业	**Manufacture of Aircrafts and Spacecrafts and Related Equipment**	**328**	**169**	**124**	**123**	**162**	**140**
#飞机制造	Manufacture of Airplanes	273	148	101	75	83	68
航天器制造	Manufacture of Spacecrafts	55	21	23	10	9	5
电子及通信设备制造业	**Manufacture of Electronic Equipment and Communication Equipment**	**363**	**369**	**453**	**327**	**556**	**617**
#通信设备制造	Manufacture of Communication Equipment	74	103	101	45	143	166
#通信系统设备制造	Manufacture of Communication System t Equipmen	50	55	35	36	96	125
通信终端设备制造	Manufacture of Communication Terminal Equipment	11	10	11	9	47	41
广播电视设备制造	Manufacture of Broadcasting and TV Equipment	13	18	18	21	15	13
雷达及配套设备制造	Manufacture of Radar and Its Fittings	27	22	17	11	15	22
视听设备制造	Manufacture of TV Set and Radio Receiver	39	31	16	7	18	25
电子器件制造	Manufacture of Electronic Appliances	67	84	128	115	119	123
#电子真空器件制造	Manufacture of Electronic Vacuum Appliance	19	21	11	11	11	7
半导体分立器件制造	Manufacture of Semiconductor Discreting Appliances	35	13	14	29	8	8
集成电路制造	Manufacture of Integrate Circuit	13	19	32	15	30	25
电子元件制造	Manufacture of Electronic Components	111	91	114	60	103	99
其他电子设备制造	Manufacture of Other Electronic Equipment	32	20	59	38	84	97
计算机及办公设备制造业	**Manufacture of Computers and Office Equipment**	**19**	**41**	**56**	**44**	**73**	**67**
#计算机整机制造	Manufacture of Entired Computer	16	11	24	27	24	15
计算机零部件制造	Manufacture of Computer Components and Parts		26	29	9	17	22
计算机外围设备制造	Manufacture of Computer Peripheral Equipment				1	5	10
办公设备制造	Manufacture of Office Equipment	3	4	3	3	5	2
医疗仪器设备及仪器仪表制造业	**Manufacture of Medical Equipments and Measuring Instrument**	**133**	**153**	**140**	**107**	**168**	**166**
1.医疗仪器设备及器械制造	Manufacture of Medical Equipment and Appliance	27	16	24	11	33	30
2.仪器仪表制造	Manufacture of Measuring Instrument	106	137	116	96	135	136

3-1-4 续表 1 continued

行 业	Industry	新开工项目（个） Number of Projects Started This Year (unit) 2000	2005	2011	2012	2013	2014
合计	**Total**	**803**	**636**	**514**	**427**	**670**	**649**
医药制造业	**Manufacture of Medicines**	**311**	**303**	**153**	**80**	**188**	**168**
#化学药品制造	Manufacture of Chemical Medicine	200	152	59	26	64	54
中成药生产	Production of Finished Traditional Chinese Herbal Medicine	92	60	31	14	56	43
生物药品制造	Manufacture of Biological Medicine	13	39	23	20	28	29
航空、航天器及设备制造业	**Manufacture of Aircrafts and Spacecrafts and Related Equipment**	**194**	**60**	**48**	**61**	**80**	**67**
#飞机制造	Manufacture of Airplanes	160	54	41	34	36	30
航天器制造	Manufacture of Spacecrafts	34	6	7	4	2	
电子及通信设备制造业	**Manufacture of Electronic Equipment and Communication Equipment**	**212**	**181**	**225**	**192**	**282**	**301**
#通信设备制造	Manufacture of Communication Equipment	41	52	57	30	77	68
#通信系统设备制造	Manufacture of Communication System t Equipmen	27	21	19	25	52	53
通信终端设备制造	Manufacture of Communication Terminal Equipment	5	9	8	5	25	15
广播电视设备制造	Manufacture of Broadcasting and TV Equipment	8	14	12	13	6	9
雷达及配套设备制造	Manufacture of Radar and Its Fittings	14	7	11	2	6	13
视听设备制造	Manufacture of TV Set and Radio Receiver	23	12	5	4	13	14
电子器件制造	Manufacture of Electronic Appliances	34	36	63	71	54	62
#电子真空器件制造	Manufacture of Electronic Vacuum Appliance	11	6	7	7	4	6
半导体分立器件制造	Manufacture of Semiconductor Discreting Appliances	14	6	7	19	1	3
集成电路制造	Manufacture of Integrate Circuit	9	8	15	3	11	9
电子元件制造	Manufacture of Electronic Components	73	52	48	39	50	55
其他电子设备制造	Manufacture of Other Electronic Equipment	19	8	29	18	46	42
计算机及办公设备制造业	**Manufacture of Computers and Office Equipment**	**7**	**12**	**13**	**32**	**33**	**30**
#计算机整机制造	Manufacture of Entired Computer	6	4	2	18	7	4
计算机零部件制造	Manufacture of Computer Components and Parts		7	11	8	8	12
计算机外围设备制造	Manufacture of Computer Peripheral Equipment					1	6
办公设备制造	Manufacture of Office Equipment	1	1		2	2	
医疗仪器设备及仪器仪表制造业	**Manufacture of Medical Equipments and Measuring Instrument**	**79**	**80**	**75**	**62**	**87**	**83**
1.医疗仪器设备及器械制造	Manufacture of Medical Equipment and Appliance	12	10	13	6	21	16
2.仪器仪表制造	Manufacture of Measuring Instrument	67	70	62	56	66	67

3-1-4　续表 2　continued

行　业	Industry	建成投产项目（个） Number of Projects Completed and Put into Use (unit)					
		2000	2005	2011	2012	2013	2014
合计	**Total**	**627**	**503**	**441**	**338**	**568**	**685**
医药制造业	**Manufacture of Medicines**	**233**	**260**	**146**	**52**	**156**	**175**
#化学药品制造	Manufacture of Chemical Medicine	148	128	59	15	52	56
中成药生产	Production of Finished Traditional Chinese Herbal Medicine	70	60	28	13	41	37
生物药品制造	Manufacture of Biological Medicine	9	23	21	7	27	32
航空、航天器及设备制造业	**Manufacture of Aircrafts and Spacecrafts and Related Equipment**	**167**	**68**	**30**	**49**	**82**	**65**
#飞机制造	Manufacture of Airplanes	155	60	21	28	42	33
航天器制造	Manufacture of Spacecrafts	12	8	9	2	4	1
电子及通信设备制造业	**Manufacture of Electronic Equipment and Communication Equipment**	**159**	**128**	**182**	**162**	**212**	**306**
#通信设备制造	Manufacture of Communication Equipment	29	43	46	16	47	75
#通信系统设备制造	Manufacture of Communication System t Equipmen	16	24	15	14	33	51
通信终端设备制造	Manufacture of Communication Terminal Equipment	7	4	4	2	14	24
广播电视设备制造	Manufacture of Broadcasting and TV Equipment	9	8	11	10	10	8
雷达及配套设备制造	Manufacture of Radar and Its Fittings	11	6	7	4	1	13
视听设备制造	Manufacture of TV Set and Radio Receiver	18	8	7	3	7	13
电子器件制造	Manufacture of Electronic Appliances	27	24	43	75	41	61
#电子真空器件制造	Manufacture of Electronic Vacuum Appliance	7	4	6	7	8	4
半导体分立器件制造	Manufacture of Semiconductor Discreting Appliances	17	2	4	21	2	4
集成电路制造	Manufacture of Integrate Circuit	3	5	11	2	9	11
电子元件制造	Manufacture of Electronic Components	52	34	42	32	49	51
其他电子设备制造	Manufacture of Other Electronic Equipment	13	5	26	12	29	43
计算机及办公设备制造业	**Manufacture of Computers and Office Equipment**	**9**	**5**	**26**	**19**	**33**	**33**
#计算机整机制造	Manufacture of Entired Computer	7	2	14	13	13	4
计算机零部件制造	Manufacture of Computer Components and Parts		1	11	3	6	11
计算机外围设备制造	Manufacture of Computer Peripheral Equipment				1	1	6
办公设备制造	Manufacture of Office Equipment	2	2	1	2	3	1
医疗仪器设备及仪器仪表制造业	**Manufacture of Medical Equipments and Measuring Instrument**	**59**	**42**	**57**	**56**	**85**	**106**
1.医疗仪器设备及器械制造	Manufacture of Medical Equipment and Appliance	10	7	10	5	14	18
2.仪器仪表制造	Manufacture of Measuring Instrument	49	35	47	51	71	88

3-1-4 续表 3 continued

行业	Industry	项目建成投产率 (%) Rate of Projects Completed and Put into Use (%)					
		2000	2005	2011	2012	2013	2014
合计	**Total**	**47.46**	**39.14**	**41.41**	**45.61**	**43.56**	**51.54**
医药制造业	**Manufacture of Medicines**	**48.74**	**47.02**	**50.00**	**37.14**	**45.22**	**51.62**
#化学药品制造	Manufacture of Chemical Medicine	47.74	47.58	47.58	33.33	43.70	51.38
中成药生产	Production of Finished Traditional Chinese Herbal Medicine	53.44	52.17	48.28	48.15	46.59	43.53
生物药品制造	Manufacture of Biological Medicine	31.03	35.38	44.68	21.21	38.57	46.38
航空、航天器及设备制造业	**Manufacture of Aircrafts and Spacecrafts and Related Equipment**	**50.91**	**40.24**	**24.19**	**39.84**	**50.62**	**46.43**
#飞机制造	Manufacture of Airplanes	56.78	40.54	20.79	37.33	50.60	48.53
航天器制造	Manufacture of Spacecrafts	21.82	38.10	39.13	20.00	44.44	20.00
电子及通信设备制造业	**Manufacture of Electronic Equipment and Communication Equipment**	**43.80**	**34.69**	**40.18**	**49.54**	**38.13**	**49.59**
#通信设备制造	Manufacture of Communication Equipment	39.19	41.75	45.54	35.56	32.87	45.18
#通信系统设备制造	Manufacture of Communication System t Equipmen	32.00	43.64	42.86	38.89	34.38	40.80
通信终端设备制造	Manufacture of Communication Terminal Equipment	63.64	40.00	36.36	22.22	29.79	58.54
广播电视设备制造	Manufacture of Broadcasting and TV Equipment	69.23	44.44	61.11	47.62	66.67	61.54
雷达及配套设备制造	Manufacture of Radar and Its Fittings	40.74	27.27	41.18	36.36	6.67	59.09
视听设备制造	Manufacture of TV Set and Radio Receiver	46.15	25.81	43.75	42.86	38.89	52.00
电子器件制造	Manufacture of Electronic Appliances	40.30	28.57	33.59	65.22	34.45	49.59
#电子真空器件制造	Manufacture of Electronic Vacuum Appliance	36.84	19.05	54.55	63.64	72.73	57.14
半导体分立器件制造	Manufacture of Semiconductor Discreting Appliances	48.57	15.38	28.57	72.41	25.00	50.00
集成电路制造	Manufacture of Integrate Circuit	23.08	26.32	34.38	13.33	30.00	44.00
电子元件制造	Manufacture of Electronic Components	46.85	37.36	36.84	53.33	47.57	51.52
其他电子设备制造	Manufacture of Other Electronic Equipment	40.63	25.00	44.07	31.58	34.52	44.33
计算机及办公设备制造业	**Manufacture of Computers and Office Equipment**	**47.37**	**12.20**	**46.43**	**43.18**	**45.21**	**49.25**
#计算机整机制造	Manufacture of Entired Computer	43.75	18.18	58.33	48.15	54.17	26.67
计算机零部件制造	Manufacture of Computer Components and Parts		3.85	37.93	33.33	35.29	50.00
计算机外围设备制造	Manufacture of Computer Peripheral Equipment				100.00	20.00	60.00
办公设备制造	Manufacture of Office Equipment	66.67	50.00	33.33	66.67	60.00	50.00
医疗仪器设备及仪器仪表制造业	**Manufacture of Medical Equipments and Measuring Instrument**	**44.36**	**27.45**	**40.71**	**52.34**	**50.60**	**63.86**
1.医疗仪器设备及器械制造	Manufacture of Medical Equipment and Appliance	37.04	43.75	41.67	45.45	42.42	60.00
2.仪器仪表制造	Manufacture of Measuring Instrument	46.23	25.55	40.52	53.13	52.59	64.71

3-1-4　续表 4　continued

行　业	Industry	投资额（亿元） Investment (100 million yuan)					
		2000	2005	2011	2012	2013	2014
合计	**Total**	**168.44**	**380.71**	**1627.06**	**1123.77**	**1892.79**	**2060.03**
医药制造业	**Manufacture of Medicines**	**39.66**	**137.69**	**218.63**	**145.70**	**305.59**	**339.05**
#化学药品制造	Manufacture of Chemical Medicine	28.85	61.14	119.55	54.58	107.35	93.90
中成药生产	Production of Finished Traditional Chinese Herbal Medicine	7.12	20.29	24.63	25.37	66.28	71.25
生物药品制造	Manufacture of Biological Medicine	3.25	30.03	46.56	41.20	82.01	128.77
航空、航天器及设备制造业	**Manufacture of Aircrafts and Spacecrafts and Related Equipment**	**41.21**	**67.20**	**208.04**	**237.85**	**317.72**	**300.60**
#飞机制造	Manufacture of Airplanes	30.33	61.46	158.91	150.88	150.65	145.67
航天器制造	Manufacture of Spacecrafts	10.89	5.74	49.14	17.02	19.78	8.00
电子及通信设备制造业	**Manufacture of Electronic Equipment and Communication Equipment**	**71.98**	**150.31**	**899.28**	**466.01**	**1012.32**	**1198.84**
#通信设备制造	Manufacture of Communication Equipment	17.20	42.09	125.25	114.29	194.09	144.00
#通信系统设备制造	Manufacture of Communication System t Equipmen	11.02	17.29	21.47	66.99	86.72	74.53
通信终端设备制造	Manufacture of Communication Terminal Equipment	3.14	4.04	26.24	47.29	107.37	69.47
广播电视设备制造	Manufacture of Broadcasting and TV Equipment	1.17	3.21	4.09	7.03	4.22	5.88
雷达及配套设备制造	Manufacture of Radar and Its Fittings	2.60	8.32	29.83	11.15	12.79	21.53
视听设备制造	Manufacture of TV Set and Radio Receiver	12.93	7.67	14.24	7.33	27.95	26.13
电子器件制造	Manufacture of Electronic Appliances	19.34	49.24	468.79	202.37	490.10	657.26
#电子真空器件制造	Manufacture of Electronic Vacuum Appliance	16.47	9.81	13.58	15.83	10.86	8.86
半导体分立器件制造	Manufacture of Semiconductor Discreting Appliances	1.34	5.73	20.72	72.07	4.02	10.67
集成电路制造	Manufacture of Integrate Circuit	1.53	10.85	55.51	13.05	65.60	59.67
电子元件制造	Manufacture of Electronic Components	15.51	27.95	83.09	51.12	95.20	78.30
其他电子设备制造	Manufacture of Other Electronic Equipment	3.24	11.82	173.99	32.57	98.70	155.96
计算机及办公设备制造业	**Manufacture of Computers and Office Equipment**	**4.84**	**8.11**	**186.8**	**109.26**	**116.78**	**80.73**
#计算机整机制造	Manufacture of Entired Computer	4.67	2.05	91.03	71.64	51.83	15.67
计算机零部件制造	Manufacture of Computer Components and Parts	0.14	5.79	90.44	25.48	22.13	26.20
计算机外围设备制造	Manufacture of Computer Peripheral Equipment				1.46	8.44	9.80
办公设备制造	Manufacture of Office Equipment	0.03	0.27	5.32	8.52	6.26	1.18
医疗仪器设备及仪器仪表制造业	**Manufacture of Medical Equipments and Measuring Instrument**	**10.75**	**17.40**	**114.31**	**164.95**	**140.39**	**140.80**
1.医疗仪器设备及器械制造	Manufacture of Medical Equipment and Appliance	2.53	2.18	15.02	18.73	18.31	27.83
2.仪器仪表制造	Manufacture of Measuring Instrument	8.22	15.22	99.29	146.22	122.08	112.97

3-1-4　续表 5　continued

行　业	Industry	新增固定资产（亿元） Newly Increased Fixed Assets (100 million yuan)					
		2000	2005	2011	2012	2013	2014
合计	**Total**	**130.94**	**213.70**	**765.35**	**606.60**	**1170.99**	**1096.25**
医药制造业	**Manufacture of Medicines**	**32.52**	**93.08**	**110.15**	**60.06**	**156.91**	**261.33**
#化学药品制造	Manufacture of Chemical Medicine	23.10	40.76	52.07	23.38	64.35	85.52
中成药生产	Production of Finished Traditional Chinese Herbal Medicine	5.27	19.02	14.62	15.70	31.94	30.89
生物药品制造	Manufacture of Biological Medicine	2.94	18.48	16.21	7.79	25.04	108.82
航空、航天器及设备制造业	**Manufacture of Aircrafts and Spacecrafts and Related Equipment**	**34.32**	**41.88**	**43.03**	**143.14**	**152.80**	**143.54**
#飞机制造	Manufacture of Airplanes	29.00	38.28	34.43	89.79	78.26	59.61
航天器制造	Manufacture of Spacecrafts	5.32	3.60	8.60	11.89	21.18	3.00
电子及通信设备制造业	**Manufacture of Electronic Equipment and Communication Equipment**	**53.38**	**66.12**	**371.46**	**277.03**	**649.69**	**545.82**
#通信设备制造	Manufacture of Communication Equipment	15.23	21.72	40.21	39.87	98.49	85.73
#通信系统设备制造	Manufacture of Communication System t Equipmen	9.29	7.27	14.75	18.93	34.36	61.54
通信终端设备制造	Manufacture of Communication Terminal Equipment	3.44	1.73	3.41	20.94	64.13	24.19
广播电视设备制造	Manufacture of Broadcasting and TV Equipment	1.23	1.98	4.09	4.79	2.30	3.41
雷达及配套设备制造	Manufacture of Radar and Its Fittings	1.47	0.98	17.07	25.57	0.91	7.42
视听设备制造	Manufacture of TV Set and Radio Receiver	11.77	2.49	10.59	3.26	18.13	6.43
电子器件制造	Manufacture of Electronic Appliances	8.51	20.59	177.00	131.32	324.29	256.39
#电子真空器件制造	Manufacture of Electronic Vacuum Appliance	6.16	4.35	12.86	7.09	8.58	14.84
半导体分立器件制造	Manufacture of Semiconductor Discreting Appliances	1.07	2.37	7.45	59.64	1.65	6.86
集成电路制造	Manufacture of Integrate Circuit	1.28	8.52	19.75	1.16	42.67	16.77
电子元件制造	Manufacture of Electronic Components	12.65	15.96	67.64	28.55	86.15	64.66
其他电子设备制造	Manufacture of Other Electronic Equipment	2.52	2.40	54.85	15.75	52.19	61.56
计算机及办公设备制造业	**Manufacture of Computers and Office Equipment**	**3.37**	**1.90**	**143.42**	**48.74**	**88.62**	**52.53**
#计算机整机制造	Manufacture of Entired Computer	3.30	0.53	59.82	43.42	61.44	16.76
计算机零部件制造	Manufacture of Computer Components and Parts	0.04	0.29	83.21	1.27	14.68	10.27
计算机外围设备制造	Manufacture of Computer Peripheral Equipment				3.20	0.91	9.81
办公设备制造	Manufacture of Office Equipment	0.04	1.09	0.39	0.66	5.45	0.76
医疗仪器设备及仪器仪表制造业	**Manufacture of Medical Equipments and Measuring Instrument**	**7.35**	**10.72**	**97.28**	**77.62**	**122.97**	**93.02**
1.医疗仪器设备及器械制造	Manufacture of Medical Equipment and Appliance	2.32	1.53	8.67	6.77	26.69	18.24
2.仪器仪表制造	Manufacture of Measuring Instrument	5.04	9.19	88.61	70.85	96.28	74.78

3-1-4 续表 6 continued

行业	Industry	固定资产交付使用率（%） Rate of Fixed Assets Put into Use (%)					
		2000	2005	2011	2012	2013	2014
合计	**Total**	**77.74**	**56.13**	**47.04**	**53.98**	**61.87**	**53.22**
医药制造业	**Manufacture of Medicines**	**81.99**	**67.60**	**50.38**	**41.22**	**51.35**	**77.08**
#化学药品制造	Manufacture of Chemical Medicine	80.08	66.67	43.56	42.84	59.94	91.07
中成药生产	Production of Finished Traditional Chinese Herbal Medicine	74.01	93.74	59.36	61.89	48.19	43.35
生物药品制造	Manufacture of Biological Medicine	90.51	61.54	34.82	18.90	30.54	84.50
航空、航天器及设备制造业	**Manufacture of Aircrafts and Spacecrafts and Related Equipment**	**83.28**	**62.32**	**20.68**	**60.18**	**48.09**	**47.75**
#飞机制造	Manufacture of Airplanes	95.63	62.28	21.67	59.51	51.94	40.92
航天器制造	Manufacture of Spacecrafts	48.88	62.72	17.50	69.82	107.08	37.52
电子及通信设备制造业	**Manufacture of Electronic Equipment and Communication Equipment**	**74.16**	**43.99**	**41.31**	**59.45**	**64.18**	**45.53**
#通信设备制造	Manufacture of Communication Equipment	88.56	51.60	32.10	34.89	50.74	59.53
#通信系统设备制造	Manufacture of Communication System t Equipmen	84.31	42.05	68.70	28.26	39.62	82.57
通信终端设备制造	Manufacture of Communication Terminal Equipment	109.43	42.82	13.00	44.27	59.73	34.82
广播电视设备制造	Manufacture of Broadcasting and TV Equipment	105.66	61.68	100.00	68.10	54.62	57.92
雷达及配套设备制造	Manufacture of Radar and Its Fittings	56.52	11.78	57.22	229.25	7.11	34.46
视听设备制造	Manufacture of TV Set and Radio Receiver	91.01	32.46	74.37	44.48	64.85	24.61
电子器件制造	Manufacture of Electronic Appliances	44.00	41.82	37.76	64.89	66.17	39.01
#电子真空器件制造	Manufacture of Electronic Vacuum Appliance	37.40	44.34	94.70	44.79	79.00	167.59
半导体分立器件制造	Manufacture of Semiconductor Discreting Appliances	79.72	41.36	35.96	82.76	40.97	64.33
集成电路制造	Manufacture of Integrate Circuit	83.86	78.53	35.58	8.89	65.04	28.10
电子元件制造	Manufacture of Electronic Components	81.60	57.10	81.41	55.84	90.50	82.58
其他电子设备制造	Manufacture of Other Electronic Equipment	77.76	20.30	31.52	48.37	52.88	39.47
计算机及办公设备制造业	**Manufacture of Computers and Office Equipment**	**69.66**	**23.43**	**76.78**	**44.61**	**75.89**	**65.07**
#计算机整机制造	Manufacture of Entired Computer	70.70	25.85	65.71	60.61	118.53	106.92
计算机零部件制造	Manufacture of Computer Components and Parts	25.45	5.01	92.01	4.99	66.32	39.19
计算机外围设备制造	Manufacture of Computer Peripheral Equipment				219.04	10.76	100.10
办公设备制造	Manufacture of Office Equipment	105.39	403.70	7.33	7.76	86.94	64.51
医疗仪器设备及仪器仪表制造业	**Manufacture of Medical Equipments and Measuring Instrument**	**68.39**	**61.61**	**85.10**	**47.06**	**87.59**	**66.07**
1.医疗仪器设备及器械制造	Manufacture of Medical Equipment and Appliance	91.51	70.18	57.72	36.16	145.81	65.57
2.仪器仪表制造	Manufacture of Measuring Instrument	61.26	60.38	89.24	48.45	78.87	66.19

3-1-5 内资企业固定资产投资情况

Statistics on Investment in Fixed Assets in Domestic Funded Enterprises by Industrial Sector

行 业	Industry	施工项目（个） Number of Projects under Construction (unit)					
		2000	2005	2011	2012	2013	2014
合计	**Total**	**2270**	**5424**	**11385**	**13941**	**15952**	**16672**
医药制造业	**Manufacture of Medicines**	**1136**	**2858**	**4390**	**4629**	**5376**	**5772**
#化学药品制造	Manufacture of Chemical Medicine	642	1028	1377	1383	1629	1682
中成药生产	Production of Finished Traditional Chinese Herbal Medicine		653	860	945	1069	1126
生物药品制造	Manufacture of Biological Medicine	98	350	663	789	960	984
航空、航天器及设备制造业	**Manufacture of Aircrafts and Spacecrafts and Related Equipment**	**329**	**175**	**168**	**308**	**337**	**343**
#飞机制造	Manufacture of Airplanes	273	153	120	124	119	133
航天器制造	Manufacture of Spacecrafts	56	22	48	37	29	20
电子及通信设备制造业	**Manufacture of Electronic Equipment and Communication Equipment**	**585**	**1495**	**4366**	**5884**	**6801**	**6957**
#通信设备制造	Manufacture of Communication Equipment	134	284	568	596	710	754
#通信系统设备制造	Manufacture of Communication System Equipment	81	119	220	385	469	504
通信终端设备制造	Manufacture of Communication Terminal Equipment	27	30	59	211	241	250
广播电视设备制造	Manufacture of Broadcasting and TV Equipment	16	43	140	346	286	220
雷达及配套设备制造	Manufacture of Radar and Its Fittings	32	28	29	88	80	63
视听设备制造	Manufacture of TV Set and Radio Receiver	58	92	161	143	158	194
电子器件制造	Manufacture of Electronic Appliances	101	248	1056	1254	1370	1413
#电子真空器件制造	Manufacture of Electronic Vacuum Appliance	33	46	114	188	174	151
半导体分立器件制造	Manufacture of Semiconductor Discreting Appliances	49	31	108	132	92	88
集成电路制造	Manufacture of Integrate Circuit	19	47	152	140	182	172
电子元件制造	Manufacture of Electronic Components	186	600	1792	1816	2251	2203
其他电子设备制造	Manufacture of Other Electronic Equipment	58	200	620	610	821	967
计算机及办公设备制造业	**Manufacture of Computers and Office Equipment**	**36**	**142**	**339**	**626**	**652**	**688**
#计算机整机制造	Manufacture of Entired Computer	24	39	67	159	106	91
计算机零部件制造	Manufacture of Computer Components and Parts	8	82	235	184	219	252
计算机外围设备制造	Manufacture of Computer Peripheral Equipment				79	89	96
办公设备制造	Manufacture of Office Equipment	4	21	37	48	43	58
医疗仪器设备及仪器仪表制造业	**Manufacture of Medical Equipments and Measuring Instrument**	**184**	**754**	**2122**	**2494**	**2786**	**2912**
1.医疗仪器设备及器械制造	Manufacture of Medical Equipment and Appliance	36	196	562	887	980	1017
2.仪器仪表制造	Manufacture of Measuring Instrument	148	558	1560	1607	1806	1895

3-1-5 续表 1 continued

行　业	Industry	新开工项目（个） Number of Projects Started This Year (unit)					
		2000	2005	2011	2012	2013	2014
合计	**Total**	**1372**	**3422**	**7428**	**9255**	**10657**	**10991**
医药制造业	**Manufacture of Medicines**	**703**	**1790**	**2800**	**3068**	**3496**	**3737**
#化学药品制造	Manufacture of Chemical Medicine	399	633	826	874	1009	1040
中成药生产	Production of Finished Traditional Chinese Herbal Medicine		411	537	620	686	719
生物药品制造	Manufacture of Biological Medicine	51	208	381	520	609	589
航空、航天器及设备制造业	**Manufacture of Aircrafts and Spacecrafts and Related Equipment**	**195**	**66**	**77**	**170**	**191**	**202**
#飞机制造	Manufacture of Airplanes	160	59	55	60	60	75
航天器制造	Manufacture of Spacecrafts	35	7	22	24	14	9
电子及通信设备制造业	**Manufacture of Electronic Equipment and Communication Equipment**	**340**	**979**	**2911**	**3867**	**4572**	**4530**
#通信设备制造	Manufacture of Communication Equipment	72	176	366	392	435	445
#通信系统设备制造	Manufacture of Communication System Equipment	41	63	148	260	295	298
通信终端设备制造	Manufacture of Communication Terminal Equipment	14	23	40	132	140	147
广播电视设备制造	Manufacture of Broadcasting and TV Equipment	11	30	92	240	175	153
雷达及配套设备制造	Manufacture of Radar and Its Fittings	18	12	20	46	41	42
视听设备制造	Manufacture of TV Set and Radio Receiver	35	56	86	91	113	129
电子器件制造	Manufacture of Electronic Appliances	50	157	665	788	900	890
#电子真空器件制造	Manufacture of Electronic Vacuum Appliance	19	25	80	124	102	108
半导体分立器件制造	Manufacture of Semiconductor Discreting Appliances	20	16	66	87	58	59
集成电路制造	Manufacture of Integrate Circuit	11	30	92	81	109	94
电子元件制造	Manufacture of Electronic Components	119	414	1262	1249	1632	1511
其他电子设备制造	Manufacture of Other Electronic Equipment	35	134	420	418	561	637
计算机及办公设备制造业	**Manufacture of Computers and Office Equipment**	**15**	**68**	**188**	**419**	**438**	**460**
#计算机整机制造	Manufacture of Entired Computer	11	21	28	96	54	52
计算机零部件制造	Manufacture of Computer Components and Parts	2	35	139	123	154	178
计算机外围设备制造	Manufacture of Computer Peripheral Equipment				53	64	64
办公设备制造	Manufacture of Office Equipment	2	12	21	35	30	38
医疗仪器设备及仪器仪表制造业	**Manufacture of Medical Equipments and Measuring Instrument**	**119**	**519**	**1452**	**1731**	**1960**	**2062**
1.医疗仪器设备及器械制造	Manufacture of Medical Equipment and Appliance	21	142	378	658	720	735
2.仪器仪表制造	Manufacture of Measuring Instrument	98	377	1074	1073	1240	1327

3-1-5 续表 2 continued

行业	Industry	建成投产项目（个） Number of Projects Completed and Put into Use (unit)					
		2000	2005	2011	2012	2013	2014
合计	**Total**	**1057**	**2394**	**6698**	**8064**	**9567**	**10834**
医药制造业	**Manufacture of Medicines**	**528**	**1305**	**2520**	**2619**	**3144**	**3605**
#化学药品制造	Manufacture of Chemical Medicine	321	471	780	750	959	1025
中成药生产	Production of Finished Traditional Chinese Herbal Medicine		326	479	524	616	668
生物药品制造	Manufacture of Biological Medicine	28	117	356	426	520	584
航空、航天器及设备制造业	**Manufacture of Aircrafts and Spacecrafts and Related Equipment**	**168**	**70**	**54**	**150**	**176**	**168**
#飞机制造	Manufacture of Airplanes	155	61	32	57	54	62
航天器制造	Manufacture of Spacecrafts	13	9	22	20	18	10
电子及通信设备制造业	**Manufacture of Electronic Equipment and Communication Equipment**	**265**	**643**	**2584**	**3377**	**4042**	**4579**
#通信设备制造	Manufacture of Communication Equipment	53	128	314	309	364	461
#通信系统设备制造	Manufacture of Communication System Equipment	30	49	128	199	241	320
通信终端设备制造	Manufacture of Communication Terminal Equipment	14	15	31	110	123	141
广播电视设备制造	Manufacture of Broadcasting and TV Equipment	9	18	79	210	209	156
雷达及配套设备制造	Manufacture of Radar and Its Fittings	15	8	16	50	48	36
视听设备制造	Manufacture of TV Set and Radio Receiver	26	33	101	94	94	124
电子器件制造	Manufacture of Electronic Appliances	43	95	558	734	800	872
#电子真空器件制造	Manufacture of Electronic Vacuum Appliance	14	15	71	111	120	116
半导体分立器件制造	Manufacture of Semiconductor Discreting Appliances	25	13	51	91	57	52
集成电路制造	Manufacture of Integrate Circuit	4	13	81	65	95	101
电子元件制造	Manufacture of Electronic Components	90	270	1136	1107	1370	1542
其他电子设备制造	Manufacture of Other Electronic Equipment	29	91	380	325	481	641
计算机及办公设备制造业	**Manufacture of Computers and Office Equipment**	**14**	**46**	**166**	**377**	**389**	**470**
#计算机整机制造	Manufacture of Entired Computer	10	11	33	95	63	56
计算机零部件制造	Manufacture of Computer Components and Parts	2	20	109	109	134	180
计算机外围设备制造	Manufacture of Computer Peripheral Equipment				52	59	63
办公设备制造	Manufacture of Office Equipment	2	15	24	29	24	40
医疗仪器设备及仪器仪表制造业	**Manufacture of Medical Equipments and Measuring Instrument**	**82**	**330**	**1374**	**1541**	**1816**	**2012**
1.医疗仪器设备及器械制造	Manufacture of Medical Equipment and Appliance	15	85	370	570	654	706
2.仪器仪表制造	Manufacture of Measuring Instrument	67	245	1004	971	1162	1306

3-1-5　续表 3　continued

行　业	Industry	项目建成投产率（%） Rate of Projects Completed and Put into Use (%)					
		2000	2005	2011	2012	2013	2014
合计	**Total**	**46.56**	**44.14**	**58.83**	**57.84**	**59.97**	**64.98**
医药制造业	**Manufacture of Medicines**	**46.48**	**45.66**	**57.40**	**56.58**	**58.48**	**62.46**
#化学药品制造	Manufacture of Chemical Medicine	50.00	45.82	56.64	54.23	58.87	60.94
中成药生产	Production of Finished Traditional Chinese Herbal Medicine		49.92	55.70	55.45	57.62	59.33
生物药品制造	Manufacture of Biological Medicine	28.57	33.43	53.70	53.99	54.17	59.35
航空、航天器及设备制造业	**Manufacture of Aircrafts and Spacecrafts and Related Equipment**	**51.06**	**40.00**	**32.14**	**48.70**	**52.23**	**48.98**
#飞机制造	Manufacture of Airplanes	56.78	39.87	26.67	45.97	45.38	46.62
航天器制造	Manufacture of Spacecrafts	23.21	40.91	45.83	54.05	62.07	50.00
电子及通信设备制造业	**Manufacture of Electronic Equipment and Communication Equipment**	**45.30**	**43.01**	**59.18**	**57.39**	**59.43**	**65.82**
#通信设备制造	Manufacture of Communication Equipment	39.55	45.07	55.28	51.85	51.27	61.14
#通信系统设备制造	Manufacture of Communication System Equipment	37.04	41.18	58.18	51.69	51.39	63.49
通信终端设备制造	Manufacture of Communication Terminal Equipment	51.85	50.00	52.54	52.13	51.04	56.40
广播电视设备制造	Manufacture of Broadcasting and TV Equipment	56.25	41.86	56.43	60.69	73.08	70.91
雷达及配套设备制造	Manufacture of Radar and Its Fittings	46.88	28.57	55.17	56.82	60.00	57.14
视听设备制造	Manufacture of TV Set and Radio Receiver	44.83	35.87	62.73	65.73	59.49	63.92
电子器件制造	Manufacture of Electronic Appliances	42.57	38.31	52.84	58.53	58.39	61.71
#电子真空器件制造	Manufacture of Electronic Vacuum Appliance	42.42	32.61	62.28	59.04	68.97	76.82
半导体分立器件制造	Manufacture of Semiconductor Discreting Appliances	51.02	41.94	47.22	68.94	61.96	59.09
集成电路制造	Manufacture of Integrate Circuit	21.05	27.66	53.29	46.43	52.20	58.72
电子元件制造	Manufacture of Electronic Components	48.39	45.00	63.39	60.96	60.86	70.00
其他电子设备制造	Manufacture of Other Electronic Equipment	50.00	45.50	61.29	53.28	58.59	66.29
计算机及办公设备制造业	**Manufacture of Computers and Office Equipment**	**38.89**	**32.39**	**48.97**	**60.22**	**59.66**	**68.31**
#计算机整机制造	Manufacture of Entired Computer	41.67	28.21	49.25	59.75	59.43	61.54
计算机零部件制造	Manufacture of Computer Components and Parts	25.00	24.39	46.38	59.24	61.19	71.43
计算机外围设备制造	Manufacture of Computer Peripheral Equipment				65.82	66.29	65.63
办公设备制造	Manufacture of Office Equipment	50.00	71.43	64.86	60.42	55.81	68.97
医疗仪器设备及仪器仪表制造业	**Manufacture of Medical Equipments and Measuring Instrument**	**44.57**	**43.77**	**64.75**	**61.79**	**65.18**	**69.09**
1.医疗仪器设备及器械制造	Manufacture of Medical Equipment and Appliance	41.67	43.37	65.84	64.26	66.73	69.42
2.仪器仪表制造	Manufacture of Measuring Instrument	45.27	43.91	64.36	60.42	64.34	68.92

3-1-5 续表 4 continued

行业	Industry	投资额（亿元）Investment (100 million yuan)					
		2000	2005	2011	2012	2013	2014
合计	**Total**	**300.49**	**1150.48**	**7346.64**	**10622.58**	**13168.47**	**15128.22**
医药制造业	**Manufacture of Medicines**	**109.56**	**590.97**	**2442.03**	**3308.38**	**4252.80**	**4897.82**
#化学药品制造	Manufacture of Chemical Medicine	63.42	232.42	880.38	1106.11	1442.77	1551.83
中成药生产	Production of Finished Traditional Chinese Herbal Medicine		126.68	458.70	656.51	793.20	932.73
生物药品制造	Manufacture of Biological Medicine	16.82	96.87	455.47	693.95	950.05	1029.66
航空、航天器及设备制造业	**Manufacture of Aircrafts and Spacecrafts and Related Equipment**	**41.32**	**66.28**	**230.38**	**389.80**	**575.27**	**670.79**
#飞机制造	Manufacture of Airplanes	30.34	60.50	168.34	183.44	222.57	324.59
航天器制造	Manufacture of Spacecrafts	10.98	5.78	62.04	37.27	37.23	22.39
电子及通信设备制造业	**Manufacture of Electronic Equipment and Communication Equipment**	**123.21**	**343.62**	**3140.31**	**4851.86**	**5982.73**	**6828.34**
#通信设备制造	Manufacture of Communication Equipment	41.85	77.24	398.50	524.29	737.06	883.45
#通信系统设备制造	Manufacture of Communication System Equipment	26.46	28.24	114.46	311.92	423.21	454.38
通信终端设备制造	Manufacture of Communication Terminal Equipment	6.84	8.35	48.31	212.37	313.85	429.06
广播电视设备制造	Manufacture of Broadcasting and TV Equipment	1.48	7.78	70.45	212.21	186.78	188.51
雷达及配套设备制造	Manufacture of Radar and Its Fittings	3.04	8.86	34.72	84.02	59.41	70.26
视听设备制造	Manufacture of TV Set and Radio Receiver	16.13	25.13	94.69	116.44	170.99	154.44
电子器件制造	Manufacture of Electronic Appliances	29.53	82.72	1333.15	1440.36	1774.90	2072.80
#电子真空器件制造	Manufacture of Electronic Vacuum Appliance	22.45	12.36	74.91	108.36	108.64	95.70
半导体分立器件制造	Manufacture of Semiconductor Discreting Appliances	3.74	9.26	99.76	140.48	71.83	68.21
集成电路制造	Manufacture of Integrate Circuit	3.34	16.49	158.79	137.10	277.20	269.50
电子元件制造	Manufacture of Electronic Components	25.23	105.54	749.90	1045.22	1279.36	1426.60
其他电子设备制造	Manufacture of Other Electronic Equipment	5.95	36.35	458.90	413.85	714.40	845.09
计算机及办公设备制造业	**Manufacture of Computers and Office Equipment**	**12.32**	**33.44**	**418.61**	**546.05**	**575.20**	**629.79**
#计算机整机制造	Manufacture of Entired Computer	7.14	10.82	216.70	202.54	174.03	124.66
计算机零部件制造	Manufacture of Computer Components and Parts	5.03	20.01	184.84	165.92	180.55	242.60
计算机外围设备制造	Manufacture of Computer Peripheral Equipment				45.69	87.79	76.87
办公设备制造	Manufacture of Office Equipment	0.16	2.61	17.07	29.15	22.57	29.96
医疗仪器设备及仪器仪表制造业	**Manufacture of Medical Equipments and Measuring Instrument**	**14.07**	**116.18**	**1115.30**	**1526.50**	**1782.47**	**2101.48**
1.医疗仪器设备及器械制造	Manufacture of Medical Equipment and Appliance	4.35	31.48	283.74	477.76	607.44	790.47
2.仪器仪表制造	Manufacture of Measuring Instrument	9.72	84.70	831.56	1048.74	1175.03	1311.01

3-1-5　续表 5　continued

行　业	Industry	新增固定资产（亿元） Newly Increased Fixed Assets (100 million yuan)					
		2000	2005	2011	2012	2013	2014
合计	**Total**	**234.07**	**699.11**	**4693.19**	**6679.28**	**8387.56**	**10036.35**
医药制造业	**Manufacture of Medicines**	**79.52**	**378.96**	**1507.88**	**1969.19**	**2814.61**	**3407.24**
#化学药品制造	Manufacture of Chemical Medicine	47.47	151.37	530.91	638.49	1029.51	1125.84
中成药生产	Production of Finished Traditional Chinese Herbal Medicine		86.06	317.30	438.01	499.70	596.15
生物药品制造	Manufacture of Biological Medicine	11.14	47.58	238.53	312.80	506.53	636.37
航空、航天器及设备制造业	**Manufacture of Aircrafts and Spacecrafts and Related Equipment**	**34.42**	**42.56**	**67.06**	**235.21**	**305.03**	**315.05**
#飞机制造	Manufacture of Airplanes	29.01	38.92	40.10	108.66	94.41	120.82
航天器制造	Manufacture of Spacecrafts	5.41	3.64	26.97	25.73	31.13	10.72
电子及通信设备制造业	**Manufacture of Electronic Equipment and Communication Equipment**	**100.00**	**190.67**	**1979.16**	**3099.51**	**3734.58**	**4367.10**
#通信设备制造	Manufacture of Communication Equipment	39.05	39.49	236.30	287.59	408.39	588.43
#通信系统设备制造	Manufacture of Communication System Equipment	25.43	13.27	97.06	168.25	218.40	337.42
通信终端设备制造	Manufacture of Communication Terminal Equipment	6.46	5.07	15.25	119.34	189.99	251.01
广播电视设备制造	Manufacture of Broadcasting and TV Equipment	1.48	8.85	34.31	175.30	134.52	119.91
雷达及配套设备制造	Manufacture of Radar and Its Fittings	2.17	1.35	22.18	70.12	27.63	20.50
视听设备制造	Manufacture of TV Set and Radio Receiver	13.48	10.28	70.64	80.70	120.76	105.08
电子器件制造	Manufacture of Electronic Appliances	18.51	40.71	844.51	960.99	1053.83	1184.08
#电子真空器件制造	Manufacture of Electronic Vacuum Appliance	12.47	6.55	48.81	70.98	76.95	85.24
半导体分立器件制造	Manufacture of Semiconductor Discreting Appliances	3.14	4.90	56.47	115.11	50.30	42.64
集成电路制造	Manufacture of Integrate Circuit	2.89	4.63	96.94	66.83	130.22	182.49
电子元件制造	Manufacture of Electronic Components	20.58	67.64	543.99	671.67	860.82	979.17
其他电子设备制造	Manufacture of Other Electronic Equipment	4.74	22.34	227.21	250.09	442.31	587.48
计算机及办公设备制造业	**Manufacture of Computers and Office Equipment**	**10.17**	**15.49**	**297.67**	**349.04**	**359.26**	**424.57**
#计算机整机制造	Manufacture of Entired Computer	5.21	4.91	133.30	118.95	113.52	98.11
计算机零部件制造	Manufacture of Computer Components and Parts	4.93	7.06	151.30	123.09	105.80	138.00
计算机外围设备制造	Manufacture of Computer Peripheral Equipment				29.39	53.29	83.30
办公设备制造	Manufacture of Office Equipment	0.04	3.51	13.06	15.01	17.66	29.57
医疗仪器设备及仪器仪表制造业	**Manufacture of Medical Equipments and Measuring Instrument**	**9.96**	**71.43**	**841.42**	**1026.34**	**1174.07**	**1522.40**
1.医疗仪器设备及器械制造	Manufacture of Medical Equipment and Appliance	4.02	17.27	188.57	339.02	424.47	550.59
2.仪器仪表制造	Manufacture of Measuring Instrument	5.94	54.16	652.85	687.32	749.60	971.81

3-1-5 续表 6 continued

行 业	Industry	固定资产交付使用率 (%) Rate of Fixed Assets Put into Use (%)					
		2000	2005	2011	2012	2013	2014
合计	**Total**	**77.90**	**60.77**	**63.88**	**62.88**	**63.69**	**66.34**
医药制造业	**Manufacture of Medicines**	**72.58**	**64.13**	**61.75**	**59.52**	**66.18**	**69.57**
#化学药品制造	Manufacture of Chemical Medicine	74.85	65.13	60.30	57.72	71.36	72.55
中成药生产	Production of Finished Traditional Chinese Herbal Medicine		67.93	69.17	66.72	63.00	63.91
生物药品制造	Manufacture of Biological Medicine	66.23	49.12	52.37	45.08	53.32	61.80
航空、航天器及设备制造业	**Manufacture of Aircrafts and Spacecrafts and Related Equipment**	**83.30**	**64.21**	**29.11**	**60.34**	**53.02**	**46.97**
#飞机制造	Manufacture of Airplanes	95.62	64.33	23.82	59.23	42.42	37.22
航天器制造	Manufacture of Spacecrafts	49.27	62.98	43.47	69.04	83.61	47.90
电子及通信设备制造业	**Manufacture of Electronic Equipment and Communication Equipment**	**81.16**	**55.49**	**63.02**	**63.88**	**62.42**	**63.96**
#通信设备制造	Manufacture of Communication Equipment	93.31	51.13	59.30	54.85	55.41	66.61
#通信系统设备制造	Manufacture of Communication System Equipment	96.11	46.99	84.80	53.94	51.60	74.26
通信终端设备制造	Manufacture of Communication Terminal Equipment	94.44	60.72	31.57	56.19	60.54	58.50
广播电视设备制造	Manufacture of Broadcasting and TV Equipment	100.00	113.75	48.70	82.60	72.02	63.61
雷达及配套设备制造	Manufacture of Radar and Its Fittings	71.38	15.24	63.88	83.45	46.51	29.18
视听设备制造	Manufacture of TV Set and Radio Receiver	83.57	40.91	74.60	69.31	70.62	68.04
电子器件制造	Manufacture of Electronic Appliances	62.68	49.21	63.35	66.72	59.37	57.12
#电子真空器件制造	Manufacture of Electronic Vacuum Appliance	55.55	52.99	65.16	65.50	70.83	89.08
半导体分立器件制造	Manufacture of Semiconductor Discreting Appliances	83.96	52.92	56.61	81.94	70.02	62.52
集成电路制造	Manufacture of Integrate Circuit	86.53	28.08	61.05	48.75	46.98	67.71
电子元件制造	Manufacture of Electronic Components	81.57	64.09	72.54	64.26	67.29	68.64
其他电子设备制造	Manufacture of Other Electronic Equipment	79.66	61.46	49.51	60.43	61.91	69.52
计算机及办公设备制造业	**Manufacture of Computers and Office Equipment**	**82.55**	**46.32**	**71.11**	**63.92**	**62.46**	**67.41**
#计算机整机制造	Manufacture of Entired Computer	72.97	45.38	61.51	58.73	65.23	78.70
计算机零部件制造	Manufacture of Computer Components and Parts	98.01	35.28	81.85	74.19	58.60	56.89
计算机外围设备制造	Manufacture of Computer Peripheral Equipment				64.33	60.70	108.37
办公设备制造	Manufacture of Office Equipment	25.00	134.48	76.51	51.50	78.24	98.70
医疗仪器设备及仪器仪表制造业	**Manufacture of Medical Equipments and Measuring Instrument**	**70.79**	**61.48**	**75.44**	**67.23**	**65.87**	**72.44**
1.医疗仪器设备及器械制造	Manufacture of Medical Equipment and Appliance	92.41	54.86	66.46	70.96	69.88	69.65
2.仪器仪表制造	Manufacture of Measuring Instrument	61.11	63.94	78.51	65.54	63.79	74.13

3-1-6　港澳台资企业固定资产投资情况

Statistics on Investment in Fixed Assets in Hong Kong,Macau and Taiwan Funded Enterprises by Industrial Sector

行　业	Industry	施工项目（个） Number of Projects under Construction (unit)					
		2000	2005	2011	2012	2013	2014
合计	**Total**	**201**	**700**	**811**	**750**	**745**	**777**
医药制造业	**Manufacture of Medicines**	**70**	**158**	**162**	**150**	**181**	**163**
#化学药品制造	Manufacture of Chemical Medicine	34	81	71	64	84	72
中成药生产	Production of Finished Traditional Chinese Herbal Medicine		35	31	29	38	36
生物药品制造	Manufacture of Biological Medicine	11	19	37	25	27	27
航空、航天器及设备制造业	**Manufacture of Aircrafts and Spacecrafts and Related Equipment**			**8**	**8**	**9**	**11**
#飞机制造	Manufacture of Airplanes			6	1	1	1
航天器制造	Manufacture of Spacecrafts			2	3	2	1
电子及通信设备制造业	**Manufacture of Electronic Equipment and Communication Equipment**	**103**	**426**	**491**	**437**	**405**	**439**
#通信设备制造	Manufacture of Communication Equipment	9	48	46	32	32	44
#通信系统设备制造	Manufacture of Communication System Equipment	2	10	12	18	19	23
通信终端设备制造	Manufacture of Communication Terminal Equipment	4	8	8	14	13	21
广播电视设备制造	Manufacture of Broadcasting and TV Equipment	2	6	7	14	16	16
雷达及配套设备制造	Manufacture of Radar and Its Fittings			1	5	4	1
视听设备制造	Manufacture of TV Set and Radio Receiver	18	41	29	25	23	34
电子器件制造	Manufacture of Electronic Appliances	21	75	154	124	89	92
#电子真空器件制造	Manufacture of Electronic Vacuum Appliance	7	4	4	10	6	3
半导体分立器件制造	Manufacture of Semiconductor Discreting Appliances	4	7	25	18	7	8
集成电路制造	Manufacture of Integrate Circuit	10	30	22	23	20	20
电子元件制造	Manufacture of Electronic Components	45	191	215	152	164	164
其他电子设备制造	Manufacture of Other Electronic Equipment	8	65	39	30	28	40
计算机及办公设备制造业	**Manufacture of Computers and Office Equipment**	**17**	**65**	**73**	**70**	**68**	**88**
#计算机整机制造	Manufacture of Entired Computer	5	10	12	11	8	7
计算机零部件制造	Manufacture of Computer Components and Parts	12	42	56	34	37	41
计算机外围设备制造	Manufacture of Computer Peripheral Equipment				18	16	25
办公设备制造	Manufacture of Office Equipment		13	5	1		7
医疗仪器设备及仪器仪表制造业	**Manufacture of Medical Equipments and Measuring Instrument**	**11**	**51**	**77**	**85**	**82**	**76**
1.医疗仪器设备及器械制造	Manufacture of Medical Equipment and Appliance	2	13	26	28	31	40
2.仪器仪表制造	Manufacture of Measuring Instrument	9	38	51	57	51	36

3-1-6 续表 1 continued

行　业	Industry	新开工项目（个） Number of Projects Started This Year (unit)					
		2000	2005	2011	2012	2013	2014
合计	**Total**	**123**	**432**	**434**	**382**	**380**	**469**
医药制造业	**Manufacture of Medicines**	**42**	**90**	**82**	**74**	**99**	**77**
#化学药品制造	Manufacture of Chemical Medicine	22	41	38	34	50	35
中成药生产	Production of Finished Traditional Chinese Herbal Medicine		21	14	14	19	18
生物药品制造	Manufacture of Biological Medicine	9	16	18	9	14	9
航空、航天器及设备制造业	**Manufacture of Aircrafts and Spacecrafts and Related Equipment**			**3**	**5**	**3**	**7**
#飞机制造	Manufacture of Airplanes			3	1		1
航天器制造	Manufacture of Spacecrafts				1		1
电子及通信设备制造业	**Manufacture of Electronic Equipment and Communication Equipment**	**65**	**268**	**275**	**216**	**203**	**280**
#通信设备制造	Manufacture of Communication Equipment	7	32	22	16	16	32
#通信系统设备制造	Manufacture of Communication System Equipment	2	8	8	11	9	15
通信终端设备制造	Manufacture of Communication Terminal Equipment	3	6	3	5	7	17
广播电视设备制造	Manufacture of Broadcasting and TV Equipment	1	4	6	4	8	5
雷达及配套设备制造	Manufacture of Radar and Its Fittings				3	2	1
视听设备制造	Manufacture of TV Set and Radio Receiver	11	21	13	12	12	27
电子器件制造	Manufacture of Electronic Appliances	10	44	82	56	35	57
#电子真空器件制造	Manufacture of Electronic Vacuum Appliance	4	2	2	7	3	3
半导体分立器件制造	Manufacture of Semiconductor Discreting Appliances	2	4	10	5	1	4
集成电路制造	Manufacture of Integrate Circuit	4	16	11	11	6	11
电子元件制造	Manufacture of Electronic Components	30	122	127	89	90	104
其他电子设备制造	Manufacture of Other Electronic Equipment	6	45	25	13	16	25
计算机及办公设备制造业	**Manufacture of Computers and Office Equipment**	**10**	**37**	**35**	**40**	**34**	**56**
#计算机整机制造	Manufacture of Entired Computer	3	3	9	9	4	2
计算机零部件制造	Manufacture of Computer Components and Parts	7	24	23	21	18	24
计算机外围设备制造	Manufacture of Computer Peripheral Equipment				4	11	19
办公设备制造	Manufacture of Office Equipment		10	3	1		7
医疗仪器设备及仪器仪表制造业	**Manufacture of Medical Equipments and Measuring Instrument**	**6**	**37**	**39**	**47**	**41**	**49**
1.医疗仪器设备及器械制造	Manufacture of Medical Equipment and Appliance	2	7	11	23	18	26
2.仪器仪表制造	Manufacture of Measuring Instrument	4	30	28	24	23	23

3-1-6　续表 2　continued

行　业	Industry	建成投产项目（个） Number of Projects Completed and Put into Use (unit)					
		2000	2005	2011	2012	2013	2014
合计	**Total**	**96**	**296**	**451**	**360**	**397**	**471**
医药制造业	**Manufacture of Medicines**	**37**	**67**	**81**	**68**	**91**	**94**
#化学药品制造	Manufacture of Chemical Medicine	22	35	39	32	43	44
中成药生产	Production of Finished Traditional Chinese Herbal Medicine		17	15	12	22	16
生物药品制造	Manufacture of Biological Medicine	3	3	15	9	10	13
航空、航天器及设备制造业	**Manufacture of Aircrafts and Spacecrafts and Related Equipment**			**3**	**2**	**6**	**4**
#飞机制造	Manufacture of Airplanes			3		1	
航天器制造	Manufacture of Spacecrafts				1	2	
电子及通信设备制造业	**Manufacture of Electronic Equipment and Communication Equipment**	**48**	**179**	**281**	**214**	**222**	**280**
#通信设备制造	Manufacture of Communication Equipment	4	15	22	15	17	23
#通信系统设备制造	Manufacture of Communication System Equipment	2		7	8	9	14
通信终端设备制造	Manufacture of Communication Terminal Equipment	2	6	5	7	8	9
广播电视设备制造	Manufacture of Broadcasting and TV Equipment	2	1	5	6	7	6
雷达及配套设备制造	Manufacture of Radar and Its Fittings				4	3	1
视听设备制造	Manufacture of TV Set and Radio Receiver	9	15	17	9	14	19
电子器件制造	Manufacture of Electronic Appliances	7	34	76	59	47	57
#电子真空器件制造	Manufacture of Electronic Vacuum Appliance	4	2	2	6	5	2
半导体分立器件制造	Manufacture of Semiconductor Discreting Appliances	1	2	12	11	3	7
集成电路制造	Manufacture of Integrate Circuit	2	11	12	8	8	9
电子元件制造	Manufacture of Electronic Components	22	82	138	82	95	113
其他电子设备制造	Manufacture of Other Electronic Equipment	4	32	23	13	12	23
计算机及办公设备制造业	**Manufacture of Computers and Office Equipment**	**10**	**26**	**39**	**34**	**30**	**52**
#计算机整机制造	Manufacture of Entired Computer	1	3	7	5	3	4
计算机零部件制造	Manufacture of Computer Components and Parts	9	19	29	15	16	24
计算机外围设备制造	Manufacture of Computer Peripheral Equipment				10	10	17
办公设备制造	Manufacture of Office Equipment		4	3	1		3
医疗仪器设备及仪器仪表制造业	**Manufacture of Medical Equipments and Measuring Instrument**	**1**	**24**	**47**	**42**	**48**	**41**
1.医疗仪器设备及器械制造	Manufacture of Medical Equipment and Appliance		6	19	16	16	24
2.仪器仪表制造	Manufacture of Measuring Instrument	1	18	28	26	32	17

3-1-6 续表 3 continued

行业	Industry	项目建成投产率 (%) Rate of Projects Completed and Put into Use (%)					
		2000	2005	2011	2012	2013	2014
合计	**Total**	**47.76**	**42.29**	**55.61**	**48.00**	**53.29**	**60.62**
医药制造业	**Manufacture of Medicines**	**52.86**	**42.41**	**50.00**	**45.33**	**50.28**	**57.67**
#化学药品制造	Manufacture of Chemical Medicine	64.71	43.21	54.93	50.00	51.19	61.11
中成药生产	Production of Finished Traditional Chinese Herbal Medicine		48.57	48.39	41.38	57.89	44.44
生物药品制造	Manufacture of Biological Medicine	27.27	15.79	40.54	36.00	37.04	48.15
航空、航天器及设备制造业	**Manufacture of Aircrafts and Spacecrafts and Related Equipment**			**37.50**	**25.00**	**66.67**	**36.36**
#飞机制造	Manufacture of Airplanes			50.00		100.00	
航天器制造	Manufacture of Spacecrafts				33.33	100.00	
电子及通信设备制造业	**Manufacture of Electronic Equipment and Communication Equipment**	**46.60**	**42.02**	**57.23**	**48.97**	**54.81**	**63.78**
#通信设备制造	Manufacture of Communication Equipment	44.44	31.25	47.83	46.88	53.13	52.27
#通信系统设备制造	Manufacture of Communication System Equipment	100.00		58.33	44.44	47.37	60.87
通信终端设备制造	Manufacture of Communication Terminal Equipment	50.00	75.00	62.50	50.00	61.54	42.86
广播电视设备制造	Manufacture of Broadcasting and TV Equipment	100.00	16.67	71.43	42.86	43.75	37.50
雷达及配套设备制造	Manufacture of Radar and Its Fittings				80.00	75.00	100.00
视听设备制造	Manufacture of TV Set and Radio Receiver	50.00	36.59	58.62	36.00	60.87	55.88
电子器件制造	Manufacture of Electronic Appliances	33.33	45.33	49.35	47.58	52.81	61.96
#电子真空器件制造	Manufacture of Electronic Vacuum Appliance	57.14	50.00	50.00	60.00	83.33	66.67
半导体分立器件制造	Manufacture of Semiconductor Discreting Appliances	25.00	28.57	48.00	61.11	42.86	87.50
集成电路制造	Manufacture of Integrate Circuit	20.00	36.67	54.55	34.78	40.00	45.00
电子元件制造	Manufacture of Electronic Components	48.89	42.93	64.19	53.95	57.93	68.90
其他电子设备制造	Manufacture of Other Electronic Equipment	50.00	49.23	58.97	43.33	42.86	57.50
计算机及办公设备制造业	**Manufacture of Computers and Office Equipment**	**58.82**	**40.00**	**53.42**	**48.57**	**44.12**	**59.09**
#计算机整机制造	Manufacture of Entired Computer	20.00	30.00	58.33	45.45	37.50	57.14
计算机零部件制造	Manufacture of Computer Components and Parts	75.00	45.24	51.79	44.12	43.24	58.54
计算机外围设备制造	Manufacture of Computer Peripheral Equipment				55.56	62.50	68.00
办公设备制造	Manufacture of Office Equipment		30.77	60.00	100.00		42.86
医疗仪器设备及仪器仪表制造业	**Manufacture of Medical Equipments and Measuring Instrument**	**9.09**	**47.06**	**61.04**	**49.41**	**58.54**	**53.95**
1.医疗仪器设备及器械制造	Manufacture of Medical Equipment and Appliance		46.15	73.08	57.14	51.61	60.00
2.仪器仪表制造	Manufacture of Measuring Instrument	11.11	47.37	54.90	45.61	62.75	47.22

3-1-6　续表 4　continued

行　业	Industry	投资额（亿元） Investment (100 million yuan)					
		2000	2005	2011	2012	2013	2014
合计	**Total**	**53.91**	**365.51**	**941.04**	**1032.56**	**967.66**	**870.17**
医药制造业	**Manufacture of Medicines**	**7.67**	**55.37**	**85.39**	**120.63**	**119.65**	**120.72**
#化学药品制造	Manufacture of Chemical Medicine	3.42	35.92	46.91	75.05	57.85	68.07
中成药生产	Production of Finished Traditional Chinese Herbal Medicine		7.15	13.41	11.45	23.35	28.21
生物药品制造	Manufacture of Biological Medicine	2.15	8.26	17.22	13.86	19.12	11.09
航空、航天器及设备制造业	**Manufacture of Aircrafts and Spacecrafts and Related Equipment**	**0.04**		**8.24**	**10.62**	**15.58**	**11.54**
#飞机制造	Manufacture of Airplanes			4.83	0.51	0.93	0.24
航天器制造	Manufacture of Spacecrafts	0.04		3.41	8.02	2.89	0.75
电子及通信设备制造业	**Manufacture of Electronic Equipment and Communication Equipment**	**39.83**	**252.84**	**602.67**	**652.86**	**598.12**	**556.29**
#通信设备制造	Manufacture of Communication Equipment	2.62	29.50	83.25	86.07	79.98	133.43
#通信系统设备制造	Manufacture of Communication System Equipment	0.22	1.43	5.32	6.21	11.95	45.46
通信终端设备制造	Manufacture of Communication Terminal Equipment	0.43	2.10	7.27	79.86	68.03	87.96
广播电视设备制造	Manufacture of Broadcasting and TV Equipment	0.09	1.31	18.88	33.40	21.60	10.00
雷达及配套设备制造	Manufacture of Radar and Its Fittings			0.04	6.12	4.20	2.68
视听设备制造	Manufacture of TV Set and Radio Receiver	6.35	25.01	20.91	15.20	20.03	28.81
电子器件制造	Manufacture of Electronic Appliances	21.18	110.31	263.95	208.75	165.51	147.68
#电子真空器件制造	Manufacture of Electronic Vacuum Appliance	10.76	0.77	10.78	14.71	4.41	1.37
半导体分立器件制造	Manufacture of Semiconductor Discreting Appliances	0.55	3.54	44.68	21.08	7.26	10.37
集成电路制造	Manufacture of Integrate Circuit	9.87	56.48	23.54	19.13	19.45	24.30
电子元件制造	Manufacture of Electronic Components	7.19	72.40	185.16	190.31	195.14	148.92
其他电子设备制造	Manufacture of Other Electronic Equipment	2.41	14.30	30.49	44.96	63.38	48.09
计算机及办公设备制造业	**Manufacture of Computers and Office Equipment**	**5.20**	**48.96**	**195.85**	**149.53**	**137.30**	**117.77**
#计算机整机制造	Manufacture of Entired Computer	1.38	13.44	102.92	42.87	62.16	24.26
计算机零部件制造	Manufacture of Computer Components and Parts	3.74	28.91	91.14	46.78	39.37	62.94
计算机外围设备制造	Manufacture of Computer Peripheral Equipment				49.07	22.87	19.45
办公设备制造	Manufacture of Office Equipment	0.08	6.60	1.79	0.25		2.84
医疗仪器设备及仪器仪表制造业	**Manufacture of Medical Equipments and Measuring Instrument**	**1.16**	**8.33**	**48.90**	**98.90**	**97.00**	**63.86**
1.医疗仪器设备及器械制造	Manufacture of Medical Equipment and Appliance	0.10	1.34	15.84	18.85	24.96	33.76
2.仪器仪表制造	Manufacture of Measuring Instrument	1.06	6.99	33.06	80.06	72.04	30.10

3-1-6 续表 5 continued

行 业	Industry	新增固定资产（亿元） Newly Increased Fixed Assets (100 million yuan)					
		2000	2005	2011	2012	2013	2014
合计	**Total**	**41.61**	**304.76**	**745.27**	**695.68**	**573.16**	**639.91**
医药制造业	**Manufacture of Medicines**	**6.26**	**35.18**	**93.47**	**75.11**	**86.20**	**105.00**
#化学药品制造	Manufacture of Chemical Medicine	2.87	23.05	48.32	38.63	50.38	61.10
中成药生产	Production of Finished Traditional Chinese Herbal Medicine		5.08	25.80	7.09	11.61	13.89
生物药品制造	Manufacture of Biological Medicine	1.49	4.00	14.21	22.25	8.58	13.50
航空、航天器及设备制造业	**Manufacture of Aircrafts and Spacecrafts and Related Equipment**	**0.01**		**7.98**	**7.91**	**7.88**	**8.67**
#飞机制造	Manufacture of Airplanes			4.57		0.68	
航天器制造	Manufacture of Spacecrafts	0.01		3.41	7.17	2.89	
电子及通信设备制造业	**Manufacture of Electronic Equipment and Communication Equipment**	**29.84**	**225.62**	**454.64**	**485.51**	**336.93**	**430.18**
#通信设备制造	Manufacture of Communication Equipment	2.27	13.62	120.73	72.97	56.21	55.34
#通信系统设备制造	Manufacture of Communication System Equipment	0.22	0.07	1.97	3.60	6.58	31.16
通信终端设备制造	Manufacture of Communication Terminal Equipment	0.26	1.91	6.58	69.38	49.62	24.17
广播电视设备制造	Manufacture of Broadcasting and TV Equipment	0.10	0.55	13.85	14.21	7.06	6.48
雷达及配套设备制造	Manufacture of Radar and Its Fittings				9.83	4.17	2.68
视听设备制造	Manufacture of TV Set and Radio Receiver	5.16	13.16	19.56	13.72	17.01	16.56
电子器件制造	Manufacture of Electronic Appliances	12.76	133.14	142.46	156.35	98.77	122.73
#电子真空器件制造	Manufacture of Electronic Vacuum Appliance	6.93	0.84	6.96	8.87	3.99	1.21
半导体分立器件制造	Manufacture of Semiconductor Discreting Appliances	0.52	2.37	28.09	25.60	4.57	15.14
集成电路制造	Manufacture of Integrate Circuit	5.31	41.35	14.10	27.76	14.48	16.27
电子元件制造	Manufacture of Electronic Components	7.37	57.52	147.49	143.58	111.49	119.11
其他电子设备制造	Manufacture of Other Electronic Equipment	2.18	7.62	10.55	27.04	20.16	47.02
计算机及办公设备制造业	**Manufacture of Computers and Office Equipment**	**4.56**	**37.55**	**158.97**	**88.66**	**55.49**	**54.96**
#计算机整机制造	Manufacture of Entired Computer	0.67	9.13	80.04	34.38	8.15	10.11
计算机零部件制造	Manufacture of Computer Components and Parts	3.81	22.58	77.81	33.75	28.96	24.86
计算机外围设备制造	Manufacture of Computer Peripheral Equipment				12.00	11.72	16.81
办公设备制造	Manufacture of Office Equipment	0.08	5.84	1.12	0.25		1.17
医疗仪器设备及仪器仪表制造业	**Manufacture of Medical Equipments and Measuring Instrument**	**0.94**	**6.41**	**30.21**	**38.48**	**86.68**	**41.10**
1.医疗仪器设备及器械制造	Manufacture of Medical Equipment and Appliance	0.09	0.82	12.85	10.81	14.89	17.08
2.仪器仪表制造	Manufacture of Measuring Instrument	0.85	5.59	17.36	27.67	71.78	24.03

3-1-6　续表 6　continued

行　业	Industry	固定资产交付使用率 (%) Rate of Fixed Assets Put into Use (%) 2000	2005	2011	2012	2013	2014
合计	**Total**	**77.18**	**83.38**	**79.20**	**67.37**	**59.23**	**73.54**
医药制造业	**Manufacture of Medicines**	**81.62**	**63.54**	**109.46**	**62.27**	**72.04**	**86.98**
#化学药品制造	Manufacture of Chemical Medicine	83.92	64.17	103.01	51.47	87.09	89.75
中成药生产	Production of Finished Traditional Chinese Herbal Medicine		71.05	192.39	61.93	49.72	49.23
生物药品制造	Manufacture of Biological Medicine	69.30	48.43	82.52	160.59	44.87	121.77
航空、航天器及设备制造业	**Manufacture of Aircrafts and Spacecrafts and Related Equipment**	**25.00**		**96.84**	**74.49**	**50.55**	**75.12**
#飞机制造	Manufacture of Airplanes			94.62		73.12	
航天器制造	Manufacture of Spacecrafts	25.00		100.00	89.39	100.00	
电子及通信设备制造业	**Manufacture of Electronic Equipment and Communication Equipment**	**74.92**	**89.23**	**75.44**	**74.37**	**56.33**	**77.33**
#通信设备制造	Manufacture of Communication Equipment	86.64	46.17	145.02	84.79	70.27	41.47
#通信系统设备制造	Manufacture of Communication System Equipment	100.00	4.90	37.03	57.96	55.07	68.54
通信终端设备制造	Manufacture of Communication Terminal Equipment	60.47	90.95	90.51	86.87	72.94	27.48
广播电视设备制造	Manufacture of Broadcasting and TV Equipment	111.11	41.98	73.36	42.55	32.68	64.80
雷达及配套设备制造	Manufacture of Radar and Its Fittings				160.50	99.28	100.00
视听设备制造	Manufacture of TV Set and Radio Receiver	81.26	52.62	93.54	90.27	84.94	57.46
电子器件制造	Manufacture of Electronic Appliances	60.25	120.70	53.97	74.90	59.68	83.11
#电子真空器件制造	Manufacture of Electronic Vacuum Appliance	64.41	109.09	64.56	60.31	90.45	88.97
半导体分立器件制造	Manufacture of Semiconductor Discreting Appliances	94.55	66.95	62.87	121.41	62.94	146.03
集成电路制造	Manufacture of Integrate Circuit	53.80	73.21	59.90	145.10	74.47	66.97
电子元件制造	Manufacture of Electronic Components	102.50	79.45	79.66	75.44	57.13	79.98
其他电子设备制造	Manufacture of Other Electronic Equipment	90.46	53.29	34.60	60.13	31.81	97.77
计算机及办公设备制造业	**Manufacture of Computers and Office Equipment**	**87.69**	**76.70**	**81.17**	**59.29**	**40.41**	**46.67**
#计算机整机制造	Manufacture of Entired Computer	48.55	67.93	77.77	80.18	13.12	41.66
计算机零部件制造	Manufacture of Computer Components and Parts	101.87	78.10	85.37	72.15	73.56	39.49
计算机外围设备制造	Manufacture of Computer Peripheral Equipment				24.46	51.22	86.44
办公设备制造	Manufacture of Office Equipment	100.00	88.48	62.57	100.00		41.32
医疗仪器设备及仪器仪表制造业	**Manufacture of Medical Equipments and Measuring Instrument**	**81.03**	**76.95**	**61.78**	**38.91**	**89.36**	**64.37**
1.医疗仪器设备及器械制造	Manufacture of Medical Equipment and Appliance	90.00	61.19	81.12	57.38	59.68	50.59
2.仪器仪表制造	Manufacture of Measuring Instrument	80.19	79.97	52.51	34.56	99.64	79.83

3-1-7 外资企业固定资产投资情况

Statistics on Investment in Fixed Assets in Foreign Funded Enterprises by Industrial Sector

行 业	Industry	施工项目（个） Number of Projects under Construction (unit)					
		2000	2005	2011	2012	2013	2014
合计	**Total**	**263**	**971**	**1008**	**952**	**958**	**954**
医药制造业	**Manufacture of Medicines**	**82**	**185**	**189**	**201**	**187**	**197**
#化学药品制造	Manufacture of Chemical Medicine	51	76	98	86	97	91
中成药生产	Production of Finished Traditional Chinese Herbal Medicine		30	21	27	18	22
生物药品制造	Manufacture of Biological Medicine	11	36	40	50	38	45
航空、航天器及设备制造业	**Manufacture of Aircrafts and Spacecrafts and Related Equipment**	**2**	**6**	**12**	**14**	**24**	**21**
#飞机制造	Manufacture of Airplanes	1	6	11	5	7	7
航天器制造	Manufacture of Spacecrafts	1		1			
电子及通信设备制造业	**Manufacture of Electronic Equipment and Communication Equipment**	**138**	**603**	**613**	**536**	**529**	**545**
#通信设备制造	Manufacture of Communication Equipment	16	62	64	34	49	65
#通信系统设备制造	Manufacture of Communication System Equipment	8	13	18	15	12	21
通信终端设备制造	Manufacture of Communication Terminal Equipment	5	11	3	19	37	44
广播电视设备制造	Manufacture of Broadcasting and TV Equipment	1	8	10	16	13	7
雷达及配套设备制造	Manufacture of Radar and Its Fittings			1	6	4	
视听设备制造	Manufacture of TV Set and Radio Receiver	16	41	18	17	10	27
电子器件制造	Manufacture of Electronic Appliances	31	151	203	172	147	162
#电子真空器件制造	Manufacture of Electronic Vacuum Appliance	9	13	11	10	6	6
半导体分立器件制造	Manufacture of Semiconductor Discreting Appliances	4	16	21	14	18	20
集成电路制造	Manufacture of Integrate Circuit	18	62	59	61	47	49
电子元件制造	Manufacture of Electronic Components	60	268	257	171	184	165
其他电子设备制造	Manufacture of Other Electronic Equipment	14	73	60	47	50	50
计算机及办公设备制造业	**Manufacture of Computers and Office Equipment**	**19**	**91**	**87**	**66**	**77**	**73**
#计算机整机制造	Manufacture of Entired Computer	6	17	13	15	14	10
计算机零部件制造	Manufacture of Computer Components and Parts	12	60	66	24	19	20
计算机外围设备制造	Manufacture of Computer Peripheral Equipment				17	24	17
办公设备制造	Manufacture of Office Equipment	1	14	8	3	6	8
医疗仪器设备及仪器仪表制造业	**Manufacture of Medical Equipments and Measuring Instrument**	**22**	**86**	**107**	**135**	**141**	**118**
1.医疗仪器设备及器械制造	Manufacture of Medical Equipment and Appliance	7	29	38	51	52	44
2.仪器仪表制造	Manufacture of Measuring Instrument	15	57	69	84	89	74

3-1-7 续表 1 continued

行 业	Industry	新开工项目（个）Number of Projects Started This Year (unit)					
		2000	2005	2011	2012	2013	2014
合计	**Total**	**145**	**606**	**585**	**556**	**570**	**579**
医药制造业	**Manufacture of Medicines**	**44**	**103**	**95**	**119**	**100**	**117**
#化学药品制造	Manufacture of Chemical Medicine	29	46	42	45	58	48
中成药生产	Production of Finished Traditional Chinese Herbal Medicine		14	15	18	7	16
生物药品制造	Manufacture of Biological Medicine	5	21	17	29	19	27
航空、航天器及设备制造业	**Manufacture of Aircrafts and Spacecrafts and Related Equipment**	**1**	**2**	**6**	**5**	**12**	**6**
#飞机制造	Manufacture of Airplanes		2	5		3	3
航天器制造	Manufacture of Spacecrafts	1		1			
电子及通信设备制造业	**Manufacture of Electronic Equipment and Communication Equipment**	**76**	**385**	**368**	**306**	**328**	**347**
#通信设备制造	Manufacture of Communication Equipment	11	43	36	15	29	34
#通信系统设备制造	Manufacture of Communication System Equipment	5	11	10	5	9	12
通信终端设备制造	Manufacture of Communication Terminal Equipment	4	6	3	10	20	22
广播电视设备制造	Manufacture of Broadcasting and TV Equipment	1	6	2	11	9	1
雷达及配套设备制造	Manufacture of Radar and Its Fittings			1	2	2	
视听设备制造	Manufacture of TV Set and Radio Receiver	8	27	12	10	5	22
电子器件制造	Manufacture of Electronic Appliances	13	83	120	97	77	113
#电子真空器件制造	Manufacture of Electronic Vacuum Appliance	4	9	8	4	3	4
半导体分立器件制造	Manufacture of Semiconductor Discreting Appliances	1	8	15	10	12	15
集成电路制造	Manufacture of Integrate Circuit	8	23	38	40	27	39
电子元件制造	Manufacture of Electronic Components	36	186	166	103	131	113
其他电子设备制造	Manufacture of Other Electronic Equipment	7	40	31	26	32	25
计算机及办公设备制造业	**Manufacture of Computers and Office Equipment**	**9**	**59**	**51**	**34**	**50**	**43**
#计算机整机制造	Manufacture of Entired Computer	2	10	7	7	7	3
计算机零部件制造	Manufacture of Computer Components and Parts	6	38	40	11	11	16
计算机外围设备制造	Manufacture of Computer Peripheral Equipment				10	16	10
办公设备制造	Manufacture of Office Equipment	1	11	4	2	4	4
医疗仪器设备及仪器仪表制造业	**Manufacture of Medical Equipments and Measuring Instrument**	**15**	**57**	**65**	**92**	**80**	**66**
1.医疗仪器设备及器械制造	Manufacture of Medical Equipment and Appliance	4	16	25	36	33	25
2.仪器仪表制造	Manufacture of Measuring Instrument	11	41	40	56	47	41

3-1-7 续表 2 continued

行　业	Industry	建成投产项目（个） Number of Projects Completed and Put into Use (unit)					
		2000	2005	2011	2012	2013	2014
合计	**Total**	**129**	**468**	**586**	**517**	**538**	**609**
医药制造业	**Manufacture of Medicines**	**46**	**85**	**93**	**90**	**92**	**103**
#化学药品制造	Manufacture of Chemical Medicine	26	40	46	38	46	45
中成药生产	Production of Finished Traditional Chinese Herbal Medicine		13	13	16	10	9
生物药品制造	Manufacture of Biological Medicine	7	12	20	21	16	25
航空、航天器及设备制造业	**Manufacture of Aircrafts and Spacecrafts and Related Equipment**		**3**	**2**	**3**	**9**	**9**
#飞机制造	Manufacture of Airplanes		3	2	1	3	1
航天器制造	Manufacture of Spacecrafts						
电子及通信设备制造业	**Manufacture of Electronic Equipment and Communication Equipment**	**61**	**289**	**382**	**318**	**308**	**373**
#通信设备制造	Manufacture of Communication Equipment	7	23	38	16	18	36
#通信系统设备制造	Manufacture of Communication System Equipment	1	4	12	9	5	13
通信终端设备制造	Manufacture of Communication Terminal Equipment	3	5	2	7	13	23
广播电视设备制造	Manufacture of Broadcasting and TV Equipment		2	5	12	7	5
雷达及配套设备制造	Manufacture of Radar and Its Fittings				3	3	
视听设备制造	Manufacture of TV Set and Radio Receiver	10	16	13	12	6	22
电子器件制造	Manufacture of Electronic Appliances	15	66	121	88	82	105
#电子真空器件制造	Manufacture of Electronic Vacuum Appliance	5	7	8	5	4	4
半导体分立器件制造	Manufacture of Semiconductor Discreting Appliances	1	10	13	7	12	14
集成电路制造	Manufacture of Integrate Circuit	9	23	36	34	24	39
电子元件制造	Manufacture of Electronic Components	27	150	171	116	129	123
其他电子设备制造	Manufacture of Other Electronic Equipment	2	32	34	28	24	37
计算机及办公设备制造业	**Manufacture of Computers and Office Equipment**	**8**	**46**	**53**	**36**	**43**	**54**
#计算机整机制造	Manufacture of Entired Computer	1	11	6	9	5	8
计算机零部件制造	Manufacture of Computer Components and Parts	7	29	42	12	16	17
计算机外围设备制造	Manufacture of Computer Peripheral Equipment				9	15	13
办公设备制造	Manufacture of Office Equipment		6	5	1	2	5
医疗仪器设备及仪器仪表制造业	**Manufacture of Medical Equipments and Measuring Instrument**	**14**	**45**	**56**	**70**	**86**	**70**
1.医疗仪器设备及器械制造	Manufacture of Medical Equipment and Appliance	3	18	17	26	31	24
2.仪器仪表制造	Manufacture of Measuring Instrument	11	27	39	44	55	46

3-1-7 续表 3 continued

行　业	Industry	项目建成投产率 (%) Rate of Projects Completed and Put into Use (%)					
		2000	2005	2011	2012	2013	2014
合计	**Total**	**49.05**	**48.20**	**58.13**	**54.31**	**56.16**	**63.84**
医药制造业	**Manufacture of Medicines**	**56.10**	**45.95**	**49.21**	**44.78**	**49.20**	**52.28**
#化学药品制造	Manufacture of Chemical Medicine	50.98	52.63	46.94	44.19	47.42	49.45
中成药生产	Production of Finished Traditional Chinese Herbal Medicine		43.33	61.90	59.26	55.56	40.91
生物药品制造	Manufacture of Biological Medicine	63.64	33.33	50.00	42.00	42.11	55.56
航空、航天器及设备制造业	**Manufacture of Aircrafts and Spacecrafts and Related Equipment**		**50.00**	**16.67**	**21.43**	**37.50**	**42.86**
#飞机制造	Manufacture of Airplanes		50.00	18.18	20.00	42.86	14.29
航天器制造	Manufacture of Spacecrafts						
电子及通信设备制造业	**Manufacture of Electronic Equipment and Communication Equipment**	**44.20**	**47.93**	**62.32**	**59.33**	**58.22**	**68.44**
#通信设备制造	Manufacture of Communication Equipment	43.75	37.10	59.38	47.06	36.73	55.38
#通信系统设备制造	Manufacture of Communication System Equipment	12.50	30.77	66.67	60.00	41.67	61.90
通信终端设备制造	Manufacture of Communication Terminal Equipment	60.00	45.45	66.67	36.84	35.14	52.27
广播电视设备制造	Manufacture of Broadcasting and TV Equipment		25.00	50.00	75.00	53.85	71.43
雷达及配套设备制造	Manufacture of Radar and Its Fittings				50.00	75.00	
视听设备制造	Manufacture of TV Set and Radio Receiver	62.50	39.02	72.22	70.59	60.00	81.48
电子器件制造	Manufacture of Electronic Appliances	48.39	43.71	59.61	51.16	55.78	64.81
#电子真空器件制造	Manufacture of Electronic Vacuum Appliance	55.56	53.85	72.73	50.00	66.67	66.67
半导体分立器件制造	Manufacture of Semiconductor Discreting Appliances	25.00	62.50	61.90	50.00	66.67	70.00
集成电路制造	Manufacture of Integrate Circuit	50.00	37.10	61.02	55.74	51.06	79.59
电子元件制造	Manufacture of Electronic Components	45.00	55.97	66.54	67.84	70.11	74.55
其他电子设备制造	Manufacture of Other Electronic Equipment	14.29	43.84	56.67	59.57	48.00	74.00
计算机及办公设备制造业	**Manufacture of Computers and Office Equipment**	**42.11**	**50.55**	**60.92**	**54.55**	**55.84**	**73.97**
#计算机整机制造	Manufacture of Entired Computer	16.67	64.71	46.15	60.00	35.71	80.00
计算机零部件制造	Manufacture of Computer Components and Parts	58.33	48.33	63.64	50.00	84.21	85.00
计算机外围设备制造	Manufacture of Computer Peripheral Equipment				52.94	62.50	76.47
办公设备制造	Manufacture of Office Equipment		42.86	62.50	33.33	33.33	62.50
医疗仪器设备及仪器仪表制造业	**Manufacture of Medical Equipments and Measuring Instrument**	**63.64**	**52.33**	**52.34**	**51.85**	**60.99**	**59.32**
1.医疗仪器设备及器械制造	Manufacture of Medical Equipment and Appliance	42.86	62.07	44.74	50.98	59.62	54.55
2.仪器仪表制造	Manufacture of Measuring Instrument	73.33	47.37	56.52	52.38	61.80	62.16

3-1-7 续表 4 continued

行 业	Industry	投资额（亿元） Investment (100 million yuan)					
		2000	2005	2011	2012	2013	2014
合计	**Total**	**208.56**	**628.10**	**1180.78**	**1264.98**	**1405.32**	**1453.33**
医药制造业	**Manufacture of Medicines**	**18.75**	**49.72**	**121.51**	**144.12**	**153.99**	**173.39**
#化学药品制造	Manufacture of Chemical Medicine	14.67	20.97	74.93	82.82	91.36	82.94
中成药生产	Production of Finished Traditional Chinese Herbal Medicine		6.68	10.35	15.80	13.23	17.45
生物药品制造	Manufacture of Biological Medicine	1.77	11.36	15.33	23.29	25.67	34.71
航空、航天器及设备制造业	**Manufacture of Aircrafts and Spacecrafts and Related Equipment**	**1.87**	**3.71**	**19.51**	**33.61**	**29.75**	**19.59**
#飞机制造	Manufacture of Airplanes	1.37	3.71	16.99	6.68	8.83	5.92
航天器制造	Manufacture of Spacecrafts	0.50		2.52		0.47	
电子及通信设备制造业	**Manufacture of Electronic Equipment and Communication Equipment**	**172.94**	**466.53**	**778.96**	**824.73**	**980.79**	**1049.96**
#通信设备制造	Manufacture of Communication Equipment	10.88	33.15	58.92	47.49	79.97	72.92
#通信系统设备制造	Manufacture of Communication System Equipment	8.37	3.28	19.93	23.98	19.54	20.17
通信终端设备制造	Manufacture of Communication Terminal Equipment	1.10	5.56	4.25	23.51	60.43	52.76
广播电视设备制造	Manufacture of Broadcasting and TV Equipment	0.50	0.87	5.57	12.07	7.52	2.19
雷达及配套设备制造	Manufacture of Radar and Its Fittings			3.90	7.10	3.34	
视听设备制造	Manufacture of TV Set and Radio Receiver	9.77	20.05	17.34	32.01	18.22	44.89
电子器件制造	Manufacture of Electronic Appliances	108.94	206.04	419.13	413.48	544.35	611.45
#电子真空器件制造	Manufacture of Electronic Vacuum Appliance	34.68	4.34	6.65	8.34	8.66	7.59
半导体分立器件制造	Manufacture of Semiconductor Discreting Appliances	5.82	43.37	62.91	27.89	36.18	28.82
集成电路制造	Manufacture of Integrate Circuit	68.43	122.47	123.85	192.17	278.96	351.49
电子元件制造	Manufacture of Electronic Components	38.52	167.93	246.55	169.15	177.46	172.89
其他电子设备制造	Manufacture of Other Electronic Equipment	4.33	38.49	27.55	41.13	70.71	74.44
计算机及办公设备制造业	**Manufacture of Computers and Office Equipment**	**8.65**	**85.74**	**149.19**	**139.52**	**122.61**	**129.34**
#计算机整机制造	Manufacture of Entired Computer	3.89	25.39	27.22	37.79	46.48	36.13
计算机零部件制造	Manufacture of Computer Components and Parts	4.74	53.98	114.22	48.40	27.98	23.75
计算机外围设备制造	Manufacture of Computer Peripheral Equipment				40.13	13.79	25.53
办公设备制造	Manufacture of Office Equipment	0.02	6.36	7.76	5.46	10.29	10.84
医疗仪器设备及仪器仪表制造业	**Manufacture of Medical Equipments and Measuring Instrument**	**6.36**	**22.40**	**111.62**	**123.00**	**118.18**	**81.05**
1.医疗仪器设备及器械制造	Manufacture of Medical Equipment and Appliance	2.09	6.01	31.22	38.57	40.23	31.95
2.仪器仪表制造	Manufacture of Measuring Instrument	4.27	16.39	80.40	84.43	77.95	49.10

3-1-7　续表 5　continued

行　业	Industry	新增固定资产（亿元） Newly Increased Fixed Assets (100 million yuan)					
		2000	2005	2011	2012	2013	2014
合计	**Total**	**145.33**	**460.01**	**916.70**	**994.36**	**898.55**	**1114.47**
医药制造业	**Manufacture of Medicines**	**20.90**	**28.05**	**70.10**	**88.65**	**85.85**	**101.60**
#化学药品制造	Manufacture of Chemical Medicine	15.60	14.27	42.54	56.88	51.69	42.36
中成药生产	Production of Finished Traditional Chinese Herbal Medicine		5.36	6.59	8.48	9.12	5.55
生物药品制造	Manufacture of Biological Medicine	3.58	4.10	7.71	13.48	12.65	23.39
航空、航天器及设备制造业	**Manufacture of Aircrafts and Spacecrafts and Related Equipment**		**1.17**	**4.38**	**13.69**	**39.77**	**15.28**
#飞机制造	Manufacture of Airplanes		1.17	1.86	2.39	5.04	2.18
航天器制造	Manufacture of Spacecrafts			2.52		0.47	
电子及通信设备制造业	**Manufacture of Electronic Equipment and Communication Equipment**	**109.94**	**326.43**	**642.77**	**683.46**	**600.31**	**835.13**
#通信设备制造	Manufacture of Communication Equipment	4.51	20.42	50.82	33.31	44.57	84.52
#通信系统设备制造	Manufacture of Communication System Equipment	1.86	1.23	16.97	22.68	7.11	18.28
通信终端设备制造	Manufacture of Communication Terminal Equipment	1.22	3.95	4.03	10.63	37.46	66.24
广播电视设备制造	Manufacture of Broadcasting and TV Equipment	0.47	0.66	1.97	13.02	9.37	4.34
雷达及配套设备制造	Manufacture of Radar and Its Fittings				5.92	5.88	
视听设备制造	Manufacture of TV Set and Radio Receiver	9.78	17.53	15.20	20.08	10.13	42.09
电子器件制造	Manufacture of Electronic Appliances	67.80	130.64	372.99	333.23	313.85	475.08
#电子真空器件制造	Manufacture of Electronic Vacuum Appliance	26.06	4.70	4.54	2.01	7.37	7.20
半导体分立器件制造	Manufacture of Semiconductor Discreting Appliances	5.73	12.32	18.73	25.74	21.66	16.04
集成电路制造	Manufacture of Integrate Circuit	36.01	83.05	196.19	139.68	120.63	355.00
电子元件制造	Manufacture of Electronic Components	24.16	115.55	174.51	157.74	133.90	136.74
其他电子设备制造	Manufacture of Other Electronic Equipment	3.21	41.63	27.28	44.70	40.49	37.56
计算机及办公设备制造业	**Manufacture of Computers and Office Equipment**	**8.08**	**87.47**	**124.07**	**142.17**	**82.46**	**99.67**
#计算机整机制造	Manufacture of Entired Computer	3.56	19.39	21.71	34.61	33.57	31.71
计算机零部件制造	Manufacture of Computer Components and Parts	4.52	62.81	98.30	36.23	22.61	22.32
计算机外围设备制造	Manufacture of Computer Peripheral Equipment				59.44	11.88	11.08
办公设备制造	Manufacture of Office Equipment	0.01	5.27	4.06	4.27	0.59	6.94
医疗仪器设备及仪器仪表制造业	**Manufacture of Medical Equipments and Measuring Instrument**	**6.42**	**16.89**	**75.38**	**66.39**	**90.15**	**62.80**
1.医疗仪器设备及器械制造	Manufacture of Medical Equipment and Appliance	2.80	7.30	19.15	15.61	37.81	24.24
2.仪器仪表制造	Manufacture of Measuring Instrument	3.61	9.59	56.23	50.78	52.34	38.56

3-1-7 续表 6 continued

行 业	Industry	固定资产交付使用率 (%) Rate of Fixed Assets Put into Use (%)					
		2000	2005	2011	2012	2013	2014
合计	**Total**	**69.68**	**73.24**	**77.64**	**78.61**	**63.94**	**76.68**
医药制造业	**Manufacture of Medicines**	**111.47**	**56.42**	**57.69**	**61.51**	**55.75**	**58.60**
#化学药品制造	Manufacture of Chemical Medicine	106.34	68.05	56.77	68.68	56.58	51.07
中成药生产	Production of Finished Traditional Chinese Herbal Medicine		80.24	63.67	53.66	68.96	31.79
生物药品制造	Manufacture of Biological Medicine	202.26	36.09	50.29	57.86	49.28	67.39
航空、航天器及设备制造业	**Manufacture of Aircrafts and Spacecrafts and Related Equipment**		**31.54**	**22.45**	**40.72**	**133.68**	**77.96**
#飞机制造	Manufacture of Airplanes		31.54	10.95	35.75	57.05	36.77
航天器制造	Manufacture of Spacecrafts			100.00		100.00	
电子及通信设备制造业	**Manufacture of Electronic Equipment and Communication Equipment**	**63.57**	**69.97**	**82.52**	**82.87**	**61.21**	**79.54**
#通信设备制造	Manufacture of Communication Equipment	41.45	61.60	86.25	70.14	55.73	115.90
#通信系统设备制造	Manufacture of Communication System Equipment	22.22	37.50	85.15	94.58	36.39	90.64
通信终端设备制造	Manufacture of Communication Terminal Equipment	110.91	71.04	94.82	45.20	61.98	125.56
广播电视设备制造	Manufacture of Broadcasting and TV Equipment	94.00	75.86	35.37	107.86	124.64	198.56
雷达及配套设备制造	Manufacture of Radar and Its Fittings				83.41	176.04	
视听设备制造	Manufacture of TV Set and Radio Receiver	100.10	87.43	87.66	62.72	55.61	93.75
电子器件制造	Manufacture of Electronic Appliances	62.24	63.41	88.99	80.59	57.65	77.70
#电子真空器件制造	Manufacture of Electronic Vacuum Appliance	75.14	108.29	68.27	24.07	85.07	94.90
半导体分立器件制造	Manufacture of Semiconductor Discreting Appliances	98.45	28.41	29.77	92.31	59.86	55.66
集成电路制造	Manufacture of Integrate Circuit	52.62	67.81	158.41	72.69	43.24	101.00
电子元件制造	Manufacture of Electronic Components	62.72	68.81	70.78	93.25	75.46	79.09
其他电子设备制造	Manufacture of Other Electronic Equipment	74.13	108.16	99.02	108.68	57.26	50.46
计算机及办公设备制造业	**Manufacture of Computers and Office Equipment**	**93.41**	**102.02**	**83.16**	**101.90**	**67.25**	**77.06**
#计算机整机制造	Manufacture of Entired Computer	91.52	76.37	79.76	91.58	72.22	87.76
计算机零部件制造	Manufacture of Computer Components and Parts	95.36	116.36	86.06	74.86	80.82	93.99
计算机外围设备制造	Manufacture of Computer Peripheral Equipment				148.13	86.20	43.40
办公设备制造	Manufacture of Office Equipment	50.00	82.86	52.32	78.19	5.72	64.04
医疗仪器设备及仪器仪表制造业	**Manufacture of Medical Equipments and Measuring Instrument**	**100.94**	**75.40**	**67.53**	**53.97**	**76.28**	**77.48**
1.医疗仪器设备及器械制造	Manufacture of Medical Equipment and Appliance	133.97	121.46	61.34	40.47	93.99	75.85
2.仪器仪表制造	Manufacture of Measuring Instrument	84.54	58.51	69.94	60.14	67.14	78.54

3-1-8 各地区固定资产投资情况

Statistics on Investment in Fixed Assets in High-tech Industry by Region

地 区	Region	施工项目（个） Number of Projects under Construction (unit)					
		2000	2005	2011	2012	2013	2014
全 国	**Total**	**2734**	**7095**	**13204**	**15681**	**17691**	**18403**
东部地区	Eastern Region	1417	3875	7458	7903	9118	9288
中部地区	Middle Region	464	1516	3454	4292	4725	4925
西部地区	Western Region	542	1081	1275	2228	2749	2997
东北地区	Northeastern Region	311	623	1017	1258	1099	1193
北 京	Beijing	111	72	139	131	197	186
天 津	Tianjin	83	76	222	293	295	335
河 北	Hebei	138	251	381	510	510	464
山 西	Shanxi	36	116	138	145	175	163
内蒙古	Inner Mongolia	23	72	78	99	141	130
辽 宁	Liaoning	132	290	410	551	423	397
吉 林	Jilin	96	200	469	489	446	567
黑龙江	Heilongjiang	83	133	138	218	230	229
上 海	Shanghai	134	127	259	316	276	236
江 苏	Jiangsu	206	804	2687	2594	3009	2847
浙 江	Zhejiang	171	502	1068	1478	1972	1772
安 徽	Anhui	59	257	725	942	1038	1094
福 建	Fujian	70	243	397	432	500	486
江 西	Jiangxi	44	291	585	885	928	879
山 东	Shandong	155	614	980	1154	1233	1254
河 南	Henan	99	276	684	749	764	819
湖 北	Hubei	146	288	585	674	769	865
湖 南	Hunan	57	216	659	897	1051	1105
广 东	Guangdong	264	976	999	981	1103	1671
广 西	Guangxi	68	184	313	422	615	715
海 南	Hainan	17	26	13	14	23	37
重 庆	Chongqing	29	108	253	331	410	460
四 川	Sichuan	146	421	490	656	694	705
贵 州	Guizhou	145	74	36	44	58	72
云 南	Yunnan	46	68	95	126	142	145
西 藏	Tibet	2	2	13	17	17	24
陕 西	Shaanxi	117	268	207	308	326	337
甘 肃	Gansu	26	83	120	125	242	294
青 海	Qinghai	11	16	15	22	15	21
宁 夏	Ningxia	14	9	20	35	41	31
新 疆	Xinjiang	6	32	26	43	48	63

3-1-8 续表 1 continued

地 区	Region	新开工项目(个) Number of Projects Started This Year (unit)					
		2000	2005	2011	2012	2013	2014
全 国	**Total**	**1640**	**4460**	**8447**	**10223**	**11637**	**12039**
东部地区	Eastern Region	858	2452	4627	5029	5973	6114
中部地区	Middle Region	284	926	2320	2874	3159	3141
西部地区	Western Region	313	630	757	1438	1741	1900
东北地区	Northeastern Region	185	452	743	882	764	884
北 京	Beijing	58	26	43	35	40	37
天 津	Tianjin	62	44	148	173	194	233
河 北	Hebei	94	187	231	290	305	294
山 西	Shanxi	20	46	89	76	95	89
内 蒙 古	Inner Mongolia	11	49	61	80	99	109
辽 宁	Liaoning	85	216	242	329	295	284
吉 林	Jilin	43	150	406	416	323	461
黑 龙 江	Heilongjiang	57	86	95	137	146	139
上 海	Shanghai	80	65	130	155	111	88
江 苏	Jiangsu	139	564	1900	1895	2296	2245
浙 江	Zhejiang	94	285	548	912	1267	997
安 徽	Anhui	41	155	509	604	674	730
福 建	Fujian	28	134	220	206	283	286
江 西	Jiangxi	19	152	384	621	661	536
山 东	Shandong	94	435	631	806	874	863
河 南	Henan	70	201	385	439	429	476
湖 北	Hubei	87	189	407	443	500	512
湖 南	Hunan	36	134	485	691	800	798
广 东	Guangdong	150	578	558	550	589	1048
广 西	Guangxi	46	118	216	323	447	550
海 南	Hainan	13	16	2	7	14	23
重 庆	Chongqing	17	68	171	209	271	261
四 川	Sichuan	75	273	283	399	404	393
贵 州	Guizhou	118	47	23	26	35	32
云 南	Yunnan	14	31	41	77	86	89
西 藏	Tibet	2	2	7	10	10	14
陕 西	Shaanxi	62	115	113	179	172	183
甘 肃	Gansu	13	63	79	73	163	202
青 海	Qinghai	4	6	11	11	9	11
宁 夏	Ningxia	4	7	13	26	25	16
新 疆	Xinjiang	4	18	16	25	20	40

3-1-8　续表 2　continued

地　区	Region	建成投产项目（个）Number of Projects Completed and Put into Use (unit)					
		2000	2005	2011	2012	2013	2014
全　国	**Total**	**1282**	**3158**	**7735**	**8968**	**10528**	**11914**
东部地区	Eastern Region	639	1741	4430	4384	5463	6088
中部地区	Middle Region	258	661	2030	2590	2821	3123
西部地区	Western Region	242	406	661	1200	1550	1859
东北地区	Northeastern Region	143	350	614	794	694	844
北　京	Beijing	38	26	34	14	45	53
天　津	Tianjin	46	28	105	142	156	194
河　北	Hebei	61	136	209	300	337	290
山　西	Shanxi	13	45	83	70	94	92
内蒙古	Inner Mongolia	13	44	58	57	95	85
辽　宁	Liaoning	66	171	240	365	275	289
吉　林	Jilin	34	109	316	307	315	435
黑龙江	Heilongjiang	43	70	58	122	104	120
上　海	Shanghai	21	57	72	68	37	53
江　苏	Jiangsu	120	495	1991	1873	2363	2298
浙　江	Zhejiang	70	200	499	631	983	1047
安　徽	Anhui	33	84	377	549	670	759
福　建	Fujian	22	88	159	192	243	256
江　西	Jiangxi	28	137	420	618	585	586
山　东	Shandong	79	224	626	695	746	811
河　南	Henan	53	146	403	417	425	446
湖　北	Hubei	91	120	350	366	365	433
湖　南	Hunan	27	85	339	570	682	807
广　东	Guangdong	134	412	553	464	545	1070
广　西	Guangxi	43	70	173	273	414	501
海　南	Hainan	5	5	9	5	8	16
重　庆	Chongqing	14	40	141	185	196	310
四　川	Sichuan	66	129	294	391	406	426
贵　州	Guizhou	97	42	11	14	16	28
云　南	Yunnan	14	25	48	59	75	72
西　藏	Tibet	2	1	9	4	9	10
陕　西	Shaanxi	34	105	87	129	167	182
甘　肃	Gansu	7	29	43	43	124	188
青　海	Qinghai	2	14	10	15	7	8
宁　夏	Ningxia	5	8	12	17	21	18
新　疆	Xinjiang	1	13	6	13	20	31

3-1-8 续表 3 continued

地　区	Region	项目建成投产率（%） Rate of Projects Completed and Put into Use (%)					
		2000	2005	2011	2012	2013	2014
全　国	**Total**	**46.89**	**44.51**	**58.58**	**57.19**	**59.51**	**64.74**
东部地区	Eastern Region	45.10	44.93	59.40	55.47	59.91	65.55
中部地区	Middle Region	55.60	43.60	58.77	60.34	59.70	63.41
西部地区	Western Region	44.65	37.56	51.84	53.86	56.38	62.03
东北地区	Northeastern Region	45.98	56.18	60.37	63.12	63.15	70.75
北　京	Beijing	34.23	36.11	24.46	10.69	22.84	28.49
天　津	Tianjin	55.42	36.84	47.30	48.46	52.88	57.91
河　北	Hebei	44.20	54.18	54.86	58.82	66.08	62.50
山　西	Shanxi	36.11	38.79	60.14	48.28	53.71	56.44
内蒙古	Inner Mongolia	56.52	61.11	74.36	57.58	67.38	65.38
辽　宁	Liaoning	50.00	58.97	58.54	66.24	65.01	72.80
吉　林	Jilin	35.42	54.50	67.38	62.78	70.63	76.72
黑龙江	Heilongjiang	51.81	52.63	42.03	55.96	45.22	52.40
上　海	Shanghai	15.67	44.88	27.80	21.52	13.41	22.46
江　苏	Jiangsu	58.25	61.57	74.10	72.21	78.53	80.72
浙　江	Zhejiang	40.94	39.84	46.72	42.69	49.85	59.09
安　徽	Anhui	55.93	32.68	52.00	58.28	64.55	69.38
福　建	Fujian	31.43	36.21	40.05	44.44	48.60	52.67
江　西	Jiangxi	63.64	47.08	71.79	69.83	63.04	66.67
山　东	Shandong	50.97	36.48	63.88	60.23	60.50	64.67
河　南	Henan	53.54	52.90	58.92	55.67	55.63	54.46
湖　北	Hubei	62.33	41.67	59.83	54.30	47.46	50.06
湖　南	Hunan	47.37	39.35	51.44	63.55	64.89	73.03
广　东	Guangdong	50.76	42.21	55.36	47.30	49.41	64.03
广　西	Guangxi	63.24	38.04	55.27	64.69	67.32	70.07
海　南	Hainan	29.41	19.23	69.23	35.71	34.78	43.24
重　庆	Chongqing	48.28	37.04	55.73	55.89	47.80	67.39
四　川	Sichuan	45.21	30.64	60.00	59.60	58.50	60.43
贵　州	Guizhou	66.90	56.76	30.56	31.82	27.59	38.89
云　南	Yunnan	30.43	36.76	50.53	46.83	52.82	49.66
西　藏	Tibet	100.00	50.00	69.23	23.53	52.94	41.67
陕　西	Shaanxi	29.06	39.18	42.03	41.88	51.23	54.01
甘　肃	Gansu	26.92	34.94	35.83	34.40	51.24	63.95
青　海	Qinghai	18.18	87.50	66.67	68.18	46.67	38.10
宁　夏	Ningxia	35.71	88.89	60.00	48.57	51.22	58.06
新　疆	Xinjiang	16.67	40.63	23.08	30.23	41.67	49.21

3-1-8 续表 4 continued

地 区	Region	投资额（亿元） Investment (100 million yuan)					
		2000	2005	2011	2012	2013	2014
全 国	**Total**	**562.95**	**2144.09**	**9468.46**	**12932.65**	**15557.68**	**17451.72**
东部地区	Eastern Region	379.95	1438.03	5364.13	6320.58	7119.79	7664.74
中部地区	Middle Region	58.26	311.19	2325.89	3668.36	4730.53	5574.76
西部地区	Western Region	74.80	219.00	1001.19	1944.35	2503.61	3028.46
东北地区	Northeastern Region	49.93	175.85	777.25	999.36	1203.74	1183.76
北 京	Beijing	24.49	84.10	266.55	136.59	138.73	105.89
天 津	Tianjin	53.88	58.04	350.27	314.07	312.59	323.46
河 北	Hebei	13.89	66.81	288.36	454.16	562.92	710.02
山 西	Shanxi	2.97	32.81	77.40	126.92	228.45	254.09
内蒙古	Inner Mongolia	1.87	30.40	120.31	224.58	268.33	338.47
辽 宁	Liaoning	18.15	75.16	350.63	460.20	611.52	563.87
吉 林	Jilin	16.27	57.22	311.33	372.80	443.24	478.18
黑龙江	Heilongjiang	15.51	43.47	115.29	166.36	148.99	141.70
上 海	Shanghai	85.53	126.80	278.54	272.16	308.20	249.01
江 苏	Jiangsu	32.70	400.16	2104.90	2432.63	2617.75	2797.86
浙 江	Zhejiang	19.60	102.78	306.88	436.73	551.13	607.24
安 徽	Anhui	5.55	32.92	500.85	700.62	870.03	891.89
福 建	Fujian	12.08	51.04	212.65	280.11	377.48	405.98
江 西	Jiangxi	2.36	69.88	428.57	675.32	833.10	1013.00
山 东	Shandong	23.99	198.56	695.27	1086.62	1277.65	1412.86
河 南	Henan	12.69	52.43	562.92	899.62	1206.15	1523.74
湖 北	Hubei	15.53	53.96	361.43	713.10	909.12	1092.03
湖 南	Hunan	17.29	38.79	274.41	552.78	683.68	800.01
广 东	Guangdong	108.63	318.29	703.53	881.60	934.57	1004.85
广 西	Guangxi	2.05	24.12	142.09	195.27	231.92	336.79
海 南	Hainan	3.11	7.33	15.10	25.91	38.78	47.59
重 庆	Chongqing	3.21	28.30	232.26	371.59	415.10	563.34
四 川	Sichuan	31.05	99.58	459.90	643.60	823.59	733.66
贵 州	Guizhou	6.31	10.36	62.21	85.58	107.46	143.83
云 南	Yunnan	1.24	12.94	34.26	54.21	61.60	71.86
西 藏	Tibet	0.07	0.22	2.68	3.72	3.23	4.74
陕 西	Shaanxi	28.23	49.31	143.48	222.09	403.63	620.70
甘 肃	Gansu	2.98	10.48	35.20	69.86	112.49	115.43
青 海	Qinghai	0.30	2.28	6.74	15.81	26.98	37.76
宁 夏	Ningxia	1.22	1.59	7.39	16.02	17.80	13.03
新 疆	Xinjiang	0.19	3.94	17.06	42.01	31.47	48.86

3-1-8 续表 5 continued

地 区	Region	新增固定资产（亿元） Newly Increased Fixed Assets (100 million yuan)					
		2000	2005	2011	2012	2013	2014
全 国	**Total**	**421.02**	**1463.88**	**6355.15**	**8377.13**	**9874.27**	**11790.74**
东部地区	Eastern Region	285.75	1042.80	3653.40	4331.12	5165.06	5770.79
中部地区	Middle Region	38.97	202.28	1437.18	2235.16	2656.28	3485.60
西部地区	Western Region	53.88	104.83	670.40	1122.84	1296.57	1623.96
东北地区	Northeastern Region	42.41	113.98	594.18	688.01	756.36	910.39
北 京	Beijing	15.89	104.89	49.69	71.21	296.24	277.99
天 津	Tianjin	20.54	28.05	102.78	172.97	241.94	207.61
河 北	Hebei	10.50	44.15	186.46	282.12	499.34	435.47
山 西	Shanxi	1.69	16.81	39.81	68.05	105.76	132.63
内蒙古	Inner Mongolia	0.67	19.84	54.39	61.20	103.40	177.38
辽 宁	Liaoning	13.89	42.76	284.64	321.09	366.93	403.68
吉 林	Jilin	11.46	32.38	258.05	259.21	283.82	395.96
黑龙江	Heilongjiang	17.06	38.84	51.49	107.71	105.61	110.76
上 海	Shanghai	66.19	68.14	183.94	123.85	86.22	115.69
江 苏	Jiangsu	28.76	367.60	1701.50	1914.18	1945.72	2193.11
浙 江	Zhejiang	16.47	59.04	203.25	227.31	342.41	466.03
安 徽	Anhui	3.80	20.13	328.62	333.46	464.35	602.47
福 建	Fujian	7.05	30.26	140.93	148.92	234.86	351.16
江 西	Jiangxi	2.23	46.54	329.79	463.36	512.60	587.51
山 东	Shandong	21.40	102.31	383.86	598.70	842.25	911.79
河 南	Henan	5.32	32.96	302.04	545.41	716.83	984.69
湖 北	Hubei	10.78	35.61	229.47	436.26	411.16	609.82
湖 南	Hunan	14.48	30.39	153.06	388.62	445.58	568.48
广 东	Guangdong	96.50	226.05	599.76	784.48	652.70	801.40
广 西	Guangxi	1.56	9.63	97.93	143.20	169.31	221.55
海 南	Hainan	0.89	2.68	3.29	7.38	23.37	10.55
重 庆	Chongqing	1.50	9.88	150.44	157.82	214.70	302.39
四 川	Sichuan	28.93	33.00	365.08	489.20	461.98	495.82
贵 州	Guizhou	4.91	10.40	20.59	37.16	42.85	63.66
云 南	Yunnan	1.17	5.50	21.28	49.39	32.39	44.77
西 藏	Tibet	0.07	0.21	1.93	1.21	1.77	2.60
陕 西	Shaanxi	13.66	33.24	85.11	127.19	147.97	205.78
甘 肃	Gansu	2.75	4.72	14.99	42.70	74.55	75.15
青 海	Qinghai	0.24	3.12	3.25	4.93	4.20	3.93
宁 夏	Ningxia	0.45	1.59	6.72	4.60	14.62	9.40
新 疆	Xinjiang	0.20	3.17	1.01	4.25	28.84	21.53

3-1-8 续表 6 continued

地　区	Region	固定资产交付使用率（%） Rate of Fixed Assets Put into Use (%)					
		2000	2005	2011	2012	2013	2014
全　国	**Total**	**74.79**	**68.27**	**67.12**	**64.78**	**63.47**	**67.56**
东部地区	Eastern Region	75.21	72.52	68.11	68.52	72.55	75.29
中部地区	Middle Region	66.89	65.00	61.79	60.93	56.15	62.52
西部地区	Western Region	72.03	47.87	66.96	57.75	51.79	53.62
东北地区	Northeastern Region	84.94	64.82	76.45	68.84	62.83	76.91
北　京	Beijing	64.87	124.71	18.64	52.13	213.55	262.53
天　津	Tianjin	38.12	48.33	29.34	55.07	77.40	64.18
河　北	Hebei	75.60	66.08	64.66	62.12	88.70	61.33
山　西	Shanxi	56.88	51.22	51.43	53.62	46.29	52.20
内蒙古	Inner Mongolia	35.79	65.25	45.21	27.25	38.53	52.41
辽　宁	Liaoning	76.52	56.90	81.18	69.77	60.00	71.59
吉　林	Jilin	70.46	56.59	82.89	69.53	64.03	82.80
黑龙江	Heilongjiang	109.97	89.36	44.66	64.75	70.89	78.16
上　海	Shanghai	77.39	53.73	66.04	45.51	27.97	46.46
江　苏	Jiangsu	87.94	91.86	80.84	78.69	74.33	78.39
浙　江	Zhejiang	84.07	57.44	66.23	52.05	62.13	76.75
安　徽	Anhui	68.51	61.16	65.61	47.59	53.37	67.55
福　建	Fujian	58.37	59.27	66.27	53.16	62.22	86.50
江　西	Jiangxi	94.49	66.60	76.95	68.61	61.53	58.00
山　东	Shandong	89.19	51.53	55.21	55.10	65.92	64.53
河　南	Henan	41.89	62.86	53.66	60.63	59.43	64.62
湖　北	Hubei	69.44	66.00	63.49	61.18	45.23	55.84
湖　南	Hunan	83.77	78.35	55.78	70.30	65.17	71.06
广　东	Guangdong	88.83	71.02	85.25	88.98	69.84	79.75
广　西	Guangxi	76.39	39.93	68.92	73.33	73.00	65.78
海　南	Hainan	28.59	36.48	21.79	28.47	60.27	22.17
重　庆	Chongqing	46.77	34.91	64.77	42.47	51.72	53.68
四　川	Sichuan	93.15	33.14	79.38	76.01	56.09	67.58
贵　州	Guizhou	77.83	100.46	33.10	43.42	39.87	44.26
云　南	Yunnan	93.62	42.47	62.11	91.10	52.58	62.30
西　藏	Tibet	100.00	96.59	72.01	32.53	54.88	54.82
陕　西	Shaanxi	48.40	67.41	59.32	57.27	36.66	33.15
甘　肃	Gansu	92.34	45.03	42.59	61.13	66.27	65.10
青　海	Qinghai	79.16	136.53	48.22	31.16	15.58	10.41
宁　夏	Ningxia	37.21	99.84	90.93	28.70	82.14	72.09
新　疆	Xinjiang	104.96	80.48	5.92	10.11	91.63	44.06

3-1-9 各地区国有及国有控股企业固定资产投资情况

Statistics on Investment in Fixed Assets in State-owned and State-controlled Enterprises by Region

地区	Region	施工项目（个）Number of Projects under Construction (unit)					
		2000	2005	2011	2012	2013	2014
全国	**Total**	**1321**	**1285**	**1065**	**741**	**1304**	**1329**
东部地区	Eastern Region	579	486	529	267	582	598
中部地区	Middle Region	256	307	191	164	258	279
西部地区	Western Region	351	352	257	252	383	391
东北地区	Northeastern Region	135	140	88	58	81	61
北京	Beijing	67	40	41	10	39	37
天津	Tianjin	19	14	45	18	41	39
河北	Hebei	69	74	31	23	26	26
山西	Shanxi	26	43	11	9	18	14
内蒙古	Inner Mongolia	14	17			4	10
辽宁	Liaoning	73	53	23	17	24	16
吉林	Jilin	12	36	34	16	27	19
黑龙江	Heilongjiang	50	51	31	25	30	26
上海	Shanghai	71	36	60	39	50	41
江苏	Jiangsu	124	71	77	81	96	79
浙江	Zhejiang	41	53	29	29	47	60
安徽	Anhui	24	43	28	33	51	45
福建	Fujian	22	22	19	14	38	35
江西	Jiangxi	40	46	17	20	32	28
山东	Shandong	55	27	51	27	52	41
河南	Henan	68	30	25	12	21	25
湖北	Hubei	63	68	55	37	72	91
湖南	Hunan	21	60	55	53	64	76
广东	Guangdong	65	106	133	25	186	236
广西	Guangxi	42	32	40	13	51	59
海南	Hainan	4	11	3	1	7	4
重庆	Chongqing	9	25	62	60	73	69
四川	Sichuan	51	77	51	74	100	103
贵州	Guizhou	129	6	13	13	15	18
云南	Yunnan	37	19	21	10	13	12
西藏	Tibet	1	2	2	2	4	3
陕西	Shaanxi	84	167	68	59	84	62
甘肃	Gansu	21	44	31	17	31	39
青海	Qinghai	4	4	5	1	1	
宁夏	Ningxia	11	1	1	1	3	2
新疆	Xinjiang	4	7	3	2	4	14

3-1-9　续表 1　continued

地　区	Region	新开工项目（个） Number of Projects Started This Year (unit)					
		2000	2005	2011	2012	2013	2014
全　国	**Total**	**803**	**636**	**514**	**427**	**670**	**649**
东部地区	Eastern Region	357	248	234	139	249	258
中部地区	Middle Region	153	134	96	101	151	160
西部地区	Western Region	204	159	128	156	223	202
东北地区	Northeastern Region	89	95	56	31	47	29
北　京	Beijing	37	10	9	2	5	7
天　津	Tianjin	15	8	21	5	20	15
河　北	Hebei	43	54	16	11	15	20
山　西	Shanxi	11	5	7	5	11	8
内蒙古	Inner Mongolia	7	9			4	9
辽　宁	Liaoning	50	35	10	13	15	7
吉　林	Jilin	6	32	32	8	22	14
黑龙江	Heilongjiang	33	28	14	10	10	8
上　海	Shanghai	51	19	16	10	14	9
江　苏	Jiangsu	85	35	45	53	55	38
浙　江	Zhejiang	19	21	15	19	22	28
安　徽	Anhui	20	19	14	21	32	28
福　建	Fujian	8	8	5	11	19	13
江　西	Jiangxi	17	16	10	15	13	14
山　东	Shandong	36	16	33	15	28	26
河　南	Henan	47	19	8	1	9	11
湖　北	Hubei	38	41	28	20	37	47
湖　南	Hunan	13	25	29	39	49	52
广　东	Guangdong	31	50	46	13	67	102
广　西	Guangxi	29	21	28	5	33	41
海　南	Hainan	3	6			4	
重　庆	Chongqing	6	14	31	33	38	28
四　川	Sichuan	21	41	24	53	58	51
贵　州	Guizhou	110	5	9	5	7	5
云　南	Yunnan	11	7	7	6	4	5
西　藏	Tibet	1	2		2	3	1
陕　西	Shaanxi	39	55	28	39	48	27
甘　肃	Gansu	9	31	22	11	24	23
青　海	Qinghai	3		5			
宁　夏	Ningxia	2	1	1		3	1
新　疆	Xinjiang	2	3	1	2	1	11

3-1-9 续表 2 continued

地 区	Region	建成投产项目（个） Number of Projects Completed and Put into Use (unit)					
		2000	2005	2011	2012	2013	2014
全 国	**Total**	**627**	**503**	**441**	**338**	**568**	**685**
东部地区	Eastern Region	245	205	212	110	215	283
中部地区	Middle Region	146	128	73	79	125	153
西部地区	Western Region	165	99	118	121	187	217
东北地区	Northeastern Region	71	71	38	28	41	32
北 京	Beijing	22	14	11	3	7	9
天 津	Tianjin	13	7	19	3	14	14
河 北	Hebei	31	44	13	14	19	20
山 西	Shanxi	12	19	7	3	10	6
内蒙古	Inner Mongolia	10	12			2	9
辽 宁	Liaoning	41	24	9	9	12	12
吉 林	Jilin		19	20	12	22	12
黑龙江	Heilongjiang	30	28	9	7	7	8
上 海	Shanghai	3	20	14	2	9	7
江 苏	Jiangsu	69	35	42	53	55	49
浙 江	Zhejiang	14	19	8	11	11	13
安 徽	Anhui	16	11	10	17	29	29
福 建	Fujian	8	8	5	2	11	13
江 西	Jiangxi	26	21	10	9	17	14
山 东	Shandong	22	6	25	17	29	23
河 南	Henan	39	17	7	6	7	15
湖 北	Hubei	34	28	26	9	15	30
湖 南	Hunan	9	20	13	35	47	59
广 东	Guangdong	33	33	56	4	56	133
广 西	Guangxi	27	15	17	5	25	31
海 南	Hainan	3	4	2	1	4	2
重 庆	Chongqing	3	6	30	25	27	33
四 川	Sichuan	21	18	25	47	52	64
贵 州	Guizhou	93	2	4	5	3	9
云 南	Yunnan	14	6	14	2	7	6
西 藏	Tibet	1	1	1		2	1
陕 西	Shaanxi	20	40	23	30	49	32
甘 肃	Gansu	6	17	16	7	17	26
青 海	Qinghai	1	4	3		1	
宁 夏	Ningxia	5	1			2	1
新 疆	Xinjiang	1	4	2			5

3-1-9　续表 3　continued

地　区	Region	项目建成投产率 (%) Rate of Projects Completed and Put into Use (%)					
		2000	2005	2011	2012	2013	2014
全　国	**Total**	**47.46**	**39.14**	**41.41**	**45.61**	**43.56**	**51.54**
东部地区	Eastern Region	42.31	42.18	40.08	41.20	36.94	47.32
中部地区	Middle Region	57.03	41.69	38.22	48.17	48.45	54.84
西部地区	Western Region	47.01	28.13	45.91	48.02	48.83	55.50
东北地区	Northeastern Region	52.59	50.71	43.18	48.28	50.62	52.46
北　京	Beijing	32.84	35.00	26.83	30.00	17.95	24.32
天　津	Tianjin	68.42	50.00	42.22	16.67	34.15	35.90
河　北	Hebei	44.93	59.46	41.94	60.87	73.08	76.92
山　西	Shanxi	46.15	44.19	63.64	33.33	55.56	42.86
内蒙古	Inner Mongolia	71.43	70.59			50.00	90.00
辽　宁	Liaoning	56.16	45.28	39.13	52.94	50.00	75.00
吉　林	Jilin		52.78	58.82	75.00	81.48	63.16
黑龙江	Heilongjiang	60.00	54.90	29.03	28.00	23.33	30.77
上　海	Shanghai	4.23	55.56	23.33	5.13	18.00	17.07
江　苏	Jiangsu	55.65	49.30	54.55	65.43	57.29	62.03
浙　江	Zhejiang	34.15	35.85	27.59	37.93	23.40	21.67
安　徽	Anhui	66.67	25.58	35.71	51.52	56.86	64.44
福　建	Fujian	36.36	36.36	26.32	14.29	28.95	37.14
江　西	Jiangxi	65.00	45.65	58.82	45.00	53.13	50.00
山　东	Shandong	40.00	22.22	49.02	62.96	55.77	56.10
河　南	Henan	57.35	56.67	28.00	50.00	33.33	60.00
湖　北	Hubei	53.97	41.18	47.27	24.32	20.83	32.97
湖　南	Hunan	42.86	33.33	23.64	66.04	73.44	77.63
广　东	Guangdong	50.77	31.13	42.11	16.00	30.11	56.36
广　西	Guangxi	64.29	46.88	42.50	38.46	49.02	52.54
海　南	Hainan	75.00	36.36	66.67	100.00	57.14	50.00
重　庆	Chongqing	33.33	24.00	48.39	41.67	36.99	47.83
四　川	Sichuan	41.18	23.38	49.02	63.51	52.00	62.14
贵　州	Guizhou	72.09	33.33	30.77	38.46	20.00	50.00
云　南	Yunnan	37.84	31.58	66.67	20.00	53.85	50.00
西　藏	Tibet	100.00	50.00	50.00		50.00	33.33
陕　西	Shaanxi	23.81	23.95	33.82	50.85	58.33	51.61
甘　肃	Gansu	28.57	38.64	51.61	41.18	54.84	66.67
青　海	Qinghai	25.00	100.00	60.00		100.00	
宁　夏	Ningxia	45.45	100.00			66.67	50.00
新　疆	Xinjiang	25.00	57.14	66.67			35.71

3-1-9 续表 4 continued

地区	Region	投资额（亿元） Investment (100 million yuan)					
		2000	2005	2011	2012	2013	2014
全国	**Total**	**168.44**	**380.71**	**1627.06**	**1123.77**	**1892.79**	**2060.03**
东部地区	Eastern Region	80.87	166.97	943.41	386.65	780.81	800.55
中部地区	Middle Region	20.28	67.12	267.05	252.36	585.07	599.68
西部地区	Western Region	45.49	82.02	329.88	425.86	446.92	565.93
东北地区	Northeastern Region	21.83	64.60	86.72	58.90	79.99	93.87
北京	Beijing	9.65	9.18	175.80	8.49	42.66	29.27
天津	Tianjin	5.15	9.31	162.91	25.78	35.05	28.72
河北	Hebei	7.59	24.06	50.60	40.74	39.49	43.82
山西	Shanxi	1.75	4.83	10.12	30.24	26.21	16.04
内蒙古	Inner Mongolia	0.51	7.24			3.87	11.46
辽宁	Liaoning	8.48	21.15	37.46	31.15	39.01	64.59
吉林	Jilin	1.80	15.55	16.61	6.15	20.43	10.33
黑龙江	Heilongjiang	11.55	27.90	32.65	21.60	20.55	18.95
上海	Shanghai	11.88	17.81	93.90	48.26	122.95	63.08
江苏	Jiangsu	14.29	52.89	169.86	166.63	219.92	292.22
浙江	Zhejiang	3.95	9.42	12.58	17.61	34.39	56.36
安徽	Anhui	1.61	8.49	99.62	64.89	256.68	179.06
福建	Fujian	2.13	5.89	21.48	20.97	58.19	51.08
江西	Jiangxi	2.22	16.05	13.94	42.61	57.10	72.14
山东	Shandong	8.60	15.84	52.18	37.14	92.70	97.59
河南	Henan	6.24	5.91	37.03	8.22	42.57	59.70
湖北	Hubei	6.49	15.51	53.45	49.01	134.11	212.38
湖南	Hunan	1.46	9.09	52.90	57.40	68.39	60.36
广东	Guangdong	16.35	14.34	155.28	20.87	107.27	109.06
广西	Guangxi	0.89	4.20	36.92	7.14	19.28	42.43
海南	Hainan	0.39	4.03	11.91	0.16	28.19	29.35
重庆	Chongqing	0.45	10.47	134.80	162.20	140.84	235.47
四川	Sichuan	13.10	24.81	78.52	152.68	142.38	68.70
贵州	Guizhou	4.57	0.53	30.62	28.26	24.95	45.77
云南	Yunnan	1.05	6.11	11.42	5.71	10.13	9.64
西藏	Tibet	0.04	0.22	0.28	0.04	0.49	0.70
陕西	Shaanxi	22.37	32.06	64.51	58.77	81.39	132.83
甘肃	Gansu	2.81	6.13	7.53	8.72	19.57	14.22
青海	Qinghai	0.22	0.29	1.25	0.60		0.41
宁夏	Ningxia	0.70	0.05	0.38	1.10	0.20	0.32
新疆	Xinjiang	0.18	1.35	0.56	0.65	3.82	3.99

3-1-9 续表 5 continued

地 区	Region	新增固定资产（亿元） Newly Increased Fixed Assets (100 million yuan)					
		2000	2005	2011	2012	2013	2014
全 国	**Total**	**130.94**	**213.70**	**765.35**	**606.60**	**1170.99**	**1096.25**
东部地区	Eastern Region	65.15	85.90	410.69	163.97	635.68	440.85
中部地区	Middle Region	15.44	45.28	98.40	205.64	224.03	361.21
西部地区	Western Region	29.64	32.79	217.21	217.47	260.53	221.73
东北地区	Northeastern Region	20.69	49.74	39.04	19.51	50.74	72.46
北 京	Beijing	5.47	11.34	13.25	8.98	224.55	26.29
天 津	Tianjin	3.48	6.87	44.08	1.67	46.35	16.85
河 北	Hebei	6.43	16.06	12.85	16.84	62.11	24.94
山 西	Shanxi	1.39	6.50	8.14	27.58	11.90	7.45
内蒙古	Inner Mongolia	0.17	4.41			1.89	10.68
辽 宁	Liaoning	6.21	8.88	18.01	9.32	26.46	53.23
吉 林	Jilin	0.11	11.98	10.64	4.19	15.26	6.04
黑龙江	Heilongjiang	14.37	28.88	10.39	6.00	9.02	13.19
上 海	Shanghai	7.88	4.87	23.30	2.89	20.58	9.65
江 苏	Jiangsu	12.30	23.35	109.26	97.00	86.61	104.77
浙 江	Zhejiang	4.02	6.31	2.92	9.87	13.37	25.46
安 徽	Anhui	1.02	6.13	23.54	41.90	54.45	154.01
福 建	Fujian	1.21	2.08	7.21	2.52	29.51	31.30
江 西	Jiangxi	2.12	10.27	9.64	11.84	35.94	26.03
山 东	Shandong	8.19	3.01	29.61	20.68	45.69	62.89
河 南	Henan	4.21	4.24	6.75	9.90	33.55	53.04
湖 北	Hubei	4.55	7.27	37.14	26.71	29.28	66.62
湖 南	Hunan	1.98	6.46	13.20	87.71	58.91	54.06
广 东	Guangdong	15.33	8.21	142.20	3.35	85.17	137.04
广 西	Guangxi	0.55	1.68	24.88	2.39	6.90	14.44
海 南	Hainan	0.29	2.12	1.13	0.16	21.73	1.68
重 庆	Chongqing	0.13	1.46	107.63	54.09	73.73	46.34
四 川	Sichuan	13.33	8.32	45.19	98.31	97.01	53.14
贵 州	Guizhou	3.47	0.28	4.37	16.03	8.04	17.26
云 南	Yunnan	0.99	1.63	7.25	1.33	8.04	3.97
西 藏	Tibet	0.04	0.21	0.13		0.25	0.01
陕 西	Shaanxi	8.17	14.96	46.59	39.72	52.03	62.33
甘 肃	Gansu	2.66	3.01	5.05	5.59	12.47	12.82
青 海	Qinghai	0.20	1.42	0.54			
宁 夏	Ningxia	0.45	0.05			0.17	0.26
新 疆	Xinjiang	0.20	1.45	0.46			0.49

3-1-9 续表 6 continued

地 区	Region	固定资产交付使用率 (%) Rate of Fixed Assets Put into Use (%)					
		2000	2005	2011	2012	2013	2014
全 国	**Total**	**77.74**	**56.13**	**47.04**	**53.98**	**61.87**	**53.22**
东部地区	Eastern Region	80.56	51.45	43.53	42.41	81.41	55.07
中部地区	Middle Region	76.13	67.46	36.85	81.49	38.29	60.23
西部地区	Western Region	65.16	39.98	65.85	51.07	58.29	39.18
东北地区	Northeastern Region	94.78	77.00	45.02	33.13	63.43	77.19
北 京	Beijing	56.74	123.57	7.54	105.84	526.40	89.82
天 津	Tianjin	67.63	73.87	27.06	6.50	132.22	58.68
河 北	Hebei	84.71	66.75	25.40	41.34	157.28	56.91
山 西	Shanxi	78.98	134.60	80.43	91.21	45.40	46.45
内蒙古	Inner Mongolia	33.75	60.84			48.84	93.19
辽 宁	Liaoning	73.31	42.00	48.08	29.93	67.84	82.41
吉 林	Jilin	6.12	77.06	64.06	68.08	74.68	58.44
黑龙江	Heilongjiang	124.42	103.51	31.82	27.80	43.88	69.59
上 海	Shanghai	66.33	27.33	24.81	5.99	16.74	15.29
江 苏	Jiangsu	86.07	44.14	64.32	58.21	39.38	35.85
浙 江	Zhejiang	101.76	67.00	23.21	56.07	38.88	45.17
安 徽	Anhui	63.04	72.15	23.63	64.57	21.21	86.01
福 建	Fujian	56.82	35.29	33.57	12.02	50.72	61.27
江 西	Jiangxi	95.40	63.98	69.15	27.80	62.93	36.09
山 东	Shandong	95.26	18.98	56.75	55.67	49.28	64.44
河 南	Henan	67.58	71.70	18.23	120.45	78.81	88.84
湖 北	Hubei	70.13	46.83	69.49	54.51	21.83	31.37
湖 南	Hunan	135.65	70.98	24.95	152.80	86.15	89.57
广 东	Guangdong	93.76	57.24	91.58	16.07	79.40	125.65
广 西	Guangxi	61.59	40.11	67.39	33.46	35.80	34.03
海 南	Hainan	75.56	52.70	9.49	100.00	77.08	5.71
重 庆	Chongqing	29.53	13.93	79.84	33.35	52.35	19.68
四 川	Sichuan	101.74	33.53	57.55	64.39	68.13	77.35
贵 州	Guizhou	75.92	52.91	14.27	56.73	32.23	37.72
云 南	Yunnan	94.99	26.69	63.49	23.29	79.42	41.14
西 藏	Tibet	100.00	96.59	46.43		51.02	2.01
陕 西	Shaanxi	36.53	46.66	72.22	67.59	63.93	46.93
甘 肃	Gansu	94.75	49.16	67.07	64.10	63.71	90.13
青 海	Qinghai	94.69	482.65	43.20		100.00	
宁 夏	Ningxia	65.15	100.00			84.96	81.13
新 疆	Xinjiang	113.54	107.97	82.14			12.16

3-1-10　各地区内资企业固定资产投资情况

Statistics on Investment in Fixed Assets in Domeistic Funded Enterprises by Region

地　区	Region	施工项目（个） Number of Projects under Construction (unit)					
		2000	2005	2011	2012	2013	2014
全　国	**Total**	**2270**	**5424**	**11385**	**13941**	**15952**	**16672**
东部地区	Eastern Region	1056	2474	5918	6503	7712	7833
中部地区	Middle Region	421	1369	3293	4114	4542	4783
西部地区	Western Region	521	1013	1210	2125	2637	2887
东北地区	Northeastern Region	272	568	964	1199	1061	1169
北　京	Beijing	92	51	107	98	158	152
天　津	Tianjin	47	43	179	239	250	286
河　北	Hebei	122	227	355	492	497	452
山　西	Shanxi	34	110	129	140	167	158
内蒙古	Inner Mongolia	22	64	72	95	136	127
辽　宁	Liaoning	109	249	381	528	410	389
吉　林	Jilin	84	192	451	466	432	558
黑龙江	Heilongjiang	79	127	132	205	219	222
上　海	Shanghai	93	63	172	218	193	176
江　苏	Jiangsu	166	487	2055	2092	2517	2378
浙　江	Zhejiang	151	382	874	1262	1738	1571
安　徽	Anhui	49	229	700	903	1000	1063
福　建	Fujian	43	144	300	345	406	387
江　西	Jiangxi	43	253	545	835	875	849
山　东	Shandong	121	461	873	1069	1146	1180
河　南	Henan	95	253	665	735	750	808
湖　北	Hubei	130	259	546	641	734	832
湖　南	Hunan	48	201	636	860	1016	1073
广　东	Guangdong	143	426	709	677	788	1223
广　西	Guangxi	65	170	286	398	588	684
海　南	Hainan	13	20	8	11	19	28
重　庆	Chongqing	26	101	229	300	370	431
四　川	Sichuan	133	384	473	632	667	675
贵　州	Guizhou	144	69	35	44	57	70
云　南	Yunnan	46	64	80	117	137	142
西　藏	Tibet	2	2	13	17	17	24
陕　西	Shaanxi	114	260	200	298	320	329
甘　肃	Gansu	25	82	120	125	242	292
青　海	Qinghai	11	14	15	22	15	21
宁　夏	Ningxia	14	9	19	34	40	30
新　疆	Xinjiang	6	28	26	43	48	62

3-1-10 续表 1 continued

地 区	Region	新开工项目（个） Number of Projects Started This Year (unit)					
		2000	2005	2011	2012	2013	2014
全 国	**Total**	**1372**	**3422**	**7428**	**9255**	**10657**	**10991**
东部地区	Eastern Region	654	1589	3769	4271	5184	5225
中部地区	Middle Region	251	836	2225	2763	3039	3064
西部地区	Western Region	299	589	719	1378	1684	1831
东北地区	Northeastern Region	168	408	715	843	750	871
北 京	Beijing	49	18	33	28	33	30
天 津	Tianjin	39	23	124	148	167	196
河 北	Hebei	82	172	215	285	301	288
山 西	Shanxi	18	44	83	76	91	86
内 蒙 古	Inner Mongolia	10	45	56	76	97	107
辽 宁	Liaoning	76	180	230	314	292	281
吉 林	Jilin	38	144	393	397	314	454
黑 龙 江	Heilongjiang	54	84	92	132	144	136
上 海	Shanghai	61	31	80	107	77	65
江 苏	Jiangsu	115	373	1496	1582	1971	1900
浙 江	Zhejiang	80	219	460	805	1155	898
安 徽	Anhui	32	138	491	581	649	712
福 建	Fujian	19	79	170	176	243	234
江 西	Jiangxi	19	132	364	586	621	518
山 东	Shandong	76	320	575	748	810	815
河 南	Henan	66	186	380	431	419	472
湖 北	Hubei	76	169	382	424	479	496
湖 南	Hunan	30	122	469	665	780	780
广 东	Guangdong	79	228	415	386	416	783
广 西	Guangxi	44	113	200	309	428	523
海 南	Hainan	10	13	1	6	11	16
重 庆	Chongqing	14	64	153	193	253	250
四 川	Sichuan	69	250	276	384	389	376
贵 州	Guizhou	117	44	22	26	34	30
云 南	Yunnan	14	29	33	72	84	87
西 藏	Tibet	2	2	7	10	10	14
陕 西	Shaanxi	59	111	110	173	172	178
甘 肃	Gansu	12	63	79	73	163	200
青 海	Qinghai	4	5	11	11	9	11
宁 夏	Ningxia	4	7	12	26	25	16
新 疆	Xinjiang	4	14	16	25	20	39

3-1-10　续表 2　continued

地　区	Region	建成投产项目（个） Number of Projects Completed and Put into Use (unit)					
		2000	2005	2011	2012	2013	2014
全　国	**Total**	**1057**	**2394**	**6698**	**8064**	**9567**	**10834**
东部地区	Eastern Region	474	1088	3536	3664	4695	5172
中部地区	Middle Region	226	604	1947	2483	2719	3036
西部地区	Western Region	231	383	629	1152	1482	1797
东北地区	Northeastern Region	126	319	586	765	671	829
北　京	Beijing	31	15	24	9	38	44
天　津	Tianjin	34	17	86	122	135	173
河　北	Hebei	52	128	194	293	331	286
山　西	Shanxi	13	44	78	69	89	89
内蒙古	Inner Mongolia	12	39	53	56	92	82
辽　宁	Liaoning	57	147	225	355	268	282
吉　林	Jilin	28	103	303	291	304	429
黑龙江	Heilongjiang	41	69	58	119	99	118
上　海	Shanghai	7	29	38	46	23	32
江　苏	Jiangsu	92	290	1545	1532	2001	1931
浙　江	Zhejiang	61	156	414	554	869	950
安　徽	Anhui	24	78	367	523	646	733
福　建	Fujian	16	54	124	166	218	205
江　西	Jiangxi	27	122	394	582	548	566
山　东	Shandong	62	163	548	635	679	762
河　南	Henan	50	137	391	410	419	440
湖　北	Hubei	79	104	331	349	354	419
湖　南	Hunan	21	80	333	550	663	789
广　东	Guangdong	74	166	398	304	395	778
广　西	Guangxi	41	65	159	255	392	481
海　南	Hainan	4	5	6	3	6	11
重　庆	Chongqing	12	36	131	175	174	290
四　川	Sichuan	59	120	283	378	391	410
贵　州	Guizhou	97	41	11	14	15	28
云　南	Yunnan	14	24	39	54	71	70
西　藏	Tibet	2	1	9	4	9	10
陕　西	Shaanxi	33	100	85	128	166	182
甘　肃	Gansu	6	29	43	43	124	188
青　海	Qinghai	2	12	10	15	7	8
宁　夏	Ningxia	5	8	12	17	21	18
新　疆	Xinjiang	1	12	6	13	20	30

3-1-10 续表 3 continued

地 区	Region	项目建成投产率 (%) Rate of Projects Completed and Put into Use (%)					
		2000	2005	2011	2012	2013	2014
全 国	**Total**	**46.56**	**44.14**	**58.83**	**57.84**	**59.97**	**64.98**
东部地区	Eastern Region	44.89	43.98	59.75	56.34	60.88	66.03
中部地区	Middle Region	53.68	44.12	59.13	60.35	59.86	63.47
西部地区	Western Region	44.34	37.81	51.98	54.21	56.20	62.24
东北地区	Northeastern Region	46.32	56.16	60.79	63.80	63.24	70.92
北 京	Beijing	33.70	29.41	22.43	9.18	24.05	28.95
天 津	Tianjin	72.34	39.53	48.04	51.05	54.00	60.49
河 北	Hebei	42.62	56.39	54.65	59.55	66.60	63.27
山 西	Shanxi	38.24	40.00	60.47	49.29	53.29	56.33
内 蒙 古	Inner Mongolia	54.55	60.94	73.61	58.95	67.65	64.57
辽 宁	Liaoning	52.29	59.04	59.06	67.23	65.37	72.49
吉 林	Jilin	33.33	53.65	67.18	62.45	70.37	76.88
黑 龙 江	Heilongjiang	51.90	54.33	43.94	58.05	45.21	53.15
上 海	Shanghai	7.53	46.03	22.09	21.10	11.92	18.18
江 苏	Jiangsu	55.42	59.55	75.18	73.23	79.50	81.20
浙 江	Zhejiang	40.40	40.84	47.37	43.90	50.00	60.47
安 徽	Anhui	48.98	34.06	52.43	57.92	64.60	68.96
福 建	Fujian	37.21	37.50	41.33	48.12	53.69	52.97
江 西	Jiangxi	62.79	48.22	72.29	69.70	62.63	66.67
山 东	Shandong	51.24	35.36	62.77	59.40	59.25	64.58
河 南	Henan	52.63	54.15	58.80	55.78	55.87	54.46
湖 北	Hubei	60.77	40.15	60.62	54.45	48.23	50.36
湖 南	Hunan	43.75	39.80	52.36	63.95	65.26	73.53
广 东	Guangdong	51.75	38.97	56.14	44.90	50.13	63.61
广 西	Guangxi	63.08	38.24	55.59	64.07	66.67	70.32
海 南	Hainan	30.77	25.00	75.00	27.27	31.58	39.29
重 庆	Chongqing	46.15	35.64	57.21	58.33	47.03	67.29
四 川	Sichuan	44.36	31.25	59.83	59.81	58.62	60.74
贵 州	Guizhou	67.36	59.42	31.43	31.82	26.32	40.00
云 南	Yunnan	30.43	37.50	48.75	46.15	51.82	49.30
西 藏	Tibet	100.00	50.00	69.23	23.53	52.94	41.67
陕 西	Shaanxi	28.95	38.46	42.50	42.95	51.88	55.32
甘 肃	Gansu	24.00	35.37	35.83	34.40	51.24	64.38
青 海	Qinghai	18.18	85.71	66.67	68.18	46.67	38.10
宁 夏	Ningxia	35.71	88.89	63.16	50.00	52.50	60.00
新 疆	Xinjiang	16.67	42.86	23.08	30.23	41.67	48.39

3-1-10 续表 4 continued

地 区	Region	投资额（亿元） Investment (100 million yuan) 2000	2005	2011	2012	2013	2014
全 国	**Total**	**300.49**	**1150.48**	**7346.64**	**10622.58**	**13168.47**	**15128.22**
东部地区	Eastern Region	158.87	561.81	3670.80	4559.67	5433.02	5999.23
中部地区	Middle Region	36.89	255.16	2088.48	3346.20	4444.24	5294.77
西部地区	Western Region	67.01	187.22	880.10	1778.61	2154.25	2674.37
东北地区	Northeastern Region	37.72	146.30	707.25	938.10	1136.96	1159.85
北 京	Beijing	11.39	10.34	196.15	77.27	96.55	65.63
天 津	Tianjin	9.21	16.64	268.89	226.48	266.75	262.63
河 北	Hebei	12.32	58.61	265.13	435.55	545.63	684.00
山 西	Shanxi	2.82	18.48	64.63	112.34	201.62	189.24
内蒙古	Inner Mongolia	1.85	21.92	111.68	205.07	252.37	334.89
辽 宁	Liaoning	11.36	49.65	308.13	432.92	561.48	550.89
吉 林	Jilin	11.50	54.27	299.81	353.49	431.78	469.92
黑龙江	Heilongjiang	14.86	42.38	99.31	151.69	143.70	139.04
上 海	Shanghai	16.66	13.36	133.40	135.58	182.11	138.76
江 苏	Jiangsu	18.80	131.62	1334.20	1660.24	1899.92	2082.98
浙 江	Zhejiang	16.54	69.78	237.73	352.99	459.74	523.58
安 徽	Anhui	4.54	28.89	474.08	652.37	839.21	869.64
福 建	Fujian	4.39	16.97	118.74	186.31	235.50	282.02
江 西	Jiangxi	2.36	60.62	380.88	633.65	791.47	986.85
山 东	Shandong	16.84	130.33	609.48	1009.27	1194.18	1315.52
河 南	Henan	8.54	45.53	494.27	818.28	1132.21	1485.43
湖 北	Hubei	14.08	43.14	316.56	646.22	875.18	1048.97
湖 南	Hunan	2.69	36.59	246.38	483.34	604.55	714.65
广 东	Guangdong	48.20	88.41	369.05	452.27	516.88	600.98
广 西	Guangxi	1.99	20.57	124.43	173.01	208.12	317.55
海 南	Hainan	2.52	5.19	13.61	23.71	35.76	43.13
重 庆	Chongqing	2.68	27.80	204.24	299.76	336.22	515.65
四 川	Sichuan	24.10	74.34	387.33	622.13	743.26	681.20
贵 州	Guizhou	6.29	8.14	61.41	85.58	105.61	136.23
云 南	Yunnan	1.24	11.91	30.18	50.29	59.88	70.78
西 藏	Tibet	0.07	0.22	2.68	3.72	3.23	4.74
陕 西	Shaanxi	28.02	47.63	128.52	195.51	257.19	401.59
甘 肃	Gansu	2.89	9.87	35.20	69.86	112.49	114.04
青 海	Qinghai	0.30	2.21	6.50	15.81	26.67	37.76
宁 夏	Ningxia	1.22	1.59	6.99	15.85	17.74	13.03
新 疆	Xinjiang	0.19	3.51	17.06	42.01	31.47	46.93

3-1-10 续表 5 continued

地区	Region	新增固定资产（亿元） Newly Increased Fixed Assets (100 million yuan) 2000	2005	2011	2012	2013	2014
全国	**Total**	**234.07**	**699.11**	**4693.19**	**6679.28**	**8387.56**	**10036.35**
东部地区	Eastern Region	130.70	334.60	2309.51	2934.32	3995.18	4264.38
中部地区	Middle Region	25.14	171.30	1260.15	2036.20	2539.66	3357.06
西部地区	Western Region	46.63	95.87	586.56	1061.38	1157.65	1518.93
东北地区	Northeastern Region	31.60	97.34	536.97	647.38	695.07	895.97
北京	Beijing	6.99	10.26	25.83	22.31	242.00	61.63
天津	Tianjin	5.87	16.12	80.78	122.58	207.18	155.46
河北	Hebei	8.98	37.56	172.47	273.53	490.74	430.68
山西	Shanxi	1.69	14.43	36.78	63.17	99.04	110.70
内蒙古	Inner Mongolia	0.65	13.96	46.16	60.72	86.00	160.36
辽宁	Liaoning	8.14	28.84	238.27	310.03	323.95	395.92
吉林	Jilin	7.00	29.80	247.21	237.85	273.51	389.92
黑龙江	Heilongjiang	16.46	38.70	51.49	99.51	97.61	110.13
上海	Shanghai	14.04	9.56	42.05	29.64	36.48	33.45
江苏	Jiangsu	16.78	78.30	1060.28	1233.57	1411.82	1646.24
浙江	Zhejiang	13.80	39.27	138.18	176.60	285.63	394.07
安徽	Anhui	2.81	18.95	320.97	309.91	436.55	589.48
福建	Fujian	2.66	9.88	57.01	79.61	166.41	182.93
江西	Jiangxi	2.23	38.97	275.76	431.92	485.82	562.74
山东	Shandong	14.55	68.93	338.27	550.58	783.11	861.28
河南	Henan	5.24	28.90	238.41	471.10	696.23	965.69
湖北	Hubei	9.99	26.75	201.11	390.87	395.97	599.82
湖南	Hunan	2.54	29.31	140.98	369.23	426.05	528.63
广东	Guangdong	44.70	54.64	308.24	440.73	349.47	491.73
广西	Guangxi	1.51	7.64	83.95	122.94	144.71	206.76
海南	Hainan	0.83	2.43	2.46	5.18	22.34	6.92
重庆	Chongqing	1.17	9.65	146.80	138.89	159.28	265.90
四川	Sichuan	22.12	29.06	295.27	479.28	432.46	468.49
贵州	Guizhou	4.91	8.58	20.59	37.16	40.99	63.66
云南	Yunnan	1.17	4.37	18.36	47.38	30.47	43.98
西藏	Tibet	0.07	0.22	1.93	1.21	1.77	2.60
陕西	Shaanxi	13.62	32.19	77.64	117.34	139.76	198.33
甘肃	Gansu	2.66	4.22	14.99	42.70	74.55	75.15
青海	Qinghai	0.24	2.86	3.25	4.93	4.20	3.93
宁夏	Ningxia	0.45	1.59	6.72	4.60	14.62	9.40
新疆	Xinjiang	0.20	3.12	1.01	4.25	28.84	20.39

3-1-10 续表 6 continued

地 区	Region	固定资产交付使用率 (%) Rate of Fixed Assets Put into Use (%)					
		2000	2005	2011	2012	2013	2014
全 国	**Total**	**77.90**	**60.77**	**63.88**	**62.88**	**63.69**	**66.34**
东部地区	Eastern Region	82.27	59.56	62.92	64.35	73.54	71.08
中部地区	Middle Region	68.15	67.13	60.34	60.85	57.14	63.40
西部地区	Western Region	69.59	51.21	66.65	59.67	53.74	56.80
东北地区	Northeastern Region	83.78	66.53	75.92	69.01	61.13	77.25
北 京	Beijing	61.37	99.23	13.17	28.87	250.65	93.90
天 津	Tianjin	63.74	96.88	30.04	54.12	77.67	59.19
河 北	Hebei	72.89	64.08	65.05	62.80	89.94	62.96
山 西	Shanxi	59.93	78.08	56.91	56.23	49.12	58.49
内 蒙 古	Inner Mongolia	35.14	63.69	41.33	29.61	34.08	47.89
辽 宁	Liaoning	71.65	58.09	77.33	71.61	57.70	71.87
吉 林	Jilin	60.87	54.91	82.46	67.29	63.34	82.97
黑 龙 江	Heilongjiang	110.77	91.32	51.85	65.60	67.93	79.21
上 海	Shanghai	84.27	71.56	31.52	21.86	20.03	24.11
江 苏	Jiangsu	89.26	59.49	79.47	74.30	74.31	79.03
浙 江	Zhejiang	83.43	56.28	58.12	50.03	62.13	75.26
安 徽	Anhui	61.89	65.59	67.70	47.51	52.02	67.78
福 建	Fujian	60.59	58.22	48.01	42.73	70.66	64.86
江 西	Jiangxi	94.49	64.29	72.40	68.16	61.38	57.02
山 东	Shandong	86.40	52.89	55.50	54.55	65.58	65.47
河 南	Henan	61.36	63.47	48.23	57.57	61.49	65.01
湖 北	Hubei	70.95	62.01	63.53	60.49	45.24	57.18
湖 南	Hunan	94.42	80.10	57.22	76.39	70.47	73.97
广 东	Guangdong	92.74	61.80	83.52	97.45	67.61	81.82
广 西	Guangxi	75.88	37.14	67.47	71.06	69.53	65.11
海 南	Hainan	32.94	46.82	18.07	21.84	62.48	16.04
重 庆	Chongqing	43.66	34.71	71.88	46.33	47.37	51.57
四 川	Sichuan	91.78	39.09	76.23	77.04	58.18	68.77
贵 州	Guizhou	78.06	105.41	33.53	43.42	38.82	46.73
云 南	Yunnan	94.35	36.69	60.83	94.20	50.88	62.13
西 藏	Tibet	100.00	100.00	72.01	32.53	54.88	54.82
陕 西	Shaanxi	48.61	67.58	60.41	60.02	54.34	49.39
甘 肃	Gansu	92.04	42.76	42.59	61.13	66.27	65.89
青 海	Qinghai	80.00	129.41	50.00	31.16	15.76	10.41
宁 夏	Ningxia	36.89	100.00	96.14	29.01	82.41	72.13
新 疆	Xinjiang	105.26	88.89	5.92	10.11	91.63	43.46

3-1-11 各地区港澳台资企业固定资产投资情况
Statistics on Investment in Fixed Assets in Hong Kong, Macau and Taiwan Funded Enterprises by Region

地区	Region	施工项目（个） Number of Projects under Construction (unit)					
		2000	2005	2011	2012	2013	2014
全国	**Total**	**201**	**700**	**811**	**750**	**745**	**777**
东部地区	Eastern Region	147	577	659	606	583	625
中部地区	Middle Region	30	88	93	80	88	75
西部地区	Western Region	9	24	38	50	64	66
东北地区	Northeastern Region	15	11	21	14	10	11
北京	Beijing	8	3	10	15	16	12
天津	Tianjin	3	4	4	10	7	8
河北	Hebei	7	11	12	9	5	5
山西	Shanxi	2	1	2	1	2	3
内蒙古	Inner Mongolia		6	4	4	5	3
辽宁	Liaoning	7	5	15	6	4	4
吉林	Jilin	7	3	5	3	2	3
黑龙江	Heilongjiang	1	3	1	5	4	4
上海	Shanghai	9	11	23	39	31	26
江苏	Jiangsu	12	106	238	176	170	123
浙江	Zhejiang	14	46	94	94	101	87
安徽	Anhui	9	18	9	18	19	17
福建	Fujian	18	48	53	50	57	72
江西	Jiangxi	1	25	26	20	31	19
山东	Shandong	8	19	28	22	24	14
河南	Henan	3	10	18	6	5	4
湖北	Hubei	9	18	22	19	19	18
湖南	Hunan	6	10	12	16	12	14
广东	Guangdong	63	317	183	190	171	275
广西	Guangxi	3	9	13	10	14	24
海南	Hainan	2	3	1	1	1	3
重庆	Chongqing	3	1	14	17	28	20
四川	Sichuan	4	16	10	10	9	13
贵州	Guizhou		1	1			1
云南	Yunnan		1	9	4	4	1
西藏	Tibet						
陕西	Shaanxi	1	4	3	4	3	2
甘肃	Gansu	1	1				
青海	Qinghai						
宁夏	Ningxia			1	1	1	1
新疆	Xinjiang						1

3-1-11　续表 1　continued

地　区	Region	新开工项目（个） Number of Projects Started This Year (unit)					
		2000	2005	2011	2012	2013	2014
全　国	**Total**	**123**	**432**	**434**	**382**	**380**	**469**
东部地区	Eastern Region	89	352	349	302	288	380
中部地区	Middle Region	24	58	50	48	58	42
西部地区	Western Region	5	15	25	25	30	42
东北地区	Northeastern Region	5	7	10	7	4	5
北　京	Beijing	5	2	4	3	1	3
天　津	Tianjin	3	2		3	2	6
河　北	Hebei	5	6	8	2	2	3
山　西	Shanxi	2		2		1	2
内蒙古	Inner Mongolia		3	4	4	2	2
辽　宁	Liaoning	2	3	7	1	2	1
吉　林	Jilin	2	3	2	2	1	2
黑龙江	Heilongjiang	1	1	1	4	1	2
上　海	Shanghai	5	6	13	15	9	9
江　苏	Jiangsu	6	67	142	110	107	91
浙　江	Zhejiang	9	30	45	44	45	46
安　徽	Anhui	8	11	7	13	10	10
福　建	Fujian	7	25	26	19	25	41
江　西	Jiangxi		17	11	11	25	10
山　东	Shandong	6	15	8	13	14	6
河　南	Henan	3	8	5	1	3	2
湖　北	Hubei	6	12	13	12	13	9
湖　南	Hunan	5	7	8	11	6	9
广　东	Guangdong	39	195	93	93	82	172
广　西	Guangxi	2	3	9	5	9	20
海　南	Hainan	2	1	1		1	3
重　庆	Chongqing	3	1	13	7	15	7
四　川	Sichuan		9	4	6	2	10
贵　州	Guizhou		1	1			1
云　南	Yunnan		1	5	1	2	1
西　藏	Tibet						
陕　西	Shaanxi	1	3	1	2		
甘　肃	Gansu	1					
青　海	Qinghai						
宁　夏	Ningxia			1			
新　疆	Xinjiang						1

3-1-11 续表 2 continued

地 区	Region	建成投产项目（个） Number of Projects Completed and Put into Use (unit)					
		2000	2005	2011	2012	2013	2014
全 国	**Total**	**96**	**296**	**451**	**360**	**397**	**471**
东部地区	Eastern Region	64	251	373	291	304	377
中部地区	Middle Region	22	31	53	47	52	50
西部地区	Western Region	8	11	14	15	38	38
东北地区	Northeastern Region	2	3	11	7	3	6
北 京	Beijing	5	2	2	2	2	4
天 津	Tianjin	1		2	3	1	5
河 北	Hebei	3	5	6	4	3	1
山 西	Shanxi			2		1	2
内蒙古	Inner Mongolia		4	4	1	3	3
辽 宁	Liaoning		1	7	4	1	3
吉 林	Jilin	2	2	4	2	1	2
黑龙江	Heilongjiang				1	1	1
上 海	Shanghai		6	6	8	3	5
江 苏	Jiangsu	10	58	172	119	135	90
浙 江	Zhejiang	6	18	46	31	49	41
安 徽	Anhui	9	3	2	11	12	13
福 建	Fujian	5	14	17	14	11	36
江 西	Jiangxi	1	10	18	13	20	15
山 东	Shandong	4	6	18	14	16	9
河 南	Henan	2	3	11	3	3	2
湖 北	Hubei	5	9	13	11	7	10
湖 南	Hunan	5	2	3	9	9	8
广 东	Guangdong	28	138	97	95	83	183
广 西	Guangxi	2	4	7	6	10	15
海 南	Hainan				1	1	3
重 庆	Chongqing	2	1	4	4	14	12
四 川	Sichuan	4	5	5	2	7	6
贵 州	Guizhou		1				
云 南	Yunnan			4	2	4	1
西 藏	Tibet						
陕 西	Shaanxi	1	4	1			
甘 肃	Gansu	1					
青 海	Qinghai						
宁 夏	Ningxia						
新 疆	Xinjiang						1

3-1-11　续表 3　continued

地　区	Region	项目建成投产率 (%) Rate of Projects Completed and Put into Use (%)					
		2000	2005	2011	2012	2013	2014
全　国	**Total**	**47.76**	**42.29**	**55.61**	**48.00**	**53.29**	**60.62**
东部地区	Eastern Region	43.54	43.50	56.60	48.02	52.14	60.32
中部地区	Middle Region	73.33	35.23	56.99	58.75	59.09	66.67
西部地区	Western Region	88.89	45.83	36.84	30.00	59.38	57.58
东北地区	Northeastern Region	13.33	27.27	52.38	50.00	30.00	54.55
北　京	Beijing	62.50	66.67	20.00	13.33	12.50	33.33
天　津	Tianjin	33.33		50.00	30.00	14.29	62.50
河　北	Hebei	42.86	45.45	50.00	44.44	60.00	20.00
山　西	Shanxi			100.00		50.00	66.67
内 蒙 古	Inner Mongolia		66.67	100.00	25.00	60.00	100.00
辽　宁	Liaoning		20.00	46.67	66.67	25.00	75.00
吉　林	Jilin	28.57	66.67	80.00	66.67	50.00	66.67
黑 龙 江	Heilongjiang				20.00	25.00	25.00
上　海	Shanghai		54.55	26.09	20.51	9.68	19.23
江　苏	Jiangsu	83.33	54.72	72.27	67.61	79.41	73.17
浙　江	Zhejiang	42.86	39.13	48.94	32.98	48.51	47.13
安　徽	Anhui	100.00	16.67	22.22	61.11	63.16	76.47
福　建	Fujian	27.78	29.17	32.08	28.00	19.30	50.00
江　西	Jiangxi	100.00	40.00	69.23	65.00	64.52	78.95
山　东	Shandong	50.00	31.58	64.29	63.64	66.67	64.29
河　南	Henan	66.67	30.00	61.11	50.00	60.00	50.00
湖　北	Hubei	55.56	50.00	59.09	57.89	36.84	55.56
湖　南	Hunan	83.33	20.00	25.00	56.25	75.00	57.14
广　东	Guangdong	44.44	43.53	53.01	50.00	48.54	66.55
广　西	Guangxi	66.67	44.44	53.85	60.00	71.43	62.50
海　南	Hainan				100.00	100.00	100.00
重　庆	Chongqing	66.67	100.00	28.57	23.53	50.00	60.00
四　川	Sichuan	100.00	31.25	50.00	20.00	77.78	46.15
贵　州	Guizhou		100.00				
云　南	Yunnan			44.44	50.00	100.00	100.00
西　藏	Tibet						
陕　西	Shaanxi	100.00	100.00	33.33			
甘　肃	Gansu	100.00					
青　海	Qinghai						
宁　夏	Ningxia						
新　疆	Xinjiang						100.00

3-1-11 续表 4 continued

地 区	Region	投资额（亿元） Investment (100 million yuan)					
		2000	2005	2011	2012	2013	2014
全 国	**Total**	**53.91**	**365.51**	**941.04**	**1032.56**	**967.66**	**870.17**
东部地区	Eastern Region	40.72	300.49	643.08	713.64	607.06	574.49
中部地区	Middle Region	6.16	46.92	179.24	200.16	177.72	195.73
西部地区	Western Region	1.25	12.96	99.33	104.99	164.24	89.49
东北地区	Northeastern Region	5.78	5.14	19.39	13.77	18.64	10.45
北 京	Beijing	1.05	35.22	7.31	10.74	18.50	10.01
天 津	Tianjin	0.96	4.38	38.99	38.99	13.53	14.74
河 北	Hebei	0.64	4.15	14.99	8.75	7.84	13.76
山 西	Shanxi	0.15	14.11	0.35	5.88	20.27	64.28
内蒙古	Inner Mongolia		8.25	7.88	19.51	15.97	3.58
辽 宁	Liaoning	1.08	2.42	15.83	5.86	14.09	6.00
吉 林	Jilin	4.63	1.97	2.80	6.65	2.98	3.04
黑龙江	Heilongjiang	0.07	0.75	0.76	1.26	1.57	1.42
上 海	Shanghai	8.20	20.09	20.11	24.84	17.89	24.03
江 苏	Jiangsu	1.93	71.85	266.02	281.37	217.68	189.70
浙 江	Zhejiang	1.33	14.69	35.68	38.17	40.58	35.94
安 徽	Anhui	0.64	2.99	11.35	20.63	14.56	15.00
福 建	Fujian	3.11	11.14	31.56	51.03	101.26	76.39
江 西	Jiangxi	0.01	6.66	38.12	16.63	30.56	15.51
山 东	Shandong	2.09	21.63	27.56	17.24	25.78	30.26
河 南	Henan	4.14	4.71	68.23	72.56	64.45	28.70
湖 北	Hubei	1.00	9.05	30.51	54.13	24.11	32.29
湖 南	Hunan	0.23	1.14	22.80	30.33	23.77	39.97
广 东	Guangdong	21.12	114.59	190.15	241.43	163.43	178.11
广 西	Guangxi	0.06	1.86	10.21	8.13	15.59	15.07
海 南	Hainan	0.23	0.88	0.50	1.07	0.56	1.55
重 庆	Chongqing	0.53	0.09	22.61	59.41	68.27	31.60
四 川	Sichuan	0.60	10.31	69.18	14.55	60.74	28.65
贵 州	Guizhou		0.75	0.80			5.54
云 南	Yunnan		0.31	1.83	1.67	1.22	0.53
西 藏	Tibet						
陕 西	Shaanxi	0.04	0.89	4.52	1.55	2.22	2.56
甘 肃	Gansu	0.09	0.60				
青 海	Qinghai					0.18	
宁 夏	Ningxia			0.39	0.17	0.06	0.01
新 疆	Xinjiang						1.94

3-1-11 续表 5 continued

地 区	Region	新增固定资产（亿元） Newly Increased Fixed Assets (100 million yuan)					
		2000	2005	2011	2012	2013	2014
全 国	**Total**	**41.61**	**304.76**	**745.27**	**695.68**	**573.16**	**639.91**
东部地区	Eastern Region	33.60	272.83	499.58	515.35	367.67	483.22
中部地区	Middle Region	1.29	26.32	148.45	142.42	63.57	80.71
西部地区	Western Region	1.26	3.25	63.47	28.45	109.85	69.29
东北地区	Northeastern Region	5.47	2.36	33.77	9.47	32.08	6.68
北 京	Beijing	1.90	80.52	3.91	3.99	7.75	5.16
天 津	Tianjin	0.69	3.37	2.13	5.34	4.97	13.86
河 北	Hebei	0.72	3.86	8.90	0.67	3.08	2.05
山 西	Shanxi		2.35	0.27		0.60	21.61
内 蒙 古	Inner Mongolia		5.69	7.88	0.48	17.40	17.02
辽 宁	Liaoning	1.44	0.69	26.92	1.96	30.00	4.49
吉 林	Jilin	4.01	1.67	6.85	7.10	1.88	1.71
黑 龙 江	Heilongjiang	0.02			0.40	0.20	0.49
上 海	Shanghai	3.38	4.36	5.94	24.17	4.69	14.50
江 苏	Jiangsu	2.38	76.05	194.71	246.19	177.57	122.13
浙 江	Zhejiang	0.74	8.53	40.35	20.12	20.02	33.68
安 徽	Anhui	0.65	0.71	1.66	12.80	8.38	6.76
福 建	Fujian	1.39	6.28	29.11	40.05	33.36	129.36
江 西	Jiangxi	0.01	5.59	46.76	10.42	19.36	23.46
山 东	Shandong	2.13	1.97	13.11	12.25	11.23	12.24
河 南	Henan	0.07	3.69	62.98	68.34	15.00	14.78
湖 北	Hubei	0.35	7.68	17.64	36.78	14.26	7.47
湖 南	Hunan	0.22	0.61	11.26	14.08	5.98	6.63
广 东	Guangdong	20.22	85.94	190.49	161.51	104.42	148.69
广 西	Guangxi	0.05	1.74	10.94	5.82	15.89	11.05
海 南	Hainan		0.19		1.07	0.56	1.53
重 庆	Chongqing	0.33	0.09	1.37	16.49	51.11	23.89
四 川	Sichuan	0.81	1.07	60.19	4.85	23.53	15.70
贵 州	Guizhou		0.75				
云 南	Yunnan			1.29	0.80	1.92	0.50
西 藏	Tibet						
陕 西	Shaanxi	0.04	0.85	0.62			
甘 肃	Gansu	0.09	0.49				
青 海	Qinghai						
宁 夏	Ningxia						
新 疆	Xinjiang						1.13

3-1-11 续表 6 continued

地 区	Region	固定资产交付使用率 (%) Rate of Fixed Assets Put into Use (%)					
		2000	2005	2011	2012	2013	2014
全 国	**Total**	**77.18**	**83.38**	**79.20**	**67.37**	**59.23**	**73.54**
东部地区	Eastern Region	82.51	90.80	77.69	72.21	60.57	84.11
中部地区	Middle Region	20.94	56.10	82.82	71.15	35.77	41.24
西部地区	Western Region	100.80	25.08	63.90	27.09	66.89	77.43
东北地区	Northeastern Region	94.64	45.91	174.16	68.76	172.07	63.95
北 京	Beijing	180.95	228.62	53.49	37.11	41.92	51.56
天 津	Tianjin	71.88	76.94	5.46	13.69	36.72	94.03
河 北	Hebei	112.50	93.01	59.37	7.69	39.24	14.94
山 西	Shanxi		16.65	77.14		2.96	33.63
内 蒙 古	Inner Mongolia		68.97	100.00	2.46	108.97	475.44
辽 宁	Liaoning	133.33	28.51	170.06	33.48	212.87	74.82
吉 林	Jilin	86.61	84.77	244.64	106.86	63.06	56.18
黑 龙 江	Heilongjiang	28.57			31.78	12.74	34.58
上 海	Shanghai	41.22	21.70	29.54	97.28	26.21	60.33
江 苏	Jiangsu	123.32	105.85	73.19	87.50	81.58	64.38
浙 江	Zhejiang	55.64	58.07	113.09	52.70	49.35	93.73
安 徽	Anhui	101.56	23.75	14.63	62.06	57.51	45.10
福 建	Fujian	44.69	56.37	92.24	78.49	32.95	169.35
江 西	Jiangxi	100.00	83.93	122.67	62.65	63.34	151.27
山 东	Shandong	101.91	9.11	47.57	71.02	43.56	40.44
河 南	Henan	1.69	78.34	92.31	94.19	23.27	51.51
湖 北	Hubei	35.00	84.86	57.82	67.94	59.14	23.14
湖 南	Hunan	95.65	53.51	49.39	46.40	25.15	16.58
广 东	Guangdong	95.74	75.00	100.18	66.90	63.89	83.48
广 西	Guangxi	83.33	93.55	107.15	71.63	101.96	73.33
海 南	Hainan		21.59		100.00	100.00	98.92
重 庆	Chongqing	62.26	100.00	6.06	27.76	74.86	75.60
四 川	Sichuan	135.00	10.38	87.00	33.36	38.75	54.78
贵 州	Guizhou		100.00				
云 南	Yunnan			70.49	47.84	157.75	93.55
西 藏	Tibet						
陕 西	Shaanxi	100.00	95.51	13.72			
甘 肃	Gansu	100.00	81.67				
青 海	Qinghai						
宁 夏	Ningxia						
新 疆	Xinjiang						58.54

3-1-12　各地区外资企业固定资产投资情况

Statistics on Investment in Fixed Assets in Foreign funded Enterprises by Region

地　区	Region	施工项目（个） Number of Projects under Construction (unit)					
		2000	2005	2011	2012	2013	2014
全　国	**Total**	**263**	**971**	**1008**	**952**	**958**	**954**
东部地区	Eastern Region	214	824	881	783	811	830
中部地区	Middle Region	13	59	68	83	79	67
西部地区	Western Region	12	44	27	48	44	44
东北地区	Northeastern Region	24	44	32	38	24	13
北　京	Beijing	11	18	22	18	23	22
天　津	Tianjin	33	29	39	44	38	41
河　北	Hebei	9	13	14	9	7	7
山　西	Shanxi		5	7	4	3	2
内蒙古	Inner Mongolia	1	2	2			
辽　宁	Liaoning	16	36	14	13	7	4
吉　林	Jilin	5	5	13	17	10	6
黑龙江	Heilongjiang	3	3	5	8	7	3
上　海	Shanghai	32	53	64	59	52	34
江　苏	Jiangsu	28	211	394	325	319	346
浙　江	Zhejiang	6	74	100	115	131	114
安　徽	Anhui	1	10	16	21	16	14
福　建	Fujian	9	51	44	37	35	27
江　西	Jiangxi		13	14	25	20	11
山　东	Shandong	26	134	79	61	62	60
河　南	Henan	1	13	1	6	9	7
湖　北	Hubei	7	11	17	13	14	15
湖　南	Hunan	3	5	11	14	17	18
广　东	Guangdong	58	233	107	113	141	173
广　西	Guangxi		5	14	13	9	7
海　南	Hainan	2	3	4	2	3	6
重　庆	Chongqing		6	10	14	12	9
四　川	Sichuan	9	21	7	10	18	17
贵　州	Guizhou	1	4			1	1
云　南	Yunnan		3	6	5	1	2
西　藏	Tibet						
陕　西	Shaanxi	2	4	4	6	3	6
甘　肃	Gansu						2
青　海	Qinghai		2				
宁　夏	Ningxia						
新　疆	Xinjiang		4				

3-1-12 续表 1 continued

地 区	Region	新开工项目（个） Number of Projects Started This Year (unit)					
		2000	2005	2011	2012	2013	2014
全 国	**Total**	**145**	**606**	**585**	**556**	**570**	**579**
东部地区	Eastern Region	115	511	509	448	491	509
中部地区	Middle Region	9	32	45	50	49	35
西部地区	Western Region	9	26	13	33	23	27
东北地区	Northeastern Region	12	37	18	25	7	8
北 京	Beijing	4	6	6	4	6	4
天 津	Tianjin	20	19	24	22	25	31
河 北	Hebei	7	9	8	3	1	3
山 西	Shanxi		2	4			1
内 蒙 古	Inner Mongolia	1	1	1			
辽 宁	Liaoning	7	33	5	10		2
吉 林	Jilin	3	3	11	14	6	5
黑 龙 江	Heilongjiang	2	1	2	1	1	1
上 海	Shanghai	14	28	37	33	25	14
江 苏	Jiangsu	18	124	262	202	215	254
浙 江	Zhejiang	5	36	43	59	66	53
安 徽	Anhui	1	6	11	10	12	8
福 建	Fujian	2	30	24	11	13	11
江 西	Jiangxi		3	9	19	15	8
山 东	Shandong	12	100	48	43	50	42
河 南	Henan	1	7		6	7	2
湖 北	Hubei	5	8	12	7	6	7
湖 南	Hunan	1	5	8	8	9	9
广 东	Guangdong	32	155	50	70	88	93
广 西	Guangxi		2	7	8	6	7
海 南	Hainan	1	2		1	2	4
重 庆	Chongqing		3	5	9	3	4
四 川	Sichuan	6	14	3	8	13	7
贵 州	Guizhou	1	2			1	1
云 南	Yunnan		1	3	4		1
西 藏	Tibet						
陕 西	Shaanxi	2	1	2	4		5
甘 肃	Gansu						2
青 海	Qinghai		1				
宁 夏	Ningxia						
新 疆	Xinjiang		4				

3-1-12　续表 2　continued

地　　区	Region	建成投产项目（个） Number of Projects Completed and Put into Use (unit)					
		2000	2005	2011	2012	2013	2014
全　　国	**Total**	**129**	**468**	**586**	**517**	**538**	**609**
东部地区	Eastern Region	101	402	521	420	456	539
中部地区	Middle Region	10	26	30	50	39	37
西部地区	Western Region	3	12	18	28	27	24
东北地区	Northeastern Region	15	28	17	19	16	9
北　　京	Beijing	2	9	8	3	5	5
天　　津	Tianjin	11	11	17	17	20	16
河　　北	Hebei	6	3	9	3	2	3
山　　西	Shanxi		1	3	1	2	1
内 蒙 古	Inner Mongolia	1	1	1			
辽　　宁	Liaoning	9	23	8	5	4	4
吉　　林	Jilin	4	4	9	12	8	4
黑 龙 江	Heilongjiang	2	1		2	4	1
上　　海	Shanghai	14	22	28	14	11	16
江　　苏	Jiangsu	18	147	274	221	225	277
浙　　江	Zhejiang	3	26	39	40	64	56
安　　徽	Anhui		3	8	15	10	13
福　　建	Fujian	1	20	18	12	13	15
江　　西	Jiangxi		5	8	20	16	5
山　　东	Shandong	13	55	60	45	50	40
河　　南	Henan	1	6	1	3	3	4
湖　　北	Hubei	7	7	6	5	3	4
湖　　南	Hunan	1	3	3	6	5	10
广　　东	Guangdong	32	108	58	64	65	109
广　　西	Guangxi		1	7	11	9	5
海　　南	Hainan	1		3	1	1	2
重　　庆	Chongqing		3	6	6	8	8
四　　川	Sichuan	3	4	6	7	8	10
贵　　州	Guizhou					1	
云　　南	Yunnan		1	5	3		1
西　　藏	Tibet						
陕　　西	Shaanxi		1	1	1	1	
甘　　肃	Gansu						
青　　海	Qinghai		2				
宁　　夏	Ningxia						
新　　疆	Xinjiang		1				

3-1-12 续表 3 continued

地 区	Region	项目建成投产率 (%) Rate of Projects Completed and Put into Use (%)					
		2000	2005	2011	2012	2013	2014
全 国	**Total**	**49.05**	**48.20**	**58.13**	**54.31**	**56.16**	**63.84**
东部地区	Eastern Region	47.20	48.79	59.14	53.64	56.23	64.94
中部地区	Middle Region	76.92	44.07	44.12	60.24	49.37	55.22
西部地区	Western Region	25.00	27.27	66.67	58.33	61.36	54.55
东北地区	Northeastern Region	62.50	63.64	53.13	50.00	66.67	69.23
北 京	Beijing	18.18	50.00	36.36	16.67	21.74	22.73
天 津	Tianjin	33.33	37.93	43.59	38.64	52.63	39.02
河 北	Hebei	66.67	23.08	64.29	33.33	28.57	42.86
山 西	Shanxi		20.00	42.86	25.00	66.67	50.00
内蒙古	Inner Mongolia	100.00	50.00	50.00			
辽 宁	Liaoning	56.25	63.89	57.14	38.46	57.14	100.00
吉 林	Jilin	80.00	80.00	69.23	70.59	80.00	66.67
黑龙江	Heilongjiang	66.67	33.33		25.00	57.14	33.33
上 海	Shanghai	43.75	41.51	43.75	23.73	21.15	47.06
江 苏	Jiangsu	64.29	69.67	69.54	68.00	70.53	80.06
浙 江	Zhejiang	50.00	35.14	39.00	34.78	48.85	49.12
安 徽	Anhui		30.00	50.00	71.43	62.50	92.86
福 建	Fujian	11.11	39.22	40.91	32.43	37.14	55.56
江 西	Jiangxi		38.46	57.14	80.00	80.00	45.45
山 东	Shandong	50.00	41.04	75.95	73.77	80.65	66.67
河 南	Henan	100.00	46.15	100.00	50.00	33.33	57.14
湖 北	Hubei	100.00	63.64	35.29	38.46	21.43	26.67
湖 南	Hunan	33.33	60.00	27.27	42.86	29.41	55.56
广 东	Guangdong	55.17	46.35	54.21	56.64	46.10	63.01
广 西	Guangxi		20.00	50.00	84.62	100.00	71.43
海 南	Hainan	50.00		75.00	50.00	33.33	33.33
重 庆	Chongqing		50.00	60.00	42.86	66.67	88.89
四 川	Sichuan	33.33	19.05	85.71	70.00	44.44	58.82
贵 州	Guizhou					100.00	
云 南	Yunnan		33.33	83.33	60.00		50.00
西 藏	Tibet						
陕 西	Shaanxi		25.00	25.00	16.67	33.33	
甘 肃	Gansu						
青 海	Qinghai		100.00				
宁 夏	Ningxia						
新 疆	Xinjiang		25.00				

3-1-12 续表 4 continued

地 区	Region	投资额（亿元） Investment (100 million yuan)					
		2000	2005	2011	2012	2013	2014
全 国	**Total**	**208.56**	**628.10**	**1180.78**	**1264.98**	**1405.32**	**1453.33**
东部地区	Eastern Region	180.38	575.76	1050.24	1044.22	1075.52	1091.02
中部地区	Middle Region	15.20	9.11	58.17	117.62	104.10	84.25
西部地区	Western Region	6.56	18.82	21.76	60.21	183.78	264.60
东北地区	Northeastern Region	6.42	24.41	50.61	42.94	41.92	13.46
北 京	Beijing	12.05	38.54	63.09	48.58	23.68	30.24
天 津	Tianjin	43.70	37.02	42.39	48.60	32.30	46.08
河 北	Hebei	0.93	4.05	8.25	9.86	8.44	12.26
山 西	Shanxi		0.22	12.42	8.70	6.02	0.57
内蒙古	Inner Mongolia	0.02	0.22	0.75			
辽 宁	Liaoning	5.70	23.09	26.67	17.68	30.17	6.99
吉 林	Jilin	0.14	0.98	8.72	11.84	8.04	5.23
黑龙江	Heilongjiang	0.58	0.34	15.22	13.42	3.72	1.24
上 海	Shanghai	60.67	93.36	125.03	111.73	108.19	86.21
江 苏	Jiangsu	11.97	196.69	504.69	490.74	499.77	525.18
浙 江	Zhejiang	1.72	18.32	33.46	44.58	50.65	47.72
安 徽	Anhui	0.36	1.04	15.42	27.63	15.20	7.26
福 建	Fujian	4.58	22.94	62.34	42.72	40.27	47.57
江 西	Jiangxi		2.60	9.57	23.54	10.80	10.65
山 东	Shandong	5.07	46.60	58.23	59.37	57.43	67.08
河 南	Henan	0.01	2.19	0.41	7.92	9.49	9.61
湖 北	Hubei	0.45	1.76	14.36	12.56	9.20	10.77
湖 南	Hunan	14.37	1.07	5.24	37.27	53.38	45.39
广 东	Guangdong	39.32	115.30	144.32	186.90	252.33	225.75
广 西	Guangxi		1.69	7.45	14.06	6.87	4.17
海 南	Hainan	0.37	1.26	0.99	1.13	2.45	2.91
重 庆	Chongqing		0.41	5.41	12.42	10.61	16.09
四 川	Sichuan	6.35	14.93	3.40	6.45	19.60	23.81
贵 州	Guizhou	0.02	1.47			1.86	2.06
云 南	Yunnan		0.72	2.26	2.25	0.50	0.55
西 藏	Tibet						
陕 西	Shaanxi	0.18	0.79	10.45	25.03	144.21	216.55
甘 肃	Gansu						1.38
青 海	Qinghai		0.08	0.24		0.14	
宁 夏	Ningxia						
新 疆	Xinjiang		0.43				

3-1-12 续表 5 continued

地 区	Region	新增固定资产（亿元） Newly Increased Fixed Assets (100 million yuan) 2000	2005	2011	2012	2013	2014
全 国	**Total**	**145.33**	**460.01**	**916.70**	**994.36**	**898.55**	**1114.47**
东部地区	Eastern Region	121.46	435.35	844.31	878.43	798.51	1023.18
中部地区	Middle Region	12.53	4.66	28.58	53.39	49.28	47.83
西部地区	Western Region	6.00	5.71	20.37	32.21	27.76	35.73
东北地区	Northeastern Region	5.35	14.29	23.44	30.33	22.99	7.73
北 京	Beijing	7.00	14.11	19.96	44.91	46.49	211.19
天 津	Tianjin	13.97	8.56	19.88	45.05	29.80	38.28
河 北	Hebei	0.80	2.73	5.09	7.93	4.51	2.73
山 西	Shanxi		0.03	2.77	4.89	5.62	0.32
内蒙古	Inner Mongolia	0.02	0.18	0.35			
辽 宁	Liaoning	4.31	13.24	19.45	8.82	7.20	3.27
吉 林	Jilin	0.46	0.91	3.99	13.70	8.00	4.34
黑龙江	Heilongjiang	0.58	0.14		7.81	7.80	0.13
上 海	Shanghai	48.78	54.21	135.94	70.05	45.05	67.73
江 苏	Jiangsu	9.60	213.26	446.51	434.14	355.97	424.73
浙 江	Zhejiang	1.94	11.23	24.72	29.53	36.65	38.28
安 徽	Anhui	0.35	0.47	5.99	10.74	18.75	6.23
福 建	Fujian	3.00	14.09	54.80	29.20	34.68	38.87
江 西	Jiangxi		1.98	7.28	19.80	7.24	1.31
山 东	Shandong	4.71	31.41	32.49	35.25	47.77	38.27
河 南	Henan	0.01	0.37	0.65	5.40	5.60	4.22
湖 北	Hubei	0.44	1.18	10.71	8.42	0.34	2.53
湖 南	Hunan	11.72	0.47	0.83	4.13	11.74	33.22
广 东	Guangdong	31.58	85.46	101.04	181.25	197.13	160.98
广 西	Guangxi		0.24	3.04	14.37	7.40	3.74
海 南	Hainan	0.06	0.05	0.83	1.13	0.47	2.10
重 庆	Chongqing		0.13	2.27	2.44	4.31	12.60
四 川	Sichuan	6.00	2.87	9.63	4.33	5.99	11.63
贵 州	Guizhou		1.07			1.86	
云 南	Yunnan		1.13	1.63	1.21		0.30
西 藏	Tibet						
陕 西	Shaanxi		0.20	6.85	9.85	8.21	7.45
甘 肃	Gansu						
青 海	Qinghai		0.26				
宁 夏	Ningxia						
新 疆	Xinjiang		0.04				

3-1-12　续表 6　continued

地　区	Region	固定资产交付使用率 (%) Rate of Fixed Assets Put into Use (%)					
		2000	2005	2011	2012	2013	2014
全　国	**Total**	**69.68**	**73.24**	**77.64**	**78.61**	**63.94**	**76.68**
东部地区	Eastern Region	67.34	75.61	80.39	84.12	74.24	93.78
中部地区	Middle Region	82.43	51.15	49.13	45.39	47.35	56.77
西部地区	Western Region	91.46	30.34	93.61	53.50	15.11	13.50
东北地区	Northeastern Region	83.33	58.54	29.39	70.63	54.85	57.48
北　京	Beijing	58.09	36.61	31.64	92.45	196.32	698.30
天　津	Tianjin	31.97	23.12	46.90	92.70	92.24	83.08
河　北	Hebei	86.02	67.41	61.70	80.37	53.44	22.26
山　西	Shanxi		13.64	22.30	56.19	93.36	56.97
内蒙古	Inner Mongolia	100.00	81.82	46.67			
辽　宁	Liaoning	75.61	57.34	72.93	49.89	23.85	46.74
吉　林	Jilin	328.57	92.86	45.76	115.70	99.47	82.96
黑龙江	Heilongjiang	100.00	41.18		58.18	209.89	10.75
上　海	Shanghai	80.40	58.07	108.73	62.69	41.64	78.56
江　苏	Jiangsu	80.20	108.42	88.47	88.46	71.23	80.87
浙　江	Zhejiang	112.79	61.30	73.88	66.25	72.35	80.22
安　徽	Anhui	97.22	45.19	38.85	38.89	123.31	85.83
福　建	Fujian	65.50	61.42	87.91	68.36	86.11	81.70
江　西	Jiangxi		76.15	76.07	84.12	67.02	12.31
山　东	Shandong	92.90	67.40	55.80	59.37	83.18	57.06
河　南	Henan	100.00	16.89	158.54	68.20	59.01	43.86
湖　北	Hubei	97.78	67.05	74.58	67.04	3.68	23.46
湖　南	Hunan	81.56	43.93	15.84	11.09	22.00	73.19
广　东	Guangdong	80.32	74.12	70.01	96.98	78.13	71.31
广　西	Guangxi		14.20	40.81	102.19	107.62	89.66
海　南	Hainan	16.22	3.97	83.84	100.00	18.99	72.11
重　庆	Chongqing		31.71	41.96	19.64	40.61	78.36
四　川	Sichuan	94.49	19.22	283.24	67.25	30.56	48.86
贵　州	Guizhou		72.79			100.00	
云　南	Yunnan		156.94	72.12	53.98		54.36
西　藏	Tibet						
陕　西	Shaanxi		25.32	65.55	39.35	5.69	3.44
甘　肃	Gansu						
青　海	Qinghai		325.00				
宁　夏	Ningxia						
新　疆	Xinjiang		9.30				

3-2-1 按行业分高技术产业投资基本情况(2014年)

Basic Statistics on Investment in Fixed Assets in High-tech Industry by Industrial Sector (2014)

行业	Industry	施工项目(个) Number of Projects under Construction (unit)	#新开工 Number of Projects Started This Year	建成投产项目(个) Number of Projects Completed and Put into Use (unit)
合计	**Total**	**18403**	**12039**	**11914**
医药制造业	**Manufacture of Medicines**	**6132**	**3931**	**3802**
#化学药品制造	Manufacture of Chemical Medicine	1845	1123	1114
中成药生产	Production of Finished Traditional Chinese Herbal Medicine	1184	753	693
生物药品制造	Manufacture of Biological Medicine	1056	625	622
航空、航天器及设备制造业	**Manufacture of Aircrafts and Spacecrafts and Related Equipment**	**375**	**215**	**181**
#飞机制造	Manufacture of Airplanes	141	79	63
航天器制造	Manufacture of Spacecrafts	21	10	10
电子及通信设备制造业	**Manufacture of Electronic Equipment and Communication Equipment**	**7941**	**5157**	**5232**
#通信设备制造	Manufacture of Communication Equipment	863	511	520
#通信系统设备制造	Manufacture of Communication System Equipment	548	325	347
通信终端设备制造	Manufacture of Communication Terminal Equipment	315	186	173
广播电视设备制造	Manufacture of Broadcasting and TV Equipment	243	159	167
雷达及配套设备制造	Manufacture of Radar and Its Fittings	64	43	37
视听设备制造	Manufacture of TV Set and Radio Receiver	255	178	165
电子器件制造	Manufacture of Electronic Appliances	1667	1060	1034
#电子真空器件制造	Manufacture of Electronic Vacuum Appliance	160	115	122
半导体分立器件制造	Manufacture of Semiconductor Discreting Appliances	116	78	73
集成电路制造	Manufacture of Integrate Circuit	241	144	149
电子元件制造	Manufacture of Electronic Components	2532	1728	1778
其他电子设备制造	Manufacture of Other Electronic Equipment	1057	687	701
计算机及办公设备制造业	**Manufacture of Computers and Office Equipment**	**849**	**559**	**576**
#计算机整机制造	Manufacture of Entired Computer	108	57	68
计算机零部件制造	Manufacture of Computer Components and Parts	313	218	221
计算机外围设备制造	Manufacture of Computer Peripheral Equipment	138	93	93
办公设备制造	Manufacture of Office Equipment	73	49	48
医疗仪器设备及仪器仪表制造业	**Manufacture of Medical Equipments and Measuring Instrument**	**3106**	**2177**	**2123**
1.医疗仪器设备及器械制造	Manufacture of Medical Equipment and Appliance	1101	786	754
2.仪器仪表制造	Manufacture of Measuring Instrument	2005	1391	1369

注：本表数据口径为投资额在500万元以上的全部项目。以下至3-2-7表相同。

3-2-1　续表　continued

行　业	Industry	项目建成投产率 (%) Rate of Projects Completed and Put into Use (%)	投资额 (亿元) Investment (100 million yuan)	新增固定资产 (亿元) Newly Increased Fixed Assets (100 million yuan)	固定资产交付使用率 (%) Rate of Fixed Assets Put into Use (%)
合计	**Total**	**64.74**	**17451.72**	**11790.74**	**67.56**
医药制造业	**Manufacture of Medicines**	**62.00**	**5191.93**	**3613.84**	**69.60**
#化学药品制造	Manufacture of Chemical Medicine	60.38	1702.85	1229.29	72.19
中成药生产	Production of Finished Traditional Chinese Herbal Medicine	58.53	978.39	615.58	62.92
生物药品制造	Manufacture of Biological Medicine	58.90	1075.46	673.27	62.60
航空、航天器及设备制造业	**Manufacture of Aircrafts and Spacecrafts and Related Equipment**	**48.27**	**701.92**	**338.99**	**48.29**
#飞机制造	Manufacture of Airplanes	44.68	330.75	123.00	37.19
航天器制造	Manufacture of Spacecrafts	47.62	23.13	10.72	46.35
电子及通信设备制造业	**Manufacture of Electronic Equipment and Communication Equipment**	**65.89**	**8434.59**	**5632.40**	**66.78**
#通信设备制造	Manufacture of Communication Equipment	60.25	1089.80	728.28	66.83
#通信系统设备制造	Manufacture of Communication System Equipment	63.32	520.01	386.86	74.39
通信终端设备制造	Manufacture of Communication Terminal Equipment	54.92	569.79	341.42	59.92
广播电视设备制造	Manufacture of Broadcasting and TV Equipment	68.72	200.69	130.74	65.14
雷达及配套设备制造	Manufacture of Radar and Its Fittings	57.81	72.94	23.19	31.79
视听设备制造	Manufacture of TV Set and Radio Receiver	64.71	228.14	163.72	71.76
电子器件制造	Manufacture of Electronic Appliances	62.03	2831.93	1781.90	62.92
#电子真空器件制造	Manufacture of Electronic Vacuum Appliance	76.25	104.65	93.66	89.50
半导体分立器件制造	Manufacture of Semiconductor Discreting Appliances	62.93	107.40	73.82	68.74
集成电路制造	Manufacture of Integrate Circuit	61.83	645.29	553.76	85.82
电子元件制造	Manufacture of Electronic Components	70.22	1748.42	1235.02	70.64
其他电子设备制造	Manufacture of Other Electronic Equipment	66.32	967.63	672.06	69.45
计算机及办公设备制造业	**Manufacture of Computers and Office Equipment**	**67.84**	**876.90**	**579.20**	**66.05**
#计算机整机制造	Manufacture of Entired Computer	62.96	185.05	139.93	75.61
计算机零部件制造	Manufacture of Computer Components and Parts	70.61	329.29	185.18	56.24
计算机外围设备制造	Manufacture of Computer Peripheral Equipment	67.39	121.85	111.19	91.26
办公设备制造	Manufacture of Office Equipment	65.75	43.63	37.68	86.36
医疗仪器设备及仪器仪表制造业	**Manufacture of Medical Equipments and Measuring Instrument**	**68.35**	**2246.39**	**1626.30**	**72.40**
1.医疗仪器设备及器械制造	Manufacture of Medical Equipment and Appliance	68.48	856.18	591.90	69.13
2.仪器仪表制造	Manufacture of Measuring Instrument	68.28	1390.21	1034.40	74.41

注：本表数据口径为投资额在500万元以上的全部项目。以下至3-2-7表相同。

3-2-2 各地区高技术产业投资基本情况(2014年)

Basic Statistics on Investment in Fixed Assets in High-tech Industry by Region (2014)

地　区	Region	施工项目 (个) Number of Projects under Construction (unit)	#新开工 Number of Projects Started This Year	建成投产项目 (个) Number of Projects Completed and Put into Use (unit)
全　国	**Total**	**18403**	**12039**	**11914**
东部地区	Eastern Region	9288	6114	6088
中部地区	Middle Region	4925	3141	3123
西部地区	Western Region	2997	1900	1859
东北地区	Northeastern Region	1193	884	844
北　京	Beijing	186	37	53
天　津	Tianjin	335	233	194
河　北	Hebei	464	294	290
山　西	Shanxi	163	89	92
内蒙古	Inner Mongolia	130	109	85
辽　宁	Liaoning	397	284	289
吉　林	Jilin	567	461	435
黑龙江	Heilongjiang	229	139	120
上　海	Shanghai	236	88	53
江　苏	Jiangsu	2847	2245	2298
浙　江	Zhejiang	1772	997	1047
安　徽	Anhui	1094	730	759
福　建	Fujian	486	286	256
江　西	Jiangxi	879	536	586
山　东	Shandong	1254	863	811
河　南	Henan	819	476	446
湖　北	Hubei	865	512	433
湖　南	Hunan	1105	798	807
广　东	Guangdong	1671	1048	1070
广　西	Guangxi	715	550	501
海　南	Hainan	37	23	16
重　庆	Chongqing	460	261	310
四　川	Sichuan	705	393	426
贵　州	Guizhou	72	32	28
云　南	Yunnan	145	89	72
西　藏	Tibet	24	14	10
陕　西	Shaanxi	337	183	182
甘　肃	Gansu	294	202	188
青　海	Qinghai	21	11	8
宁　夏	Ningxia	31	16	18
新　疆	Xinjiang	63	40	31

3-2-2　续表　continued

地　区	Region	项目建成投产率(%) Rate of Projects Completed and Put into Use (%)	投资额(亿元) Investment (100 million yuan)	新增固定资产(亿元) Newly Increased Fixed Assets (100 million yuan)	固定资产交付使用率(%) Rate of Fixed Assets Put into Use (%)
全　国	**Total**	**64.74**	**17451.72**	**11790.74**	**67.56**
东部地区	Eastern Region	65.55	7664.74	5770.79	75.29
中部地区	Middle Region	63.41	5574.76	3485.60	62.52
西部地区	Western Region	62.03	3028.46	1623.96	53.62
东北地区	Northeastern Region	70.75	1183.76	910.39	76.91
北　京	Beijing	28.49	105.89	277.99	262.53
天　津	Tianjin	57.91	323.46	207.61	64.18
河　北	Hebei	62.50	710.02	435.47	61.33
山　西	Shanxi	56.44	254.09	132.63	52.20
内 蒙 古	Inner Mongolia	65.38	338.47	177.38	52.41
辽　宁	Liaoning	72.80	563.87	403.68	71.59
吉　林	Jilin	76.72	478.18	395.96	82.80
黑 龙 江	Heilongjiang	52.40	141.70	110.76	78.16
上　海	Shanghai	22.46	249.01	115.69	46.46
江　苏	Jiangsu	80.72	2797.86	2193.11	78.39
浙　江	Zhejiang	59.09	607.24	466.03	76.75
安　徽	Anhui	69.38	891.89	602.47	67.55
福　建	Fujian	52.67	405.98	351.16	86.50
江　西	Jiangxi	66.67	1013.00	587.51	58.00
山　东	Shandong	64.67	1412.86	911.79	64.53
河　南	Henan	54.46	1523.74	984.69	64.62
湖　北	Hubei	50.06	1092.03	609.82	55.84
湖　南	Hunan	73.03	800.01	568.48	71.06
广　东	Guangdong	64.03	1004.85	801.40	79.75
广　西	Guangxi	70.07	336.79	221.55	65.78
海　南	Hainan	43.24	47.59	10.55	22.17
重　庆	Chongqing	67.39	563.34	302.39	53.68
四　川	Sichuan	60.43	733.66	495.82	67.58
贵　州	Guizhou	38.89	143.83	63.66	44.26
云　南	Yunnan	49.66	71.86	44.77	62.30
西　藏	Tibet	41.67	4.74	2.60	54.82
陕　西	Shaanxi	54.01	620.70	205.78	33.15
甘　肃	Gansu	63.95	115.43	75.15	65.10
青　海	Qinghai	38.10	37.76	3.93	10.41
宁　夏	Ningxia	58.06	13.03	9.40	72.09
新　疆	Xinjiang	49.21	48.86	21.53	44.06

3-2-3 按行业分国有及国有控股企业高技术产业投资基本情况(2014年)
Basic Statistics on Investment in Fixed Assets in High-tech Industry of State-owned and State-controlled Enterprises by Industrial Sector (2014)

行业	Industry	施工项目(个) Number of Projects under Construction (unit)	#新开工 Number of Projects Started This Year	建成投产项目(个) Number of Projects Completed and Put into Use (unit)
合计	**Total**	**1329**	**649**	**685**
医药制造业	**Manufacture of Medicines**	**339**	**168**	**175**
#化学药品制造	Manufacture of Chemical Medicine	109	54	56
中成药生产	Production of Finished Traditional Chinese Herbal Medicine	85	43	37
生物药品制造	Manufacture of Biological Medicine	69	29	32
航空、航天器及设备制造业	**Manufacture of Aircrafts and Spacecrafts and Related Equipment**	**140**	**67**	**65**
#飞机制造	Manufacture of Airplanes	68	30	33
航天器制造	Manufacture of Spacecrafts	5		1
电子及通信设备制造业	**Manufacture of Electronic Equipment and Communication Equipment**	**617**	**301**	**306**
#通信设备制造	Manufacture of Communication Equipment	166	68	75
#通信系统设备制造	Manufacture of Communication System Equipment	125	53	51
通信终端设备制造	Manufacture of Communication Terminal Equipment	41	15	24
广播电视设备制造	Manufacture of Broadcasting and TV Equipment	13	9	8
雷达及配套设备制造	Manufacture of Radar and Its Fittings	22	13	13
视听设备制造	Manufacture of TV Set and Radio Receiver	25	14	13
电子器件制造	Manufacture of Electronic Appliances	123	62	61
#电子真空器件制造	Manufacture of Electronic Vacuum Appliance	7	6	4
半导体分立器件制造	Manufacture of Semiconductor Discreting Appliances	8	3	4
集成电路制造	Manufacture of Integrate Circuit	25	9	11
电子元件制造	Manufacture of Electronic Components	99	55	51
其他电子设备制造	Manufacture of Other Electronic Equipment	97	42	43
计算机及办公设备制造业	**Manufacture of Computers and Office Equipment**	**67**	**30**	**33**
#计算机整机制造	Manufacture of Entired Computer	15	4	4
计算机零部件制造	Manufacture of Computer Components and Parts	22	12	11
计算机外围设备制造	Manufacture of Computer Peripheral Equipment	10	6	6
办公设备制造	Manufacture of Office Equipment	2		1
医疗仪器设备及仪器仪表制造业	**Manufacture of Medical Equipments and Measuring Instrument**	**166**	**83**	**106**
1.医疗仪器设备及器械制造	Manufacture of Medical Equipment and Appliance	30	16	18
2.仪器仪表制造	Manufacture of Measuring Instrument	136	67	88

3-2-3　续表　continued

行　业	Industry	项目建成投产率(%) Rate of Projects Completed and Put into Use (%)	投资额(亿元) Investment (100 million yuan)	新增固定资产(亿元) Newly Increased Fixed Assets (100 million yuan)	固定资产交付使用率(%) Rate of Fixed Assets Put into Use (%)
合计	**Total**	**51.54**	**2060.03**	**1096.25**	**53.22**
医药制造业	**Manufacture of Medicines**	**51.62**	**339.05**	**261.33**	**77.08**
#化学药品制造	Manufacture of Chemical Medicine	51.38	93.90	85.52	91.07
中成药生产	Production of Finished Traditional Chinese Herbal Medicine	43.53	71.25	30.89	43.35
生物药品制造	Manufacture of Biological Medicine	46.38	128.77	108.82	84.50
航空、航天器及设备制造业	**Manufacture of Aircrafts and Spacecrafts and Related Equipment**	**46.43**	**300.60**	**143.54**	**47.75**
#飞机制造	Manufacture of Airplanes	48.53	145.67	59.61	40.92
航天器制造	Manufacture of Spacecrafts	20.00	8.00	3.00	37.52
电子及通信设备制造业	**Manufacture of Electronic Equipment and Communication Equipment**	**49.59**	**1198.84**	**545.82**	**45.53**
#通信设备制造	Manufacture of Communication Equipment	45.18	144.00	85.73	59.53
#通信系统设备制造	Manufacture of Communication System Equipment	40.80	74.53	61.54	82.57
通信终端设备制造	Manufacture of Communication Terminal Equipment	58.54	69.47	24.19	34.82
广播电视设备制造	Manufacture of Broadcasting and TV Equipment	61.54	5.88	3.41	57.92
雷达及配套设备制造	Manufacture of Radar and Its Fittings	59.09	21.53	7.42	34.46
视听设备制造	Manufacture of TV Set and Radio Receiver	52.00	26.13	6.43	24.61
电子器件制造	Manufacture of Electronic Appliances	49.59	657.26	256.39	39.01
#电子真空器件制造	Manufacture of Electronic Vacuum Appliance	57.14	8.86	14.84	167.59
半导体分立器件制造	Manufacture of Semiconductor Discreting Appliances	50.00	10.67	6.86	64.33
集成电路制造	Manufacture of Integrate Circuit	44.00	59.67	16.77	28.10
电子元件制造	Manufacture of Electronic Components	51.52	78.30	64.66	82.58
其他电子设备制造	Manufacture of Other Electronic Equipment	44.33	155.96	61.56	39.47
计算机及办公设备制造业	**Manufacture of Computers and Office Equipment**	**49.25**	**80.73**	**52.53**	**65.07**
#计算机整机制造	Manufacture of Entired Computer	26.67	15.67	16.76	106.92
计算机零部件制造	Manufacture of Computer Components and Parts	50.00	26.20	10.27	39.19
计算机外围设备制造	Manufacture of Computer Peripheral Equipment	60.00	9.80	9.81	100.10
办公设备制造	Manufacture of Office Equipment	50.00	1.18	0.76	64.51
医疗仪器设备及仪器仪表制造业	**Manufacture of Medical Equipments and Measuring Instrument**	**63.86**	**140.80**	**93.02**	**66.07**
1.医疗仪器设备及器械制造	Manufacture of Medical Equipment and Appliance	60.00	27.83	18.24	65.57
2.仪器仪表制造	Manufacture of Measuring Instrument	64.71	112.97	74.78	66.19

3-2-4 按行业和登记注册类型分高技术产业投资基本情况(2014年)

Basic Statistics on Investment in Fixed Assets in High-tech Industry in High-tech Industry by Industrial Sector and Registration Status (2014)

行业	Industry	内资企业 Domestic Funded		
		施工项目(个) Number of Projects under Construction (unit)	#新开工 Number of Projects Started This Year	建成投产项目(个) Number of Projects Completed and Put into Use (unit)
合计	**Total**	**16672**	**10991**	**10834**
医药制造业	**Manufacture of Medicines**	**5772**	**3737**	**3605**
#化学药品制造	Manufacture of Chemical Medicine	1682	1040	1025
中成药生产	Production of Finished Traditional Chinese Herbal Medicine	1126	719	668
生物药品制造	Manufacture of Biological Medicine	984	589	584
航空、航天器及设备制造业	**Manufacture of Aircrafts and Spacecrafts and Related Equipment**	**343**	**202**	**168**
#飞机制造	Manufacture of Airplanes	133	75	62
航天器制造	Manufacture of Spacecrafts	20	9	10
电子及通信设备制造业	**Manufacture of Electronic Equipment and Communication Equipment**	**6957**	**4530**	**4579**
#通信设备制造	Manufacture of Communication Equipment	754	445	461
#通信系统设备制造	Manufacture of Communication System Equipment	504	298	320
通信终端设备制造	Manufacture of Communication Terminal Equipment	250	147	141
广播电视设备制造	Manufacture of Broadcasting and TV Equipment	220	153	156
雷达及配套设备制造	Manufacture of Radar and Its Fittings	63	42	36
视听设备制造	Manufacture of TV Set and Radio Receiver	194	129	124
电子器件制造	Manufacture of Electronic Appliances	1413	890	872
#电子真空器件制造	Manufacture of Electronic Vacuum Appliance	151	108	116
半导体分立器件制造	Manufacture of Semiconductor Discreting Appliances	88	59	52
集成电路制造	Manufacture of Integrate Circuit	172	94	101
电子元件制造	Manufacture of Electronic Components	2203	1511	1542
其他电子设备制造	Manufacture of Other Electronic Equipment	967	637	641
计算机及办公设备制造业	**Manufacture of Computers and Office Equipment**	**688**	**460**	**470**
#计算机整机制造	Manufacture of Entired Computer	91	52	56
计算机零部件制造	Manufacture of Computer Components and Parts	252	178	180
计算机外围设备制造	Manufacture of Computer Peripheral Equipment	96	64	63
办公设备制造	Manufacture of Office Equipment	58	38	40
医疗仪器设备及仪器仪表制造业	**Manufacture of Medical Equipments and Measuring Instrument**	**2912**	**2062**	**2012**
1.医疗仪器设备及器械制造	Manufacture of Medical Equipment and Appliance	1017	735	706
2.仪器仪表制造	Manufacture of Measuring Instrument	1895	1327	1306

3-2-4　续表 1　continued

行　业	Industry	内资企业 Domestic Funded 项目建成投产率(%) Rate of Projects Completed and Put into Use (%)	投资额(亿元) Investment (100 million yuan)	新增固定资产(亿元) Newly Increased Fixed Assets (100 million yuan)	固定资产交付使用率(%) Rate of Fixed Assets Put into Use (%)
合计	**Total**	**64.98**	**15128.22**	**10036.35**	**66.34**
医药制造业	**Manufacture of Medicines**	**62.46**	**4897.82**	**3407.24**	**69.57**
#化学药品制造	Manufacture of Chemical Medicine	60.94	1551.83	1125.84	72.55
中成药生产	Production of Finished Traditional Chinese Herbal Medicine	59.33	932.73	596.15	63.91
生物药品制造	Manufacture of Biological Medicine	59.35	1029.66	636.37	61.80
航空、航天器及设备制造业	**Manufacture of Aircrafts and Spacecrafts and Related Equipment**	**48.98**	**670.79**	**315.05**	**46.97**
#飞机制造	Manufacture of Airplanes	46.62	324.59	120.82	37.22
航天器制造	Manufacture of Spacecrafts	50.00	22.39	10.72	47.90
电子及通信设备制造业	**Manufacture of Electronic Equipment and Communication Equipment**	**65.82**	**6828.34**	**4367.10**	**63.96**
#通信设备制造	Manufacture of Communication Equipment	61.14	883.45	588.43	66.61
#通信系统设备制造	Manufacture of Communication System Equipment	63.49	454.38	337.42	74.26
通信终端设备制造	Manufacture of Communication Terminal Equipment	56.40	429.06	251.01	58.50
广播电视设备制造	Manufacture of Broadcasting and TV Equipment	70.91	188.51	119.91	63.61
雷达及配套设备制造	Manufacture of Radar and Its Fittings	57.14	70.26	20.50	29.18
视听设备制造	Manufacture of TV Set and Radio Receiver	63.92	154.44	105.08	68.04
电子器件制造	Manufacture of Electronic Appliances	61.71	2072.80	1184.08	57.12
#电子真空器件制造	Manufacture of Electronic Vacuum Appliance	76.82	95.70	85.24	89.08
半导体分立器件制造	Manufacture of Semiconductor Discreting Appliances	59.09	68.21	42.64	62.52
集成电路制造	Manufacture of Integrate Circuit	58.72	269.50	182.49	67.71
电子元件制造	Manufacture of Electronic Components	70.00	1426.60	979.17	68.64
其他电子设备制造	Manufacture of Other Electronic Equipment	66.29	845.09	587.48	69.52
计算机及办公设备制造业	**Manufacture of Computers and Office Equipment**	**68.31**	**629.79**	**424.57**	**67.41**
#计算机整机制造	Manufacture of Entired Computer	61.54	124.66	98.11	78.70
计算机零部件制造	Manufacture of Computer Components and Parts	71.43	242.60	138.00	56.89
计算机外围设备制造	Manufacture of Computer Peripheral Equipment	65.63	76.87	83.30	108.37
办公设备制造	Manufacture of Office Equipment	68.97	29.96	29.57	98.70
医疗仪器设备及仪器仪表制造业	**Manufacture of Medical Equipments and Measuring Instrument**	**69.09**	**2101.48**	**1522.40**	**72.44**
1.医疗仪器设备及器械制造	Manufacture of Medical Equipment and Appliance	69.42	790.47	550.59	69.65
2.仪器仪表制造	Manufacture of Measuring Instrument	68.92	1311.01	971.81	74.13

3-2-4 续表 2 continued

行业	Industry	#国有企业 State-owned Enterprises 施工项目(个) Number of Projects under Construction (unit)	#新开工 Number of Projects Started This Year	建成投产项目(个) Number of Projects Completed and Put into Use (unit)
合计	**Total**	**729**	**385**	**380**
医药制造业	**Manufacture of Medicines**	**182**	**93**	**96**
#化学药品制造	Manufacture of Chemical Medicine	46	25	22
中成药生产	Production of Finished Traditional Chinese Herbal Medicine	47	27	27
生物药品制造	Manufacture of Biological Medicine	40	16	16
航空、航天器及设备制造业	**Manufacture of Aircrafts and Spacecrafts and Related Equipment**	**104**	**54**	**55**
#飞机制造	Manufacture of Airplanes	51	22	27
航天器制造	Manufacture of Spacecrafts	4		1
电子及通信设备制造业	**Manufacture of Electronic Equipment and Communication Equipment**	**295**	**161**	**146**
#通信设备制造	Manufacture of Communication Equipment	62	33	31
#通信系统设备制造	Manufacture of Communication System Equipment	43	24	19
通信终端设备制造	Manufacture of Communication Terminal Equipment	19	9	12
广播电视设备制造	Manufacture of Broadcasting and TV Equipment	8	7	5
雷达及配套设备制造	Manufacture of Radar and Its Fittings	12	7	5
视听设备制造	Manufacture of TV Set and Radio Receiver	10	6	4
电子器件制造	Manufacture of Electronic Appliances	55	26	26
#电子真空器件制造	Manufacture of Electronic Vacuum Appliance	5	4	3
半导体分立器件制造	Manufacture of Semiconductor Discreting Appliances	5	1	3
集成电路制造	Manufacture of Integrate Circuit	17	5	8
电子元件制造	Manufacture of Electronic Components	52	35	28
其他电子设备制造	Manufacture of Other Electronic Equipment	55	21	26
计算机及办公设备制造业	**Manufacture of Computers and Office Equipment**	**47**	**22**	**20**
#计算机整机制造	Manufacture of Entired Computer	11	4	2
计算机零部件制造	Manufacture of Computer Components and Parts	19	10	9
计算机外围设备制造	Manufacture of Computer Peripheral Equipment	5	4	2
办公设备制造	Manufacture of Office Equipment			
医疗仪器设备及仪器仪表制造业	**Manufacture of Medical Equipments and Measuring Instrument**	**101**	**55**	**63**
1.医疗仪器设备及器械制造	Manufacture of Medical Equipment and Appliance	18	12	10
2.仪器仪表制造	Manufacture of Measuring Instrument	83	43	53

3-2-4　续表 3　continued

行　业	Industry	#国有企业 State-owned Enterprises 项目建成投产率(%) Rate of Projects Completed and Put into Use (%)	投资额(亿元) Investment (100 million yuan)	新增固定资产(亿元) Newly Increased Fixed Assets (100 million yuan)	固定资产交付使用率(%) Rate of Fixed Assets Put into Use (%)
合计	**Total**	**52.13**	**1178.11**	**539.16**	**45.76**
医药制造业	**Manufacture of Medicines**	**52.75**	**195.38**	**127.64**	**65.33**
#化学药品制造	Manufacture of Chemical Medicine	47.83	40.49	25.15	62.13
中成药生产	Production of Finished Traditional Chinese Herbal Medicine	57.45	39.52	23.55	59.60
生物药品制造	Manufacture of Biological Medicine	40.00	84.84	59.19	69.76
航空、航天器及设备制造业	**Manufacture of Aircrafts and Spacecrafts and Related Equipment**	**52.88**	**240.87**	**123.60**	**51.31**
#飞机制造	Manufacture of Airplanes	52.94	118.18	46.78	39.59
航天器制造	Manufacture of Spacecrafts	25.00	3.19	3.00	94.14
电子及通信设备制造业	**Manufacture of Electronic Equipment and Communication Equipment**	**49.49**	**576.78**	**209.15**	**36.26**
#通信设备制造	Manufacture of Communication Equipment	50.00	63.96	48.62	76.03
#通信系统设备制造	Manufacture of Communication System Equipment	44.19	47.96	35.81	74.65
通信终端设备制造	Manufacture of Communication Terminal Equipment	63.16	15.99	12.82	80.14
广播电视设备制造	Manufacture of Broadcasting and TV Equipment	62.50	4.20	1.50	35.70
雷达及配套设备制造	Manufacture of Radar and Its Fittings	41.67	13.50	5.45	40.36
视听设备制造	Manufacture of TV Set and Radio Receiver	40.00	8.61	1.93	22.38
电子器件制造	Manufacture of Electronic Appliances	47.27	288.77	40.72	14.10
#电子真空器件制造	Manufacture of Electronic Vacuum Appliance	60.00	5.43	11.49	211.58
半导体分立器件制造	Manufacture of Semiconductor Discreting Appliances	60.00	6.51	3.54	54.36
集成电路制造	Manufacture of Integrate Circuit	47.06	38.36	3.44	8.98
电子元件制造	Manufacture of Electronic Components	53.85	44.74	31.67	70.78
其他电子设备制造	Manufacture of Other Electronic Equipment	47.27	84.12	42.05	49.99
计算机及办公设备制造业	**Manufacture of Computers and Office Equipment**	**42.55**	**66.43**	**30.45**	**45.84**
#计算机整机制造	Manufacture of Entired Computer	18.18	13.76	5.51	40.01
计算机零部件制造	Manufacture of Computer Components and Parts	47.37	25.90	10.12	39.07
计算机外围设备制造	Manufacture of Computer Peripheral Equipment	40.00	6.50	3.38	52.05
办公设备制造	Manufacture of Office Equipment				
医疗仪器设备及仪器仪表制造业	**Manufacture of Medical Equipments and Measuring Instrument**	**62.38**	**98.66**	**48.31**	**48.97**
1.医疗仪器设备及器械制造	Manufacture of Medical Equipment and Appliance	55.56	17.55	9.24	52.67
2.仪器仪表制造	Manufacture of Measuring Instrument	63.86	81.11	39.07	48.17

3-2-4 续表 4 continued

行 业	Industry	港澳台投资企业 Enterprises with Funds from Hong Kong, Macau and Taiwan 施工项目(个) Number of Projects under Construction (unit)	#新开工 Number of Projects Started This Year	建成投产项目(个) Number of Projects Completed and Put into Use (unit)
合计	**Total**	**777**	**469**	**471**
医药制造业	**Manufacture of Medicines**	**163**	**77**	**94**
#化学药品制造	Manufacture of Chemical Medicine	72	35	44
中成药生产	Production of Finished Traditional Chinese Herbal Medicine	36	18	16
生物药品制造	Manufacture of Biological Medicine	27	9	13
航空、航天器及设备制造业	**Manufacture of Aircrafts and Spacecrafts and Related Equipment**	**11**	**7**	**4**
#飞机制造	Manufacture of Airplanes	1	1	
航天器制造	Manufacture of Spacecrafts	1	1	
电子及通信设备制造业	**Manufacture of Electronic Equipment and Communication Equipment**	**439**	**280**	**280**
#通信设备制造	Manufacture of Communication Equipment	44	32	23
#通信系统设备制造	Manufacture of Communication System Equipment	23	15	14
通信终端设备制造	Manufacture of Communication Terminal Equipment	21	17	9
广播电视设备制造	Manufacture of Broadcasting and TV Equipment	16	5	6
雷达及配套设备制造	Manufacture of Radar and Its Fittings	1	1	1
视听设备制造	Manufacture of TV Set and Radio Receiver	34	27	19
电子器件制造	Manufacture of Electronic Appliances	92	57	57
#电子真空器件制造	Manufacture of Electronic Vacuum Appliance	3	3	2
半导体分立器件制造	Manufacture of Semiconductor Discreting Appliances	8	4	7
集成电路制造	Manufacture of Integrate Circuit	20	11	9
电子元件制造	Manufacture of Electronic Components	164	104	113
其他电子设备制造	Manufacture of Other Electronic Equipment	40	25	23
计算机及办公设备制造业	**Manufacture of Computers and Office Equipment**	**88**	**56**	**52**
#计算机整机制造	Manufacture of Entired Computer	7	2	4
计算机零部件制造	Manufacture of Computer Components and Parts	41	24	24
计算机外围设备制造	Manufacture of Computer Peripheral Equipment	25	19	17
办公设备制造	Manufacture of Office Equipment	7	7	3
医疗仪器设备及仪器仪表制造业	**Manufacture of Medical Equipments and Measuring Instrument**	**76**	**49**	**41**
1.医疗仪器设备及器械制造	Manufacture of Medical Equipment and Appliance	40	26	24
2.仪器仪表制造	Manufacture of Measuring Instrument	36	23	17

3-2-4　续表 5　continued

行　业	Industry	港澳台投资企业 Enterprises with Funds from Hong Kong, Macau and Taiwan			
		项目建成投产率 (%) Rate of Projects Completed and Put into Use (%)	投资额 (亿元) Investment (100 million yuan)	新增固定资产 (亿元) Newly Increased Fixed Assets (100 million yuan)	固定资产交付使用率 (%) Rate of Fixed Assets Put into Use (%)
合计	**Total**	**60.62**	**870.17**	**639.91**	**73.54**
医药制造业	**Manufacture of Medicines**	**57.67**	**120.72**	**105.00**	**86.98**
#化学药品制造	Manufacture of Chemical Medicine	61.11	68.07	61.10	89.75
中成药生产	Production of Finished Traditional Chinese Herbal Medicine	44.44	28.21	13.89	49.23
生物药品制造	Manufacture of Biological Medicine	48.15	11.09	13.50	121.77
航空、航天器及设备制造业	**Manufacture of Aircrafts and Spacecrafts and Related Equipment**	**36.36**	**11.54**	**8.67**	**75.12**
#飞机制造	Manufacture of Airplanes		0.24		
航天器制造	Manufacture of Spacecrafts		0.75		
电子及通信设备制造业	**Manufacture of Electronic Equipment and Communication Equipment**	**63.78**	**556.29**	**430.18**	**77.33**
#通信设备制造	Manufacture of Communication Equipment	52.27	133.43	55.34	41.47
#通信系统设备制造	Manufacture of Communication System Equipment	60.87	45.46	31.16	68.54
通信终端设备制造	Manufacture of Communication Terminal Equipment	42.86	87.96	24.17	27.48
广播电视设备制造	Manufacture of Broadcasting and TV Equipment	37.50	10.00	6.48	64.80
雷达及配套设备制造	Manufacture of Radar and Its Fittings	100.00	2.68	2.68	100.00
视听设备制造	Manufacture of TV Set and Radio Receiver	55.88	28.81	16.56	57.46
电子器件制造	Manufacture of Electronic Appliances	61.96	147.68	122.73	83.11
#电子真空器件制造	Manufacture of Electronic Vacuum Appliance	66.67	1.37	1.21	88.97
半导体分立器件制造	Manufacture of Semiconductor Discreting Appliances	87.50	10.37	15.14	146.03
集成电路制造	Manufacture of Integrate Circuit	45.00	24.30	16.27	66.97
电子元件制造	Manufacture of Electronic Components	68.90	148.92	119.11	79.98
其他电子设备制造	Manufacture of Other Electronic Equipment	57.50	48.09	47.02	97.77
计算机及办公设备制造业	**Manufacture of Computers and Office Equipment**	**59.09**	**117.77**	**54.96**	**46.67**
#计算机整机制造	Manufacture of Entired Computer	57.14	24.26	10.11	41.66
计算机零部件制造	Manufacture of Computer Components and Parts	58.54	62.94	24.86	39.49
计算机外围设备制造	Manufacture of Computer Peripheral Equipment	68.00	19.45	16.81	86.44
办公设备制造	Manufacture of Office Equipment	42.86	2.84	1.17	41.32
医疗仪器设备及仪器仪表制造业	**Manufacture of Medical Equipments and Measuring Instrument**	**53.95**	**63.86**	**41.10**	**64.37**
1.医疗仪器设备及器械制造	Manufacture of Medical Equipment and Appliance	60.00	33.76	17.08	50.59
2.仪器仪表制造	Manufacture of Measuring Instrument	47.22	30.10	24.03	79.83

3-2-4 续表 6 continued

行 业	Industry	外商投资企业 Foreign Funded Enterprises		
		施工项目 (个) Number of Projects under Construction (unit)	#新开工 Number of Projects Started This Year	建成投产项目 (个) Number of Projects Completed and Put into Use (unit)
合计	**Total**	**954**	**579**	**609**
医药制造业	**Manufacture of Medicines**	**197**	**117**	**103**
#化学药品制造	Manufacture of Chemical Medicine	91	48	45
中成药生产	Production of Finished Traditional Chinese Herbal Medicine	22	16	9
生物药品制造	Manufacture of Biological Medicine	45	27	25
航空、航天器及设备制造业	**Manufacture of Aircrafts and Spacecrafts and Related Equipment**	**21**	**6**	**9**
#飞机制造	Manufacture of Airplanes	7	3	1
航天器制造	Manufacture of Spacecrafts			
电子及通信设备制造业	**Manufacture of Electronic Equipment and Communication Equipment**	**545**	**347**	**373**
#通信设备制造	Manufacture of Communication Equipment	65	34	36
#通信系统设备制造	Manufacture of Communication System Equipment	21	12	13
通信终端设备制造	Manufacture of Communication Terminal Equipment	44	22	23
广播电视设备制造	Manufacture of Broadcasting and TV Equipment	7	1	5
雷达及配套设备制造	Manufacture of Radar and Its Fittings			
视听设备制造	Manufacture of TV Set and Radio Receiver	27	22	22
电子器件制造	Manufacture of Electronic Appliances	162	113	105
#电子真空器件制造	Manufacture of Electronic Vacuum Appliance	6	4	4
半导体分立器件制造	Manufacture of Semiconductor Discreting Appliances	20	15	14
集成电路制造	Manufacture of Integrate Circuit	49	39	39
电子元件制造	Manufacture of Electronic Components	165	113	123
其他电子设备制造	Manufacture of Other Electronic Equipment	50	25	37
计算机及办公设备制造业	**Manufacture of Computers and Office Equipment**	**73**	**43**	**54**
#计算机整机制造	Manufacture of Entired Computer	10	3	8
计算机零部件制造	Manufacture of Computer Components and Parts	20	16	17
计算机外围设备制造	Manufacture of Computer Peripheral Equipment	17	10	13
办公设备制造	Manufacture of Office Equipment	8	4	5
医疗仪器设备及仪器仪表制造业	**Manufacture of Medical Equipments and Measuring Instrument**	**118**	**66**	**70**
1.医疗仪器设备及器械制造	Manufacture of Medical Equipment and Appliance	44	25	24
2.仪器仪表制造	Manufacture of Measuring Instrument	74	41	46

3-2-4 续表 7 continued

行 业	Industry	外商投资企业 Foreign Funded Enterprises			
		项目建成投产率(%) Rate of Projects Completed and Put into Use (%)	投资额(亿元) Investment (100 million yuan)	新增固定资产(亿元) Newly Increased Fixed Assets (100 million yuan)	固定资产交付使用率(%) Rate of Fixed Assets Put into Use (%)
合计	**Total**	**63.84**	**1453.33**	**1114.47**	**76.68**
医药制造业	**Manufacture of Medicines**	**52.28**	**173.39**	**101.60**	**58.60**
#化学药品制造	Manufacture of Chemical Medicine	49.45	82.94	42.36	51.07
中成药生产	Production of Finished Traditional Chinese Herbal Medicine	40.91	17.45	5.55	31.79
生物药品制造	Manufacture of Biological Medicine	55.56	34.71	23.39	67.39
航空、航天器及设备制造业	**Manufacture of Aircrafts and Spacecrafts and Related Equipment**	**42.86**	**19.59**	**15.28**	**77.96**
#飞机制造	Manufacture of Airplanes	14.29	5.92	2.18	36.77
航天器制造	Manufacture of Spacecrafts				
电子及通信设备制造业	**Manufacture of Electronic Equipment and Communication Equipment**	**68.44**	**1049.96**	**835.13**	**79.54**
#通信设备制造	Manufacture of Communication Equipment	55.38	72.92	84.52	115.90
#通信系统设备制造	Manufacture of Communication System Equipment	61.90	20.17	18.28	90.64
通信终端设备制造	Manufacture of Communication Terminal Equipment	52.27	52.76	66.24	125.56
广播电视设备制造	Manufacture of Broadcasting and TV Equipment	71.43	2.19	4.34	198.56
雷达及配套设备制造	Manufacture of Radar and Its Fittings				
视听设备制造	Manufacture of TV Set and Radio Receiver	81.48	44.89	42.09	93.75
电子器件制造	Manufacture of Electronic Appliances	64.81	611.45	475.08	77.70
#电子真空器件制造	Manufacture of Electronic Vacuum Appliance	66.67	7.59	7.20	94.90
半导体分立器件制造	Manufacture of Semiconductor Discreting Appliances	70.00	28.82	16.04	55.66
集成电路制造	Manufacture of Integrate Circuit	79.59	351.49	355.00	101.00
电子元件制造	Manufacture of Electronic Components	74.55	172.89	136.74	79.09
其他电子设备制造	Manufacture of Other Electronic Equipment	74.00	74.44	37.56	50.46
计算机及办公设备制造业	**Manufacture of Computers and Office Equipment**	**73.97**	**129.34**	**99.67**	**77.06**
#计算机整机制造	Manufacture of Entired Computer	80.00	36.13	31.71	87.76
计算机零部件制造	Manufacture of Computer Components and Parts	85.00	23.75	22.32	93.99
计算机外围设备制造	Manufacture of Computer Peripheral Equipment	76.47	25.53	11.08	43.40
办公设备制造	Manufacture of Office Equipment	62.50	10.84	6.94	64.04
医疗仪器设备及仪器仪表制造业	**Manufacture of Medical Equipments and Measuring Instrument**	**59.32**	**81.05**	**62.80**	**77.48**
1.医疗仪器设备及器械制造	Manufacture of Medical Equipment and Appliance	54.55	31.95	24.24	75.85
2.仪器仪表制造	Manufacture of Measuring Instrument	62.16	49.10	38.56	78.54

3-2-5 各地区国有及国有控股企业高技术产业投资基本情况(2014年)

Basic Statistics on Investment in Fixed Assets in High-tech Industry of State-owned and State-controlled Enterprises by Region (2014)

地区	Region	施工项目(个) Number of Projects under Construction (unit)	#新开工 Number of Projects Started This Year	建成投产项目(个) Number of Projects Completed and Put into Use (unit)	项目建成投产率(%) Rate of Projects Completed and Put into Use (%)	投资额(亿元) Investment (100 million yuan)	新增固定资产(亿元) Newly Increased Fixed Assets (100 million yuan)	固定资产交付使用率(%) Rate of Fixed Assets Put into Use (%)
全国	**Total**	**1329**	**649**	**685**	**51.54**	**2060.03**	**1096.25**	**53.22**
东部地区	Eastern Region	598	258	283	47.32	800.55	440.85	55.07
中部地区	Middle Region	279	160	153	54.84	599.68	361.21	60.23
西部地区	Western Region	391	202	217	55.50	565.93	221.73	39.18
东北地区	Northeastern Region	61	29	32	52.46	93.87	72.46	77.19
北京	Beijing	37	7	9	24.32	29.27	26.29	89.82
天津	Tianjin	39	15	14	35.90	28.72	16.85	58.68
河北	Hebei	26	20	20	76.92	43.82	24.94	56.91
山西	Shanxi	14	8	6	42.86	16.04	7.45	46.45
内蒙古	Inner Mongolia	10	9	9	90.00	11.46	10.68	93.19
辽宁	Liaoning	16	7	12	75.00	64.59	53.23	82.41
吉林	Jilin	19	14	12	63.16	10.33	6.04	58.44
黑龙江	Heilongjiang	26	8	8	30.77	18.95	13.19	69.59
上海	Shanghai	41	9	7	17.07	63.08	9.65	15.29
江苏	Jiangsu	79	38	49	62.03	292.22	104.77	35.85
浙江	Zhejiang	60	28	13	21.67	56.36	25.46	45.17
安徽	Anhui	45	28	29	64.44	179.06	154.01	86.01
福建	Fujian	35	13	13	37.14	51.08	31.30	61.27
江西	Jiangxi	28	14	14	50.00	72.14	26.03	36.09
山东	Shandong	41	26	23	56.10	97.59	62.89	64.44
河南	Henan	25	11	15	60.00	59.70	53.04	88.84
湖北	Hubei	91	47	30	32.97	212.38	66.62	31.37
湖南	Hunan	76	52	59	77.63	60.36	54.06	89.57
广东	Guangdong	236	102	133	56.36	109.06	137.04	125.65
广西	Guangxi	59	41	31	52.54	42.43	14.44	34.03
海南	Hainan	4		2	50.00	29.35	1.68	5.71
重庆	Chongqing	69	28	33	47.83	235.47	46.34	19.68
四川	Sichuan	103	51	64	62.14	68.70	53.14	77.35
贵州	Guizhou	18	5	9	50.00	45.77	17.26	37.72
云南	Yunnan	12	5	6	50.00	9.64	3.97	41.14
西藏	Tibet	3	1	1	33.33	0.70	0.01	2.01
陕西	Shaanxi	62	27	32	51.61	132.83	62.33	46.93
甘肃	Gansu	39	23	26	66.67	14.22	12.82	90.13
青海	Qinghai					0.41		
宁夏	Ningxia	2	1	1	50.00	0.32	0.26	81.13
新疆	Xinjiang	14	11	5	35.71	3.99	0.49	12.16

3-2-6　按地区和登记注册类型分高技术产业投资基本情况(2014年)

Basic Statistics on Investment in Fixed Assets in High-tech Industry by Region and Registration Status (2014)

地　区	Region	内资企业 Domestic Funded						
		施工项目(个) Number of Projects under Construction (unit)	#新开工 Number of Projects Started This Year	建成投产项目(个) Number of Projects Completed and Put into Use (unit)	项目建成投产率(%) Rate of Projects Completed and Put into Use (%)	投资额(亿元) Investment (100 million yuan)	新增固定资产(亿元) Newly Increased Fixed Assets (100 million yuan)	固定资产交付使用率(%) Rate of Fixed Assets Put into Use (%)
全　国	**Total**	**16672**	**10991**	**10834**	**64.98**	**15128.22**	**10036.35**	**66.34**
东部地区	Eastern Region	7833	5225	5172	66.03	5999.23	4264.38	71.08
中部地区	Middle Region	4783	3064	3036	63.47	5294.77	3357.06	63.40
西部地区	Western Region	2887	1831	1797	62.24	2674.37	1518.93	56.80
东北地区	Northeastern Region	1169	871	829	70.92	1159.85	895.97	77.25
北　京	Beijing	152	30	44	28.95	65.63	61.63	93.90
天　津	Tianjin	286	196	173	60.49	262.63	155.46	59.19
河　北	Hebei	452	288	286	63.27	684.00	430.68	62.96
山　西	Shanxi	158	86	89	56.33	189.24	110.70	58.49
内蒙古	Inner Mongolia	127	107	82	64.57	334.89	160.36	47.89
辽　宁	Liaoning	389	281	282	72.49	550.89	395.92	71.87
吉　林	Jilin	558	454	429	76.88	469.92	389.92	82.97
黑龙江	Heilongjiang	222	136	118	53.15	139.04	110.13	79.21
上　海	Shanghai	176	65	32	18.18	138.76	33.45	24.11
江　苏	Jiangsu	2378	1900	1931	81.20	2082.98	1646.24	79.03
浙　江	Zhejiang	1571	898	950	60.47	523.58	394.07	75.26
安　徽	Anhui	1063	712	733	68.96	869.64	589.48	67.78
福　建	Fujian	387	234	205	52.97	282.02	182.93	64.86
江　西	Jiangxi	849	518	566	66.67	986.85	562.74	57.02
山　东	Shandong	1180	815	762	64.58	1315.52	861.28	65.47
河　南	Henan	808	472	440	54.46	1485.43	965.69	65.01
湖　北	Hubei	832	496	419	50.36	1048.97	599.82	57.18
湖　南	Hunan	1073	780	789	73.53	714.65	528.63	73.97
广　东	Guangdong	1223	783	778	63.61	600.98	491.73	81.82
广　西	Guangxi	684	523	481	70.32	317.55	206.76	65.11
海　南	Hainan	28	16	11	39.29	43.13	6.92	16.04
重　庆	Chongqing	431	250	290	67.29	515.65	265.90	51.57
四　川	Sichuan	675	376	410	60.74	681.20	468.49	68.77
贵　州	Guizhou	70	30	28	40.00	136.23	63.66	46.73
云　南	Yunnan	142	87	70	49.30	70.78	43.98	62.13
西　藏	Tibet	24	14	10	41.67	4.74	2.60	54.82
陕　西	Shaanxi	329	178	182	55.32	401.59	198.33	49.39
甘　肃	Gansu	292	200	188	64.38	114.04	75.15	65.89
青　海	Qinghai	21	11	8	38.10	37.76	3.93	10.41
宁　夏	Ningxia	30	16	18	60.00	13.03	9.40	72.13
新　疆	Xinjiang	62	39	30	48.39	46.93	20.39	43.46

3-2-6 续表 1 continued

地　区	Region	#国有企业 State-owned Enterprises 施工项目(个) Number of Projects under Construction (unit)	#新开工 Number of Projects Started This Year	建成投产项目(个) Number of Projects Completed and Put into Use (unit)	项目建成投产率(%) Rate of Projects Completed and Put into Use (%)	投资额(亿元) Investment (100 million yuan)	新增固定资产(亿元) Newly Increased Fixed Assets (100 million yuan)	固定资产交付使用率(%) Rate of Fixed Assets Put into Use (%)
全　国	**Total**	**729**	**385**	**380**	**52.13**	**1178.11**	**539.16**	**45.76**
东部地区	Eastern Region	237	120	106	44.73	492.76	178.40	36.20
中部地区	Middle Region	166	98	94	56.63	261.90	140.55	53.66
西部地区	Western Region	279	146	156	55.91	341.64	159.82	46.78
东北地区	Northeastern Region	47	21	24	51.06	81.81	60.39	73.81
北　京	Beijing	6				3.02	0.11	3.70
天　津	Tianjin	19	10	7	36.84	12.83	2.74	21.35
河　北	Hebei	18	16	14	77.78	33.19	18.27	55.04
山　西	Shanxi	6	4	3	50.00	2.55	4.72	184.94
内蒙古	Inner Mongolia	5	4	4	80.00	2.23	1.45	65.02
辽　宁	Liaoning	14	6	11	78.57	62.82	53.14	84.59
吉　林	Jilin	12	8	6	50.00	5.80	2.77	47.75
黑龙江	Heilongjiang	21	7	7	33.33	13.19	4.48	33.94
上　海	Shanghai	22	6	2	9.09	52.08	5.51	10.57
江　苏	Jiangsu	55	25	33	60.00	244.25	71.12	29.12
浙　江	Zhejiang	25	9	3	12.00	24.65	11.61	47.08
安　徽	Anhui	24	15	13	54.17	30.01	13.85	46.14
福　建	Fujian	23	9	9	39.13	29.20	15.04	51.52
江　西	Jiangxi	19	11	11	57.89	53.24	16.02	30.09
山　东	Shandong	26	18	12	46.15	69.64	22.32	32.04
河　南	Henan	14	6	8	57.14	31.62	29.56	93.46
湖　北	Hubei	51	27	19	37.25	107.34	37.52	34.95
湖　南	Hunan	52	35	40	76.92	37.13	38.89	104.72
广　东	Guangdong	42	27	25	59.52	23.48	31.27	133.18
广　西	Guangxi	55	39	30	54.55	39.09	13.80	35.31
海　南	Hainan	1		1	100.00	0.42	0.42	100.00
重　庆	Chongqing	62	27	29	46.77	92.28	34.86	37.77
四　川	Sichuan	52	24	31	59.62	41.94	31.68	75.54
贵　州	Guizhou	12	3	7	58.33	28.69	14.15	49.31
云　南	Yunnan	9	3	5	55.56	9.13	3.82	41.78
西　藏	Tibet	2		1	50.00	0.14	0.01	10.17
陕　西	Shaanxi	49	25	27	55.10	117.81	50.06	42.49
甘　肃	Gansu	27	16	19	70.37	8.93	9.62	107.77
青　海	Qinghai					0.41		
宁　夏	Ningxia	2	1	1	50.00	0.32	0.26	81.13
新　疆	Xinjiang	4	4	2	50.00	0.68	0.12	17.61

3-2-6 续表 2 continued

地区	Region	港澳台投资企业 Enterprises with Funds from Hong Kong, Macau and Taiwan						
		施工项目(个) Number of Projects under Construction (unit)	#新开工 Number of Projects Started This Year	建成投产项目(个) Number of Projects Completed and Put into Use (unit)	项目建成投产率(%) Rate of Projects Completed and Put into Use (%)	投资额(亿元) Investment (100 million yuan)	新增固定资产(亿元) Newly Increased Fixed Assets (100 million yuan)	固定资产交付使用率(%) Rate of Fixed Assets Put into Use (%)
全国	**Total**	**777**	**469**	**471**	**60.62**	**870.17**	**639.91**	**73.54**
东部地区	Eastern Region	625	380	377	60.32	574.49	483.22	84.11
中部地区	Middle Region	75	42	50	66.67	195.73	80.71	41.24
西部地区	Western Region	66	42	38	57.58	89.49	69.29	77.43
东北地区	Northeastern Region	11	5	6	54.55	10.45	6.68	63.95
北京	Beijing	12	3	4	33.33	10.01	5.16	51.56
天津	Tianjin	8	6	5	62.50	14.74	13.86	94.03
河北	Hebei	5	3	1	20.00	13.76	2.05	14.94
山西	Shanxi	3	2	2	66.67	64.28	21.61	33.63
内蒙古	Inner Mongolia	3	2	3	100.00	3.58	17.02	475.44
辽宁	Liaoning	4	1	3	75.00	6.00	4.49	74.82
吉林	Jilin	3	2	2	66.67	3.04	1.71	56.18
黑龙江	Heilongjiang	4	2	1	25.00	1.42	0.49	34.58
上海	Shanghai	26	9	5	19.23	24.03	14.50	60.33
江苏	Jiangsu	123	91	90	73.17	189.70	122.13	64.38
浙江	Zhejiang	87	46	41	47.13	35.94	33.68	93.73
安徽	Anhui	17	10	13	76.47	15.00	6.76	45.10
福建	Fujian	72	41	36	50.00	76.39	129.36	169.35
江西	Jiangxi	19	10	15	78.95	15.51	23.46	151.27
山东	Shandong	14	6	9	64.29	30.26	12.24	40.44
河南	Henan	4	2	2	50.00	28.70	14.78	51.51
湖北	Hubei	18	9	10	55.56	32.29	7.47	23.14
湖南	Hunan	14	9	8	57.14	39.97	6.63	16.58
广东	Guangdong	275	172	183	66.55	178.11	148.69	83.48
广西	Guangxi	24	20	15	62.50	15.07	11.05	73.33
海南	Hainan	3	3	3	100.00	1.55	1.53	98.92
重庆	Chongqing	20	7	12	60.00	31.60	23.89	75.60
四川	Sichuan	13	10	6	46.15	28.65	15.70	54.78
贵州	Guizhou	1	1			5.54		
云南	Yunnan	1	1	1	100.00	0.53	0.50	93.55
西藏	Tibet							
陕西	Shaanxi	2				2.56		
甘肃	Gansu							
青海	Qinghai							
宁夏	Ningxia	1				0.01		
新疆	Xinjiang	1	1	1	100.00	1.94	1.13	58.54

3-2-6 续表 3 continued

地区	Region	外商投资企业 Foreign Funded Enterprises						
		施工项目（个）Number of Projects under Construction (unit)	#新开工 Number of Projects Started This Year	建成投产项目（个）Number of Projects Completed and Put into Use (unit)	项目建成投产率（%）Rate of Projects Completed and Put into Use (%)	投资额（亿元）Investment (100 million yuan)	新增固定资产（亿元）Newly Increased Fixed Assets (100 million yuan)	固定资产交付使用率（%）Rate of Fixed Assets Put into Use (%)
全国	**Total**	**954**	**579**	**609**	**63.84**	**1453.33**	**1114.47**	**76.68**
东部地区	Eastern Region	830	509	539	64.94	1091.02	1023.18	93.78
中部地区	Middle Region	67	35	37	55.22	84.25	47.83	56.77
西部地区	Western Region	44	27	24	54.55	264.60	35.73	13.50
东北地区	Northeastern Region	13	8	9	69.23	13.46	7.73	57.48
北京	Beijing	22	4	5	22.73	30.24	211.19	698.30
天津	Tianjin	41	31	16	39.02	46.08	38.28	83.08
河北	Hebei	7	3	3	42.86	12.26	2.73	22.26
山西	Shanxi	2	1	1	50.00	0.57	0.32	56.97
内蒙古	Inner Mongolia							
辽宁	Liaoning	4	2	4	100.00	6.99	3.27	46.74
吉林	Jilin	6	5	4	66.67	5.23	4.34	82.96
黑龙江	Heilongjiang	3	1	1	33.33	1.24	0.13	10.75
上海	Shanghai	34	14	16	47.06	86.21	67.73	78.56
江苏	Jiangsu	346	254	277	80.06	525.18	424.73	80.87
浙江	Zhejiang	114	53	56	49.12	47.72	38.28	80.22
安徽	Anhui	14	8	13	92.86	7.26	6.23	85.83
福建	Fujian	27	11	15	55.56	47.57	38.87	81.70
江西	Jiangxi	11	8	5	45.45	10.65	1.31	12.31
山东	Shandong	60	42	40	66.67	67.08	38.27	57.06
河南	Henan	7	2	4	57.14	9.61	4.22	43.86
湖北	Hubei	15	7	4	26.67	10.77	2.53	23.46
湖南	Hunan	18	9	10	55.56	45.39	33.22	73.19
广东	Guangdong	173	93	109	63.01	225.75	160.98	71.31
广西	Guangxi	7	7	5	71.43	4.17	3.74	89.66
海南	Hainan	6	4	2	33.33	2.91	2.10	72.11
重庆	Chongqing	9	4	8	88.89	16.09	12.60	78.36
四川	Sichuan	17	7	10	58.82	23.81	11.63	48.86
贵州	Guizhou	1	1			2.06		
云南	Yunnan	2	1	1	50.00	0.55	0.30	54.36
西藏	Tibet							
陕西	Shaanxi	6	5			216.55	7.45	3.44
甘肃	Gansu	2	2			1.38		
青海	Qinghai							
宁夏	Ningxia							
新疆	Xinjiang							

3-2-7　按地区和行业分高技术产业投资基本情况(2014年)

Basic Statistics on Investment in Fixed Assets in High-tech Industry by Region and Industrial Sector (2014)

地　区	Region	医药制造业 Medical and Pharmaceutical Products Manufacturing						
		施工项目(个) Number of Projects under Construction (unit)	#新开工 Number of Projects Started This Year	建成投产项目(个) Number of Projects Completed and Put into Use (unit)	项目建成投产率(%) Rate of Projects Completed and Put into Use (%)	投资额(亿元) Investment (100 million yuan)	新增固定资产(亿元) Newly Increased Fixed Assets (100 million yuan)	固定资产交付使用率(%) Rate of Fixed Assets Put into Use (%)
全　国	**Total**	**6132**	**3931**	**3802**	**62.00**	**5191.93**	**3613.84**	**69.60**
东部地区	Eastern Region	2383	1463	1437	60.30	1976.55	1408.68	71.27
中部地区	Middle Region	1701	1083	1080	63.49	1599.02	1114.71	69.71
西部地区	Western Region	1446	950	869	60.10	1025.44	619.02	60.37
东北地区	Northeastern Region	602	435	416	69.10	590.91	471.43	79.78
北　京	Beijing	101	20	31	30.69	43.81	22.64	51.67
天　津	Tianjin	84	48	33	39.29	57.02	35.94	63.04
河　北	Hebei	211	135	127	60.19	313.49	199.49	63.63
山　西	Shanxi	105	66	61	58.10	76.07	64.34	84.58
内蒙古	Inner Mongolia	82	70	49	59.76	139.94	58.42	41.75
辽　宁	Liaoning	110	77	86	78.18	164.31	137.28	83.55
吉　林	Jilin	385	306	278	72.21	350.12	277.23	79.18
黑龙江	Heilongjiang	107	52	52	48.60	76.49	56.92	74.42
上　海	Shanghai	71	25	12	16.90	50.17	20.33	40.53
江　苏	Jiangsu	489	367	374	76.48	481.57	395.03	82.03
浙　江	Zhejiang	445	262	272	61.12	192.45	149.69	77.78
安　徽	Anhui	337	202	233	69.14	206.96	130.74	63.17
福　建	Fujian	139	79	80	57.55	69.33	50.16	72.34
江　西	Jiangxi	277	167	201	72.56	252.58	175.17	69.35
山　东	Shandong	511	327	305	59.69	619.49	393.69	63.55
河　南	Henan	341	212	196	57.48	506.48	377.23	74.48
湖　北	Hubei	335	213	177	52.84	355.01	225.19	63.43
湖　南	Hunan	306	223	212	69.28	201.92	142.04	70.34
广　东	Guangdong	304	181	188	61.84	134.94	132.01	97.83
广　西	Guangxi	286	213	194	67.83	137.03	90.00	65.68
海　南	Hainan	28	19	15	53.57	14.28	9.71	67.99
重　庆	Chongqing	133	76	80	60.15	78.36	63.19	80.64
四　川	Sichuan	278	170	161	57.91	268.86	190.98	71.03
贵　州	Guizhou	38	16	14	36.84	71.14	30.92	43.47
云　南	Yunnan	128	79	62	48.44	63.64	37.33	58.67
西　藏	Tibet	22	14	9	40.91	4.60	2.58	56.16
陕　西	Shaanxi	147	89	90	61.22	107.74	64.66	60.02
甘　肃	Gansu	259	178	172	66.41	89.41	63.30	70.79
青　海	Qinghai	10	5	4	40.00	19.02	1.07	5.62
宁　夏	Ningxia	23	12	14	60.87	9.53	6.79	71.28
新　疆	Xinjiang	40	28	20	50.00	36.19	9.78	27.02

3-2-7 续表 1 continued

地　区	Region	航空、航天器及设备制造业 Manufacture of Aircrafts and Spacecrafts and Related Equipment						
		施工项目(个) Number of Projects under Construction (unit)	#新开工 Number of Projects Started This Year	建成投产项目(个) Number of Projects Completed and Put into Use (unit)	项目建成投产率(%) Rate of Projects Completed and Put into Use (%)	投资额(亿元) Investment (100 million yuan)	新增固定资产(亿元) Newly Increased Fixed Assets (100 million yuan)	固定资产交付使用率(%) Rate of Fixed Assets Put into Use (%)
全　国	**Total**	**375**	**215**	**181**	**48.27**	**701.92**	**338.99**	**48.29**
东部地区	Eastern Region	149	88	75	50.34	243.04	155.83	64.12
中部地区	Middle Region	79	53	38	48.10	200.31	74.54	37.21
西部地区	Western Region	107	49	46	42.99	222.90	87.96	39.46
东北地区	Northeastern Region	40	25	22	55.00	35.67	20.66	57.92
北　京	Beijing	7	2	2	28.57	2.33	0.63	27.08
天　津	Tianjin	16	11	5	31.25	20.60	4.47	21.72
河　北	Hebei	9	5	6	66.67	18.73	9.63	51.42
山　西	Shanxi	4	1	1	25.00	49.85	13.21	26.49
内蒙古	Inner Mongolia	4	1	2	50.00	38.46	7.20	18.72
辽　宁	Liaoning	16	13	13	81.25	22.93	14.85	64.78
吉　林	Jilin	6	5	5	83.33	3.96	2.76	69.70
黑龙江	Heilongjiang	18	7	4	22.22	8.79	3.05	34.70
上　海	Shanghai	12	4			26.31	5.89	22.38
江　苏	Jiangsu	57	39	42	73.68	119.31	102.38	85.81
浙　江	Zhejiang	10	6	5	50.00	6.72	4.67	69.51
安　徽	Anhui	7	6	5	71.43	3.84	1.48	38.47
福　建	Fujian	5	2	1	20.00	3.06	0.10	3.38
江　西	Jiangxi	23	13	12	52.17	75.21	21.52	28.61
山　东	Shandong	23	15	9	39.13	34.54	17.06	49.39
河　南	Henan	13	8	4	30.77	16.49	7.78	47.16
湖　北	Hubei	13	8	4	30.77	27.02	12.85	47.55
湖　南	Hunan	19	17	12	63.16	27.90	17.71	63.49
广　东	Guangdong	9	3	5	55.56	10.85	10.99	101.35
广　西	Guangxi	2	2	2	100.00	1.07	0.33	30.84
海　南	Hainan	1	1			0.60		
重　庆	Chongqing	4	1	3	75.00	3.49	3.83	109.52
四　川	Sichuan	24	17	10	41.67	43.03	16.26	37.79
贵　州	Guizhou	8	2	5	62.50	16.85	10.51	62.33
云　南	Yunnan							
西　藏	Tibet							
陕　西	Shaanxi	62	24	24	38.71	118.75	49.84	41.97
甘　肃	Gansu	3	2			1.24		
青　海	Qinghai							
宁　夏	Ningxia							
新　疆	Xinjiang							

3-2-7　续表 2　continued

地　区	Region	电子及通信设备制造业 Manufacture of Electronic Equipment and Communication Equipment 施工项目(个) Number of Projects under Construction (unit)	#新开工 Number of Projects Started This Year	建成投产项目(个) Number of Projects Completed and Put into Use (unit)	项目建成投产率(%) Rate of Projects Completed and Put into Use (%)	投资额(亿元) Investment (100 million yuan)	新增固定资产(亿元) Newly Increased Fixed Assets (100 million yuan)	固定资产交付使用率(%) Rate of Fixed Assets Put into Use (%)
全　国	**Total**	**7941**	**5157**	**5232**	**65.89**	**8434.59**	**5632.40**	**66.78**
东部地区	Eastern Region	4576	3047	3085	67.42	3939.26	3063.38	77.77
中部地区	Middle Region	2144	1318	1359	63.39	2878.68	1733.51	60.22
西部地区	Western Region	932	571	585	62.77	1300.36	627.77	48.28
东北地区	Northeastern Region	289	221	203	70.24	316.29	207.75	65.68
北　京	Beijing	40	7	10	25.00	41.85	247.49	591.31
天　津	Tianjin	165	126	112	67.88	177.64	130.70	73.57
河　北	Hebei	153	101	99	64.71	250.75	131.74	52.54
山　西	Shanxi	30	11	15	50.00	114.65	33.80	29.48
内蒙古	Inner Mongolia	27	22	18	66.67	143.61	101.53	70.70
辽　宁	Liaoning	138	102	90	65.22	223.40	118.44	53.02
吉　林	Jilin	81	64	66	81.48	62.75	54.92	87.52
黑龙江	Heilongjiang	70	55	47	67.14	30.14	34.38	114.08
上　海	Shanghai	98	35	28	28.57	129.58	66.55	51.36
江　苏	Jiangsu	1392	1113	1150	82.61	1509.90	1130.87	74.90
浙　江	Zhejiang	897	474	523	58.31	271.61	214.68	79.04
安　徽	Anhui	459	304	315	68.63	503.29	343.31	68.21
福　建	Fujian	261	159	129	49.43	295.77	270.84	91.57
江　西	Jiangxi	374	215	231	61.76	491.26	294.78	60.00
山　东	Shandong	455	321	320	70.33	486.96	319.81	65.68
河　南	Henan	322	178	171	53.11	772.47	440.85	57.07
湖　北	Hubei	356	195	180	50.56	535.56	297.16	55.49
湖　南	Hunan	603	415	447	74.13	461.46	323.61	70.13
广　东	Guangdong	1109	709	713	64.29	743.07	549.84	74.00
广　西	Guangxi	291	226	206	70.79	126.71	73.46	57.97
海　南	Hainan	6	2	1	16.67	32.12	0.85	2.64
重　庆	Chongqing	135	69	84	62.22	291.28	102.83	35.30
四　川	Sichuan	304	153	194	63.82	326.50	233.27	71.44
贵　州	Guizhou	22	12	8	36.36	45.34	21.44	47.28
云　南	Yunnan	12	7	7	58.33	6.24	5.50	88.13
西　藏	Tibet							
陕　西	Shaanxi	87	49	42	48.28	312.27	65.14	20.86
甘　肃	Gansu	21	15	11	52.38	15.42	8.39	54.42
青　海	Qinghai	11	6	4	36.36	18.73	2.86	15.27
宁　夏	Ningxia	6	3	3	50.00	3.30	2.40	72.91
新　疆	Xinjiang	16	9	8	50.00	10.96	10.95	99.91

3-2-7 续表 3 continued

地区	Region	计算机及办公设备制造业 Manufacture of Computer and Office Equipments						
		施工项目(个) Number of Projects under Construction (unit)	#新开工 Number of Projects Started This Year	建成投产项目(个) Number of Projects Completed and Put into Use (unit)	项目建成投产率(%) Rate of Projects Completed and Put into Use (%)	投资额(亿元) Investment (100 million yuan)	新增固定资产(亿元) Newly Increased Fixed Assets (100 million yuan)	固定资产交付使用率(%) Rate of Fixed Assets Put into Use (%)
全国	**Total**	**849**	**559**	**576**	**67.84**	**876.90**	**579.20**	**66.05**
东部地区	Eastern Region	436	285	299	68.58	353.96	270.77	76.50
中部地区	Middle Region	168	110	105	62.50	227.61	130.81	57.47
西部地区	Western Region	217	146	149	68.66	267.12	146.00	54.66
东北地区	Northeastern Region	28	18	23	82.14	28.20	31.62	112.14
北京	Beijing	2	1			5.54	2.23	40.33
天津	Tianjin	9	7	6	66.67	6.23	9.37	150.30
河北	Hebei	11	8	8	72.73	8.04	5.37	66.77
山西	Shanxi	4	2	2	50.00	1.46	0.80	54.68
内蒙古	Inner Mongolia	2	2	1	50.00	6.31	0.50	7.91
辽宁	Liaoning	15	9	13	86.67	19.25	22.19	115.31
吉林	Jilin	11	9	10	90.91	6.90	7.79	113.02
黑龙江	Heilongjiang	2				2.06	1.64	79.52
上海	Shanghai	12	3	5	41.67	24.00	13.59	56.61
江苏	Jiangsu	173	128	136	78.61	181.56	129.40	71.27
浙江	Zhejiang	67	33	38	56.72	28.88	22.28	77.17
安徽	Anhui	44	28	31	70.45	51.59	41.70	80.82
福建	Fujian	31	20	16	51.61	13.78	9.83	71.35
江西	Jiangxi	41	33	29	70.73	60.26	26.64	44.21
山东	Shandong	33	25	23	69.70	39.09	27.50	70.35
河南	Henan	23	10	10	43.48	57.80	42.52	73.57
湖北	Hubei	26	15	11	42.31	42.58	9.53	22.39
湖南	Hunan	30	22	22	73.33	13.93	9.62	69.08
广东	Guangdong	98	60	67	68.37	46.84	51.19	109.29
广西	Guangxi	47	37	32	68.09	45.86	37.22	81.15
海南	Hainan							
重庆	Chongqing	131	83	101	77.10	140.72	94.22	66.95
四川	Sichuan	28	19	12	42.86	45.89	12.86	28.02
贵州	Guizhou	2	2			9.06		
云南	Yunnan							
西藏	Tibet							
陕西	Shaanxi	5	2	2	40.00	13.28	0.61	4.59
甘肃	Gansu	2	1	1	50.00	6.00	0.60	10.00
青海	Qinghai							
宁夏	Ningxia							
新疆	Xinjiang							

3-2-7　续表 4　continued

地　区	Region	医疗仪器设备及仪器仪表制造业 Manufacture of Medical Equipments and Measuring Instrument						
		施工项目(个) Number of Projects under Construction (unit)	#新开工 Number of Projects Started This Year	建成投产项目(个) Number of Projects Completed and Put into Use (unit)	项目建成投产率(%) Rate of Projects Completed and Put into Use (%)	投资额(亿元) Investment (100 million yuan)	新增固定资产(亿元) Newly Increased Fixed Assets (100 million yuan)	固定资产交付使用率(%) Rate of Fixed Assets Put into Use (%)
全　国	**Total**	**3106**	**2177**	**2123**	**68.35**	**2246.39**	**1626.30**	**72.40**
东部地区	Eastern Region	1744	1231	1192	68.35	1151.93	872.13	75.71
中部地区	Middle Region	833	577	541	64.95	669.14	432.04	64.57
西部地区	Western Region	295	184	210	71.19	212.64	143.20	67.34
东北地区	Northeastern Region	234	185	180	76.92	212.67	178.93	84.14
北　京	Beijing	36	7	10	27.78	12.35	4.99	40.44
天　津	Tianjin	61	41	38	62.30	61.96	27.12	43.77
河　北	Hebei	80	45	50	62.50	119.00	89.23	74.98
山　西	Shanxi	20	9	13	65.00	12.06	20.49	169.92
内蒙古	Inner Mongolia	15	14	15	100.00	10.15	9.73	95.86
辽　宁	Liaoning	118	83	87	73.73	133.99	110.91	82.78
吉　林	Jilin	84	77	76	90.48	54.45	53.26	97.80
黑龙江	Heilongjiang	32	25	17	53.13	24.23	14.76	60.94
上　海	Shanghai	43	21	8	18.60	18.94	9.32	49.23
江　苏	Jiangsu	736	598	596	80.98	505.52	435.43	86.13
浙　江	Zhejiang	353	222	209	59.21	107.58	74.71	69.44
安　徽	Anhui	247	190	175	70.85	126.22	85.25	67.55
福　建	Fujian	50	26	30	60.00	24.04	20.23	84.16
江　西	Jiangxi	164	108	113	68.90	133.69	69.40	51.91
山　东	Shandong	232	175	154	66.38	232.79	153.73	66.04
河　南	Henan	120	68	65	54.17	170.50	116.31	68.22
湖　北	Hubei	135	81	61	45.19	131.87	65.09	49.36
湖　南	Hunan	147	121	114	77.55	94.81	75.49	79.63
广　东	Guangdong	151	95	97	64.24	69.16	57.37	82.95
广　西	Guangxi	89	72	67	75.28	26.12	20.55	78.65
海　南	Hainan	2	1			0.59		
重　庆	Chongqing	57	32	42	73.68	49.49	38.33	77.44
四　川	Sichuan	71	34	49	69.01	49.38	42.45	85.98
贵　州	Guizhou	2		1	50.00	1.43	0.80	55.47
云　南	Yunnan	5	3	3	60.00	1.98	1.94	97.77
西　藏	Tibet	2		1	50.00	0.14	0.01	10.17
陕　西	Shaanxi	36	19	24	66.67	68.66	25.54	37.20
甘　肃	Gansu	9	6	4	44.44	3.36	2.86	85.04
青　海	Qinghai							
宁　夏	Ningxia	2	1	1	50.00	0.21	0.20	96.85
新　疆	Xinjiang	7	3	3	42.86	1.72	0.80	46.72

4

国际比较情况
International Comparison

4-1　高技术产业出口总额(2003-2013)

High-technology exports (2003-2013)

单位：百万美元　　　　(million US $)

国家	Country	2003	2004	2005	2006	2007	2008	2009	2010	2011	2012	2013
中　国	China	108669	163007	215928	273132	302773	340118	309601	406090	457107	505646	560058
美　国	USA	160291	176282	190737	219026	218116	220884	132407	145498	145273	148772	147833
日　本	Japan	107081	126245	125445	129241	117858	119915	95159	122047	126478	123412	105076
英　国	UK	62599	65343	83697	116296	61149	59427	55135	59785	69315	67787	24216
法　国	France	57053	66065	70506	81538	78822	91980	82531	99736	105101	108365	113000
德　国	Germany	106203	135678	146389	163169	153419	159812	139961	158507	183371	183354	193088
澳大利亚	Australia	2744	3102	3289	3374	3260	3794	3247	3826	4859	4761	4565
加拿大	Canada	22652	21526	25352	26735	26311	26911	23210	23963	25017	24039	29137
意大利	Italy	20757	24518	25301	25885	26448	28813	25027	26419	31192	27526	29752
瑞　典	Sweden	13497	17296	17339	18364	15069	15424	12794	16178	18499	16547	17025
瑞　士	Switzerland	23165	26743	28364	31213	35336	42670	39447	42820	50301	50102	53350
土耳其	Turkey	763	1011	882	1281	1644	1680	1359	1714	1921	1979	2177
奥地利	Austria	11393	14709	13019	14331	14554	15327	12255	13721	15706	16176	18412
比利时	Belgium	18198	20959	23385	23739	24932	28302	29553	31949	34681	36504	36504
捷　克	Czech	5927	7829	8934	12081	14440	17304	14252	17469	23366	22008	20921
丹　麦	Denmark	8649	9972	12118	11446	11051	11445	10630	8224	9464	8827	9185
芬　兰	Finland	10482	10616	13752	13987	13026	13506	6747	5853	5358	4448	3725
希　腊	Greece	992	1071	1032	1185	923	1291	1170	1090	1171	1041	855
冰　岛	Iceland	47	68	203	308	774	416	246	141	156	104	93
爱尔兰	Ireland	27741	30425	32874	31829	28169	27795	24287	21232	23752	22702	21915
墨西哥	Mexico	28726	31956	32400	35899	33482	33387	31184	37657	40795	44013	45419
荷　兰	Netherlands	50241	60073	65910	69510	67416	58128	50765	59510	67148	63963	69040
新西兰	New Zealand	474	566	603	590	603	584	473	548	661	706	723
挪　威	Norway	2404	2690	2799	3338	3584	4264	3808	3834		4514	4826
葡萄牙	Portugal	2322	2701	2532	2960	3213	3263	1166	1221	1547	1744	1942
西班牙	Spain	9033	10242	10718	10367	9814	10851	10157	11290	13370	13378	16346
韩　国	South Korea	57458	76117	83907	93352	101032	100909	92856	121478	122021	121313	
新加坡	Singapore	76411	94225	105656	124739	102854	117068	95398	126982	126435	128239	135602
匈牙利	Hungary	9654	14225	13695	14995	18271	20254	16919	18816	20649	14878	14471
波　兰	Poland	1337	1989	2645	3225	3371	5907	6627	8305	8614	9560	12052
俄罗斯联邦	Russian Federation	5501	5254	3820	3866	4109	5071	4527	5075	5443	7095	8656
巴　西	Brazil	4515	5954	8031	8418	9076	10286	7896	8122	8415	8820	8392
印　度	India	2710	3356	4139	4876	5998	7738	10728	10087	12871	12434	16693

数据来源：世界银行《世界发展指标2014》。
World Bank, World Development Indicators 2014.

4-2 部分国家高技术产业出口占制造业出口的比重(2003-2013年)

The Ratio of Exports of High Technology Industry to Exports of Manufacturing in Selected Countries (2003-2013)

(%)

国 家	Countries	2003	2004	2005	2006	2007	2008	2009	2010	2011	2012	2013
中 国	China	27.4	30.1	30.8	30.5	26.7	25.6	27.5	27.5	25.8	26.3	27.0
美 国	USA	30.8	30.3	29.9	30.1	27.2	25.9	21.5	19.9	18.1	17.8	17.8
日 本	Japan	24.4	24.1	23.0	22.1	18.4	17.3	18.8	18.0	17.5	17.4	16.8
英 国	UK	26.3	24.5	28.3	33.9	18.9	18.5	21.8	21.0	21.4	21.7	7.6
法 国	France	19.7	19.8	20.3	21.5	18.5	20.0	22.6	24.9	23.7	25.4	25.8
德 国	Germany	16.9	17.8	17.4	17.1	14.0	13.3	15.3	15.3	15.0	15.8	16.1
澳大利亚	Australia	13.7	13.5	12.8	12.3	10.3	10.8	11.9	11.9	13.1	12.7	12.9
加拿大	Canada	13.7	12.1	13.1	13.3	12.8	13.6	16.3	14.0	13.4	12.4	14.1
意大利	Italy	8.0	8.0	8.0	7.3	6.3	6.4	7.5	7.2	7.4	7.1	7.3
瑞 典	Sweden	16.3	17.4	16.9	16.1	11.5	11.2	12.9	13.7	13.4	13.4	14.0
瑞 士	Switzerland	24.8	24.4	24.3	24.0	23.4	24.5	26.1	25.4	24.9	25.8	26.5
土耳其	Turkey	1.9	1.9	1.5	1.9	1.9	1.6	1.7	1.9	1.8	1.8	1.9
奥地利	Austria	15.5	16.2	13.7	13.3	11.3	11.0	11.6	11.9	11.7	12.8	13.7
比利时	Belgium	8.9	8.6	8.9	8.4	7.4	8.0	10.4	10.5	10.0	11.4	11.4
捷 克	Czech	13.5	13.2	13.0	14.3	13.2	13.6	14.6	15.3	16.3	16.1	14.7
丹 麦	Denmark	20.2	20.3	23.4	20.2	16.8	15.6	17.9	14.2	14.0	14.2	14.3
芬 兰	Finland	23.7	20.9	25.1	22.3	18.0	17.2	14.0	10.9	9.3	8.5	7.2
希 腊	Greece	12.6	11.8	10.6	11.0	7.4	9.3	10.9	10.1	9.7	9.2	7.5
冰 岛	Iceland	13.6	14.0	34.0	46.9	60.7	40.7	31.4	21.0	20.9	14.3	15.5
爱尔兰	Ireland	34.7	34.0	34.7	34.5	27.3	25.7	24.3	21.2	21.7	22.6	22.4
墨西哥	Mexico	21.4	21.3	19.6	19.0	17.2	15.7	18.2	16.9	16.5	16.3	15.9
荷 兰	Netherlands	31.4	30.5	30.9	29.0	23.3	19.2	20.9	21.3	19.8	20.1	20.4
新西兰	New Zealand	9.6	9.6	10.2	10.3	9.1	8.5	8.9	9.0	9.3	9.7	10.3
挪 威	Norway	16.8	17.4	16.1	17.2	14.7	14.8	15.8	16.2		18.8	19.1
葡萄牙	Portugal	8.5	8.7	8.9	9.3	8.4	8.1	3.8	3.4	3.5	4.1	4.3
西班牙	Spain	7.5	7.3	7.3	6.4	5.1	5.3	6.2	6.4	6.5	7.0	7.7
韩 国	South Korea	32.3	32.9	32.5	32.1	30.5	27.6	28.7	29.5	25.7	26.2	
新加坡	Singapore	56.5	56.9	56.9	58.1	45.2	49.4	48.1	49.9	45.2	45.3	47.0
匈牙利	Hungary	25.8	29.1	25.8	24.1	23.8	23.3	24.9	24.1	22.7	18.1	16.3
波 兰	Poland	3.1	3.3	3.8	3.7	3.0	4.3	6.1	6.7	5.9	7.0	7.7
俄罗斯联邦	Russian Federation	19.0	12.9	8.4	7.8	6.9	6.5	9.2	9.1	8.0	8.4	10.0
巴 西	Brazil	12.0	11.6	12.8	12.1	11.9	11.6	13.2	11.2	9.7	10.5	9.6
印 度	India	5.9	6.0	5.8	6.1	6.4	6.8	9.1	7.2	6.9	6.6	8.1

数据来源：世界银行《世界发展指标2014》。
World Bank, World Development Indicators 2014.

附　　录
Appendix

附录 1　高技术产业（制造业）分类（2013）

High-technology Industry（Manufacturing Industry）Classifications (2013)

一、目的

为界定高技术产业（制造业）统计范围，特制定本分类。本分类适用于各地区、各部门开展高技术制造业统计调查。

二、定义和范围

本分类规定的高技术产业（制造业）是指国民经济行业中 R&D 投入强度（即 R&D 经费支出占主营业务收入的比重）相对较高的制造业行业，包括：医药制造，航空、航天器及设备制造，电子及通信设备制造，计算机及办公设备制造，医疗仪器设备及仪器仪表制造，信息化学品制造等 6 大类。

R&D（即研究与试验发展）是指在科学技术领域，为增加知识总量，以及运用这些知识创造新的应用而进行的系统的创造性活动。

三、编制原则

（一）以《国民经济行业分类》为基础。

本分类是以《国民经济行业分类》（GB/T 4754-2011）为基础，对国民经济行业分类中符合高技术产业（制造业）范畴相关活动的再分类。

（二）借鉴国际分类标准。

本分类借鉴 OECD（经济合作与发展组织）关于高技术产业的分类方法；分类表中第一类至第五类内容可与有关国际分类基本衔接，能够满足国际比较的需要。

四、结构和编码

本分类将高技术制造业划分为三层。

第一层为 6 个大类，用汉字数字一、二……表示；

第二层为 29 个中类，用汉字数字（一）、（二）……表示；

第三层为 42 个小类。

本分类已标明与《国民经济行业分类》（GB/T 4754-2011）直接对应的行业类别的相应代码。

五、对有关问题的说明

本分类在《高技术产业统计分类目录》（国统字〔2002〕33 号）的基础上修订完成，采用了原分类的基本结构框架。

本分类中与《国民经济行业分类》（GB/T 4754-2011）对应的行业类别的具体范围说明参见《2011 国民经济行业分类注释》。

六、高技术产业（制造业）分类表

名　　称	国民经济行业分类代码
一、医药制造业	27
（一）化学药品制造	
化学药品原料药制造	2710
化学药品制剂制造	2720
（二）中药饮片加工	2730
（三）中成药生产	2740
（四）兽用药品制造	2750
（五）生物药品制造	2760
（六）卫生材料及医药用品制造	2770
二、航空、航天器及设备制造业	
（一）飞机制造	3741
（二）航天器制造	3742
（三）航空、航天相关设备制造	3743
（四）其他航空航天器制造	3749
（五）航空航天器修理	4343
三、电子及通信设备制造业	
（一）电子工业专用设备制造	3562
（二）光纤、光缆制造	3832
（三）锂离子电池制造	3841
（四）通信设备制造	392
通信系统设备制造	3921
通信终端设备制造	3922
（五）广播电视设备制造	393
广播电视节目制作及发射设备制造	3931
广播电视接收设备及器材制造	3932
应用电视设备及其他广播电视设备制造	3939

续表

名　　称	国民经济行业分类代码
（六）雷达及配套设备制造	3940
（七）视听设备制造	395
电视机制造	3951
音响设备制造	3952
影视录放设备制造	3953
（八）电子器件制造	396
电子真空器件制造	3961
半导体分立器件制造	3962
集成电路制造	3963
光电子器件及其他电子器件制造	3969
（九）电子元件制造	397
电子元件及组件制造	3971
印制电路版制造	3972
（十）其他电子设备制造	3990
四、计算机及办公设备制造业	
（一）计算机整机制造	3911
（二）计算机零部件制造	3912
（三）计算机外围设备制造	3913
（四）其他计算机制造	3919
（五）办公设备制造	
复印和胶印设备制造	3474
计算器及货币专用设备制造	3475
五、医疗仪器设备及仪器仪表制造业	
（一）医疗仪器设备及器械制造	358
医疗诊断、监护及治疗设备制造	3581
口腔科用设备及器具制造	3582

续表

名　　称	国民经济行业分类代码
医疗实验室及医用消毒设备和器具制造	3583
医疗、外科及兽医用器械制造	3584
机械治疗及病房护理设备制造	3585
假肢、人工器官及植（介）入器械制造	3586
其他医疗设备及器械制造	3589
（二）仪器仪表制造	
工业自动控制系统装置制造	4011
电工仪器仪表制造	4012
绘图、计算及测量仪器制造	4013
实验分析仪器制造	4014
试验机制造	4015
供应用仪表及其他通用仪器制造	4019
环境监测专用仪器仪表制造	4021
运输设备及生产用计数仪表制造	4022
导航、气象及海洋专用仪器制造	4023
农林牧渔专用仪器仪表制造	4024
地质勘探和地震专用仪器制造	4025
教学专用仪器制造	4026
核子及核辐射测量仪器制造	4027
电子测量仪器制造	4028
其他专用仪器制造	4029
光学仪器制造	4041
其他仪器仪表制造业	4090
六、信息化学品制造业	
（一）信息化学品制造	2664

附录 2 《高技术产业（制造业）分类（2013）》与《高技术产业统计分类目录》（国统字〔2002〕33 号）对照表

Check List of High-technology Industry（Manufacturing Industry）Classifications（2013）and Statistics Catalogue of High-technology Industry Classifications（2002）

高技术产业（制造业）分类（2013）及对应 2011 国民经济行业分类代码		《高技术产业统计分类目录》（2002）及对应 2002 国民经济行业分类代码		说　明
		核燃料加工	253	删除
一、医药制造业	27	医药制造业	27	
（一）化学药品制造				
化学药品原料药制造	2710	化学药品原药制造	2710	更名
化学药品制剂制造	2720	化学药品制剂制造	2720	
（二）中药饮片加工	2730	中药饮片加工	2730	
（三）中成药生产	2740	中成药制造	2740	更名
（四）兽用药品制造	2750	兽用药品制造	2750	
（五）生物药品制造	2760	生物、生化制品的制造	2760	更名
（六）卫生材料及医药用品制造	2770	卫生材料及医药用品制造	2770	
二、航空、航天器及设备制造业		航空航天器制造	376	
（一）飞机制造	3741	飞机制造及修理	3761	旧行业 3761 部分内容调出
（二）航天器制造	3742	航天器制造	3762	
（三）航空、航天相关设备制造	3743			新增
（四）其他航空航天器制造	3749	其他飞行器制造	3769	更名
（五）航空航天器修理	4343			新增，旧行业 3761 部分内容调入
三、电子及通信设备制造业				
（一）电子工业专用设备制造	3562			新增
（二）光纤、光缆制造	3832			新增
（三）锂离子电池制造	3841			新增
（四）通信设备制造	392	通信设备制造	401	
通信系统设备制造	3921	通信传输设备制造	4011	旧行业 4011、4012 和 4019 合并
		通信交换设备制造	4012	
		其他通信设备制造	4019	
通信终端设备制造	3922	通信终端设备制造	4013	旧行业 4013 和 4014 合并
		移动通信及终端设备制造	4014	
（五）广播电视设备制造	393	广播电视设备制造	403	
广播电视节目制作及发射设备制造	3931	广播电视节目制作及发射设备制造	4031	
广播电视接收设备及器材制造	3932	广播电视接收设备及器材制造	4032	

续表

高技术产业（制造业）分类（2013）及对应 2011 国民经济行业分类代码		《高技术产业统计分类目录》（2002）及对应 2002 国民经济行业分类代码		说　明
应用电视设备及其他广播电视设备制造	3939	应用电视设备及其他广播电视设备制造	4039	
（六）雷达及配套设备制造	3940	雷达及配套设备制造	402	
（七）视听设备制造	395	家用视听设备制造	407	更名
电视机制造	3951	家用影视设备制造	4071	旧行业 4071 分解
音响设备制造	3952	家用音响设备制造	4072	更名
影视录放设备制造	3953	家用影视设备制造	4071	旧行业 4071 分解
（八）电子器件制造	396	电子器件制造	405	
电子真空器件制造	3961	电子真空器件制造	4051	
半导体分立器件制造	3962	半导体分立器件制造	4052	
集成电路制造	3963	集成电路制造	4053	
光电子器件及其他电子器件制造	3969	光电子器件及其他电子器件制造	4059	
（九）电子元件制造	397	电子元件制造	406	
电子元件及组件制造	3971	电子元件及组件制造	4061	
印制电路版制造	3972	印制电路版制造	4062	
（十）其他电子设备制造	3990	其他电子设备制造	409	
四、计算机及办公设备制造业				与旧行业 404、4154、4155 对应
		电子计算机制造	404	
（一）计算机整机制造	3911	电子计算机整机制造	4041	
（二）计算机零部件制造	3912	电子计算机外部设备制造	4043	旧行业 4043 分解
（三）计算机外围设备制造	3913	电子计算机外部设备制造	4043	旧行业 4043 分解
（四）其他计算机制造	3919	计算机网络设备制造 电子计算机外部设备制造	4042 4043	旧行业 4042 加上旧行业 4043 的部分内容调入
（五）办公设备制造				与旧行业 4154、4155 对应
复印和胶印设备制造	3474	复印和胶印设备制造	4154	
计算器及货币专用设备制造	3475	计算器及货币专用设备制造	4155	
五、医疗仪器设备及仪器仪表制造业				与旧行业 368、411、412、4141、419 对应，但不含这些行业的调出部分
（一）医疗仪器设备及器械制造	358	医疗仪器设备及器械制造	368	旧行业 368 部分内容调出
医疗诊断、监护及治疗设备制造	3581	医疗诊断、监护及治疗设备制造	3681	旧行业 3681 部分内容调出
口腔科用设备及器具制造	3582	口腔科用设备及器具制造	3682	旧行业 3682 部分内容调出
医疗实验室及医用消毒设备和器具制造	3583	实验室及医用消毒设备和器具的制造	3683	旧行业 3683 部分内容调出

续表

高技术产业（制造业）分类（2013）及对应 2011 国民经济行业分类代码		《高技术产业统计分类目录》（2002）及对应 2002 国民经济行业分类代码		说 明
医疗、外科及兽医用器械制造	3584	医疗、外科及兽医用器械制造	3684	旧行业 3684 部分内容调出
机械治疗及病房护理设备制造	3585	机械治疗及病房护理设备制造	3685	旧行业 3685 部分内容调出
假肢、人工器官及植（介）入器械制造	3586	假肢、人工器官及植（介）入器械制造	3686	
其他医疗设备及器械制造	3589	其他医疗设备及器械制造	3689	旧行业 3689 部分内容调出
（二）仪器仪表制造				与旧行业 411、412、4141、4190 对应，但不含 4190 的调出部分
		通用仪器仪表制造	411	
工业自动控制系统装置制造	4011	工业自动控制系统装置制造	4111	
电工仪器仪表制造	4012	电工仪器仪表制造	4112	
绘图、计算及测量仪器制造	4013	绘图、计算及测量仪器制造	4113	
实验分析仪器制造	4014	实验分析仪器制造	4114	
试验机制造	4015	试验机制造	4115	
供应用仪表及其他通用仪器制造	4019	供应用仪表及其他通用仪器制造	4119	
		专用仪器仪表制造	412	
环境监测专用仪器仪表制造	4021	环境监测专用仪器仪表制造	4121	
运输设备及生产用计数仪表制造	4022	汽车及其他用计数仪表制造	4122	更名
导航、气象及海洋专用仪器制造	4023	导航、气象及海洋专用仪器制造	4123	
农林牧渔专用仪器仪表制造	4024	农林牧渔专用仪器仪表制造	4124	
地质勘探和地震专用仪器制造	4025	地质勘探和地震专用仪器制造	4125	
教学专用仪器制造	4026	教学专用仪器制造	4126	
核子及核辐射测量仪器制造	4027	核子及核辐射测量仪器制造	4127	
电子测量仪器制造	4028	电子测量仪器制造	4128	
其他专用仪器制造	4029	其他专用仪器制造	4129	
光学仪器制造	4041	光学仪器制造	4141	
其他仪器仪表制造业	4090	其他仪器仪表的制造及修理	4190	旧行业 4190 部分内容调出
六、信息化学品制造业				
（一）信息化学品制造	2664	信息化学品制造	2665	
		公共软件服务	621	删除
		基础软件服务	6211	删除
		应用软件服务	6212	删除

附录3　高技术产业(制造业)统计分类目录

Statistics Catalogue of High-technology Industry (Manufacturing Industry) Classifications

行业代码	行业名称	行业代码	行业名称
2664	信息化学品制造	3931	广播电视节目制作及发射设备制造
27	医药制造业	3932	广播电视接收设备及器材制造
2710	化学药品原料药制造	3939	应用电视设备及其他广播电视设备制造
2720	化学药品制剂制造	394	雷达及配套设备制造
2730	中药饮片加工	395	视听设备制造
2740	中成药生产	3951	电视机制造
2750	兽用药品制造	3952	音响设备制造
2760	生物药品制造	3953	影视录放设备制造
2770	卫生材料及医药用品制造	396	电子器件制造
3474	复印和胶印设备制造	3961	电子真空器件制造
3475	计算器及货币专用设备制造	3962	半导体分立器件制造
3562	电子工业专用设备制造	3963	集成电路制造
358	医疗仪器设备及器械制造	3969	光电子器件及其他电子器件制造
3581	医疗诊断、监护及治疗设备制造	397	电子元件制造
3582	口腔科用设备及器具制造	3971	电子元件及组件制造
3583	医疗实验室及医用消毒设备和器具制造	3972	印制电路版制造
3584	医疗、外科及兽医用器械制造	399	其他电子设备制造
3585	机械治疗及病房护理设备制造	401	通用仪器仪表制造
3586	假肢、人工器官及植(介)入器械制造	4011	工业自动控制系统装置制造
3589	其他医疗设备及器械制造	4012	电工仪器仪表制造
374	航空、航天器及设备制造业	4013	绘图、计算及测量仪器制造
3741	飞机制造	4014	实验分析仪器制造
3742	航天器制造	4015	试验机制造
3743	航空、航天相关设备制造	4019	供应用仪表及其他通用仪器制造
3749	其他航空航天器制造	402	专用仪器仪表制造
3832	光纤、光缆制造	4021	环境监测专用仪器仪表制造
3841	锂离子电池制造	4022	运输设备及生产用计数仪表制造
39	计算机、通信和其他电子设备制造业	4023	导航、气象及海洋专用仪器制造
391	计算机制造	4024	农林牧渔专用仪器仪表制造
3911	计算机整机制造	4025	地质勘探和地震专用仪器制造
3912	计算机零部件制造	4026	教学专用仪器制造
3913	计算机外围设备制造	4027	核子及核辐射测量仪器制造
3919	其他计算机制造	4028	电子测量仪器制造
392	通信设备制造	4029	其他专用仪器制造
3921	通信系统设备制造	4041	光学仪器制造
3922	通信终端设备制造	409	其他仪器仪表制造业
393	广播电视设备制造	4343	航空航天器修理

注：此目录摘自国家统计局国统字[2013]55号文件。

附录4 高技术产业(制造业)统计资料整理公布格式

Published Format for Sorting-out the Statistical Data of High-technology Industry (Manufacturing Industry)

行 业	对应代码
一、医药制造业	27
#化学药品制造	271+272
中成药生产	274
生物药品制造	276
二、航空、航天器及设备制造业	374+4343
#飞机制造	3741
航天器制造	3742
三、电子及通信设备制造业	39-391+3562+3832+3841
#通信设备制造	392
#通信系统设备制造	3921
通信终端设备制造	3922
广播电视设备制造	393
雷达及配套设备制造	394
视听设备制造	395
电子器件制造	396
#电子真空器件制造	3961
半导体分立器件制造	3962
集成电路制造	3963
电子元件制造	397
其他电子设备制造	399
四、计算机及办公设备制造业	391+3474+3475
#计算机整机制造	3911
计算机零部件制造	3912
计算机外围设备制造	3913
办公设备制造	3474+3475
五、医疗仪器设备及仪器仪表制造业	358+401+402+409+4041
1.医疗仪器设备及器械制造	358
2.仪器仪表制造	401+402+409+4041
六、信息化学品制造业	2664

注：受统计资料来源的限制，本年鉴只包括一、二、三、四、五类行业。

附录 5　指标解释
Explanatory Notes of Indicators

资产总计　指企业拥有或控制的能以货币计量的经济资源，包括各种财产、债权和其他权利。资产按流动性分为流动资产、长期投资、固定资产、无形资产、递延资产和其他资产。该指标根据企业会计“资产负债表”中“资产总计”项目的期末数增列。

主营业务收入　指会计“利润表”中对应指标的本年累计数。未执行 2001 年《企业会计制度》的企业，用“产品销售收入”的本期累计数代替。

利润总额　指企业生产经营活动的最终成果，是企业在一定时期内实现的盈亏相抵后的利润总额(亏损以“-”号表示)，它等于营业利润加上补贴收入加上投资收益加上营业外净收入再加上以前年度损益调整。

R&D　即研究与试验发展的简称，指在科学技术领域，为增加知识总量、以及运用这些知识去创造新的应用而进行的系统的、创造性的活动，包括基础研究、应用研究、试验发展三类活动。

R&D 人员折合全时当量　是国际上通用的、用于比较科技人力投入的指标。指 R&D 全时人员（全年从事 R&D 活动累积工作时间占全部工作时间的 90%及以上人员）工作量与非全时人员按实际工作时间折算的工作量之和。例如：有 2 个 R&D 全时人员(工作时间分别为 0.9 年和 1 年)和 3 个 R&D 非全时人员(工作时间分别为 0.2 年、0.3 年和 0.7 年)，则 R&D 人员全时当量＝1+1+0.2+0.3+0.7=3.2(人年)。

R&D 经费内部支出　指调查单位在报告年度用于内部开展 R&D 活动的实际支出。包括用于 R&D 项目（课题）活动的直接支出，以及间接用于 R&D 活动的管理费、服务费、与 R&D 有关的基本建设支出以及外协加工费等。不包括生产性活动支出、归还贷款支出以及与外单位合作或委托外单位进行 R&D 活动而转拨给对方的经费支出。

政府资金　指调查单位R&D经费内部支出中来自各级政府部门的各类资金。

企业资金　指调查单位R&D经费内部支出中来自本企业的自有资金和接受其他企业委托而获得的经费。

新产品　指采用新技术原理、新设计构思研制、生产的全新产品，或在结构、材质、工艺等某一方面比原有产品有明显改进，从而显著提高了产品性能或扩大了使用功能的产品。

企业办研发机构数　指企业自办（或与外单位合办），管理上同生产系统相对独立（或者单独核算）的专门研发机构，如企业办的技术中心、研究院所、开发中心、开发部、实验室、中试车间、试验基地等。企业办科技活动机构经过资源整合，被国家或省级有关部门认定为国家级或省级技术中心的，应按一个机构填报。与外单位合办的科技活动机构若主要由本企业出资兴办，则由本企业统计，否则应由合办方统计。企业科技管理职能处（科）室（如科研处、技术科等）一般不统计在内；若科研处、技术科等同时挂有科技活动机构的牌子，视其报告年度内主要工作任务而定，主要任务是从事科技活动的可以统计，否则不予统计。本指标不含企业在中国境外设立的科技活动机构数。

机构人员　指报告期企业办科技活动机构中从事科技活动的人员合计。

机构经费支出　指报告期企业办研发机构用于内部开展研发活动实际支出的总费用。包括机构人员劳务费（含工资）支出、机构业务费支出、管理费支出、固定资产购建支出以及其他维持机构正常工作的日常费用等的支出总和。不包括相关折旧费用、长期费用摊销和无形资产摊销等费用。

引进技术经费支出 指报告期企业用于购买国外或港澳台技术的费用支出，包括产品设计、工艺流程、图纸、配方、专利等技术资料的费用支出，以及购买关键设备、仪器、样机和样件等的费用支出。

消化吸收经费支出 引进技术的消化吸收指对引进技术的掌握、应用、复制而开展的工作，以及在此基础上的创新。引进技术的消化吸收经费支出包括：人员培训费、测绘费、参加消化吸收人员的工资、工装、工艺开发费、必备的配套设备费、翻版费等。消化吸收经费支出中属于科技活动的经费支出，除包含在本项外，还要计入企业科技活动经费支出中。

购买国内技术经费支出 指报告期企业购买境内其他单位科技成果的经费支出。包括购买产品设计、工艺流程、图纸、配方、专利、技术诀窍及关键设备的费用支出。

技术改造经费支出 指报告期企业进行技术改造而发生的费用支出。技术改造指企业在坚持科技进步的前提下，将科技成果应用于生产的各个领域（产品、设备、工艺等），用先进工艺、设备代替落后工艺、设备，实现以内涵为主的扩大再生产，从而提高产品质量、促进产品更新换代、节约能源、降低消耗，全面提高综合经济效益。

施工项目 指报告期内进行过建筑或安装施工活动的项目。凡是报告期内施过工的建设项目，不论施工时间长短，均作为施工项目统计。施工项目个数可以反映一定时期固定资产投资的实际规模，与同期全部建成投产项目个数相比，可以从建设速度的角度反映固定资产投资的效果。根据建设项目施工活动的不同性质，施工项目又分为：本年正式施工项目、本年收尾项目和以前年度全部停缓建项目。

全部建成投产项目 工业项目指设计文件规定形成生产能力的主体工程及其相应配套的辅助设施全部建成，经负荷试运转，证明具备生产设计规定合格产品的条件，并经过验收鉴定合格或达到竣工验收标准，与生产性工程配套的生活福利设施可以满足近期正常生产的需要，正式移交生产的建设项目。非工业项目指设计文件规定的主体工程和相应的配套工程全部建成，能够发挥设计规定的全部效益，经验收鉴定合格或达到竣工验收标准，正式移交使用的建设项目。

项目建成投产率 指一定时期内全部建成投产项目个数与同期施工项目个数的比率。该指标是从建设单位建设速度的角度反映投资效果的指标。

新增固定资产 指报告期内已经完成建造和购置过程，并已交付生产或使用单位的固定资产价值。该指标是表示固定资产投资成果的价值指标，也是反映建设进度，计算固定资产投资效果的重要指标。

固定资产交付使用率 指一定时期新增固定资产与同期完成投资额的比率。该指标是反映固定资产动用速度，衡量建设过程中宏观投资效果的综合指标。由于新增固定资产是较长时期内形成的结果，而投资额则是当年完成的，因此，该指标一般适宜于反映较长时期内固定资产的动用情况。